Klaus Heine und Wolfgang Kerber (Hg.)

Zentralität und Dezentralität von Regulierung in Europa

Schriften
zu Ordnungsfragen der Wirtschaft

Herausgegeben von

Prof. Dr. Gernot Gutmann, Köln
Dr. Hannelore Hamel, Marburg
Prof. Dr. Helmut Leipold, Marburg
Prof. Dr. Alfred Schüller, Marburg
Prof. Dr. H. Jörg Thieme, Düsseldorf

Unter Mitwirkung von

Prof. Dr. Dieter Cassel, Duisburg
Prof. Dr. Karl-Hans Hartwig, Münster
Prof. Dr. Hans-Günter Krüsselberg, Marburg
Prof. Dr. Ulrich Wagner, Pforzheim

Redaktion: Dr. Hannelore Hamel

Band 83:   Zentralität und Dezentralität von Regulierung
            in Europa

 Lucius & Lucius · Stuttgart · 2007

Zentralität und Dezentralität von Regulierung in Europa

Herausgegeben von

Klaus Heine und **Wolfgang Kerber**

Mit Beiträgen von

Thomas Apolte, Eva Becker, Oliver Budzinski,
Dieter Cassel, Martina Eckardt, Lars P. Feld,
Klaus Heine, Katharina Holzinger, Bernd Holznagel,
Wolfgang Kerber, Martin Leschke, Markus Möstl,
Christian Müller, Katarina Röpke, Pascal Schumacher,
Thomas Sommerer, Torsten Sundmacher,
Roger Van den Bergh, Roland Vaubel, Dirk Wentzel

 Lucius & Lucius · Stuttgart · 2007

Anschrift der Herausgeber:

Dr. Klaus Heine
Freie Universität Berlin
Institut für Management
Garystraße 21
14195 Berlin

Prof. Dr. Wolfgang Kerber
Philipps-Universität Marburg
FB Wirtschaftswissenschaften
Am Plan 2
35032 Marburg

Bibliografische Information der Deutschen Nationalbibliothek

Die Deutsche Nationalbibliothek verzeichnet diese Publikation in der
Deutschen Nationalbibliografie; detaillierte bibliografische Daten sind
im Internet über http://dnb.d-nb.de abrufbar.

(Schriften zu Ordnungsfragen der Wirtschaft; Bd. 83)
ISBN   978-3-8282-0383-9

© Lucius & Lucius Verlags-GmbH • Stuttgart • 2007
Gerokstraße 51 • D-70184 Stuttgart

Umschlaggestaltung: Isabelle Devaux, Stuttgart

Druck und Einband: ROSCH-BUCH Druckerei GmbH, 96110 Scheßlitz
Printed in Germany

ISBN   978-3-8282-0383-9
ISSN   1432-9220

Vorwort

Themen mit internationalem Ordnungsbezug waren in den vergangenen Jahren immer wieder Gegenstand des *Forschungsseminars Radein*; so das von *Dieter Cassel* und *Paul J.J. Welfens* geleitete Seminar „Regionale Integration und Osterweiterung der Europäischen Union" (Band 72 der Schriften zu Ordnungsfragen der Wirtschaft), das integrationsökonomische Fragen einer sich erweiternden Europäischen Union behandelte. Dabei zeigte sich, daß regulierungsökonomische Fragen einen äußerst wichtigen Gegenstandsbereich markieren, der eine vertiefte Diskussion erfordert. Diesem Diskussionsbedarf wurde mit dem diesjährigen Forschungsseminar nachgekommen. In den Mittelpunkt gerückt wurde dabei die Frage nach Zentralität und Dezentralität von Regulierung in der Europäischen Union, d.h., auf welcher Jurisdiktionsebene eine Regulierungskompetenz in integrierten Wirtschaftsräumen und speziell in der EU angesiedelt werden sollte.

Die Beiträge des Bandes gliedern sich in drei Abschnitte. Der erste Abschnitt beschäftigt sich auf grundsätzliche Art und Weise mit der EU als föderales Mehr-Ebenen-System. Dabei finden sich zum einen stärker theoretisch ausgerichtete Beiträge, die die Erkenntnisse der ökonomischen Föderalismustheorie zur Bestimmung der optimalen vertikalen Kompetenzverteilung, die Chancen und Risiken des Regulierungswettbewerbs sowie das Konzept eines föderalen Mehr-Ebenen-Systems von Regulierungen einer kritischen Analyse unterziehen. Zum anderen werden konkrete europäische institutionelle Regelungen und Strukturen wie das Subsidiaritätsprinzip und der Ausschuß der Regionen im Hinblick auf ihre Auswirkungen auf die generelle Kompetenzverteilung zwischen der EU und den Mitgliedstaaten untersucht.

In den folgenden Abschnitten werden dann verschiedene Politikfelder und sektorspezifische Regulierungen, in denen sowohl die EU als auch die Mitgliedstaaten über Kompetenzen verfügen, im Detail analysiert. Neben der Frage nach der (Entwicklung der) faktischen Kompetenzverteilung steht in vielen Beiträgen primär die Frage nach der aus ökonomischer Sicht optimalen Kompetenzverteilung im Mittelpunkt. Zudem werden politökonomische Fragen zur Entstehung einer bestimmten Kompetenzverteilung, zur empirischen Funktionsweise von Regulierungswettbewerb sowie grundlegende rechtliche Probleme behandelt. Im zweiten Abschnitt wird dabei vor allem auf allgemeine Politikfelder und rechtliche Regulierungen abgestellt – wie die Wettbewerbspolitik, das Vertrags- und Gesellschaftsrecht, verbraucherrechtliche Regulierungen, Umweltschutzregulierungen und sozialpolitische Regulierungen. Der dritte Abschnitt beschäftigt sich schließlich stärker mit Regulierungen, die auf einzelne Sektoren bezogen sind. Hierzu gehören Regulierungen im Bereich der Alterssicherung, der Zulassung von Arzneimitteln, verkehrspolitische Regulierungen sowie die Medienaufsicht mit ihrer sehr speziellen institutionellen Struktur.

Ein wichtiges Ergebnis dieser detaillierten Einzelanalysen besteht in der Erkenntnis, daß die Frage nach dem angemessenen Umfang von Zentralität und Dezentralität von Regulierung sehr differenziert zu beantworten ist. Insofern ergibt sich auch eine erhebliche Spannbreite bei der Beurteilung der bisherigen Kompetenzverteilung innerhalb der

Europäischen Union und der Empfehlungen, wie diese Kompetenzverteilung in Zukunft weiterentwickelt werden sollte.

Die Herausgeber des Bandes freuen sich, für die gewählte Thematik nicht nur hervorragende Ökonomen gewonnen zu haben, sondern auch eine Reihe an einschlägigen Rechtswissenschaftlern sowie eine Politikwissenschaftlerin. Dadurch war es möglich, einen durchgängig interdisziplinären Diskurs zu führen, der zur hohen Qualität der Beiträge des Bandes beigetragen hat.

Der vorliegende Band hätte nicht ohne tatkräftige Unterstützung anderer entstehen können. Zu nennen ist hier Frau *Dr. Katharina Wacker*, die maßgeblichen Anteil am reibungslosen Ablauf der Organisation des diesjährigen Seminars hat. Insbesondere aber sind Frau Dr. *Hannelore Hamel,* Frau *Annette Heberle,* sowie Herrn cand. rer. pol. *Daniel Seikel* für die umsichtige Unterstützung bei der redaktionellen Durchsicht der Manuskripte und für die Erstellung des druckfertigen Buchmanuskripts zu danken. Der *Haniel Stiftung* gebührt Dank für die großzügige finanzielle Unterstützung, ohne die der Band nicht hätte erscheinen können. Ebenso ist dem *Forschungsseminar Radein zum Vergleich von Wirtschafts- und Gesellschaftssystemen e.V.* für die vielfältig gewährte Unterstützung zu danken.

Marburg, im Dezember 2006   *Klaus Heine* und *Wolfgang Kerber*

Inhalt

VIII

I.

Föderale Mehr-Ebenen-Systeme und Europäische Integration

Klaus Heine und Wolfgang Kerber (Hg.),
Zentralität und Dezentralität von Regulierung in Europa
Schriften zu Ordnungsfragen der Wirtschaft · Band 83 · Stuttgart · 2007

Regulierung in föderalen Mehr-Ebenen-Systemen

Wolfgang Kerber

Inhalt

1. Einführung

Die Europäische Union (EU) ist ein Staatenverbund, in dem die Kompetenzen für Recht, Regulierungen und Politiken auf verschiedene staatliche Ebenen verteilt sind. Traditionell sind die meisten Kompetenzen bei den Mitgliedstaaten angesiedelt, allerdings haben sich im Laufe des europäischen Integrationsprozesses immer weitere Kompetenzen auf die EU-Ebene verschoben. Dies geschah teilweise über die mehrmaligen Änderungen des EG- bzw. EU-Vertrags, teilweise aber auch durch die Rechtsprechung des Europäischen Gerichtshofs, die insbesondere zur besseren Durchsetzung der vier Grundfreiheiten die Reichweite nationaler Regulierungen stark begrenzt hat. Auch wenn die Frage nach Zentralität und Dezentralität von Regulierungen und Politiken vor allem in bezug auf die Kompetenzverteilung zwischen der EU und den Mitgliedstaaten diskutiert wird, so sind ebenfalls die regionalen und kommunalen Kompetenzen einzubeziehen. Für die Frage der optimalen vertikalen Zuordnung von Kompetenzen sind alle Ebenen innerhalb eines solchen Mehr-Ebenen-Systems von Gebietskörperschaften, wie es die EU darstellt, zu berücksichtigen. Gerade für rechtliche Regeln und Regulierungen ist diese Problematik von Zentralität und Dezentralität eng mit der Diskussion um den Binnenmarkt, der (Mindest-)Harmonisierung und dem Regulierungswettbewerb verknüpft.

Welche rechtlichen Regeln, Regulierungen und Politiken zentralisiert oder harmonisiert werden müßten bzw. ob die diesbezüglichen Entwicklungen nicht bereits zu weit gegangen sind, ist eine offene Frage, die differenzierte Antworten verlangt. Aufgabe dieses einführenden Beitrags ist die Herausarbeitung eines Rahmens von zentralen Fragestellungen, theoretischen Ansätzen, ökonomischen Kriterien und spezifischen Problemfeldern, mit dem die Frage nach der optimalen Allokation und Abgrenzung von Rechtsetzungs- und Regulierungskompetenzen zwischen den Ebenen eines föderalen Mehr-Ebenen-Systems und die faktischen Kompetenzallokationsprozesse untersucht werden können. Dies soll sowohl auf einer abstrakt-theoretischen Ebene als auch mit engem Bezug auf die spezifischen Entwicklungen und Probleme in der EU geschehen.

In Kapitel 2 wird zunächst das theoretische Konzept eines Mehr-Ebenen-Systems von Jurisdiktionen eingeführt, die teilweise schwierige Differenzierung zwischen rechtlichen Regeln, Regulierungen und Politiken thematisiert und abschließend die bisherige Entwicklung der vertikalen Verteilung von Regulierungskompetenzen in der EU skizziert. Ein zentraler Kern des Beitrags stellt Kapitel 3 dar, in dem auf der Basis verschiedener theoretischer Ansätze die wichtigsten ökonomischen Kriterien für die optimale vertikale Allokation von Kompetenzen und das Problem der Funktionsfähigkeit unterschiedlicher Arten des Regulierungswettbewerbs in knapper Form vorgestellt werden. Im folgenden Kapitel 4 stehen spezifische Problemkomplexe im Vordergrund, die sich bei der Frage nach Zentralität und Dezentralität von Regulierungen als besonders schwierig erwiesen haben. Hierzu gehören neben dem oft mißbrauchten *Levelling the playing field*-Argument das normativ komplexe Problem kultureller Vielfalt und regionaler Mindestautonomie sowie die beiden eng verknüpften Fragen nach der Stabilität und Evolutionsfähigkeit von Mehr-Ebenen-Systemen und der Gestalt und Implementierbarkeit eines geeigneten institutionellen Rahmens. Einige Schlußfolgerungen finden sich in Kapitel 5.

2. Regulierungen im Mehr-Ebenen-System der EU: theoretische Vorbemerkungen und Entwicklungen

2.1. Die EU als Mehr-Ebenen-System von Jurisdiktionen

Die EU kann als ein Mehr-Ebenen-System von territorial abgegrenzten Jurisdiktionen (Gebietskörperschaften) verstanden werden.[1] Eine Sonderstellung nimmt dabei immer noch die Ebene der Mitgliedstaaten ein, die aus den völkerrechtlich souveränen Nationalstaaten besteht, da diese mit dem Abschluß der europäischen Verträge erst die zentrale EU-Ebene begründet haben und bis heute die sogenannten „Herren der Verträge" sind. Da der EU-Ebene mit ihren Institutionen (Rat, Kommission, Europäischer Gerichtshof (EuGH)) durch diese Verträge eine Fülle von staatlichen Kompetenzen übertragen worden ist, besteht eine die gesamte EU umfassende zentrale Ebene. Die weiteren Ebenen unterhalb der mitgliedstaatlichen Ebene sind dagegen sehr unterschiedlich ausgeprägt. Während in manchen Mitgliedstaaten seit langem fest etablierte föderale Strukturen vorliegen, wie beispielsweise in Deutschland mit den Bundesländern und den Kommunen, sind diese in anderen Mitgliedstaaten wesentlich weniger ausgeprägt oder haben sich – wie beispielsweise in Italien und Frankreich – erst seit wenigen Jahren entwickelt. Da in den meisten Ländern aber sowohl eine regionale als auch eine kommunale Ebene mit eigenen Kompetenzen besteht, kann fast immer von vier staatlichen Ebenen ausgegangen werden (EU, Mitgliedstaat, Region, Kommune).

Wie läßt sich ein Mehr-Ebenen-System von Jurisdiktionen theoretisch fassen? Ein einfaches Modell eines solchen Mehr-Ebenen-Systems zeichnet sich dadurch aus, daß (1) jede Jurisdiktion territorial von anderen Jurisdiktionen auf der gleichen Ebene abgegrenzt ist, (2) jede Jurisdiktion einer niedrigeren Ebene eindeutig einer bestimmten Jurisdiktion auf einer höheren Ebene zugeordnet ist, so daß eine klare Pyramide von Jurisdiktionen entsteht, (3) jede Jurisdiktion eigene staatliche Kompetenzen hat und (4) über ein mehr oder minder voll ausgebildetes eigenes politisches System verfügt, das heißt, daß jede Jurisdiktion auf jeder Ebene über eine eigene Regierung, Parlament und Verfassung verfügen kann. So haben beispielsweise die deutschen Bundesländer eigene Landesverfassungen ebenso wie es Kommunalparlamente auf der niedrigsten (kommunalen) Ebene gibt. Dies impliziert, daß jedes Individuum gleichzeitig Bürger mehrerer vertikal übereinanderliegender Jurisdiktionen ist, von deren staatlichen Entscheidungen es betroffen ist und gegenüber denen es eigenständige Rechte als Bürger hat (beispielsweise Wahlrecht).

Die konkrete Ausgestaltung eines solchen Mehr-Ebenen-Systems kann sehr unterschiedlich sein. So können manche staatlichen Kompetenzen gleichzeitig verschiedenen

---

[1] Vgl. zum Konzept des Multi-Level Governance aus politikwissenschaftlicher Sicht *Marks, Hooghe* und *Blank* (1996) und *Jordan* (2001).

Ebenen zugeordnet sein (parallele, überlappende Kompetenzen), oder an bestimmten politischen Entscheidungen sind gleichzeitig zwei Ebenen beteiligt (wie beispielsweise die Länderregierungen über den Bundesrat in Deutschland oder die Regierungen der Mitgliedstaaten über den Rat auf der EU-Ebene). Dies kann zur bekannten Problematik der Politikverflechtung führen (*Scharpf* 1988).[2] Von besonderer Bedeutung ist die Struktur des Rechtssystems. Theoretisch kann in einem Mehr-Ebenen-System jede Jurisdiktion über ihr eigenes Rechtssystem (mit höchstrichterlicher Rechtsprechung) verfügen, allerdings sind dann Regeln für die Lösung von Konflikten erforderlich. In der EU bestehen zum einen die mitgliedstaatlichen Rechts- und Gerichtssysteme und zum anderen der Europäische Gerichtshof, der für die Auslegung der europäischen Verträge und des europäischen Rechts zuständig ist. Für die EU ist von zentraler Bedeutung, daß das europäische Recht in den Mitgliedstaaten unmittelbar gilt und folglich auch von den nationalen Gerichten angewendet werden muß.

2.2. Recht, Regulierungen und Politiken

Unbestritten ist, daß dem Staat die Aufgabe zukommt, ein Rechtssystem als Privatrechtsordnung bereitzustellen, das durch eine Menge von Regeln das Leben, die Freiheit und die Eigentumsrechte der Bürger schützt und die Bürger bei ihren Kooperationen und Transaktionen durch Hilfe bei der Durchsetzung von Verträgen (mit Gerichten als Streitschlichtungsinstanz) unterstützt. Insofern kann von einem marktkonstituierenden Recht gesprochen werden. Der Begriff der Regulierung ist üblicherweise damit verknüpft, daß der Staat in die Handlungs- oder Vertragsfreiheit der Bürger eingreift, indem er beispielsweise Vorschriften über die Gestaltung von Produkten erläßt, bei Verträgen mit Verbrauchern nicht abdingbare Mindeststandards vorschreibt, private Beschränkungen des Wettbewerbs verbietet oder bei natürlichen Monopolen direkt in die Preisbildung eingreift. Soweit Regulierungen die Aufgabe haben, Marktversagensprobleme zu lösen, können sie trotz ihres Eingriffs in die Handlungs- und Vertragsfreiheit als Teil des für die Funktionsfähigkeit von Märkten notwendigen Regelrahmens verstanden werden. Oft werden mit Regulierungen aber auch eine Fülle von anderen Zielen verfolgt, mit denen, beispielsweise aus verteilungspolitischen Gründen, bewußt Ergebnisse angestrebt werden, die von denen eines funktionsfähigen Marktes abweichen.

Im EG-Vertrag findet sich neben den Grundfreiheiten eine Anzahl von Zielen, die durch eine Reihe von Politiken verfolgt werden sollen. In diesem Beitrag geht es nicht generell um die Frage nach Zentralität und Dezentralität aller staatlichen Kompetenzen, sondern primär um die wesentlich engere Frage, auf welcher Ebene die Kompetenzen für die Setzung rechtlicher Regeln für die Sicherung der Funktionsfähigkeit von Märkten und für die Verfolgung eventueller weiterer Ziele liegen sollen. Insbesondere die klassischen Instrumente der Besteuerung und staatlichen Ausgabenprogramme werden eine wesentlich geringere Rolle spielen. Mit dieser thematischen Eingrenzung kor-

---

[2] Zum „Ausschuß der Regionen" in der EU vgl. den Beitrag von *Wentzel* (2007) in diesem Band. Noch wesentlich komplexer können die Strukturen solcher Mehr-Ebenen-Systeme werden, wenn auch die vielfältigen Möglichkeiten eines funktionalen Föderalismus einbezogen werden (*Frey* und *Eichenberger* 1999).

respondiert, daß die EU – auch aufgrund des Fehlens eigener Steuerkompetenzen – seit langem vor allem über die Gestaltung rechtlicher Regelungen den europäischen Integrationsprozeß vorantreibt. Insofern ist die Etablierung bestimmter rechtlicher Regeln und Regulierungen eine der zentralen Möglichkeiten, wie die EU ihre inzwischen breite Menge von Politiken betreiben kann.

2.3. Entwicklung der Regulierungskompetenzen in der EU

Seit dem Abschluß der Römischen Verträge hat ein schrittweiser Prozeß der Verlagerung von Kompetenzen für rechtliche Regelungen und Politiken von der nationalstaatlichen Ebene zur europäischen Ebene stattgefunden. Ursprünglich waren sowohl das Zivilrecht als auch das öffentliche Recht (einschließlich der verschiedensten Formen von Regulierungen) wie auch die heutigen EU-Politiken ausschließlich auf der nationalen Ebene angesiedelt. Auch wenn im ursprünglichen EWG-Vertrag bereits gravierende Kompetenzen auf die europäische Ebene übertragen wurden, so verlief die faktische Entwicklung sehr unterschiedlich. Während bestimmte Kompetenzen bereits sehr früh genutzt wurden (wie insbes. im Bereich der Außenhandels- und Agrarpolitik), verlief die Entwicklung in anderen Bereichen sehr viel langsamer. So wurden beispielsweise die Möglichkeiten der europäischen Wettbewerbspolitik bis in die 1980er Jahre hinein nur selektiv und schrittweise realisiert. Insbesondere die Anwendung der Art. 86 und 87 ff. EGV (öffentliche Unternehmen und Monopole sowie Beihilfenkontrolle) ist erst ab den 1980er Jahren ernsthaft in Angriff genommen worden, so daß die dadurch betroffenen mitgliedstaatlichen Politiken bis in die 1990er Jahre hinein wenig tangiert wurden.

Entscheidende faktische Verlagerungen von Regulierungskompetenzen haben vor allem durch die Bemühungen zur Durchsetzung des europäischen Binnenmarktes ab Ende der 1970er Jahre stattgefunden. Als wesentlich wichtiger als das erst ab Mitte der 1980er Jahre initiierte Binnenmarktprogramm (und der "Einheitlichen Europäischen Akte") hat sich die sogenannte Cassis de Dijon-Rechtsprechung des EuGH zur Durchsetzung der Warenverkehrsfreiheit in der EU erwiesen, die zunächst bei Produktregulierungen das Bestimmungslandprinzip durch das Ursprungs-(oder Herkunfts-)landprinzip ersetzte (*Streit* und *Mussler* 1995). Diese vom EuGH entwickelte Strategie, bei Nichtzustandekommen des Abbaus von nichttarifären Handelshemmnissen durch Harmonisierung von Regulierungen das Prinzip der wechselseitigen Anerkennung (mit entsprechenden, aber sehr begrenzten Ausnahmen) einzuführen, ist im Laufe der Zeit schrittweise auf den Bereich aller vier Grundfreiheiten (Freiheit des Verkehrs von Waren, Dienstleistungen, Personen und Kapital) übertragen worden (*Wagener, Eger* und *Fritz* 2006). Die entscheidende Konsequenz dieser Rechtsprechung des EuGH war, daß – ohne jede Vertragsänderung – die Mitgliedstaaten in einer Vielzahl von (vorher als selbstverständlich in nationaler Kompetenz liegenden) Regulierungs- und Politikbereichen gravierend in ihrer Souveränität eingeschränkt wurden. Da viele dieser nationalen Regulierungen tatsächlich Wettbewerbshemmnisse darstellten, ist diese Entwicklung mit einem erheblichen Grad an Deregulierung und Aufbrechen von verkrusteten nationalen Märkten verknüpft gewesen und hat folglich den Wettbewerb in Europa stark intensiviert.

Diese Entwicklung einer Zurückdrängung von möglichen handelshemmenden Wirkungen nationaler Regulierungen durch wechselseitige Anerkennung mit faktischen Deregulierungswirkungen und der Möglichkeit von Regulierungswettbewerb ist in den letzten Jahren von zunehmenden Harmonisierungs- und Regulierungsprozessen auf der EU-Ebene begleitet worden. Direkt mit der Durchsetzung des Wettbewerbsprinzips verknüpft sind dabei insbesondere EU-Richtlinien für die Durchsetzung des Binnenmarktes in einzelnen Sektoren, die früher in den Mitgliedstaaten nur beschränkt dem Wettbewerb ausgesetzt waren, wie beispielsweise im Bereich von Telekommunikations-, Strom-, Gas- oder Verkehrsmärkten.[3] Wesentlich gravierender ist aber, daß viele verbraucher- und lauterkeitsrechtliche Regulierungen inzwischen harmonisiert sind bzw. werden. Hierzu gehören insbesondere die Richtlinien über den Fernabsatz und E-Commerce, über Versicherungs- und Finanzmärkte sowie das Unlauterkeitsrecht mit seiner Fülle von Regeln, welche Handlungen im Wettbewerb erlaubt oder verbietet.[4] Aber auch in Kernbereichen des Zivilrechts wie im Gesellschaftsrecht (mit der Societas Euro-paea) und im Vertragsrecht (mit dem Projekt der Etablierung eines optionalen europäischen Vertragsrechts) sind erhebliche Bestrebungen für eine stärkere Rolle der EU-Ebene zu beobachten (*Röpke* und *Heine* 2005; *Grundmann* 2004).

3. Zentralität und Dezentralität von Recht und Regulierung: ein analytischer Rahmen

3.1. Einführung: normativer Ausgangspunkt und theoretische Ansätze

Nach der Charakterisierung der EU als ein Mehr-Ebenen-System, in dem vertikale Kompetenzen für Recht, Regulierungen und Politiken auf verschiedene Ebenen verteilt sind, und einer kurzen Skizzierung der faktischen historischen Entwicklung der vertikalen Kompetenzallokation in der EU soll in diesem Kapitel ein Überblick über ökonomische Kriterien für die Frage der optimalen Allokation von rechtlichen Kompetenzen in einem Mehr-Ebenen-System gegeben werden. Nicht eingegangen wird dagegen auf die ebenfalls wichtige positive Analyse solcher Kompetenzallokationsprozesse (vgl. hierzu in diesem Band *Vaubel* 2007).

Aus ökonomischer Sicht liegt es nahe, die ökonomische Wohlfahrt als zentralen normativen Bezugspunkt zu wählen. Aufgrund grundlegender Probleme dieses Ansatzes erscheint es allerdings ratsam, auf den damit eng verknüpften, aber differenziertere Argumentationen ermöglichenden konstitutionenökonomischen Ansatz zu rekurrieren, der die Präferenzen der Bürger einer Jurisdiktion als zentralen normativen Referenzpunkt ansieht (*Vanberg* 2000, 2005). Ausgehend hiervon kann die Steigerung der ökonomischen Wohlfahrt zum einen durch eine Verbesserung der effizienten Allokation (statische Effizienz) und zum anderen durch eine größere Innovations- und Anpassungsfähigkeit (dynamische Effizienz) angestrebt werden. Der konstitutionenökonomische Ansatz bietet aber auch die Grundlage, um zentrale Ziele individueller Freiheit sowie das

---

[3] Vgl. zur EU-Verkehrspolitik *Becker* (2007) in diesem Band.

[4] Vgl. *Reich* und *Micklitz* (2003), *Rischkowsky* und *Döring* (2004) sowie *Van den Bergh* (2007) in diesem Band.

damit eng verbundene Subsidiaritätsprinzip einzubeziehen. Auch bestimmte Arten von personellen und regionalen Redistributionszielen können – in begrenztem Umfang – als Ergebnis von Versicherungsargumenten aus einem solchen Ansatz abgeleitet werden.

Für die Gewinnung von ökonomischen Kriterien für die optimale Gestaltung von föderalen Mehr-Ebenen-Systemen von Jurisdiktionen in bezug auf rechtliche Regeln und Regulierungen kann auf verschiedene theoretische Ansätze zurückgegriffen werden:

- Von zentraler Bedeutung sind hierbei die ökonomische Theorie des Föderalismus, und zwar sowohl die traditionelle Theorie des Fiskalföderalismus als auch neuere Ansätze des „market-preserving federalism" ebenso wie die verschiedenen Theorien des interjurisdiktionellen Wettbewerbs bzw. des Standortwettbewerbs und des Wettbewerbsföderalismus (*Brennan* und *Buchanan* 1980; *Kenyon* und *Kincaid* 1991; *Breton* 1996; *Qian* und *Weingast* 1997; *Apolte* 1999; *Oates* 1999; *Feld* 2000; *Vanberg* 2004). Wesentlich spezifischer bezogen auf Recht und Regulierungen sind die inzwischen auf viele Anwendungsbereiche bezogenen Untersuchungen zum Regulierungswettbewerb (*regulatory competition*), die in Kombination mit der ökonomischen Föderalismustheorie auch zu ersten theoretischen Ansätzen für föderale Mehr-Ebenen-Rechtssysteme geführt haben (*Sun* und *Pelkmans* 1995; *Sinn* 1997; *Van den Bergh* 2000; *Esty* und *Gerardin* 2001a; *Kerber* und *Heine* 2002).

- Neben diesen direkt die Frage von Zentralität und Dezentralität aufgreifenden Ansätzen ist ebenfalls die Außenhandelstheorie von zentraler Bedeutung. Denn sie bildet die Grundlage der traditionellen Integrationstheorie, die den Abbau von Wettbewerbs- und Handelshemmnissen innerhalb eines wirtschaftlichen Integrationsraums in den Mittelpunkt stellt und folglich die ökonomische Begründung für die Maßnahmen zur Vollendung des europäischen Binnenmarktes, insbesondere über die Durchsetzung der vier Grundfreiheiten, liefert (*Pelkmans* 2001; *Wagener, Eger* und *Fritz* 2006). Die Besonderheit des hier vertretenen Ansatzes eines Mehr-Ebenen-Systems für den wirtschaftlichen Integrationsraum der EU liegt gerade darin, daß diese traditionelle außenhandelstheoretische Perspektive mit föderalismustheoretischen Ansätzen kombiniert wird (*Heine* und *Kerber* 2003).

- Unverzichtbar für die Gestaltung eines adäquaten Mehr-Ebenen-Systems von Recht und Regulierung sind darüber hinaus eine Reihe von ordnungs- und institutionenökonomischen Ansätzen wie die Ordnungsökonomik, die *Law and Economics* sowie die *Public-choice*-Theorie (*Eucken* 1952; *Cooter* und *Ulen* 2004; *Mueller* 2003) – sowohl für die Analyse der betroffenen rechtlichen Regeln selbst als auch für die Gestaltung eines adäquaten institutionellen Rahmens für ein solches Mehr-Ebenen-System.

Von besonderer Bedeutung ist, daß sich mit der Frage nach der vertikalen Kompetenzallokation gleichzeitig die Frage nach der Funktionsfähigkeit von interjurisdiktionellen (bzw. Regulierungs-) Wettbewerbsprozessen stellt. Denn die Mobilität von Individuen, Unternehmen und Produktionsfaktoren zwischen Jurisdiktionen (bzw. Regulierungen), deren Erhöhung gerade im Mittelpunkt der Bemühungen zur Durchsetzung der vier Grundfreiheiten steht, führt bei gleichzeitiger Dezentralität von Kompetenzen automatisch zur Entstehung von Wettbewerbsverhältnissen zwischen Jurisdiktionen bzw. Regulierungen. Werden folglich gleichzeitig Mobilität und ein Mindestmaß an Dezentralität angestrebt, können Wettbewerbsprozesse entstehen, deren mögliche positive oder negative Wirkungen untersucht und einbezogen werden müssen. Ein nicht-triviales föderales Mehr-Ebenen-System, in dem relevante Kompetenzen auf mindestens zwei Ebenen angesiedelt werden, wird deshalb in wesentlichen Grundzügen ein wettbewerbs-föderalistisches System darstellen. Insofern sind bei der folgenden Synopse ökonomischer Kriterien nicht nur die direkten Kriterien für eine vertikale Kompetenzverteilung zu berücksichtigen, sondern auch die Wirkungen möglicher Wettbewerbsprozesse zwischen Jurisdiktionen bzw. rechtlichen Regeln. In der folgenden Abbildung 1 sind die wichtigsten Kriterien in mehreren Gruppen zusammengestellt.

3.2. Direkte Kriterien für die vertikale Allokation von Kompetenzen

Abbildung 1: Kriterien für Zentralität und Dezentralität von Kompetenzen für Recht und Regulierungen in einem Mehr-Ebenen-System[5]

Gruppe I: **Kosten**	Gruppe III: **Wissen und Innovation**
- statische Skalenvorteile	- dezentrales Wissen
- Informations-/Transaktionskosten	- Innovations- und Anpassungsfähigkeit
- geographische Reichweite von Problemen (Externalitäten)	Gruppe IV: **Politökonomische Probleme**
	- *Rent seeking*-Probleme
- Konsistenz der Rechtsordnung	- politische Transaktionskosten
- Handelshemmnisse und Wettbewerbsverzerrungen	Gruppe V: **Pfadabhängigkeiten**
	- historische Ausgangssituation
Gruppe II: **Heterogenität**	- dynamische Skalenvorteile
- Heterogenität von Präferenzen	Gruppe VI: **Weitere normative Kriterien**
- Heterogenität von Problemen	- Distributionskriterien
	- Freiheit / Autonomie
	Gruppe VII: **Regulierungswettbewerb**

Bei der ersten Gruppe I handelt es sich um eine Menge sehr unterschiedlicher Kriterien, die sich alle auf Kosten beziehen, entweder bei der Bereitstellung von Recht und Regulierungen oder bei deren Adressaten, und sich insofern auf die effiziente Allokation auswirken. Wichtig sind hierbei zum einen mögliche Größenvorteile und zum anderen Einsparmöglichkeiten bei Informations- und Transaktionskosten, die bei einer stärker zentralisierten und/oder harmonisierten Bereitstellung von Regulierungen erzielt werden können. Gerade international tätige Unternehmen sind oftmals aus Kostengründen sehr an einheitlichen Regelungen interessiert. Steigende Informations- und Transaktionskosten durch unterschiedliche Regelungen können gleichzeitig auch zu (nichttarifären) Handelshemmnissen führen. Als umstritten haben sogenannte *Levelling the playing field*-Argumente zu gelten, das heißt, daß unterschiedliche rechtliche Regeln und Regu-

---

[5] Angelehnt an *Kerber* und *Grundmann* (2006, S. 221); vgl. zu solchen Zusammenstellungen von Kriterien auch *Esty* und *Gerardin* (2001b), *Kerber* und *Heine* (2002), *Van den Bergh* (2002) und *Feld* und *Kerber* (2006) mit weiterer Literatur.

lierungen auch zu Wettbewerbsverzerrungen auf den Gütermärkten führen können (vgl. unten Kapitel 4.1.). In bestimmten Fällen kann die Unterschiedlichkeit von rechtlichen Regeln in einem dezentralisierten Mehr-Ebenen-System zu erheblichen Problemen für die Konsistenz der Gesamtrechtsordnung führen. Ein besonders wichtiges Problem für die Frage von Zentralität und Dezentralität stellen mögliche jurisdiktionsüberschreitende Externalitäten dar, da positive und negative *Spillovers* zwischen den Jurisdiktionen regelmäßig zu erheblichen Ineffizienzen führen können. Eine Übereinstimmung der geographischen Reichweite von Regulierungen mit den von ihnen zu lösenden Problemen ist deshalb für die Sicherstellung der Internalisierung solcher Externalitäten zweckmäßig.

Während die Kriterien der ersten Gruppe oftmals eher Argumente für eine stärkere Zentralisierung von rechtlichen Regeln liefern, weisen Heterogenitäten zwischen Jurisdiktionen eher auf Vorteile dezentraler Rechtsetzungskompetenzen hin (Gruppe II). Dabei kann es sich um zwei verschiedene Formen von Heterogenitäten handeln. Zum einen können die Bürger mehrerer Jurisdiktionen durch verschiedene Wertvorstellungen unterschiedliche wirtschaftspolitische Ziele unterstützen bzw. diese unterschiedlich gewichten. Insofern können sich die Präferenzen für bestimmte Regulierungen zwischen den Jurisdiktionen unterscheiden. In gleicher Weise können sich aber auch die faktischen Probleme, beispielsweise in Form von Marktversagen oder Verteilungsproblemen, zwischen den Jurisdiktionen unterscheiden, so daß – selbst bei gleichen Präferenzen der Bürger – unterschiedliche Regulierungen aus ökonomischer Sicht optimal sind. Eine stärker dezentralisierte Kompetenzallokation ermöglicht eine differenziertere Anpassung von Regeln und Regulierungen an die regional unterschiedlichen Probleme und Präferenzen der Bürger.

Eines der zentralen Probleme möglichen Staatsversagens besteht darin, daß das Wissen der politischen Entscheidungsträger über die optimalen rechtlichen Regeln, Regulierungen und Politiken zur Lösung von Problemen oftmals sehr begrenzt ist (*Hayek* 1996; Gruppe III). Dies hat seine Ursachen zum Teil in fehlenden Informationen über die spezifischen Probleme, zum Teil in bisher nur unvollkommenen ökonomischen Theorien, zum Teil ist dies aber auch bedingt durch die ständige Entstehung neuer Probleme aufgrund technologischen und wirtschaftlichen Fortschritts. Soweit man auf dezentraler Ebene über bessere Informationen über die vorliegenden Probleme verfügt (dezentrales Wissen), kann durch eine stärker dezentrale Allokation von Kompetenzen die Effizienz von Regulierungen verbessert werden. Durch die bisher unvollkommenen Theorien und den ständigen Wandel von zu lösenden Problemen besteht die Notwendigkeit, nach neuen besseren wirtschaftspolitischen Lösungen zu suchen, das heißt, daß ein Mehr-Ebenen-System von rechtlichen Regeln und Regulierungen auch über eine hohe Innovations- und Anpassungsfähigkeit verfügen sollte. Sowohl im Konzept des *laboratory federalism* als auch aus evolutionsökonomischer Perspektive ist gezeigt worden, daß stärker dezentralisierte Mehr-Ebenen-Systeme durch die Möglichkeit des dezentralen Experimentierens und wechselseitigen Lernens über eine größere Innovations- und Anpassungsfähigkeit verfügen können als Systeme mit einem höheren Grad an Zentralisierung und Vereinheitlichung.[6]

Die Kriteriengruppe IV bezieht sich auf die Frage, welcher Grad an Zentralität und Dezentralität besser in der Lage ist, die mit Regulierungen verbundenen politökonomischen Probleme zu lösen. Da wir nicht davon ausgehen können, daß sich die Regierungen bei der Nutzung ihrer Rechtsetzungs- und Regulierungskompetenzen ausschließlich an den Interessen der Bürger orientieren, sondern hierbei vielmehr umfangreichen *Rent seeking*-Aktivitäten ausgesetzt sind, stellt sich die Frage, ob sich die negativen Wirkungen von Lobbyismus stärker auf der zentralen oder dezentralen Ebene bemerkbar machen. Auch wenn es gute Gründe dafür gibt, daß auf dezentraler Ebene in erheblichem Umfang *Rent seeking* auftreten kann, so können die Gefahren durch *Rent seeking*-Aktivitäten auf einer zentralen Ebene wesentlich größer sein, da es bei zentralisierten oder harmonisierten Regulierungen wesentlich geringere Korrekturmöglichkeiten gibt, wie beispielsweise durch den Regulierungswettbewerb oder durch die Kontrolle der Bürger. Das Kriterium der politischen Transaktionskosten umfaßt beispielsweise die wesentlich höheren Konsensfindungskosten, die bei den (in der EU sehr komplexen) Entscheidungsmechanismen auf der zentralen Ebene auftreten.

Die Frage der optimalen vertikalen Kompetenzallokation ist auch von der historischen Entwicklung im Sinne pfadabhängiger Prozesse abhängig (Gruppe V). Liegen beispielsweise zu einem bestimmten historischen Zeitpunkt bereits wohletablierte rechtliche Regeln und Regulierungen für bestimmte Probleme auf der Ebene der Mitgliedstaaten vor, so stellt ein großer Teil der Kosten für die Etablierung dieser Regeln ebenso wie die Informationskosten der Adressaten über diese rechtlichen Regeln (und das erworbene rechtsspezifische Humankapital von Rechtsanwälten und Richtern) versunkene Kosten dar. Dies beeinflußt den relativen Kosten-Nutzen-Vergleich zwischen diesen bereits etablierten dezentralen Regeln und neu einzuführenden zentralen Regeln. Dieser Vorsprung der etablierten Regeln wird weiter dadurch verstärkt, daß oft auch dynamische Skalenvorteile derart auftreten, daß die Qualität von rechtlichen Regeln und Regulierungen mit der kumulierten Anwendungshäufigkeit dieser Regeln zunimmt. Neue Regeln können aufgrund einer mangelnden Fallpraxis oftmals noch wenig Sicherheit in bezug auf die Differenzierung zwischen erlaubten und verbotenen Verhaltensweisen bieten. Gerade aufgrund der unter Umständen erheblichen pfadabhängigen Entwicklungen bei rechtlichen Regeln und Regulierungsregimen können auch gravierende *Lock-in*-Effekte in der Weise auftreten, daß etablierte ineffiziente Regeln nicht mehr durch effizientere abgelöst werden können (*Klausner* 1995; *Heine* und *Kerber* 2002). Eine Kompetenzverschiebung auf eine andere Ebene könnte solche Probleme lösen helfen.

Während sich die ersten fünf Kriteriengruppen normativ eng an das Ziel der ökonomischen Wohlfahrt anlehnen (effiziente Allokation plus dynamische Effizienz), kann zusätzlich aber auch gefragt werden, wie sich verschiedene Grade an Zentralität und

---

[6] Zu den Vorteilen dezentralen Experimentierens in einem föderalen System vgl. *Oates* (1999), *Kollman, Miller* und *Page* (2000), *Van den Bergh* (2000) und *Kerber* (2005) mit weiterer Literatur.

Dezentralität von Rechtsetzungskompetenzen auf weitere (aus dem konstitutionenökonomischen Ansatz ableitbare) normative Ziele auswirken (Kriteriengruppe VI). Hierbei kommen insbesondere bestimmte (als Ergebnis einer Versicherungsargumentation ableitbare) Redistributionsziele und grundlegende Freiheitsziele in Betracht. In bezug auf die Redistribution betrifft dies zum einen die Frage nach der Mindestsicherung in einer Gesellschaft und zum anderen die Frage nach einer möglichen regionalen Umverteilung, soweit sie als Ergebnis einer wechselseitigen Versicherung der Jurisdiktionen gegen asymmetrische ökonomische Schocks verstanden werden kann (*Persson* und *Tabellini* 1996). Insofern kann gefragt werden, wie sich die Zentralität oder Dezentralität von rechtlichen Regeln auf solche Distributionsziele auswirken kann. Bezogen auf Regulierungen, sind die Auswirkungen der vertikalen Allokation von Rechtsetzungskompetenzen auf einen besonders geschützten Kernbereich individueller Handlungsfreiheit mindestens genauso wichtig. So kann die Möglichkeit, zwischen Regulierungsregimen in einem stärker dezentralisierten System wechseln zu können, auch eine wichtige Dimension der Sicherung individueller Freiheit sein. Die Möglichkeit der Postulierung einer regionalen Mindestautonomie als Ausdruck von Freiheit (und des Subsidiaritätsprinzips) wird noch genauer in Kapitel 4.2. diskutiert werden.

3.3. Vorteile und Probleme des Regulierungswettbewerbs

Die letzte Gruppe VII bezieht sich auf das bereits angesprochene Problem der Wirkungen von Wettbewerbsprozessen zwischen den Jurisdiktionen bzw. den rechtlichen Regeln innerhalb eines föderalen Mehr-Ebenen-Systems. In der Theorie des Regulierungswettbewerbs wurde gezeigt, daß solche Wettbewerbsprozesse sowohl mit großen Vorteilen, unter Umständen aber auch mit gravierenden Problemen belastet sein können.[7] Die möglichen Vorteile bestehen u. a. in einer erhöhten Effizienz (aufgrund einer besseren Orientierung an den eventuell heterogenen Bürgerpräferenzen sowie geringerer Kosten der Bereitstellung von Regulierungen), einer höheren Innovationsaktivität sowie einer größeren Anpassungsfähigkeit an neue Probleme und weniger negativen Wirkungen aufgrund von *Rent seeking*-Aktivitäten. Umgekehrt können durch die Wahl zwischen rechtlichen Regeln und deren daraus folgendem Wettbewerb auch erhebliche Probleme entstehen, wie beispielsweise Umgehungsprobleme, *Race to the Bottom*-Probleme oder zu hohe Informations- und Transaktionskosten. Weiterhin ist es möglich, daß aufgrund mangelnder Anreize von Politikern und aus weiteren Gründen der Wettbewerb zwischen rechtlichen Regeln nicht wirklich in Gang kommt.

Die bisherige Forschung über den Regulierungswettbewerb hat gezeigt, daß (1) für die konkrete Analyse zwischen unterschiedlichen Arten von Regulierungswettbewerb differenziert werden muß und (2) die Ergebnisse über die Funktionsfähigkeit solcher

---

[7] Vgl. zur breiten Diskussion um den Regulierungswettbewerb *Oates* und *Schwab* (1988), *Vanberg* und *Kerber* (1994), *Sun* und *Pelkmans* (1995), *Streit* und *Mussler* (1995), *Vogel* (1995), *Bratton, McCahery, Picciotto* und *Scott* (1996), *Sinn* (1997), *Van den Bergh* (1998, 2000), *Apolte* (1999), *Garcimartín* (1999), *Ogus* (1999), *Trachtman* (2000), *Esty* und *Gerardin* (2001a), *Marciano* und *Josselin* (2002, 2003), *Kieninger* (2002), *Ott* und *Schäfer* (2002a), *Kerber* und *Budzinski* (2004), *Röpke* und *Heine* (2005) sowie insbesondere die Beiträge von *Apolte* (2007), *Holzinger* und *Sommerer* (2007) und *Van den Bergh* (2007) in diesem Band.

Wettbewerbsprozesse stark von den jeweiligen rechtlichen Regelungsbereichen und den durch sie zu lösenden Problemen abhängig sind. In bezug auf die Arten des Regulierungswettbewerbs ist zunächst zwischen einem horizontalen und einem vertikalen Wettbewerb zu unterscheiden. Ein vertikaler Regulierungswettbewerb liegt zwischen rechtlichen Regeln vor, die parallel auf verschiedenen Ebenen des Mehr-Ebenen-Systems angeboten werden, wenn beispielsweise private Akteure zwischen mitgliedstaatlichen und europäischen Formen des Gesellschaftsrechts oder des Vertragsrechts wählen können (*Röpke* und *Heine* 2005; *Heine* und *Röpke* 2007, in diesem Band).

Üblicherweise liegt jedoch meist ein horizontaler Wettbewerb vor, das heißt, daß Wettbewerbsprozesse zwischen rechtlichen Regeln auf der gleichen jurisdiktionellen Ebene eines Mehr-Ebenen-Systems stattfinden. Hierbei sind jedoch mehrere Arten zu differenzieren, die sich durch verschiedene Mobilitätsbedingungen und damit verschiedene Transmissionsmechanismen unterscheiden (*Heine* 2003a; *Kerber* und *Budzinski* 2004):

— *Indirekter Regulierungswettbewerb durch Yardstick-Wettbewerb:* In diesem Fall braucht keinerlei Mobilität von Gütern, Unternehmen oder Produktionsfaktoren zwischen den Jurisdiktionen angenommen zu werden, es genügt die Mobilität von Informationen zwischen den Jurisdiktionen. Die Grundidee des *Yardstick*-Wettbewerbs besteht darin, daß die Bürger die Leistung ihrer Regierung anhand eines Vergleiches mit den Leistungen in anderen Jurisdiktionen beurteilen und entsprechend ihre Wiederwahlentscheidungen treffen.[8] Dies kann zum einen einer besseren Kontrolle von *Rent seeking*-Problemen dienen (*Wrede* 2001). Zum anderen haben die Regierungen so aber auch Anreize, von anderen Jurisdiktionen zu lernen, mit der Folge von Ausbreitungsprozessen superiorer Regulierungen. Der *Yardstick*-Wettbewerb geht von einem grundsätzlichen Informationsproblem in bezug auf das Wissen über optimale rechtliche Regeln und Regulierungen aus und versucht dies – ähnlich wie einem Benchmarking-Prozeß – über den Vergleich mit anderen ausprobierten rechtlichen Regeln zu lösen. Damit steht hinter dem *Yardstick*-Wettbewerb jenseits des politökonomischen Transmissionsmechanismus auch die Idee eines parallelen Experimentierungsprozesses mit wechselseitigem Lernen (analog zu *Hayek*s Konzept des Wettbewerbs als Entdeckungsverfahrens; *Hayek* 1978).

— *Indirekter Regulierungswettbewerb durch Außenhandel:* Führt man zusätzlich die Mobilität von Gütern wie in der traditionellen Außenhandelstheorie ein, so geraten rechtliche Regeln und Regulierungen insofern unter einen zusätzlichen Wettbewerbsdruck, weil Regulierungen die Kosten von inländischen Unternehmen und damit deren Wettbewerbsfähigkeit auf internationalen Gütermärkten beeinflussen. Allerdings handelt es sich hier nur um einen indirekten Wettbewerb, weil hier weder die Unternehmen noch die Produktionsfaktoren die rechtlichen Regeln und Regulierungen, unter denen sie tätig werden, direkt wählen können.

---

[8] Vgl. zum Yardstick-Wettbewerb *Salmon* (1987), *Besley* und *Case* (1995), *Schnellenbach* (2004), *Bodenstein* und *Ursprung* (2005); zur generellen Dimension des „Politiklernens" und des „Politiktransfers" im Rahmen der Offenen Methode der Koordinierung der EU vgl. *Lundvall* und *Tomlinson* (2002), *Arrowsmith, Sisson* und *Marginsson* (2004), *Eckardt* und *Kerber* (2004) sowie in bezug auf Rentenpolitik *Eckardt* (2007) in diesem Band.

– *Indirekter Regulierungswettbewerb durch wechselseitige Anerkennung (Herkunfts-landprinzip):* Einen Schritt weiter geht der Regulierungswettbewerb im Falle des in der EU im Anschluß an die Cassis de Dijon-Rechtsprechung eingeführten Prinzips der wechselseitigen Anerkennung von Regulierungen (Herkunftslandprinzip), weil hier zumindest die Nachfrager mit dem Kauf von Produkten aus unterschiedlichen Mitgliedstaaten gleichzeitig zwischen den Regulierungen, unter denen diese Produkte hergestellt werden, wählen können. Das Besondere an dieser Regel ist, daß die Unternehmen an die Regulierungen ihres Staates gebunden sind, was zu dem Problem der „umgekehrten Diskriminierung" führt. Gerade für diesen in der EU im Bereich von Produktregulierungen relevanten Fall ist die Frage nach möglichen *Race to the Bottom*-Problemen diskutiert worden.[9] Theoretisch handelt es sich um einen eigenartigen Fall des Regulierungswettbewerbs, weil diese Regulierungen, die eigentlich hauptsächlich dem Verbraucherschutz dienen, zwar für die Konsumenten wählbar sind, nicht aber für die Produzenten.

– *Direkter Regulierungswettbewerb durch interjurisdiktionellen Wettbewerb:* Hier wird die im Zuge der Globalisierung und des europäischen Binnenmarktes so wichtige Mobilität von Individuen, Unternehmen und Produktionsfaktoren zwischen den Jurisdiktionen und damit der Standortwettbewerb eingeführt. In dem dadurch entstehenden Wettbewerb der Jurisdiktionen als Standorte um Unternehmen und Ressourcen sind rechtliche Regeln und Regulierungen zusammen mit Infrastruktur und Steuern ein wichtiger Teil des gesamten Leistungspakets, das eine Jurisdiktion mobilen Unternehmen und Produktionsfaktoren anbietet. Rechtliche Regeln und Regulierungen stehen damit hier in einem direkten Wettbewerb zueinander, weil Unternehmen und Produktionsfaktoren tatsächlich direkt zwischen ihnen wählen können. Der Wettbewerbsdruck auf die einzelnen rechtlichen Regeln ist aber insofern eingeschränkt, als mobile Unternehmen zwischen den Gesamtleistungspaketen unterschiedlicher Standorte wählen müssen, so daß inferiore rechtliche Regeln auch durch besonders positive andere Standortfaktoren ausgeglichen werden können. Es ist weiter zu bedenken, daß bei fehlender wechselseitiger Anerkennung von Regulierungen, das heißt beispielsweise bei Gültigkeit des Bestimmungslandprinzips, ein Wettbewerb zwischen Produktregulierungen durch einen solchen Standortwettbewerb nicht gesichert ist, weil eine Firma durch eine Standortverlagerung nicht die relevanten Regulierungen auf ihren Absatzmärkten verändern kann.

– *Direkter Regulierungswettbewerb durch Rechtswahlfreiheit:* Eine Herauslösung einzelner rechtlicher Regeln und Regulierungen aus den Gesamtleistungspaketen von Standorten ist allerdings dann möglich, wenn private Akteure über das Recht der direkten Rechtswahl verfügen (*Parisi* und *Ribstein* 1998). So haben beispielsweise Unternehmen bei grenzüberschreitenden Transaktionen seit langem das Recht, zwischen dem Vertragsrecht verschiedener Staaten zu wählen. Im Anschluß an die Situation im US-amerikanischen Gesellschaftsrecht und die Centros-Rechtsprechung des EuGH findet auch in der EU eine Entwicklung in Richtung auf

---

[9] Vgl. zu dieser Art des Regulierungswettbewerbs insbesondere *Sun* und *Pelkmans* (1995), *Streit* und *Mussler* (1995), *Koenig, Braun* und *Capito* (1999), *Kerber* (2000) und *Apolte* (2007) in diesem Band.

eine freie Wahl zwischen den verschiedenen nationalen Gesellschaftsrechtsformen statt (*Easterbrook* und *Fischel* 1996; *Röpke* und *Heine* 2005). Entscheidend ist, daß durch eine weitgehende Rechtswahlfreiheit die rechtlichen Regeln und Regulierungen in einen sehr direkten Wettbewerb gesetzt werden, weil die Unternehmen für ihre Anwendung weder die Jurisdiktion wechseln noch das gesamte Leistungspaket einer anderen Jurisdiktion wählen müssen.

Welche Art des Regulierungswettbewerbs vorliegt, ist von den rechtlichen und faktischen Mobilitätsbedingungen abhängig. Rechtliche Regeln in bezug auf die Zulässigkeit eines freien internationalen Handels, einer freien Mobilität von Produktionsfaktoren, die Immigration von Individuen und die Niederlassung von Unternehmen sowie das Ausmaß von Rechtswahlfreiheiten bestimmen sowohl das Ausmaß als auch die Art solcher Regulierungswettbewerbsprozesse. Die Ergebnisse der bisherigen Forschung haben klar gezeigt, daß es stark von den Regelungsbereichen mit ihren jeweiligen Zielen abhängig ist, ob Regulierungswettbewerb eher positive Wirkungen zeitigt oder zu überwiegend problematischen Effekten führt (*Esty* und *Gerardin* 2001b). Es gibt beispielsweise Hinweise dafür, daß ein Wettbewerb zwischen Regulierungen mit der primären Zielsetzung des Schutzes Dritter (wie das Wettbewerbsrecht) eher zu Problemen führen kann als ein Wettbewerb zwischen rechtlichen Regeln, die – wie bei unterstützendem Recht (*facilitative law*) – vor allem die Kooperation zwischen den Vertragspartnern (durch Senkung von Transaktionskosten wie Vertragsrecht und Gesellschaftsrecht) erleichtern sollen.[10] Von zentraler Bedeutung ist aber, daß durch einen geeigneten institutionellen Regelrahmen für Regulierungswettbewerbsprozesse das Ausmaß und die Art dieser Prozesse beeinflußt und damit versucht werden kann, etwaiges Wettbewerbsversagen zu verringern – im Extremfall auch durch Verhinderung eines solchen Wettbewerbs durch Harmonisierung oder Zentralisierung der Regelungskompetenzen.

3.4. Zwischenfazit

Mit Hilfe eines solchen Kriterienrasters können Aussagen über eine geeignete vertikale Allokation von Kompetenzen in einem Mehr-Ebenen-System und das adäquate Ausmaß von Wettbewerb zwischen Jurisdiktionen und rechtlichen Regeln gemacht werden. Je nach Regelungsbereichen werden sich dabei unterschiedliche optimale Grade von Zentralität oder Dezentralität ergeben.[11] Bisherige Ergebnisse deuten darauf hin, daß selbst innerhalb eines Rechts- oder Regulierungsgebiets oft nicht eine völlige Zentralität oder Dezentralität, sondern eine geschickte Mischung aus beiden sich als besonders vorteilhaft erweist. Da sich meistens gravierende *Trade off*-Probleme ergeben, weil

---

[10] So eignet sich das Wettbewerbsrecht als primär drittschützende Regulierung wesentlich weniger für einen Regulierungswettbewerb (*Kerber* und *Budzinski*, 2004) als beispielsweise das Vertragsrecht und Gesellschaftsrecht, wobei auch da zwischen eher rein unterstützende und eher drittschützende rechtliche Regeln differenziert werden kann (*Kerber* und *Grundmann* 2006; *Heine* 2003a).

[11] Für solche Analysen vgl. in diesem Band die Beiträge über Wettbewerbspolitik (*Budzinski* 2007), Zivilrecht (*Heine* und *Röpke* 2007), Verbraucherpolitik (*Van den Bergh* 2007), Rentenpolitik (*Eckardt* 2007), Verkehrspolitik (*Becker* 2007), Arzneimittelregulierungen (*Cassel, Müller* und *Sundmacher* 2007) und Medienaufsicht (*Holznagel* und *Schumacher* 2007).

oft sowohl erhebliche Vor- als auch Nachteile von Zentralität (oder Dezentralität) auftreten, kann durch eine intelligente Kombination von zentralen und dezentralen Elementen versucht werden, die Vorteile von Zentralität und Dezentralität zu verbinden und deren jeweilige Nachteile zu begrenzen. Wie bereits beim Regulierungswettbewerb angedeutet, benötigt ein solches Mehr-Ebenen-System einen einheitlichen, konsistenten institutionellen Rahmen, der für die Funktionsfähigkeit eines solchen multijurisdiktionellen Systems sorgt. Konkret geht es dabei um klare Regeln für die Zuordnung und Abgrenzung von Kompetenzen, um einen Regelrahmen für die auftretenden Wettbewerbsprozesse sowie um eine Streitschlichtungsinstanz (wie den Europäischen Gerichtshof), die Konflikte zwischen den Jurisdiktionen löst. Aus ordnungsökonomischer Perspektive kann dies auch als eine Wettbewerbsordnung bezeichnet werden, die sich sowohl auf den Wettbewerb zwischen Unternehmen als auch auf den Wettbewerb zwischen den Jurisdiktionen bezieht (*Kerber* 1998a).

4. Spezifische Problemfelder

4.1. Binnenmarkt: *Levelling the playing field* und Dezentralität

Eine für die Gestaltung eines föderalen Mehr-Ebenen-Systems in der EU grundlegende Problematik liegt darin, daß das im Mittelpunkt der europäischen Wirtschaftsintegration stehende Binnenmarktargument zu starken Zentralisierungstendenzen führt und damit sowohl den Mehr-Ebenen-Charakter des Systems als auch dessen wettbewerbsföderalistische Elemente gefährdet. Dies ist eng mit dem oft angeführten *Levelling the playing field*-Argument verbunden. Wie im folgenden gezeigt wird, entsteht diese Problematik durch die fehlende Verzahnung der außenhandels- und föderalismustheoretischen Grundlagen der Theorie der wirtschaftlichen Integration.

Eines der zentralen Ziele der europäischen Integration ist die Schaffung eines Gemeinsamen Marktes oder Binnenmarktes. Insbesondere durch die Durchsetzung der vier Grundfreiheiten und die europäische Wettbewerbspolitik sollen möglichst viele Mobilitätshemmnisse, Marktzutrittsschranken zu nationalen Märkten sowie staatliche Wettbewerbsverzerrungen zwischen Unternehmen beseitigt werden. Die zentralen Strategien sind hierbei die Harmonisierung von rechtlichen Regeln, die wechselseitige Anerkennung nationaler Regeln (Herkunftslandprinzip), das Aufbrechen nationaler Monopole sowie die Kontrolle der Beihilfen der Mitgliedstaaten durch die europäische Beihilfenkontrolle. So war immer die zentrale Begründung für die Beihilfenkontrolle, daß die Mitgliedstaaten durch Subventionierung „ihrer" Unternehmen den Wettbewerb zwischen Unternehmen auf dem europäischen Markt nicht verzerren dürfen, damit sich die effizientesten Unternehmen und nicht diejenigen mit den größten Subventionen durchsetzen. Insofern sollten durch die Mitgliedstaaten geschaffene „künstliche" Vorteile für Unternehmen beseitigt werden, was man auch als Durchsetzung eines *Levelling the playing field* bezeichnen kann (als Überblick zur EU-Beihilfenkontrolle vgl. *Gröteke* 2006, S. 9-88).

Akzeptiert man dieses Argument, so wird schnell deutlich, daß es neben direkten Subventionen viele Möglichkeiten gibt, wie ein Mitgliedstaat den Unternehmen auf seinem Gebiet „Vorteile" zukommen lassen kann, die ihre Wettbewerbsfähigkeit ge genüber Unternehmen aus anderen Mitgliedstaaten erhöhen. Dabei geht es nicht nur um die vielen Umgehungsmöglichkeiten eines direkten Subventionsverbots, die die Beihilfenkontrolle wieder einzufangen versucht, sondern auch um die Möglichkeiten, durch unterschiedlich hohe Steuersätze, unterschiedlich strenge Regulierungen oder ein unterschiedliches Angebot von öffentlichen Gütern und Leistungen (wie Infrastruktur und Bildung) die Kosten der Unternehmen zu beeinflussen. Denkt man das Problem konsequent zu Ende, so bedeutet dies, daß nicht nur die (von der Beihilfenkontrolle erfaßten) „spezifischen" Maßnahmen, die einzelnen Unternehmen oder Wirtschaftszweigen zugute kommen, sondern auch die sogenannten „allgemeinen" Maßnahmen der Wirtschaftspolitik die Wettbewerbsfähigkeit von Unternehmen im europäischen Binnenmarkt beeinflussen.

Wollte man nun alle durch die Politiken der Mitgliedstaaten verursachten Kostenunterschiede zwischen Unternehmen aus verschiedenen Mitgliedstaaten als „künstliche Wettbewerbsverzerrungen" beseitigen, so würde dies in letzter Konsequenz eine vollständige Harmonisierung fast aller Politiken der Mitgliedstaaten erfordern. Die Unterschiedlichkeit von Politiken und damit auch rechtlichen Regeln und Regulierungen würde jedoch nicht nur aus dieser Perspektive ein grundlegendes Problem für den Binnenmarkt darstellen. Auch unabhängig von dem Ziel eines „unverzerrten" Wettbewerbs (mit der Idee des *Levelling the playing field*) können verschiedene rechtliche Regeln und Regulierungen deshalb den Binnenmarkt beeinträchtigen, weil durch eine Vielfalt rechtlicher Regeln in der EU erhebliche Informations- und Transaktionskosten auftreten können, die den grenzüberschreitenden Handel behindern und folglich aus der Perspektive der traditionellen Außenhandelspolitik als nichttarifäre Handelshemmnisse angesehen werden können. Ein Beispiel ist die Argumentation der EU-Kommission in ihrer Mitteilung zum Europäischen Vertragsrecht, in der bereits die Tatsache der Unterschiedlichkeit von nationalen Vertragsrechten aufgrund der dadurch verursachten Transaktionskosten für grenzüberschreitenden Handel ausreicht, um eine Beeinträchtigung des Binnenmarktes zu vermuten (*EU-Kommission* 2001; kritisch hierzu *Ott* und *Schäfer* 2002b).

Selbstverständlich verfolgt die EU bisher nicht eine Strategie, die auf eine vollständige Harmonisierung und damit Zentralisierung der Politiken der Mitgliedstaaten abzielt. Trotzdem hat sich gezeigt, daß die EU über diese querschnittartig wirkende Binnenmarktkompetenz in viele Politiken der Mitgliedstaaten eingreifen kann, für die sie ansonsten keine eigenen Kompetenzen hat. Dies gilt nicht nur für die Beihilfenkontrolle, die inzwischen in erstaunlicher Weise die Kontrolle über viele Politiken der Mitgliedstaaten, aber auch Regionen und Kommunen, beansprucht, sondern auch für andere Initiativen der EU. Unter dem Anspruch der Verwirklichung des Binnenmarktes sind deshalb seit Jahren erhebliche Harmonisierungs- und Zentralisierungswirkungen zu beobachten. Entscheidend ist aber, daß ein konsequentes Zu-Ende-Denken dieser Argumentationen bezüglich der Beseitigung aller mitgliedstaatlich verursachten Kostendifferenzen (zur Beseitigung von Wettbewerbsverzerrungen) und der möglichen handelshemmenden Wirkungen aller Arten von Unterschieden zwischen rechtlichen Regeln und Regulierungen zum logischen Schluß der Notwendigkeit einer umfassenden Vereinheitlichung (und damit Zentralisierung) von Kompetenzen für rechtliche Regeln,

Regulierungen und Politiken führt. Dies würde sowohl jegliche Dezentralität als auch mögliche interjurisdiktionelle Wettbewerbsprozesse beseitigen (*Kerber* 1998b).

Zunächst ist aus der Perspektive der Ökonomie zweifellos anzuerkennen, daß die europäische Politik der Durchsetzung des Binnenmarktes viele vorher bestehende nationale Wettbewerbsbeschränkungen zurückgedrängt und oft sogar beseitigt hat, so daß es zu einer erheblichen Intensivierung des Wettbewerbs zwischen Unternehmen auf den europäischen Märkten gekommen ist. Insofern hat sie viele positive Wirkungen erzielt und die Wohlfahrt in der EU erhöht. Das Problem besteht aber darin, daß diese Politik ausschließlich von außenhandelstheoretischen Argumentationen zum Abbau von Handelshemmnissen und Wettbewerbsverzerrungen bestimmt ist, die die Frage der Vor- und Nachteile von Zentralität und Dezentralität der staatlichen Strukturen innerhalb eines wirtschaftlichen Integrationsraumes überhaupt nicht thematisieren. Insofern fehlt bei diesen Analysen die föderalismustheoretische Perspektive.[12] Die außenhandelstheoretischen Analysen implizieren – ohne dies explizit zu machen –, daß ein Wirtschaftsraum dann ideal integriert ist, wenn in ihm eine einheitliche Wirtschaftspolitik (mit einheitlichen Steuersätzen, rechtlichen Regeln, Regulierungen und Politiken) betrieben wird, das heißt, daß hier implizit immer von Zentralstaaten ausgegangen wird. Mögliche Vorteile eines föderalen Mehr-Ebenen-System mit Dezentralität und wettbewerbsföderalistischen Elementen können aus dieser theoretischen Sicht nicht thematisiert und berücksichtigt werden.

Verwendet man dagegen ein umfassenderes Kriterienraster wie in Kapitel 3, in dem die sowohl aus der Außenhandelstheorie als auch der Föderalismustheorie ableitbaren Wirkungen der Unterschiedlichkeit oder Einheitlichkeit von rechtlichen Regeln und Regulierungen einbezogen werden, so kommt man zu wesentlich differenzierteren Schlüssen. Die möglicherweise negativen Effekte von unterschiedlichen rechtlichen Regelungen in Form von höheren Informations- und Transaktionskosten und eventuell wettbewerbsverzerrenden und handelshemmenden Wirkungen werden auch hier berücksichtigt (insbesondere in Gruppe I). Gleichzeitig können aber auch die positiven Effekte von Dezentralität und Unterschiedlichkeit miteinbezogen werden, insbesondere in bezug auf regionale Heterogenitäten, die Vorteile dezentralen Experimentierens, die Einbeziehung lokalen Wissens, die eventuellen politökonomischen Vorteile einer besseren Bürgerkontrolle auf niedrigerer Ebene, mögliche Vorteile von Regulierungswettbewerb sowie die Nachteile der alternativen Lösung von Zentralisierung und/oder Harmonisierung. Wie in Kapitel 3 gezeigt, treten üblicherweise umfangreiche *Trade off*-Probleme mit einer Anzahl von Vor- und Nachteilen von Zentralisierung und Dezentralisierung auf. Das ausschließliche Abstellen auf eine Reduktion der negativen Effekte von „künstlichen" Wettbewerbsverzerrungen und handelshemmenden Wirkungen ohne Berücksichtigung der vielen anderen Wirkungen, wie es in dem Binnenhandelsargument angelegt ist, ist aus ökonomischer Perspektive nicht haltbar und führt zu wohlfahrtsmindernden Überzentralisierungen.

---

[12] Vgl. hierzu *Heine* und *Kerber* (2003); für ein ökonomisches Lehrbuch über die Europäische Integration, in dem – neben der außenhandelstheoretischen Integrationstheorie – auch die Föderalismustheorie und die Theorie des Regulierungswettbewerb systematisch als theoretische Grundlage einbezogen wird, vgl. *Wagener, Eger* und *Fritz* (2006).

evtl. bzw. Staatsverschuldung ?

Handelt es sich hierbei um eine Einschränkung der für die EU so wichtigen Durchsetzung des Wettbewerbsprinzips? Aus Sicht der Theorie föderaler Mehr-Ebenen-Systeme ist das Gegenteil der Fall. Der entscheidende Punkt besteht darin, daß die bisherige Interpretation des Binnenmarktprinzips nur auf den Wettbewerb zwischen Unternehmen auf den normalen Gütermärkten abstellt, während von einer Theorie föderaler Mehr-Ebenen-Systeme sowohl der Wettbewerb zwischen Unternehmen als auch der Wettbewerb zwischen den Jurisdiktionen, die Pakete von öffentlichen Leistungen (einschließlich rechtlicher Regeln und Regulierungen) gegen die Zahlung von Steuern bereitstellen (Standortmärkte), berücksichtigt wird. Ein großer Teil von öffentlichen Leistungen kann in föderalen Mehr-Ebenen-Systemen unter geeigneten Regeln in funktionsfähigen interjurisdiktionellen Wettbewerbsprozessen angeboten werden. Aufgabe eines institutionellen Rahmens für föderale Mehr-Ebenen-Systeme ist dabei, daß sowohl die Vorteile aus dem Wettbewerb zwischen Unternehmen als auch die Vorteile aus einem dezentralen, wettbewerblichen Angebot von Jurisdiktionen genutzt werden können. Die Durchsetzung des Wettbewerbs- und Binnenmarktprinzips sollte sich folglich auf beide Arten des Wettbewerbs beziehen und nicht auf den Wettbewerb zwischen Unternehmen auf Gütermärkten beschränkt bleiben (*Kerber* 1998a; *Gröteke* 2006).

Die hier nicht zu thematisierende (und weiterer Forschung vorbehaltene) spannende Frage ist, inwieweit es dabei zu Trade off-Problemen zwischen dem Wettbewerb zwischen Unternehmen und dem Wettbewerb zwischen Jurisdiktionen innerhalb eines Mehr-Ebenen-Systems kommt. Ein solcher Trade off scheint aufzutreten, wenn man davon ausgeht, daß die Funktionsfähigkeit des Wettbewerbs zwischen Unternehmen von einer Strategie des *Levelling the playing field* gefördert wird, das heißt, daß die Unternehmen aus allen Mitgliedstaaten die gleichen rechtlichen Regeln und Regulierungen beachten müssen, so daß sich hieraus keine wettbewerbsverzerrenden Wirkungen ergeben können. Eine solche Strategie der Vereinheitlichung rechtlicher Regeln und Regulierungen verhindert jedoch einen Wettbewerb zwischen Jurisdiktionen und damit die Realisierung der Vorteile aus Dezentralität und Regulierungswettbewerb. Allerdings zeigt eine etwas tiefere Analyse, daß die Probleme wesentlich komplexer sind, da bei einer Mobilität von Unternehmen zwischen den Mitgliedstaaten die Unterschiedlichkeit von Standortbedingungen nicht mehr verzerrend auf den Wettbewerb zwischen Unternehmen einwirkt, da diese frei in ihrer Standortwahl sind. Wenn jedes Unternehmen auf dem europäischen Markt die günstigen Standortbedingungen eines bestimmten Mitgliedstaates durch seine Standortwahl nutzen kann, findet keine Diskriminierung statt, so daß ein unverzerrter Wettbewerb vorliegt.

Als Ergebnis kann festgehalten werden, daß die Zentralisierungstendenzen, die durch die Durchsetzung des Binnenmarktprinzips bisher beobachtet werden konnten, auch auf eine unzureichende ökonomische Analyse aufgrund der Vernachlässigung der Vorteile von Dezentralität und interjurisdiktionellem Wettbewerb zurückzuführen und aus ökonomischer Perspektive nicht zwingend sind.

4.2. Kulturelle Vielfalt, Wertdifferenzen und regionale Autonomie

Eine für eine ökonomische Analyse schwer zugängliche Frage betrifft die Problematik der kulturellen Vielfalt und regionalen Identitäten, die innerhalb der EU als integriertem Raum auch langfristig möglich sein sollen. Faktisch verbinden sich mit kultureller Vielfalt und regionalen Identitäten vor allem die Aufrechterhaltung und Pflege der regional verschiedenen kulturellen Traditionen, die sich in unterschiedlichen Sprachen, formellen und informellen Verhaltensregeln sowie in verschiedenen Werthaltungen niederschlagen. Die Frage, wie Vielfalt innerhalb eines integrierten Europas auch langfristig möglich ist, gehört zu den zentralen Grundfragen der europäischen Integration, insbesondere nach den verschiedenen Erweiterungen, die die Heterogenitäten erheblich vergrößert haben.

Zunächst ist festzuhalten, daß der hier vertretene Ansatz eines föderalen Mehr-Ebenen-Systems, in dem wesentliche Kompetenzen dezentralisiert bleiben und gleichzeitig die Mobilität zwischen den Mitgliedstaaten gesichert wird, am ehesten die Chance für eine Verbindung von regionaler Vielfalt und Integration bietet. In dem Kriterienraster des Kapitels 3 kann kulturelle Vielfalt insbesondere über das Kriterium der Heterogenität von Präferenzen erfaßt werden. Große kulturelle Unterschiede, insbesondere stark differierende Werthaltungen, würden sich in starken regionalen Präferenzunterschieden niederschlagen, aus denen dann gewichtige Argumente für eine Zuordnung von entsprechend dezentralen Kompetenzen auf diese regionale Ebene folgen würden. Diese wären dann allerdings abzuwägen mit anderen möglichen Nachteilen einer solchen Dezentralisierung. Insofern kann nicht ausgeschlossen werden, daß kulturelle Vielfalt und regionale Identitäten eingeschränkt werden, weil beispielsweise die Vorteile aus dem Binnenmarkt durch Zurückdrängung nationaler Regulierungen als größer angesehen werden als die Verluste an kultureller Eigenständigkeit. Solche Verluste könnten aus der Abschaffung nationaler Regulierungen oder dem Verbot der Subventionierung bestimmter Leistungen folgen, die als Teil der regionalen Kultur angesehen werden.

An dieser Stelle soll in bezug auf die Möglichkeiten regionaler Autonomie innerhalb eines integrierten Wirtschaftsraums wie der EU eine grundsätzliche normative Frage aufgeworfen werden. Aufgrund der Unzufriedenheit mit dem *Pareto*-Prinzip und dem *Kaldor-Hicks*-Kriterium als grundlegende normative Beurteilungskriterien ist in der normativen Ökonomik das Kriterium der sogenannten „liberalen Rechte" entwickelt worden. Die Grundidee besteht darin, daß Individuen über einen Kernbereich von individueller Freiheit verfügen, in dem sie frei zwischen verschiedenen Alternativen entscheiden dürfen, ohne auf die dadurch möglicherweise ausgelösten positiven oder negativen Wirkungen auf andere Individuen Rücksicht nehmen zu müssen.[13] Religionsfreiheit gehört ebenso wie die Freiheit der Wahl eines Ehepartners zu diesem Kernbereich persönlicher Freiheit. Die zu stellende Frage besteht nun darin, ob auch die Bürger territorial definierter Jurisdiktionen zur Aufrechterhaltung und Förderung ihrer kulturellen Identität über einen ähnlichen Kernbereich regionaler Autonomie innerhalb eines integrierten Wirtschaftsraums verfügen können sollen, in den nicht eingegriffen werden darf, auch wenn dadurch die Gesamtwohlfahrt (im Sinne des *Kaldor-Hicks*-Kriteriums)

---

[13] Vgl. die Definition eines „liberalen Rechts": „Wenn eine Person A als Inhaber eines liberalen Rechts den sozialen Zustand x dem Zustand y vorzieht, so soll der Zustand x auch sozial besser sein, unabhängig von den Präferenzen anderer Gesellschaftsmitglieder" (*Schäfer* und *Ott* 2005, S. 48); vgl. allgemein zum Konzept der „liberalen Rechte" *Sen* (1970) und *Seidl* (1997).

eingeschränkt werden würde. Oder anders ausgedrückt: Kann es so etwas wie „liberale Rechte" auch für regionale Einheiten geben? Dies würde insofern wesentlich über die Beurteilung der Gesamtwirkungen mit Hilfe des Kriterienrasters aus Kapitel 3 hinausgehen, weil Wirkungen innerhalb des Kernbereichs dieser regionalen Autonomie nicht mit anderen positiven und negativen Wirkungen auf die Gesamtwohlfahrt des integrierten Wirtschaftsraums abgewogen werden dürften.

Ebenso wie bei „liberalen Rechten" von Individuen müßten aber auch solche „regionalen Autonomierechte" letztlich sehr begrenzt bleiben, weil ansonsten der Integrationsprozeß aufgrund zu vieler zentrifugaler Kräfte stark gefährdet sein könnte. Auch ist zu bedenken, daß in einem integrierten Wirtschaftsraum die kulturelle Identität nicht der Vorwand für die Rechtfertigung beliebiger Wettbewerbsbeschränkungen sein darf. Im Prinzip ließe sich aber darüber nachdenken, ob und in welcher Form innerhalb eines föderalen Mehr-Ebenen-Systems Jurisdiktionen auf unteren Ebenen über solche starken regionalen Autonomierechte in bestimmten Bereichen verfügen sollten. Allerdings bleibt unvermeidlich, daß die mit wesentlichen Kompetenzen ausgestatteten regionalen Einheiten aufgrund der für die Integration unverzichtbaren Mobilität von Individuen, Unternehmen und Produktionsfaktoren immer unter dem Druck interjurisdiktionellen Wettbewerbs bleiben werden. In einem integrierten Wirtschaftsraum muß deshalb die regionale Identität und Vielfalt von den betreffenden Jurisdiktionen selbst durch Sicherung ihrer Wettbewerbsfähigkeit als Standorte verteidigt werden.

4.3. Stabilität und Evolutionsfähigkeit des Mehr-Ebenen-Systems und der vertikalen Kompetenzverteilung

Eines der zentralen Problemfelder eines föderalen Mehr-Ebenen-Systems von rechtlichen Regeln und Regulierungen betrifft die beiden eng miteinander verknüpften Fragen der Stabilität und der Weiterentwicklung des Systems. Zunächst besteht die Gefahr, daß in einem Mehr-Ebenen-System endogene dynamische Kräfte wirken, die entweder zu einer schleichenden Zentralisierung von Kompetenzen führen oder umgekehrt zentrifugale Kräfte die Oberhand gewinnen lassen. Sowohl im deutschen Föderalismus als auch innerhalb der EU lassen sich über die Zeit klare Tendenzen einer zunehmenden Zentralisierung und Harmonisierung feststellen. Allerdings ist nicht von vornherein klar, ob es sich hierbei um problematische Zentralisierungsprozesse handelt oder ob die beobachtbaren vertikalen Kompetenzverlagerungen nicht auch Ausdruck einer zweckmäßigen Anpassung der vertikalen Allokation von Kompetenzen an sich verändernde Bedingungen sind. Dies verweist darauf, daß sich aufgrund von exogenen technologischen, wirtschaftlichen und sozialen Veränderungen auch die optimale vertikale Allokation von Rechtsetzungskompetenzen über die Zeit verändern wird und deshalb Anpassungsprozesse notwendig werden können. Darüber hinaus ist in Kapitel 3 auch auf das Problem des bisher unvollkommenen Wissens über optimale rechtliche Regeln und Regulierungen hingewiesen worden, was auf die Notwendigkeit der endogenen Evolutionsfähigkeit eines langfristig funktionsfähigen Mehr-Ebenen-Systems verweist.

Gerade ein stark dezentralisiertes Mehr-Ebenen-System mit Regulierungswettbewerb bietet größere Spielräume für das Experimentieren mit neuen Regeln und für das wechselseitige Lernen aus den damit gemachten Erfahrungen. Insofern ist das Potential für die endogene innovative Weiterentwicklung und Anpassung an exogene Veränderungen in einem adäquat gestalteten föderalen Mehr-Ebenen-System größer als in einem System mit starker Zentralisierung und Harmonisierung. Allerdings muß es für die dabei unter Umständen erforderlichen vertikalen Kompetenzverlagerungen auch geeignete Verfahren geben (Problem der Kompetenz-Kompetenz). Gleichzeitig aber dürfen diese Möglichkeiten für vertikale Kompetenzverlagerungen nicht das Einfallstor für ineffiziente Zentralisierungs- oder Dezentralisierungsprozesse sein, sei es aufgrund von *Rent seeking*-Aktivitäten von Interessengruppen, spezifischen Interessen von Politikern und Bürokraten auf den verschiedenen föderalen Ebenen oder aufgrund von *Free rider*-Problemen und nicht gelösten Gefangenendilemmata durch eine zu starke Dezentralität.[14]

In der Literatur diskutierte Möglichkeiten der Lösung solcher Probleme ist die eindeutige Zuweisung der Kompetenz-Kompetenz an eine bestimmte Ebene (beispielsweise der Mitgliedstaaten), ein justiziables Subsidiaritätsprinzip[15], eventuell kombiniert mit einem speziellen Subsidiaritätsgerichtshof, der sich nur auf die Frage der optimalen vertikalen Kompetenzallokation beschränkt (*European Constitutional Group* 1993; *Vaubel* 1997), und/oder die Ergänzung der Kontrolle von vertikalen Kompetenzverschiebungen durch Verfahren der direkten Demokratie. Für Extremfälle können wiederum grundlegende Sezessionsrechte von Jurisdiktionen eine Sicherung gegen zu weitgehende Zentralisierungstendenzen darstellen. Gerade in bezug auf rechtliche Regeln und Regulierungen können auch die Möglichkeit der Rechtswahlfreiheit durch private Akteure (*Opt-in* oder *Opt-out*) und daraus folgend eventuelle vertikale Regulierungswettbewerbsprozesse einen funktionsfähigen Mechanismus für die faktische Verschiebung von Kompetenzen (und deren Kontrolle) darstellen. Trotz dieser Fülle von Vorschlägen ist die Frage der adäquaten Regeln zur Sicherstellung der langfristigen Stabilität und Evolutionsfähigkeit eines föderalen Mehr-Ebenen-Systems als weitgehend ungeklärt anzusehen. Hiermit ist aber bereits die schwierige Problematik der notwendigen Rahmenordnung für funktionsfähige Mehr-Ebenen-Systeme angesprochen.

4.4. Zur Kompetenz für die Gesamtrahmenordnung

Auf die Notwendigkeit einer institutionellen Rahmenordnung für ein solches Mehr-Ebenen-System von rechtlichen Regeln und Regulierungen wurde bereits mehrfach hingewiesen. Im Gegensatz zu einem einfachen Zentralstaat mit einheitlichen rechtlichen Regeln können in einem Mehr-Ebenen-Rechtssystem mit einer Vielzahl von Jurisdiktionen mit jeweils eigenen Rechtsetzungskompetenzen eine Fülle von Konflikten und Problemen sowohl horizontaler als auch vertikaler Hinsicht auftreten, die durch geeignete Regeln zu lösen sind. Insofern geht es dabei vor allem um Regeln für die Allokation und (horizontale und vertikale) Abgrenzung von Kompetenzen, die sich juristisch oft auch als kollisionsrechtliche Regeln zeigen. Insoweit die Jurisdiktionen mit ihren jeweiligen Regelordnungen innerhalb des Mehr-Ebenen-Systems in einem Wettbewerb

---

[14] Zum Problem institutioneller Sicherungen (als dynamisch stabilisierende Regeln der Kompetenzallokation) gegen einen Machtmißbrauch des Zentralstaats und einen Opportunismus der Gliedstaaten in einem föderalen Staat vgl. den Beitrag von *Feld* (2007) in diesem Band.

[15] Vgl. hierzu den Beitrag von *Leschke* und *Möstl* (2007) in diesem Band.

zueinander stehen, ist diese institutionelle Metastruktur auch als eine Wettbewerbsordnung für einen Wettbewerb zwischen diesen Ordnungen zu interpretieren. Wie diese Regeln im einzelnen gestaltet sein sollten, ist von den spezifischen Bedingungen und Zielen der einzelnen Regelungsbereiche abhängig und muß im Rahmen der einzelnen Problembereiche wie Wettbewerbspolitik, Sozialpolitik, Gesellschaftsrecht oder Verbraucherrecht untersucht werden.

Eine zentrale Grundsatzfrage besteht darin, wer die Kompetenz für die Gesamtrahmenordnung haben soll. Zweifellos ist es die Aufgabe dieser institutionellen Metastruktur, für die Funktionsfähigkeit des Gesamtsystems zu sorgen, das heißt sie muß sich auf das Gesamtinteresse aller Bürger innerhalb des integrierten Wirtschaftsraums beziehen. Aus dieser Perspektive ist es naheliegend, daß die Aufgabe der Gestaltung der Rahmenordnung auf der EU-Ebene angesiedelt sein sollte. Da zur Rahmenordnung aber auch die vertikale Kompetenzverteilung zwischen der EU und den Mitgliedstaaten gehört, besteht die Gefahr einer Interessenkollision zwischen der Aufgabe der Gestaltung einer adäquaten Rahmenordnung und dem Interesse von Politikern und Bürokraten auf der EU-Ebene, über möglichst viele Kompetenzen zu verfügen. Hier wird die These vertreten, daß sehr genau unterschieden werden muß zwischen den normalen Kompetenzen für rechtliche Regeln, Regulierungen und Politiken, die nach den Kriterien für die optimale vertikale Allokation zweckmäßigerweise auf der EU-Ebene zugeordnet sein sollten, und der Kompetenz für die Gestaltung des Gesamtrahmens für das Mehr-Ebenen-System. Es handelt sich hierbei um zwei grundsätzlich verschiedene Aufgaben, die zwar beide auf der EU-Ebene verankert werden sollten, aber trotzdem institutionell zu trennen sind, da die Frage nach der institutionellen Gesamtordnung eines Mehr-Ebenen-Systems aus ökonomischer Sicht als ein verfassungsökonomisches Problem zu sehen ist, das der Ausübung von Kompetenzen auf den einzelnen Ebenen vorgelagert ist.

Eine logische Konsequenz aus diesen Überlegungen ist jedoch, daß die Entscheidungsstrukturen für die Gestaltung der Gesamtrahmenordnung von denen für die Ausübung anderer Kompetenzen auf EU-Ebene getrennt bleiben müssen. Es ließe sich untersuchen, inwieweit in der EU eine solche Trennung durchgehalten ist. Für eine solche Trennung in der EU spricht, daß die Mitgliedstaaten immer noch die „Herren der Verträge" sind und in dem Sinne im Prinzip nicht auf der EU-Ebene über die vertikale Kompetenzverteilung entschieden wird. Allerdings stellt sich die Frage, ob diese Trennung in ausreichendem Maße besteht, da es (1) Möglichkeiten gibt, mit denen die EU ihre eigenen Kompetenzen explizit ergänzen kann (implied powers), und (2) eine Fülle von schleichenden Zentralisierungsprozessen beobachtet werden kann (beispielsweise über das in Kapitel 4.1. diskutierte Binnenmarktprinzip). Aus dieser Perspektive ist vor allem eine problematische Doppelrolle des Europäischen Gerichtshofs zu konstatieren, weil dieser gleichzeitig über die Ausübung der normalen Kompetenzen der EU und über die Gesamtrahmenordnung entscheidet. Insofern zielt der Vorschlag eines zusätzlichen Subsidiaritätsgerichtshofs (*Vaubel* 1997) genau auf eine solche institutionelle Trennung zwischen der Aufgabe der Gesamtrahmenordnung für das Mehr-Ebenen-System und den Aufgaben aus der Zuordnung von Kompetenzen auf die oberste Ebene eines solchen Systems ab. Gleichzeitig verdeutlichen diese Überlegungen, daß die Gestaltung der Gesamtrahmenordnung nicht nur die vertikale Kompetenzallokation umfaßt, sondern den gesamten institutionellen Rahmen, der die horizontalen und vertikalen Beziehungen zwischen den Gebietskörperschaften in einem solchen Mehr-Ebenen-System regelt.

5. Schlußfolgerungen

In diesem Beitrag wurde ein breiter Rahmen entwickelt für die Analyse von rechtlichen Regeln, Regulierungen und Politiken in einem solchen Mehr-Ebenen-System von Gebietskörperschaften, wie es die EU darstellt. Im Mittelpunkt stand dabei die Frage nach den Zentralität und Dezentralität von Regulierungen. Nach der Vorstellung des Konzepts eines Mehr-Ebenen-Systems von Jurisdiktionen und einer kurzen Darstellung der historischen Entwicklung der vertikalen Kompetenzverteilung zwischen EU und den Mitgliedstaaten wurde in Kapitel 3 ein systematischer theoretischer Analyserahmen für die Frage nach der optimalen Verteilung von Regelungskompetenzen in einem Mehr-Ebenen-System präsentiert. Dabei zeigte sich, daß die ökonomische Theorie des Föderalismus, die Theorie des Regulierungswettbewerbs, außenhandelstheoretische Integrationstheorien sowie die Institutionenökonomik und Law and Economics eine Fülle von Beurteilungskriterien zur Verfügung stellen können, mit denen die Frage nach dem optimalen Grad an Zentralität oder Dezentralität untersucht werden kann. Deutlich wurde auch, daß hierbei ebenfalls die Frage nach der Funktionsfähigkeit von eventuell auftretenden Regulierungswettbewerbsprozessen systematisch einzubeziehen ist. Als wesentliches Ergebnis kann festgehalten werden, daß solche Analysen für die einzelnen Politik- und Rechtsbereiche jeweils speziell durchzuführen sind und sich üblicherweise verschiedene und oftmals sehr differenzierte Lösungen als optimal erweisen können.

Im anschließenden Kapitel 4 wurden dann mehrere spezifische Fragestellungen thematisiert, die im Rahmen des europäischen Integrationsprozesses ein besonderes Problem darstellen. Insbesondere wurde herausgearbeitet, daß eine rein außenhandelstheoretische Interpretation des europäischen Integrationsprozesses, wie sie sich beispielsweise bei der Verfolgung des Binnenmarktziels zeigt, zu übermäßigen Zentralisierungs- und Harmonisierungswirkungen führen kann. Eine breitere theoretische Herangehensweise, die insbesondere auch die Föderalismustheorie einbezieht, würde solche Probleme verhindern helfen. Mit der Idee der Übertragung des Konzepts der „liberalen Rechte" auf die Frage nach „regionaler Autonomie" sollte ein Denkanstoß gegeben werden, wie auch aus einer ökonomischen Theorieperspektive regionale Autonomierechte innerhalb eines integrierten europäischen Mehr-Ebenen-Systems gerechtfertigt und damit kulturelle Vielfalt erhalten werden könnte. Die abschließenden Kapitel über die Stabilität und Evolutionsfähigkeit der vertikalen Kompetenzallokation innerhalb eines europäischen Mehr-Ebenen-Systems und die Frage nach der institutionellen Ausgestaltung der Kompetenz für die notwendige Gesamtrahmenordnung verweist auf grundsätzliche und weitgehend noch ungelöste Fragen der institutionellen Struktur der EU. Vor allem aber verweisen diese Fragen auf einen noch erheblichen Forschungsbedarf – gleichermaßen für die ökonomische Theorie des Föderalismus und die Institutionen- und Ordnungsökonomik.

Literatur

✗ *Apolte, Thomas* (1999), Die ökonomische Konstitution eines föderalen Systems: dezentrale Wirtschaftspolitik zwischen Kooperation und institutionellem Wettbewerb, Tübingen.

Apolte, Thomas (2007), Regulierungswettbewerb in föderalen Strukturen: Königsweg zwischen Staatsversagen und Marktversagen?, in: *Klaus Heine* und *Wolfgang Kerber* (Hg.), Zentralität und Dezentralität von Regulierung in Europa, Schriften zu Ordnungsfragen der Wirtschaft, Bd. 83, Stuttgart, S. 55-75.

Arrowsmith, James, Keith Sisson und *Paul Marginson* (2004), What can "Benchmarking" Offer the Open Method of Coordination?, in: Journal of European Public Policy, Bd. 11, S. 311-328.

Becker, Eva (2007), Zentralität versus Dezentralität der Verkehrspolitik in der Europäischen Union, in: *Klaus Heine* und *Wolfgang Kerber* (Hg.), Zentralität und Dezentralität von Regulierung in Europa, Schriften zu Ordnungsfragen der Wirtschaft, Bd. 83, Stuttgart, S. 309-328.

Besley, Timothy und *Anne Case* (1995), Incumbent Behavior, Tax-Setting, and Yardstick Competition, in: American Economic Review, Bd. 85, S. 25-45.

Bodenstein, Martin und *Heinrich W. Ursprung* (2005), Political Yardstick Competition, Economic Integration, and Constitutional Choice in a Federation, in: Public Choice, Bd. 124, S. 329-352.

Bratton, William W., Joseph McCahery, Sol Picciotto und *Colin Scott* (Hg.) (1996), International Regulatory Competition and Coordinating: Perspectives on Economic Regulation in Europe and the United States, Oxford.

Brennan, Geoffrey und *James M. Buchanan* (1980), The Power to Tax: Analytical Foundations of a Fiscal Constitution, Cambridge.

✗ *Breton, Albert* (1996), Competitive Governments: An Economic Theory of Politics and Public Finance, Cambridge.

Budzinski, Oliver (2007), Modernisierung der europäischen Wettbewerbsordnung: Werden die nationalen Wettbewerbspolitiken verdrängt?, in: *Klaus Heine* und *Wolfgang Kerber* (Hg.), Zentralität und Dezentralität von Regulierung in Europa, Schriften zu Ordnungsfragen der Wirtschaft, Bd. 83, Stuttgart, S. 131-154.

Cassel, Dieter, Christian Müller und *Torsten Sundmacher* (2007), Ökonomische Begründungen für Pharmamarktregulierungen auf verschiedenen Kompetenz-Ebenen: Das Beispiel der Arzneimittel-Zulassungshürden in Europa, in: *Klaus Heine* und *Wolfgang Kerber* (Hg.), Zentralität und Dezentralität von Regulierung in Europa, Schriften zu Ordnungsfragen der Wirtschaft, Bd. 83, Stuttgart, S. 287-307.

✗ *Cooter, Robert D.* und *Thomas S. Ulen* (2004), Law and Economics, 4. Aufl., Reading/Mass.

Easterbrook, Frank H. und *Daniel R.. Fischel* (1996), The Economic Structure of Corporate Law, Cambridge.

Eckardt, Martina (2007), Die Kompetenzen der Europäischen Union in der Rentenpolitik: Wohin geht die Reise?, in: *Klaus Heine* und *Wolfgang Kerber* (Hg.), Zentralität und Dezentralität von Regulierung in Europa, Schriften zu Ordnungsfragen der Wirtschaft, Bd. 83, Stuttgart, S. 261-285.

Eckardt, Martina und *Wolfgang Kerber* (2004), Best Practices, Yardstick Competition und Lernen in der Wirtschaftspolitik – eine kritische Analyse der Offenen Methode der Koordinierung in der EU, in: *Wolf Schäfer* (Hg.), Institutionelle Grundlagen effizienter Wirtschaftspolitik, Berlin, S. 121-166 .

✗ *Esty, Daniel C.* und *Damien Geradin* (Hg.) (2001a), Regulatory Competition and Economic Integration, Comparative Perspectives, Oxford.

X *Esty, Daniel C.* und *Damien Geradin* (2001b), Introduction, in: *Daniel C. Esty* und *Damien Geradin* (Hg.), Regulatory Competition and Economic Integration, Comparative Perspectives, Oxford, S. XIX-XXXI.

X *Eucken, Walter* (1952), Grundsätze der Wirtschaftspolitik, 6. Aufl., Tübingen 1990.

EU-Kommission (2001), Mitteilung der Kommission an den Rat und das Europäische Parlament zum Europäischen Vertragsrecht, KOM (2001) 398 endg. = Abl.EG 2001 Nr. C 255/1.

European Constitutional Group (1993), A Proposal for a European Constitution, Brüssel und London (European Policy Forum).

X *Feld, Lars P.* (2000), Steuerwettbewerb und seine Auswirkungen auf Allokation und Distribution: Ein Überblick und eine empirische Analyse für die Schweiz, Tübingen.

Feld, Lars P. (2007), Zur ökonomischen Theorie des Föderalismus: eine prozeßorientierte Sicht, in: *Klaus Heine* und *Wolfgang Kerber* (Hg.), Zentralität und Dezentralität von Regulierung in Europa, Schriften zu Ordnungsfragen der Wirtschaft, Bd. 83, Stuttgart, S. 31-54.

X *Feld, Lars P.* und *Wolfgang Kerber* (2006), Mehr-Ebenen-Jurisdiktionssysteme: Zur variablen Architektur von Integration, in: *Uwe Vollmer* (Hg.), Ökonomische und politische Grenzen von Wirtschaftsräumen, Berlin (im Druck).

X *Frey, Bruno* und *S. Reiner Eichenberger* (1999), The New Democratic Federalism for Europe, Cheltenham.

Garcimartín, Francisco J. (1999), Regulatory Competition: A Private International Law Approach, in: European Journal of Law and Economics, Bd. 10, S. 251-270.

Gröteke, Friedrich (2006), Europäische Beihilfenkontrolle und Standortwettbewerb: eine ökonomische Analyse, Dissertation, Philipps-Universität Marburg (Druck in Vorbereitung).

Grundmann, Stefan (2004), The Optional European Code on the Basis of the Acquis Communautaire – Starting Point and Trends, in: European Law Journal, Bd. 10, S. 698-711.

Hayek, Friedrich A. von (1978), Competition as a Discovery Procedure, in *Friedrich A. von Hayek*, Studies in Philosophy, Politics and Economics, Chicago, S. 66-81.

Hayek, Friedrich A. von (1996), Die Irrtümer des Konstruktivismus und die Grundlagen legitimer Kritik gesellschaftlicher Gebilde, in: *Wolfgang Kerber* (Hg.), Friedrich A. von Hayek, Die Anmaßung von Wissen, Tübingen, S. 16-36.

Heine, Klaus (2003a), Regulierungswettbewerb im Gesellschaftsrecht: Zur Funktionsfähigkeit eines Wettbewerbs der Rechtsordnungen im europäischen Gesellschaftsrecht, Berlin.

Heine, Klaus (2003b), Regulatory Competition between Company Laws in the European Union: the Überseering-Case, in: Intereconomics – Review of European Economic Policy, Bd. 38, S. 102-108.

Heine, Klaus und *Wolfgang Kerber* (2002), European Corporate Laws, Regulatory Competition and Path Dependence, in: European Journal of Law and Economics, Bd. 13, S. 43-71.

Heine, Klaus und *Wolfgang Kerber* (2003), Integrationstheorie und Wettbewerbsföderalismus, in: *Dieter Cassel* und *Paul J.J. Welfens* (Hg.), Regionale Integration und Osterweiterung der Europäischen Union, Stuttgart, S. 107-128.

Heine, Klaus und *Katarina Röpke* (2007), Zentralität und Dezentralität im europäischen Zivilrecht, in: *Klaus Heine* und *Wolfgang Kerber* (Hg.), Zentralität und Dezentralität von Regulierung in Europa, Schriften zu Ordnungsfragen der Wirtschaft, Bd. 83, Stuttgart, S. 155-182.

Holzinger, Katharina und *Thomas Sommerer* (2007), „Race to the Bottom" oder „Race to Brussels"?: Regulierungswettbewerb im Umweltschutz, in: *Klaus Heine* und *Wolfgang Kerber* (Hg.), Zentralität und Dezentralität von Regulierung in Europa, Schriften zu Ordnungsfragen der Wirtschaft, Bd. 83, Stuttgart, S. 207-236.

Holznagel, Bernd und *Pascal H. Schumacher* (2007), Die Medienaufsicht im föderalen Bundesstaat – Veränderungsmöglichkeiten im Zuge der Föderalismusreform, in: *Klaus Heine*
und *Wolfgang Kerber* (Hg.), Zentralität und Dezentralität von Regulierung in Europa,
Schriften zu Ordnungsfragen der Wirtschaft, Bd. 83, Stuttgart, S. 329-346.

Jordan, Andrew (2001), The European Union: An Evolving System of Multi-Level Governance,
in: Policy and Politics, Bd. 29, S. 193-208.

✗ *Kenyon, Daphne A.* und *John Kincaid* (Hg.) (1991), Competition Among States and Local
Governments: Efficiency and Equity in American Federalism, Washington.

Kerber, Wolfgang (1998a), Zum Problem einer Wettbewerbsordnung für den Systemwettbewerb, in: Jahrbuch für Neue Politische Ökonomie, Bd. 17, S. 199-230.

Kerber, Wolfgang (1998b), Die EU-Beihilfenkontrolle als Wettbewerbsordnung: Probleme aus
der Perspektive des Wettbewerbs zwischen Jurisdiktionen, in: *Dieter Cassel* (Hg.), Europäische Integration als ordnungspolitische Gestaltungsaufgabe: Probleme der Vertiefung
und Erweiterung der Europäischen Union, Berlin, S. 37-74.

Kerber, Wolfgang (2000), Rechtseinheitlichkeit und Rechtsvielfalt aus ökonomischer Sicht, in:
Stefan Grundmann (Hg.), Systembildung und Systemlücken in Kernbereichen des Euro-
päischen Privatrechts: Gesellschafts-, Arbeits- und Schuldvertragsrecht, Tübingen,
S. 269-300.

Kerber, Wolfgang (2005), Applying Evolutionary Economics to Economic Policy: the Example
of Competitive Federalism, in: *Kurt Dopfer* (Hg.), Economics, Evolution and the State:
The Governance of Complexity, Cheltenham, S. 296-324.

Kerber, Wolfgang und *Oliver Budzinski* (2004), Competition of Competition Laws: Mission
Impossible?, in: *Richard A. Epstein* und *Michael S. Greve* (Hg.), Competition Laws in
Conflict. Antitrust Jurisdiction in the Global Economy, Washington, D.C., S. 31-65.

✗ *Kerber, Wolfgang* und *Stefan Grundmann* (2006), An Optional European Contract Law Code:
Advantages and Disadvantages, in: European Journal of Law and Economics, Bd. 21,
S. 215-236.

✗ *Kerber, Wolfgang* und *Klaus Heine* (2002), Zur Gestaltung von Mehr-Ebenen-Rechtssystemen
aus ökonomischer Sicht, in: *Claus Ott* und *Hans-Bernd Schäfer* (Hg.), Vereinheitlichung
und Diversität des Zivilrechts in transnationalen Wirtschaftsräumen, Tübingen, S. 167-
194.

Kieninger, Eva M. (2002), Wettbewerb der Privatrechtsordnungen im Europäischen Binnenmarkt, Tübingen.

Klausner, Michael (1995), Corporations, Corporate Law, and Network of Contracts, in: Virginia
Law Review, Bd. 81, S. 757-852.

Koenig, Christian, Jens-Daniel Braun und *Ralf Capito* (1999), Europäischer Systemwettbewerb
durch Wahl der Rechtsregeln in einem Binnenmarkt für mitgliedstaatliche Regulierungen,
in: Europäisches Wirtschafts- und Steuerrecht, S. 401-409.

Kollman, Ken, John H. Miller und *Scott E. Page* (2000), Decentralization and the Search for
Policy Solutions, in: The Journal of Law, Economics, & Organization, Bd. 16, S. 102-
128.

Leschke, Martin und *Markus Möstl* (2007), Die Grundsätze der Subsidiarität und Verhältnismäßigkeit: Wirksame Kompetenzschranken der Europäischen Union?, in: *Klaus Heine*
und *Wolfgang Kerber* (Hg.), Zentralität und Dezentralität von Regulierung in Europa,
Schriften zu Ordnungsfragen der Wirtschaft, Bd. 83, Stuttgart, S. 77-105.

Lundvall, Bengt A. und *Mark Tomlinson* (2002), International Benchmarking as a Policy Learning Tool, in: *Maria J. Rodrigues* (Hg.), The New Knowledge Economy in Europe,
Cheltenham, S. 203-231.

Marciano, Alain und *Jean M. Josselin* (Hg.) (2002), The Economics of Harmonizing European Law, Cheltenham.

Marciano, Alain und *Jean M. Josselin* (Hg.) (2003), From Economics to Legal Competition, Cheltenham.

Marks, Gary, Liesbet Hooghe und *Kermit Blank* (1996), European Integration from the 1980s: State-Centric v. Multi-level Governance, in: Journal of Common Market Studies, Bd. 34, S. 341-378.

Mueller, Dennis C. (2003), Public Choice III, Cambridge.

Oates, Wallace E. (1999), An Essay on Fiscal Federalism, in: Journal of Economic Literature, Bd. 37, S. 1120-1149.

Oates, Wallace E. und *Robert M. Schwab* (1988), Economic Competition among Jurisdictions: Efficiency Enhancing or Distortion Inducing?, in: Journal of Public Economics, Bd. 35, S. 333-354.

Ogus, Anthony (1999), Competition between National Legal Systems: A Contribution of Economic Analysis to Comparative Law, in: International and Comparative Law Quarterly, Bd. 48, S. 405-418.

Ott, Claus und *Hans-Bernd Schäfer* (Hg.) (2002a), Vereinheitlichung und Diversität des Zivilrechts in transnationalen Wirtschaftsräumen, Tübingen.

Ott, Claus und *Hans-Bernd Schäfer* (2002b), Die Vereinheitlichung des europäischen Vertragsrechts: Ökonomische Notwendigkeit oder akademisches Interesse?, in: *Claus Ott* und *Hans-Bernd Schäfer (*Hg.), Vereinheitlichung und Diversität des Zivilrechts in transnationalen Wirtschaftsräumen, Tübingen, S. 203-236.

Parisi, Francesco und *Larry E. Ribstein* (1998), Choice of Law, in: *Peter Newman* (Hg.), The New Palgrave Dictionary of Economics and the Law, Vol. 1, London und Basingstoke, S. 236-241.

Pelkmans, Jacques (2001), European Integration, 2. Aufl., Harlow.

Persson, Torsten und *Guido Tabellini* (1996), Federal Fiscal Constitutions: Risk Sharing and Redistribution, in: Journal of Political Economy, Bd. 104, S. 979-1009.

Qian, Yingyi und *Barry R. Weingast* (1997), Federalism as a Commitment to Preserving Market Incentives, in: Journal of Economic Perspectives, Bd. 11, S. 83-92.

Reich, Norbert und *Hans W. Micklitz* (2003), Europäisches Verbraucherrecht, 4. Aufl., Baden-Baden.

Rischkowsky, Franziska und *Thomas Döring* (2004), E-Commerce und europäische Verbraucherpolitik, in: Wirtschaftsdienst, Bd. 84, S. 317-324.

Röpke, Katarina und *Klaus Heine* (2005), Vertikaler Regulierungswettbewerb und europäischer Binnenmarkt – die Europäische Aktiengesellschaft als supranationales Rechtsangebot, in: ORDO, Bd. 56, S. 157-185.

Salmon, Pierre (1987), Decentralisation as an Incentive Scheme, in: Oxford Review of Economic Policy, Bd. 3, S. 24-42.

Schäfer, Hans-Bernd und *Claus Ott* (Hg.) (2005), Lehrbuch der ökonomischen Analyse des Zivilrechts, 4. Aufl., Berlin.

Scharpf, Fritz W. (1988), The Joint Decision Trap: Lessons from German Federalism and European Integration, in: Public Administration, Bd. 66, S. 239-278.

Schnellenbach, Jan (2004), Dezentrale Finanzpolitik und Modellunsicherheit: Eine theoretische Untersuchung zur Rolle des fiskalischen Wettbewerbs als Wissen generierender Prozeß, Tübingen.

28 *Wolfgang Kerber*

Seidl, Christian (1997), Das Wesen liberaler Rechte, in: *Claus Ott* und *Hans-Bernd Schäfer* (Hg.), Effiziente Verhaltenssteuerung und Kooperation im Zivilrecht, Tübingen, S. 1 -38.

Sen, Amartya K. (1970), The Impossibility of a Paretian Liberal, in: Journal of Political Economy, Bd. 78, S. 152-157.

Sinn, Hans W. (1997), The Selection Principle and Market Failure in Systems Competition, in: Journal of Public Economics, Bd. 88, S. 247-274.

Sinn, Hans W. (2003), The New Systems Competition, Yrjö-Jahnsson Lectures, Oxford.

Streit, Manfred und *Werner Mussler* (1995), Wettbewerb der Systeme und das Binnenmarktprogramm der Europäischen Union, in: *Lüder Gerken* (Hg.), Europa zwischen Ordnungswettbewerb und Harmonisierung, Berlin, S. 75-107.

Sun, Jeanne-Mey und *Jacques Pelkmans* (1995), Regulatory Competition in the Single Market, in: Journal of Common Market Studies, Bd. 33, S. 67-89.

Trachtman, Joel P. (2000), Regulatory Competition and Regulatory Jurisdiction, in: Journal of International Economic Law, Bd. 3 (2), S. 331-348.

Van den Bergh, Roger (1998), Subsidiarity as an Economic Demarcation Principle and the Emergence of European Private Law, in: Maastricht Journal of European and Comparative Law, Bd. 5, S. 129-152.

Van den Bergh, Roger (2000), Towards an Institutional Legal Framework for Regulatory Competition in Europe, in: Kyklos, Bd. 53, S. 435-466.

Van den Bergh, Roger (2002), Regulatory Competition or Harmonization of Laws? Guidelines for the European Regulator, in: *Alain Marciano* und *Jean M. Josselin* (Hg.), The Economics of Harmonizing European Law, Cheltenham, S. 27-49.

Van den Bergh, Roger (2007), The Uneasy Case for Harmonising Consumer Law, in: *Klaus Heine* und *Wolfgang Kerber* (Hg.), Zentralität und Dezentralität von Regulierung in Europa, Schriften zu Ordnungsfragen der Wirtschaft, Bd. 83, Stuttgart, S. 183-206.

Vanberg, Viktor (2000), Der konsensorientierte Ansatz der konstitutionellen Ökonomik, in: *Helmut Leipold* und *Ingo Pies* (Hg.), Ordnungstheorie und Ordnungspolitik – Konzeptionen und Entwicklungsperspektiven, Stuttgart, S. 252-276.

Vanberg, Viktor (2004), Bürgersouveränität und wettbewerblicher Föderalismus: Das Beispiel der EU, in: *Wolf Schäfer* (Hg.), Zukunftsprobleme der europäischen Wirtschaftsverfassung, Berlin, S. 51-86.

Vanberg, Viktor (2005), Market and State: The Perspective of Constitutional Political Economy, in: Journal of Institutional Economics, Bd. 1, S. 23-49.

Vanberg, Viktor und *Wolfgang Kerber* (1994), Institutional Competition Among Jurisdictions: An Evolutionary Approach, in: Constitutional Political Economy, Bd. 5, S. 193-219.

Vaubel, Roland (1997), The Constitutional Reform of the European Union, in: European Economic Review, Bd. 41, S. 443-450.

Vaubel, Roland (2007), Die Politische Ökonomie der sozialpolitischen Regulierung in der Europäischen Union, in: *Klaus Heine* und *Wolfgang Kerber* (Hg.), Zentralität und Dezentralität von Regulierung in Europa, Schriften zu Ordnungsfragen der Wirtschaft, Bd. 83, Stuttgart, S. 237-260.

Vogel, David (1995), Trading Up and Governing Across: Transnational Governance and Environmental Protection, in: Journal of European Public Policy, Bd. 4, S. 556-571.

Wagener, Hans-Jürgen, Thomas Eger und *Heiko Fritz* (2006), Europäische Integration: Recht und Ökonomie, Geschichte und Politik, München.

Wentzel, Dirk (2007), Der Ausschuß der Regionen in Europa: Institutioneller Aufbau und Subsidiaritätsauftrag, in: *Klaus Heine* und *Wolfgang Kerber* (Hg.), Zentralität und Dezentralität von Regulierung in Europa, Schriften zu Ordnungsfragen der Wirtschaft, Bd. 83, Stuttgart, S. 107-129.

Wrede, Matthias (2001), Yardstick Competition to Tame the Leviathan, in: European Journal of Political Economy, Bd. 17, S. 705-721.

Klaus Heine und Wolfgang Kerber (Hg.),
Zentralität und Dezentralität von Regulierung in Europa
Schriften zu Ordnungsfragen der Wirtschaft · Band 83 · Stuttgart · 2007

Zur ökonomischen Theorie des Föderalismus:
Eine prozeßorientierte Sicht

Lars P. Feld

Inhalt

1. Einleitung

Föderalismus wird in der ökonomischen Analyse zumeist instrumentell aufgefaßt: Eine dezentralisierte Kompetenzverteilung in verschiedenen Politikbereichen dient zur Ableitung eines optimalen Gleichgewichts, das je nach Annahme eine effiziente oder ineffiziente Allokation von Ressourcen im Wettbewerb der Gebietskörperschaften bedingt.[1] Diese Betrachtung ist in der Regel ergebnisorientiert. Sie dient etwa dazu, die Voraussetzungen für ein Auftreten von Ineffizienzen zu ermitteln und Hypothesen über die Funktionsweise eines solchen Wettbewerbs abzuleiten, die dann empirisch überprüft werden können. Am Ende einer solchen Analyse stehen normative Argumente für die Organisation von Mehr-Ebenen-Systemen. Beispielsweise läßt sich mit Hilfe der ökonomischen Theorie des Föderalismus eine optimale Kompetenzzuteilung in der Europäischen Union ableiten (*Feld* 2003, 2005a). Allgemeine Aussagen über die optimale Größe von Ländern (*Alesina* und *Spolaore* 2003) oder die optimale räumliche Ausdehnung des Rechts (*Schmidt-Trenz* und *Schmidtchen* 1994) können auf dieser Basis getroffen werden. Diese optimale Kompetenzverteilung ergibt sich vornehmlich durch eine Gegenüberstellung der beiden Enden des Spektrums von Dezentralität und Zentralität: einer weitgehend dezentralisierten Autonomie der kleineren gebietskörperschaftlichen Einheiten im Vergleich zur vollen und eindeutig zugewiesenen Kompetenz der übergeordneten, zentralstaatlichen Ebene. Zwischenlösungen bzw. Mischsysteme werden nur ausnahmsweise genauer betrachtet.[2] Im Vordergrund der normativen Diskussion steht daher häufig die Festlegung auf eine Position der Dezentralisierung oder Zentralisierung, die dem zu lösenden Problem der Kompetenzzuteilung nicht adäquat ist.

Die Unangemessenheit solcher ökonomischen Analyse für reale Probleme der Kompetenzzuteilung liegt auf der Hand. Die eigentlich spannende Frage besteht darin, festzustellen, inwiefern etwa ein bestimmtes Ausmaß an grenzüberschreitenden externen Effekten eine Politik zur Aufgabe der höheren staatlichen Ebenen macht, und nicht in dem einfachen Hinweis, daß räumliche externe Effekte zu einer Veränderung in der Kompetenzzuweisung führen sollten. Was sind beispielsweise die Schwellen, die man für eine Kompetenzverschiebung vorsehen möchte? Wie lassen sich diese empirisch ermitteln? Die reinen Regime der vollständig dezentralisierten oder zentralisierten Kompetenzen dürften dabei nur in Ausnahmefällen die richtige Lösung darstellen. Vielmehr sind hybride Lösungen, Mischzuständigkeiten, Politikverflechtungen an der Tagesordnung. Auch müssen Kompetenzzuweisungen in einem bestimmten Politikbereich dessen unterschiedliche Facetten zu berücksichtigen in der Lage sein. In manchen Teilen des einen Politikbereichs mag eine dezentralisierte Kompetenzverteilung richtig sein, in anderen Bereichen leisten zentralstaatliche Kompetenzen mehr. Jeder Politikbereich stellt sich somit mehr oder weniger differenziert und facettenreich dar.

---

[1] Siehe *Tiebout* (1956), *Sinn* (2003) und *Brueckner* (2004) für das Spektrum von effizienter zu ineffizienter Allokation im Wettbewerb von Gebietskörperschaften.

[2] *Budzinski* (2006) liefert beispielsweise eine solche Ausnahme in seiner Analyse der internationalen Wettbewerbspolitik.

In den meisten Fällen genügt es zudem nicht, das Ausmaß an Externalitäten oder an durch Zentralisierung möglichen Kostenersparnissen empirisch zu bestimmen und auf dieser Basis für dezentrale oder zentrale Kompetenzen zu votieren. Es geht vielmehr darum, geeignete Instrumente zur Lösung des Politikproblems zu finden und zu belegen, daß sie zu besseren Ergebnissen führen. Politikinstrumente sollen einerseits Externalitäten internalisieren, aber andererseits nicht selbst wiederum zu Wohlfahrtsverlusten führen. So können spezifische polit-ökonomische Probleme auf der Ebene der höherrangigen Gebietskörperschaften, die aus den Kostenersparnissen bei Zentralisierung erzielbaren Vorteile (über-)kompensieren und zu schlechteren Lösungen führen. Diese Instrumente müssen schließlich in den jeweiligen institutionellen Kontext in einem Land eingefügt werden. Was in einem Land als gelungene Lösung am Reißbrett wissenschaftlicher Erkenntnis aufscheint, verpufft im anderen Land bestenfalls wirkungslos; im schlechteren Fall ist die vorgeschlagene Politik schädlich und führt zu inferioren Ergebnissen. Damit noch immer nicht genug: Lösungen müssen implementiert werden, sie erfordern jemanden, der sie umsetzt und ihren Erfolg oder Mißerfolg mißt. Administrative Erfordernisse und Zuständigkeiten sind somit zu beachten.

Die traditionelle ergebnisorientierte Sicht in der ökonomischen Theorie des Föderalismus liefert somit zwar eine Reihe von nützlichen Kriterien für die Funktionsweise eines Mehr-Ebenen-Systems. Mit ihrer Hilfe ist es möglich, bedeutsame Zielkonflikte für die Zuteilung von Kompetenzen über zentrale oder dezentrale Leistungserstellung und Finanzierung herauszuarbeiten: Soll die stärkere Orientierung an den Präferenzen von Individuen, die sich bei Dezentralität ergibt, gegen die Kostenersparnisse bei stärkerer Ausschöpfung von Skalenerträgen auf der zentralen Ebene aufgerechnet werden? Sollen die Vorteile der wirtschaftlichen Integration und des damit verbundenen Abbaus von Handelsbeschränkungen aufgrund unterschiedlicher Regulierungen den Nachteilen aufgrund übermäßiger Regulierungsintensität bei Zentralisierung der entsprechenden Kompetenzen gegenübergestellt werden? Der traditionelle Ansatz ermöglicht es auch, die Fähigkeit einzelner Politikinstrumente zur Behebung von Ineffizienzen bei Dezentralisierung herauszuarbeiten. So läßt sich etwa zeigen, daß ein Finanzausgleich zwischen Gebietskörperschaften zur Internalisierung von Externalitäten beiträgt.[3]

Die traditionelle ergebnisorientierte Sicht in der ökonomischen Theorie des Föderalismus vernachlässigt aber auch eine Fülle von bedeutsamen Fragen, die für die Funktionsweise eines Mehr-Ebenen-Systems zu lösen sind. Diese traditionelle Sicht vermag es nicht, die geeigneten prozeduralen Bedingungen zu benennen, unter denen eine dezentrale oder zentralstaatliche Organisation des Staates zu vergleichsweise günstigen Ergebnissen führt, weil zumeist vom Kontext politischer Entscheidungen abstrahiert wird. Eine prozeßorientierte Herangehensweise eröffnet somit zusätzliche Perspektiven. Bei einer solchen prozeduralen Sicht des Föderalismus ist es notwendig, erstens die Bedeutung des Föderalismus für die vertikale Gewaltenteilung zu betrachten, zweitens die Fähigkeit des Föderalismus zum Schutz individueller Freiheitsrechte herauszustellen, drittens die Vor- und Nachteile der bundesstaatlichen Versicherung für in Not gera-

---

[3] *Wildasin* (1989) und *DePater* und *Myers* (1994) zeigen, daß ein Finanzausgleich wie eine *Pigou*-Subvention wirkt und somit Externalitäten internalisiert.

tene Gliedstaaten zu benennen, viertens auf die Möglichkeit abzustellen, Neues dezentral kostengünstiger zu erproben, fünftens sich der Problematik des administrativen Föderalismus zu widmen und sechstens die Frage nach geeigneten Kompetenzverlagerungsmechanismen zu beantworten. Eine prozeßorientierte Sicht des Föderalismus rückt somit die dynamische Stabilität von Organisationsmöglichkeiten staatlicher Leistungserstellung und -finanzierung in Mehr-Ebenen-Systemen in den Mittelpunkt des Interesses. Zentral für die prozeßorientierte Sicht sind die Grundregeln, die Ordnungsprinzipien und Verfassungsnormen, die eine erfolgreiche Anpassung von Mehr-Ebenen-Systemen im Zeitablauf begünstigen.

In diesem Beitrag werden verschiedene Elemente einer solchen prozeduralen Sicht des Föderalismus genauer betrachtet und in einen Zusammenhang gebracht. Dieser Beitrag steht damit in der Linie der von *Wallace Oates* (2005) mit *„Second Generation Theory of Fiscal Federalism"* genannten Analyse. Ausgangspunkt ist ein in zweifacher Hinsicht streng Individualistischer. Einerseits wird versucht, die grundsätzlichen Spielregeln eines dynamisch effizienten Föderalismus, seine Verfassungs- und Ordnungsprinzipien, aus individualistischer Perspektive und damit in Anlehnung an die ökonomische Theorie der Verfassung abzuleiten. Andererseits werden verschiedene mögliche Organisationsprinzipien daraufhin geprüft, inwiefern sie die individuellen Freiheitsrechte weitestgehend zur Geltung bringen, ihnen weitgehenden Schutz gewähren. Die prozeßorientierte Sicht ist somit dem *„market preserving federalism"* Weingasts (1995) ähnlich.

Auf dieser normativen Basis wird zunächst ein bundesstaatliches Gebilde abstrakt als Vertrag zwischen vorher autonomen Gebietskörperschaften behandelt (Kapitel 2). Am Anfang eines solchen Verfassungsvertrages steht die Frage nach den Gründen, die zum Bund zwischen diesen unabhängigen Einheiten führen. Die Argumente aus der traditionellen Theorie des Föderalismus spielen dabei eine gewisse, aber nicht die ausschließliche Rolle. In einem zweiten Schritt sollen die Sicherungsmaßnahmen diskutiert werden, die sich vorher autonome Gebietskörperschaften gegen einen potentiellen Machtmißbrauch der ihnen nun übergeordneten staatlichen Ebene rationalerweise wünschen würden (Kapitel 3). In Kapitel 4 wird dieser Betrachtung der Regelungsbereich gegenüber gestellt, der sich aufgrund des Bedürfnisses der übergeordneten Ebene ergeben muß, eine Ausbeutung durch opportunistisches Verhalten einzelner Gliedstaaten zu verhindern. Ist der Bundesstaat tatsächlich in gewisser Hinsicht ein Versicherungsverein auf Gegenseitigkeit der Gliedstaaten, so müssen, wie bei jedem anderen Versicherungsvertrag auch, Mechanismen zur Verhinderung von Ex-post-Opportunismus vorhanden sein. Geeignete Mechanismen zur Kompetenzverlagerung nach oben oder nach unten werden in Kapitel 5 thematisiert. Schlußbemerkungen folgen in Kapitel 6.

2.   Das Bundesstaatsprinzip als Verfassungsvertrag

Ein Bundesstaat läßt sich als Vertrag zwischen vormals eigenständigen Gebietskörperschaften begreifen, bei dem die Vertragspartner Entscheidungsautonomie in bestimmten Politikbereichen auf eine neue, ihnen übergeordnete Ebene verlagern. Die beteiligten Gliedstaaten erkennen dabei die Regel an, daß das von der höheren staatlichen Ebene (unter bestimmten Bedingungen) festgesetzte Recht dem Recht der Gliedstaaten übergeordnet ist. Aus dieser vertragstheoretischen Perspektive heraus lassen sich die Gründe erörtern, welche die vorher autonomen Gebietskörperschaften dazu bewegen, einem solchen Bündnis zuzustimmen. Verhalten sie sich rational, so muß der Nettonutzen der Gründung eines solchen Bundesstaates für jede Region positiv sein. Da es sich um eine Entscheidung auf der Verfassungsebene handelt bzw. um einen völkerrechtlichen Vertrag, wird Einstimmigkeit vorauszusetzen sein, so daß dieser Bund sogar eine *Pareto*-Verbesserung für die beteiligten Gliedstaaten implizieren sollte.

Die Vor- und Nachteile des Bundesstaates liegen auf der Hand (*Ruta* 2005). Sie werden einerseits in der traditionellen ökonomischen Theorie des Föderalismus, der ersten Generation, aber auch in der zweiten Generation der Föderalismustheorie thematisiert. Zudem lassen sich Parallelen zur Europäischen Union ziehen. Ein wichtiges Argument für die Gründung eines Bundesstaates kann anhand der Landesverteidigung beispielhaft verdeutlicht werden. Der Zusammenschluß von Regionen zum Zwecke der Landesverteidigung bedingt Skalenerträge in der Bereitstellung dieses öffentlichen Gutes. Da es sich um ein reines öffentliches Gut handelt, ist die Landesverteidigung nicht-rivalisierend nutzbar. Zusätzliche Nutzer können dieses Gut ebenfalls in Anspruch nehmen, ohne daß der Nutzen bereits vorhandener Konsumenten geschmälert wird. Die Kosten können jedoch auf mehr Personen verteilt werden, so daß die Durchschnittskosten der Bereitstellung dieses Gutes über den relevanten Produktionsbereich sinken: Verteidigung wird für die Individuen der Union relativ billiger, je mehr Personen dieses öffentliche Gut nutzen. Die Bedeutung von Größenvorteilen für die Bildung einer politischen Union werden von *Sinn* (2003), *Alesina* und *Spolaore* (1997, 2003) und *Alesina*, *Spolaore* und *Wacziarg* (2000, 2005) allgemein herausgearbeitet. *Riker* (1964) sowie *Alesina* und *Spolaore* (2005, 2006) greifen dabei insbesondere das Verteidigungsargument auf.

Wie *Alesina*, *Spolaore* und *Wacziarg* (2000, 2005), *Casella* (2001) oder *Casella* und *Feinstein* (2003) betonen, dürften Größenvorteile auch in der Bildung eines gemeinsamen Binnenmarktes eine bedeutende Rolle spielen, für den die vier Grundfreiheiten, freier Waren- und Dienstleistungsverkehr, freier Kapitalverkehr und freie Wanderung von Arbeitskräften, gewährleistet sind. Größenvorteile eines gemeinsamen Güter- und Faktormarktes ergeben sich für seine Unternehmen, falls zuvor Handelsbeschränkungen existierten. Der größere Markt ermöglicht größere Absatzmengen, aber bedingt einen intensiveren Wettbewerb. Größenvorteile des gemeinsamen Marktes dürften auch hinsichtlich staatlicher Marktregulierungen bestehen. Im gemeinsamen Markt lassen sich bei einer geltenden Eigentumsordnung Eigentumsrechte leichter durchsetzen. Die individuellen Abwehrrechte werden tendenziell gestärkt. Zudem sind die für Unternehmen realisierbaren Größenvorteile eines gemeinsamen Marktes vor allem dann ein Argument für größere regionale Einheiten, wenn nicht bereits zuvor globaler Freihandel herrschte. *Alesina* und *Spolaore* (1997, 2003) argumentieren etwa, daß die Zunahme des Freihandels zu einer geringeren Notwendigkeit führt, große staatliche Einheiten oder regionale Präferenzräume zu bilden. Die Größenvorteile sind bei weltweitem Handel bereits weitgehend realisiert, und der regionale Präferenzraum hemmt die Entwicklung eher.

Ein drittes Argument, das für ein solches Bündnis spricht, ergibt sich aus der Externalitätendiskussion in der ökonomischen Theorie des Föderalismus. Gemäß dem Dezentralisierungstheorem von *Oates* (1972) ist eine möglichst dezentrale Bereitstellung und Finanzierung öffentlicher Güter *Pareto*-optimal, wenn das Prinzip der fiskalischen Äquivalenz bzw. das Korrespondenzprinzip erfüllt ist, das heißt also, wenn bei einer gegebenen räumlichen Ausdehnung eines öffentlichen Gutes Nutznießer, Kostenträger und Entscheidungsträger einen identischen Personenkreis umfassen. Fallen Nutznießer und Kostenträger auseinander, so treten räumliche Externalitäten auf, welche sich durch die Bildung größerer räumlicher Einheiten internalisieren lassen. *Ellingsen* (1998) sowie *Alesina, Angeloni* und *Etro* (2001, 2005) heben die Bedeutung räumlicher Externalitäten für die Bildung eines Bundesstaates hervor. Ähnliches gilt im übrigen für das Argument fiskalischer Externalitäten, wie *Janeba* und *Wilson* (2003) gezeigt haben.

Ein viertes Argument für zentralstaatliche Kompetenzen liefert die Literatur zum Regulierungswettbewerb.[4] *Sinn* (2003) argumentiert, daß Produktmarktregulierungen dazu dienen, das Zitronen-Problem (*Akerlof* 1970) zu lösen. Bei asymmetrischer Informationsverteilung auf den Produktmärkten, etwa wenn der Käufer wie im Falle von Gebrauchtwagen die Qualität eines Erfahrungsgutes schlechter einschätzen kann als der Verkäufer, hat die besser informierte Marktseite Anreize, ihren Informationsvorsprung gewinnbringend auszunutzen, in diesem Beispiel also dem Käufer ein Auto mit niedrigerer Qualität zu verkaufen (siehe auch *Apolte* 2006). Die schlechter informierte Marktseite wird ihren Informationsnachteil früher oder später feststellen und sich mit Markttransaktionen zurückhalten. So könnte etwa der Markt für Gebrauchtwagen sehr dünn werden bzw. ganz zusammenbrechen. Reguliert der Staat nun solche Märkte, um diese Form von Marktversagen zu beheben, so schützt er nicht nur die schwächere Marktseite, sondern auch das Bestehen der Märkte für Erfahrungsgüter. Im Wettbewerb zwischen Gebietskörperschaften mit unterschiedlicher Regulierung würde sich, so *Sinn* (2003), das laxeste Regulierungsregime durchsetzen, es entstünde eine Regulierungsspirale nach unten, und das Marktversagen würde durch die Hintertür wieder eingeführt. Die sich in einem solchen Regulierungswettbewerb befindenden Gebietskörperschaften haben somit einen Anreiz, sich auf Mindeststandards zu einigen, die ggf. durch eine übergeordnete staatliche Instanz, etwa den Bund im Falle von Regulierungen auf regionaler Ebene oder der EU im Falle nationalstaatlicher Regulierungen, durchgesetzt werden.[5]

Ein weiterer Vorteil des Bundesstaates für seine Gliedstaaten liegt in der Versicherungsfunktion, die er bei regional asymmetrischen, ökonomischen Schocks ausübt (*Persson* und *Tabellini* 1996a, 1996b). Das Risiko der asymmetrischen Schocks kann zwischen den Gliedstaaten im Budget der übergeordneten Ebene gepoolt werden. Transfers von anderen Gebietskörperschaften mildern negative Konsequenzen für die in ma-

---

[4] Siehe dazu ausführlich *Heine* (2003) und die darin angegebene Literatur.

[5] *Vaubel* (2004) und *Feld* (2005b) kritisieren dieses Argument ausführlich. Dabei hängt die Stichhaltigkeit des Arguments der asymmetrischen Information davon ab, wie gut die Märkte in der Lage sind, eigene privatrechtliche Lösungsmechanismen für dieses Problem zu entwickeln. Eine wichtige Rolle kommt auch dem Reputationsmechanismus zu. Das Problem ist daher sicher differenzierter zu sehen als hier dargestellt und wird am Ende wohl auch nur auf empirischer Basis eingeschätzt werden können.

kroökonomische Schwierigkeiten geratene Region ab. Wird die Stabilitätspolitik dezentral koordiniert, so können jedoch *Moral hazard*-Probleme auftreten. Da die Partner einer solchen Kooperation zur makroökonomischen Stabilisierung ex ante nicht wissen, wie stark das Risiko eines Schocks für die einzelne Gebietskörperschaft ist, hat jede einen Anreiz, möglichst wenig eigene Mittel zur Stabilisierung einzusetzen. Es entsteht ein Trittbrettfahrerproblem. *Persson* und *Tabellini* (1996a) schlagen daher vor, die zentralstaatliche Ebene solle den Gliedstaaten eine solche Versicherung für asymmetrische Schocks zur Verfügung stellen.[6] *Persson* und *Tabellini* (1996b) argumentieren hingegen, daß diesem Argument für eine zentralstaatliche Versicherung eine ex post-Problematik gegenübergestellt werden muß: Durch die Risikoaufteilung zwischen den Gebietskörperschaften zur Abfederung von Schocks wird Einkommen umverteilt. Soweit sich interregionale Koalitionen der Nutznießer dieser Umverteilung bilden, führt die zentralstaatliche Regelung zu einer zu starken makroökonomischen Stabilisierung: Der Zentralstaat zahlt zu viel für die Regionen. Bei dezentraler Regelung kommt hingegen keine Lösung zustande, wenn sich alle Regionen an der Aushandlung der interregionalen Transfers beteiligen, da Regionen mit geringen makroökonomischen Risiken die Regionen mit hohen Risiken nicht zu unterstützen bereit sind. Eine Versicherung gegen asymmetrische Schocks wird nicht bereitgestellt. Die Ausübung der Versicherungsfunktion ist somit an detaillierte Regeln zur Vermeidung dieser Anreizproblematik gebunden. Die Vorteile bundesstaatlicher Organisation lassen sich nicht ohne Kosten realisieren. Es entstehen Zielkonflikte.

und das stimmt eben nicht!!

Solche Zielkonflikte existieren auch im Hinblick auf die zuvor herausgestellten Vorteile der Übertragung von Kompetenzen auf eine höhere staatliche Ebene. Genau wie bei der Versicherungsfunktion stehen den Vorteilen zentralstaatlicher Bereitstellung und Finanzierung öffentlicher Güter auch Nachteile gegenüber. Ein gewichtiger Nachteil ergibt sich vor allem bei einer hohen Präferenzheterogenität im Bundesgebiet. Unterscheiden sich die Präferenzen der Individuen für öffentliche Güter in unterschiedlichen Regionen, so entstehen bei einem vereinheitlichten Niveau Frustrationskosten für die Bürger (*Zimmermann* 1999). *Ellingsen* (1998) betont, daß solche Präferenzkosten vor allem für Minderheiten auftreten und dezentrale Leistungserstellung und -finanzierung daher vor allem dem Minderheitenschutz dient. Der Zwang zum bundestreuen Verhalten kann somit handfeste Konflikte für die Regionen verursachen, vor allem wenn die regionalen Präferenzen sehr intensiv ausgeprägt sind. Das Argument der Präferenzkonformität dezentraler Bereitstellung und Finanzierung öffentlicher Leistungen steht aufgrund der Analysen *Tiebout*s (1956) am Anfang der ökonomischen Theorie des Föderalismus. So bescheiden es auf den ersten Blick anmuten mag, so bedeutsam ist es in der Praxis. Es sind wirklich gravierende Kosten, die zu bedenken sind, wenn aufgrund stark ausgeprägter regionaler oder lokaler Identitäten bis zu einer Sezession von einem Staat gedacht wird. Unterschiedliche Präferenzen in einem Staat können aufgrund unterschiedlicher Sprachen, Religionen, Kulturen oder historischer Hintergründe auftreten, sind aber häufig auch das Resultat ökonomisch begründeter Wanderungsprozesse und

---

[6] *Bucovetsky* (1997) zeigt, daß ein Finanzausgleich auch eine Versicherungsfunktion bei symmetrischen Schocks ausfüllt. Je gravierender *Moral hazard* ist, um so stärker muß die Steuerbelastung in einem solchen Bundesstaat insgesamt ansteigen.

nicht selten auch auf einer Homogenisierung der Einkommensverteilung in einer Gebietskörperschaft gegründet.

Hinsichtlich der Bereitschaft von Individuen, Einkommensumverteilung politisch zu unterstützen, spielen regionale Identitäten eine bedeutende Rolle. Während die traditionelle ökonomische Theorie des Föderalismus im Gefolge *Stigler*s (1957) auf die Schwierigkeiten dezentraler Einkommensumverteilung aufgrund der soeben angedeuteten Tendenz zur Homogenisierung von Einkommensverteilungen im Föderalismus abhebt, betont *Pauly* (1973) zu Recht auch die Eigenschaft der Einkommensumverteilung als lokales öffentliches Gut. Altruismus auszuüben fällt gegenüber Menschen, die man kennt, leichter als gegenüber einer anonymen Gruppe von Transferempfängern. Das Gefühl der Verbundenheit läßt sich leichter entwickeln, wenn man die Bedürftigen kennenlernt. *Ashworth, Heyndels* und *Smolders* (2002) stellen für belgische Gemeinden fest, daß diese Verbundenheit große Bedeutung für die individuelle Bereitschaft zur Einkommensumverteilung auf der lokalen Ebene hat. *Alesina* und *La Ferrara* (2002) legen zudem Evidenz dafür vor, daß ein für die nachhaltige Unterstützung der Verteilungspolitik notwendiges Vertrauen in homogenen Gebietskörperschaften stärker ausgeprägt ist. Dies dürfte einer der Gründe sein, warum die Bildung von Nationalstaaten und die Entwicklung wohlfahrtsstaatlicher Arrangements in Europa Hand in Hand ging.

Wenn sich solche Zielkonflikte aus Vor- und Nachteilen dezentraler Leistungserstellung und -finanzierung ergeben, so ist es für Ökonomen naheliegend, ein optimales Niveau an Zentralität und Dezentralität in verschiedenen Politikbereichen abzuleiten. In vielen der zuvor genannten Beiträge ist dies üblich. Dies ist jedoch einerseits verfrüht, weil die für die Einschätzung der Sinnhaftigkeit des Föderalismus bedeutsamen politökonomischen Argumente noch nicht näher betrachtet wurden. Andererseits dürfte das Instrument der Kompetenzzuweisung auf Verfassungsebene zu grob sein, um zuvor angedeutete Ineffizienzen des Wettbewerbsföderalismus zielgenau und kostengünstig zu beheben. In *Feld* (2005c) wird ausführlicher darauf eingegangen, daß eine Reihe von weiteren Instrumenten, von der Ausgestaltung eines Finanzausgleichs über *Coase*'sche Verhandlungsprozesse bis zu den *Frey* und *Eichenberger*'schen (1999) FOCJ, zur Verfügung stehen, welche die angestrebten Ziele zu günstigeren Kosten-Nutzen-Verhältnissen zu erreichen vermögen. Schließlich tendiert eine rigide Kompetenzzuweisung in der Verfassung sowohl dazu, dynamische Anpassungsprozesse an neue Gegebenheiten zu behindern, als auch dazu, Kompetenzen in den einzelnen Politikbereichen zu undifferenziert zuzuteilen. Die Kompetenzzuweisung als solche kann daher nur ein erster Schritt in der Bildung von Föderalstaaten sein, der durch eine Vielzahl von Öffnungsklauseln und Verfahrensbestimmungen ergänzt sein muß, um Differenzierungen im Querschnitt über die Politikbereiche und im Zeitablauf zuzulassen.

Warum ist es sinnvoll, diese Überlegungen auf vertragstheoretischer Basis für die Verfassungsebene anzustellen? Genügt die traditionelle ökonomische Theorie des Föderalismus mit ihren Hinweisen nicht, um mögliche Zielkonflikte abzuleiten? Bettet man diese Überlegungen explizit in einen verfassungsgebenden Prozeß ein, so resultiert eine Reihe von Vorteilen. Zunächst erleichtert dieses Gedankenexperiment den Ausblick auf die polit-ökonomischen Probleme. Dann erlaubt der Schritt hinter den Schleier des Nicht-Wissens die Analyse der Grundregeln zur Einkommensumverteilung. Die für die ökonomische Theorie des Föderalismus so wichtigen Verteilungsargumente können damit ohne theoretischen Bruch in die Analyse integriert werden. Schließlich zwingt diese Vorgehensweise dazu, von einem *Bottom-up*-Föderalismus auszugehen: Die Regionen schließen sich zu einem Zweckbündnis zusammen. Sie werden nicht in einen gemeinsamen Staat gezwungen. Sie treffen die Bündnisentscheidung aus freien Stücken und gemäß der auf Verfassungsebene typischen (Quasi-)Einstimmigkeitsregel. Die Schaffung des Bundesstaates sollte demnach eine *Pareto*-Verbesserung herbeiführen. Die Regionen werden also zeitlich vorher geschaffen, sie laufen dem Bundesstaat vor, so daß auch ein Mindestmaß an regionalen Identitäten vorausgesetzt wird.

Diese Vorgehensweise ist nicht zwingend erforderlich. Sie entspricht der tatsächlichen Vorgehensweise in den klassischen und vergleichsweise erfolgreichen Bundesstaaten wie der Schweiz und den USA. Dehnt man diese Überlegungen auf die lokale Ebene aus, so kommt die Figur des Bundes als Verfassungsvertrag dem Modell des schweizerischen Kantons Graubünden nahe, in welchem sich lokale Gebietskörperschaften zu einem ‚grauen Bund' zusammenschlossen. Man könnte dieses Modell des Föderalismus daher auch als *Grison*-Föderalismus bezeichnen. Der deutsche Bundesstaat und auch die Weimarer Verfassung entsprechen nicht diesem Ideal. Wie *Oeter* (1998) in seinem Standardwerk zur historischen Entwicklung des deutschen Bundesstaatsrechts überzeugend darlegt, war bereits der deutsche Bundesstaat von 1867 und 1871 „ein Kunstprodukt klassischer Kabinettspolitik, eine Schöpfung im Geiste des preußischen Ministerpräsidenten Bismarck" (S. 17). Föderalismus wurde daher in der Weimarer Zeit als monarchisches Relikt aufgefaßt, was die führenden deutschen Staatsrechtler zu Verfechtern des Unitarismus werden ließ. Im Grunde schwingt diese historische Prägung bis heute fort, wenn man etwa an den Begriff der Landesfürsten in der deutschen öffentlichen Diskussion denkt. In der Schweiz wäre es abwegig, Kantonsfürsten zu thematisieren. Dort spricht man statt dessen vom Kantönligeist, was der regionalen Identität, so klein kariert sie auch manchmal sein mag, Ausdruck verleiht.

Ist die hier eingenommene Perspektive der Verfassungsgebung durch die regionalen Einheiten überhaupt adäquat? Gerade aus individualistischer Perspektive muß man notwendigerweise davon ausgehen, daß Individuen anstelle von Regionen einen Verfassungsvertrag schließen. Die Präambel des deutschen Grundgesetzes und die Diskussionen über ihre Formulierung im Parlamentarischen Rat (*Oeter* 1998, S. 117 ff.) tragen dieser individualistischen Perspektive Rechnung. Es sind die Bürger, im deutschen Beispiel das deutsche Volk, die sich eine Verfassung geben. Das Spannungsverhältnis zur zuvor skizzierten *Bottom-up*-Perspektive läßt sich nur unter Berücksichtigung polit-ökonomischer Argumente auflösen, nämlich dann, wenn man davon ausgeht, daß Föderalismus eine Versicherung gegen Machtmißbrauch durch den Staat darstellt.

3. Versicherung gegen Machtmißbrauch des Zentralstaates

Kaum einer stellt die Bedeutung des Wettbewerbsföderalismus für individuelle Freiheitsrechte so stark heraus wie *James Buchanan*. *Buchanan* (1995) preist den Föderalismus als ideale politische Ordnung, während *Buchanan* (1995/96) dessen Bedeutung für den Erhalt individueller Souveränität fokussiert. Der Ausgangspunkt dieser Betrachtung ist ebenfalls eine verfassungsökonomische Perspektive. Es sind jedoch nach *Buchanan*s Auffassung im Unterschied zu den zuvor angestellten Überlegungen die Individuen selbst, die sich auf der Verfassungsebene rationalerweise auf einen Föderalstaat einigen sollten, weil der Föderalismus ihnen eine Versicherung gegen Übergriffe des Staates bietet. Diese Einigung erfolge „ab initio" (S. 19), ohne daß die Gemeinde von Bürgern ihre eigene Geschichte überhaupt erlebt hätte. Wettbewerbsföderalismus führt das Marktelement in die politische Sphäre ein. Genau so wie in marktlichen Beziehungen haben die Individuen im Föderalismus verbesserte Möglichkeiten, sich einer Politik, die sie nicht wollen, durch Auswanderung zu entziehen. Je stärker fragmentiert ein Bundesstaat in seine Gliedstaaten ist, um so leichter wird die Wanderungsoption genutzt werden können. Die Ausbeutung der Bürger durch den Leviathan wird durch den Föderalismus beschränkt. In diesen Beiträgen knüpft *Buchanan* somit an seine früheren Arbeiten mit *Brennan* (*Brennan* und *Buchanan* 1977, 1980) an.

Das Grundargument des Leviathan-Ansatzes ist von verschiedenen Autoren diskutiert und kritisiert worden. *Edwards* und *Keen* (1996) stellen die wohlfahrtstheoretisch ermittelten Ineffizienzen aus dem Wettbewerb zwischen Gebietskörperschaften neben die gemäß der polit-ökonomischen Diskussion erhofften günstigen Auswirkungen. Sie analysieren den resultierenden Zielkonflikt und leiten die Bedingungen ab, unter denen der Systemwettbewerb zu Ineffizienzen führt. Ausschlaggebend ist dabei die Stärke des jeweiligen Effekts. *Apolte* (1999, 2001) argumentiert, daß der durch Wanderung induzierte Wettbewerb zwischen Gebietskörperschaften zwar die mobilen Faktoren gegen Übergriffe des Leviathans zu schützen vermag, nicht aber die immobilen Faktoren. Sie sind einer übermäßigen Besteuerung oder Überregulierung weiter ausgesetzt. Regeln, die diese Belastung immobiler Faktoren verhindern sollen, führen aber zu zusätzlichen Ineffizienzen. *Bucovetsky* (1991), *Wilson* (1991) und *Cai* und *Treisman* (2005) diskutieren einen weiteren interessanten Fall, in welchem die Mobilität zwischen Gebietskörperschaften nicht zu einer Disziplinierung von Regierungen führt. Traditionelle polit-ökonomische Modelle des Wettbewerbsföderalismus gehen von einer homogenen Ressourcenverteilung zwischen den Gebietskörperschaften aus. Sind die Ressourcen (natürliche Ressourcen, ererbte Infrastruktur oder Humankapital, geographische Bedingungen) jedoch heterogen verteilt, so kann die Wanderung mobiler Faktoren sogar zu einer geringeren Disziplinierung der Regierungen in armen Regionen führen. Diese Asymmetrien können sich aufgrund unterschiedlicher Bevölkerungs- oder geographischer Größen ergeben. Sie resultieren aber auch, wenn die Ausstattung mit anderen Ressourcentypen divergiert. Ein asymmetrischer Föderalismus bereitet Probleme.

Das Wanderungsargument ist somit umstritten, und es dürfte eine empirische Frage sein, wie bedeutsam die Wanderungsmöglichkeit als Beschränkung gegen Machtmißbrauch von Regierungen tatsächlich ist. In wirtschaftshistorischen Analysen wird die Wanderungsoption neben weiteren technischen und geographischen Bedingungen als entscheidend dafür angesehen, daß es keinem Herrscher gelang, das Heilige Römische Reich deutscher Nation in ein ähnlich zentralistisches Gebilde wie Frankreich oder England zu transformieren. Die deutsche Kleinstaaterei ist gemäß der Belege *Volckart*s (2005) zu einem nicht unerheblichen Teil auf die besseren Auswanderungsoptionen zurückzuführen. In die gleiche Richtung deutende wirtschaftshistorische Belege liefern *Bernholz* und *Vaubel* (2004) für Asien und *Vaubel* (2005) für die kulturelle Blüte der Musik im Barock und in der Renaissance. *Feld, Kirchgässner* und *Schaltegger* (2003) beschäftigen sich hingegen mit dem Einfluß des Steuerwettbewerbs auf die Größe des öffentlichen Sektors, gemessen an seinen Staatseinnahmen. Gemäß ihrer Evidenz für die Schweizer Kantone reduziert der Steuerwettbewerb die Fähigkeit der Kantone zur Einnahmenerzielung und verschiebt die staatliche Finanzierung von den Einkommen- und Vermögensteuern hin zu Gebühren und Beiträgen. *Feld* und *Kirchgässner* (2004) berichten Evidenz für die Schweiz, wonach Dezentralisierung zu einer Reduktion der kantonalen Verwaltungsausgaben führt. Die empirische Evidenz spricht gegenwärtig wohl eher für die *Buchanan*'sche Argumentation. Allerdings sind die Auswirkungen von Asymmetrien im Föderalismus bislang noch nicht empirisch untersucht worden.

*Buchanan*s (1995/96) Analyse bleibt nicht bei der Wiederholung alter Thesen zum staatlichen Leviathan stehen. Vielmehr geht er so weit zu behaupten,

> „ ...that a coherent classical liberal must be generally supportive of federal political structures, because any division of authority must, necessarily, tend to limit the potential range of political coercion" (*Buchanan* 1995/96, S. 159).[7]

Damit ist die zentrale Rolle des Föderalismus für die vertikale Gewaltenteilung angesprochen. Diese vertikale Gewaltenteilung ergibt sich nicht einmal vorrangig aufgrund der Existenz einer (unechten oder echten) Zweiten Kammer der Legislative auf Bundesebene. Entscheidend dürfte wohl eher sein, daß Kompetenzen überhaupt zwischen den verschiedenen gebietskörperschaftlichen Ebenen aufgeteilt sind. Dadurch wird verhindert, daß „too strong a center risks overwhelming a federation by acting opportunistically and extracting too many rents" (*de Figueiredo* und *Weingast* 2005, S. 127). So lange die zentralstaatliche Ebene keine übermäßigen Kompetenzen besitzt und die nachgeordneten Gebietskörperschaften noch erhebliche Autonomie in verschiedenen Politikbereichen haben, wird es für den Bund schwieriger sein, individuelle Freiheitsrechte zu verletzen. Eine größere Fülle an Kompetenzen der Gliedstaaten wird hingegen über den horizontalen Systemwettbewerb in Grenzen gehalten. Minderheiten genießen dadurch weitreichenden Schutz vor politischen Übergriffen. Föderalismus dient dem Schutz von Minderheiten (*Ellingsen* 1998; *Janeba* 2004). *Rodden* und *Rose-Ackerman* (1997) sowie *Bardhan* (2002) stehen diesem Argument wiederum skeptisch gegenüber und weisen darauf hin, daß die größere Nähe der politischen Entscheidungsträger zu den Bürgern bei Dezentralität auch eine größere Nähe zu lokalen Interessengruppen impliziert. Lokale Produzenteninteressen könnten sich im politischen Prozeß leichter durchsetzen als die breite Masse der Bürger und so beispielsweise höhere Handelsschranken und Mobilitätshemmnisse zur Sicherung ökonomischer Renten erhalten.

Besley und *Coate* (2003) ermöglichen eine weitere Perspektive auf die vertikale Gewaltenteilung. Sie gehen nicht von einem Leviathan-Staat aus, sondern argumentieren, daß selbst unter der Annahme grundsätzlich wohlwollender staatlicher Entscheidungsträger Probleme aufgrund zentralstaatlicher Bereitstellung und Finanzierung öffentlicher Güter auftreten können. Auf der zentralstaatlichen Ebene ist demnach das Problem der

---

[7] *Vaubel* (1995) tendiert in eine ähnliche Richtung.

fiskalischen Allmende größer als auf regionaler oder lokaler Ebene. Verschiedene (regional oder lokal verankerte) Anspruchsgruppen richten ihre Nachfrage nach öffentlichen Leistungen an das jeweilige Budget. Je nachdem, welcher Klientel eine Regierung aufgrund von Stimmentausch freundlich gegenübersteht, kommen manche Gruppen zum Zuge und andere nicht. Die Kosten dieser Programme werden jedoch über die gesamte Bevölkerung verteilt. Es entsteht ein *Common Pool*-Problem aufgrund der gruppenmäßigen oder regionalen Konzentration der Nutzen und der relativ höheren räumlichen Dispersion der Kosten. Müssen diese regionalen Anspruchsgruppen diese öffentlichen Leistungen auf der regionalen Ebene nachfragen, so ist die Möglichkeit zum Stimmentausch stärker reduziert, und die fiskalische Allmende wird weniger stark ausgebeutet. Der Wettbewerbsföderalismus reduziert somit Allmendeprobleme.

Schließlich sprechen nicht nur die Aufteilung von Kompetenzen und die Wanderungsoption für die dezentrale Bereitstellung und Finanzierung öffentlicher Leistungen. In kleineren Einheiten kann auch die politische Kontrolle erleichtert werden. Eine Stimme ist mit höherer Wahrscheinlichkeit für den Wahlausgang in kleinen als in großen Gebietskörperschaften ausschlaggebend (*Buchanan* 1995/96). Die Kleinheit des Gemeinwesens erleichtert zudem den Diskussionsprozeß zwischen den Individuen, der am Ende zu einer politischen Entscheidung führen soll. Wie von *Frey* und *Kirchgässner* (1993) und *Feld* und *Kirchgässner* (2000) für das Beispiel der direkten Demokratie hervorgehoben wird, ist ein solcher Diskussionsprozeß erforderlich, damit die Bürger eine Chance haben, ihre eigennützigen Interessen im Hinblick auf das Gemeinwohl zu hinterfragen. Ein lebendiger Föderalismus fördert somit den Gemeinsinn, aber zugleich auch die Fähigkeit der Bürger, ihre Repräsentanten in Regierung und Parlament effektiv zu kontrollieren. *Albert Breton* (2000) hat darauf hingewiesen, wie alt dieses Argument schon ist. Bereits *Alexis de Tocqueville* (1840/1990, S. 50) verstand lokales politisches Handeln als Einübung von Freiheit und Demokratie:

> „Les institutions communales sont à la liberté ce que les écoles primaires sont à la science; elles la mettent à la portée du peuple; elles lui en font goûter l'usage paisible et l'habituent à s'en servir."

Föderalismus kann seine günstigen Wirkungen als Versicherung gegen staatlichen Machtmißbrauch somit auch ohne nennenswerte Wanderungsprozesse zwischen den Gebietskörperschaften entfalten. Wettbewerb zwischen Gebietskörperschaften kann nämlich auch durch einen weiteren Mechanismus zustande kommen, den *Breton* (1996, 2000) den *Salmon*-Mechanismus (*Salmon* 1987) nennt. Demnach führt eine dezentrale Leistungserstellung und -finanzierung dazu, daß die Bürger die Leistungen von Politikern vergleichen und bewerten können (*Besley* und *Case* 1995). Aufgrund ihrer unvollständigen Information über politische Sachfragen, die geringer als die der Abgeordneten ist, messen die Bürger in Hamburg die Leistung des Senats an der vergleichbaren Leistung der Niedersächsischen Landesregierung. Hat Niedersachsen bei einem ähnlichen Niveau öffentlicher Leistungen und auch ansonsten in beiden Ländern gleichen Bedingungen niedrigere Steuersätze als Hamburg, so wählen die Bürger ihre Regierung nicht wieder. Der Hamburger Senat antizipiert diese mögliche Abwahl bei seiner Entscheidung über Steuererhöhungen. Bei einem langfristigen Zeithorizont der Regierung hat dieser Wettbewerb somit einen disziplinierenden Effekt (*Wrede* 2001; *Feld, Josselin* und *Rocaboy* 2003; *Reulier* 2004). Die Regierenden sind gezwungen, öffentliche

Leistungen kostengünstig und auf einem von den Bürgern gewünschten Niveau bereit-zustellen. *Besley* und *Case* (1995) legen Evidenz dafür vor, daß die Wiederwahlwahr-scheinlichkeit amerikanischer Gouverneure ceteris paribus sinkt, wenn benachbarte US-Bundesstaaten ihre Steuerbelastung senken. Weitere Evidenz für die Existenz des Ver-gleichswettbewerbs liefern *Schaltegger* und *Küttel* (2002) für die Schweiz, *Bordignon*, *Cerniglia* und *Revelli* (2003) für Italien und *Solé-Ollé* (2003) für Spanien.

Vergleichswettbewerb begünstigt zudem die Verbreitung von Wissen in der Politik und führt somit in einer dynamischen Perspektive zu Effizienzsteigerungen. Bei dezen-traler Leistungserstellung und -finanzierung ist es möglich, mit neuen staatlichen Lö-sungen für wirtschaftliche Probleme dezentral zu experimentieren. Die Hemmschwelle zur Durchführung von Reformen wird dadurch herabgesetzt, daß das Scheitern von Po-litikexperimenten mit geringeren Kosten als bei zentralstaatlichen Reformen verbunden ist. *James Bryce* hat bereits 1888 darauf hingewiesen, daß „federalism enables people to try experiments which could not safely be tried in a large centralized country" (zitiert nach *Oates* 1999, S. 1132). Die erfolgreichen Lösungsansätze setzen sich durch, weil sie von anderen Gebietskörperschaften imitiert werden. Der Wettbewerb zwischen Ge-bietskörperschaften wird quasi zu einem Entdeckungsverfahren, das den Fortschritt im öffentlichen Sektor beflügelt (*Hayek* 1939; *Kerber* 1998; *Feld* und *Schnellenbach* 2004). *Oates* (1999) spricht in diesem Zusammenhang von ,*laboratory federalism*' und verweist darauf, daß die Reform der amerikanischen Sozialhilfe von 1996 aus diesem Grund eine Rückverlagerung von Kompetenzen von der Bundesebene auf die Ebene der Bundesstaaten vornahm (*Inman* und *Rubinfeld* 1997).

Die Argumente für eine innovationsfördernde Wirkung des fiskalischen Wettbe-werbs sind jedoch ebenfalls umstritten. Die Wirkung politischer Reformen ist mit Un-sicherheiten behaftet. Politische Unternehmer sind in aller Regel risikoscheu und ver-suchen, ihre Wiederwahl durch weniger aufsehenerregende Politik zu erreichen. Aus diesem Grund haben Regierungen Anreize, sich abwartend zu verhalten, statt sich mit neuen Lösungen zu profilieren und die sich ex post als überlegen erweisenden Lö-sungen zu imitieren bzw. auf ihre Bedürfnisse zu adaptieren. Es entsteht ein Trittbrett-fahrerproblem (*Rose-Ackerman* 1980). Zudem bieten Politikinnovationen im föderalen Staat eigennützigen Politikern auch die Möglichkeit, sich persönliche Vorteile zu ver-schaffen und als Resultat der Unsicherheit von Politikinnovationen herauszustellen (*Kotsogiannis* und *Schwager* 2001). Schließlich sind die Anreize der Bürger, sich über Politik zu informieren, sehr gering, so daß eher Skepsis angebracht ist, ob sie die Politi-ker zu Reformen anhalten. Aber dennoch dürfte das Ausmaß an politischen Innova-tionen bei dezentraler Leistungserstellung und -finanzierung höher als bei zentralstaat-licher sein (*Buchanan* 1995/96; *Schnellenbach* 2004). Bei zunehmender Mobilität ver-stärken sich zudem die (moderaten) positiven Effekte des fiskalischen Wettbewerbs auf das Ausmaß an politischen Innovationen.

Nimmt man diese Argumente zusammen, so ist davon auszugehen, daß Individuen bei ihrer Entscheidung hinter dem Schleier des Nicht-Wissens eher für den Föderalis-mus als Staatsform votieren werden. Lassen sich Wanderungsprozesse zwischen den Gebietskörperschaften feststellen, so spricht einiges dafür, daß der daraus resultierende Wettbewerb den Machtmißbrauch von Regierungen mildert oder sogar verhindert. Ohne

Wanderungsprozesse führt der Vergleichswettbewerb zu einer Kontrolle der Repräsentanten und induziert so vermutlich ein höheres Ausmaß an politischer Innovation. Bereits die Aufteilung von Kompetenzen im Bundesstaat hat jedoch positive Auswirkungen bis hin zum Minderheitenschutz und verstärkt damit den Schutz individueller Freiheitsrechte. Wegen der erleichterten Ausgestaltung von Diskussionsprozessen in kleineren Gebietskörperschaften und weil sich Trittbrettfahrerprobleme zur Bereitstellung öffentlicher Güter in kleinen Gruppen zu geringeren Kosten lösen lassen, haben Individuen Anreize, sich zuerst in kleinen Gruppen zu organisieren, bevor man sich auf einen großen Bundesstaat einläßt. Der historische Prozeß dürfte damit eher als Staatsgründung von unten, als *Bottom-up*-Föderalismus, ablaufen, wenn man ihn sich als Organisation des Allmendeproblems so entwickeln läßt. *Ostrom* (1990) liefert entsprechende Belege, daß gut funktionierende und organisierte Allmenden in der Geschichte nicht selten erst durch Aggressoren von außen zu Fall gebracht wurden. Das in Kapitel 2 durchgeführte Gedankenexperiment eines Föderalismus von unten wird somit durch die Analyse in diesem Kapitel gestützt.

4.   Die Vermeidung von Opportunismus der Gliedstaaten

Die Möglichkeit opportunistischen Verhaltens besteht in Föderalstaaten nicht nur auf Seiten der Zentralregierung, sondern stellt auch eine Option für die Gliedstaaten dar. Je nachdem, welche Position ein Gliedstaat im innerföderalen Gefüge besitzt und welche Drohpotentiale ihm zur Verfügung stehen, desto wahrscheinlicher ist sein opportunistisches Verhalten gegenüber dem Bund bzw. der bundesstaatlichen Gemeinschaft. Opportunistisches Verhalten kann sich dabei in unterschiedlicher Weise ausdrücken. So können die Regionen etwa finanzielle Ressourcen zurückhalten, Niveau und Qualität der auf Bundesebene beschlossenen öffentlichen Güter nicht sicherstellen, sich als Trittbrettfahrer gegenüber den anderen Gliedstaaten verhalten, ohne diese dafür zu kompensieren, Hemmnisse für die Funktionsweise eines gemeinsamen Marktes aufbauen, in politischen Verhandlungen aufgrund ihrer hervorgehobenen Stellung Sondervorteile auf Bundesebene aushandeln oder sich schließlich von einem Bundesstaat abspalten.

Cai und *Treisman* (2004) verdeutlichen beispielhaft, inwiefern die Gliedstaaten den Zentralstaat wegen dessen unzureichender Fähigkeiten zur Durchsetzung zentralstaatlicher Regulierungen auszubeuten vermögen. Diese Probleme können sich etwa im Bereich des Steuerwesens ergeben, wenn die Gliedstaaten, wie in Deutschland, die vornehmliche Steuerverwaltungskompetenz besitzen oder, wie in Rußland, das zentralstaatliche Verwaltungspotential von den lokalen Behörden vereinnahmt wird. In diesem Fall führt der Wettbewerb zwischen den Gebietskörperschaften dazu, daß Regionen die Firmen in ihrem Einzugsbereich vor einer Durchsetzung der Steuergesetze vor Ort schützen. Es findet ein Wettbewerb im Bereich der Steuerdurchsetzung statt (*Stöwhase* und *Traxler* 2005). Im Ergebnis wird Bundesrecht nicht durchgesetzt und die Gesetzesmoral insgesamt untergraben.

Ein weiteres Beispiel liefern *Treisman* (1999) und *de Figueiredo* und *Weingast* (2002). Mit einer Vielzahl von Belegen demonstrieren sie, inwiefern es einem Teil russischer Subjekte gelungen ist, eine Sonderbehandlung durch die Föderation auszuhandeln. Die Durchsetzungsmöglichkeiten der Subjekte sind dabei asymmetrisch verteilt und hängen sowohl von regionalen Identitäten (*Dowley* 1998) als auch vom Reichtum an natürlichen Ressourcen (*Libman* 2006) ab. Beide Beispiele verdeutlichen, daß die Fähigkeit der Gliedstaaten, in Verhandlungen Druck auf die anderen Gebietskörperschaften eines Bundesstaates auszuüben, entscheidend für den Erfolg ihres opportunistischen Verhaltens ist. Im Ergebnis münden solche Verhandlungen in Formen des asymmetrischen Föderalismus, der eine asymmetrische institutionelle Behandlung im Rahmen bundesstaatlicher Regulierung auf die Asymmetrie in der Ressourcenverteilung folgen läßt.[8] *Congleton, Kyriacou* und *Bacaria* (2003) und *Congleton* (2005) modellieren einen solchen Verhandlungsprozeß. Weitere Beispiele für asymmetrischen Föderalismus finden sich im deutschen Bundesstaat *Bismarck*'scher Prägung, in der heutigen Bundesrepublik, im heutigen Spanien, in China, in Rußland oder in Mexiko.

De Figueiredo und *Weingast* (2005) und *Weingast* (2005a, 2005b) bezeichnen das Problem, vor das ein Bundesstaat gestellt ist, als fundamentales Dilemma. Einerseits soll die Zentrale nicht so stark sein, daß sie die Gliedstaaten ausbeuten kann oder individuelle Freiheitsrechte verletzen kann. Andererseits sollen die Gliedstaaten nicht so stark sein, daß sie die anderen Gliedstaaten oder den Bund ausbeuten können. Der Konflikt zwischen diesen beiden Polen ist grundsätzlicher Art, denn die Mechanismen zur Lösung des ersten Problems befördern automatisch das zweite Problem. In einer grundlegenden Studie verdeutlichen *Filippov, Ordeshook* und *Shvetsova* (2004), wie real dieses fundamentale Dilemma ist. Eine Vielzahl von Bundesstaaten sah und sieht sich diesen konkurrierenden zentripetalen und zentrifugalen Kräften gegenüber. Nicht selten artet diese Konkurrenz in sezessionistischen Bestrebungen aus. *Buchanan* und *Faith* (1987) und *Bolton* und *Roland* (1997) betonen etwa die Bedeutung der Einkommensumverteilung für die Bildung und Sezession von Staaten. Insbesondere ergibt sich ein Anreiz zur Sezession, wenn eine Region durch die Verteilungspolitik des Zentralstaats zu sehr benachteiligt wird. *Filippov, Ordeshook* und *Shvetsova* (2004) sehen die regionale Verankerung nationaler Parteien als eine Gegenkraft, die Föderalstaaten zu stabilisieren hilft.

Damit das soeben beschriebene fundamentale Dilemma in Föderalstaaten gelöst wird, fordern *Breton* (2000) und *De Figueiredo* und *Weingast* (2005, S. 127) ein Regelwerk von Sanktions- und Kontrollmechanismen. Erstens benötigt der Bund hinreichende Kontrollmöglichkeiten und Sanktionskapazitäten, um opportunistisches Verhalten von Seiten der Gliedstaaten zu unterbinden. Zweitens müssen die Gliedstaaten über Bestrafungsstrategien verfügen, wenn der Bund sich opportunistisch verhält. Diese Strategien sollten möglichst auf der Verfassungsebene festgelegt sein. Drittens sollte eine Sezession zwar möglich sein, aber die Austrittskosten müssen positiv und eindeutig definiert sein. Viertens müssen die Vorteile des Föderalismus hinreichend groß sein,

---

[8] Der Ressourcenbegriff ist hier relativ weit gefaßt und schließt die administrativen Kapazitäten auf der Ebene der Gliedstaaten mit ein. Beispielsweise findet sich in der bundesdeutschen Wirklichkeit häufig die Behauptung, lediglich Bayern, Baden-Württemberg und Nordrhein-Westfalen hätten überhaupt die administrativen Fähigkeiten, sich im Wettbewerb untereinander zu behaupten. Siehe zum administrativen Föderalismus allgemein *Schwager* (1999).

damit sich weder Bund noch Gliedstaaten opportunistisch verhalten. Fünftens kann die institutionelle Machtverteilung so austariert werden, daß das fundamentale Dilemma des Föderalismus gelöst wird. *Breton* (2000) betont dabei hingegen die Rolle einer unabhängigen Gerichtsbarkeit, die Streitfälle so zu lösen vermag, daß die Vorschläge allgemein, von beiden Kontrahenten akzeptiert werden können.

Die Vorschläge dieser Autoren dürften dennoch zu stark an der Oberfläche bleiben. Ein eindrückliches Beispiel dafür liefert die Haushaltsnotlagenproblematik, die derzeit in Deutschland so große Aufmerksamkeit aufgrund des Normenkontrollantrags Berlins, Bremens und des Saarlandes auf Anerkennung einer extremen Haushaltsnotlage erfährt. *Goodspeed* (2002) und *Feld* und *Goodspeed* (2005) argumentieren, daß die Möglichkeit des Bundes, diskretionäre Finanztransfers an die Länder zu leisten, zu einem Zeitinkonsistenzproblem des Bundes führt. Erwarten die Bundesländer ein Bail-out durch den Bund in der Zukunft, so werden sie ihre Ausgaben und ihre Staatsverschuldung heute bereits antizipatorisch in die Höhe treiben. Sie geben zu viel aus und verschulden sich übermäßig. Das Urteil des Bundesverfassungsgerichts von 1992, also von einem anerkannt unabhängigen Richtergremium, hat letztlich nur dazu geführt, daß diese Erwartungen, die schon zuvor latent unter den Ländern existierten, verfestigt wurden. Weder der Einsatz unabhängiger Richter noch die Festlegung von Regeln in ihrem Urteil haben es vermocht, Berlin vom Weg in die Haushaltsnotlage abzubringen. Auch auf diese etwas weniger dramatische Weise kann sich strategisches Verhalten der Gliedstaaten äußern. Damit wird die Notwendigkeit von geeigneten Regeln zur Vermeidung des *Moral hazard* unterstrichen.

5.   Dynamisch stabilisierende Regeln der Kompetenzallokation

Während in Kapitel 2 die möglichen Zielkonflikte thematisiert wurden, die für und wider die Gründung eines Bundesstaates bzw. eine Kompetenzzuweisung auf die Bundesebene sprechen, wurden in Kapitel 3 und 4 die Regeln diskutiert, die opportunistisches Verhalten von Seiten des Bundes und der Länder unterbinden sollen. Es wird deutlich, daß der Wettbewerbsföderalismus und damit eine weitgehende, eindeutig feststellbare Autonomie der Gliedstaaten eines Bundesstaates notwendige Bedingungen für das Funktionieren eines Bundesstaates und insbesondere für die Vermeidung opportunistischen Verhaltens von Seiten des Bundes darstellen. Verantwortlichkeiten müssen eindeutig feststellbar sein, und die Bürger müssen Sanktionsmöglichkeiten gegenüber den Repräsentanten besitzen. Zur Vermeidung opportunistischen Verhaltens von Seiten der Gliedstaaten ist es hingegen erforderlich, gewisse kooperative Mechanismen, ein Sanktionspotential des Bundes und eine Erschwernis, jedoch keinesfalls die Verunmöglichung der Sezession vorzusehen. Als Schiedsrichter in Streitfragen soll ein unabhängiges Gericht tätig werden.

Diese Regeln sind relativ vage und stehen auch in konkurrierender Beziehung zueinander. Nicht nur hinsichtlich einer Kompetenzzuteilung in verschiedenen Politikbereichen innerhalb eines Bundesstaates lassen sich kaum konkrete Aussagen am grünen Tisch treffen. Dies gilt auch im Hinblick auf die verschiedenen Sanktionsregeln, auf die sich die Gebietskörperschaften eines Bundesstaats einlassen sollten. Konkrete Aussagen über diese Regelungskomplexe zu machen ist vor allem auch deshalb so schwierig, weil die Präferenzkosten einer zentral vereinheitlichten Politik für die betroffenen Regionen kaum abschätzbar sind. Daher kommt den politischen Entscheidungsmechanismen, die zur Bildung von Staaten bzw. zu einer spezifischen Kompetenzzuweisung in einem Bundesstaat führen, eine besondere Rolle zu.

Betrachtet man die empirische Evidenz zu den Bestimmungsfaktoren von Zentralität und Dezentralität, so ist man überrascht, in welch geringem Umfang diese Frage überhaupt untersucht worden ist. Neben frühen Arbeiten etwa von *Pommerehne* und *Kirchgässner* (1976) oder *Pommerehne* (1977) finden sich nur wenige neuere Arbeiten. *Cerniglia* (2003) stellt für 16 Staaten und den Zeitraum zwischen 1977 und 1994 fest, daß Bevölkerungsgröße, Fläche, Urbanisierung, Einkommen, Bevölkerungshomogenität negativ und Einkommensungleichheit positiv mit der fiskalischen Zentralisierung korreliert sind. *Panizza* (1999) legt empirische Evidenz dafür vor, daß die öffentliche Leistungserbringung in demokratischen Staaten in stärkerem Maße dezentralisiert ist. Die zuvor geforderte Fokussierung auf die konkreten Entscheidungsmechanismen zur Kompetenzfestlegung ist bislang noch kaum erfolgt.

Im Mittelpunkt der Betrachtung stehen lediglich zwei Regelkomplexe: direkt-demokratische Entscheidungsmechanismen und die Rolle eines unabhängigen Gerichts. *Alesina* und *Spolaore* (1997, 2003) zeigen, daß bei einfacher Mehrheitsregel in einem Referendum periphere Regionen einen übermäßigen Anreiz zur Sezession haben. Sie haben aufgrund der größeren Entfernung von den Zentren eines Staates einen vergleichsweise geringen Nutzen, tragen aber in gleichem Maße wie die zentralen Regionen zu deren Finanzierung bei. *Gradstein* (2004) und *Goyal* und *Staal* (2004) stellen jedoch in einem Vergleich zwischen rein repräsentativen Entscheidungsmechanismen und Volksabstimmungen über eine Sezession fest, daß Referenden zu günstigeren Ergebnissen führen. Diese Überlegungen zur Bildung von Staaten lassen sich auf die Frage der Aufgabenaufteilung in Bundesstaaten übertragen. *Redoano* und *Scharf* (2004) argumentieren, daß in Gebietskörperschaften, in denen Kompetenzverlagerungen in Referenden vom Volk genehmigt werden müssen, weniger zentralisiert wird. *Feld*, *Schaltegger* und *Schnellenbach* (2005) belegen mit Evidenz für die Schweiz, daß in Kantonen mit Referendumsmöglichkeit eine geringere Zentralisierung der Staatstätigkeit und ihrer Finanzierung tatsächlich anzutreffen ist. *Stegarescu* (2005) untersucht die Zentralisierung der Staatstätigkeit in OECD-Ländern und stellt fest, daß lediglich ein Referendum auf der regionalen Ebene eindeutig zu weniger Zentralisierung führt. *Vaubel* (1996) findet hingegen keine eindeutige Evidenz für einen solchen Effekt der direkten Demokratie in internationalen Daten. Im Rahmen der Vorschläge der European Constitutional Group (*Bernholz, Schneider, Vaubel* und *Vilbert* 2004) wird daher die Notwendigkeit eines Subsidiaritätsgerichts zur Sicherung der Autonomie der Gliedstaaten diskutiert.

6. Schlußbemerkungen

In diesem Beitrag geht es darum, sich dem Phänomen des Föderalismus aus einer prozeßorientierten Sicht zu nähern. Die Gründe, die für und wider die Gründung eines

Bundesstaates bzw. eine Kompetenzverlagerung innerhalb eines Bundesstaates sprechen, werden dabei in das Gedankenexperiment eines verfassungsgebenden Prozesses eingebettet. Dabei entscheiden vorher unabhängige Gebietskörperschaften, ob sie einem Bund beitreten sollten. Daß es die Gliedstaaten und nicht die Bürger sind, die einen solchen Vertrag schließen, ergibt sich aus dem polit-ökonomischen Argument, daß die Bürger aufgrund der Vorteile der Kleinheit zum Minderheitenschutz, zur Vermeidung des Trittbrettfahrerverhaltens durch soziale Kontrolle und zur besseren Vorbereitung politischer Entscheidungen in lokalen Diskussionsprozessen einen Anreiz haben, sich zunächst in kleinen Gemeinden zusammenzuschließen. Die Argumente für und wider den Bund stammen aus der traditionellen ökonomischen Theorie des Föderalismus. Externalitäten, Skalenerträge, Probleme asymmetrischer Information, die Versicherungsmöglichkeit gegen asymmetrische Schocks und Verteilungsprobleme sprechen für den Bund. Präferenzkonformität, die größere Innovationsfähigkeit im Wettbewerb zwischen Systemen und eine ganze Reihe polit-ökonomischer Argumente sprechen für die Dezentralität. Allerdings benötigt ein stabiler Bundesstaat verschiedene Mechanismen, um sowohl opportunistisches Verhalten des Zentralstaates als auch der Gliedstaaten zu verhindern. Dies führt zu einem fundamentalen Dilemma des Föderalismus, weil alles, was den Bund stärkt, zu Lasten der Gliedstaaten geht und umgekehrt.

Ein Bundesstaat erfordert daher ein fein austariertes Geflecht von unterschiedlichen Regeln und Sanktionsmechanismen, um zu vernünftigen politischen Ergebnissen zu führen. Neben verschiedenen Sanktionsmechanismen dürften vor allem direkt-demokratische Entscheidungsmechanismen und eine unabhängige Justiz, möglichst unter gleichgewichtigem Einfluß von Bund und Gliedstaaten, zu relativ vorteilhaften Ergebnissen führen. Ein Problem von Bundesstaaten läßt sich damit jedoch nicht hinreichend lösen. Existieren Asymmetrien zwischen den Gliedstaaten aufgrund irgendwelcher Ressourcenunterschiede, so resultiert daraus im Bundesstaat eine Tendenz zum asymmetrischen Föderalismus mit unterschiedlichen Regeln für unterschiedliche Gliedstaaten in Abhängigkeit von deren Verhandlungsposition. Dieses Problem wird die Sozialwissenschaften in der nächsten Zeit weiter beschäftigen.

Literatur

Akerlof, George A. (1970), The Market for Lemons: Quality, Uncertainty and the Market Mechanism, in: Quarterly Journal of Economics, Bd. 84, S. 488-500.

Alesina Alberto und *Eliana La Ferrara* (2002), Who Trusts Others?, in: Journal of Public Economics, Bd. 85, S. 207-234.

Alesina, Alberto und *Enrico Spolaore* (1997), On the Number and Size of Nations, in: Quarterly Journal of Economics, Bd. 112, S. 1027-1056.

Alesina, Alberto und *Enrico Spolaore* (2003), The Size of Nations, Cambridge.

Alesina, Alberto und *Enrico Spolaore* (2005), War, Peace, and the Size of Countries, in: Journal of Public Economics, Bd. 89, S. 1333-1354.

Alesina, Alberto und *Enrico Spolaore* (2006), Conflict, Defense Spending, and the Number of Nations, in: European Economic Review, Bd. 50, S. 91-120.

Alesina, Alberto, Ignazio Angeloni und *Federico Etro* (2001), The Political Economy of International Unions, NBER Working Paper No. 8645, Cambridge.

Alesina, Alberto, Ignazio Angeloni und *Federico Etro* (2005), International Unions, in: American Economic Review, Bd. 95, S. 602-615.

Alesina, Alberto, Enrico Spolaore und *Roman Wacziarg* (2000), Economic Integration and Political Disintegration, in: American Economic Review, Bd. 90, S. 1276-1297.

Alesina, Alberto, Enrico Spolaore und *Roman Wacziarg* (2005), Trade, Growth and the Size of Nations, chapter 23, in: *Philippe Aghion* und *Steven Durlauf* (Hg.), Handbook of Economic Growth, Volume 1b, Amsterdam, S. 1499-1542.

Apolte, Thomas (1999), Die ökonomische Konstitution eines föderalen Systems: Dezentrale Wirtschaftspolitik zwischen Kooperation und institutionellem Wettbewerb, Tübingen.

Apolte, Thomas (2001), How Tame will Leviathan Become in Institutional Competition? Competition Among Governments in the Provision of Public Goods, in: Public Choice, Bd. 107, S. 359-381.

Apolte, Thomas (2006), Regulierungswettbewerb in föderalen Strukturen: Königsweg zwischen Staatsversagen und Marktversagen, mimeo, Universität Münster.

Ashworth, John, Bruno Heyndels und *Carine Smolders* (2002), Redistribution as a Local Public Good: An Empirical Test for Flemish Municipalities, in: Kyklos, Bd. 55, S. 27-56.

Bardhan, Pranab (2002), Decentralization of Governance and Development, in: Journal of Economic Perspectives, Bd. 16 (4), S. 185-205.

Bernholz, Peter und *Roland Vaubel* (Hg.) (2004), Political Competition, Innovation and Growth in the History of Asian Civilisations, Edward Elgar, Cheltenham.

Bernholz, Peter, Friedrich Schneider, Roland Vaubel und *Frank Vibert* (2004), An Alternative Constitutional Treaty for the European Union, in: Public Choice, Bd. 118, S. 451-468.

Besley, Tim und *Anne C. Case* (1995), Incumbent Behavior: Vote-Seeking, Tax-Setting, and Yardstick Competition, in: American Economic Review, Bd. 85, S. 25-45.

Besley, Tim und *Steve Coate* (2003), Centralized versus Decentralized Provision of Local Public Goods: A Political Economy Analysis, in: Journal of Public Economics, Bd. 87, S. 2611-2637.

Bolton, P. und *Gérard Roland* (1997), The Breakup of Nations: A Political Economy Analysis, in: Quarterly Journal of Economics, Bd. 112, S. 1057-1090.

Bordignon, Massimo, Floriana Cerniglia und *Federico Revelli* (2003), In Search of Yardstick Competition: A Spatial Analysis of Italian Municipality Property Tax Setting, in: Journal of Urban Economics, Bd. 54, S. 199-217.

Brennan, Geoffrey und *James M. Buchanan* (1977), Towards a Tax Constitution for Leviathan, in: Journal of Public Economics, Bd. 8, S. 255-273.

Brennan, Geoffrey und *James M. Buchanan* (1980), The Power to Tax: Analytical Foundations of a Fiscal Constitution, Cambridge.

Breton, Albert (1996), Competitive Governments: An Economic Theory of Politics and Public Finance, Cambridge University Press, Cambridge.

Breton, Albert (2000), Federalism and Decentralization: Ownership Rights and the Superiority of Federalism, in: Publius - The Journal of Federalism, Bd. 30, S. 1-16.

Brueckner, Jan K. (2004), Fiscal Decentralization with Distortionary Taxation: Tiebout vs. Tax Competition, in: International Tax and Public Finance, Bd. 11, S. 133-153.

Buchanan, James M. (1995), Federalism as an Ideal Political Order, in: Publius - The Journal of Federalism, Bd. 25, S. 19-27.

Buchanan, James M. (1995/96), Federalism and Individual Sovereignty, in: Cato Journal, Bd. 15, S. 259-268.

Buchanan, James M. und *Roger L. Faith* (1987), Secession and the Limits of Taxation: Toward a Theory of Internal Exit, American Economic Review, Bd. 77, S. 1023-1031.

Bucovetsky, Sam (1991), Asymmetric Tax Competition, in: Journal of Urban Economics, Bd. 30, S. 167-181.

Bucovetsky, Sam (1997), Insurance and Incentive Effects of Transfers Among Regions: Equity and Efficiency, in: International Tax and Public Finance, Bd. 4, S. 463-483.

Budzinski, Oliver (2006), The Governance of Global Competition: The Problem of Competence Allocation in an International Multilevel Competition Policy System, Habilitationsschrift, Philipps-Universität Marburg.

Cai, Hongbin und *Daniel Treisman* (2004), State Corroding Federalism, in: Journal of Public Economics, Bd. 88, S. 819-843.

Cai, Hongbin und *Daniel Treisman* (2005), Does Competition for Capital Discipline Governments? Decentralization, Globalization and Public Policy, in: American Economic Review, Bd. 95, S. 817-830.

Casella, Alessandra (2001), The Role of Market Size in the Formation of Jurisdictions, in: Review of Economic Studies, Bd. 68, S. 83-108.

Casella, Alessandra und *Jonathan S. Feinstein* (2003), Public Goods in Trade: On the Formation of Markets and Jurisdictions, in: International Economic Review, Bd. 43, S. 437-462.

Cerniglia, Floriana (2003), Decentralization in the Public Sector: Quantitative Aspects in Federal and Unitary Countries, in: Journal of Policy Modelling, Bd. 25, S. 749-776.

Congleton, Roger D. (2005), Asymmetric Federalism and the Political Economy of Decentralization, mimeo, George Mason University.

Congleton, Roger D., Andreas Kyriacou und *Jordi Bacaria* (2003), A Theory of Menu Federalism: Decentralization by Political Agreement, in: Constitutional Political Economy, Bd. 14, S. 167-190.

de Figueiredo, Jr., Rui J.P. und *Barry R. Weingast* (2002), Pathologies of Federalism, Russian Style: Political Institutions and Economic Transition, mimeo, Hoover Institution, Stanford University.

de Figueiredo, Jr., Rui J.P. und *Barry R. Weingast* (2005), Self-Enforcing Federalism, in: Journal of Law, Economics and Organization, Bd. 21, S. 103-135.

De Pater, James A. und *Gordon M. Myers* (1994), Strategic Capital Tax Competition: A Pecuniary Externality and a Corrective Device, in: Journal of Urban Economics, Bd. 36, S. 66-78.

De Tocqueville, Alexis (1840), De la démocratie en Amérique, Librairie Philosophique J. Vrin, Paris 1990.

Dowley, Kathleen M. (1998), Striking the Federal Bargain in Russia: Comparative Regional Government Strategies, in: Communist and Post-Communist Studies, Bd. 31, S. 359-380.

Edwards, Jeremy und *Mick Keen* (1996), Tax Competition and Leviathan, in: European Economic Review, Bd. 40, S. 113-134.

Ellingsen, Tore (1998), Externalities and Internalities: A Model of Political Integration, in: Journal of Public Economics, Bd. 68, S. 251-268.

Feld, Lars P. (2003), Eine Europäische Verfassung aus polit-ökonomischer Sicht, in: ORDO, Bd. 54, S. 289-317.

Feld, Lars P. (2005a), The European Constitution Project from the Perspective of Constitutional Political Economy, in: Public Choice, Bd. 122, S. 417-448.

Feld, Lars P. (2005b), Regulatory Competition and Federalism in Switzerland: Diffusion by Horizontal and Vertical Interaction, in: *Peter Bernholz* und *Roland Vaubel* (Hg.), The Effects of Interjurisdictional Competition on Regulation, 2007, (in Vorbereitung).

Feld, Lars P. (2005c), Fiscal Equivalence and the Increasing Dispersion/Divergence of Public Goods Claims - Do We Need a New Interpretation?, in: *Gisela Färber* und *Nils Otter* (Hg.), Spatial Aspects of Federative Systems, Speyerer Forschungsberichte 242, Deutsches Forschungsinstitut für öffentliche Verwaltung, Speyer, S. 147-180.

Feld, Lars P. und *Timothy J. Goodspeed* (2005), Discretionary Grants and Soft Budget Constraints in Switzerland, Unveröffentlichtes Manuskript, Philipps-Universität Marburg und Hunter College, New York.

Feld, Lars P. und *Gebhard Kirchgässner* (2000), Direct Democracy, Political Culture and the Outcome of Economic Policy: A Report on the Swiss Experience, in: European Journal of Political Economy, Bd. 16, S. 287-306.

Feld, Lars P. und *Gebhard Kirchgässner* (2004), Föderalismus und Staatsquote, in: Jahrbuch des Föderalismus, Bd. 5, S. 67-87.

Feld, Lars P. und *Jan Schnellenbach* (2004), Begünstigt fiskalischer Wettbewerb die Politikinnovation und -diffusion? Theoretische Anmerkungen und erste Befunde aus Fallstudien, in: *Christoph A. Schaltegger* und *Stefan Schaltegger* (Hg.), Perspektiven der Schweizer Wirtschaftspolitik, Zürich, S. 259-277.

Feld, Lars P., Jean-Michel Josselin und *Yvon Rocaboy* (2003), Tax Mimicking Among Regional Jurisdictions, in: *Alain Marciano* und *Jean-Michel Josselin* (Hg.), From Economic to Legal Competition: New Perspectives on Law and Institutions in Europe, Cheltenham, S. 105-119.

Feld, Lars P., Gebhard Kirchgässner und *Christoph A. Schaltegger* (2003), Decentralized Taxation and the Size of Government: Evidence from Swiss State and Local Governments, CESifo Working Paper No. 1087, December 2003.

Feld, Lars P., Christoph A. Schaltegger und *Jan Schnellenbach* (2005), On Government Centralization and Fiscal Referendums, Unveröffentlichtes Manuskript, Philipps-Universität Marburg.

Filippov, Mikhail, Peter C. Ordeshook und *Olga Shvetsova* (2004), Designing Federalism: A Theory of Self-Sustainable Federal Institutions, Cambridge.

Frey, Bruno S. und *Reiner Eichenberger* (1999), A New Democratic Federalism for Europe. Functional, Overlapping and Competing Jurisdictions, Cheltenham.

Frey, Bruno S. und *Gebhard Kirchgässner* (1993), Volksabstimmungen, Politische Ökonomie und Diskursethik, in: Analyse und Kritik, Bd. 15, S. 129-149.

Goodspeed, Timothy J. (2002), Bailouts in a Federation, in: International Tax and Public Finance 9, S. 409-421.

Goyal, Sanjeev. und *Klaas Staal* (2004), The Political Economy of Regionalism, in: European Economic Review, Bd. 48, S. 563-593.

Gradstein, Mark (2004), Political Bargaining in a Federation: Buchanan Meets Coase, in: European Economic Review, Bd. 48, S. 983-999.

Hayek, Friedrich August von (1939), The Economic Conditions of Interstate Federalism, reprinted in: Friedrich August von Hayek, Individualism and the Economic Order, Ch. XII., Chicago 1948, S. 255-272.

Heine, Klaus (2003), Regulierungswettbewerb im Gesellschaftsrecht: Zur Funktionsfähigkeit eines Wettbewerbs der Rechtsordnungen im europäischen Gesellschaftsrecht, Berlin.

Inman, Robert P. und *Daniel L. Rubinfeld* (1997), Rethinking Federalism, in: Journal of Economic Perspectives, Bd. 11 (4), S. 43-64.

Janeba, Eckhard (2004), Moral Federalism, mimeo, Universität Mannheim.

Janeba, Eckhard und *Jay D. Wilson* (2003), Optimal Fiscal Federalism in the Presence of Tax Competition, mimeo, Universität Mannheim.

Kerber, Wolfgang (1998), Zum Problem einer Wettbewerbsordnung für den Systemwettbewerb, in: Jahrbuch für Neue Politische Ökonomie, Bd. 17, S. 199-230.

Kotsogiannis, Costas und *Robert Schwager* (2001), Policy Uncertainty and Policy Innovation, mimeo, Zentrum für Europäische Wirtschaftsforschung (ZEW), Mannheim.

Libman, Alexander (2006), Endogenous Centralization in an Asymmetrical Federation: Case of Russia, mimeo, Philipps-Universität Marburg.

Oates, Wallace E. (1972), Fiscal Federalism, New York.

Oates, Wallace E. (1999), An Essay on Fiscal Federalism, in: Journal of Economic Literature, Bd. 37, S. 1120-1149.

Oates, Wallace E. (2005), Toward A Second Generation Theory of Fiscal Federalism, in: International Tax and Public Finance, Bd. 12, S. 349-373.

Oeter, Stefan (1998), Integration und Subsidiarität im deutschen Bundesstaatsrecht, Tübingen.

Ostrom, Elinor (1990), Governing the Commons: The Evolution of Institutions for Collective Action, New York.

Panizza, Ugo (1999), On the Determinants of Fiscal Centralization: Theory and Evidence, in: Journal of Public Economics, Bd. 74, S. 97-139.

Pauly, Mark V. (1973), Income Redistribution as a Local Public Good, in: Journal of Public Economics, Bd. 2, S. 35-58.

Persson, Torsten und *Guido Tabellini* (1996a), Federal Fiscal Constitutions: Risk Sharing and Moral Hazard, in: Econometrica, Bd. 64, S. 623-646.

Persson, Torsten und *Guido Tabellini* (1996b), Federal Fiscal Constitutions: Risk Sharing and Redistribution, in: Journal of Political Economy, Bd. 104, S. 979-1009.

Pommerehne, Werner W. (1977), Quantitative Aspects of Federalism: A Study of Six Countries, in *Wallace E. Oates* (Hg.), The Political Economy of Fiscal Federalism, Lexington, S. 275-355.

Pommerehne, Werner W. und *Gebhard Kirchgässner* (1976), The Demand for Fiscal Federalism, in: Sociologica Ruralis, Bd. 16, S. 208-219.

Redoano, Michele und *Kimberley A. Scharf* (2004), The Political Economy of Policy Centralization: Direct Versus Representative Democracy, in: Journal of Public Economics, Bd. 88, S. 799-817.

Reulier, Emmanuelle (2004), Choix fiscaux et interactions stratégique, Thèse de Doctorat, Université de Rennes 1.

Riker, William (1964), Federalism, New York.

Rodden, Jonathan und *Susan Rose-Ackerman* (1997), Does Federalism Preserve Markets?, in: Virginia Law Review, Bd. 83, S. 1521-1572.

Rose-Ackerman, Susan (1980), Risk-Taking and Reelection: Does Federalism Promote Innovation?, Journal of Legal Studies, Bd. 9, S. 593-616.

Ruta, Michele (2005), Economic Theories of Political (Dis)Integration, in: Journal of Economic Surveys, Bd. 19, S. 1-21.

Salmon, Pierre (1987), Decentralization as an Incentive Scheme, in: Oxford Review of Economic Policy, Bd. 3, S. 24-43.

Schaltegger, Christoph A. und *Dominique Küttel* (2002), Exit, Voice, and Mimicking Behavior: Evidence from Swiss Cantons, in: Public Choice, Bd. 113, S. 1-23.

Schmidt-Trenz, Hans-Jörg und *Dieter Schmidtchen* (1994), Theorie optimaler Rechtsräume: Die Regulierung sozialer Beziehungen durch die Kontrolle von Territorium, in: Jahrbuch für Neue Politische Ökonomie, Bd. 13, S. 7-29.

Schnellenbach, Jan (2004), Dezentrale Finanzpolitik und Modellunsicherheit: Eine theoretische Untersuchung zur Rolle des fiskalischen Wettbewerbs als Wissen generierender Prozess, Tübingen.

Schwager, Robert (1999), Administrative Federalism and a Central Government with Regionally Biased Preferences, in: International Tax and Public Finance, Bd. 6, S. 165-189.

Sinn, Hans-Werner (2003), The New Systems Competition, Oxford.

Solé-Ollé, Alberto (2003), Electoral Accountability and Tax Mimicking: The Effects of Electoral Margins, Coalition Government and Ideology, in: European Journal of Political Economy, Bd. 19, S. 685-713.

Stegarescu, Dan (2005), Costs, Preferences and Institutions: An Empirical Analysis of the Determinants of Government Centralization, Unveröffentlichtes Manuskript, ZEW Mannheim 2004.

Stigler, George J. (1957), The Tenable Range of Functions of Local Government, in: *U.S. Congress, Joint Economic Committee* (Hg.), Federal Expenditure Policy for Economic Growth and Stability, Washington, D.C., S. 213-219.

Stöwhase, Sven und *Christian Traxler* (2005), Tax Evasion and Auditing in a Federal Economy, in: International Tax and Public Finance, Bd. 12, S. 515-531.

Tiebout, Charles M. (1956), A Pure Theory of Local Expenditures, in: Journal of Political Economy, Bd. 64, S. 416-424.

Treisman, Daniel (1999), After the Deluge: Regional Crises and Political Consolidation in Russia, Ann Arbor.

Vaubel, Roland (1995), The Centralisation of Western Europe, Hobart Paper No. 127, Institute of Economic Affairs, London.

Vaubel, Roland (1996): Constitutional Safeguards Against Centralization in Federal States: An International Cross - Section Analysis, in: Constitutional Political Economy, Bd. 7, S. 79-102.

Vaubel, Roland (2004), The New Systems Competition: Zu dem gleichnamigen Buch von Hans-Werner Sinn, in: ORDO, Bd. 55, S. 380-388.

Vaubel, Roland (2005), The Role of Competition in the Rise of Baroque and Renaissance Music, unveröffentliches Manuskript, Universität Mannheim.

Volckart, Oliver (2005), Die Ursachen der deutschen Kleinstaaterei, mimeo, Humboldt-Universität Berlin.

Weingast, Barry R. (1995), The Economic Role of Political Institutions: Market-Preserving Federalism and Economic Development, in: Journal of Law, Economics and Organisation, Bd. 11, S. 1-31.

Weingast, Barry R. (2005a), The Constitutional Dilemma of Economic Liberty, in: Journal of Economic Perspectives, Bd. 19 (3), S. 89-108.

Weingast, Barry R. (2005b), The Self-Enforcing Constitution, Working Paper, Hoover Institution, Stanford University.

Wildasin, David. E. (1989), Interjurisdictional Capital Mobility: Fiscal Externality and a Corrective Subsidy, in: Journal of Urban Economics, Bd. 25, S. 193-212.

Wilson, Jay D. (1991), Tax Competition with Interregional Differences in Factor Endowments, in: Regional Science and Urban Economics, Bd. 21, S. 423-451.

Wrede, Mattias (2001), Yardstick Competition to Tame the Leviathan, in: European Journal of Political Economy, Bd. 17, S. 705-721.

Zimmermann, Horst (1999), Kommunalfinanzen: Eine Einführung in die finanzwissenschaftliche Analyse der kommunalen Finanzwirtschaft, Baden-Baden.

Klaus Heine und Wolfgang Kerber (Hg.),
Zentralität und Dezentralität von Regulierung in Europa
Schriften zu Ordnungsfragen der Wirtschaft · Band 83 · Stuttgart · 2007

Regulierungswettbewerb in föderalen Strukturen: Königswettbewerb zwischen Staatsversagen und Marktversagen?

Thomas Apolte

Inhalt

1. Regulierungsbegriffe und Marktversagenstheorie

Konstitutionelle Entscheidungen in föderalen Mehr-Ebenen-Systemen über die Frage, auf welcher Ebene bestimmte staatliche Aufgaben anzusiedeln sind, lassen sich selten eindeutig treffen. Die ökonomische Theorie gibt hier meist nur vage Hinweise, und – was die Sache nicht leichter macht – diese Hinweise sind nicht selten widersprüchlich. Im Zusammenhang mit der europäischen Integration wurden unter Ökonomen in der letzten Dekade zum Teil heftig ausgefochtene Kontroversen um die Frage geführt, ob eine Zentralisierung oder eine Dezentralisierung der Wirtschaftspolitik in diesem und jenem Bereich angezeigt ist (*Apolte* 2004). Einer dieser Bereiche ist die Regulierungspolitik.

Der tiefere Hintergrund für diese Kontroversen dürfte in der Tatsache begründet liegen, daß zwei in der ökonomischen Theorie gleichermaßen weithin akzeptierte Prinzipien im Zusammenhang mit der Entscheidung über Zentralisierung oder Dezentralisierung an verschiedenen Stellen zu diametral unterschiedlichen Anweisungen führen. Eines dieser beiden Prinzipien ist das Wettbewerbsprinzip. Hiernach gilt für Ökonomen die Vermutung, daß – quasi bis zum Beweis des Gegenteils – der Wettbewerb zwischen Anbietern von Leistungen den Nachfragern der jeweiligen Leistungen zugute kommt. Wettbewerb spornt zu besseren Leistungen an, Wettbewerb ist innovationsfördernd, und – nicht zuletzt – ist Wettbewerb ein zuverlässiges und nicht korrumpierbares Entmachtungsinstrument. Das zweite unter Ökonomen weithin akzeptierte Prinzip ist es, die Wohlfahrt eines Landes allein am Wohlergehen der individuellen Menschen zu messen. Kriterien, die sich nicht auf das Wohlergehen von Individuen zurückführen lassen, werden von Ökonomen in der Regel ungern bis überhaupt nicht akzeptiert – und das zu Recht. Entsprechend ist das daran anknüpfende *Pareto*-Kriterium das standardmäßig verwendete Wohlfahrtskriterium der Ökonomen schlechthin.

Solange es um funktionsfähige Märkte geht, stehen die beiden Prinzipien Wettbewerb und individuelle Wohlfahrt auch in einer harmonischen Beziehung zueinander. In dieser Tatsache dürfte die zentrale, Konsens stiftende Quelle innerhalb der Ökonomik überhaupt bestehen. Dieser Konsens geht aber schnell verloren, wenn sich die Ökonomik von der Analyse funktionsfähiger Märkte entfernt. Denn in diesem Falle kommt es nicht selten vor, daß die Implikationen der beiden Prinzipien in einen diametralen Gegensatz zueinander geraten. Letztendlich liegt hierin die Ursache der Kontroversen unter den Ökonomen um die Frage der politischen Kompetenzverteilung in föderalen Strukturen – insbesondere in der Europäischen Union. Besonders augenfällig ist dieser Konflikt in drei zentralen Bereichen der Wirtschaftspolitik: der Steuerpolitik, der (umverteilenden) Sozialpolitik und der Regulierungspolitik. Letztere ist Thema dieses Beitrags. Dabei wird der Konflikt zwischen dem Wettbewerbsprinzip und dem wohlfahrtsökonomischen Prinzip im Zentrum der Überlegungen stehen.

Beschäftigt man sich mit Regulierungspolitik, so ist zunächst einmal zu klären, was unter Regulierung verstanden werden soll. Denn der Regulierungsbegriff ist schillernd und wird in sehr unterschiedlichen Zusammenhängen verwendet (*Apolte* und *Kessler* 1990, S. 6 f). Unter Regulierung im engeren Sinne oder *old-style regulation* können

Eingriffe des Staates in Märkte verstanden werden, die nach einer traditionellen Definition als natürliche Monopole bezeichnet wurden und im angelsächsischen Sprachgebrauch unter *public utilities* firmieren. Bis zur Entwicklung der Theorie angreifbarer Märkte (*Baumol, Panzar und Willig* 1982) galten *public utilities* als untauglich für wettbewerbliche Lösungen, weshalb man sie durch gezielte regulierende Eingriffe dem Wettbewerb entzog. Der Zweck der Regulierung war ein zweifacher: Erstens sollte mit dem Eingriff ruinöser Wettbewerb verhindert werden, und zweitens sollten die Nebenwirkungen des ausgeschalteten Wettbewerbs in Form von statischer Ineffizienz und Machtmißbrauch durch die Kontrolle des Staates so weit wie möglich verhindert werden. Die Politik der wettbewerbsverhindernden Regulierung wurde erst ab Ende der 1970er Jahre abgelöst durch eine Politik der Deregulierung, die vor allem den Einsichten der Theorie angreifbarer Märkte folgte. Allerdings wurden nicht nur Regulierungen abgebaut, sondern alte Regulierungen wurden durch neue ersetzt, deren Kennzeichen aber nicht mehr die Unterbindung von Wettbewerb ist. Vielmehr setzt diese Regulierung ganz im Gegenteil auf die Schaffung von Wettbewerb, indem sie beispielsweise die Betreiber von Versorgungsnetzen zwingt, Konkurrenten in der Produktion der betreffenden Leistung die Nutzung ihrer Netze zu ermöglichen (*Knieps* 2006; *Welfens* 2006). Regulierungspolitik im engeren Sinne gehört heute zu den prominentesten Aufgaben der Wettbewerbspolitik.

Der Regulierungsbegriff wurde aber immer schon auch in einem sehr viel breiteren Sinne verwendet. Danach ist Regulierung im weiteren Sinne zu verstehen als ein spezieller Eingriff des Staates in die allgemeine Vertragsfreiheit von natürlichen oder juristischen Personen (*Cassel* 1989). In diesem Sinne spricht man auch von *new-style regulation*. Solche Eingriffe sind als spezielle Eingriffe in dem Sinne zu betrachten, daß sie nur für bestimmte Personengruppen oder Märkte gelten und damit nicht Teil des allgemeinen Vertragsrechts sind. Daher sind in Abgrenzung zu solchen speziellen Eingriffen die allgemeinen ordnungspolitischen Regeln des Wirtschaftens als eine Grundlage der Vertragsfreiheit zu sehen und insofern nicht als Regulierung zu bezeichnen. Regulierungen im weiteren Sinne zielen in der Regel darauf ab, bestimmte Personengruppen wie Verbraucher oder Arbeitnehmer zu schützen, weil vermutet wird, daß diese Personengruppen einem strukturellen Nachteil beim Vertragsabschluß gegenüber ihren Kontrahenten unterliegen. Aus der Sicht der ökonomischen Theorie beruhen solche Benachteiligungen regelmäßig auf Marktversagen, und dieses Marktversagen wird typischerweise durch Informationsasymmetrien zwischen Anbietern und Nachfragern begründet.

In diesem Beitrag geht es nicht um *old-style regulation* und *public utilities*. Diese Form von Regulierung stellt sich heute ohnehin sehr viel komplexer dar, als die Theorie natürlicher Monopole dies einmal nahegelegt hat. Grundsätzlich stehen die Wechselwirkungen unterschiedlicher Regulierungssysteme im Falle der *old-style regulation* aber auch nicht im Vordergrund der von ihr ausgehenden Problematik. Wenngleich die Umorientierung im Bereich der *old-style regulation* in der EU von der zentralen Ebene initiiert wurde – häufig genug gegen den Widerstand der dezentralen Regierungen –, so standen dabei weniger mögliche *Spillovers* unterschiedlicher Regulierungsregimes und davon ausgehende Marktversagenstatbestände im Vordergrund als vielmehr Befürch-

tungen um desintegrative Wirkungen dieser Unterschiede im Rahmen des Binnenmarktes. Der hier analysierte Regulierungswettbewerb setzt an der *new-style regulation*
und damit an dem zweiten großen normativen Regulierungskriterium an: dem Marktversagen aufgrund von asymmetrischen Informationen im Sinne des *Akerlof*'schen
„*Lemons*-Problems" (*Akerlof* 1970). Sofern eine Marktseite die Qualität der von der
anderen Marktseite eingegangenen vertraglichen Verpflichtungen nicht beobachten
kann und sofern es keine indirekt wirkenden Qualitätssignale oder Reputation ver-
leihenden Mechanismen gibt, kommt es zu einer adversen Selektion in dem Sinne, daß
nur noch schlechte Qualitäten am Markt verbleiben. Unter diesen Bedingungen bedarf
es staatlicher Regulierungen, damit bessere Qualitäten nicht gänzlich vom Markt verschwinden oder der Markt aufgrund der für die schlechter informierte Marktseite nicht
akzeptablen Qualitäten sogar völlig zusammenbricht.

Entsprechende Regulierungsanlässe lassen sich an Güter-, Dienstleistungs-, Arbeits-
und Finanzmärkten gleichermaßen ausmachen. Institutioneller Wettbewerb im Regulierungsbereich kann dabei grundsätzlich durch zwei verschiedene Quellen gespeist werden. Zum einen können grenzüberschreitende Transaktionen eine Konkurrenz unterschiedlicher Regulierungssysteme auslösen. Dies erfordert neben der Dezentralität von
Regulierungspolitik die Mobilität von Gütern, Dienstleistungen, Arbeitskräften oder
Kapital über die Grenzen verschiedener Jurisdiktionen hinaus. Diese Form des institutionellen Wettbewerbs wird im folgenden als „mobilitätsgetriebener Regulierungswettbewerb" bezeichnet. Wenn in der Literatur von Regulierungswettbewerb die Rede ist,
so wird – dem ökonomischen Paradigma folgend – meist schon implizit auf den mobilitätsgetriebenen Wettbewerb abgestellt. Es gibt aber eine zweite Quelle des Regulierungswettbewerbs, und die hat in den vergangenen Jahren verstärkte Aufmerksamkeit
auf sich gezogen. Sie liegt in der Vergleichbarkeit unterschiedlicher Regulierungspolitiken und ihrer Erfolge durch Wähler. Sofern eine solche Vergleichbarkeit die Wähler zu
einer kritischeren Haltung ihrer jeweiligen Regierung befähigt und auf diesem Wege
schlechte Regierungen unter Handlungsdruck setzt, spricht man von *yardstick competition*.

Im folgenden Kapitel wird zunächst die Wirkungsweise des mobilitätsgetriebenen
Regulierungswettbewerbs auf der Basis eines einfachen theoretischen Ansatzes analysiert. Das Ergebnis des zweiten Kapitels wird nicht eindeutig sein, es werden aber einige Kriterien herausgearbeitet, anhand derer die Funktionsfähigkeit des mobilitätsgetriebenen Regulierungswettbewerbs im Einzelfall beurteilt werden kann. Im Anschluß daran wird im dritten Kapitel eine Alternative zum mobilitätsgetriebenen Regulierungswettbewerb behandelt, die in den letzten Jahren unter dem Begriff *yardstick competition*
erhebliche Aufmerksamkeit erfahren hat – wohl zu Recht.

2. Mobilitätsgetriebener Regulierungswettbewerb aus theoretischer Sicht

Damit sich mobilitätsgetriebener Regulierungswettbewerb mitsamt seinen erhofften
positiven oder auch seinen befürchteten negativen Effekten entfalten kann, reicht es
nicht aus, daß die Märkte verschiedener Jurisdiktionen integriert werden und damit ein

ungehinderter Fluß von Gütern, Dienstleistungen, Arbeit und Kapital erfolgt. Vielmehr muß die Wahl eines grenzüberschreitenden Vertragspartners immer zugleich verbunden sein mit der Wahl eines Regulierungssystems. Hierzu bedarf es der Anwendung eines geeigneten Prinzips der Rechtsanwendung.

Für Güter- und Dienstleistungsmärkte bedeutet dies, daß das Herkunftslandprinzip gelten muß. Dieses Prinzip bestimmt, daß innerhalb eines aus verschiedenen Jurisdiktionen bestehenden Marktes stets die Regulierungen derjenigen Jurisdiktion angewendet werden, in der das gehandelte Produkt oder die geleistete Dienstleistung produziert wird. Für das Beispiel des Reinheitsgebotes der deutschen Bierbrauer bedeutet dies, daß jedes Bier, welches in Deutschland gebraut wird, diesem Gebot genügen muß, egal wo es schließlich verkauft wird. Andererseits muß ein in Deutschland verkauftes Bier diesem Gebot nicht entsprechen, sofern es außerhalb Deutschlands gebraut wurde. Daraus folgt, daß man mit einem deutschen Bier immer auch die Eigenschaften der Produktion nach dem Reinheitsgebot kauft. Bei einem anderen Bier kauft man entsprechende andere Eigenschaften. Konsumenten haben insofern die Wahl zwischen unterschiedlichen regulierungsbedingten Eigenschaften, sofern sie diese Eigenschaften kennen und deren Bedeutung einschätzen können. Müßten alle in Deutschland verkauften Biere dem Reinheitsgebot entsprechen, so hätten die Verbraucher grundsätzlich keine Wahl, und es gäbe keinen Wettbewerb.

Entsprechendes gilt im Falle von Arbeitnehmerschutzregulierungen. Hiermit sind Vorschriften gemeint, die auf individualvertraglicher Ebene Bestandteil eines Arbeitsvertrages sein müssen, auf die die Arbeitgeber und Arbeitnehmer nicht im Wege individueller Vereinbarungen verzichten können und die den Arbeitnehmer davor schützen sollen, sich auf Arbeitsverhältnisse einzulassen, die ihn beispielsweise körperlich überfordern oder ihm langfristig gesundheitliche Schäden zufügen. Im Falle solcher Regulierungen müssen stets diejenigen Vorschriften angewendet werden, die im Sitzland jenes Unternehmens gelten, bei dem die betreffenden Arbeitnehmer beschäftigt sind. Schließlich kommt es im Falle von Kapitalmarktregulierungen darauf an, auf welcher Seite die Informationsdefizite liegen, die der Regulierung normativ zugrunde liegen. Generell gilt: Wenn diejenige Partei, die den Informationsdefiziten unterliegt, mit dem Wechsel des Vertragspartners auch das Regulierungssystem wechselt, dann entsteht Regulierungswettbewerb.

Die Wirkungen des Regulierungswettbewerbs werden im folgenden am Beispiel des Verbraucherschutzes analysiert. Die Ergebnisse sind aber auf die übrigen Fälle sinngemäß übertragbar. Als Basis sei die Nutzenfunktion eines repräsentativen Konsumenten definiert, der im Land j (j=1,2,...,k,...,M) seinen Wohnsitz hat. In jedem dieser Länder konsumiert der repräsentative Verbraucher zwei Produkte der Mengen x_j und y_j, welche im jeweiligen Herkunftsland i (i=1,2,...,k,...,M) hergestellt wurden. Es handelt sich bei den Ländern i bzw. j letztlich um dieselben Länder, nur daß der Index j das Wohnsitzland der Verbraucher bezeichnet und der Index i das Herkunftsland der Produkte mit ihren jeweiligen Qualitätsstandards. Auch das später näher betrachtete repräsentative Land k ist für beide Indizes identisch.

Das Gut der konsumierten Menge x_j sei ein inhomogenes Gut, dessen Qualität je nach Qualitätsstandard seines Herkunftslandes variiert. Dagegen sei das Gut der konsumierten Menge y_j ein homogenes Gut, welches keine Qualitätsunterschiede aufweisen kann. Annahmegemäß kennt der Konsument zwar das Ursprungsland des gekauften Produkts, kann aber die Qualität der Verbraucherschutzregulierungen der einzelnen Länder nicht unbedingt voneinander unterscheiden. In keinem Falle kann er aber die Qualität eines individuellen Produkts selbst erkennen. Könnte er das, so wären Regulierungen von vornherein nicht mehr angezeigt, denn dann würde sich ein funktionsfähiger Qualitätswettbewerb zwischen den Anbietern entwickeln.

Die Nutzenfunktion ist wie folgt formuliert (vgl. *Sinn* 1997, S. 265):

(1) $U_j(x_j) \cdot V_j(q_i^s) + y_j$.

Dabei ist q_i^s der Qualitätsstandard des Landes i. Die Nutzen des homogenen Gutes steigen linear in y_j, so daß die Grenznutzen konstant sind. Dagegen steigen die Grenznutzen des inhomogenen Gutes unterproportional in der Menge x_j und dem Qualitätsstandard q_i^s, so daß die Grenznutzen einer Mengenerhöhung ebenso wie bei einer Qualitätserhöhung für das inhomogene Gut abnehmen ($U_j'(x_j) > 0; U_j''(x_j) < 0; V_j'(q_j^s) > 0; V_j''(q_i^s) < 0$). Um zunächst den optimalen Qualitätsstandard herzuleiten, sei für den Augenblick angenommen, daß das betrachtete Land eine geschlossene Volkswirtschaft sei und damit $i=j$ gelte. Gut y_j werde zu konstanten Grenz- und Durchschnittskosten von eins hergestellt und Gut 2 zu Grenz- und Durchschnittskosten c_i, die zwar von der Menge x_j unabhängig sind, aber bei steigenden Verbraucherschutzansprüchen q_i progressiv ansteigen ($c'(q_i^s) > 0; c''(q_i^s) > 0$). Zur Vereinfachung der Analyse wird die Zahl der Einwohner jedes Landes auf eins normiert. Unter diesen Bedingungen verteilen sich die Konsummöglichkeiten B_j der Verbraucher folgendermaßen:

(2) $B_j = y_j + c_i(q_i^s) \cdot x_j$.

Stellt man (2) nach y_j um und setzt das Ergebnis in Gleichung (1) ein, so ergibt sich folgende Funktion, deren Maximum den optimalen Qualitätsstandard bestimmt:

(3) $U_j(x_j) \cdot V_j(q_i^s) + B_j - c_i(q_i^s) \cdot x_j$

Die Bedingung erster Ordnung für ein Wohlfahrtsmaximum ergibt sich aus der gleich null gesetzten Ableitung von (3). Sie lautet (vgl. *Sinn* 1997, S.265):

(4) $U_j(x_j) \cdot V_j'(q_i^e) = c_i'(q_i^e) \cdot x_j$.

Die linke Seite von Gleichung (4) gibt die Grenznutzen und die rechte Seite die Grenzkosten einer Erhöhung der Qualitätsstandards an. Da die Grenznutzen einer Qualitätserhöhung annahmegemäß sinken, während ihre Grenzkosten ansteigen, gibt es genau einen optimalen Qualitätsstandard q_i^e in jedem Land.

Hierzu sind zwei Dinge vorab festzuhalten: Erstens ist dies lediglich der Standard, den eine Regierung setzen sollte, wenn ihr Ziel die Wohlfahrtsmaximierung ist. In der Realität dürfte dies meist anders aussehen, denn gerade im Bereich der Regulierung sind Regierungen regelmäßig intensiver Lobbyarbeit ausgesetzt. Zweitens ist q_i^e nur dann der optimale Qualitätsstandard, wenn es innerhalb des betreffenden Marktes keine unterschiedlichen Standards geben kann. Dies gilt zumindest, wenn sich die Präferenzen über die Qualität der gekauften Produkte unterscheiden, was völlig realistisch ist. Könnte es in einem Markt mehrere Qualitätsstandards nebeneinander geben, dann wäre eine Anpassung der Standards an die jeweiligen Präferenzen *Pareto*-superior zu dem einheitlichen Standard. Ob unterschiedliche Qualitätsstandards auf einem einheitlichen Markt aber überhaupt denkbar sind, ist freilich zunächst einmal offen. Diese Frage zu klären, ist Aufgabe der folgenden Überlegungen, die das betrachtete Land nun gedanklich öffnen für die übrigen M-1 Länder der Föderation. Dabei wird die Zuständigkeit über die Regulierungen annahmegemäß nach dem Herkunftslandprinzip geregelt, um Qualitätswettbewerb zu entfachen. In einer ersten Variante sei angenommen, daß die Verbraucher die Qualitätsstandards der M Länder strikt nicht voneinander unterscheiden können. In einer zweiten Variante wird später der Fall zu untersuchen sein, daß die Verbraucher die Qualitätsstandards einschätzen können.

2.1. Fall 1: Nicht unterscheidbare Regulierungsstandards

In diesem Falle bleibt den Verbrauchern nichts anderes übrig, als für jedes Herkunftsland einen durchschnittlichen Qualitätsstandard $q^s *$ zugrunde zu legen. Wegen der konstanten Grenz- und Durchschnittskosten der Produktion des inhomogenen Gutes bezüglich seiner Menge x_j sowie der Nicht-Unterscheidbarkeit seiner Qualität wird der Preis stets auf das Niveau der Durchschnittskosten im Land l herunterkonkurriert, welches die geringsten Qualitätsstandards q_l^s anwendet. Es gibt also einen föderationsweit einheitlichen Preis, welcher im Gleichgewicht $P = c_l(q_l^s)$ beträgt. Der Marktanteil, den die inländischen Unternehmen an der Produktion des inhomogenen Gutes föderationsweit haben, sei π_i. Dieser Marktanteil gibt zugleich die Wahrscheinlichkeit an, mit dem ein Verbraucher zufällig ein Produkt wählt, welches im Land i hergestellt wurde und damit dessen Qualitätsstandards unterliegt. Mit der Gegenwahrscheinlichkeit $1 - \pi_i$ wird er ein Produkt wählen, welches anderen Qualitätsstandards unterliegt. Die Nutzenfunktion eines repräsentativen Verbrauchers aus Land k lautet demnach (vgl. *Apolte* 2002, S. 393):

(5) $U_k(x_k) \cdot \left(\pi_k \cdot V_k(q_k^s) + \sum_{i \neq k} \pi_i \cdot V_k(q_i^s) \right) + y_k$.

Die Konsummöglichkeitenfunktion lautet folgendermaßen:

(6)
$B_k = y_k + c_k(q_k^s) \cdot \pi_k \cdot (x_k + \sum_{j \neq k} x_j) + P(q_l^s) \cdot (1 - \pi_k) \cdot x_k - P(q_l^s) \cdot \pi_k \cdot \sum_{j \neq k} x_j$.

Hierbei gibt der zweite Summand der rechten Seite die Kosten an, die aufgewendet werden müssen, um die im Inland hergestellten und sowohl im Inland als auch im Ausland konsumierten Mengen des inhomogenen Gutes zu produzieren. Weiterhin gibt der dritte Summand der rechten Seite die Zahlungen der Inländer an Ausländer für diejenigen Mengen des inhomogenen Gutes an, welche im Inland konsumiert, aber im Ausland hergestellt werden. Schließlich repräsentiert der letzte Summand die Exporterlöse und damit die Zahlungen von Ausländern an Inländer für Produkte, die im Inland hergestellt, aber im Ausland konsumiert wurden. Diese Zahlungen erhöhen die Konsummöglichkeiten der Inländer. Stellt man (6) nach y_k um und setzt das Ergebnis in (5) ein, so folgt die zu maximierende Funktion:

$$(7)\ U_k(x_k)\cdot\left(\pi_k\cdot V_k(q_k^s)+\sum_{i\neq k}\pi_i\cdot V_k(q_i^s)\right)$$

$$+B_k-c_k(q_k^s)\cdot\pi_k\cdot(x_k+\sum_{j\neq k}x_j)-P(q_l^s)\cdot(1-\pi_k)\cdot x_j+P(q_l^s)\cdot\pi_k\cdot x_j.$$

Die Bedingung erster Ordnung für ein Wohlfahrtsmaximum mit Blick auf den optimalen Qualitätsstandard lautet entsprechend:

$$(8)\ U_k(x_k)\cdot V'(q_k^s)=c_k'(q_k^s)\cdot x_k\cdot\left(\frac{\overline{x}}{x_k}\right);\ \text{mit: }\overline{x}\equiv\sum_j x_j\ \text{und: }\left(\frac{\overline{x}}{x_k}\right)\geq 1.$$

Der Faktor $(\overline{x}/x_k)$ gibt den reziproken Wert des Konsumanteils im Land k am föderationsweiten Konsum $\overline{x}$ für das inhomogene Land an. Wenn dieser im folgenden kurz Konsumanteil genannte Wert mit λ_k bezeichnet wird, wobei $(\overline{x}/x_k)=1/\lambda_k$, so kann Gleichung (8) vereinfachend geschrieben werden als:

$$(9)\ U_k(x_k)\cdot\lambda_k\cdot V'(q_k^s)=c_k'(q_k^s)\cdot x_K$$

Der von Land k gewählte Qualitätsstandard wäre dann effizient, wenn er dem allgemein formulierten Standard q_i^e entspräche, welcher aus Bedingung (4) folgt. Dies ist allerdings nicht der Fall. Vielmehr unterscheidet sich der in Land k unter Wettbewerbsbedingungen gewählte Standard von dem effizienten Standard nach Maßgabe des Konsumanteils λ_k. Die dahinter stehende Logik läßt sich am einfachsten durch zwei Grenzfälle erläutern. In einem Grenzfall $\lambda_k=1$ beträgt der inländische Anteil am föderationsweiten Konsum des inhomogenen Gutes in der Föderation 100 %. In diesem Falle entspricht Bedingung (8) der Bedingung (4), und es gilt $q_k^s=q_k^e$. Der gewählte Regulierungsstandard ist effizient. In dem anderen Extremfall ist der Faktor λ_k nahe null. Dies bedeutet, daß der inländische Anteil am föderationsweiten Konsum des inhomogenen Gutes sehr klein ist. Der von der Regierung in Land k gewählte Qualitätsstandard konvergiert dann gegen die technisch gesehen kleinste mögliche Qualität. Der Verbraucherschutz verliert seine Wirkung. Sollten auch die übrigen Gebietskörperschaften sehr kleine Konsumanteile haben und im Grenzfall die gesamte Föderation aus sehr vielen kleinen Gebietskörperschaften bestehen, so wird der Standard allgemein jede Wirksamkeit verlieren. Denn dann hat keine einzige Regierung mehr einen Anreiz, die Standards oberhalb des technischen Minimums anzusetzen. Dies ist der Grenzfall des von *Sinn* (1997) beschworenen *Race to the Bottom*.

Besteht die Föderation aus wenigen großen Ländern, von denen jedes einen vergleichsweise hohen Konsumanteil hat oder gibt es ein dominierendes Land, dessen Konsumanteil sehr hoch ist, so ist der Erwartungswert der Qualität eines Gutes im Falle des Qualitätswettbewerbs auch dann noch relativ hoch, wenn die Verbraucher nicht imstande sind, die Unterschiede in den Qualitätsstandards der einzelnen Länder oder Gebietskörperschaften zu erkennen. In diesem Falle kann nur sehr bedingt von einem *Race to the Bottom* gesprochen werden. Vor zwei möglichen Fehleinschätzungen muß dennoch gewarnt werden: Erstens werden – abgesehen vom Grenzfall $\lambda_k=1$ – stets alle

Qualitätsstandards unterhalb des jeweiligen optimalen Niveaus liegen. Zweitens wird es zwar unterschiedliche Qualitätsstandards geben, so daß eine gewisse Vielfalt entsteht. Diese Vielfalt wird aber nicht dazu genutzt werden können, Verbrauchern mit unterschiedlichen Qualitätspräferenzen jeweils unterschiedliche Qualitätsstandards zu bieten. Denn solange die Verbraucher die Qualitätsstandards der Herkunftsstaaten nicht erkennen können, werden sie zufällig mal diese und mal jene Qualität herausgreifen. Eine bewußte Entscheidung für ein bestimmtes Preis-Qualitäts-Verhältnis ist nicht möglich.

Schließlich ergibt sich ein weiteres Problem, welches insbesondere für die Europäische Union relevant ist. Diejenigen Länder, deren Qualitätsstandards oberhalb des geringsten Standards der Föderation q_l^s liegen, werden ihre Unternehmen in wirtschaftliche Verluste zwingen, welche sie nur ausgleichen können, wenn sie die Unternehmen subventionieren. Das ergibt sich daraus, daß der Gleichgewichtspreis unter den gegebenen Bedingungen immer auf das Niveau der durchschnittlichen Kosten im Land l herabkonkurriert wird, also jenem Land, welches sich für den föderationsweit niedrigsten Qualitätsstandard entschieden hat. Damit gilt der Gleichgewichtspreis $P = c_l(q_l^s)$. Die Unternehmen in Land l werden daher im Sinne eines langfristigen neoklassischen Gleichgewichts gerade kostendeckend arbeiten. Umgekehrt bedeutet dies, daß alle Unternehmen, die in Ländern mit Qualitätsstandards $q_i^s > q_l^s$ produzieren, Verluste machen werden. Dies hat zwei mögliche Konsequenzen: Entweder subventionieren alle Länder $i \neq l$ ihre Unternehmen um den Betrag $c_i(q_i^s) - c_l(q_l^s)$ pro produzierter Einheit, oder die gesamte Produktion des betreffenden Gutes in der Föderation wird sich in das Land l mit den niedrigsten Qualitätsstandards verlagern. Letzteres hätte zur Konsequenz, daß der gleichgewichtige Qualitätsstandard auch unter den Bedingungen großer Marktanteile auf ein Niveau herabkonkurriert wird, welches ineffizient niedrig ist. Da der Marktanteil π_l des Landes l dann 100 Prozent betragen wird, wird dieses Niveau gemäß Gleichung (9) genau den Präferenzen der Bürger in Land l entsprechen. Festzuhalten ist daher:

– Im Gleichgewicht ohne Subventionen wird der Regulierungsstandard auf dasjenige Niveau herabkonkurriert, welches sich die Bürger jener Gebietskörperschaft wünschen, in dem die Qualitätspräferenzen am niedrigsten liegen. Es wird niemals höher liegen können; es wird aber auch nie darunter liegen.

– Im Gleichgewicht mit Subventionen wird das Regulierungsniveau je nach Land unterschiedlich sein. Es wird aber in jedem Herkunftsland nach Maßgabe des jeweiligen Konsumanteils λ_i unter dem von der Bevölkerung jeweils gewünschten Niveau liegen; und das gilt auch für das Land l mit den niedrigsten Qualitätsstandards. Da das Herkunftslandprinzip aber gilt, kann die Bevölkerung des jeweiligen Landes nicht unter den Schutz desjenigen Standards gestellt werden, welcher in dem betreffenden Land angewendet wird. Vielmehr werden alle Verbraucher unter demselben Erwartungswert eines Qualitätsstandards konsumieren, wobei der tatsächliche Wert in der Regel höher oder niedriger sein wird. Wo der Erwartungswert am Ende liegen wird, hängt von den jeweiligen Marktanteilen ab. Denn diese werden durch die Subventionierung ja zementiert.

Für eine Föderation wie die EU kommt wegen des Beihilfenverbots grundsätzlich nur die erste Möglichkeit in Betracht. Dies führt zu dem etwas paradox erscheinenden

Ergebnis, daß Wettbewerb um Qualitätsstandards vor allem dann unproblematisch ist, wenn die Qualitätspräferenzen der Verbraucher regional relativ homogen sind. Sind sie indes sehr heterogen, so werden die Präferenzen für höhere Standards nicht mehr berücksichtigt. Dieses Ergebnis ist deshalb paradox, weil die Argumente für Regulierungswettbewerb sich zu einem guten Teil auf das Argument der Heterogenität von Präferenzen stützen, die im Falle einer zentralisierten Regulierungspolitik unberücksichtigt bleiben. Unter den in diesem Kapitel zugrunde gelegten Bedingungen lautet das Ergebnis aber, daß sie in jedem Falle unberücksichtigt bleiben: bei einer Zentralisierung wegen des einheitlichen Regulierungsniveaus und bei einer Dezentralisierung wegen der wettbewerblichen Anpassungseffekte. Mit Subventionierung ergibt sich dabei ein Durchschnittsniveau, welches mangels näherer Kenntnisse der Verbraucher aber nicht individualisiert werden kann, sondern lediglich als Erwartungswert dienen kann. Dabei wird – je nach Heterogenität der Präferenzen – das konkrete Niveau allerdings im Einzelfall beträchtlich schwanken. Ohne Subventionierung wird es einen einheitlichen Standard auf dem niedrigsten gewünschten Niveau geben.

Die Tatsache, daß unterschiedliche Regulierungsniveaus in keinem Falle zur Berücksichtigung unterschiedlicher Präferenzen genutzt werden können, ergibt sich in jedem Falle aus der Annahme, daß die Verbraucher die individuellen Qualitätsstandards der unterschiedlichen Staaten nicht voneinander unterscheiden können. Inwieweit diese Annahme realistisch ist, sei erst einmal dahingestellt. Sofern sie allerdings nicht realistisch ist, folgen andere Ergebnisse. Diese werden nun im Fall 2 analysiert.

2.2. Fall 2: Unterscheidbare Regulierungsstandards

Zunächst muß festgestellt werden, daß dieser Fall eine Konstellation behandelt, bei der die Verbraucher nach wie vor nicht (zureichend) in der Lage sind, individuelle Qualitäten von Produkten oder Dienstleistungen unmittelbar zu erkennen. Auch gibt es in diesem Falle kein funktionsfähiges *signalling* (*Spence* 1976) oder einen funktionsfähigen Reputationswettbewerb unter den Unternehmen (*Kreps* und *Wilson* 1982; *Shapiro* 1983), mit denen diese individuelle Qualitätsinformationen und damit glaubwürdige Signale an die Verbraucher leiten können. Wäre dies anders, dann würde die Begründung für eine staatliche Regulierungspolitik von vornherein entfallen. Regulierungen wären dann im günstigsten Falle überflüssig, in der Regel aber schädlich. Beschränkt man sich auf die Fälle, in denen staatliche Regulierungen normativ angezeigt sind, so muß angenommen werden, daß es nicht möglich ist, die Verbraucher im Wege glaubwürdiger Signale über unternehmensindividuelle Qualitäten zu informieren.

Für diesen Fall ist es durchaus nicht unplausibel anzunehmen, daß Verbraucher zwar keine unternehmensindividuellen Qualitäten, wohl aber staatliche Qualitätsstandards voneinander unterscheiden können. Dafür gibt es im wesentlichen zwei Gründe: Erstens ist die Zahl der staatlichen Qualitätsstandards in der Regel kleiner als die Zahl unternehmensindividueller Qualitäten. Dadurch können sich die Informationsbeschaffungskosten in den beiden Fällen beträchtlich voneinander unterscheiden. Zweitens sind staatliche Qualitätsstandards grundsätzlich zugänglich für die Öffentlichkeit und damit für jeden nachlesbar.

In einer solchen Konstellation führt der Regulierungswettbewerb zu effizienten Ergebnissen. Um dies zu zeigen, sei angenommen, daß es regional unterschiedliche Qualitätspräferenzen der Bevölkerung zwischen den Regionen einer Föderation gebe. Eine absolute Mehrheit der Bevölkerung eines Staates liege mit seiner Qualitätspräferenz innerhalb eines „dominierenden Intervalls", welches sich vom dominierenden Intervall der übrigen Staaten unterscheide. Die Regierung eines Staates kann ihren Qualitätsstandard zwar variieren, aber sie wird ihn stets innerhalb des dominierenden Intervalls halten, um den Präferenzen der Bevölkerungsmehrheit zu genügen. Erhöht sie den Qualitätsstandard, so erhöht sich das Nutzenniveau der inländischen ebenso wie jenes der ausländischen Konsumenten, sofern diese das Konsumgut im Inland kaufen. Allerdings erhöhen sich mit dem Qualitätsstandard auch die Grenzkosten der Produktion, so daß eine stimmenmaximierende Regierung stets die Grenzkosten der Qualitätserhöhung den Grenzkosten aus der Sicht der Bevölkerungsmehrheit angleichen wird. Diejenigen ausländischen Konsumenten, deren Qualitätspräferenz außerhalb des dominierenden Intervalls in ihrem eigenen Land, aber innerhalb des dominierenden Intervalls im Inland liegen, werden das Gut im Inland kaufen. Insofern entsteht aus der Sicht des Inlandes Export. Diejenigen inländischen Konsumenten hingegen, deren Qualitätspräferenz außerhalb des dominierenden Intervalls im Inland liegen, werden das Gut im Ausland kaufen. Insofern entsteht aus der Sicht des Inlandes Export.

Wie in Fall 1 ist zu unterscheiden zwischen den $j=1,2,...,k,...M$ Wohnsitzländern der jeweiligen Konsumenten und den $i=1,2,...,k,...M$ Herkunftsländern der jeweiligen Qualitätsstandards. Entsprechend gibt es $i=1,2,...,k,...M$ unterschiedliche dominierende Intervalle. Mit γ_j^i wird nun jener Bevölkerungsanteil im Wohnsitzland j bezeichnet, dessen Qualitätspräferenz sich innerhalb des dominierenden Intervalls des Herkunftslandes i befindet. Dieser Bevölkerungsanteil wird das Konsumgut im Land i kaufen. Die Regierung des Landes k erschließt sich die höchste Wiederwahlchance, indem sie den Nutzen des Bevölkerungsanteils γ_k^k durch die geeignete Wahl des Qualitätsstandards q_k^s maximiert:

$$(10) \quad \gamma_k^k \cdot U_k(x_k) \cdot V_k(q_k^s) + \sum_{i \neq k} \gamma_k^i \cdot U_k(x_k) \cdot V_k(q_i^s) + y_k.$$

Die Funktion der Konsummöglichkeiten in Wohnsitzland k lautet:

$$(11) \quad B_k = y_k + c_k(q_k^s) \cdot \gamma_k^k \cdot x_k + \sum_{j \neq k} c_k(q_k^s) \cdot \gamma_j^k \cdot x_j$$

$$+ \sum_{i \neq k} P_i(q_i^s) \cdot \gamma_k^i \cdot x_k - \sum_{j \neq k} P_k(q_k^s) \cdot \gamma_j^k \cdot x_j.$$

Der zweite Summand der rechten Seite gibt die Kosten der Produktion jener Mengen des inhomogenen Gutes an, die im Inland produziert und von inländischen Konsumenten gekauft werden. Der dritte Summand der rechten Seite kennzeichnet die Kosten der im Inland produzierten und an das Ausland verkauften Mengen des inhomogenen Gutes. Der vierte Summand bezeichnet die Zahlungen, die inländische Konsumenten für den Kauf des inhomogenen Gutes im Ausland leisten müssen. Schließlich gibt der letzte Summand die Erlöse inländischer Produzenten aus dem Verkauf des inhomogenen Gu-

tes an Ausländer an. Dieser letzte Summand erhöht die inländischen Konsummöglichkeiten und hat deshalb ein negatives Vorzeichen.

Im Unterschied zum Fall 1 sind die Qualitätsstandards für die Konsumenten nunmehr
sichtbar. Dies hat zur Konsequenz, daß die individuellen Preise als Funktionen der jeweiligen Qualitätsstandards $P_i(q_i^s)$ geschrieben werden müssen und zwischen den
Staaten variieren. Im langfristigen Gleichgewicht werden die Preise den jeweiligen
durchschnittlichen Kosten $c_i(q_i^s)$ gleich sein. Daher kann die Funktion des Preises
$P_k(q_k^s)$ im letzten Summanden von Gleichung (11) substituiert werden durch die Funktion der durchschnittlichen Kosten $c_k(q_k^s)$. Im Ergebnis saldieren sich der dritte und
der letzte Summand der rechten Seite von Gleichung (11) zu null. Stellt man den dann
verbleibenden Rest von Gleichung (11) nach y_k um und setzt das Ergebnis in Gleichung
(10) ein, so ergibt sich:

$$(12) \quad \gamma_k^k \cdot U_k(x_k) \cdot V_k(q_k^s) + \sum_{i \neq k} \gamma_k^i \cdot U_k(x_k) \cdot V_k(q_i^s) + B_k$$

$$- c_k(q_k^s) \cdot \gamma_k^k \cdot x_k - \sum_{i \neq k} P_i(q_i^s) \cdot \gamma_k^i \cdot x_k \, .$$

Ein Maximum von (12) findet sich durch Ableiten nach dem Qualitätsstandard q_k^s
und Gleichsetzten mit null: Das Ergebnis lautet:

$$(13) \quad U_k \cdot V_k{'}(q_k^s) = c_k{'}(q_k^s) \cdot x_k \, .$$

Dieses Ergebnis entspricht der Bedingung (4) für einen effizienten Qualitätsstandard.
Der Regulierungswettbewerb bei erkennbaren Qualitätsstandards ist demnach effizient.
Er ist darüber hinaus auch *Pareto*-superior zu einem zentralisierten Qualitätsstandard.
Denn ein zentralisierter Standard muß naturgemäß über alle Staaten identisch sein und
kann von daher keine unterschiedlichen Präferenzen berücksichtigen. Im Regulierungswettbewerb können unterschiedliche Präferenzen dagegen berücksichtigt werden, ohne
daß es zu einem *Race to the Bottom* kommt. Dabei spielt es überhaupt keine Rolle, ob
die Präferenzen regional oder nach einem anderen Muster gestreut sind. Es spielt auch
keine Rolle, welche Standards eine Regierung wählt. Das effiziente Ergebnis stellt sich
auch dann ein, wenn Regierungen nicht den Standard wählen sollten, den ihre jeweilige
Bevölkerungsmehrheit präferiert. Sofern — wie angenommen – die Durchschnittskosten
nicht mit der Produktionsmenge variieren, verändern sich durch die Wahl des Qualitätsstandards lediglich die Export- und Importanteile der Staaten. Voraussetzung für einen
solchen funktionsfähigen Wettbewerb ist allerdings die Erkennbarkeit der Qualitätsstandards der jeweiligen Regionen.

2.3. Ergebnisse der theoretischen Analyse

Die am Beispiel des Verbraucherschutzes formal gefundenen Ergebnisse lassen sich
grundsätzlich auch auf andere Regulierungsbereiche übertragen, sofern der normative
Regulierungsanlaß in Funktionsstörungen unregulierter Märkte aufgrund von Informationsasymmetrien zu suchen ist. Grundsätzlich ist festzuhalten, daß der Konsumanteil
des größten Landes sowie die Erkennbarkeit von Qualitätsstandards darüber entscheiden, inwiefern Regulierungswettbewerb als funktionsfähig einzustufen ist. Sofern er

funktionsfähig ist, wird er in jedem Falle einer zentralisierten Lösung überlegen sein – ein Ergebnis, welches dem in der Föderalismustheorie prominenten „Dezentralisierungstheorem" von *Oates* (1972, S. 35) entspricht. Denn nur Dezentralisierung erlaubt es, unterschiedliche Präferenzen zu berücksichtigen, wobei es bei offenen Grenzen nicht einmal nötig ist, daß die Präferenzen regional unterschiedlich verteilt sind. Es reicht aus, daß sie überhaupt unterschiedlich sind. Das differenzierte Regulierungsangebot erlaubt es dann den Regulierten, sich das Regulierungssystem ihrer Wahl auszusuchen (*Woolcock* 1994; *Sun* und *Pelkmans* 1995). Dies wiederum entspricht dem nicht minder prominenten Diktum der „Abstimmung mit den Füßen" von *Tiebout* (1956) oder – etwas moderner – der Idee der „institutionellen Arbitrage" (*Streit* 1996). Sofern von einem funktionsfähigen Wettbewerb gesprochen werden kann, stellt sich allerdings die Frage, inwieweit die von der Regulierung betroffenen Bürger in der Lage sein werden, von ihrer grundsätzlichen Wahlmöglichkeit Gebrauch zu machen. Dies hängt letztlich von den Transaktionskosten ab, die mit einem Wechsel des Regulierungsregimes verbunden sind. Im Verbraucherschutz können diese extrem niedrig sein, weil man in einem einzigen Supermarkt leicht Produkte aus allen Regionen einer Föderation finden kann. Ganz ähnlich sieht es mit internetbasierten Geschäften aus.

Sehr hohen Transaktionskosten werden sich hingegen Arbeitnehmer im Zusammenhang mit den oben spezifizierten Arbeitnehmerschutzregulierungen gegenüber sehen. Denn ein Wechsel des Regulierungsregimes wird mit einer Verlagerung des Arbeitsortes und damit in aller Regel auch des Lebensmittelpunktes in eine andere Region oder einen anderen Staat verbunden sein – mit allen Konsequenzen. Regulierungswettbewerb wird unter diesen Bedingungen nur sehr bedingt seine Wirkungen entfalten. Dies gilt allerdings für beide Aspekte: für mögliche Wohlfahrt stiftende Effekte durch größere Differenzierungen ebenso wie für mögliche Marktversagenseffekte. Daher gilt, daß man sich von einem Wettbewerb um Arbeitnehmerschutzregulierungen insofern nicht zuviel versprechen darf. Es gilt aber auch, daß Befürchtungen über ein Versagen des Wettbewerbs um Arbeitnehmerschutzregulierungen angesichts der geringen Mobilität von Arbeitnehmern kaum rational begründbar sind.

Zusammenfassend kann daher festgehalten werden: Es gibt gerade innerhalb der EU nur wenig ökonomisch begründbaren Bedarf an Harmonisierungen oder gar Zentralisierungen von Arbeitnehmerschutzregulierungen. Es ist vor diesem Hintergrund allenfalls polit-ökonomisch zu erklären, warum sich die arbeitsmarktbezogenen Regulierungen der EU sehr stark gerade auf den Arbeitnehmerschutz konzentrieren. Was den Verbraucherschutz angeht, so ist angesichts der geringen Transaktionskosten eine nahezu kostenlose „institutionelle Arbitrage" der Verbraucher möglich. Ob unter diesen Bedingungen der Wettbewerb um Verbraucherschutzregulierungen Wohlfahrtsverluste oder Wohlfahrtsgewinne bringt, kann pauschal nicht beantwortet werden. Antworten darauf kann es nur vor dem Hintergrund des Einzelfalles geben. Die in diesem Zusammenhang zu beachtenden Faktoren sind:

– die Konsumstruktur; wenn eine Region allein große Konsumanteile hat, so sorgt dies für eine Annäherung der Regulierungsstandards an die effizienten Niveaus;

– die Erkennbarkeit der Regulierungsstandards durch die betroffenen Personen; sowie sicher auch

– die Höhe der drohenden Verluste im Falle unzureichender Regulierungsniveaus; hier sei an Beispiele wie Arzneimittel oder Flugsicherheit gedacht, die beide erhebliche Risiken bergen und zugleich von Verbrauchern praktisch nicht erkennbar sind.

Kritisch kann man den Regulierungswettbewerb aus zwei Gründen sehen: Erstens werden unterschiedliche Qualitätsstandards für die betroffenen Personen für „institutionelle Arbitrage" nicht nutzbar sein, solange diese Standards nicht erkennbar sind. Denn unter solchen Bedingungen erfolgt die „Wahl" des Regulierungssystems zufällig. Hinzu kommt, daß sich nicht erkennbare unterschiedliche Qualitätsstandards längerfristig nicht halten lassen, wenn die dezentralen politischen Organe keine Subventionen an diejenige Industrie zahlen oder zahlen dürfen, die sie regulieren. Im Rahmen der EU ist der Spielraum für solche Regulierungen daher durch das Beihilfenverbot eng begrenzt.

Sofern die Qualitätsstandards indes erkennbar sind, mag man argumentieren, daß es dann überhaupt keiner staatlichen Regulierungen bedarf. Denn anstelle des Staates könnten sich Qualitätszertifikate entsprechender Zertifizierungsagenturen etablieren, die auf einer privatwirtschaftlichen Ebene Qualitätsstandards anbieten könnten. Auf diesem Wege könnte ebenfalls die Komplexität der Informationssuche reduziert und das hinter dem Regulierungsanlaß steckende „*Lemons*-Problem" überwunden werden. Sofern dieser Einwand zutrifft, würde dies für das von *Sinn* (1997) formulierte Selektionsprinzip sprechen, wonach Regulierungswettbewerb (ebenso wie andere Formen des institutionellen Wettbewerbs) immer nur dann funktionsfähig sein kann, wenn die betreffenden Regulierungen normativ gar nicht begründbar sind; in unserem Beispiel dann, wenn die Qualitätsstandards erkennbar sind und somit auch privaten Zertfizierungsagenturen überlassen werden könnten. Sind Regulierungen hingegen wohlfahrtstheoretisch angezeigt, weil es ohne sie zu keinem funktionsfähigen Qualitätswettbewerb kommt, so muß auch der Regulierungswettbewerb zwischen Regierungen versagen. Damit das Selektionsprinzip anwendbar ist, müßten die Qualitätszertifikate private Agenturen allerdings vollständige Substitute für staatliche Regulierungen sein, was aus unterschiedlichen Gründen eher zweifelhaft sein dürfte. Insofern scheint es doch einen nicht ganz unerheblichen Spielraum für einen Wohlfahrt steigernden Regulierungswettbewerb zu geben. Man wird aber nicht umhinkommen, dies im Einzelfall zu entscheiden. Die insgesamt eher differenzierte Herangehensweise der EU im Zusammenhang mit dem Verbraucherschutzrecht ist insofern grundsätzlich vernünftig.

3.   Ein anderer Ansatz: *Yardstick Competition*

Der Begriff *yardstick competition* ist von *Shleifer* (1985) geprägt worden. *Yardstick competition* entsteht, wenn der Erfolg dezentraler Politiken hinreichend gut vergleichbar wird, so daß die Bürger ihr *Agency*-Problem gegenüber der Politik durch sinnvolle Politikvergleiche zwischen dezentralen Jurisdiktionen lindern können (*Bodenstein* und *Ursprung* 2005, S. 2). Etwas formaler kann man *yardstick competition* so ausdrücken: Die Wiederwahlwahrscheinlichkeit $\pi_R{}^i$ der verantwortlichen Politiker im Land i hängt von ihrer eigenen Leistung L^i im Verhältnis zur Leistung eines oder mehrerer Referenzländer L^r ab: $\pi_R{}^i = f(L^i/L^r)$ mit $f'(L^i/L^r) > 0$. Steigt die Leistung der Politik im Referenzland, so sinkt ceteris paribus die Wiederwahlwahrscheinlichkeit im eigenen Land. Steigt in-

des die Leistung der Politik im eigenen Land, so steigt ceteris paribus auch die Wiederwahlwahrscheinlichkeit.

In der ursprünglichen Version von *Shleifer* (1985) ging es bei *yardstick competition*
zunächst nicht um die Leistung der Politik, sondern um jene regulierter Unternehmen.
In diesem Sinne wird über *yardstick competition* auch weiterhin gearbeitet.[1] Seitdem
das Konzept in einem Papier von *Besley* und *Case* (1995) auf den politischen Sektor
übertragen wurde, hat dies auch in diesem Zusammenhang eine Flut von Veröffentlichungen ausgelöst. Der theoretische Zweig dieser Forschung basiert auf Modellen, in
denen der Wettbewerb die Aufgabe übernimmt, „gute" von „schlechten" Regierungen
zu unterscheiden. Als „gute" Regierungen sind dabei solche Regierungen definiert,
welche in ihrem Amt auf *Rent seeking*-Aktivitäten verzichten und allein den Nutzen der
Bürger maximieren. Als „schlechte" Regierungen sind dagegen solche Regierungen
definiert, die ihr Amt zusätzlich dazu nutzen, *Rent seeking*-Aktivitäten zu entfalten und
damit Einkommensströme zum eigenen Nutzen umzuverteilen. Der Aufbau der Modelle
ist typischerweise der folgende (*Belleflamme* und *Hindriks* 2002; *Rincke* 2005): Es gibt
zwei politische Programme Pr_H und Pr_L, welche mit unterschiedlichen Wahrscheinlichkeiten zu einem hohen Nutzen B_H für die Bevölkerung führen. Das Programm Pr_H wird
von der guten Regierung gewählt und führt mit der Wahrscheinlichkeit π_H zu dem
hohen Nutzen B_H und mit der Gegenwahrscheinlichkeit $1-\pi_H$ zu einem niedrigen Nutzenniveau B_L für die Bevölkerung. Das Programm Pr_L wird von der schlechten Regierung gewählt und führt mit der Wahrscheinlichkeit $\pi_L<\pi_H$ zu einem hohen Nutzen B_H für
die Bevölkerung, während es mit der Gegenwahrscheinlichkeit $1-\pi_H$ zu einem niedrigen
Nutzenniveau führt.

Das Konzept berücksichtigt also die Möglichkeit, daß eine gute Politik in einer von
stochastischen Schocks gekennzeichneten Welt nicht unbedingt auch immer und unmittelbar mit den bestmöglichen Ergebnissen verbunden ist. Die Beobachtung der Politik
erlaubt es den Bürgern aber mit Hilfe von bedingten Wahrscheinlichkeiten, in einem
perfekten *Bayes*'schen Gleichgewicht die „gute" von der „schlechten" Regierung zu
unterscheiden. An diesen Aufbau schließt sich eine Reihe von Fragen an. Unter anderem ist nicht klar, inwieweit die grundsätzliche Fähigkeit der Bevölkerung, den Charakter einer Regierung herauszufiltern, diese Regierung zu einer Anpassung ihres Verhaltens zwingt. *Besley* und *Smart* (2002) behaupteten hierzu, daß Regierungen dann zu
einer Verhaltensänderung gezwungen sind, wenn sie Aussicht auf Wiederwahl haben,
daß diesen wohlfahrtfördernden Effekten aber ein gegenläufiger „Letztrundeneffekt"
gegenüber steht, welcher wohlfahrtsenkend sein kann. Nach diesem Effekt werden die
„schlechten" Regierungen sich dann vollständig auf *Rent seeking* konzentrieren, wenn
sie keine Wiederwahl mehr erwarten können. Allerdings haben *Belleflamme* und
Hindriks (2002) gezeigt, daß dieser Letztrundeneffekt unabhängig von der Existenz von
yardstick competition entsteht und daß *yardstick competition* insofern keine uneindeuti-
gen Wohlfahrtseffekte zeitigt.

---

[1] Siehe hierzu etwa *Williamson* und *Toft* (2001); *Weyman-Jones* (2001); *Burns, Jenkins,
Milczarek* und *Riechmann* (2004).

Wenngleich die positiven Wohlfahrtseffekte insofern eindeutig sind, so darf dabei dennoch nicht vergessen werden, daß *yardstick competition* lediglich eines der Probleme öffentlicher Entscheidungen vermindert, und zwar das *Agency*-Problem. Die Interessen der Bürger werden enger mit dem tatsächlichen Verhalten der Politiker verknüpft. Andere typische *Public choice*-Probleme werden davon nicht berührt – beispielsweise nicht das Problem der Wahlzyklen und der Macht des Agenda-Setzers; ebenso unberührt bleibt die normalerweise auftretende Ineffizienz der Medianwählerentscheidung oder ganz allgemein das Problem der „Tyrannei der Mehrheit". Schließlich werden Probleme der Staatsverschuldung und die Neigung von Politikern, Lasten auf künftige Generationen zu verschieben, durch *yardstick competition* nicht verringert (*Besley* und *Case* 1995, S. 41). Unter Umständen werden sie durch die verschärfte Wiederwahlrestriktion sogar verstärkt. Insofern ist *yardstick competition* sicherlich kein Allheilmittel. Zumindest in den hier betrachteten Zusammenhängen gibt es aber kaum Anhaltspunkte dafür, daß *yardstick competition* selbst wohlfahrtsenkende Wirkungen zeitigt. Umgekehrt gibt es Anlaß zu der Vermutung, daß die Wohlfahrt dadurch verbessert wird.

Yardstick competition kann sich ebenso wie die „traditionelle" – also mobilitätsgetriebene – Form des institutionellen Wettbewerbs nur im Zusammenhang mit einer gewissen Dezentralität von (Wirtschafts-)Politik entfalten. Hierin liegt eine gewisse Parallele zwischen diesen beiden Formen des institutionellen Wettbewerbs. Außerdem können sich beide Formen des institutionellen Wettbewerbs durchaus gegenseitig ergänzen, oder sie können sich unter Umständen – wie noch zu sehen sein wird – auch gegenseitig ersetzen, wenn eine dieser Formen nicht oder nur unzureichend zum Zuge kommen sollte. Gleichwohl darf *yardstick competition* mit der mobilitätsgetriebenen Form des institutionellen Wettbewerbs nicht verwechselt werden, wie dies hier und da geschehen ist (siehe *Vaubel* 2000). Denn erstens sind – abgesehen von der Dezentralität – die treibenden Faktoren zwischen beiden Formen des institutionellen Wettbewerbs jeweils völlig andere, und zweitens sind auch die möglichen Wettbewerbsversagensprobleme jeweils sehr unterschiedlich. Diese beiden Unterschiede begründen nicht zu unterschätzende Chancen.

Die traditionelle Form des institutionellen Wettbewerbs beruht auf der Mobilität von Gütern, Dienstleistungen und Produktionsfaktoren; deshalb wird sie hier auch als die mobilitätsgetriebene Variante des institutionellen Wettbewerbs bezeichnet. Im Zusammenhang mit mobilitätsgetriebenem institutionellem Wettbewerb suchen mobile Produktionsfaktoren sich diejenigen Standorte aus, die ihr die größten Vorteile bieten. Eine Politik, die diesem Umstand nicht gerecht wird, muß mit der Abwanderung von Produktionsfaktoren rechnen. Im Gegensatz dazu beruht *yardstick competition* nicht auf Mobilität, sondern auf der Reaktion der Wähler auf eine vergleichsweise gute oder schlechte Politik. Zu Recht weist *Salmon* (2005) dem mobilitätsgetriebenen institutionellen Wettbewerb die *Exit*-Option im Sinne *Hirschmans* (1974) zu, während *yardstick competition* auf der *Voice*-Option beruht. Entsprechend lassen sich folgende Voraussetzungen identifizieren, die gegeben sein müssen, damit sich *yardstick competition* entfaltet:

– dezentrale Politik;

– freier Informationsfluß;

– öffentliche Kontrolle der Politik durch demokratische Verfahren;

– eine hinreichende Vergleichbarkeit von Politikoptionen, damit die Bürger ihre Maßstäbe (*yardsticks*) an die Politik der eigenen Regierung anlegen können.

Nicht notwendig sind dagegen folgende Faktoren, obwohl sie für den mobilitätsgetriebenen institutionellen Wettbewerb sogar konstituierend sind:

– Mobilität von Gütern, Dienstleistungen und/oder Produktionsfaktoren;

– ein bestimmtes Prinzip der Rechtsanwendung bei grenzüberschreitenden wirtschaftlichen Transaktionen, etwa das Herkunftslandprinzip oder das Bestimmungslandprinzip.

Beiden Formen des Wettbewerbs ist gleich, daß sie der Dezentralität bedürfen. Über dieses Erfordernis hinaus bedarf es bei *yardstick competition* aber einer öffentlichen Kontrolle der Politik. Insofern ist zumindest diese Form des institutionellen Wettbewerbs kein Ersatz für Demokratie. Sie verstärkt lediglich die Wirkung demokratischer Kontrolle. Dazu scheint sie allerdings in der Tat in der Lage zu sein, wie verschiedene Studien zeigen.[2] Hinzu kommt, daß *yardstick competition* auch unter verschiedenen theoretischen Szenarien Wirksamkeit zeigt (siehe hierzu u. a. *Wrede* 2001; *Nastassine* 2005, S. 51 ff.; *Rincke* 2005).

Wenngleich sich *yardstick competition* in einem gewissen Grad ohne weiteres Zutun – beispielsweise im Rahmen konstitutioneller Regelsetzung in einer Föderation – entfaltet, so kann die Intensität dieser Form des institutionellen Wettbewerbs doch durch entsprechende Regeln gezielt erhöht werden. Hierzu gehört neben der Verbesserung des Informationsflusses vor allem eine Reduktion der Komplexität von Politik. Diese kann es den Bürgern erleichtern, unterschiedliche (Regulierungs-)Politiken miteinander zu vergleichen. In diesem Sinne läßt sich auch die von der EU verfolgte Methode der offenen Koordinierung (MOK) interpretieren, die – zumindest wenn man sie einigermaßen wohlwollend interpretiert – darauf hinausläuft, die Politik der EU-Mitgliedstaaten einheitlichen und vergleichbaren Maßstäben zu unterwerfen. Auf dieser Basis können die Bürger die von „ihren" Politikern gewählten Politikoptionen besser miteinander vergleichen.

Die MOK definiert in der Regel Ziele der Wirtschafts- und Sozialpolitik, die operational und möglichst sogar quantifiziert sind. Sie überläßt es dann den Einzelstaaten, die für einen möglichst hohen Zielerreichungsgrad am besten geeigneten Instrumente auszusuchen. Die MOK ist zwar in der Regel rechtlich unverbindlich, übt aber durch ihre bloße Existenz einen nicht unerheblichen Druck auf die Politik in den Mitgliedstaaten aus.

Damit zeigt das Beispiel der MOK allerdings nicht nur die Chancen, sondern durchaus auch Gefahren auf, die mit einem Versuch der Intensivierung von *yardstick competition* verbunden sein können (*Eckardt* und *Kerber* 2004): Die Vereinheitlichung der Vergleichsmaßstäbe läuft auf eine Harmonisierung hinaus. Unterhalb dieser Harmonisierungsebene wird dadurch der Politikvergleich erleichtert. Auf der Harmonisierungsebene selbst allerdings wird jeglicher institutionelle Wettbewerb ausgeschaltet.

---

[2] Siehe: *Ashworth* und *Heyndels* (1997); *Büttner* (2003); *Bordignon, Cerniglia* und *Revelli* (2002); *Schaltegger* und *Küttel* (2002).

Die MOK erscheint daher je nach dem Blickwinkel des Betrachters entweder als ein Instrument zur Intensivierung des institutionellen Wettbewerbs in der Form von *yardstick competition* oder auch als ein Instrument zur vollständigen Ausschaltung jeglichen institutionellen Wettbewerbs. Da jeder Versuch der Intensivierung von *yardstick competition* letztendlich auf eine Standardisierung der Maßstäbe hinausläuft, scheint hierin ein genereller Zielkonflikt zu liegen, dem eine Politik zur Förderung von *yardstick competition* unterliegt. Der bloße Verzicht auf solche Ansätze zur Intensivierung von *yardstick competition* hilft dabei keineswegs weiter. Denn einerseits wird damit die Gefahr wettbewerbsbehindernder Standardisierungen von vornherein ausgeschaltet. Auf der anderen Seite aber vergibt man damit auch die Chance, den Bürgern die Vergleichbarkeit der Politik zu erleichtern und damit ihre *Agency*-Probleme gegenüber der Politik zu lindern. Wie so oft, so ist auch hier eine reine Grundsatzentscheidung offensichtlich nicht zielführend.

Weil die Voraussetzungen für den mobilitätsgetriebenen institutionellen Wettbewerb einerseits und für *yardstick competition* andererseits unterschiedlich sind, ist auch die Bedeutung fehlender Voraussetzungen jeweils eine andere. So gilt für den mobilitätsgetriebenen institutionellen Wettbewerb, daß die Einführung eines bestimmten Prinzips der Rechtsanwendung darüber entscheidet, ob überhaupt Wettbewerb entsteht. Im Verbraucherschutz heißt dies beispielsweise: Wenn das Bestimmungslandprinzip angewendet wird, so ist der Wettbewerb ausgeschaltet. Die Verbraucher haben dann keine Wahlmöglichkeit mehr, zumindest, solange sie auf den Kauf ihrer Güter und Dienstleistungen am Wohnort angewiesen sind. Ähnlich sieht es beim Wohnsitzlandprinzip im Falle des Kapitalsteuerwettbewerbs aus. Sofern das Wohnsitzlandprinzip wirksam angewendet wird, ist der Wettbewerb ausgeschaltet, zumindest, solange die Haushaltsmobilität gering bleibt.

Im Falle des mobilitätsgetriebenen Regulierungswettbewerbs spielt es also keine Rolle, ob ein Prinzip der Rechtsanwendung gewählt wird, welches den Wettbewerb ausschaltet, oder ob man gleich zur Zentralisierung greift. Die Wirkung ist die gleiche. Das sieht im Falle von *yardstick competition* anders aus. Hier ist das Prinzip der Rechtsanwendung sogar irrelevant; was zählt sind allein Dezentralität und Demokratie. Daraus ergeben sich durchaus Chancen. Denn wenn es im Einzelfall in der Tat zu adversen Effekten in einem mobilitätsgetriebenen Regulierungswettbewerb kommt und wenn die damit verbundenen Wohlfahrtsverluste so groß werden, daß man sich auf einer konstitutionellen Ebene gegen den mobilitätsgetriebenen Regulierungswettbewerb entscheidet, so bedeutet dies nicht, daß man deshalb auf jeglichen institutionellen Wettbewerb verzichten muß. Entscheidet man sich für die Anwendung des Bestimmungslandprinzips, um den mobilitätsgetriebenen Wettbewerb auszuschalten, so bleibt *yardstick competition* durchaus bestehen. Entscheidet man sich dagegen für eine Zentralisierung, so wird auch diese Form von institutionellem Wettbewerb ausgeschaltet. Sofern es hierzu keine eigenständige Begründung gibt, handelte es sich bei Gültigkeit des Subsidiaritätsprinzips folglich um eine klare Fehlentscheidung.

Daraus folgt, daß man mit Entscheidungen über eine Zentralisierung von Regulierungspolitik auch dann noch vorsichtig umgehen sollte, wenn man sich von einem mobilitätsgetriebenen Regulierungswettbewerb wenig verspricht oder sogar gravierende

Probleme befürchten muß. Ganz allgemein kann sogar festgehalten werden, daß die vielen und sehr kontrovers geführten Probleme des Wettbewerbsversagens für *yardstick competition* schlicht nicht relevant sind. Das einzige wirkliche Problem, welches im Falle von *yardstick competition* zu befürchten ist, hängt mit den politischen Vorabharmonisierungen vom Typ der MOK zusammen.

4. Fazit

Die Wirkungen von Regulierungswettbewerb sind ökonomisch ausgesprochen vielschichtig und schwer einzuschätzen. In diesem Beitrag wurden zwei Typen von Regulierungswettbewerb diskutiert: der mobilitätsgetriebene Regulierungswettbewerb und *yardstick competition*. Der mobilitätsgetriebene Regulierungswettbewerb ist solange strikt wohlfahrtverbessernd, wie staatliche Regulierungsstandards für beide Marktseiten gleichermaßen erkennbar sind. Denn dann können sich alle Marktakteure unabhängig von ihrem Standort jene Regulierungsregimes aussuchen, die ihren Präferenzen entsprechen. Kann eine Marktseite diese Standards indes nicht oder nicht hinreichend einschätzen, so kommt es immer zu Ineffizienzen. Die Höhe dieser Ineffizienzen hängt von der Marktstruktur ab. Gibt es ein Land mit einem sehr großen Konsumanteil, so bleiben die Verluste vergleichsweise gering. Ist die „Kleine-Land-Annahme" allerdings eine gute Approximation der Wirklichkeit, so werden die Regulierungen vollkommen wirkungslos. Sind die Regulierungen ökonomisch angezeigt, so zieht diese Wirkungslosigkeit entsprechend hohe Wohlfahrtsverluste nach sich.

Für *yardstick competition* gilt, daß diese Form des institutionellen Wettbewerbs grundsätzlich nicht mit Wettbewerbsversagensproblemen behaftet ist. Hinzu kommt, daß *yardstick competition* sich auch dann noch entfachen läßt, wenn der mobilitätsgetriebene Regulierungswettbewerb durch Anwendung eines entsprechenden Prinzips der Rechtsanwendung ausgeschaltet ist. Denn *yardstick competition* entsteht unabhängig von diesen Prinzipien, solange die Politik nur hinreichend dezentralisiert ist und die Bürger die Möglichkeit haben, Politikprogramme und ihre Erfolge zwischen verschiedenen Regionen oder Staaten zu vergleichen. Hierzu kann die Politik selbst Hilfestellungen leisten, indem sie Maßstäbe zum Vergleich von Politik anbietet. Sie kann hiermit allerdings selbst wieder wettbewerbshemmend wirken, wenn sie mit Hilfe dieser Maßstäbe auf einer Meta-Ebene eine Harmonisierung betreibt, welche dann selbst keinerlei Wettbewerb mehr unterliegt. Bürger und Politikbeobachter sind immer gut beraten, wenn sie zentralen Institutionen in dieser Hinsicht mit einer gehörigen Portion Mißtrauen begegnen. Dies gilt erst recht für zentrale Institutionen wie jene der EU-Kommission, welche demokratisch nur sehr bedingt legitimiert ist und welche überdies nur einer sehr begrenzten öffentlichen Kontrolle unterliegt.

Literatur

Akerlof, George A. (1970), The Market for „Lemons": Quality Uncertainty and the Market Mechanism, in: Quarterly Journal of Economics, Bd. 84, S. 488-500.

Apolte, Thomas (2002), Regulatory Competition For Quality Standards: Competition of Laxity?, in: Atlantic Economic Journal, Bd. 30, S. 389-402.

Apolte, Thomas (2004), Die eigentümliche Diskussion um Zentralisierung und Dezentralisierung in der Europapolitik, in: Perspektiven der Wirtschaftspolitik, Bd. 3 , S. 271-291.

Apolte, Thomas und *Martin Kessler* (1990), Regulierung und Deregulierung als wirtschaftspolitische Aufgabe in alternativen Wirtschaftssystemen, in: *Thomas Apolte* und *Martin Kessler* (Hg.), Regulierung und Deregulierung im Systemvergleich, Heidelberg, S. 3-24.

Ashworth, John und *Bruno Heyndels* (1997), Politician's Preferences on Local Tax Rates: An Empirical Analysis, in: European Journal of Political Economy, Bd. 13, S. 479-502.

Baumol, William J., John C. Panzar und *Robert D. Willig* (1982), Contestable Markets and the Theory of Industry Structure, San Diego.

Belleflamme, Paul und *Jean Hindriks* (2002), Yardstick Competition and Political Agency Problems, CORE Discussion Paper 2002/29, Université Catholique de Louvain.

Besley, Timothy und *Anne Case* (1995), Incumbent Behavior: Vote-Seeking, Tax-Setting, and Yardstick Competition, in: American Economic Review, Bd. 85, S. 25-45.

Besley, Timothy und *Michael Smart* (2002), Does Tax Competition Raise Voter Welfare?, CEPR Discussion Paper 3131, London.

Bodenstein, Martin und *Heinrich W. Ursprung* (2005), Political Yardstick Competition, Economic Integration, and Constitutional Choice in a Federation, in: Public Choice 124, S. 329-352.

Bordignon, Massimo, Florina Cerniglia und *Federico Revelli* (2002), In Search of Yardstick Competition: Property Tax Rates and Electoral Behavior in Italian Cities, CESifo Working Paper 644, München.

Büttner, Thiess (2003), Tax Base Effects and Fiscal Externalities of Local Capital Taxation: Evidence from a Panel of German Jurisdictions, in: Journal of Urban Economics, Bd. 54, S. 110-128.

Burns, Phil, Cloda Jenkins, Janine Milczarek und *Christoph Riechmann* (2004), Yardstick Competition – A Win-win Setting?, in: Frontier Economics, October 2004.

Cassel, Dieter (1989), Schattenwirtschaft und Deregulierung, in: *Hellmuth St. Seidenfus* (Hg.), Deregulierung: Eine Herausforderung an die Wirtschafts- und Sozialpolitik in der Marktwirtschaft, Berlin, S. 37-90.

Eckardt, Martina und *Wolfgang Kerber* (2004), Yardstick Competition und Lernen in der Wirtschaftspolitik – eine kritische Analyse der Offenen Methode der Koordinierung der EU, in: *Wolf Schäfer* (Hg.), Institutionelle Grundlagen effizienter Wirtschaftspolitik, Berlin, S. 121-166.

Hirschman, Albert O. (1974), Abwanderung und Widerspruch, Tübingen.

Knieps, Günter (2006), Aktuelle Vorschläge zur Preisregulierung natürlicher Monopole, in: *Karl-Hans Hartwig* und *Andreas Knorr* (Hg.), Neuere Entwicklungen in der Infrastrukturpolitik, Göttingen, S. 305-320.

Kreps, David M. und *Robert Wilson* (1982), Reputation and Imperfect Information, in: Journal of Economic Theory, Bd. 27, S. 253-279.

Nastassine, Stanislav (2005), Fiscal Federalism, Citizen-Candidate Mobility and Political Competition, Dissertation, Universität Konstanz.

Oates, Wallace (1972), Fiscal Federalism, New York.

Rincke, Johannes (2005), Yardstick Competition and Policy Innovation, ZEW Discussion Paper 05-11.

Salmon, Pierre (2005), Political Yardstick Competition and Corporate Governance in the European Union, European Corporate Governance Institute (ecgi), Law Working Paper 38/2005.

Schaltegger, Christoph und *Dominique Küttel* (2002), Exit, Voice and Mimicking Behavior: Evidence from Swiss Cantons, in: Public Choice, Bd. 113, S. 1-23.

Shleifer, Andrej (1985), A Theory of Yardstick Competition, in: Rand Journal of Economics, Bd. 16, S. 319-327.

Sinn, Hans-Werner (1997), The Selection Principle and Market Failure in Systems Competition, in: Journal of Public Economics, Bd. 66, S. 247-274.

Shapiro, Carl (1983), Premiums for High Quality Products as Returns to Reputations, in: Quarterly Journal of Economics, Bd. 97, S. 659-679.

Spence, Michael (1976), Informational Aspects of Market Structure: An Introduction, in: Quarterly Journal of Economics, Bd. 90, S. 591-597.

Streit, Manfred E. (1996), Systemwettbewerb und Harmonisierung im europäischen Integrationsprozeß, in: *Dieter Cassel* (Hg.), Entstehung und Wettbewerb von Systemen, Berlin, S. 223-244.

Sun, Jean-May und *Jaques Pelkmans* (1995), Regulatory Competition in the Single Market, in: Journal of Common Market Studies, Bd. 33, S. 67-89.

Tiebout, Charles M. (1956), A Pure Theory of Local Expenditures, in: Journal of Political Economy, Bd. 64, S. 416-424.

Vaubel, Roland (2000), Die Ökonomische Konstitution eines föderalen Systems, in: ORDO, Bd. 51, S. 485-491.

Welfens, Paul J.J. (2006), Liberalisierung der Strom- und Gaswirtschaft in der EU, in: *Karl-Hans Hartwig* und *A. Knorr* (Hg.), Neuere Entwicklungen in der Infrastrukturpolitik, Göttingen, S. 125-154.

Weyman-Jones, Thomas (2001), Stochastic Non-Parametric Efficiency Measurement and Yardstick Competition in Electricity Regulation, mimeo, Loughborough University, Leicestershire UK.

Williamson, Brian und *Susanne Toft* (2001), The Appropriate Role of Yardstick Methods in Regulation, mimeo, National Economic Research Associates.

Woolcock, Stephen (1994), The Single European Market: Centralization or Competition Among National Rules? Royal Institute of International Affairs, London.

Wrede, Matthias (2001), Yardstick Competition to Tame the Leviathan, in: European Journal of Political Economy, Bd. 17, S. 705-721.

Klaus Heine und Wolfgang Kerber (Hg.),
Zentralität und Dezentralität von Regulierung in Europa
Schriften zu Ordnungsfragen der Wirtschaft · Band 83 · Stuttgart · 2007

Die Grundsätze der Subsidiarität und Verhältnismäßigkeit: Wirksame Kompetenzschranken der Europäischen Union?

Martin Leschke und Markus Möstl

Inhalt

1. Einleitung

Der Vertrag über die Europäische Verfassung befindet sich im Ratifizierungsprozeß. Nach dem „Nein" der Franzosen und Niederländer dürfte er in seiner jetzigen Form jedoch nicht in Kraft treten. Bis Alternativen zu dem derzeitigen Verfassungsvertrag erarbeitet werden, vergehen vermutlich noch Jahre. Gerade diese Zeit kann und muß genutzt werden, Schwächen des derzeitigen Rechts und des Vertragswerks neu auszuloten, um Verbesserungsvorschläge zu unterbreiten.

Die Bürger in den EU-Mitgliedstaaten werden insbesondere von der Sorge getragen, daß die EU-Organe immer mehr Kompetenzen an sich reißen. Es wird allgemein befürchtet, daß Europa in vielen Bereichen eine Politik gegen die Interessen der Menschen macht – relativ ungezügelt und kaum wirksam kontrollierbar. Ob solche Befürchtungen bis zu einem gewissen Grad gerechtfertigt sind oder nicht, wird in diesem Beitrag untersucht. Konkret: Es werden die beiden Grundsätze der „Subsidiarität" und „Verhältnismäßigkeit" dahingehend analysiert, ob sie wirksame Kompetenzschranken gegen nicht legitimierbare Politikmaßnahmen und Zentralisierungstendenzen in Europa darstellen (können).

Die Vorgehensweise ist die Folgende: Im sich anschließenden Kapitel 2 wird die grundsätzliche Problemstellung dargelegt. Es werden die beiden Grundsätze der „Verhältnismäßigkeit" und „Subsidiarität" legitimiert, das heißt ihr Stellenwert wird aus Sicht der konstitutionellen Ökonomik und der Rechtswissenschaft erläutert. Sodann wird im dritten Abschnitt auf Probleme des Status quo eingegangen. Hier steht die Frage im Mittelpunkt, ob die Grundsätze der Subsidiarität und Verhältnismäßigkeit im geltenden Recht wirksame Schranken gegen unerwünschte Politikmaßnahmen, Zentralisierungstendenzen und Eingriffe in die Kompetenzen der Mitgliedstaaten darstellen. Anschließend wird im vierten Abschnitt dieselbe Fragestellung auf den Vertrag über die Europäische Verfassung angewendet und nach sinnvollen Reformoptionen gefragt: Wie können in Zukunft die Grundsätze der Subsidiarität und Verhältnismäßigkeit wirksamer verankert werden, so daß sie tatsächlich effiziente Schutzmechanismen gegen unerwünschte Politikmaßnahmen und Zentralisierungstendenzen in Europa darstellen. Der Beitrag endet mit einer Zusammenfassung.

2. Die Grundsätze der Subsidiarität und Verhältnismäßigkeit aus Sicht der konstitutionellen Ökonomik und des Verfassungsrechts

2.1. Die Sicht der konstitutionellen Ökonomik

Moderne Gesellschaften sind ohne weitreichende Entscheidungen der öffentlichen Hand nicht vorstellbar. Bereits die Etablierung einer funktionierenden Markt- oder Wettbewerbsordnung ist eine Staatsaufgabe; denn die Festlegung und Weiterentwicklung der grundlegenden Eigentumsrechte und Wettbewerbsregeln können private Akteure nicht übernehmen.[1] Weiterhin muß der Staat diejenigen Kollektivgüter bereitstellen, bei denen ein Ausschluß von nicht zahlenden Nutzern zu vertretbaren Kosten aus technischen Gründen oder Effizienzgründen nicht möglich erscheint. Neben diesen grundlegenden Feldern staatlicher Tätigkeit kann es erwünscht sein, daß der Staat auch Aufgaben in den Bereichen der sozialen Sicherung und makroökonomischen Stabilisierung übernimmt. *Wie* sollen nun aber kollektive Entscheidungen getroffen werden?

Bei der Suche nach einer Antwort helfen grundsätzliche Überlegungen von *Buchanan* und *Tullock* (1962) weiter: Würde einstimmig über alle staatlichen Handlungen abgestimmt, so wäre ohne Zweifel gewährleistet, daß kein Individuum überstimmt werden könnte. Das Vetorecht eines jeden einzelnen verhindert jedwede denkbare Diskriminierungen (allerdings nur bezüglich der neu zu treffenden Entscheidung, Diskriminierungen im Status quo bleiben unberücksichtigt). Mit anderen Worten: Die Diskriminierungskosten sind Null. Wie sieht es nun aber mit den Entscheidungsfindungskosten aus? In großen Gesellschaften verursacht die Durchsetzung der Einstimmigkeitsregel natürlich exorbitant hohe Entscheidungsfindungskosten. Es erscheint undenkbar, daß sich Millionen von Bürgern auf eine bestimmte kollektive Maßnahme einigen, es wird immer abweichende Meinungen geben. Die Folge ist ein gesellschaftlicher Stillstand, der Status quo ist unabänderbar festgeschrieben. Es führt deshalb kein Weg daran vorbei: Man muß vom Konsens abweichen, um die Entscheidungsfindungskosten zu senken. Diese Kosten sind dann minimal, wenn nur noch „einer für alle" entscheidet. Je stärker jedoch vom Konsens als Entscheidungsregel abgewichen wird, desto höher sind die Diskriminierungskosten. Die Gefahr, daß die eigenen Präferenzen bei staatlichen Entscheidungen nur wenig oder gar nicht berücksichtigt werden, wächst. Zudem wachsen dann für diejenigen, die mit ihrer Entscheidung zum Zuge kommen, die Kosten der Durchsetzung. Es ist nämlich mit hohen Kosten verbunden, politische Maßnahmen gegenüber wenig überzeugten und damit wenig einsichtigen Bürgern durchzusetzen. Die Gesellschaftsmitglieder sehen sich also mit zwei gegeneinander laufenden Kostenarten, den Diskriminierungskosten und den Entscheidungsfindungskosten, konfrontiert, wobei in nicht-homogenen Großgesellschaften davon ausgegangen wird, daß beide Kostenarten überproportional fallen bzw. ansteigen.

Folgt man dieser Argumentation, erscheint es unmittelbar einleuchtend, daß moderne Gesellschaften aus Kostengründen gezwungen sind, weit vom Konsens abzurücken. Und das tun sie natürlich auch: Politische Vertreter werden in Zeitabständen von vier bis fünf Jahren vom Volk nach einer festgelegten Mehrheitsregel gewählt, wobei diese gewählten Politiker dann wiederum nach einer bestimmten Mehrheitsregel Entscheidungen treffen. Diese Form des Abweichens vom Konsens ist nach heutigem Kenntnisstand zwingend notwendig, um die Entscheidungsfindungskosten nicht unerträglich hoch werden zu lassen. Ohne Zweifel jedoch ist eine solche Abkehr vom Konsens mit sehr hohen Diskriminierungskosten verbunden. Somit stellt sich die Frage: Können die Diskriminierungskosten durch das Einziehen von Restriktionen, das heißt durch die Eta-

---

[1] Vgl. zu den grundlegenden Staatsaufgaben *Buchanan* (1984). Neben der Rechtssetzung werden weitere Staatsaufgaben auf der Basis der Marktversagenstheorie abgeleitet. Vgl. *Fritsch, Wein* und *Ewers* (2005).

blierung von Verfassungsschranken, gesenkt werden, ohne daß die Entscheidungsfindungskosten im gleichen Umfang ansteigen? Nach heutigem Wissen ist dies durch die Verankerung von grundlegenden Regeln und Prinzipien möglich:[2]

Die Gewährung individueller *Grundrechte* ist hier in Verbindung mit der Trennung der Staatsgewalt an erster Stelle zu nennen. Wirksam verankerte, vor einer unabhängigen Gerichtsbarkeit einklagbare Grundrechte schützen einmal einen Persönlichkeitsbereich, den der Mensch zu seiner individuellen Entfaltung benötigt, vor Eingriffen Dritter und damit auch des Staates. Zum zweiten schaffen sie die Möglichkeit, Kritik zu üben und ungeliebte Politiker abzuwählen (Voice) sowie gegebenenfalls auch die Gesellschaft zu verlassen (Exit).[3]

Neben den Grundrechten kommt dem *Gleichheitsgrundsatz* (principle of generality)[4] hinsichtlich des politischen Handelns eine zentrale Bedeutung zu. Er soll sicherstellen, daß willkürliche Diskriminierungen unterbleiben. Denn nach diesem Grundsatz sind Diskriminierungen nur dann zulässig (legitim), wenn sie notwendig erscheinen, um die Funktionsfähigkeit der gesellschaftlichen Ordnung spürbar zu erhöhen, das heißt den Bürgern mehr Chancen zu gewähren.

Ein weiteres zentrales Prinzip zur Gestaltung einer funktionsfähigen Ordnung, in der Diskriminierungen möglichst vermieden werden und die Politik dem Gemeinwohl dient, ist das *Subsidiaritätsprinzip*. Durch dieses Prinzip soll eine präferenzkonforme, effiziente Politik sichergestellt werden, indem eine Regel formuliert wird, *wann* (welche) staatliche(n) Stellen überhaupt tätig werden, das heißt Aufgaben übernehmen sollen. Auf diese Weise soll der Staat daran gehindert werden, immer mehr Kompetenzen ohne legitime Gründe an sich zu reißen. Wie läßt sich das Subsidiaritätsprinzip nun spezifizieren?

Die wohl bekanntesten Ausführungen stammen von *Papst Pius IX.* aus der Sozialenzyklika Quadragesimo von 1931:

„[Wie] dasjenige, was der Einzelmensch aus eigener Initiative leisten kann, ihm nicht entzogen und der Gesellschaftstätigkeit zugewiesen werden darf, so verstößt es gegen die Gerechtigkeit, das, was die kleineren und untergeordneten Gemeinwesen leisten können, für die weitere und übergeordnete Gemeinschaft in Anspruch zu nehmen."

Aus ökonomischer Sicht verstoßen nicht legitimierbare Staatsaufgaben, die besser auf einer unteren Ebene wahrgenommen werden können, nicht nur gegen Gerechtigkeitsvorstellungen, sondern auch gegen das Kriterium der Effizienz. Auf unterer Ebene ist nämlich in der Regel die Motivation größer, bestimmte Aufgaben durchzuführen, und es ist einfacher (kostengünstiger), Politiker zu kontrollieren. Darüber hinaus bestehen nicht selten auf unterer Ebene Informationsvorteile: Es ist leichter (kostengünstiger), sich über Präferenzen und Restriktionen (Kosten) zu informieren.

---

[2] Vgl. zu den folgenden Ausführungen *Erlei, Leschke* und *Sauerland* (1999, S. 424 ff.).

[3] Aus ökonomischer Sicht kann man die individuellen Grundrechte als bedingte Vetorechte bezeichnen, vgl. *Homann* (1988, S. 176).

[4] Vgl. zum „principle of generality" die Ausführungen von *Buchanan* und *Congleton* (1998).

Ein Gemeinwesen, das sich nach dem Subsidiaritätsprinzip organisiert, besitzt zudem stets den Vorteil, daß effektiver aus Fehlern gelernt werden kann, weil mehr parallel experimentiert wird. Verbände, Gemeinden, Regionen (in Deutschland Bundesländer) arbeiten stets an der Lösung ähnlicher Probleme. Deshalb kann man Vergleiche ziehen (das fällt auch unter den Begriff *„yardstick-competition"*[5]), und ggf. können Faktoren (Finanz-, Real- und Humankapital) dorthin wandern, wo ihnen die attraktivsten Möglichkeiten geboten werden (dieser Mechanismus fällt unter den Begriff „Standortwettbewerb" oder „Systemwettbewerb"[6]).

Grundsätzlich folgt aus dem Subsidiaritätsprinzip ein föderaler Staatsaufbau[7], der zu einem Wettbewerb unter Jurisdiktionen unterer Ebenen führt.[8] Ein solcher Wettbewerb zwischen bestimmten Einheiten kann nur dann als ein funktionsfähiger Leistungswettbewerb charakterisiert werden, wenn auch das *Äquivalenzprinzip* beachtet wird.[9] Dieses Prinzip bestimmt die Einheit von Handlung und Haftung. Das bedeutet: Entscheidungseinheiten, die Aufgaben übernehmen, müssen auch die Einnahmen- und Ausgabenkompetenzen besitzen, sonst werden Kosten sozialisiert und der Leistungswettbewerb kann nicht mehr funktionieren.

Ein weiteres Prinzip muß bei der Ergreifung bzw. Ausübung politischer Maßnahmen beachtet werden: das *Prinzip der Verhältnismäßigkeit.*[10] Geht man davon aus, daß bestimmte Entscheidungseinheiten nicht nur *ein* Instrument oder Mittel zur Lösung eines Problems einsetzen können, sondern zwischen konkurrierenden Mitteln wählen können, so sollte dasjenige Instrument ausgewählt werden, das hinsichtlich der Problemlösung effizient ist. Genauer formuliert, soll die Mittelwahl so erfolgen, daß

— das gewählte Instrument *geeignet* ist, das heißt daß ein richtungsmäßiger Zielbeitrag zu erwarten ist;

— das gewählte Instrument *effektiv* ist, das heißt einen befriedigenden Zielbeitrag erwarten läßt;

— das gewählte Instrument *angemessen* ist, das heißt im Vergleich zu anderen Instrumenten, die ähnlich geeignet und effektiv sind, weniger oder keine unerwünschten Wirkungen auf Dritte (sogenannte „externe Effekte") sowie weniger oder keine Eingriffe in die Rechte und Aufgaben unterer Ebenen erwarten läßt; hierbei muß letztlich auch der Status quo als Alternative – also gar keine neue Maßnahme zu ergreifen – mit in Betracht gezogen werden.

Hinter dem Verhältnismäßigkeitsprinzip steht also ökonomisch gesehen die Frage: Ist durch den Einsatz einer bestimmten Maßnahme gewährleistet, daß der Nutzen der

---

[5]   Vgl. grundlegend *Shleifer* (1985).

[6]   Vgl. umfassend *Pitsoulis* (2004).

[7]   … der natürlich nicht zwingend in ein mehrgliedriges System – Bund, Länder, Gemeinden – wie in Deutschland münden muß.

[8]   Vgl. zu den Vor- und Nachteilen (Kosten) eines föderalen Staatsaufbaus grundlegend *Sauerland* (1997).

[9]   Vgl. zum Äquivalenzprinzip grundlegend *Olson* (1969).

[10] Vgl. zu diesem Prinzip auch *Grossekettler* (2003, S. 627 ff.).

Zielrealisation in einem vernünftigen Verhältnis zu den mit dem Einsatz der Maßnahme verbundenen Kosten steht, und zwar im Vergleich zu dem Einsatz alternativer Maßnahmen (Opportunitätskostenminimum)?

Das Verhältnismäßigkeitsprinzip stellt aus ökonomischer Sicht mithin nichts anderes dar als das *Wirtschaftlichkeits-* oder *Effizienzprinzip:* Es wird gefordert, daß der Einsatz politischer Maßnahmen effizient zu erfolgen hat, unnötige Kosten jedweder Form sind zu vermeiden, damit das Gemeinwohl gefördert und nicht geschädigt wird. Im Grunde impliziert das Verhältnismäßigkeitsprinzip, daß für komplexere politische Entscheidungen (Gesetzgebungsakte) ex ante, das heißt vor einer wichtigen politischen Entscheidung, bereits eine *Gesetzesfolgenabschätzung* oder *Kosten-Nutzen-Analyse* durchgeführt wird ebenso wie nach dem In-Kraft-Treten der Maßnahme – also begleitend – in bestimmten Zeitabständen.[11] Eine analoge Prüfung kann nach Bedarf auch auf politische Ziele (z. B. wenn sie als strittig angesehen werden) angewendet werden. Hierzu muß man dann ein konsensuales Oberziel formulieren und prüfen, ob das betrachtete Unterziel, das ja jetzt nichts anderes als eine Maßnahme darstellt, den Verhältnismäßigkeitstest „übersteht".[12]

In welcher Beziehung stehen nun die beiden Grundsätze der Verhältnismäßigkeit und der Subsidiarität zueinander?

Intuitiv lautet die Antwort: Das Subsidiaritätsprinzip regelt, *ob* eine Kompetenz auf einer bestimmten Ebene angesiedelt ist, und das Verhältnismäßigkeitsprinzip regelt, *wie* Instrumente/Maßnahmen/Mittel von den einzelnen Entscheidungsebenen eingesetzt werden. Eine solche Antwort übersieht jedoch, daß bei konkurrierender Gesetzgebung keine eindeutige Kompetenzabgrenzung hinsichtlich bestimmter Aufgaben getroffen wurde, so daß bei der politischen Lösung bestimmter Probleme stets aufs Neue zu fragen ist: Welche Ebene erscheint mit welcher Maßnahme am besten geeignet? Zur Beantwortung dieser Frage muß man zwangsläufig wiederum auf eine Prüfung nach dem Verhältnismäßigkeitsprinzip zurückgreifen. Ähnlich verhält es sich, wenn man Kompetenzzuordnungen einer Prüfung unterzieht, das heißt untersucht, ob Kompetenzzuweisungen an bestimmte politische Ebenen im Lichte von Alternativen sinnvoll erscheinen. Auch hier kann die eigentliche Prüfung letztlich nur nach dem Verhältnismäßigkeitsgrundsatz erfolgen. In einem solchen Fall vergleicht man als alternative Maßnahmen verschiedene denkbare Kompetenzaufteilungen und wählt diejenige Zuordnung aus, die effizient erscheint, das heißt welche die beste nach dem o.g. Prüfschema des Grundsatzes der Verhältnismäßigkeit zu sein scheint.

Wichtig erscheint zudem, darauf hinzuweisen, daß eine Kompetenzaufteilung nach dem Subsidiaritäts- und Verhältnismäßigkeitsprinzip und ein Maßnahmeneinsatz nach dem Verhältnismäßigkeitsprinzip niemals als starr angesehen werden dürfen. Bei der Anwendung der beiden Prinzipien im Zeitablauf muß stets neues Wissen berücksichtigt werden. Dies kann – und wird in der Regel auch – zu neuen Bewertungen der Auftei-

---

[11] Wir werden in Abschnitt 4.2 auf diesen Punkt ausführlicher zurückkommen.

[12] Diesen „Trick", Ziele durch die Formulierung von höheren Zielen in Maßnahmen zu verwandeln und damit einer (relativ) wertfreien Effizienzanalyse zugänglich zu machen, verdanken wir *Homann* (1980).

lung der Kompetenzen und des Einsatzes bestimmter Maßnahmen führen, mit der Folge, daß sich die Ordnung und die Politik wandeln werden. Beides, ein zu starres Festschreiben von Kompetenzen und ein zu unreflektiertes Festhalten an altbewährten Maßnahmen führen unweigerlich dazu, daß Gemeinwohlziele verfehlt werden. Kompetenzzuordnungen und politische Maßnahmen müssen deshalb grundsätzlich wandelbar sein.

Damit dieser Prozeß einer prinzipiengeleiteten Kompetenzzuordnung bzw. Maßnahmenwahl zufriedenstellend funktionieren kann, bedarf es bestimmter Verfahren, die den politischen Akteuren Anreize geben, Entscheidungen im Sinne des Subsidiaritätsprinzips und des Prinzips der Verhältnismäßigkeit zu fällen. Wie fatal fehlkonzipierte Verfahren und Anreize eine Ordnungsidee aushöhlen können, sieht man am deutschen Föderalismus. Die Institution „Bundesrat" hat in Verbindung mit der Fülle zustimmungspflichtiger Gesetze dafür gesorgt, daß unsere Ordnung immer zentralistischer wurde und der Leistungswettbewerb zwischen den Bundesländern faktisch zum Erliegen gekommen ist. Doch wenden wir nun den Blick auf das Verfassungsrecht und fragen, wie dort die Grundsätze der Subsidiarität und Verhältnismäßigkeit zu verstehen sind.

2.2. Die Sicht des Verfassungsrechts

Die Grundsätze der Subsidiarität und der Verhältnismäßigkeit haben im nationalen und im europäischen Verfassungsrecht eine unterschiedlich weit reichende Anerkennung gefunden. Auch untereinander müssen sie nach Reichweite und Wirkkraft unterschieden werden.

Daß die Anerkennung des Subsidiaritäts- und des Verhältnismäßigkeitsprinzips als Kompetenzverteilungsmaßstab im Verhältnis verschiedener Kompetenzträger untereinander keineswegs selbstverständlich ist, macht ein Blick auf das deutsche Verfassungsrecht deutlich. Zwar ist das Verhältnismäßigkeitsprinzip, was das Verhältnis von Staat und Gesellschaft, von öffentlicher Gewalt und grundrechtlicher Freiheit angeht, ein ganz prominentes und klar konturiertes Verfassungsprinzip, ja geradezu ein Markenzeichen des deutschen Verfassungsrechts[13]; was dagegen das Verhältnis verschiedener Kompetenzträger innerhalb der staatlichen Sphäre anbelangt, wird es nicht oder allenfalls zögerlich angewandt[14]. Erst recht hat das Subsidiaritätsprinzip im deutschen Verfassungsrecht keine Anerkennung als eigenständiges Verfassungsprinzip gefunden[15], vielmehr hält die deutsche Bundesstaatslehre daran fest, daß sich die Kompetenzverteilung im Bundesstaat nicht schematisch und abschließend mit Hilfe rationalistisch-

---

[13] Vgl. *Dreier* (2004, Vorb., Rn. 145 f.) zur überragenden Bedeutung sowie zur Einigkeit über die grundlegenden dogmatischen Strukturen. Die Rechtsprechung des EuGH hat sich bei der Konturierung des Verhältnismäßigkeitsprinzips maßgeblich vom deutschen Verfassungsrecht inspirieren lassen, vgl. *Rengeling* und *Szczekalla* (2004, Rn. 538).

[14] Keine oder zögerliche Anwendung im Zusammenhang mit der Garantie der kommunalen Selbstverwaltung: BVerfGE 79/127/146 ff.; 91, 228/241 f.; anders nunmehr BVerfGE 103, 332/367. Keine Geltung im bundesstaatlichen Verhältnis zwischen Bund und Ländern: BVerfGE 81, 310/338.

[15] Vgl. *Badura* (2003, S. 108); *Lerche* (1964, S. 74 ff.); *Badura* (1993, S. 46) und (1999, S. 63).

funktionaler Kriterien wie dem der Subsidiarität erklären läßt, sondern auch von anderen Faktoren (geschichtliches Herkommen, ausgewogene Machtbalance) getragen ist[16]. Freilich wird niemand leugnen, daß das Subsidiaritätsprinzip ein wichtiges Leitbild einer gelungenen Kompetenzverteilung im Bundesstaat ist.[17] Verwirklicht wird es indes durch vielerlei spezielle Institute und Festlegungen der Kompetenzordnung des Grundgesetzes, in denen das Subsidiaritätsprinzip mehr oder weniger stark zum Vorschein kommt.[18] Sind diese speziellen Verteilungsregeln jedoch eingehalten, kann eine Kompetenzwahrnehmung des Bundes nicht mit dem Argument angegriffen werden, sie verstoße gegen ein hiervon gelöstes eigenständiges Subsidiaritätsprinzip, das die deutsche Verfassung in dieser Form nicht kennt.

So sehr das Subsidiaritätsprinzip als ein dem Bundesstaat immanentes Rechtsprinzip keineswegs selbstverständlich ist, so sehr kann andererseits kein Zweifel bestehen, daß es sich um ein Prinzip handelt, das für die Europäische Union angemessen und von zentraler Bedeutung erscheint.[19] Es ist nur folgerichtig, daß das Subsidiaritätsprinzip in Art. 5 Abs.2 EGV – zusammen mit dem Verhältnismäßigkeitsprinzip des Art. 5 Abs.3 EGV – zu einem zentralen Verfassungsprinzip der Europäischen Union[20] avanciert ist. Anders als im Bundesstaat, in dem die staatlichen Aufgaben gleichsam von Anfang an auf zwei staatliche Ebenen zu verteilen sind, ist die Europäische Union dadurch geprägt, daß im Ausgangspunkt die Allzuständigkeit allein bei den souveränen Mitgliedstaaten gelegen hat, die ihrerseits als „Herren der Verträge" die EU gegründet haben und ihr erst nach und nach diejenigen Aufgaben zur gemeinschaftlichen Erledigung übertragen haben, die die Leistungsfähigkeit des einzelnen Mitgliedstaates übersteigen und daher gemäß dem Willen der Mitgliedstaaten fortan auf europäischer Ebene wahrgenommen werden sollen. Der instrumentelle Charakter der EU, der Umstand also, daß die Mitgliedstaaten der EU begrenzte Aufgaben zu bestimmten Zwecken übertragen haben, die ihre eigenen Kräfte übersteigen, kennzeichnet den kompetenziellen Grundcharakter des europäischen Verfassungsrechts, der weitaus mehr als im Bundesstaat von einer Beschränkung auf das zur Zweckerreichung erforderliche Maß geprägt ist. Das Subsidiaritätsprinzip ist Ausfluß davon, daß die Kompetenzordnung der Union ganz von der ursprünglichen Allzuständigkeit der Mitgliedstaaten her zu denken ist. Auch das Verhältnismäßigkeitsprinzip erscheint als passendes Instrument der Kompetenzbegrenzung, weil jedes Ansichziehen von Kompetenzen durch die Union als eine Art Eingriff in eine ursprüngliche Kompetenz der Mitgliedstaaten angesehen werden kann.

Die interessanteste Frage aus verfassungsrechtlicher Sicht ist freilich – zumal wenn das Subsidiaritäts- und das Verhältnismäßigkeitsprinzip, wie im europäischen Recht, ausdrücklich nebeneinander als Verfassungsprinzipien der Kompetenzbegrenzung gewährleistet werden – wie sich diese beiden Prinzipien, die doch offensichtlich dasselbe

---

[16]   Vg. *Möstl* (2002a, S. 470 ff.) und (2003, S. 300 f.), jeweils mit weiteren Nachweisen.

[17]   Vg. *Oeter* (1998).

[18]   Z. B. Art. 72 Abs.2 GG, der seit BVerfGE 106, 62 deutlich schärfere, das Subsidiaritätsprinzip besser verwirklichende Konturen erhalten hat.

[19]   Siehe zum folgenden *Möstl* (2002a, S. 609 ff. mit weiteren Nachweisen).

[20]   Vg. *Oppermann* (2005, S. 81).

Ziel (kompetenzielle Schonung der kleineren Einheit) im Auge haben, voneinander unterscheiden, worin ihre je spezifische juristische Leistungskraft liegt. Die häufige Einlassung, die beiden Prinzipen stünden in einem Ergänzungsverhältnis[21], bleibt vage.

Der entscheidende Unterschied dürfte darin liegen, daß das Subsidiaritätsprinzip einen sehr umfassenden, offenen Effizienzvergleich verlangt, gerade dadurch aber juristisch schwer zu handhaben ist und nur begrenzte Rechtsfolgen hervorbringt, die allenfalls eine erste kompetenzielle Grobsteuerung zu leisten imstande sind, während das Verhältnismäßigkeitsprinzip durch eine engere, präzisere Fragestellung gekennzeichnet ist, die insbesondere den Effizienzvergleich in einer nur sehr eingeschränkten Form thematisiert, gerade dadurch aber juristisch faßbar wird und Rechtsfolgen hervorbringt, die eine weitaus genauere Feinsteuerung leisten.

Das Subsidiaritätsprinzip fragt in einer offenen, auf eine umfassende Folgenabschätzung hinauslaufenden Weise danach, auf welcher kompetenziellen Ebene eine Materie besser geregelt werden sollte und bestimmte Ziele besser erreicht werden können; grundsätzlich alle möglichen Belange, Vor- und Nachteile, Regelungsanlässe und -auswirkungen können und müssen in diesen Vergleich einbezogen werden.[22] Es liegt damit eine komplexe Abwägungssituation vor, die – wir kennen ähnliche Konstellationen etwa aus dem Planungsrecht[23] – vom Richter eigentlich allenfalls daraufhin überprüft werden kann, ob alle relevanten Belange bedacht und zu einem vertretbaren Ausgleich gebracht wurden, die er jedoch nicht wirklich in vollem Umfang nachvollziehen und durch eine eigene Wertung ersetzen kann. Hinzu kommt, daß die erforderliche Abwägung in einem Maße von politischen Prognosen, Einschätzungen und Prioritätensetzungen abhängt, daß ein Richter, soll er die Abwägung überprüfen, schnell an seine Funktionsgrenzen stößt. Es kann nicht verwundern, daß es – gerade auch im Kontext des Europarechts – die entscheidende und nach wie vor ungelöste verfassungsjuristische Fragestellung an das Subsidiaritätsprinzip ist, ob und in welchem Umfang dieses überhaupt justiziabel sein kann und nach welchen Maßstäben es ggf. zu überprüfen ist.[24]

Das Verhältnismäßigkeitsprinzip ist von einer engeren Fragestellung geprägt – im Gegenzug führt es zu konkreteren Ergebnissen. Freilich ist auch bei ihm keineswegs unstrittig, wie groß im Rahmen der Verhältnismäßigkeitskontrolle die politische Einschätzungsprärogative und – damit korrespondierend – die richterliche Prüfungsdichte (bloße Evidenzkontrolle, Vertretbarkeitskontrolle oder intensive inhaltliche Kontrolle) im einzelnen zu sein hat[25]; auch seine Handhabung ist also nicht ohne Probleme. Dennoch aber steht es völlig außer Streit, daß das Verhältnismäßigkeitsprinzip im Grund-

---

[21] Vgl. *Isensee* (2001, S. 376); *Streinz* (2003, Rn. 45); nach *Zuleeg* (2003, Rn. 37) ist das Verhältnismäßigkeitsprinzip eine Ausprägung des Subsidiaritätsgedankens.

[22] Vgl. die Formulierung des Art. 5 Abs.2 EGV. „...wegen ihres Umfangs oder ihrer Wirkungen besser auf Gemeinschaftsebene erreicht werden können".

[23] Siehe BVerwGE 34, 301/309.

[24] Vgl. zum Streitstand *Streinz* (2003, Rn. 6, 42 f.); nach *Zuleeg* (2003, Rn. 35); *Lienbacher* (2000, Rn. 2, 4, 25 ff.); *Callies* (1999, S. 297 ff.) und (2002, Rn. 60 ff.).

[25] Namentlich im Europarecht. So neigt der EuGH zu einer bloßen Evidenzkontrolle, zum Beispiel EuGH v. 14.12.2004 Rs. C-434/02, Rn. 46; kritisch hierzu: *Callies* (2002, Rn. 48, 68).

satz justiziabel ist[26]; auch existiert seit langem ein weithin konsentiertes und in der Praxis sowohl der nationalen wie der europäischen Gerichtsbarkeit bewährtes Prüfraster, das dem Verhältnismäßigkeitsprinzip ungleich klarere dogmatische Konturen verleiht, als dies beim Subsidiaritätsgrundsatz der Fall ist.[27] Im Ausgangspunkt geht es beim Verhältnismäßigkeitsprinzip nicht um einen freischwebenden Effizienzvergleich, sondern um die Frage der Eingriffsrechtfertigung. Läßt sich der mit einer Maßnahme bewirkte Eingriff – sei es ein Eingriff in Grundrechte des Bürgers oder – hier – ein Eingriff in Kompetenzen der unteren Ebene – durch hinreichende Ziele der Maßnahme rechtfertigen? Gibt es hinreichende Zwecke, die es als verhältnismäßig erscheinen lassen, daß die höhere Ebene Aufgaben der unteren Ebene an sich zieht? Es werden also nicht alle möglichen Nachteile der Maßnahme in einen umfassenden Effizienzvergleich eingestellt, vielmehr wird enger gefragt, ob ein bestimmter Nachteil, der Kompetenzverlust der unteren Ebene, durch hinreichende Gründe gerechtfertigt ist. Nachdem in einer Art Vorfrage die maßgeblichen Ziele der jeweiligen Maßnahme herausgearbeitet wurden und auf ihre grundsätzliche verfassungsrechtliche Legitimität überprüft wurden, kennt das Verhältnismäßigkeitsprinzip – das gilt für das nationale und das europäische Recht in weitgehend vergleichbarer Weise – drei konkrete Prüfschritte, die die Zweck-Mittel-Relation und damit die Effizienzfrage jeweils in einer ganz bestimmten – eingeschränkten – Weise thematisieren.[28]

In einem ersten Schritt wird die *Geeignetheit* der Maßnahme geprüft; sie ist schon dann gegeben, wenn die Maßnahme im Blick auf ihren Zweck überhaupt förderlich ist, das heißt einen richtungsmäßigen Zielbeitrag leistet; unerheblich ist es, wie gut sie dem Zweck dient und ob ein bestimmtes Niveau der Zielverwirklichung erreicht wird.

In einem zweiten Schritt geht es um die *Erforderlichkeit* der Maßnahme; hier wird ein Effizienzvergleich mit denkbaren Alternativen angestellt, dies jedoch in einem klar umrissenen, sehr reduzierten Sinn: Nicht erforderlich im Rechtssinne ist eine Maßnahme nur dann, wenn es ein milderes (hier also mit geringerem Kompetenzverlust einhergehendes) Mittel gibt, das den Zweck ebenso gut erreicht wie die in Aussicht genommene Maßnahme; auch Mittel, die erheblich milder sind, müssen nach dem Erforderlichkeitsprinzip nicht unbedingt ergriffen werden, wenn sie den Zweck auch nur geringfügig weniger wirksam erreichen als das in Aussicht genommene; eine umfassende ökonomische Effizienzprüfung – siehe Kapitel 2.1. – findet insoweit gerade *nicht* statt.

---

[26] So z. B. *Lienbacher* (2000, Rn. 36) – anders als zum Subsidiaritätsgrundsatz.

[27] Siehe sogleich.

[28] Vg. zum folgenden *Michael* (2001a, S. 149 f.) und (2001b, S. 656 ff.). Die drei aus dem deutschen Recht bekannten Prüfschritte sind auch in der Rechtsprechung des EuGH nachweisbar und so auch im Kontext des Europarechts weitgehend anerkannt (in grundrechtlichem Kontext: *Rengeling/Szczekalla* (2004, Rn. 440 ff.); *Kischel* (2000, S. 383 f., 401)). Dies gilt auch für das Verhältnismäßigkeitsprinzip in kompetenziellem Kontext, obwohl Art. 5 Abs.3 EGV nur die Erforderlichkeit, nicht aber die Angemessenheit ausdrücklich nennt, vgl. *Zuleeg* (2003, Rn. 38 ff.). Auf einem anderen Blatt steht, daß der EuGH häufig nicht alle Prüfschritte im einzelnen anspricht, das heißt keine vollständige Verhältnismäßigkeitsprüfung anstellt und sich gerade in kompetenziellem Kontext auf Fragen der Geeignetheit und Erforderlichkeit zu konzentrieren scheint, besonders auffallend z. B. in EuGH v. 14.12.2004 Rs. C-434/02, Rn. 45 f.

Der letzte Prüfschritt – *Angemessenheit, Zumutbarkeit oder Verhältnismäßigkeit im engeren Sinne* genannt – fragt schließlich danach, ob der Eingriff im Blick auf die Zwecke der Maßnahme aufs Ganze gesehen als angemessen oder zumutbar erscheint. Er trägt am ehesten den Charakter einer Gesamtabwägung von Nutzen und Nachteilen einer Maßnahme, genau betrachtet aber auch hier in einem nur eingeschränkten Sinn: Ein Vergleich mit alternativen Mitteln wird auf dieser Stufe nicht mehr angestellt, auch bleibt es dabei, daß *ein* Nachteil – der drohende Kompetenzverlust – auf der einen Seite mit den Zwecken und Vorteilen der Maßnahme auf der anderen Seite abgewogen wird. Die Struktur der Abwägung verbleibt damit im Schema eines „entweder-oder", des Überwiegens der einen oder der anderen Seite; nicht jedoch geht es – wie beim Subsidiaritätsprinzip – um eine komplexe Abwägung aller möglichen Vor- und Nachteile, die in ganz unterschiedlicher Weise zum Ausgleich gebracht werden können. Eine Optimierung aller denkbaren Zweck-Mittel-Relationen findet auch hier *nicht* statt.

Eng mit dem bis hierher Gesagten zusammen hängt derjenige Unterschied zwischen Subsidiaritäts- und Verhältnismäßigkeitsprinzip, der in der Literatur regelmäßig als der zentrale herausgestellt wird: Das Subsidiaritätsprinzip betrifft hiernach die Frage, ob die höhere Ebene überhaupt tätig werden darf (Ob-Frage), das Verhältnismäßigkeitsprinzip dagegen die Frage, wie, mit welchen Mitteln das Tätigwerden erfolgen soll („Wie"-Frage).[29] Die scharfkantige Unterscheidung zwischen „Ob" und „Wie" ist nach hier vertretener Ansicht im Ausgangspunkt weniger zwingend und sicher – siehe auch Kapitel 2.1. –, als bisweilen suggeriert wird. Warum soll das Subsidiaritätsprinzip allein auf die starre Alternative eines „entweder-oder" des Tätigwerdens auf der einen oder anderen Ebene fixiert sein und nicht auch die Dimension einer möglichsten Schonung der unteren Ebene bei der Wahl der Mittel einschließen?[30] Auch die Formulierung des Art. 5 Abs. 2 EGV „sofern und soweit" deutet darauf hin, daß die Frage der Reichweite und der Mittel nicht von vornherein ausgeklammert sein soll.[31] Umgekehrt ist beim Verhältnismäßigkeitsprinzip zu bedenken, daß dieses – auch wenn es unzweifelhaft ein Mittel, also das „Wie", an einem Zweck mißt – doch zumindest insofern auf das „Ob" durchschlagen kann, als je nach Fallgestaltung unter Umständen kein einziges Mittel gegeben sein kann, das im Blick auf den Zweck erforderlich und angemessen erscheint.[32]

Dennoch markieren das „Ob" und „Wie" einen wichtigen typischen Unterschied zwischen den beiden Grundsätzen. Schon allein wegen seiner inhaltlichen Unbestimmtheit wird das Subsidiaritätsprinzip – jedenfalls was die richterliche Prüfung angeht – kaum jemals justiziable Rechtsfolgen hervorbringen, die über die Frage des „Ob" hinausgehen und zwingende Schlüsse auf das „Wie" zulassen (bei Begründungspflichten der Gesetzgebungsorgane mag dies anders liegen und auch ein Eingehen auf Fragen des „Wie" unter Subsidiaritätsgründen verlangt werden können). Das Verhältnismäßig-

---

[29] Vg. *Streinz* (2003, Rn. 45); *Callies* (2002, Rn. 6, 17, 45); *Isensee* (2001, S. 376).

[30] So auch *Isensee* (2001, S. 377).

[31] So prüft der EuGH im Urteil v. 10.12. 2002, Rs. C-491/01, Rn. 184 ganz selbstverständlich auch die Regelungsdichte (also das „wie") anhand des Subsidiaritätsprinzips.

[32] Dies wird nach hier vertretener Ansicht bei *Callies* (1999, S. 120 f.) nicht hinreichend berücksichtigt.

keitsprinzip dagegen ist von vornherein ein Instrument, das ein konkretes Mittel, auch im Vergleich mit denkbaren Alternativen, an einem Zweck – wenn auch in nur beschränkter Weise – mißt und so auf das „Wie" zugeschnitten ist. Als solches kommt dem Verhältnismäßigkeitsprinzip gegenüber dem Subsidiaritätsgrundsatz ein bedeutender Mehrwert zu: Häufig nämlich ist es gegenüber der grobschlächtigen Alles-oder-nichts-Betrachtung des „Ob" die interessantere Frage, wie die Europäische Gemeinschaft tätig werden darf: Richtlinie statt Verordnung, Vollharmonisierung oder Mindeststandards, Rücksichtnahme auf nationale Besonderheiten etc. Doch diese Überlegungen leiten bereits über zum nächsten Schritt unserer Überlegungen, der Verankerung des Subsidiaritäts- und des Verhältnismäßigkeitsprinzips im geltenden Gemeinschaftsrecht.

3. Das geltende Gemeinschaftsrecht

Das Subsidiaritäts- und das Verhältnismäßigkeitsprinzip finden sich in Art. 5 Abs. 2 und 3 EG-Vertrag verankert. Art. 5 Abs. 2 konkretisiert das Subsidiaritätsprinzip:

> „In den Bereichen, die nicht in ihre ausschließliche Zuständigkeit fallen, wird die Gemeinschaft nach dem Subsidiaritätsprinzip nur tätig, sofern und soweit die Ziele der in Betracht gezogenen Maßnahmen auf Ebene der Mitgliedstaaten nicht ausreichend erreicht werden können und daher wegen ihres Umfangs oder ihrer Wirkungen besser auf Gemeinschaftsebene erreicht werden können."

Das Verhältnismäßigkeitsprinzip wird in Art. 5 Abs. 3 statuiert:

> „Die Maßnahmen der Gemeinschaft gehen nicht über das für die Erreichung der Ziele dieses Vertrags erforderliche Maß hinaus."

Beide Prinzipien sind sogenannte Kompetenzausübungsschranken, das heißt sie setzen jeweils bereits voraus, daß überhaupt eine Kompetenz gegeben ist, und bestimmen sodann, ob und in welchem Maße die Gemeinschaft von ihr Gebrauch machen kann.[33] Die logisch vorgelagerte Frage, ob die Gemeinschaft überhaupt über eine Kompetenz verfügt, bemißt sich nach dem Grundsatz der begrenzten Einzelermächtigung (Art. 5 Abs. 1 EG-Vertrag).

Nähere Konkretisierungen haben das Subsidiaritäts- und das Verhältnismäßigkeitsprinzip durch das mit dem Amsterdamer-Vertrag 1997 eingefügte Protokoll über die Anwendung der Grundsätze der Subsidiarität und der Verhältnismäßigkeit erfahren.[34] Hinsichtlich des *Subsidiaritätsprinzips* wird bekräftigt, daß dieses allein bei konkurrierenden, von vornherein jedoch nicht bei ausschließlichen Kompetenzen der Gemeinschaft Anwendung findet (Nr. 3). Klargestellt wird, daß das Negativ- und das Positivkriterium des Art. 5 Abs. 2 EG-Vertrag kumulativ zu prüfen sind; als Leitlinien der Prüfung werden u.a. die Fragen vorgestellt, inwieweit der betreffende Bereich transnationale Aspekte aufweist und Maßnahmen der Mitgliedstaaten zu Wettbewerbsverzerrungen oder Hemmnissen im Binnenmarkt führen (Nr. 5). Die Nr. 4 des Protokolls fordert, daß die Subsidiaritätsprüfung auf qualitativen oder – soweit möglich – auf quantitativen

---

[33] Vgl. *Zuleeg* (2003, Rn. 26).

[34] Das Protokoll ist gemäß Art. 311 EGV integraler Bestandteil des EG-Vertrages. Siehe auch Internetadresse http://www.politische-union.de/egv03/egv-p30.htm.

Kriterien beruhen muß. Wertvolle Konkretisierungen des *Verhältnismäßigkeitsprinzips* listen die Nr. 6 und 7 des Protokolls auf: So sei eine möglichst einfache Form zu wählen, die Richtlinie möglichst einer Verordnung sowie eine Rahmenrichtlinie einer detaillierten Regelung vorzuziehen, so sei möglichst viel Raum für nationale Entscheidungen zu lassen, die Tradition und Struktur der mitgliedstaatlichen Rechtssysteme möglichst zu schonen, Öffnungsklauseln für Alternativlösungen vorzusehen und auf einen möglichst geringen finanziellen oder Verwaltungsaufwand bei den Mitgliedstaaten zu achten (Nr. 9). Großen Raum nimmt schließlich ein Ansatz ein, der danach trachtet, die Beachtung des Subsidiaritätsprinzips durch *Verfahrensregeln* sicherzustellen (Nr. 4, Nr. 9 ff.).[35] So werden Rechtsetzungsvorschläge der Gemeinschaft im Hinblick auf das Subsidiaritäts- und das Verhältnismäßigkeitsprinzip einer ausdrücklichen Begründungspflicht unterworfen. Alle Gesetzgebungsorgane werden zur Prüfung der Prinzipien verpflichtet. Anhörungs- und Konsultationspflichten der Kommission komplettieren das Bild. Schließlich hat die Kommission jährlich einen Bericht über die Anwendung der Grundsätze des Art. 5 EG-Vertrags vorzulegen.[36]

Die zahlreichen Konkretisierungen des Subsidiaritätsprotokolls dürfen nicht darüber hinwegtäuschen, daß die Praxis der Handhabung der Grundsätze der Subsidiarität und der Verhältnismäßigkeit in vielem umstritten und problematisch bleibt:

Hinsichtlich des *Subsidiaritätsprinzips* ist bereits die Grundfrage seiner *Justiziabilität* noch immer nicht wirklich geklärt.[37] Einerseits hängt das Subsidiaritätsprinzip in einem Maße von politischen Wertungen sowie ökonomischen Kosten-Nutzen-Analysen ab, so daß es für eine einigermaßen verläßliche juristische Subsumtion kaum geeignet erscheint. Andererseits ist die Justiziabilität des Subsidiaritätsprinzips ein verfassungspolitisches Desiderat, weil jegliches föderative Gebilde – auch die EU – davon lebt, daß die Kompetenzmaßstäbe seiner Verfassung auch wirklich verläßlich eingehalten werden. Entsprechend weit gestreut sind die Ansichten der Literatur, die von der Einstufung des Subsidiaritätsprinzips als bloßer politischer Absichtserklärung bis hin zur Postulierung recht detaillierter Abwägungsregeln reichen. Überwiegend wird eine pragmatische Mittellinie eingenommen, die das Subsidiaritätsprinzip als prinzipiell justiziabel ansieht, zugleich aber der Politik große Einschätzungsspielräume zugesteht. Eine ähnliche Linie dürfte auch der EuGH verfolgen. Zum Subsidiaritätsprinzip gibt es bislang kaum verwertbare Rechtsprechungspraxis; in noch keinem einzigen Fall konnte das Subsidiaritätsprinzip mit Erfolg gerügt werden. Zwar scheint der EuGH das Subsidiaritätsprinzip als prinzipiell rügbar und justiziabel anzusehen; die Prüfung durch das Gericht bleibt jedoch formelhaft und hat bislang noch zu keinerlei prüffähigen Konkretisierungen des Subsidiaritätsprinzips geführt.[38] Nicht vollends geklärt ist auch der *Anwendungsbereich*

---

[35] Siehe dazu *Streinz* (2003, Rn. 42 ff.); *Callies* (2002, Rn. 58 ff.).

[36] Siehe z. B. 11. Bericht „Bessere Rechtsetzung, 2003" vom 12.12.03, KOM (2003) 770 endgültig.

[37] Vgl. *Streinz* (2003, Rn. 6, 40); *Lienbacher* (2000, Rn. 2, 4, 22, 25 ff.); *Zuleeg* (2003, Rn. 35); *Callies* (2002, Rn. 61 ff.); *Mager* (2003, S. 475).

[38] Siehe zur – dürftigen – Rechtsprechungspraxis des EuGH *Lienbacher* (2000, Rn. 29); *Zuleeg* (2003, Rn. 35); *Callies* (2002, Rn. 37); *Ritzer* und *Ruttloff* (2006, S. 126). Immerhin aus-

des Subsidiaritätsprinzips; insbesondere die Frage, welche Materien zum ausschließlichen (Subsidiaritätsprinzip findet keine Anwendung) und welche zum konkurrierenden (Subsidiaritätsprinzip findet Anwendung) Kompetenzbereich gehören, wird im Vertrag nicht eindeutig geregelt.[39] Eine offene Frage ist es schließlich, nach welchen *materiellen Kriterien* die Einhaltung des Subsidiaritätsprinzips gegebenenfalls zu prüfen wäre: Ein einigermaßen konsensfähiges Prüfraster (wie z. B. die 3-stufige Prüfung des Verhältnismäßigkeitsprinzips) ist bislang auch nicht im Entferntesten in Sicht.[40]

Anders als beim Subsidiaritätsprinzip sind Anwendungsbereich, Justiziabilität und Prüfraster des *Verhältnismäßigkeitsprinzips* im Grundsatz anerkannt und unumstritten. Dennoch kommt es auch bezüglich des Verhältnismäßigkeitsgrundsatzes zu Anwendungsproblemen: So neigt der EuGH zu einer unvollständigen Prüfung, die nicht immer alle drei Teilprinzipien des Verhältnismäßigkeitsgrundsatzes (Geeignetheit, Erforderlichkeit, Angemessenheit) im Einzelnen anspricht, sondern sich teilweise mit Geeignetheits- oder Erforderlichkeitserwägungen begnügt. Außerdem neigt er zu einer bloßen Evidenzkontrolle, während die Literatur zum Teil strenger eine Vertretbarkeits- bzw. eine intensivierte inhaltliche Prüfung fordert.[41]

Besondere Probleme bereitet die Anwendung des Subsidiaritäts- und des Verhältnismäßigkeitsprinzips in dem so praxisbedeutsamen Politikbereich des *Binnenmarkts*.[42] Die Gemeinschaftskompetenz „Binnenmarkt" ist keine gegenständlich umrissene, sondern eine finale Kompetenz der Gemeinschaft. Soweit für das Funktionieren des Binnenmarkts erforderlich und vom Binnenmarktziel gedeckt, erlaubt sie den Zugriff auf grundsätzlich jegliche bislang mitgliedstaatlich geregelte Sachmaterie; thematisch ist die Binnenmarktkompetenz also prinzipiell grenzenlos. Es liegt auf der Hand, daß die Kompetenzschranken der Subsidiarität und der Verhältnismäßigkeit gerade hier besonders wichtig wären. Gerade hier jedoch drohen sie in der bisherigen Praxis weitgehend leerzulaufen. So ist erstens noch nicht vollends geklärt, inwieweit das Subsidiaritätsprinzip überhaupt anwendbar ist; die europäischen Organe halten die Binnenmarktkompetenz für eine ausschließliche Kompetenz der Gemeinschaft (Folge: Unanwendbarkeit); die Mitgliedstaaten sind anderer Meinung; der EuGH hat nur eine partielle Klärung gebracht.[43] So fällt der beim Subsidiaritätsprinzip anzustellende Effizienzvergleich

---

drücklich geprüft wird das Subsidiaritätsprinzip in EuGH vom 10.12.02 Rs. C-491/01, Rdn. 173 ff.; ein konkretisierendes Prüfprogramm wird jedoch nicht entwickelt.

[39] Siehe *Callies* (2002, Rn. 18 ff., 24).

[40] Der EuGH hat bisher keine dogmatische Konkretisierung geleistet (siehe oben). Die Praxis der Kommission läßt kein klares Prüfraster erkennen, vgl. die Kritik des Subsidiaritätsberichts der Bundesregierung 2003, S. 14 (Subsidiaritätsbericht 2003, BRat-Drs 54/05 v. 18.1.05). Aber auch die von deutschen Stellen benutzten Prüfraster sind eher Checklisten als ein in sich geschlossenes Prüfprogramm (nach § 74 Abs. 1 GGO sind europäische Vorhaben anhand der in den Anlagen 9 und 10 aufgeführten Kriterien auf das Subsidiaritäts- und das Verhältnismäßigkeitsprinzip hin zu überprüfen). Siehe zum Meinungsstand der Literatur *Streinz* (2003, Rn. 36, 40); *Lienbacher* (2000, Rn. 23); *Callies* (2002, Rn. 35 ff., 59).

[41] Vgl. EuGH vom 14.12.04 Rs C-432/02, Rn. 45 f.; *Lienbacher* (2000, Rn. 39); *Rengelin* und *Szczekalla* (2004, Rn. 442); *Streinz* (2003, Rn. 52 f.); *Callies* (2002, Rn. 46, 48, 68).

[42] Siehe zur folgenden Problematik *Möstl* (2002b, S. 343 f. mit weiteren Nachweisen).

[43] Siehe EuGH v. 10.12.2002, Rs. C-491/01, Rn. 179 mit Anm. *Herr* (2005, S. 171 ff.).

zweitens typischerweise zugunsten der EG aus: Die Gemeinschaft ist regelmäßig in der Lage, mit ihren Harmonisierungsmaßnahmen das Binnenmarktziel (keine Handelshemmnisse, keine Wettbewerbsverzerrungen) sowie das jeweils verfolgte Sachziel der zu harmonisierenden Regelungen (Umweltschutz, Verbraucherschutz, Gesundheit etc.) spannungsfrei miteinander in Einklang zu bringen; die bisherigen unterschiedlichen Sachregelungen der Mitgliedstaaten führen dagegen regelmäßig zu Nachteilen für den Binnenmarkt; das Subsidiaritätsprinzip drängt insoweit geradezu nach Vollharmonisierung, anstatt ihr einen Riegel vorzuschieben. Helfen könnte drittens das Verhältnismäßigkeitsprinzip, jedenfalls dann, wenn man seinen Prüfauftrag eng und streng dahingehend formulierte, ob der mit der Harmonisierungsmaßnahme angestrebte Gewinn für den Binnenmarkt den damit verbundenen Eingriff in die Sachkompetenz der Mitgliedstaaten wirklich zu rechtfertigen vermag. Jedenfalls Konstellationen, in denen ein recht geringfügiger Gewinn für den Binnenmarkt mit einem großen Eingriff in die Sachkompetenzen der Mitgliedstaaten erkauft wird und letztlich mit Hilfe der Binnenmarktkompetenz im Schwerpunkt Sachpolitik zu Lasten der Mitgliedstaaten betrieben werden soll[44], könnte so wirksamer Einhalt geboten werden. Ob indes in der hier vorgeschlagenen Weise gefragt werden darf, ist strittig. Für den hier vorgeschlagenen Test, der allein den Gewinn für den Binnenmarkt als zur Rechtfertigung des Kompetenzzugriffs tauglich ansieht, spricht, daß im Rahmen des Politikfelds „Binnenmarkt" in der Tat allein das Binnenmarktziel die Kompetenz der Gemeinschaft zu erschließen vermag. Gleichwohl lehnt es die bisherige Praxis ab, den Kompetenzverlust der Mitgliedstaaten allein am Gewinn für den Binnenmarkt zu messen. Vielmehr wird weitaus unschärfer auf eine Gesamtschau aller möglichen Vorzüge einer Gemeinschaftsregelung sowohl in bezug auf den Binnenmarkt als auch auf die jeweils verfolgten Sachziele (Gesundheit, Verbraucherschutz etc.) abgestellt – ein Test, den die Gemeinschaft (nicht anders als beim Subsidiaritätsprinzip) nur gewinnen kann, da sie Binnenmarkt und Sachziel regelmäßig spannungsfreier miteinander in Einklang bringen kann als die einzelnen Mitgliedstaaten je auf sich allein gestellt, so daß das Verhältnismäßigkeitsprinzip keine effektive Begrenzungskraft zu entfalten in der Lage ist.[45]

Auch die bestehenden *Verfahrensvorkehrungen* (Begründungs-, Prüfpflichten etc.) zur Sicherung des Subsidiaritätsprinzips leiden an verschiedenen Mankos: Zu kritisieren ist insbesondere, daß bislang die nationalen Parlamente, also diejenigen Stellen, die von Kompetenzverlagerungen auf die EG besonders betroffen und daher am Subsidiaritätsprinzip besonders interessiert sind, im Subsidiaritätsverfahren außen vor bleiben und

---

[44] Z. B. die Tabakwerberichtlinie 98/43/EG vom 6.7.1998, aufgehoben durch Urteil des EuGH vom 5.10.2000 – Rs. C-376/09.

[45] Die Praxis stützt sich auf das Argument, die Binnenmarktkompetenz erschließe eine Sachkompetenz, so daß deswegen unweigerlich auch Sachziele von Bedeutung seien (vgl. Art. 95 Abs. 3 EG-Vertrag; siehe z. B. Schlußanträge des Generalanwalts *Fennelly* vom 15.6.2000 – Rs. C-376/98, Rn. 97, 149). Daß Binnenmarkt und Sachziele umfassend in einen Topf geworfen werden, ist auch Folge davon, daß das Verhältnismäßigkeitsprinzip häufig in einem Zug sowohl in kompetenzieller als auch grundrechtlicher Hinsicht geprüft wird (im Rahmen der Grundrechtsprüfung muß natürlich auch auf die Sachziele abgestellt werden).

[45] Siehe Fußnote 43.

keine eigenständige Rolle spielen.[46] Die bisherigen Pflichten der Begründung und Prüfung von Gesetzesvorlagen sind im wesentlichen nichts anderes als ein Stück Selbstkontrolle durch die europäischen Gesetzgebungsorgane, das heißt durch diejenigen Organe, die gerade an der Inanspruchnahme europäischer Kompetenzen interessiert sind.[47] Daß im Ministerrat die nationalen Regierungen vertreten sind, vermag dieses Manko nicht zu kompensieren: Die nationalen Regierungen haben ihre eigenen (vom Parlament unter Umständen verschiedenen) Interessen und sind bezüglich des Subsidiaritätsprinzips zweifelhafte Protagonisten. Häufig ist es für sie bequemer, Entscheidungen weit weg in Brüssel durchsetzen zu können (mit der Option, danach auf Brüssel schimpfen zu können) als zu Hause im eigenen Parlament und im kritischen Licht der Öffentlichkeit.

Eine *zusammenfassende Bewertung* des Status quo muß ambivalent ausfallen: Einerseits sind das Subsidiaritäts- und das Verhältnismäßigkeitsprinzip bislang zweifellos nicht zu schlagkräftigen Instrumenten justizieller Kontrolle durch den EuGH avanciert. Ihre juristischen Konturen bleiben unscharf, die Justiziabilität des Subsidiaritätsprinzips ist nicht wirklich geklärt, ihr Potential (zumal im Binnenmarktbereich) ist nicht voll ausgeschöpft.[48] Dennoch sind beide Prinzipien nach nahezu einhelliger Meinung nicht wirkungslos geblieben und haben ungeachtet aller Schwierigkeiten der Ex-post-Kontrolle durch den EuGH die Gesetzgebungspraxis der EU-Organe verbessert.[49] Grund hierfür dürften vor allem die verfahrensmäßigen Vorkehrungen (Begründungs-, Prüfpflichten etc.) sein, die die politischen Organe ex ante dazu zwingen, die politischen Prinzipien der Subsidiarität und der Verhältnismäßigkeit im Verfahren der Gesetzgebung auch wirklich zu beachten. Überhaupt scheint im Gedanken der Kompensation fehlender Justiziabilität durch Verfahren ein Schlüssel zur Effektivierung des Subsidiaritätsprinzips zu liegen. Je schwieriger sich die inhaltliche Ex-post-Kontrolle durch den Richter gestaltet, desto wichtiger ist es, kompensatorisch Verfahrensvorkehrungen vorzusehen, die sicherstellen, daß das Subsidiaritätsprinzip bereits von Anfang an (ex ante) durch die politischen Organe selbst hinreichend beachtet, das heißt im politischen Prozeß verwirklicht wird (Kompensation und Legitimation durch Verfahren).[50] Dieser Verfahrensgedanke ist weiter ausbaubar, die prozedurale Absicherung des Subsidiaritätsprinzips ist verbesserungsfähig: Großes Manko ist insbesondere die bislang fehlende unmittelbare Einschaltung der nationalen Parlamente. Es kann vor diesem Hintergrund nicht verwundern, wenn bereits die Erklärung zur Zukunft der Union der Schlußakte des Vertrags von Nizza, die den sogenannten Post-Nizza-Prozeß einleitete und letztlich zum Entwurf eines europäischen Verfassungsvertrags – unseres nächsten Untersuchungsge-

---

[46] Zu einer Beteilung kann es nach bisheriger Rechtslage allenfalls in mediatisierter Form dadurch kommen, daß das nationale Verfassungsrecht (z. B. Art. 23 GG) vorsieht, daß die Parlamente oder einzelne Kammern hiervon im Vorfeld der Abstimmung des Regierungsvertreters im Rat zu beteiligen sind.

[47] Kritisch hierzu *Koenig* und *Lorz* (2003), S. 168; *Mager* (2003), S. 475.

[48] Vgl. *Koenig* und *Lorz* (2003, S. 168); *Mager* (2003, S. 476).

[49] Positive Würdigungen sowohl im Subsidiaritätsbericht des Bundesfinanzministeriums 2003 S. 1, 15, 18 als auch im Bericht der Kommission „Bessere Rechtsetzung 2003", S. 35; siehe auch *Lienbacher* (2000, Rn. 5 f., 31).

[50] Vgl. *Callies* (2002, Rn. 58 ff.); *Mager* (2003, S. 482).

genstands – führte, eine genauere, dem Subsidiaritätsprinzip entsprechende Kompetenzverteilung forderte sowie eine Erörterung der Rolle der nationalen Parlamente in der Architektur Europas einforderte.[51]

4. Reformoptionen

4.1. Die Neuerungen des Verfassungsvertrags

Die Neuerungen, die der am 29.10.2004 in Rom unterzeichnete „Vertrag über eine Verfassung für Europa" (EVV) in bezug auf die Grundsätze der Subsidiarität und der Verhältnismäßigkeit mit sich bringt, gehen maßgeblich auf Vorarbeiten der im Rahmen des Verfassungskonvents eingesetzten Arbeitsgruppe „Subsidiaritätsprinzip" zurück.[52] Diese Arbeitsgruppe ließ sich insbesondere von folgenden Motiven leiten[53]: (i) Anwendung und Überwachung des Subsidiaritätsprinzips seien noch verbesserungsfähig; (ii) etwaige Verbesserungen dürften die Beschlußfassung jedoch nicht in die Länge ziehen, so daß die Schaffung und Einbeziehung neuer Organe eher skeptisch zu sehen sei; (iii) das Subsidiaritätsprinzip sei im wesentlichen politischer Natur, so daß einer politischen Ex-ante-Überwachung entscheidende Bedeutung zukomme, in die insbesondere auch die nationalen Parlamente einzubeziehen seien; (iv) die Ex-post-Kontrolle sei gerichtlicher Art und solle beim Gerichtshof verbleiben. Die Arbeitsgruppe legte Vorschläge vor, die in ihrer Grundtendenz zu Detailverbesserungen hinsichtlich der Justiziabilität des Subsidiaritätsprinzips führten, die Einführung eines politischen Frühwarnsystems unter Einschaltung der nationalen Parlamente vorsahen, zugleich aber von einer tendenziellen Vernachlässigung des wichtigen Verhältnismäßigkeitsprinzips geprägt waren.[54] Die Vorschläge mündeten schließlich in einen neu formulierten kompetenziellen Grundsatzartikel in Teil I des Verfassungsvertrags (Art. I-11); konkretisiert wird dieser durch ein neues Protokoll (Nr. 2) über die Anwendung der Grundsätze der Subsidiarität und der Verhältnismäßigkeit.[55]

Die entscheidende Neuerung des Verfassungsvertrags ist die Installierung eines *politischen Frühwarnsystems* unter Beteiligung der nationalen Parlamente (Art. I-11 Abs. 3 S. 3 EVV; Art. 6 f. Subsidiaritätsprotokoll). Der Grundgedanke einer Kompensation und Legitimation durch Verfahren bezüglich eines in hohem Maße politischen und ökonomischen und daher nur begrenzt justiziablen Prinzips wird durch dieses Frühwarnsystem konsequent fortgeführt. Zugleich wird das Manko beseitigt, daß die nationalen Parlamente in das Verfahren zur Überwachung des Subsidiaritätsprinzips bislang nicht unmittelbar eingeschaltet waren. Die in erster Linie Betroffenen und am Subsidiaritäts-

---

[51] Vgl. *Streinz* (2003, Rn. 44); *Ritzer* und *Ruttloff* (2006, S. 132 ff.).

[52] Vgl. zu den Neuerungen im Überblick: *Mager* (2003, S. 471 ff.); *Hofmann* (2005, S. 66 ff.); *Möstl* (2005, S. 92 ff.); *Streinz, Ohler* und *Herrmann* (2005, S. 51 ff., 71).

[53] Vgl. Abschlußbericht der Gruppe I „Subsidiaritätsprinzip" vom 23.9.2002 CONV 286/02; *Mager* (2003), S. 477.

[54] Vgl. *Streinz, Ohler* und *Herrmann* (2005, S. 71).

[55] Siehe auch die Internetseite: http://dokumentation.htu.tugraz.at/eu-recht/?dok=v-p02&rub=ver".

prinzip Interessierten werden so für seine Einhaltung prozedural in Dienst genommen. Das neue Subsidiaritätsverfahren läuft in seinen Grundzügen folgendermaßen ab:[56] Gesetzgebungsvorschläge namentlich der Kommission werden den Unionsorganen sowie den nationalen Parlamenten gleichzeitig zugeleitet (Art. 4 Subsidiaritätsprotokoll). Sie unterliegen einer in Art. 5 Subsidiaritätsprotokoll eingehend beschriebenen, verschärften Begründungslast im Hinblick auf die Grundsätze der Subsidiarität und Verhältnismäßigkeit. Die nationalen Parlamente (oder ihre Kammern) haben das Recht zu einer Art „Subsidiaritätseinspruch", das heißt sie können den Unionsorganen binnen sechs Wochen in einer begründeten Stellungnahme darlegen, weshalb der Entwurf ihres Erachtens nicht mit dem Subsidiaritätsprinzip vereinbar ist (Art. 6 Subsidiaritätsprotokoll). Die europäischen Organe haben die Einsprüche nationaler Parlamente in jedem Fall zu berücksichtigen; erreicht die Anzahl der Einsprüche mindestens ein Drittel der Gesamtzahl der Parlamente, so muß der Entwurf förmlich überprüft werden; der Beschluß, an dem Entwurf festzuhalten, ihn zu ändern oder ihn zurückzuziehen, muß gesondert begründet werden (Art. 7 Subsidiaritätsprotokoll). Der Natur eines „politischen Frühwarnsystems" entspricht es, daß die Subsidiaritätseinsprüche der nationalen Parlamente nur zu Über-prüfungs- und Begründungslasten auf Seiten der europäischen Organe führen, nicht aber zu strikten Rechtspflichten bezüglich der Änderung oder Rücknahme des Entwurfs. Andererseits bringen die nationalen Parlamente genügendes politisches Gewicht auf die Waagschale (insbesondere auch dadurch, daß ihr Einspruchsrecht durch ein Klagerecht sanktioniert wird), um die Prognose abgeben zu können, daß das Subsidiaritätsprinzip auf europäischer Ebene eher sorgfältiger als bislang beachtet werden dürfte.

Verschiedene Verbesserungen bringt der Verfassungsvertrag auch im Blick auf die *Justiziabilität des Subsidiaritätsprinzips* (Ex-post-Kontrolle). So wird die Justiziabilität des Subsidiaritätsprinzips dadurch ausdrücklich bekräftigt, daß in Art. 8 des Subsidiaritätsprotokolls nunmehr eine ausdrückliche Subsidiaritätsklage vor dem EuGH statuiert wird. Neu ist in diesem Zusammenhang auch, daß die mitgliedstaatliche Klage „im Namen" des nationalen Parlaments übermittelt werden kann, so daß dem nationalen Parlament eine Art unmittelbares Klagerecht vor dem EuGH zustehen kann.[57] Der oben dargestellte Subsidiaritätseinspruch wird durch dieses Klagerecht flankiert und gestärkt. Die Einrichtung einer ausdrücklichen Subsidiaritätsklage wird den Druck auf den EuGH erhöhen, das Subsidiaritätsprinzip auch wirklich effektiv zu kontrollieren (vgl. die Parallele zum deutschen Verfassungsrecht, wo die ausdrückliche Klarstellung der Justiziabilität des Art. 72 Abs. 2 GG durch eine eigene Antragsart vor dem BVerfG letztlich auch zu einer deutlichen Verschärfung der Rechtsprechung geführt hat).[58] Zugleich leistet der Verfassungsvertrag verschiedene kleinere inhaltliche Klarstellungen, die die Anwendung des Subsidiaritätsprinzips erleichtern werden. Namentlich der bislang um-

---

[56] Vgl. *Hofmann* (2005, S. 66 ff.); *Mager* (2003, S. 478), *Streinz, Ohler* und *Herrmann* (2005, S. 51).

[57] Vgl. *Streinz, Ohler* und *Herrmann* (2005, S. 52 f.), für Deutschland umgesetzt durch § 3 des Gesetzes über die Ausweitung und Stärkung der Rechte des Bundestages und des Bundesrates in Angelegenheiten der Europäischen Union.

[58] Vgl. *Koenig* und *Lorz* (2003, S. 171); zu Art. 72 Abs.2 GG: *Lechleitner* (2004, S. 746).

strittene Anwendungsbereich des Subsidiaritätsprinzips wird dadurch klargestellt, daß die ausschließlichen Kompetenzen zukünftig ausdrücklich aufgelistet werden und eine eindeutige Zuordnung des Binnenmarkts zur konkurrierenden Zuständigkeit vorgenommen wird.[59]

Gestärkt wird die Position der *Regionen und Kommunen*. War bislang streitig, inwieweit diese durch das Subsidiaritätsprinzip mitgeschützt sind, wird künftig klargestellt, daß der Effizienzvergleich beim Subsidiaritätsprinzip sich nicht allein auf die mitgliedstaatliche, sondern auch auf die regionale und die lokale Ebene der Mitgliedstaaten bezieht (Art. I-11 Abs. 3 EVV).[60] Den Regionen und Kommunen erwächst hieraus allerdings kein eigenständiges Klagerecht. Ein Klagerecht erhält indes der Ausschuß der Regionen, wovon die Regionen mittelbar profitieren (Art. 8 Abs. 2 Subsidiaritätsprotokoll). Wichtig ist schließlich, daß alle Befugnisse und Klagerechte des nationalen Parlaments nicht allein dem Parlament insgesamt oder seiner 1. Kammer, sondern ggf. auch einer 2. Kammer, in Deutschland also dem Bundesrat, zustehen.[61] Den im Bundesrat vertretenen Ländern erwächst dadurch hinsichtlich des Subsidiaritätseinspruchs sowie der Erhebung einer Subsidiaritätsklage ein wichtiges Mitwirkungsrecht.

Der Verfassungsvertrag ist, während er beim Subsidiaritätsprinzip zu substantiellen Neuerungen führt, von einer gewissen *Vernachlässigung des Verhältnismäßigkeitsprinzips* geprägt, obwohl das Verhältnismäßigkeitsprinzip doch das in vieler Hinsicht griffigere und effektivere Rechtsprinzip darstellt. Freilich bleibt das Verhältnismäßigkeitsprinzip in Art. I-11 Abs. 4 EVV weiterhin gewährleistet. Es fehlen jedoch die instruktiven inhaltlichen Präzisierungen der Nr. 6 und 7 des alten Subsidiaritätsprotokolls; das neue Subsidiaritätsprotokoll beschränkt sich ausschließlich auf prozedurale Festlegungen, enthält sich jedoch materieller Konkretisierungen (allenfalls die Präzisierungen zur Begründungspflicht in Art. 5 lassen gewisse Rückschlüsse auf den Inhalt des Verhältnismäßigkeitsprinzips zu). Dieses Manko wird allerdings dadurch kompensiert, daß Art. I-11 Abs. 4 EVV nunmehr klarstellt, daß die Maßnahmen der Union „inhaltlich wie formal" nicht über das erforderliche Maß hinausgehen dürften, was in kurzer und knapper Form das gleiche aussagt wie die wortreicheren Präzisierungen in Nr. 6 und 7 des alten Subsidiaritätsprotokolls, so daß insoweit kein materieller Rückschritt zu erwarten ist.

Das Hauptmanko des Verfassungsentwurfs liegt auf einer anderen Ebene: So beziehen sich die Zuleitungs- und Begründungspflichten der Art. 4 und 5 Subsidiaritätsprotokoll zwar noch auf alle Gesetzgebungsakte und ausdrücklich auf das Subsidiaritäts- *und* das Verhältnismäßigkeitsprinzip. Die entscheidenden Instrumente des Subsidiaritätseinspruchs sowie des Klagerechts (Art. 6 und 8 Subsidiaritätsprotokoll) dagegen betreffen, jedenfalls wenn man sie wörtlich versteht, ausschließlich das Subsidiaritäts-

---

[59] Vgl. zu den einzelnen Detailverbesserungen im Überblick: *Mager* (2003, S. 477 f.); *Weber* (2004, S. 849 f.); die Auflistung der ausschließlichen und konkurrierenden Kompetenzen findet sich in Art. I-13 f. EVV.

[60] Zur bisherigen Rechtslage vgl. *Badura* (2003), D 155.

[61] Vgl. *Hofmann* (2005, S. 66 ff.) zur bisherigen Rechtslage (ZEUBLG); *Mager* (2003, S. 476), zur neuen S. 481; die bislang gegebene Mediatisierung durch die Bundesregierung fällt weg.

prinzip (und damit auch ausschließlich Gesetzgebungsakte aus dem Bereich der konkurrierenden Zuständigkeit). Den nationalen Parlamenten bleibt es nach dieser Sichtweise verwehrt, ihren Subsidiaritätseinspruch auf eine Verletzung des Verhältnismäßigkeitsprinzips zu stützen oder gemäß Art. 8 Subsidiaritätsprotokoll eine Verhältnismäßigkeitsklage beim EuGH zu erheben (das Recht des Mitgliedstaates, Nichtigkeitsklagen auf eine Verletzung des Verhältnismäßigkeitsprinzips zu stützen, bleibt freilich unberührt). Die Hauptinstrumente des Subsidiaritätsprotokolls bleiben so in einer schwer nachvollziehbaren Weise allein auf das Subsidiaritätsprinzip beschränkt, während das inhaltlich in vielem präzisere und so größeren Schutz für die Mitgliedstaaten versprechende Verhältnismäßigkeitsprinzip prozedural außen vor bleibt. Das Subsidiaritätsprotokoll enthält so eine wichtige Schutzlücke, ganz abgesehen davon, daß es wenig Sinn macht, die inhaltlich kaum trennbaren Fragestellungen der Subsidiarität und der Verhältnismäßigkeit in dieser Weise auseinander zu reißen. Ob sich dieses Manko durch eine teleologische Auslegung hinweg interpretieren läßt, ist keineswegs sicher.[62]

4.2. Erforderliche Reformen über den Verfassungsvertrag hinaus

Fassen wir die Ergebnisse der bisherigen Analyse zusammen, so können folgende zentrale Punkte genannt werden:

– Das Subsidiaritätsprinzip und der Grundsatz der Verhältnismäßigkeit gehören hinsichtlich der Prüfung von Kompetenzzuordnungen sowie der Ergreifung politischer Maßnahmen in Europa untrennbar zusammen.

– Wenn der Frage nachgegangen wird, ob eine bestimmte Maßnahme zu stark in Rechte unterer Ebenen eingreift oder in einem zu großen Umfang Kompetenzen auf höhere Ebenen verlagert, kann dieses „Subsidiaritätsproblem" sowohl in einer ökonomisch befriedigenden als auch in einer juristisch handhabbaren Weise nur im Rahmen einer Verhältnismäßigkeitsprüfung entschieden werden, denn nur das Verhältnismäßigkeitsprinzip enthält operationale Kriterien, die aus ökonomischer und juristischer Sicht vernünftig erscheinen und anwendbar sind.

– Aus ökonomischer Sicht enthält der umfassender angelegte Grundsatz der Verhältnismäßigkeit stets Prüfungen der Geeignetheit, der Effektivität und der Angemessenheit; es handelt sich somit um eine umfassende Effizienzprüfung, die stets den Gedanken der Subsidiarität mit einschließt und mit prüft.

– Aus juristischer Sicht wird der Grundsatz der Verhältnismäßigkeit enger gefaßt und gilt als justiziables Prüfschema zur Ex-post-Kontrolle von politischen Maßnahmen. Hier werden die Geeignetheit, die Erforderlichkeit und die Angemessenheit von politischen Maßnahmen geprüft. Es handelt sich hierbei *nicht* um eine umfassende Kosten-Nutzen-Betrachtung wie bei der ökonomischen Auslegung des Grundsatzes, sondern es geht vor allem darum zu prüfen, ob die Maßnahme über Gebühr in Kompetenzen unterer Einheiten eingreift und ob ihr Zielbeitrag in einem angemessenen Verhältnis zu den Nachteilen für untere Einheiten steht.

---

[62] Zum Ganzen vgl. *Hofmann* (2005, S. 71 einerseits und 72 andererseits); *Streinz, Ohler* und *Herrmann* (2005, S. 71 und 52).

– Das Prinzip der Verhältnismäßigkeit – im juristischen Sinn – gilt als justiziabler als der Grundsatz der Subsidiarität. Er kann insofern, was den Schutz der kleineren Einheit anbelangt, als eine Art juristisch handhabbare Ausprägung und Realisierung des Subsidiaritätsgedankens angesehen werden; er gießt das Subsidiaritätsprinzip in die Gestalt eines juristisch prüffähigen Rechtsprinzips.

– Der rechtliche Status quo in Europa ist gekennzeichnet durch ein politisches Verfahren der Verhältnismäßigkeits- und Subsidiaritätskontrolle, das folgende zentrale Schwächen aufweist: Die nationalen Parlamente werden nicht in die Prüfung mit einbezogen, es wird nicht hinreichend klargestellt, in welchem Verhältnis die beiden Grundsätze zueinander stehen, ebenso bleibt die Einordnung der Binnenmarktkompetenzen ungeklärt. Folglich sind die unteren Ebenen, die ein vergleichsweise großes Interesse an der Wahrung der Subsidiarität und Verhältnismäßigkeit haben, relativ machtlos. Die Anreize sind im geltenden Recht falsch gesetzt.

– Der Verfassungsvertrag, der nach den gescheiterten Ratifizierungsversuchen sicherlich in seiner jetzigen Form nicht implementiert wird, verbessert das Verfahren der Überprüfung der Subsidiarität, indem die nationalen Parlamente in den Prozeß eingebunden werden. Auch erfolgen einige Klarstellungen bezüglich der Kompetenzabgrenzungen – insbesondere die Binnenmarkt-Kompetenzen der EU müssen nunmehr als konkurrierend zwischen EU-Ebene und den Mitgliedstaaten aufgefaßt werden. Damit erhöht sich der Anreiz auf der Ebene der Nationalstaaten deutlich, ernsthafte Subsidiaritätsprüfungen vorzunehmen.

– Der Verfassungsvertrag erkennt jedoch (auch) nicht, in welcher Beziehung die Grundsätze der Verhältnismäßigkeit und Subsidiarität stehen und nach welchen Kriterien die Subsidiarität geprüft werden soll. Zudem führt der Grundsatz der Verhältnismäßigkeit in dem „Protokoll über die Anwendung der Grundsätze der Subsidiarität und der Verhältnismäßigkeit" nur ein Schattendasein, der Stellenwert dieses Grundsatzes erscheint somit unklar. Dies kann dazu führen, daß die Diskussionen über die Subsidiarität im Einzelfall sehr emotional und wenig sachdienlich geführt werden, da eben nachvollziehbare Prüfkriterien fehlen.

Vor dem Hintergrund dieser Punkte bedarf es folgender Klärung: Wie sollen bzw. müssen in Zukunft die Grundsätze der Subsidiarität und Verhältnismäßigkeit verankert werden, so daß sie sowohl

– ex ante, das heißt vor bzw. während der Umsetzung politischer Maßnahmen, beachtet werden, als auch

– ex post justiziabel, das heißt einer richterlichen Kontrolle zugänglich, sind?

Hinsichtlich der Ex-ante-Kontrolle der Subsidiarität und Verhältnismäßigkeit befürworten wir die Einbeziehung der nationalstaatlichen Parlamente und auch des Ausschusses der Regionen in den Prüfprozeß (wie im Verfassungsvertrag dargelegt); denn dadurch verbessern sich die Anreize, Subsidiaritätsverletzungen sorgfältig zu prüfen und dagegen vorzugehen. Allerdings müssen die Kriterien der Prüfung deutlich geschärft werden, um unproduktive Diskurse zu vermeiden und eine sachdienliche Diskussion zu fördern. Hierzu bietet es sich an, im Protokoll über die Anwendung der Grundsätze der Subsidiarität und der Verhältnismäßigkeit festzulegen, daß alle Gesetze und Vertragsänderungen stets nach dem Grundsatz der Verhältnismäßigkeit (im weiteren ökonomischen Sinn) zu prüfen sind. Eine solche Effizienzprüfung enthält automatisch auch eine Subsidiaritätsprüfung, sofern Länderkompetenzen oder Kompetenzen von Regionen tangiert werden. Die Prüfschritte selbst sollten an das Verfahren der Gesetzesfolgenabschätzung angelehnt werden.[63]

Bei der Gesetzesfolgenabschätzung (GFA) handelt es sich um eine produktive Selbstbindung der parlamentarischen Gesetzgebung, die dafür Sorge tragen soll, daß die mit einer Gesetzgebung verfolgten Ziele auch tatsächlich erreicht werden. Die zukünftigen Wirkungen einer Regel sollen abgeschätzt und die gegenwärtigen erhoben werden, um bei unerwünschten nicht-intendierten Folgen nachregulieren zu können. Im Detail besteht die Gesetzesfolgenabschätzung aus drei Modulen (siehe auch Abb. 1):[64]

– der prospektiven GFA (pGFA) als vorausschauendes Verfahren der Folgenabschätzung auf der Basis von Regelungsalternativen (ex ante),

– der begleitenden GFA (bGFA) als vorausschauendes Verfahren auf der Basis eines rechtsförmigen Entwurfs (Testphase),

– der retrospektiven GFA (rGFA) als rückschauendes Verfahren auf der Basis einer in Kraft getretenen Rechtsvorschrift.

Richtig, das heißt mit ökonomischem Sachverstand angewendet, stellt die GFA eine Art Kosten-Nutzen-Analyse der Rechtssetzung dar, die nicht nur vor einer Maßnahme zur Anwendung kommt, sondern auch maßnahmenbegleitend eingesetzt wird. Bezogen auf das hier behandelte Problem bedeutet dies, daß eine Effizienzkontrolle gemäß dem Grundsatz der Verhältnismäßigkeit (im ökonomischen Sinn) und damit auch gemäß dem Subsidiaritätsprinzip nicht nur einmalig – ex ante – stattfinden darf, sondern für zentrale Regelungen von Zeit zu Zeit durchgeführt werden muß. Für welche Regelungen (Gesetze) solch eine umfangreiche Prüfung in festgelegten Zeitabständen zu erfolgen hat, muß vertraglich bzw. verfassungsmäßig festgelegt werden.

---

[63] Für den Bereich der europäischen Rechtsetzung wurde bereits im Jahr 2001 im Weißbuch „Europäisches Regieren" der Anspruch formuliert, die Qualität und Effizienz der Regulierungsmaßnahmen zu verbessern und diese einfach und verständlich zu formulieren. Die Europäische Kommission hat dann im Jahr 2003 begonnen, ein integriertes Verfahren zur Folgenabschätzung (FA, engl. Impact Assesment) einzuführen, welches sich in der Europäischen Union im Gegensatz zur nationalen Gesetzesfolgenabschätzung (GFA) nicht nur auf Rechtsetzung, sondern auch auf politische Programme wie Weißbücher, Aktionspläne sowie auf Finanzierungsprogramme bezieht. Mit Hilfe dieses Verfahrens sollen systematisch die wirtschaftlichen, sozialen und umweltbezogenen Folgen neuer EU-Vorhaben abgeschätzt werden. Seit 2005 ist die FA als Standardverfahren eingeführt, siehe Internetseite „http://europa.eu.int/comm/secretariat_general/impact/index_en.htm". Allerdings belegt die Lektüre der „guidelines", daß die Kommission der Meinung ist, man könnte die Subsidiaritätsfrage losgelöst von der Verhältnismäßigkeitsprüfung (im ökonomischen Sinn) – quasi vorab – prüfen und entscheiden. Dieser Meinung wird hier gerade nicht gefolgt. Die Prüfung der Subsidiarität muß in die Verhältnismäßigkeitsprüfung eingebettet sein.

[64] Vgl. zur Gesetzesfolgenabschätzung ausführlich *Böhret* und *Konzendorf* (2001).

Abbildung 1: Gesetzesfolgenabschätzung

Merkmal Modul	Zeitpunkt	Zentrale Fragestellungen	Erwartbares Ergebnis
pGFA	Bei beabsichtigter rechts-förmiger Regelung und zur Grobprüfung der Regelungsnotwendigkeit	Welche Regelungsalterna-tive verspricht die best-mögliche Zielerreichung? Welche Effekte sind wo für wen und wann zu erwarten?	Auswahl einer optimalen Regelungsalternative; ggf. auch Nicht-Regelung
bGFA	Im Entwurfstadium sowie zum Test und zur Prüfung von Entwürfen oder aus-gewählter Teile	Sind die geplanten Rege-lungen für Normadressa-ten geeignet, für das Re-gelungsfeld treffend, sind Be- und Entlastungen optimierbar?	Bestätigung, Ergänzung, Verbesserung des Ent-wurfs und von Ent-wurfsteilen
rGFA	Einige Zeit nach Inkraft-treten einer Rechtsvor-schrift, wenn Anwen-dungserfahrungen vorlie-gen	Konnten Regelungsziele erreicht werden? Ist eine Novellierung ratsam?	Grad der Bewährung (z. B. Zielerreichung, Akzep-tanz); erforderliche Ände-rungen

Quelle: http://www.staat-modern.de/Anlage/original_549866/Moderner-Staat-Moderne-Verwaltung-Leitfaden-zur-Gesetzesfolgenabschaetzung.pdf.

Allerdings ist hierbei noch auf einen zentralen Punkt hinzuweisen: Eine Ziellegitima-tion *muß* vor der Maßnahmeprüfung stets durchgeführt werden. Hierbei empfiehlt es sich (wie oben ausgeführt) so vorzugehen, daß für das betrachtete politische Ziel ein Oberziel festgelegt wird, dem es dienen soll. Ist dies geschehen, so „verwandelt" sich das betrachtete politische Ziel selbst in ein Mittel, welches einer Prüfung nach dem Prinzip der Verhältnismäßigkeit (im ökonomischen Sinn) unterzogen werden kann bzw. muß.

Wichtig ist zudem, daß die behördlich durchgeführten Gesetzesfolgenabschätzungen veröffentlicht werden. Ansonsten besteht die große Gefahr, daß sie zu einer reinen Ali-bi-Maßnahme verkümmern: Es werden zwei, drei oder vier Seiten in standardisierter Form verfaßt, die kein Normalbürger je zu Gesicht bekommt. Nur Transparenz schafft den Anreiz für die Verwaltung, die GFA sorgfältig durchzuführen. Zudem würde die Fachdiskussion die Prüfungen stetig verbessern.

Auch die Ex-post-Kontrolle durch die Gerichte soll bzw. darf nicht ohne vernünftige Kriterien erfolgen. Wie oben bereits ausgeführt, hält der EuGH das Subsidiaritätsprinzip zwar prinzipiell für justiziabel; bisherige Prüfungen durch das Gericht blieben jedoch eher formelhaft und haben leider bislang noch zu keinerlei prüffähigen Konkretisie-rungen dieses Prinzips geführt. Auch hier bietet es sich an, die Prüfung der Subsidiarität im Rahmen der Verhältnismäßigkeitsprüfung durchzuführen. Allerdings sollte diese Prüfung nicht auf der ökonomischen Variante des Verhältnismäßigkeitsprinzips basie-ren, sondern auf dem engeren Verhältnismäßigkeitsgrundsatz, wie er aus dem deutschen Verfassungsrecht bekannt ist (siehe Kapitel 2.2.). Richter sollen und können letztlich nur prüfen, ob eine bestimmte Maßnahme überhaupt einen richtungsmäßigen Zielbei-trag leistet, ob es Maßnahmen gibt, die bei vergleichbarem Zielbeitrag spürbar milder sind, das heißt weniger in die Rechte oder Aufgabenfelder der Mitgliedstaaten oder Regionen eingreifen, sowie ob der Kompetenzverlust der unteren Ebene angesichts der Vorteile zentraler Erledigung aufs Ganze gesehen als zumutbar erscheint. Warum erscheint solch eine Differenzierung zwischen

– Prüfung von Verhältnismäßigkeit und Subsidiarität im politischen Raum mittels einer umfangreichen Gesetzesfolgenabschätzung und

– gerichtliche Prüfung nach dem engeren juristischen Verhältnismäßigkeitgrundsatz

vernünftig?

Trotz einiger Bemühungen von Ökonomen, Richter zu einer stärkeren ökonomischen Ratio beim Fällen der Urteile zu bewegen – federführend ist hier insbesondere die ökonomische Analyse des Rechts[65] –, darf nicht übersehen werden, daß auch Kosten-Nutzen-Analysen und der Einsatz anderer quantitativer Instrumente nicht immer zwingend eindeutige Ergebnisse bzw. Empfehlungen hervorbringen. Ohne Zweifel sind solche Instrumente hilfreich, um Entscheidungen besser zu fundieren, sie sind aber kein eindeutiger Maßstab. Je feiner und genauer Maßnahmen gegeneinander abgewogen werden müssen bzw. sollen, desto unsicherer ist in der Regel. das Ergebnis – auch wenn ökonomische Instrumente die Entscheidungsfindung begleiten. Eine richterliche Kontrolle sollte sich daher auf Grundsätze bzw. Kriterien stützen, deren Verletzung leichter, das heißt eindeutiger, geprüft werden kann. Effizienzprüfungen nach dem ökonomischen Verhältnismäßigkeitsprinzip sind diesbezüglich zu weit gefaßt. Es würde auf diese Weise zu sogenannten „politischen Urteilen" kommen, die stets in einem hohen Maße angreifbar sind und schlußendlich den Grundsatz der Gewaltenteilung aushebeln würden. Letztlich würde ein Reputationsverlust der Gerichtsbarkeit – hier des EuGH – als nicht intendiertes Resultat eines übertriebenen Prüfauftrages eintreten. Eine solche Situation gilt es zu vermeiden, daher „verbannen" wir weitgehende Effizienzprüfungen in den politischen Raum und binden die richterliche Kontrolle an justiziable(re) Kriterien.[66]

Wenn nun die inhaltliche richterliche Prüfung der Verhältnismäßigkeit und Subsidiarität an engere justiziable Kriterien gebunden ist, so kann die Einhaltung der Grundsätze im politischen Raum zumindest dahingehend richterlich überprüft werden, ob die vorgeschriebenen Verfahren ordnungsgemäß eingehalten wurden. Auch vor diesem Hintergrund erscheint es von zentraler Bedeutung, daß die Prüfkriterien der beiden Prinzipien möglichst genau in dem entsprechenden Protokoll zur Subsidiarität und Verhältnismäßigkeit dargelegt werden. Es muß – wie ausgeführt – genau vorgeschrieben werden,

– bei welchen Gesetzen bzw. Gesetzesinitiativen eine Prüfung der Verhältnismäßigkeit und Subsidiarität in Form einer Gesetzesfolgenabschätzung stattzufinden hat,

---

[65] Die (Effizienz-)Analyse des Rechts geht – basierend auf *Coase* (1960) – auf die Arbeiten von *Calabresi* (1961), *Becker* (1968), *Calabresi* (1970), *Landes* (1972) und vor allem *Posner* (1973) zurück.

[66] Zudem erhöht eine „nur grobe" Prüfung der Gerichte den Anreiz für die unteren Ebenen (Nationalstaaten, Regionen), die Einhaltung der Subsidiarität genau zu prüfen und bei Verletzungen einzuschreiten.

- welchen Stellen (Europäisches Parlament, Parlamente der Mitgliedstaaten, Ausschuß der Regionen) der Gesetzesvorschlag zugeleitet wird,
- wie diese den Vorschlag ggf. abändern dürfen und
- welche Veto- und Klagerechte ihnen ggf. zustehen.

Allerdings reicht es wie erwähnt nicht aus, wichtige europäische Gesetzesvorhaben einmalig einer solchen Prüfung zu unterziehen. Da Politik und Gesetzgebung stets in einer dynamischen Umwelt stattfinden, muß dem Rechnung getragen werden, indem zentrale Politikfelder (Regulierungen) von Zeit zu Zeit immer wieder einer strengen Prüfung (Gesetzesfolgenabschätzung) dahingehend unterzogen werden, ob sie noch den Anforderungen der Verhältnismäßigkeit und Subsidiarität genügen. Auch gegen ein Versäumnis der EU-Politik, solche Prüfungen von Zeit zu Zeit vorzunehmen, sollte von den nationalen Parlamenten oder/und dem Ausschuß der Regionen Klage erhoben werden können.

5. Zusammenfassung und Ausblick

Ziel des vorliegenden Beitrags war zu prüfen, ob die Grundsätze der Subsidiarität und Verhältnismäßigkeit wirksame Kompetenzschranken der EU-Gesetzgebung (Politik) sind bzw. sein können. Um ein tieferes Verständnis für die beiden Grundsätze zu vermitteln, wurden sie im zweiten Kapitel aus Sicht der konstitutionellen Ökonomik und des Verfassungsrechts dargelegt. Hierbei zeigte sich, daß der Grundsatz der Verhältnismäßigkeit aus ökonomischer Perspektive umfassender interpretiert wird: Es handelt sich um eine umfassende Effizienzprüfung, die stets auch den Gedanken der Subsidiarität mit einschließt und mit prüft. Aus verfassungsrechtlicher Sicht wird der Grundsatz der Verhältnismäßigkeit enger gefaßt und gilt als justiziables Prüfschema zur Expost-Kontrolle von politischen Maßnahmen. Im dritten Kapitel wurde das bestehende Gemeinschaftsrecht dahingehend untersucht, ob die Grundsätze der Verhältnismäßigkeit und Subsidiarität als wirksame Kompetenzschranken verankert sind. Als Schwächen wurden vor allem identifiziert, daß die nationalen Parlamente nicht in die Prüfungen der Subsidiarität und Verhältnismäßigkeit mit einbezogen werden und daß nicht hinreichend klargestellt wird, in welchem Verhältnis die beiden Grundsätze zueinander stehen. Weiterhin wird die Verteilung der Kompetenzen zwischen europäischer und nationalstaatlicher Ebene nicht hinreichend geklärt. Diese Unklarheit betrifft vor allem die Binnenmarktkompetenz.

Einige dieser Schwächen werden in dem (nicht ratifizierten) „Vertrag über eine Verfassung in Europa" beseitigt, wie wir im ersten Teil des vierten Kapitels dargelegt haben: So werden nunmehr die nationalen Parlamente und der Ausschuß der Regionen in die Subsidiaritätsprüfung einbezogen. Auch erfolgen einige Klarstellungen bezüglich der Kompetenzabgrenzungen: Insbesondere die Binnenmarktkompetenz der EU muß nunmehr als konkurrierend zwischen EU-Ebene und den Mitgliedstaaten aufgefaßt werden. Der Verfassungsvertrag erkennt jedoch auch nicht, in welcher Beziehung die Grundsätze der Verhältnismäßigkeit und Subsidiarität stehen und nach welchen Kriterien die Subsidiarität sinnvoll geprüft werden kann. Zudem führt der Grundsatz der Verhältnismäßigkeit in dem Protokoll Nr. 2 über die Anwendung der Grundsätze der

Subsidiarität und der Verhältnismäßigkeit nur ein Schattendasein, der zentrale Stellenwert gerade dieses Grundsatzes wird somit verkannt. Vor diesem Hintergrund haben wir im zweiten Teil des vierten Kapitels folgende normativen Schlußfolgerungen dargelegt: Der Verhältnismäßigkeitsgrundsatz ist das zentrale Prinzip, das in seiner weiten ökonomischen Interpretation zur Effizienz- und Subsidiaritätskontrolle im politischen Sektor herangezogen werden muß. In seiner engeren verfassungsrechtlichen Bedeutung soll es zur Ex-post-Kontrolle – auch der Subsidiarität – dienen; denn die Angemessenheit von politischen Maßnahmen kann nur durch diesen Grundsatz in justiziabler Art und Weise erfolgen. Die genauen Prüfschritte müssen in dem entsprechenden Protokoll zur Subsidiarität und Verhältnismäßigkeit festgelegt werden.

Der hier vorgeschlagene Weg der Integration der Subsidiarität in den Grundsatz der Verhältnismäßigkeit wurde bisher nicht beschritten. Eine Antwort auf die Frage „Warum nicht?" läßt sich unseres Erachtens folgendermaßen formulieren: Die Subsidiarität ist auf europäischer Ebene deshalb von zentraler Bedeutung und folglich vergleichsweise stark im Zentrum sozialwissenschaftlicher und juristischer Betrachtungen, weil – wie oben erwähnt – die Mitgliedstaaten die „Herren der Verträge" sind. Europa ist kein Bundsstaat sondern eine Staatengemeinschaft. Das nationalstaatliche Recht und die Politik der Mitgliedstaaten bestimmen nach wie vor den Alltag der Bürger – stärker als die Maßnahmen auf europäischer Ebene es tun. Und dies ist auch der Wunsch der Mehrheit der Bürger. Vor diesem Hintergrund erklären sich auch die Vorbehalte gegen eine europäische Verfassung. Allein der Begriff „Verfassung" suggeriert, daß langsam aber sicher ein europäischer Bundesstaat zu entstehen scheint, der über kurz oder lang immer mehr Kompetenzen an sich zieht. So gesehen ist das Prinzip der Subsidiarität von zentraler Bedeutung: Es soll eine Rechts- und Kompetenzaushöhlung auf nationalstaatlicher Ebene verhindern. Auch wir sehen natürlich diese Gefahr, und es liegt folglich nicht in unserer Absicht, den Subsidiaritätsgrundsatz zu schwächen. Im Gegenteil: Wir wollen die Subsidiarität stärken; denn nach unserer Analyse bewirkt ein in das vertraute Verhältnismäßigkeitsprinzip eingebetteter Subsidiaritätsgrundsatz mehr als ein nicht operationalisiertes und nicht justiziables Subsidiaritätsprinzip, das den wichtigen Grundsatz der Verhältnismäßigkeit „an die Wand spielt" und verdrängt. Auch die Nutzung der Gesetzesfolgenabschätzung ist nicht neu, sondern vielmehr auch in Europa neuerdings „auf dem Vormarsch".[67] Unser Anliegen ist diesbezüglich, daß sie nicht als Alibi mißbraucht, sondern klug zur Prüfung der Verhältnismäßigkeit und damit auch Subsidiarität eingesetzt wird, damit Diskurse über Politikmaßnahmen, die im Einklang mit den Grundsätzen der Verhältnismäßigkeit und Subsidiarität stehen sollen, versachlicht werden und die Politik sich stärker als bisher an den Bedürfnissen der Bürger ausrichtet.

---

[67] Siehe Internetseite „http://europa.eu.int/comm/secretariat_general/impact/index_en.htm".

Literatur

Badura, Peter (1993), Die Verfassung des Bundesstaates Deutschland in Europa, Köln.

Badura, Peter (1999), Zur Rechtfertigung des föderalistischen Prinzips und zum Subsidiaritätsprinzip, in: Bitburger Gespräche Jahrbuch 1999/ II, München, S. 53-63.

Badura, Peter (2003), Staatsrecht, München.

Becker, Gary (1968), Crime and Punishment: An Economic Approach, in: Journal of Political Economy, Vol. 76, S. 169-217.

Bericht der Kommission "Bessere Rechtsetzung 2003", KOM (2003) 770 endgültig.

Böhret, Carl und *Götz Konzendorf* (2001), Handbuch Gesetzesfolgenabschätzung (GfA), Baden-Baden.

Buchanan, James M. (1984), Die Grenzen der Freiheit, Tübingen.

Buchanan, James M. und *Roger D. Congleton* (1998), Politics by Principle, not Interest: Toward Nondiscriminatory Democracy, Cambridge.

Buchanan, James M. und *Gordon Tullock* (1962), The Calculus of Consent, Ann Arbor.

Bundesregierung (o. J.), Moderner Staat – Moderne Verwaltung. Leitfaden zur Gesetzesfolgenabschätzung, http://www.staat-modern.de/Anlage/original_549866/Moderner-Staat-Moderne-Verwaltung-Leitfaden-zur-Gesetzesfolgenabschaetzung.pdf, abgerufen am 21.08.06.

Calabresi, Guido (1961), Some Thoughts on Risk Distribution and the Law of Torts, in: Yale Law Journal, Vol. 70, S. 499-553.

Calabresi, Guido (1970), The Costs of Accidents: A Legal and Economic Analysis, New Haven.

Callies, Christian (1999), Subsidiaritäts- und Solidaritätsprinzip in der Europäischen Union, 2. Aufl., Baden-Baden.

Callies, Christian (2002), Art. 5 EGV, in: *Christian Callies* und *Matthias Ruffert* (Hg.), Kommentar zu EU-Vertrag und EG-Vertrag, Neuwied und Kriftel, S. 378-412.

Coase, Ronald H. (1960), The Problem of Social Costs, in: Journal of Law and Economics, Vol. 3, S. 1-44.

Dreier, Horst (2004), Grundgesetz Kommentar, Bd. I, 2. Aufl., Tübingen.

Erlei, Mathias, Martin Leschke und *Dirk Sauerland* (1999), Neue Institutionenökonomik, Stuttgart.

Europäische Kommission (o. J.), Impact Assessment, http://europa.eu.int/comm/secretariat_general/impact/index_en.htm, abgerufen am 21.08.06.

Fritsch, Michael, Thomas Wein und *Hans-Jürgen Ewers* (2005), Marktversagen und Wirtschaftspolitik, München.

Grossekettler, Heinz (2003), Öffentliche Finanzen, in: Vahlens Kompendium der Wirtschaftstheorie und Wirtschaftspolitik, Bd. 1, 8. Aufl., S. 561-717.

Herr, Gunther (2005), Grenzen der Rechtsangleichung nach Art. 95 EG, in: Europäische Zeitschrift für Wirtschaftsrecht, 16. Jg., S. 171-173.

Hofmann, Hans (2005), Europäische Subsidiaritätskontrolle in Bundestag und Bundesrat, in: Zeitschrift für Gesetzgebung, 20. Jg., S. 66-76.

Homann, Karl (1980), Die Interdependenz von Zielen und Mitteln, Tübingen.

Homann, Karl (1988), Rationalität und Demokratie, Tübingen.

Isensee, Josef (2001), Subsidiaritätsprinzip und Verfassungsrecht, 2. Aufl., Berlin.

Kischel, Uwe (2000), Die Kontrolle der Verhältnismäßigkeit durch den Europäischen Gerichtshof, in: Europarecht, 35. Jg., S. 380-402.

Koenig, Christian und *Ralph A. Lorz* (2003), Stärkung des Subsidiaritätsprinzips, in: Juristenzeitung, 58. Jg., S. 167-173.

Landes, William M. (1972), An Economic Analysis of the Courts, in: Journal of Law and Economics, Vol. 14, S. 61-107.

Lechleitner, Marc (2004), Die Erforderlichkeitsklausel des Art. 72 II GG, in: JURA 2004, 746. Jg., S. 746-751.

Lerche, Peter (1964), Föderalismus als nationales Ordnungsprinzip, in: Veröffentlichungen der Vereinigung der Deutschen Staatsrechtslehrer, Bd. 21, S. 66-104.

Lienbacher, Georg (2000), Art. 5 EGV, in: *Jürgen Schwarze* (Hg.), EU-Kommentar, Baden-Baden, S. 255-272.

Mager, Ute (2003), Die Prozeduralisierung des Subsidiaritätsprinzips im Verfassungsentwurf des Europäischen Konvents – Verbesserter Schutz vor Kompetenzverlagerung auf der Gemeinschaftsebene?, in: Zeitschrift für Europarechtliche Studien, 6. Jg., S. 471-484.

Michael, Lothar (2001a), Die drei Argumentationsstrukturen des Grundsatzes der Verhältnismäßigkeit – Zur Dogmatik des Über- und Untermaßverbotes und der Gleichheitssätze, in: Juristische Schulung, 41. Jg., S. 148-155.

Michael, Lothar (2001b), Grundfälle zur Verhältnismäßigkeit, in: Juristische Schulung, 41. Jg., S. 654-659.

Möstl, Markus (2002a), Die staatliche Garantie für die öffentliche Sicherheit und Ordnung, Tübingen.

Möstl, Markus (2002b), Grenzen der Rechtsangleichung im europäischen Binnenmarkt, in: Europarecht, 37. Jg., S. 318-350.

Möstl, Markus (2003), Neuordnung der Gesetzgebungskompetenzen von Bund und Ländern, in: Zeitschrift für Gesetzgebung, 18. Jg., S. 297-315.

Möstl, Markus (2005), Verfassung für Europa, 3. Aufl., München.

Oeter, Stefan (1998), Integration und Subsidiarität im deutschen Bundesstaatsrecht, Tübingen.

Olson, Mancur (1969), The Principle of Fiscal Equivalence, in: American Economic Review, Vol. 59, S. 479-487.

Oppermann, Thomas (2005), Europarecht, München.

Papst Pius IX (1931), Sozialenzyklika Quadragesimo, Internetseite: http://theol.uibk.ac.at/itl/319.html, abgerufen am 21.08.06.

Pitsoulis, Athanassios (2004), Entwicklungslinien ökonomischen Denkens über den Systemwettbewerb, Marburg.

Posner, Richard A. (1973), An Economic Approach to Legal Procedure and Judicial Administration, in: Journal of Legal Studies, Vol. 3, S. 399-458.

Protokoll (Nr. 30) über die Anwendung der Grundsätze der Subsidiarität und der Verhältnismäßigkeit, Bundesgesetzblatt 1998 II, S. 434-435.

Protokoll (Nr. 2) über die Anwendung der Grundsätze der Subsidiarität und Verhältnismäßigkeit, Amtsblatt der Europäischen Union 2004, Nr. C 310, S. 207-209.

Rengeling, Hans-Werner und *Peter Szczekalla* (2004), Grundrechte in der Europäischen Union, Köln.

Ritzer, Christoph und *Marc Ruttloff* (2006), Die Kontrolle des Subsidiaritätsprinzips: Geltende Rechtslage und Reformperspektiven, in: Europarecht, 41. Jg., S. 116-137.

Sauerland, Dirk (1997), Föderalismus zwischen Freiheit und Effizienz, Berlin.

Shleifer, Andrei (1985), A Theory of Yardstick Competition, in: RAND Journal of Economics, Vol. 16, S. 319-327.

Streinz, Rudolf (2003), Art. 5 EGV, in: ders.: EUV/ EGV, München.

Streinz, Rudolf, Christoph Ohler und *Christoph Herrmann* (2005), Die neue Verfassung für Europa, München.

Subsidiaritätsbericht 2003 des Bundesfinanzministeriums, Bundesrat-Drucksache 54/05.

Weber, Albrecht (2004), Zur föderalen Struktur der Europäischen Union im Entwurf des Europäischen Verfassungsvertrags, in: Europarecht, 39. Jg., S. 841-856.

Zuleeg, Manfred (2003), Art. 5 EGV, in: *Hans von der Groeben* und *Jürgen Schwarze* (Hg.), Kommentar zum Vertrag über die Europäische Union und zur Gründung der Europäischen Gemeinschaft, Baden-Baden, S. 616-636.

Klaus Heine und Wolfgang Kerber (Hg.),
Zentralität und Dezentralität von Regulierung in Europa
Schriften zu Ordnungsfragen der Wirtschaft · Band 83 · Stuttgart · 2007

Der Ausschuß der Regionen in Europa:
Institutioneller Aufbau und Subsidiaritätsauftrag

Dirk Wentzel[1]

Inhalt

---

[1] Eine erste Fassung des vorliegenden Beitrages entstand im August 2005 während eines For-
schungsaufenthalts an der Pennsylvania State University. Ich danke *Adrian Wanner* für die
Einladung und vielfältige Hilfe. Ebenfalls danke ich der Hochschule Pforzheim für finanzielle Unterstützung. Dem hessischen Wirtschaftsminister *Alois Rhiel* sei gedankt für die Unterstützung des Gesamtprojektes. *Nicolas Ziegelmeyer* danke ich für seine Hilfe bei der Mate-
rial- und Datensammlung. *Hannelore Hamel* danke ich für die sorgfältige Durchsicht meines
Manuskriptes. *Alfred Schüller*, *Ansgar Kortenjann* und *Helmut Wienert* danke ich für hilf-
reiche inhaltliche Anmerkungen.

1. Der Ausschuß der Regionen (AdR): Eine unterschätzte Institution

> „Es ist wirtschaftlich rational, daß Personen
> oder Instanzen mit denjenigen Aufgaben betraut
> werden, zu deren Bewältigung sie besonders
> befähigt sind. Allgemeine Konsequenz dieses
> Klugheitsprinzips ist arbeitsteiliges Wirtschaf-
> ten."
>
> *Alfred Schüller* (1997, S. 1)

Fünfzehn Jahre nach dem Fall des Eisernen Vorhangs und der Öffnung Osteuropas steht die Europäische Union am Scheideweg ihrer Entwicklung. Die zum 1. Mai 2004 erfolgte Osterweiterung auf 25 Mitglieder hat der Union ein anderes Gesicht gegeben und das bestehende, eher „westeuropäisch" geprägte Institutionengefüge massiv verändert. Gleichzeitig steckt die EU in der tiefsten Krise seit ihrer Gründung durch die Römischen Verträge im Jahre 1957. Die Rückweisung der Verfassung durch die Referenden in Frankreich und in den Niederlanden, die Aussetzung des Ratifizierungsprozesses in Großbritannien (*Tony Blair*: „time for reflection") sowie der weithin gescheiterte Stabilitäts- und Wachstumspakt (siehe *Wentzel* 2005a) haben politisch wie auch in der wissenschaftlichen Diskussion zu einer gewissen Ratlosigkeit über die weitere Vorgehensweise geführt. Mit *Barbier* (2006) drängt sich der Eindruck auf, daß die politisch Verantwortlichen in Europa „das, was sie eigentlich könnten, nicht wollen und daß sie das, was sie wollen, nicht können".

Quo vadis, Europa? Befindet sich Europa auf dem Weg zu einer politisch weiter vertieften Gemeinschaft? Wird Europa weitere Mitglieder integrieren, so etwa Rumänien, Bulgarien, Kroatien und bald auch die Türkei und sich damit eher in Richtung einer politisch fundierten Freihandelszone entwickeln? Oder wird sich die EU quasi in ein Europa der abgestuften Geschwindigkeiten (multi layer and multi speed) verändern mit einem politisch weitgehend integrierten Kerneuropa und darum kreisend den auch wirtschaftlich ärmeren Peripherie-Staaten? Die Antworten auf diese Fragen sind bis heute sowohl in der Wissenschaft (hierzu ausführlich *Leipold* 2006) als auch erst recht in der Politik umstritten.

Ein Hauptkritikpunkt der Bürger an der EU – gerade auch in den „Ablehnungsländern" Frankreich und den Niederlanden – ist die Unübersichtlichkeit der Institutionen und, damit direkt verbunden, der Handlungs- und Entscheidungskompetenzen innerhalb der EU. Der Europäische Rat und der Ministerrat, die Europäische Kommission und das Parlament, der Europäische Gerichtshof und die Europäische Zentralbank üben spezifische Befugnisse aus, die sich für die Mitgliedstaaten der EU und die dort lebenden und handelnden Menschen ganz direkt und unmittelbar auswirken. Wie die Entscheidungen dieser Organe zustande kommen, ist aber selbst für den Fachkundigen oft nur schwer nachvollziehbar. Die Komplexität dieser Institutionen und die Unübersichtlichkeit des Gesetzgebungsprozesses mit verschiedenen Handlungskompetenzen und Eingriffsebenen sind Hauptgründe für die Euroskepsis, die in manchen Ländern vorherrscht. Gleichwohl bleibt festzuhalten: Es ist nun einmal der grundsätzliche Wesenszug der Europäischen Union, sehr kompliziert zu sein (*Verheugen* 2005, S. 35 ff.). Dies liegt in der Vielzahl der unterschiedlichen sprachlichen und kulturellen Prägungen sowie in der

Unterschiedlichkeit der politischen und wirtschaftlichen Interessen begründet. Die häufig vorgetragene Forderung, man müsse Europa „vereinfachen", beruht nicht selten auch auf einer gewissen Unkenntnis der europäischen Bedingungen.

Zu der Vielzahl europäischer Einrichtungen ist in jüngerer Zeit noch der Ausschuß der Regionen (AdR) hinzugekommen. Begründet und eingerichtet wurde der AdR mit dem Vertrag von Maastricht 1992[2], allerdings in der Öffentlichkeit und auch in der Wissenschaft kaum wahrgenommen. Maastricht steht in der öffentlichen Wahrnehmung ganz allgemein für die Gründung der Europäischen Union und noch viel mehr für die Einführung der gemeinsamen Währung Euro mit den bekannten Konvergenzkriterien zur Gewährleistung langfristiger Währungsstabilität. Der AdR wurde anfänglich, wenn überhaupt, eher als „politische Folklore" (*Isensee* 1994) angesehen. Das mag unmittelbar nach Maastricht durchaus so gewesen sein. Allerdings hat sich der AdR im Laufe der Zeit bis heute zu einer wichtigen und einflußreichen Institution entwickelt, die in das gesamte Gesetzgebungsverfahren der Union eingebunden ist, wenn die Interessen von Kommunen, Gemeinden oder Regionen betroffen sind (siehe *Blanke* 2002). Dies ist rein quantitativ in immerhin 75 % aller Gesetzgebungsverfahren der Fall. Der *mißverstandene* und/oder *unterschätzte* AdR hat sich zunehmend ins (wirtschafts-)politische Geschehen eingebracht, ohne daß dies bislang in der (ökonomischen) Fachliteratur hinreichend gewürdigt worden wäre.[3]

Die Entwicklung des AdR lenkt den Blick auf offene Forschungsfragen, die bisher in der Institutionenökonomik nur wenig Beachtung gefunden haben. So ist *erstens* zu prüfen, ob der AdR tatsächlich in der Lage war oder zukünftig sein wird, dem Subsidiaritätsprinzip innerhalb der EU verstärkt zur Geltung zu verhelfen, wie es beispielsweise *Tony Blair* (*Ausschuß der Regionen 2004*) erhofft. *Zweitens* ist zu fragen, ob der in der Europäischen Verfassung angelegte Versuch, den AdR in seiner Mitwirkungsfunktion zu stärken, durch die Zurückweisung der Verfassung in einigen Mitgliedsländern dauerhaft gescheitert ist. *Drittens* ist zu fragen, ob der AdR tatsächlich zu einer dritten ordnungsstiftenden Ebene zwischen der EU und ihren ausführenden Organen und den Nationalstaaten werden *kann*. Mit *Walter Eucken* (1952/90) ist festzustellen, daß alles menschliche Handeln ordnungsbedürftig ist und wirtschaftliches Handeln nur innerhalb einer konsistenten Wirtschaftsordnung erfolgen kann. Allerdings muß diese Ordnung *in sich widerspruchsfrei* sein, um Konstanz der Wirtschaftspolitik zu gewährleisten und die Erwartungen der Menschen zu stabilisieren. Ob die „dritte Ebene" einer primär regionalen Interessenvertretung in der EU diese Widerspruchsfreiheit garantiert, ist eine nach wie vor offene und nur wenig erforschte Frage. Europa befindet sich im Spannungsfeld zwischen „Konsens und Effizienz" (*Leipold* 1994; 2006), so daß die Gefahr besteht, daß zusätzliche Institutionen die ohnehin schon vorhandenen Handlungsblockaden weiter verschärfen könnten.

---

[2] Der Vertrag von Maastricht wurde am 7. Februar 1992 unterzeichnet. Allerdings konnte der Vertrag aufgrund der Ratifizierungsschwierigkeiten in Dänemark und wegen der Verfassungsbeschwerde in Deutschland erst am 1. November 1993 in Kraft treten.

[3] Die bisherigen Publikationen zum AdR sind größtenteils rechtswissenschaftlicher oder politikwissenschaftlicher Natur. Ein guter Literaturüberblick findet sich bei *Blanke* (2002).

2.   Aufbau und Handlungskompetenz des Ausschusses der Regionen

2.1.   Institutionelle Entwicklung

> „Wir müssen dafür sorgen, daß der Gemeinsame Markt nicht zu einer gemeinsamen Kommandowirtschaft wird."
>
> *Wilhelm Röpke* (1964, S. 130)

Der AdR hat derzeit (noch) den Status eines beratenden Gremiums innerhalb der Europäischen Union[4], ebenso wie der Wirtschafts- und Sozialausschuß. Er soll das auf dezentraler Ebene (lokal, regional) vorhandene Wissen um die besonderen wirtschaftlichen und sozialen Umstände bündeln und für den europäischen Entscheidungsprozeß nutzbar machen. Dies ist – ganz in *Hayek*'scher Diktion über die Verwertung des Wissens – zunächst erst einmal eine lobenswerte Zielsetzung, weil hierdurch die Effizienz der Wissensnutzung erhöht würde. Die regionalen Entscheidungsträger sollen gehört und aktiv eingebunden werden, um Europa „bürgernäher" zu gestalten und der befürchteten Zentralisierung in Brüssel entgegenzuwirken.

Der AdR ist insgesamt noch jung, und die wissenschaftlich verwertbaren Erkenntnisse und Studien über seine Wirksamkeit sind bisher noch begrenzt. Allerdings hat der AdR durchaus seine institutionellen Vorläufer (vgl. *Schöbel* 1997, S. 10 ff.). Außerdem haben spezifische Politikfelder – etwa die Regional- und Strukturpolitik oder auch die Verkehrspolitik – allein schon aus rechtlichen Erwägungen immer die regionalen Entscheidungsträger mit einbeziehen müssen (siehe *Wentzel* 2005b). Die meisten europäischen Fonds, etwa der Strukturfonds (EFRE) oder der sog. Kohäsionsfonds, zielen direkt auf regionale oder lokale Adressaten und sind damit integraler Bestandteil europäischer Regionalpolitik.

Institutionelle Vorläufer des heutigen AdR waren der 1951 in Genf gegründete Rat der Gemeinden Europas (RGE), der 1984 in den Rat der Gemeinden und Regionen Europas (RGRE) umgetauft wurde, sowie das 1979 gegründete „Verbindungsbüro der europäischen regionalen Gebietskörperschaften" (BLORE). Dieses wurde 1985 umbenannt in den „Rat der Regionen Europas" (RRE) und letztlich 1987 zur „Versammlung der Regionen Europas" (VRE) (vgl. *Schöbel* 1997, S. 10). Allerdings wird in der Literatur und auch in der politischen Praxis einheitlich darauf verwiesen, daß die Ergebnisse und Wirkungen dieser regionalen Institutionen eher bescheiden einzuschätzen sind. Anfänglich fehlte völlig eine Verknüpfung zu den tatsächlichen Entscheidungsträgern, namentlich in der Kommission, im Rat und im Parlament. Wenn überhaupt, so kann in diesen Anfangsjahren höchstens von einem indirekten Einfluß auf die europäische Meinungsbildung ausgegangen werden, etwa über Lobbyarbeit[5] oder über die medial ver-

---

[4]   Eine sehr detaillierte juristische Analyse über den Ausschuß der Regionen findet sich bei *Blanke* (2002), der im Anschluß an einen interdisziplinär besetzten Fachkongreß einen Bericht über die bisherigen Erfolge und Unzulänglichkeiten des AdR vorlegte.

[5]   Die Lobbyarbeit des AdR darf aber in ihrer tatsächlichen politischen Wirkung keinesfalls unterschätzt werden. So hat sich in Brüssel in der Baden-Württembergischen Landesvertretung regelmäßig ein „Club der Freunde der Subsidiarität" unter der Führung des Ministerpräsidenten Dr. *Erwin Teufel* getroffen. Teilnehmer dieses hochkarätigen Clubs waren und sind

breitete öffentliche Meinung. Solche Effekte sind üblicherweise jedoch quantitativ kaum exakt nachweisbar (siehe *Wentzel* 1998), wenngleich sie für eine nicht-formale qualitative Analyse von Bedeutung sind.

Vor dem Hintergrund des begrenzten Einflusses der regionalen Gebietskörperschaften ist auch nachvollziehbar, daß gerade die starken „konstitutionellen" Regionen Europas eine Stärkung ihrer Position erwirken wollten.[6] Auf Initiative des bayerischen Ministerpräsidenten *Max Streibl* kam es 1989 erstmals zu einer Konferenz mit dem Titel „Europa der Regionen", die nach mehrmaliger erfolgreicher Wiederholung 1992 in die VRE eingegliedert wurde. Gerade am Beispiel Bayerns, Kataloniens und Schottlands kann die spezifische Fragestellung einer regionalen Interessenvertretung sehr gut nachvollzogen werden: Diese Regionen, die in besonderer Weise auf ihre politische, ökonomische und kulturelle Unabhängigkeit pochen und in ihren Nationalstaaten weitreichende *Autonomierechte* ausüben, sind nicht bereit, ohne weiteres auf diese Rechte in einem europäischen Integrationsprozeß zu verzichten. Wenn – wie beispielsweise im Falle Bayerns – landsmannschaftliche Unabhängigkeit auch noch mit *über*durchschnittlichem wirtschaftlichen Erfolg verknüpft ist, dann ist durchaus nachvollziehbar, daß diese Regionen wenig geneigt sind, sich von außen andere Ordnungsbedingungen vorschreiben zu lassen, die möglicherweise den eigenen Wohlstand reduzieren könnten. Damit ist ein sensibler und vielschichtiger Ordnungsbereich der Föderalismusdebatte angesprochen: Wie können diese starken Regionen in den ohnehin schon sehr komplexen Abstimmungsprozeß zwischen den Nationalstaaten und den europäischen supranationalen Institutionen eingebunden werden, ohne daß der gesamteuropäische Entscheidungsprozeß durch eine Zersplitterung der Entscheidungsträger dauerhaft geschädigt wird? Hiermit ist direkt das Problem der sog. „dritten Ebene" zwischen der EU und den Nationalstaaten angesprochen: Wie kann eine solche Entscheidungsebene konstruiert werden, die einerseits den Subsidiaritätsgedanken fördert, gleichzeitig aber eine Ausweitung der Verwaltungsbürokratie und eine zusätzliche Komplizierung der Entscheidungswege vermeidet und damit der *gesamteuropäischen Integration* dienlich ist?

Mit dem Vertrag von Maastricht wurde der AdR schließlich als zusammenfassende, regional orientierte Institution gegründet und rechtlich verankert (Art. 198a bis 198c des EG-Vertrages). Er dient damit als Brücke zwischen den Gemeinschaftsorganen der Union (Rat, Kommission und Parlament) und den Regionen. 1994 nahm der AdR mit seiner ersten Plenartagung in Brüssel unter der Präsidentschaft des politisch einflußreichen *Jacques Delors* offiziell seine Tätigkeit auf. Der AdR ist anzuhören – ebenso wie der Wirtschafts- und Sozialausschuß (WSA) – im Gesetzgebungsprozeß zwischen

---

Politiker aus den größeren Regionen. *Teufel* hat diese Überlegungen später als Vertreter der deutschen Länder direkt in den Verfassungskonvent einbringen können. Die Clubmitglieder sind zudem in vielfältigen europäischen Institutionen tätig und lassen ihre Überlegungen auch in die jeweilige Arbeit einfließen.

[6] Die „konstitutionellen Regionen" in der EU sind solche mit konstitutionellen, vor allem legislativen Befugnissen. Es handelt sich um Bayern, Katalonien, Nordrhein-Westfalen, Salzburg, Schottland, Wallonien und Flandern (ausführlich siehe *Blanke* 2002).

der Europäischen Kommission, dem Europäischen Parlament und dem Rat.[7] Mit dem Vertrag von Amsterdam 1997[8] wurden dann obligatorische Anhörungsbereiche für den AdR festgelegt, so daß die anderen europäischen Entscheidungsträger den AdR nicht mehr übergehen oder ignorieren können.

Die Mitglieder des AdR sind während ihrer Tätigkeit ausdrücklich *nicht* an Weisungen anderer Funktions- oder Mandatsträger gebunden. Hierdurch soll eine weitgehende Unabhängigkeit der Entscheidungen gewährleistet werden. Ziel ihrer Tätigkeit ist es gemäß EG-Vertrag, zum Wohle ihrer spezifischen Region zu wirken. Dies klingt zunächst vielversprechend und keinesfalls negativ. Allerdings ist nicht in jedem Fall zweifelsfrei zu klären, ob ein Engagement *für* eine spezifische Region nicht möglicherweise zu schädigenden Effekten in anderen Regionen führen kann: Dies ist ein spezifisches Problem regionaler Wirtschaftsintegration (siehe *Cassel* und *Welfens* 2003). Letztlich ist handelstheoretisch zu prüfen, ob mögliche *handelsschaffende* Effekte spezifischer Regionalpolitik nicht gleichzeitig zu *handelsumlenkenden* und/oder *handelsreduzierenden* Effekten bei anderen Staaten führen könnten. Ordnungspolitisch wäre also zu fragen, wie ein möglicher *Nettoeffekt* für die europäische Integration und alle beteiligten Staaten einzuschätzen wäre. Der AdR entwickelt sich somit zu einer Art von *regionaler Wirtschaftsintegration innerhalb einer regionalen Wirtschaftsintegration*, nämlich der Europäischen Union. Hierdurch kann es mit großer Wahrscheinlichkeit zu vielfältigen Interessenkonflikten kommen.

2.2. Mitglieder

Der AdR besteht derzeit aus 317 Mitgliedern aus 25 EU-Ländern sowie deren ebenfalls 317 Stellvertretern. 25 nationale Delegationen unterteilen sich in vier politische Fraktionen sowie in sechs Fachkommissionen. Dies sind die Kommission für Kohäsionspolitik (COTER), die Kommission für Wirtschafts- und Sozialpolitik (ECOS), die Kommission für nachhaltige Entwicklung (DEVE), die Kommission für Kultur und Bildung (EDUC), die Kommission für konstitutionelle Fragen und Regieren in Europa (CONST) sowie die Kommission für Außenbeziehungen (RELEX). Eine besonders wichtige Rolle hat die Kommission für Finanz- und Verwaltungsfragen (CAFA), da sie direkt in die Verabschiedung des Haushaltsplans eingebunden ist. Ebenfalls hervorzuheben ist das eigenständige Referat, das sich mit der Überwachung des Subsidiaritätsprinzips zu befassen hat. Dieses Referat betreibt ein intensives Monitoring aller EU-Verfahren, die zu einer Gefährdung des Subsidiaritätsprinzips beitragen könnten und informiert ggf. die Öffentlichkeit und das Parlament.

---

[7] Üblicherweise werden der AdR und der WSA als *Hilfsorgane* der EU bezeichnet. Ob diese Bezeichnung angesichts der wachsenden Bedeutung des AdR noch langfristig angemessen ist, darf bezweifelt werden.

[8] Der Vertrag von Amsterdam wurde am 2. Oktober 1997 unterzeichnet und trat nach Abschluß der Ratifizierung am 1. Mai 1999 in Kraft.

Die großen Staaten (Deutschland[9], Großbritannien, Italien und Frankreich) entsenden jeweils 24 Vertreter in den AdR, Polen und Spanien jeweils 21. Die weitere Sitzzuteilung der anderen Mitglieder ist abgestuft bis hin zur kleinsten Gruppe aus Malta mit 5 Sitzen. Sollten Rumänien und Bulgarien wie zugesagt 2007 in die EU aufgenommen werden, so würde sich die Gesamtzahl auf 344 erhöhen mit jeweils 15 Sitzen für Rumänien und 12 für Bulgarien. Die Mitglieder sind jeweils für vier Jahre gewählt und schließen sich üblicherweise einer Fraktion und einem Fachausschuß an. Problematisch ist in diesem Zusammenhang die *außerordentliche Heterogenität* der Mitglieder, wenn etwa Vertreter von Millionenstädten mit Vertretern von sehr kleinen und ländlichen Gebietskörperschaften zusammenarbeiten.

Die reinen Zahlen sind zunächst rein deskriptiv, aber gleichwohl notwendig, um einen ersten Eindruck über die *faktische Größe* des AdR zu bekommen. Allerdings besagen sie noch nicht viel, wenn es um die Einschätzung der *tatsächlichen ordnungspolitischen Auswirkungen* des AdR geht. *Blanke* (2002, S. 16-21) weist nach, daß die parteipolitische Fraktionierung sich bislang in der täglichen Arbeit des AdR noch nicht nachteilig ausgewirkt hat.[10] Ähnlich wie beispielsweise in den Fach- oder Vermittlungsausschüssen im Parlament herrscht offenkundig eine gewisse Orientierung an Sachfragen vor und eine *konkordanzdemokratische* Grundauffassung. Im politischen Prozeß gibt es unweigerlich bestimmte Konfliktpotentiale zwischen gleichwertigen Interessen von Regionen, die es aufzulösen gilt. Werden die Interessen der anderen Seite zumindest dem Grundsatz nach als legitim anerkannt, so besteht eine Tendenz zu einer Güterabwägung in beiderseitigem Einvernehmen. Aus konstitutionenökonomischem Blickwinkel könnte man feststellen, daß also zumindest eine Kooperationsbereitschaft *auf der Ebene der grundsätzlichen Spielregeln* vorliegt.

Eine andere, in der Literatur bislang noch nicht geäußerte, Vermutung könnte ebenfalls die konsensorientierte Verhaltensweise innerhalb des AdR erklären, allerdings unter etwas anders gelagerten Gesichtspunkten. Angesichts der bislang noch vergleichsweise wenig beachteten Bedeutung des AdR im Vergleich zu den anderen europäischen Institutionen sind die Teilnehmer im AdR *geradezu zwangsläufig* auf eine gewisse Kooperation und Interessen*bündelung* angewiesen, um als lediglich beratende Institution dennoch politischen Einfluß zu gewinnen. Eine Interessenzersplitterung und ein dementsprechend uneinheitliches Auftreten, etwa gegenüber der Europäischen Kommission oder dem Rat, würden dem gemeinsamen Anliegen des AdR mit Sicherheit Schaden zufügen. Insofern wäre die Kooperation Grundvoraussetzung für erfolgreiches Handeln gegenüber anderen europäischen Institutionen.

---

[9] Deutschland ist beispielsweise untergliedert in 16 Bundesländer, 322 Landkreise und 117 kreisfreie Städte sowie ca. 12900 Gemeinden. Die Bundesvereinigung der kommunalen Spitzenverbände (Städtetag, Deutscher Landkreistag, Deutscher Städte- und Gemeindebund) entsenden ihre Vertreter (insgesamt 6) nach vorheriger Wahl in den AdR. Des weiteren entsenden alle Bundesländer Vertreter und Stellvertreter in den AdR. Die jeweils aktuelle Mitgliederliste ist abrufbar unter http://www.rgre.de/pages/del_rgre.htm

[10] Diese Information wurde dem Verfasser auch bei einem Besuch in der Baden-Württembergischen Landesvertretung in Brüssel im Dezember 2005 bestätigt. Die Bindung an eine Region scheint zumindest in grundsätzlichen Fragen mindestens gleichwertig zur Mitgliedschaft in einer bestimmten politischen Partei eingeschätzt zu werden.

2.3. Organe

Die entscheidenden Organe des AdR sind der Präsident[11] und sein Stellvertreter, das Präsidium sowie die Plenartagungen. Der auf zwei Jahre gewählte Präsident vertritt den AdR nach außen und leitet die Plenartagungen. Sein Einfluß ist nicht zu unterschätzen, da er maßgeblich auf einen Interessenausgleich zwischen den verschiedenen Regionen hinwirkt und als „neutraler" Vermittler auftritt. Aus jedem Land wird ihm ein Vizepräsident zur Seite gestellt, wovon einer zeitweilig eine hervorgehobene Position als erster Vizepräsident einnimmt.

Im Präsidium des AdR wirken insgesamt 56 Vertreter mit, namentlich Präsident und erster Vizepräsident, die 25 Vizepräsidenten der Mitgliedsländer sowie weitere 25 Ländervertreter und die vier Vorsitzenden der jeweiligen politischen Fraktionen. Diese Struktur ist Anzeichen dafür, daß eine möglichst breite Informationsbasis und Einflußnahme aller Teilnehmer bei den Entscheidungen des AdR angestrebt werden. Allerdings ist auch kritisch anzumerken, daß mit jeder EU-Erweiterung die Anzahl der Mitglieder weiter ansteigen wird. Ob dies im Sinne der bereits angesprochenen effizienzorientierten Entscheidungsfindung innerhalb des Ausschusses dauerhaft zweckmäßig ist, darf angezweifelt werden.

Im Präsidium geht es in erster Linie um die Erarbeitung des politischen Programms, um die Vorbereitung der Stellungnahmen des AdR sowie um die Vorbereitung der Plenartagungen. Das Präsidium wirkt damit in gewisser Hinsicht als *„agenda setter"* für regionalpolitische Fragestellungen. Die fünfmal im Jahr stattfindende Plenartagung gilt gewissermaßen als Vollversammlung des AdR. In ihr werden vor allen Dingen die Stellungnahmen des AdR verabschiedet und damit den europäischen Institutionen zur Kenntnisnahme zugeleitet. Die Plenartagungen des AdR haben ordnungspolitisch durchaus schon eine gewisse Eigendynamik erhalten, denn die dort ausgesprochenen Empfehlungen werden in den betroffenen Regionen mit großer Aufmerksamkeit aufgenommen und gelangen über die ins Europaparlament entsandten Parlamentarier auch unmittelbar in den politischen Entscheidungsprozeß. Damit ist der AdR unmittelbar Glied einer *indirekten politischen Wirkungskette* und hat *de facto* schon einen wichtigen Einfluß erlangt. Die entscheidungsrelevanten europäischen Institutionen können die Empfehlungen des AdR keinesfalls übergehen, wollen sie nicht den (erneuten) Vorwürfen des Demokratiedefizits und der Fixierung auf Brüssel (Zentralisierung) ausgesetzt werden.

2.4. Entscheidungskompetenzen und Befugnisse

Bei den Entscheidungskompetenzen und Befugnissen des AdR wird deutlich, daß es sich um eine Institution handelt, die noch keineswegs „fertig" ist, sondern die tatsächlich erst am Anfang eines in mancher Hinsicht offenen Entwicklungsprozesses steht. Dieser Prozeß umfaßt, ganz in *Hayek*'scher Diktion, gesetzte und spontane Ordnungselemente. Einerseits ist der AdR bemüht, *gezielt* auf bestimmte Entwicklungen hinzu-

---

[11] Präsident des AdR war von 2004 bis 2006 der Deutsche *Peter Straub*, der der Fraktion der Europäischen Volkspartei angehört. Sein Nachfolger ist der Franzose *Michel Delebarre*, Mitglied der sozialistischen Fraktion.

wirken, etwa wenn es um seine Befugnisse und Entscheidungskompetenzen geht. Hierbei war der AdR gerade auch im Verfassungskonvent außerordentlich aktiv und letztlich auch erfolgreich. Andererseits dürften zahlreiche *spontane Ordnungselemente* gewissermaßen eigenständig Wirkung entfalten. Wie sich beispielsweise die „politische Kultur" (vgl. *Blanke* 2002, S. 18 ff.) entwickeln wird, ist zum gegenwärtigen Zeitpunkt noch nicht absehbar; die langfristige Wirkungsmacht des AdR wird aber nicht zuletzt davon entscheidend abhängen. Ob eine dritte Ordnungsebene zwischen Nationalstaaten und Europa tatsächlich konsistent in einen Gesamtordnungsrahmen eingefügt werden kann, hängt nicht zuletzt davon ab, ob der Interessenausgleich zwischen den europäischen Funktionsträgern auch durch informelle Institutionen und Netzwerke mitgetragen wird.

Die Entscheidungsbefugnisse des AdR sind formalrechtlich bislang vergleichsweise schwach. Es handelt sich in erster Linie um sog. *Anhörungsbefugnisse.* Zudem hat der AdR ein *Selbstbefassungsrecht*, das heißt er kann sich in eigener Initiative mit Fragestellungen befassen, wenn seiner Meinung nach die Interessen der Regionen betroffen sind.[12] Dies bedeutet, daß der AdR in der prälegislativen Phase sowie in der Gesetzgebungsphase eingebunden ist. Der AdR kann bisher aber noch nicht konkret auf Entscheidungsbefugnisse der Europäischen Kommission, des Rates oder des Parlaments Einfluß nehmen. Gleichwohl dürfen die Anhörungsbefugnisse des AdR keinesfalls unterschätzt werden, da sie sich auf zentrale Ordnungsbedingungen der europäischen Integration beziehen. Außerdem gibt es zahlreiche *informelle Verknüpfungen* zwischen dem AdR und den verschiedenen Parlamenten (auf EU-Ebene und auf der Ebene der nationalen und regionalen Parlamente), die sich im Entscheidungsprozeß qualitativ auswirken können. Diese informellen Beziehungen sind in der täglichen Parlamentsarbeit von großer Bedeutung.[13]

Der AdR ist anzuhören in den Bereichen des wirtschaftlichen und sozialen Zusammenhalts, bei Bildung und Jugend, Kultur, Gesundheitswesen, Transeuropäischen Netzen, Verkehr, Beschäftigung, Sozialpolitik, Umwelt, bei Fragen des Europäischen Sozialfonds und bei der Berufsbildung. Jeder einzelne dieser Anhörungsbereiche umfaßt zahlreiche Details mit weitreichenden Rechts- und Ordnungsfragen. Denkt man beispielsweise an den gegenwärtigen „Bologna-Prozeß" der Angleichung von Hochschulabschlüssen, so wird deutlich, wie sehr gerade die deutschen Bundesländer (aber auch andere Regionen) auf ihre *Kulturhoheit* pochen und sich gegen eine zentral von Brüssel verordnete Vereinheitlichung von Studienabschlüssen wehren. Eine solche Vereinheitli-

---

[12] *Blanke* (2002, S. 10) betont, daß der AdR durch das Selbstbefassungsrecht geradezu zum „Vordenker gemeinschaftlicher Reformen" wird. Dies entspricht auch dem Selbstverständnis des AdR, etwa geäußert in einem Vortrag seines damaligen Präsidenten *Peter Straub* am 6. Januar 2005 in der Schweiz.

[13] Diese Auffassung wurde dem Verfasser auch in persönlichen Gesprächen im Europaparlament in Straßburg im Januar 2005 und in Brüssel im Dezember 2005 bestätigt. Alle deutschen Bundesländer errichten derzeit mit großem Aufwand Ländervertretungen in Brüssel, um sich für eine effektive Interessenvertretung „in Position zu bringen". Gerade angesichts der Osterweiterung der EU sind vor allem die wirtschaftsstarken Regionen (Bayern, Baden-Württemberg, Nord-Italien) daran interessiert, möglichst großen Einfluß auf die eigene Wirtschaftsentwicklung zu behalten.

chung wäre insbesondere dann kritisch zu beurteilen, wenn der gerade auch auf europäischer Ebene notwendige Wettbewerb der Bildungssysteme hierdurch eingeschränkt würde.

Es wäre jedoch naiv und keinesfalls sachgerecht, die Regionen stets als „David im Kampf gegen den Brüsseler Goliath" darzustellen. Gerade am Beispiel der transeuropäischen Netze wird beispielsweise deutlich, daß die Regionen sehr wohl in der Lage sind, die bestehenden europäischen Institutionen und Entscheidungskanäle zu ihren Gunsten zu nutzen, vor allem dann, wenn es um die Zuweisung von Subventionen oder Beihilfen geht (ausführlich *Wentzel* 2005b). So hat das ebenfalls in Maastricht 1992 ins Leben gerufene Projekt transeuropäischer Netze (TEN)[14] anfänglich eher bescheidene (und finanzierbare) Dimensionen umfaßt. Gerade bei dem TEN-Verkehr wurden einzelne Projekte europäischer Verkehrspolitik aufgelistet (sog. „Essener Liste" aus dem Jahre 1994), von denen sich die politisch Verantwortlichen einen besonderen „europäischen Mehrwert" versprachen. Dies führte jedoch zu einem Aufbegehren der Regionen, die bislang noch nicht mit TEN-Projekten bedacht worden waren. In der Folge führte dies zu einer Explosion transeuropäischer Verkehrsprojekte mit zum Teil mehr als merkwürdigen Auswüchsen, wenn etwa plötzlich die Autobahn Madrid – Barcelona zu einem „transeuropäischen Projekt mit besonderem europäischen Mehrwert" umdefiniert wurde – selbstverständlich in Erwartung eines europäischen Finanzierungsbeitrages. Diese Explosion der regionalen Ansprüche fand aber ohne jede Rückkopplung zu einer möglichen gesamteuropäischen Finanzierbarkeit statt, so daß die aktuelle TEN-Liste Verkehr eher eine regionalpolitische Wunschliste für das nächste Jahrhundert als eine ernst zunehmende ökonomische Verkehrsplanung darstellt.

Dieses Beispiel lenkt den Blick auf ein *grundsätzliches Ordnungsproblem* der europäischen Integration und auch des AdR. Bekanntlich werden in der Regionalpolitik unterschiedliche Ansätze verfolgt, nämlich *erstens* das Konzept aktiver Regional- oder Strukturpolitik mit Hilfe verschiedener staatlicher Finanzierungsinstrumente, etwa Steuervergünstigungen, Investitionszuschüsse oder ähnlichem. Bei dieser Politik geht es um die gezielte Förderung bestimmter Regionen mit dem Ziel einer (materiellen) Angleichung (Vereinheitlichung) der Lebensverhältnisse. Dies wird etwa deutlich in den sog. Kohäsionsfonds, von denen vor allem Spanien und Portugal profitierten. Es ist aber offensichtlich, daß eine solche Vorgehensweise *unter strukturellen Wissensmängeln* leidet: Welche Infrastrukturinvestition in welcher Region bringt den höchsten europäischen Zusatznutzen? Es ist zu vermuten, daß diese Form der Regionalpolitik geradezu zum Prototyp einer „*rent seeking society*" wird und Investitionsentscheidungen in höchstem Maße politisiert werden. Die damit verbundenen Ineffizienzen und volkswirtschaftlichen Verschwendungen sind von *Mancur Olson* in der „Logik kollektiven Handelns" (1968) hinreichend analysiert worden.

---

[14] Bei den transeuropäischen Netzen werden die drei Bereiche Verkehr, Telekommunikation und Elektrizität unterschieden. Es geht dem Grundsatz nach darum, europäische Infrastruktur zur Verfügung zu stellen, die sich privat nur schwer finanzieren und bereitstellen ließe. Ausführlich siehe *Wentzel* (2005b) und die dort angegebene weiterführende Literatur.

Ordnungspolitisch wäre ein alternatives Konzept der Regionalpolitik im *Wettbewerb der Regionen* zu sehen (siehe *Schüller* 1997).[15] Bei diesem Ansatz ginge es darum, einen verläßlichen Ordnungsrahmen für wirtschaftlichen Wettbewerb zu schaffen, dann aber die Regionen aus der europäisch garantierten Mittelzuweisung zu entlassen. Die Regionen müßten sich also weitgehend eigenständig bemühen, durch attraktive Standortbedingungen Investoren anzuziehen und somit die wirtschaftliche Leistungsfähigkeit zu steigern. Der AdR steht einem solchen wettbewerblichen Ansatz jedoch bislang eher skeptisch gegenüber und neigt – wie alle anderen europäischen Institutionen auch – eher zu einer Zentralisierung der Entscheidungskompetenzen und zu einer Betonung staatlicher Umverteilungsmechanismen. Dies wird beispielsweise deutlich im *Second Progress Report on Economic and Social Cohesion* (*European Commission* 2003, S. 6), in dem der AdR sich wie folgt äußert:

> „The Committee of the Regions, too, in its opinion of 10 October 2002, again emphasised the importance of regions lagging behind in their development, the coordination of Community policies and simplification. It noted that the European Commission regarded the threshold of 0.45% of Community GDP as a minimum for the financing of regional policy. It underlined the need for a transitional period of adequate support for regions that were likely to be the victims, following enlargement, of the statistical impact and took a stand in favour of an Objective 2 aimed at eliminating regional imbalances".

Die Verantwortung für die Verbesserung der wirtschaftlichen Verhältnisse einer Region wird also in gewisser Hinsicht vom AdR an „die Zentrale in Brüssel" weitergegeben und ist verbunden mit der Hoffnung auf weitere finanzielle Zuwendungen. Ob diese Verfahrensweise tatsächlich zweckdienlich ist, um die Wirtschaftsentwicklung eigenständig und nachhaltig zu fördern, darf insgesamt angezweifelt werden.

3. Der Ausschuß der Regionen als Hüter des Subsidiaritätsprinzips

3.1. Zur Wirkungsweise und Reichweite des Subsidiaritätsprinzips in der Europäischen Union

> „Wenn der Gemeinsame Markt zu einem europäischen Saint-Simonismus, zu einer europäischen Herrschaft des Apparats, zu einem europäischen Dirigismus großen Stils werden sollte, dann ist ein solcher europäischer Dirigismus nicht besser als ein nationaler, ja weit schlimmer, weil er ungehemmter, unentrinnbarer und umfassender sein würde."
>
> *Wilhelm Röpke* (1964, S. 119)

Ordnungspolitisch basiert die Europäische Union auf drei Stützpfeilern. *Erstens* geht es um die dauerhafte und diskriminierungsfreie Gewährleistung der *vier Grundfreihei-*

---

[15] Dies ist im Prinzip der amerikanische Ansatz der Regionalpolitik, bei dem die Einheitlichkeit der Lebensverhältnisse ausdrücklich *nicht* im Vordergrund der Bemühungen steht, sondern vielmehr eine Wahlmöglichkeit für die Bürger, die in den Bundesstaat mit dem für sie jeweils optimalen Mischungsverhältnis von Steuersätzen und öffentlichen Gütern abwandern. Ausführlich hierzu *Döring* (2000).

ten, wie sie in der Einheitlichen Europäischen Akte festgeschrieben wurden, namentlich der Freiheit des Waren- und Dienstleistungsverkehrs, des Kapitalverkehrs sowie des Personenverkehrs. *Zweitens* ist das Prinzip der Subsidiarität grundlegend, um eine dezentrale Wettbewerbsordnung zu erhalten und Zentralisierungstendenzen aus Brüssel wirksam zu begegnen. *Drittens* sind die Stabilitätsgrundlagen entscheidend, um eine dauerhafte und nachhaltige Wirtschaftsentwicklung (auch der Regionen) zu gewährleisten und zu verhindern, daß finanziell solide Länder durch dauerhafte Budgetkrisen anderer EU-Staaten geschädigt werden (siehe *Wentzel* 2005a und 2005c).

Für die vorliegende Fragestellung interessiert vor allem der Aspekt der *Subsidiarität*.[16] Der Vertrag von Maastricht stellt als erstes europäisches Rechtsdokument den Subsidiaritätsgedanken in den Mittelpunkt der zukünftigen europäischen Integration. *Pieper* (1994, S. 18) spricht vom Subsidiaritätsprinzip als der „goldenen Regel", *Schüller* (1997) von einem „Klugheitsprinzip", welches letztendlich europäische Arbeitsteilung ermöglicht. Die Debatte um Subsidiarität ist auch vor dem Hintergrund zu verstehen, daß mit der Öffnung Osteuropas 1989/90 die Erweiterung der EU über Westeuropa hinaus auf die politische Agenda kam und die Notwendigkeit entstand, eine ordnungspolitische Orientierung hierfür zu entwickeln. *Subsidiarität*, ein Begriff, der eigentlich der katholischen Soziallehre und einer liberalen Staatsauffassung entspringt, wurde dabei aber weniger ökonomisch, sondern eher als politisches Zweckmäßigkeitsprinzip interpretiert, dessen konkrete Deutung im Einzelfall zu prüfen wäre.

Das Subsidiaritätsprinzip ist formal in Artikel 5 des EU-Vertrages in seiner konsolidierten Form vom 24.12.2002 (Amtsblatt der Europäischen Gemeinschaft C/325/33) festgelegt und umfaßt drei Aspekte. *Erstens* geht es darum, die Zuständigkeiten der Gemeinschaft durch das Prinzip der *limitierten Einzelermächtigung* zu begrenzen. *Zweitens* wird das Subsidiaritätsprinzip im engeren Sinne auf *konkurrierende Zuständigkeiten* von Gemeinschaft und Mitgliedstaaten bezogen. *Drittens* wird die Umsetzung des Subsidiaritätsprinzips angedeutet unter Verweis auf das allgemeine Verhältnismäßigkeitsprinzip. Diese Ausführungen mögen juristisch im weitesten Sinne akzeptabel sein – ökonomisch sind diese Hinweise jedoch mehr als vage und unscharf. In Anlehnung an die „unbestimmten Rechtsbegriffe" der Jurisprudenz ist Subsidiarität eine „unbestimmte wirtschaftliche Orientierung", deren tatsächliche Durchsetzung einer institutionellen Fundierung bedarf.

Hervorzuheben ist, daß der Begriff der Subsidiarität dem Grundsatz nach eine marktwirtschaftliche und wettbewerbsfreundliche Ausrichtung enthält und einer liberalen Rechtsauffassung entspringt. Es geht einerseits um den Schutz des Individuums vor staatlicher Einflußnahme (individuelle Dimension der Subsidiarität), andererseits aber auch um die Bestimmung genereller staatlicher Aufgabenfelder (Bedeutung der Subsidiarität als Ordnungsprinzip in einem föderalen Staatsaufbau bzw. in einem Staatenbund

---

[16] Eine detaillierte ordnungsökonomische Analyse des europäischen Subsidiaritätsprinzips findet sich bei *Döring* (1996). Es ist dabei aufschlußreich, daß *Döring* den AdR (vor dem Hintergrund des Jahres 1996) noch überhaupt nicht mit dem Subsidiaritätsprinzip in Zusammenhang bringt. Ebenfalls einschlägig ist der Beitrag von *Schüller* (1997). Die aktuelle Situation des AdR aus juristischer Perspektive präsentiert *Blanke* (2002).

mit legislativen Befugnissen). Zudem ist zu bestimmen, wie und *mit welchen Mitteln* der Staat oder supranationale Organisationen ihren Aufgaben nachkommen sollen. Die Gegner eines marktwirtschaftlich-wettbewerblich ausgerichteten europäischen Integrationsprozesses leiten hieraus häufig einen Gegensatz zu anderen Zielen her, namentlich der staatlich bereitgestellten und verteilungspolitisch motivierten sozialen Gerechtigkeit. Diesem Vorwurf kann jedoch gerade auch mit Verweis auf die katholische Soziallehre wirksam begegnet werden.

Im Subsidiaritätsprinzip direkt enthalten ist der Gedanke der *fiskalischen Äquivalenz.* Durch eine möglichst bürgernahe und an den lokalen Gegebenheiten ausgerichtete Bereitstellung öffentlicher Güter sollen eine nachhaltige und sparsame Mittelverwendung gewährleistet und die öffentlichen Kassen insgesamt geschont werden. Allerdings ist mehr als fraglich, ob die von Ökonomen so geschätzte fiskalische Äquivalenz tatsächlich auch mit den Präferenzen der politisch Handelnden kongruent ist. So hat *Willgerodt* (2005) jüngst gezeigt, daß die Durchbrechung des Äquivalenzprinzips geradezu Handlungsmaxime der Politik ist, weil nur so im politischen Prozeß Wahlversprechen durchgesetzt werden können, die realwirtschaftlich eigentlich gar nicht finanzierbar wären. *Willgerodt* spricht in diesem Zusammenhang völlig zu Recht von einer „Inflation ungedeckter Rechte". Aus diesem Blickwinkel ist die Ausrichtung an der fiskalischen Äquivalenz im AdR auch *nur schwer nachweisbar*, weil der AdR in seiner Regionalpolitik Einfluß auf die Mittelverwendung der Regionalfonds nimmt, die aus dem EU-Haushalt kommen, er aber keinen eigenständigen Finanzierungsbeitrag aufbringen muß. Damit besteht die Gefahr, wie auch in anderen europäischen Politikbereichen, daß politische Wünsche unabhängig von Finanzierungsfragen diskutiert werden (*Wentzel* 2005a). Dies führt aber regelmäßig – wie am Beispiel der Transeuropäischen Netze Verkehr demonstriert – zur Ausweitung der Wunschlisten ins Uferlose.

Im Anschluß an *Schüller* (1997) ist auf drei unterschiedliche Dimensionen von Subsidiarität hinzuweisen, die gerade auch im Zusammenhang mit dem AdR von Interesse sind. *Erstens* geht es um die *subsidiäre Kompetenz*, nach der jeder das Recht und die Pflicht hat, seine eigenen Zuständigkeiten wahrzunehmen. *Schüller* spricht in diesem Zusammenhang von einer Subsidiarität „von unten". *Zweitens* gibt es eine *subsidiäre Assistenz* als eine Hilfe der personnächsten Ebene zur Selbsthilfe. Und *drittens* ist auf die *subsidiäre Revision* hinzuweisen, also auf die grundsätzliche Bereitschaft, getroffene Subsidiaritätsentscheidungen stets neu zu überprüfen, wenn sich gegebenenfalls die Voraussetzungen geändert haben könnten.

Angewandt auf den AdR kann festgestellt werden, daß Kompetenzen bisher erst im Bereich der subsidiären Kompetenz und Assistenz vorliegen. Der AdR ist über die Anhörungsbefugnisse und das Selbstbefassungsrecht in der Lage, seinen spezifischen Wissensvorsprung um die besonderen Zusammenhänge von Ort und Zeit in den Gesetzgebungsprozeß einzubringen. Die europäischen Institutionen hingegen müssen durch das Prinzip der begrenzten Einzelermächtigung stets nachweisen, daß sie in einem spezifischen Fall eine überlegene Kompetenz für die Regelung eines Problems besitzen. Das Verfahren selbst beruht jedoch eher auf den informellen Institutionen des Meinungsaustausches, da der AdR im Konfliktfall (noch) über keine rechtliche Handhabe verfügen würde, etwa gegen die Europäische Kommission oder den Rat zu klagen.

Damit ist direkt auch das Problem der subsidiären Revision angesprochen, welches bisher im AdR noch nicht wirksam verwirklicht ist. Zwar könnte der AdR ein abgeschlossenes Gesetzgebungsverfahren formal nicht mehr öffnen, jedoch könnte er durch sein Selbstbefassungsrecht jedes beliebige Thema wieder erneut zur Sprache bringen und in einem Gutachten der Öffentlichkeit zuführen. Mit Hilfe der regionalen Medien, der EU-Parlamentarier sowie der Landesparlamente kann unter Umständen eine sehr große Aufmerksamkeit erzielt werden, der sich auch der Rat und die Kommission nicht entziehen können. Ob der EuGH tatsächlich eine Klage des AdR abweisen würde, ist unter Europa-Rechtlern umstritten. In einem gravierenden Fall einer regionalen Interessenverletzung spräche einiges dafür, daß sich der EuGH einem sachlich begründeten Anliegen einer Region kaum verschließen würde.

3.2. Zur Stellung des Subsidiaritätsprinzip in der Europäischen Verfassung

Der AdR gilt gewissermaßen als die „institutionelle Einbettung des Subsidiaritätsprinzips" (vgl. *Blanke* 2002, S. 49 ff.) und – im Anschluß an *Erwin Teufel* – als „Subsidiaritätsgewissen der Europäischen Union"[17]. Tatsächlich ist der AdR jedoch bisher noch ein ziemlich „zahnloser Tiger", weil er zumindest für den Konfliktfall nicht über schlagkräftige Instrumente zur Sicherung des Subsidiaritätsprinzips verfügt. Der AdR ist ordnungspolitisch bisher eine Art von Schönwetterveranstaltung, da seine Wirksamkeit auf informellen Verknüpfungen und Netzwerken und seiner Wahrnehmung in der Öffentlichkeit beruht. Die Härtung des AdR über die bestehenden rechtlichen Grundlagen des Maastrichter Vertrages ist deshalb eine der wichtigsten politischen Anliegen der Vertreter des AdR (siehe *Straub* 2005).

Der Versuch, den AdR insgesamt in seiner Position zu stärken, ist direkt mit dem Verfassungskonvent der Europäischen Union verbunden. Im Anschluß an das Scheitern der Konferenz von Nizza war klar, daß die ordnungspolitischen Grundlagen der Union dringend einer Revision bedurften, um grundsätzlich noch handlungsfähig zu bleiben (vgl. *Borchardt* 2002). Im Verfassungskonvent von *Laeken* ging es vor allen Dingen darum, die Entscheidungsgrundlagen der EU an die Osterweiterung und die größere Mitgliederzahl anzupassen. Der AdR entsandte insgesamt sechs Vertreter in den Konvent, um seinem spezifischen Anliegen im Verfassungsprozeß Gehör zu verschaffen und den Subsidiaritätsgedanken zu stärken.

Die Verfassung kann ordnungspolitisch sicherlich in vieler Hinsicht kritisch gesehen werden (etwa *Kortenjann* und *Apolte* 2006; *Blankart* 2005). Bezogen auf die vorliegende Fragestellung des AdR, beinhaltet die Verfassung jedoch ein klares Bekenntnis zur Subsidiarität als grundlegendem Ordnungsprinzip der Union (Art I, 11, Abs. 3 Verfassungsentwurf) sowie zu einer Stärkung des AdR, dessen Befugnisse als beratende Funktion in Art I, 32 (Abs. 1 und 2) spezifiziert werden. Besonderer Erwähnung wert ist hier

---

[17] *Erwin Teufel* betonte dies am 11. Mai 2005 während eines Vortrags an der Hochschule Pforzheim zum Thema: „In welcher Verfassung ist Europa?" *Erwin Teufel* war als Baden-Württembergischer Ministerpräsident Mitglied der dreiköpfigen deutschen Delegation im Europäischen Verfassungskonvent. Die Durchsetzung eines eigenständigen Klagerechts des AdR im Falle einer Verletzung des Subsidiaritätsprinzips ist für *Teufel* der Kernpunkt einer Europäischen Verfassung.

auch der Art I. 32 (Abs. 4), der die Weisungsunabhängigkeit des AdR-Mitglieder garantiert: „Sie [die Mitglieder des AdR, D.W.] üben ihre Tätigkeit in voller Unabhängigkeit zum Wohle der Union aus". Bei der Begründung dieser Regel verweisen die Mitglieder des AdR ausdrücklich auf die sehr positiven Erfahrungen mit einer weisungsunabhängigen Gerichtsbarkeit sowie einer autonomen Europäischen Zentralbank, die sich unabhängig vom politischen Tagesgeschäft auf ihre eigentliche Kernaufgabe konzentrieren kann.

Darüber hinaus enthält der Verfassungsentwurf eine Präzisierung der Zuständigkeiten (ausschließliche oder geteilte) innerhalb der Union (Art. I, 13 und Art I, 14).[18] Besonders hervorzuheben ist, daß dem AdR ein *Klagerecht* vor dem Europäischen Gerichtshof eingeräumt wird, wenn er seine Interessen durch die Europäische Kommission, den Rat oder das Parlament verletzt sieht. Das Klagerecht des AdR ist in der Tat eine sehr interessante ordnungspolitische Weichenstellung, die von der potentiellen Wirkungsrichtung zumindest von Ökonomen und auch von Regionalpolitikern durchaus positiv gewürdigt wird.[19] *Straub* (2005) betont dieses Klagerecht auch als besonderen Erfolg des AdR und leitet hieraus seine Zustimmung zur Europäischen Verfassung ab. Dem AdR würde hierdurch, so *Straub*, ein „scharfes Schwert" zur Verfügung gestellt, mit dem es aber verantwortungsvoll umzugehen gälte. Diese Klagemöglichkeit ist zudem mit einer engen zeitlichen Frist von zwei Wochen nach Verabschiedung einer europäischen Gesetzesinitiative ausgestattet, so daß einem Anliegen des AdR sofort Rechnung getragen werden müßte. Die im Gesetzgebungsprozeß beteiligten Institutionen könnten ein Anliegen des AdR also nicht auf die lange Bank schieben und politisch „aussitzen". Damit hätte der AdR *de facto* eine Möglichkeit, durch ein *implizites Veto-Recht* direkt in den Gesetzgebungsprozeß einzuwirken.

Ob die verfassungsrechtlichen Innovationen aber tatsächlich eine positive Wirkung im Sinne des Subsidiaritätsprinzips entfalten könnten, ist gleichwohl nicht eindeutig zu klären. Nach wie vor existieren eine *extreme Heterogenität* der staats- und verfassungsrechtlichen Grundlagen innerhalb der Nationalstaaten sowie große Unterschiede in der wirtschaftlichen Leistungsfähigkeit der Regionen (siehe *European Commission* 2003). Es besteht die Befürchtung, daß für viele vergleichsweise ärmere Staaten aus Osteuropa der Zugang zu den entsprechenden Kohäsionstöpfen ein wichtiges Motiv für den Zugang zur EU ist. Je weiter die EU sich nach Osten ausbreiten wird, um so mehr dürften diese Heterogenitäten zunehmen. Schon mit *Wilhelm Röpke* (1954, S. 105 f.) ist aber daran zu erinnern:

> „... daß ein intensiver Wirtschaftsverkehr, der ja eine weitgestaffelte Arbeitsteilung und damit eine starke wechselseitige Abhängigkeit der Individuen einschließt, sich nur unter einer wesentlichen Voraussetzung entwickeln und erhalten kann. Die sich in diese Abhängigkeit Begebenden müssen sich in einem ihre Tauschbeziehungen und ihre daraus

---

[18] Allerdings wäre zu prüfen, ob die Zuständigkeiten tatsächlich den politischen Realitäten und wirtschaftlichen Machbarkeiten entsprächen. Zu einer Diskussion siehe *Blankart* (2005).

[19] Eine interessante Gegenposition findet sich bei *Blanke* (2002, S. 57 ff.): „Eine Klagebefugnis des AdR zur Wahrung des gemeinschaftlichen Subsidiaritätsprinzips ist hingegen abzulehnen." *Blanke* befürchtet eine politische Instrumentalisierung der Klagebefugnis mit weiteren Ineffizienzen für die Entscheidungsfähigkeit der Union.

fließenden Ansprüche formell und materiell schützenden Rahmen moralisch-rechtlich-institutioneller Art geborgen fühlen, und zwar so weit, daß sie die mit diesem wohlstandssteigernden Verkehr verbundenen Risiken fortgesetzt auf sich nehmen können. ... Die wirtschaftliche Integration ... setzt immer eine entsprechende außerwirtschaftliche, ‚soziale' Integration im Sinne der genannten Rahmenbedingungen voraus."

Die „soziale" Integration im *Röpke*'schen Verständnis dürfte aber mit fortschreitender Osterweiterung immer schwieriger werden, der innere Zusammenhalt (Binnenintegration) im Sinne eines wechselseitigen Vertrauens in die Regelbefolgung der anderen Länder tendenziell abnehmen. Es könnte sich insbesondere als ordnungspolitisch problematisch erweisen, wenn ärmere Regionen das Klagerecht des AdR als „Erpressungsinstrument" mißbrauchen, um eigene Interessen einer kurzfristigen Mittelzuweisung auch gegen ein langfristiges europäisches Gesamtinteresse durchzusetzen. Dann würde der ebenfalls im Verfassungsentwurf angelegte Versuch, die Entscheidungsprozesse effizienter zu gestalten, ins Gegenteil verkehrt. Es käme zu einer weiteren Komplizierung des Gesetzgebungsprozesses und möglicherweise sogar zu einer zusätzlichen Politikblockade. Hierdurch wäre der europäischen Integration aber kein Dienst erwiesen.

4. Zur besonderen Problematik der dritten Ebene in der EU

4.1. Globalisierung oder Glokalisierung?

Regionale Wirtschaftsintegration ist immer im Kontext mit globaler Wirtschaftsintegration im Sinne der Spielregeln der Welthandelsorganisation (WTO) zu diskutieren. Die Ordnungsfragen der Globalisierung sind hinlänglich diskutiert (vgl. etwa *Biskup* 1996; *Wentzel* 1999; *Sinn* 2005). Die unbedingte Meistbegünstigung und die Nicht-Diskriminierung sind als Prinzipien des Welthandels nach wie vor grundlegend, um eine internationale Tausch-, Preis- und Zahlungsgemeinschaft zu fördern. Eine regionale Wirtschaftsintegration, etwa eine Freihandelszone wie die NAFTA oder eine Wirtschafts- und Währungsunion wie die EU, ist *dann und nur dann* mit den Spielregeln der WTO in Einklang zu bringen, wenn die handelsschaffenden insgesamt die handelsumlenkenden Effekte überwiegen. Üblicherweise wird dies bei der europäischen Integration angenommen.

Allerdings ist Globalisierung keineswegs eine ordnungspolitische Einbahnstraße. Die fortschreitende internationale Arbeitsteilung geht zugleich einher mit einer Wiederbesinnung auf regionale und kommunale Wirtschaftseinheiten. „*Think global, act local*" ist eine oftmals verwendete Formulierung für einen Sachverhalt, mit dem die wieder zunehmende Nachfrage der Verbraucher nach regionalen (lokalen) Bezügen gekennzeichnet wird. In der sozialwissenschaftlichen Literatur ist hierfür der treffende Begriff der „Glokalisierung" geprägt worden (vgl. *Dahrendorf* 2002). Allerdings sind bezüglich der (politischen) Regionalisierung auch immer wieder kritische Stimmen festzustellen. Die Regionalisierung steht teilweise im Verdacht, durch ihre Rückbesinnung auf die Region den europäischen Integrationsprozeß zu stören und eventuell sogar zu untergraben. Solche Vermutungen wurden schon früh geäußert, und Subsidiarität in diesem Sinne wurde gar als vermeintlich „trojanisches Pferd" innerhalb des Integrationsprozesses charakterisiert (*Siedentopf* 1995, S. 9). Nicht auszuschließen wäre sogar die Gefahr einer Rückkehr zu einer Form von „Kleinstaaterei" mit den hiermit einhergehenden ökonomischen Ineffizienzen. Auch *Dahrendorf* (2002, S. 28 ff.) sieht die zunehmende Tendenz zur Regionalisierung sehr kritisch:

> „Das Phänomen, das wir gegenwärtig beobachten, ist nicht der Lokalismus im engeren Sinn, sondern vielmehr der Regionalismus, den ich ganz besonders ablehne, weil er die Werte der liberalen Ordnung auf heimtückische Weise bedroht. Wenn es nur um die Selbstbestimmung von Städten und Gemeinden ginge, wäre das Problem weniger brisant. Aber hier treten angebliche Verfechter einer regionalen Autonomie oder – in extremen Fällen – sogar Befürworter der ethnischen Säuberung auf den Plan."

Dahrendorf (2002) warnt explizit vor einem „regionalistischen Romantizismus, der nichts liberales an sich hat" und der in der besonderen Gefahr steht, das Zusammengehörigkeitsgefühl zur übergeordneten europäischen Idee zu vernachlässigen.

Ordnungspolitisch betrachtet, sind die Einwände gegen einen fortschreitenden Regionalismus durchaus von Bedeutung. Seit der Geburtsstunde der europäischen Integration mit der Gründung der Europäischen Gemeinschaft für Kohle und Stahl (EGKS) gibt es eine Dualität der Entscheidungsträger und Interessen, die systematisch konfligieren. Einerseits ist die Europäische Kommission als genuin europäisches Organ Hüterin der Verträge und des übergeordneten Interesses, andererseits ist der Europäische Rat nach wie vor die Versammlung der Vertreter der nationalstaatlichen Interessen. Und das europäische Parlament ist – trotz der verschiedenen Aufwertungen durch die Verträge von Maastricht und Amsterdam – nach wie vor kein Parlament im Verständnis einer echten Demokratie mit durchgreifenden Entscheidungsbefugnissen. Bis heute ist die Frage ungeklärt, ob die Europäische Union ein Staatenbund oder ein Bundesstaat sein will (vgl. *Wentzel* 2005a).

Der „Geburtsfehler" der EU hat sich in der Vergangenheit allerdings nicht so gravierend ausgewirkt, weil zumindest anfänglich die materiellen Vorteile einer ökonomischen Integration für alle Beteiligten Anreiz genug war, sich den Regeln eines Gemeinsamen Marktes zu unterwerfen. Jede der „westeuropäischen" Erweiterungsrunden, in denen Länder wie Großbritannien (1973), Spanien (1986), Österreich und Finnland (1995) aufgenommen wurden, hat diesen materiellen Anreizen keineswegs geschadet, sondern diese sogar noch gefördert. Das Binnenmarktprogramm mit der Durchsetzung der Grundfreiheiten hat sich als erfolgreicher wirtschaftlicher Integrationsmotor ausgewirkt. Diese grundlegende Logik hat sich jedoch mit der Öffnung des eisernen Vorhangs 1990 maßgeblich geändert. Wenngleich die ökonomischen Vorteile der Osterweiterung nach wie vor die möglichen Nachteile überwiegen, so ergeben sich doch für einige (westeuropäische) Länder finanzielle Einbußen, zumindest bei der Mittelzuweisung aus europäischen Subventionstöpfen (etwa Spanien oder Portugal). Ehemalige Nettoempfänger von Kohäsionszahlungen und Strukturfonds werden plötzlich zu Nettozahlern. Hochlohnländer wie Deutschland und Frankreich sehen sich plötzlich mit einem qualitativ hochwertigen Arbeitsangebot aus Niedriglohnländern konfrontiert. Die grundsätzliche Bereitschaft, die Osterweiterung positiv zu sehen, ist in den Hochlohnländern sicherlich geringer, da eine finanzielle Kompensation nicht mehr ohne weiteres gegeben ist (vgl. hierzu *Noelle-Neumann* und *Köcher* 2002).

Angesichts des gescheiterten Verfassungsreferendums in Frankreich und in den Niederlanden ist klar, daß die Entscheidungen innerhalb der Union auch zukünftig auf der Rechtsgrundlage des Nizza-Vertrages getroffen werden müssen. Dieser Vertrag ist jedoch mehr als kritisch zu sehen, weil er die Trennlinie zwischen „alten und neuen Europäern" perpetuiert und auch ordnungspolitische Absurditäten wie die gemeinsame Agrarpolitik dauerhaft erhält. Hauptkritikpunkt ist, daß die grundlegenden Entscheidungen über ordnungspolitische Weichenstellungen und finanzielle Zuwendungen nach wie vor *hinter verschlossenen Türen im Europäischen Rat* getroffen werden. Dieses Prozedere steht zu Recht unter dem Vorwurf des Demokratiedefizits. Gleichzeitig ist die Kommission als europäisches Organ ebenfalls nur begrenzt geeignet, konsistente Rahmenbedingungen zu generieren und durchzusetzen. Die Kommission hat es nicht geschafft, sich in grundlegenden Fragen der Stabilitätspolitik gegen nationale Egoismen zu behaupten und den Stabilitätspakt zu sichern (vgl. *Wentzel* 2005a). Ebenfalls hat die Kommission es nach der Osterweiterung nicht geschafft, sich auf eine vernünftige Mitgliederzahl zu reduzieren, was die Effizienz und Glaubwürdigkeit nachhaltig hätte steigern können.

Die europäische Entscheidungsebene ist also nach wie vor zersplittert, und die nationale Entscheidungsebene scheint wieder an Bedeutung zu gewinnen, wie die Referenden in Frankreich und den Niederlanden deutlich unterstrichen haben. Es ist unter diesem Gesichtspunkt kaum vorstellbar, daß eine dritte (regionale) Entscheidungsebene, in der 344 regionale Entscheidungsträger vornehmlich ihre spezifischen Interessen durchsetzen wollen, zu einem konsistenten Gesamtprozeß beitragen kann. Aus der Föderalismustheorie ist hinlänglich bekannt, daß eine widerspruchsfreie Mehr-Ebenen-Ordnung nur dann funktionieren kann, wenn ein *grundsätzlicher Gleichlauf* der Interessen zumindest möglich ist. Dies ist auf konstitutioneller Ebene bei den bisherigen zwei Entscheidungsebenen der EU nur begrenzt der Fall. Es ist bislang kaum vorstellbar, wie eine dritte (regionale) Entscheidungsebene zu einer Vergrößerung der Interessenharmonie beitragen kann.

Gleichwohl könnte die Betonung einer dritten Ebene einen Versuch wert sein: *Wenn* das Klagerecht des AdR tatsächlich zu einer Stärkung des Subsidiaritätsprinzips beitragen könnte und *wenn* die ärmeren Regionen tatsächlich der Versuchung widerstünden, den AdR als eine Erpressungsmaschine für mehr Subventionen zu mißbrauchen, *dann* könnte zumindest eine Politik verhindert werden, die die Handlungsspielräume der lokalen und regionalen Gebietskörperschaftsebenen unzulässig einschränkt.

4.2. Die Perspektive der Neuen Politischen Ökonomik

Der AdR hat, wie weiter oben bereits erläutert, grundsätzlich einen „gemeinwohlorientierten Handlungsauftrag". Es gehört jedoch mittlerweile zum Standard ökonomischer Theoriebildung, eine solche politisch vorgegebene Gemeinwohlorientierung zumindest einer kritischen Analyse zu unterziehen (siehe *Brennan* und *Buchanan 1993*; *Wentzel* und *Wentzel* 1998).

Ausgangspunkt einer polit-ökonomischen Betrachtungsweise ist die Interessenlage der AdR-Mitglieder. Die Weisungsunabhängigkeit versetzt die AdR-Mitglieder in die vergleichsweise komfortable Situation, direktem politischem Druck ausweichen zu können. Die Mitglieder sind zudem nebenamtlich tätig und widmen nur einen Teil ihrer Arbeitszeit der Mitarbeit im AdR. So ist beispielsweise die Oberbürgermeisterin der Stadt Frankfurt am Main, *Petra Roth*, in erster Linie für die Belange ihrer Stadt verantwortlich und erst an zweiter Stelle als Mitglied des Deutschen Städtetages in den AdR entsandt. Aus diesem Blickwinkel wäre zu vermuten, daß die Interessenverfolgung primär dem eigentlichen Arbeitgeber und Aufgabenfeld gewidmet wird und erst nachfolgend eine intensive Beschäftigung mit dem Aufgabenfeld des AdR erfolgt.

Der relative „Erfolg" der AdR-Mitglieder hängt weniger von einer vergleichsweise „objektiven" Gesamtbetrachtung ab, sondern in erster Linie von der Einschätzung ihrer spezifischen Wählerschaft. Was hat ein Abgeordneter konkret für seine Region erreicht und durchgesetzt? Geht es einer Region besser oder schlechter als vor der Einsetzung eines spezifischen Mitgliedes? Hat sich der Entwicklungszustand einer Region A im Vergleich zu einer Region B verbessert oder nicht? Geht man von der realistischen Annahme aus, daß jedes AdR-Mitglied an einer positiven Handlungsbilanz interessiert ist, um die weitere berufliche Entwicklung zu fördern, so spricht manches dafür, daß es im AdR doch zu einem Wettlauf um finanzielle Zuwendungen kommen wird. Diese Tendenz dürfte um so mehr verstärkt werden, weil die Finanzierungen in der Regel nicht selbst aufgebracht werden müssen, sondern von dritter Seite, nämlich der EU-Kommission, zugewendet werden. Eine solche Divergenz zwischen Einnahmen- und Ausgabenkompetenz ist aus ökonomischer Perspektive ausgesprochen kritisch zu bewerten, da sie regelmäßig zu einer Inflation der Ansprüche führt.

Betrachtet man die berufliche Stellung der AdR-Mitglieder, so handelt es sich bei den meisten um hohe Verwaltungsbeamte oder Berufspolitiker. Diese werden üblicherweise nach fest vorgegebenen Sätzen – die der Öffentlichkeit bekannt sind – bezahlt. Damit scheidet Einkommensmaximierung als Verhaltensmotiv der AdR-Mitglieder aus, und es gewinnen Anreize und Ziele an Bedeutung, wie sie aus der ökonomischen Bürokratie-Theorie, etwa im Anschluß an *Downs* oder *Niskanen*, bekannt sind. Die Ausweitung des zugewiesenen Budgets und der Aufgabenfelder führen zu einer selbstverstärkenden Wachstumsdynamik von Bürokratien. Eine solche (Selbst-)Ausweitung von Bürokratien ist sogar in Fällen beobachtet worden, wo der eigentliche Grund für die Einrichtung einer Bürokratie schon längst entfallen war („*Parkinson*'sches Gesetz"). Tatsächlich ist in den letzten Jahren ein starkes Wachstum der Tätigkeit des AdR empirisch festzustellen. Dies würde für eine Bestätigung der bürokratietheoretischen Vermutung sprechen. Allerdings ist dies kausal nicht unbedingt in einen Zusammenhang zu bringen, da der AdR ja erst in jüngerer Zeit mit dem Schutzauftrag zu Wahrung des Subsidiaritätsprinzips versehen wurde, was für sich genommen schon zu einer Zunahme des politischen Gewichts führen mußte. Eine längerfristige empirische Betrachtung wird hier notwendig sein, um zu eindeutigen Aussagen zu gelangen.

Aus polit-ökonomischer Perspektive ist jedenfalls eine skeptischere Sichtweise des AdR angeraten als dies bei einer ausschließlichen Gemeinwohlorientierung der Fall wäre. Allerdings erscheint es ebenfalls nicht zweckmäßig, die AdR-Mitglieder ausschließlich als nutzen- und einflußmaximierende *homines oeconomici* zu charakterisieren und daraus „ökonomistisch" auf den Mißerfolg des AdR zu schließen. Es wird in der Tat davon abhängen, wie sich die „politische Kultur" im AdR entwickeln wird, die durch vielfältige Einflußfaktoren bestimmt wird. Ein rücksichtsloser „Regional-Egoismus" jedenfalls würde dem gemeinsamen Anliegen und damit dem konstitutionellen Gesamtinteresse aller Teilnehmer schaden. Damit ist ebenfalls kaum zu rechnen.

5. Zusammenfassung

Das Subsidiaritätsprinzip, einer der ordnungspolitischen Stützpfeiler der europäischen Integration, ist auch mehr als zehn Jahre nach dem Vertrag von Maastricht noch nicht hinreichend spezifiziert und mit Durchschlagskraft versehen. Es hat nach wie vor eher die Form eines *unbestimmten Rechtsbegriffes innerhalb des europäischen Rechts*, der aber offensichtlich nicht genügend justiziabel ist, um die gewünschten Funktionen zu erfüllen. Im Verfassungsentwurf ist daher der Versuch unternommen worden, das Subsidiaritätsprinzip in der Realität zu stärken. Entscheidendes Instrument hierzu war der Ausschuß der Regionen, der als Subsidiaritätsgewissen der EU ausgebaut werden sollte.

Der AdR hat *de facto* in seiner bisherigen (kurzen) Geschichte noch nicht entscheidend zur Durchsetzung des Subsidiaritätsprinzips beigetragen. Der harte Vorwurf der „politischen Folklore" (*Isensee* 1994) war zumindest anfänglich nicht unberechtigt. Gleichwohl hat der AdR im Zeitablauf deutlich an Gewicht gewonnen und dazu beigetragen, daß die entscheidungsführenden europäischen Institutionen sich zumindest nicht ausdrücklich gegen die Interessen einzelner Regionen entscheiden konnten. Der AdR ist in diesem Sinne zu verstehen als ein Anwalt von Regionen, wenn diese sich durch den Brüsseler Gesetzgebungsprozeß in ihren Rechten eingeschränkt fühlen. Dem Anwalt fehlt es bisher aber noch an dem wichtigsten anwaltlichen Instrument: einer unabhängigen Klagebefugnis. Diese ist zwar in der Europäischen Verfassung vorgesehen, aber aufgrund der Unsicherheit über die weitere Entwicklung des Ratifizierungsprozesses noch nicht eindeutig rechtlich verankert.

Jacques Delors, der neben seiner besonderen Rolle in der Gestaltung und Durchsetzung des Binnenmarktprogramms in den achtziger Jahren auch erster Präsident des AdR in dessen erster Plenarsitzung im Jahre 1994 war, sagte dem AdR voraus, daß er ein „einzigartiges Element im institutionellen Schachbrett der EU" sein werde und daß er eine ganz spezielle Macht ausüben werde, die „auf seiner besonderen Expertise und seinen Einflußmöglichkeiten" beruhe (*Ausschuß der Regionen* 2004, S. 59). Solange noch keine *de jure* einklagbaren Rechtswege bestehen, ist der AdR auf informelle Institutionen der Einflußnahme angewiesen, wie etwa den „Club der Freunde der Subsidiarität". Die bisherigen Erfahrungen mit dem AdR und Erkenntnisse über die Wirkungsweise informaler Institutionen zeigen jedoch, daß diese Einflußkanäle keineswegs unterschätzt werden sollten.

Der AdR hat aber bisher nur wenig konkret nachweisbare Aktionen unternommen, um dem Subsidiaritätsprinzip *in seiner liberalen Staatsauffassung* zur Durchsetzung zu verhelfen. Dies ist kritisch zu vermerken. Auch der AdR stellt Finanzforderungen, um seine regionalpolitischen Ziele durchzusetzen, immer mit Verweis auf den allgemeinen EU-Haushalt. Der AdR steht damit in der großen Gefahr, ebenfalls zu einer „europäischen Verteilungsmaschine" zu werden. Ob hierdurch aber langfristig tatsächlich der europäischen Integration gedient ist, kann bezweifelt werden. Immerhin ist mehr als auffällig, daß in Frankreich beim negativen Verfassungsreferendum gerade die Regionen außerordentlich heftig gegen den Verfassungsentwurf gestimmt haben, die in der Vergangenheit *in besonderer Weise von materiellen Zuweisungen der Regionalpolitik der EU* profitiert haben. Allein mit Subventionsgeldern kann man offensichtlich eine Zustimmung zu Europa nicht erkaufen.

So kann mit *Döring* (1996) abschließend festgestellt werden:

> „Aus ökonomischer Sicht liegt daher die Einrichtung einer Kontrollinstanz nahe, die unabhängig von politischen Einflüssen die Einhaltung des Subsidiaritätsprinzips prüft."

Dies könnte dem Grundsatz nach der AdR mit den rechtlichen Befugnissen sein, wie sie im Verfassungsentwurf angelegt sind. Ob die Verfassung aber jemals ratifiziert wird, ist derzeit noch vollkommen offen. Wenn die Verfassung allerdings dauerhaft scheitert oder zumindest langfristig blockiert wird, so ist zu vermuten, daß der AdR und mit ihm vor allem die *konstitutionellen Regionen* die Umsetzung dieser Rechte auf anderem Wege erreichen wollen. Ob dies langfristig zu einer Stärkung der Subsidiarität führt oder aber eher zu einem Wettlauf der regionalen Egoismen, hängt von der Nutzung dieser Rechte durch die einzelnen Abgeordneten ab. Überlegungen der ökonomischen Theorie der Politik und bisherige empirische Erfahrungen – etwa in der Verkehrs- und Regionalpolitik – zeigen, daß es hier zu Zielkonflikten kommen kann.

Literatur

Ausschuß der Regionen (2004), Stellungnahme der Regierungschefs anläßlich des zehnjährigen Jubiläums des AdR, siehe:
http://www.cor.eu.int/document/press/EuropeanLeaders_EN.pdf (Zugriff am 03.02.06).

Barbier, Hans D. (2006), Einmal Lissabon und zurück, in: Frankfurter Allgemeine Zeitung, Nr. 29 vom 03.02.2006.

Biskup, Reinhold (Hg.) (1996), Globalisierung und Wettbewerb, Stuttgart und Wien.

Blankart, Charles B. (2005), Warum ist die Europäische Verfassung so bürgerfern? In: List Forum für Wirtschafts- und Finanzpolitik, Bd. 31 (1), S. 45-54.

Blanke, Hermann-Josef (2002), Der Ausschuss der Regionen: Normative Ausgestaltung, politische Rolle und verwaltungsorganisatorische Infrastruktur, in: Europäisches Zentrum für Föderalismus-Forschung Tübingen, Occasional Papers, No. 25.

Borchardt, Klaus-Dieter (2002), Die rechtlichen Grundlagen der Europäischen Union, 2. neu bearbeitete und erweiterte Aufl., Heidelberg.

Brennan, Geoffrey H. und *James M. Buchanan* (1993), Die Begründung von Regeln, Tübingen.

Cassel, Dieter und *Paul J.J. Welfens* (Hg.) (2003), Regionale Integration und Osterweiterung der Europäischen Union, Schriften zu Ordnungsfragen der Wirtschaft, Bd. 72, Stuttgart.

Dahrendorf, Ralf (2002), Die Krisen der Demokratie, München.

Döring, Thomas (1996), Das Subsidiaritätsprinzip in der Europäischen Union: Konkretisierungsversuche und offene Fragen in ökonomischer Sicht, in: ORDO, Bd. 47, S. 293-323.

Döring, Thomas (2000), Finanzföderalismus in den Vereinigten Staaten von Amerika und in der Bundesrepublik Deutschland im Vergleich, in: *Bettina Wentzel* und *Dirk Wentzel* (Hg.), Wirtschaftlicher Systemvergleich Deutschland/USA, UTB-Taschenbuch, Stuttgart und New York, S. 53-112.

Eucken, Walter (1952/90), Grundsätze der Wirtschaftspolitik, 6. Aufl., Tübingen 1990.

European Commission (2003), Second Progress Report on Economic and Social Cohesion (January 2003). Unity, solidarity, diversity for Europe, its people and its territory, Brüssel.

Isensee, Josef (1994), Europa – die politische Erfindung eines Erdteils, in: *Josef Isensee* (Hg.), Europa als politische Idee und rechtliche Form, 2. Aufl., Berlin, S. 103 ff.

Kortenjann, Ansgar und *Thomas Apolte* (2006), Die Europäische Verfassung: Gründungsmythos oder Vertragskonsolidierung, in: *Dirk Wentzel* (Hg.), Chancen und Risiken der Europäischen Integration, Schriften zu Ordnungsfragen der Wirtschaft, Bd. 82, Stuttgart, S. 75-93.

Leipold, Helmut (1994), Die EG im Spannungsverhältnis zwischen Konsens und Effizienz, in *Helmut Leipold* (Hg.), Ordnungsprobleme Europas: Die Europäische Union zwischen Vertiefung und Erweiterung, Arbeitsbericht Nr. 18 der Marburger Gesellschaft für Ordnungsfragen der Wirtschaft e.V., S. 1-38.

Leipold, Helmut (2006), Die EU im Spannungsfeld zwischen dem Konsens- und dem Mehrheitsprinzip, in: *Dirk Wentzel* (Hg.), Chancen und Risiken der Europäischen Integration, Schriften zu Ordnungsfragen der Wirtschaft, Bd. 82, Stuttgart, S. 47-73.

Noelle-Neumann, Elisabeth und *Renate Köcher* (Hg.) (2002), Allensbacher Jahrbuch der Demoskopie 1998-2002, München.

Olson, Mancur (1968), Die Logik kollektiven Handelns, Tübingen.

Pieper, Stefan U. (1994), Subsidiaritätsprinzip, Köln u.a.

Röpke, Wilhelm (1964), Gemeinsamer Markt und Freihandelszone, in: Wort und Wirkung. 16 Reden aus den Jahren 1947-196, Ludwigsburg 1967, S. 114-135.

Schöbel, Norbert (1997), Der Ausschuß der Regionen – Eine erste Bilanz der Arbeit nach zwei Jahren des Bestehens, in: Europäisches Zentrum für Föderalismus-Forschung Tübingen, Occasional Papers, No. 17.

Schüller, Alfred (1997), Subsidiarität im Spannungsfeld zwischen Wettbewerb und Harmonisierung, in: *Knut Wolfgang Nörr* und *Thomas Oppermann* (Hg.), Subsidiarität: Idee und Wirklichkeit: Zur Reichweite eines Prinzips in Deutschland und Europa, Tübingen, S. 69-104.

Siedentopf, Heinrich (1995), Das Subsidiaritätsprinzip in der EG, Europäische Zeitung für Regionalentwicklung, Bd. 1 (2), S. 7-11.

Sinn, Hans-Werner (2005), Die Basar-Ökonomie, Berlin.

Straub, Peter (2005), EU-Erweiterung- und EU-Verfassung: Stärkung oder Schwächung der Regionen, Vortrag beim Regierungs-Seminar für eidgenössische Zusammenarbeit in Interlaken/Schweiz am 06.01.2005.

Verheugen, Günter (2005), Europa in der Krise: Für eine Neubegründung der europäischen Idee, Köln.

Wentzel, Bettina und *Dirk Wentzel* (1998), Das Gemeinwohl – Eine Fiktion?, in: *Joachim Fetzer* und *Jochen Gerlach* (Hg.), Das Gemeinwohl – Mehr als gut gemeint? Erfahrungen und Denkanstöße, Stuttgart und New York, S. 53-69.

Wentzel, Dirk (1998), Politischer Wettbewerb in der Informationsgesellschaft: Medien als Einflußträger und Kontrollinstanz der Wirtschaftspolitik, in: *Dieter Cassel* (Hg.), 50 Jahre Soziale Marktwirtschaft: Ordnungstheoretische Grundlagen, Realisierungsprobleme und Zukunftsperspektiven einer wirtschaftspolitischen Konzeption, Stuttgart, S. 711-740.

Wentzel, Dirk (1999), Globalisierung als Ordnungsproblem, in: *Peter Engelhard* und *Heiko Geue* (Hg.), Theorie der Ordnungen – Lehren für das 21. Jahrhundert, Schriften zu Ordnungsfragen der Wirtschaft, Bd. 60, Stuttgart, S. 335-369.

Wentzel, Dirk (2005a), Der Stabilitäts- und Wachstumspakt: Prüfstein für ein stabilitätsorientiertes Europa, in: *Helmut Leipold* und *Dirk Wentzel* (Hg.), Ordnungsökonomik als aktuelle Herausforderung, Schriften zu Ordnungsfragen der Wirtschaft, Bd. 78, Stuttgart, S. 309-331.

Wentzel, Dirk (2005b), Infrastrukturpolitik als Mittel europäischer Integrationspolitik: Das Beispiel Transeuropäischer Netze (TEN), in: *Karl-Hans Hartwig* und *Andreas Knorr* (Hg.), Neuere Entwicklungen in der Infrastrukturpolitik, Beiträge aus dem Institut für Verkehrswissenschaft an der Universität Münster, Heft 157, Münster, S. 55-78.

Wentzel, Dirk (2005c), Zur Begrenzung der Staatsverschuldung nach dem Scheitern des Stabilitätspaktes, in: Wirtschaftsdienst, Wissenschaft für die Praxis, Bd. 85, September 2005, S. 605-612.

Wiedmann, Thomas (1996), Idee und Gestalt der Region in Europa, Baden-Baden.

Willgerodt, Hans (2005), Sozialpolitik und die Inflation ungedeckter Rechte, in: *Helmut Leipold* und *Dirk Wentzel* (Hg.), Ordnungsökonomik als aktuelle Herausforderung, Schriften zu Ordnungsfragen der Wirtschaft, Bd. 78, Stuttgart, S. 173-209.

II.

Europäische Regulierungen zwischen Zentralität und Dezentralität

Klaus Heine und Wolfgang Kerber (Hg.),
Zentralität und Dezentralität von Regulierung in Europa
Schriften zu Ordnungsfragen der Wirtschaft · Band 83 · Stuttgart · 2007

Modernisierung der europäischen Wettbewerbsordnung: Werden die nationalen Wettbewerbspolitiken verdrängt?

Oliver Budzinski[*]

Inhalt

---

[*] Ich danke der Korreferentin *Franziska Kohl*, den Teilnehmern des 39. Forschungsseminars
     Radein sowie *Arndt Christiansen* für wertvolle Anregungen und Kritik.

1. Ausgangsproblem: Das Europäische Mehrebenensystem der Wettbewerbspolitiken

Wettbewerbspolitik wird innerhalb der Europäischen Union in erster Linie auf zwei vertikal miteinander verbundenen Ebenen betrieben, nämlich der supranationalen Ebene der EU-Institutionen und Organisationen und der nationalen Ebene der mitgliedstaatlichen Institutionen und Organisationen[1]:

– Auf der EU-Ebene bestehen seit den Römischen Verträgen von 1957 originär supranationale Wettbewerbsregeln. Gegenwärtig stellen die Art. 81 ff. des Vertrages über die Gründung der Europäischen Union (EGV), die Kartellverordnung (KVO; erstmals 1962; Neufassung als VO 1/2003 seit 01.05.2004) sowie die Fusionskontrollverordnung (FKVO; erstmals 1989; Neufassung als VO 139/2004 seit 01.05.2004) die wesentlichen Institutionen dar. Zuständige Wettbewerbsbehörde ist die Europäische Kommission, Generaldirektion Wettbewerb als Ermittlungs- und Entscheidungsinstanz; die europäischen Gerichte (EuGI - Europäisches Gericht erster Instanz; EuGH - Europäischer Gerichtshof) fungieren als Berufungs- und Revisionsinstanzen.

– Zusätzlich verfügen die Mitgliedstaaten über eigene Wettbewerbsregeln und -behörden, die regelmäßig ebenfalls das komplette Spektrum (Kartellpolitik, Fusionskontrolle, Mißbrauchsverbot) abdecken,[2] wenn sie sich auch bezüglich Tradition, Eigenständigkeit und Bedeutung untereinander deutlich unterscheiden. Beispielsweise wären hier für Deutschland das Gesetz gegen Wettbewerbsbeschränkungen (GWB; erstmals 1958; aktuelle Fassung seit 01.09.2005) und das Bundeskartellamt zu nennen.

Das Nebeneinander von nationalstaatlicher und europäischer Wettbewerbspolitik führt zu einem Zwei-Ebenen-*System* der Wettbewerbspolitiken in der Europäischen Union, da die beiden Jurisdiktionsebenen nicht unverbunden sind. Mit anderen Worten, die wettbewerbspolitischen Kompetenzen sind vertikal (mitgliedstaatliche versus europäische Ebene) sowie horizontal (zwischen den Akteuren einer Ebene) voneinander abgegrenzt, wobei allerdings auch Überlappungen (konkurrierende Zuständigkeiten) auftreten.[3] Die Art der Kompetenzverteilung und -abgrenzung ist dabei in der Kartellpolitik anders ausgestaltet als in der Fusionskontrolle. Dasselbe gilt für die Evolution der

---

[1] Vereinzelt finden sich auch wettbewerbspolitische Elemente auf der subnationalen Ebene (Provinzen, Bundesstaaten und -länder usw.), die hier aber wegen ihrer insgesamt vergleichsweise geringen Bedeutung vernachlässigt werden.

[2] Ausnahmen stellen die Beihilfenkontrolle, die ausschließlich auf der europäischen Ebene angesiedelt ist, sowie die Politik gegen den unlauteren Wettbewerb bzw. gegen unfaires Wettbewerbsverhalten, welche bisher nicht in den europäischen Wettbewerbsregeln verankert ist, dar. Indirekt entstehen aber außerhalb der Wettbewerbsdirektion europäische Kompetenzen bezüglich unfairem Wettbewerbsverhalten im Zuge der EU-Verbraucherschutzpolitik.

[3] Vgl. für eine ausführliche Darstellung des Europäischen Mehrebenensystems der Wettbewerbspolitiken *Budzinski* (2005, S. 147-159); *Budzinski* und *Christiansen* (2005, S. 314-318).

Kompetenzallokation, die im Mittelpunkt des vorliegenden Beitrages steht. Dabei wird untersucht, inwieweit sich wettbewerbspolitische Kompetenzen in der Kartellpolitik (Kapitel 2) und in der Fusionskontrolle (Kapitel 3) von der mitgliedstaatlichen Ebene weg auf die europäische Ebene verlagert haben, wobei die umfassende 2004er Reform der europäischen Wettbewerbspolitik, der sogenannte Modernisierungsprozeß, mit ihren jurisdiktionellen Implikationen im Vordergrund steht. Als Ergebnis dieser positiven Analyseebene kann formuliert werden:

These I: Die allgemeine Tendenz besteht in einer zunehmenden Zentralisierung wettbewerbspolitischer Kompetenzen auf der EU-Ebene.

Im Anschluß untersucht der vorliegende Beitrag, wie diese Entwicklung aus einer föderalismusökonomischen Perspektive zu beurteilen ist (Kapitel 4). Dabei steht die Frage im Zentrum der Betrachtung, ob eine Marginalisierung mitgliedstaatlicher Wettbewerbspolitik ökonomisch zu rechtfertigen ist. Diese normative Analyseebene mündet in:

These II: Aus ökonomischer Perspektive ist eine Verdrängung mitgliedstaatlicher Wettbewerbspolitiken nicht wünschenswert.

2. Kartellpolitik: Institutionelle Zentralisierung bei organisationeller Dezentralisierung?

In der Kartellpolitik erfolgte die Kompetenzabgrenzung zwischen der EU-Ebene und jener der Mitgliedstaaten seit 1957 über die sogenannte *Zwischenstaatlichkeitsklausel*: Gemäß Art. 81 (1) EGV fallen Kartelle und Kartellsurrogate unter das europäische Wettbewerbsrecht und in die Zuständigkeit der Europäischen Kommission, wenn sie geeignet sind, den Handel zwischen den Mitgliedstaaten zu beeinträchtigen. Somit ist die Kommission für – bezüglich ihrer Marktwirkungen – rein nationale Kartelle nicht zuständig. Allerdings ist damit keine eindeutige Abgrenzung zwischen den kartellpolitischen Kompetenzen der EU und der Mitgliedstaaten gegeben, denn die Mitgliedstaaten bleiben prinzipiell frei darin, ihre Kartellpolitik bezüglich Zuständigkeit und Anwendung entweder nach den eigenen oder den europäischen Kartellregeln auszugestalten. Damit waren in der Kartellpolitik von Anfang an konkurrierende Zuständigkeiten angelegt.

2.1. Zentralisierungstendenzen vor 2004

Im Zeitraum zwischen der Implementierung europäischer Kompetenzen in der Kartellpolitik und der umfassenden Reform derselben im Jahre 2004 kam es zu signifikanten Zentralisierungstendenzen, die teils durch intentionale Institutionensetzung, teils aber auch spontan durch die ökonomische Entwicklung hervorgerufen wurden. Einen Meilenstein stellt die 1962 eingeführte Kartellverordnung dar, die zur Durchführung der europäischen Kartellpolitik das Ex-ante-Anmeldesystem (AAS) implementierte. Kartelle und Kartellsurrogate, welche die Zwischenstaatlichkeitsklausel erfüllten und gemäß den Bedingungen aus Art. 81 (3) EGV[4] vom Kartellverbot freigestellt werden wollten, mußten durch die kolludierenden bzw. kooperierenden Unternehmen vor der Durchführung bei der Kommission angemeldet und genehmigt werden. Dabei schaffte das AAS ein Freistellungsmonopol der Kommission, das heißt die Kommission erhielt die ausschließliche Kompetenz, Freistellungen vom allgemeinen Kartellverbot gemäß Art. 81 (3) EGV zu erteilen; dieser Teil der europäischen Wettbewerbsregeln konnte fortan nicht mehr von den nationalen Wettbewerbsbehörden angewendet werden. Das Freistellungsmonopol symbolisiert einen wichtigen Zentralisierungsschritt in der europäischen Kartellpolitik (hierzu auch: *Gerber* 1998, S. 348-351; *Ehlermann* 2000, S. 540-546).

Doch auch über die Kartellverordnung hinaus sind seit den 1960er Jahren deutliche Zentralisierungstendenzen zu verzeichnen. Erstens führte die fortschreitende ökonomische Integration innerhalb der EU (der sogenannte Binnenmarktprozeß) zu einem absoluten und relativen Anstieg der Kartell- und Kooperationsfälle mit grenzüberschreitenden Wirkungen. Zwar wurde dieser innereuropäische Internationalisierungsprozeß wirtschaftspolitisch bewußt angestrebt, jedoch stellte die dadurch auftretende, allmähliche Verlagerung kartellpolitischer Kompetenzen auf die EU-Ebene nicht zwangsläufig ebenfalls einen intentionalen Akt (sondern eher eine nicht-intendierte Nebenwirkung) dar.[5] Zweitens trug der EuGH mit seiner Rechtsprechung gleichfalls zu einer allmählichen Ausdehnung der originär europäischen Kompetenzen bei, ohne daß die formellen Institutionen des EGV oder der Kartellverordnung verändert wurden. Zum einen wurde die Zwischenstaatlichkeitsklausel seitens der Kommission zunehmend großzügiger interpretiert (damit mehr Fälle unter die Jurisdiktion der EU-Ebene fielen), was vom EuGH in einer Reihe von wichtigen Urteilen bestätigt wurde.[6] Zum anderen verfestigte und weitete der EuGH im Zuge der Masterfoods-Rechtsprechung (2000) den Vorrang des Gemeinschaftsrechts vor dem Recht der Mitgliedstaaten aus (*Goyder* 2003, S. 440-444, 462-463). Drittens haben im Laufe der Zeit eine Vielzahl von Mitgliedstaaten ihre nationalen Wettbewerbsregeln denen der EU-Ebene angepaßt und damit die institutionelle Vielfalt zugunsten des EU-Modells reduziert (*Gerber* 1998, S. 401-413), was faktisch einer institutionellen Zentralisierung nahe kommt. Da der EG-Vertrag keine verpflichtende Harmonisierung der mitgliedstaatlichen Kartellpolitiken nach dem EU-Vorbild vorsieht, wird diese sich beschleunigende Entwicklung in der Literatur auch als spontane Harmonisierung eingestuft (*Vedder* 2004). Allerdings ist einschränkend darauf zu verweisen, daß für neu beigetretene Staaten die Anpassung ihrer Kartellregeln an das EU-Muster Teil des EU-Beitrittsprozesses gewesen ist (*Budzinski* und *Christiansen* 2005, S. 329).

---

[4] Angemessene Beteiligung der Verbraucher, Effizienzsteigerung, Förderung des technischen und wirtschaftlichen Fortschritts, Kartellspezifität der Vorteile und keine wesentlichen Wettbewerbseinschränkungen.

[5] Hinzu kommt, daß „national actors apparently expected competition policy to play a minor role in the Community and, in case of conflict, to bow to their interests. The subsequent stringent enforcement of the Treaty rules by the Commission constituted an unintended consequence from their viewpoint." *Budzinski* und *Christiansen* (2005, S. 328). Vgl. insgesamt auch *Dimitrakopoulos* (2001).

[6] Vgl. ausführlicher *Burnley* (2002a, S. 217-220).

2.2. Die 2004er Reform: Dezentralisierung der Kartellpolitik ohne nationale Kartellrechte?

Die Ende 2002 beschlossene und zum 01.05.2004 in Kraft getretene Reform der Kartellverordnung beeinflußt erneut die Kompetenzverteilung zwischen der Jurisdiktionsebene der EU und jener der Mitgliedstaaten. Allerdings stehen hier auf den ersten Blick Dezentralisierungselemente im Vordergrund. Diese sind in erster Linie mit der Abschaffung des AAS und dem Übergang zu einem sogenannten *Ex-post-Legalausnahmesystem* (PLS) verknüpft. Im PLS entfällt die Vorab-Anmeldung von Vereinbarungen, die gemäß Art. 81 (3) EGV freigestellt werden können. Statt dessen sind die betroffenen Unternehmen aufgefordert, selber zu evaluieren, ob ihre Kooperation bzw. Absprache wettbewerbswidrig im Sinne der europäischen Kartellregeln ist. Wettbewerbskonforme Kartelle und Kartellsurrogate dürfen dann ohne Anmeldung und Genehmigung praktiziert werden.

Die Kommission begründete die Notwendigkeit dieses in der Literatur kontrovers diskutierten Regimewechsels vor allem mit zwei Argumenten:[7]

- Erstens führe das AAS zu einer zunehmenden Arbeitsbelastung bei der Kommission, die infolge der Vollendung des Binnenmarktes eine immer größere Zahl an Anträgen auf Freistellung zu bearbeiten hätte, wobei die 2004er Erweiterung der EU eine Verschärfung dieses Problems erwarten ließe.

- Zweitens sei die weitaus größte Zahl der angemeldeten Vereinbarungen, Absprachen, Kooperationen und Allianzen wettbewerbspolitisch unbedenklich, unter anderem deswegen, weil die Unternehmen die europäischen Wettbewerbsregeln antizipierten und überhaupt nur wettbewerbskonforme Fälle meldeten.[8]

Die Kombination beider Argumente führe dazu, daß zu viele Ressourcen der Wettbewerbspolitik auf wettbewerbskonforme Absprachen gerichtet seien und dementsprechend zu wenig für die eigentliche Aufgabe der Wettbewerbsbehörde, nämlich die Ermittlung und Verfolgung illegaler Kartelle und Kartellsurrogate, zur Verfügung stünden.

Aus jurisdiktioneller Perspektive ist von großer Bedeutung, daß die Einführung des PLS mit der Aufgabe des bisherigen Freistellungsmonopols der Kommission einhergeht. Statt dessen wird die Ex-post-Kontrolle von praktizierten Kartellen auf ihre Vereinbarkeit mit Art. 81 (3) EGV sowohl durch die Kommission als auch durch die nationalen Wettbewerbsbehörden der Mitgliedstaaten durchgeführt, die ebenso wie die dazugehörigen nationalen Gerichte damit erstmals selbst und direkt Art. 81 (3) EGV anwenden. Somit induziert die Reform der Kartellverordnung eine Dezentralisierung der Anwendungskompetenzen für die europäischen Kartellregeln. Diese *organisationelle Dezentralisierung* geht freilich mit einer *institutionellen Zentralisierung* einher (*Budzinski*

---

[7] Vgl. zur Diskussion um die Reform der Kartellverordnung beispielsweise *Monopolkommission* (1999); *Ehlermann* (2000); *Gerber* (2001); *Kingston* (2001); *Mavroidis* und *Neven* (2001); *Burnley* (2002a); *Nicolaides* (2002); *Barros* (2003); *Forrester* (2004); *Pijetlovic* (2004); *Wilks* (2005).

[8] Wettbewerbswidrige Kartelle, die ja keinerlei Aussicht auf Genehmigung hätten, würden ohnehin konspirativ durchgeführt.

und *Christiansen* 2005, S. 318-320; *Wilks* 2005): Mitgliedstaatliche Wettbewerbsbehörden und -gerichte müssen nunmehr europäische Kartellregeln anwenden, sobald eine Interunternehmensvereinbarung den zwischenstaatlichen Handel in der EU berührt. Die bisherige Wahlfreiheit, statt dessen auch nationales Recht anzuwenden, entfällt damit zukünftig mit der Folge, daß der Anwendungsbereich mitgliedstaatlicher Kartellregeln auf rein innerstaatliche Absprachen begrenzt wird.

Im Zuge der Reform der Kartellverordnung blieb allerdings eine effektive und operationale Präzisierung der Zwischenstaatlichkeitsklausel als Abgrenzungskriterium zwischen den kartellpolitischen Kompetenzen der EU und jenen der Mitgliedstaaten aus. Lediglich in einer unverbindlichen Mitteilung der Kommission[9] wird eine Spezifizierung in Form einer Kombination aus Marktanteilen und Umsatzschwellenwerten vorgeschlagen, welche allerdings kein eindeutiges quantitatives Kriterium konstituiert. Um Inkonsistenzen bei der dezentralisierten Anwendung zentralisierter (EU-)Kartellregeln (durch abweichende Auslegungen der europäischen Regeln durch mitgliedstaatliche Autoritäten) zu vermeiden sowie um Probleme durch eventuelle parallele Ermittlungs- und Kontrollverfahren auf EU- und Mitgliedstaatenebene abzumildern, wurde bereits 2002 das *European Competition Network* (ECN) ins Leben gerufen.[10] Es besteht aus den Wettbewerbsbehörden des EU-Systems der Wettbewerbspolitiken, also aus der Kommission sowie den mitgliedstaatlichen Wettbewerbsbehörden. Im Zuge der freiwilligen Kooperation zwischen den Wettbewerbsbehörden und dem Informationsaustausch geht es in diesem Netzwerk auch um eine Reallokation der Kartellfälle[11], also um eine informelle Korrektur bzw. Verbesserung der Kompetenzallokation, wie sie sich aus der Kombination von Art. 81 EGV und der 2004er Kartellverordnung ergibt. Generell sollen dabei alle Fälle, die drei oder mehr Mitgliedstaaten betreffen, durch die Kommission behandelt werden, während die mitgliedstaatlichen Wettbewerbsbehörden kompetent sein sollen, wenn hauptsächlich ihre inländischen Märkte betroffen sind (*Smits* 2005, S. 175-180).[12] Daß ein derartiger „*soft guide to efficient competence allocation*" (*Budzinski* und *Christiansen* 2005, S. 322) für notwendig erachtet wird, deutet auf bestehende Ineffizienzen der originären Kompetenzverteilung im reformierten Regime hin.

Obwohl theoretisch alle Wettbewerbsbehörden innerhalb des Netzwerkes gleichberechtigt sind, wird in der Literatur eine Tendenz zur Stärkung der Position der Kommission gesehen, wozu umfangreiche prozedurale Rechte sowie sogenannte *agenda-setting*-Möglichkeiten beitragen (*Budzinski* und *Christiansen* 2005, S. 322-325; *Wilks* 2005).

---

[9] Commission Notice - Guidelines on the effect on trade concept contained in Articles 81 and 82 of the Treaty, Official Journal C 101, 27.04.2004, S. 81-96.

[10] Vgl. zur Diskussion um Rolle und Aufgaben des ECN *Virtanen* (2004); *Budzinski* und *Christiansen* (2005); *Smits* (2005); *Wilks* (2005); *Böge* (2006); *Fingleton* (2006); *Schaub* (2006).

[11] „[N]etwork members will endeavour to re-allocate cases to a single well-placed competition authority as often as possible". Randnummer 7 der Commission Notice on Cooperation within the Network of Competition Authorities, Official Journal C 101, 27.04.2004, S. 43-53.

[12] *Monti* (2004, S. 496) spricht in diesem Zusammenhang vom *centre of gravity principle*.

Daher kann insgesamt gefolgert werden, daß die 2004er Reform der Kartellpolitik ein Nebeneinander von organisationeller Dezentralisierung und institutioneller Zentralisierung mit sich bringt. Zwar wird die Rolle der mitgliedstaatlichen Wettbewerbsbehörden und -gerichte als Anwender europäischer Kartellregeln ausgeweitet, allerdings wird gleichzeitig die Bedeutung eigenständiger mitgliedstaatlicher Kartellregeln (und *ihre* Anwendung) weiter marginalisiert. *Fingleton* (2006) spricht in diesem Zusammenhang davon, daß die mitgliedstaatlichen Wettbewerbspolitiken lediglich eine Zukunft als (nachgeordnete) Ausführungsorgane der europäischen Instanzen (*automaton satellites*) haben. These I kann damit für die Kartellpolitik als weitgehend bestätigt betrachtet werden.

3. Fusionskontrolle: Zentralisierungstendenzen und Widerstände

3.1. Tendenzen vor 2004

Bei der erstmaligen Implementation einer Zusammenschlußkontrolle auf europäischer Ebene im Jahre 1989 spielte die Allokation der Kompetenzen sowie ihre Abgrenzung zwischen der EU- und der Mitgliedstaatenebene eine wichtige Rolle. Zwar ist das Grundprinzip der Kompetenzverteilung (*community dimension*) ähnlich allgemein wie in der Kartellpolitik, jedoch wurden erstens mit dem sogenannten *one-stop-shop principle* konkurrierende Zuständigkeiten von Beginn an begrenzt und zweitens quantitative Kriterien zur Präzisierung und Operationalisierung des Grundprinzips verankert. Das Grundprinzip der Kompetenzallokation im Europäischen System der Fusionskontrollen besagt, daß alle Zusammenschlüsse mit einer gemeinschaftsweiten Bedeutung exklusiv unter die Jurisdiktion der EU-Fusionskontrollverordnung und der Europäischen Kommission fallen. Für alle anderen Zusammenschlüsse ist die mitgliedstaatliche Ebene mit ihren selbstgestalteten Regeln exklusiv kompetent.[13] Dieses allgemeine Grundprinzip wird durch folgende Schwellenwerte präzisiert: Ein Zusammenschluß besitzt gemäß Art. 1 FKVO eine gemeinschaftsweite Bedeutung, wenn

– der weltweite Gesamtumsatz aller beteiligten Unternehmen mehr als 5 Mrd. € beträgt und

– ein gemeinschaftsweiter Umsatz von mindestens zwei beteiligten Unternehmen von jeweils mehr als 250 Mio. € vorliegt,

– es sei denn, die beteiligten Unternehmen erzielen jeweils mehr als 2/3 ihres gemeinschaftsweiten Umsatzes in einem und demselben Mitgliedstaat.

Diese Ausgangsallokation kann bei Bedarf nachträglich im Rahmen des Verweisungsregimes korrigiert werden:[14]

---

[13] Dabei ist hervorzuheben, daß sich „exklusiv" in diesem Kontext lediglich auf die Ebene bezieht; innerhalb der mitgliedstaatlichen Ebene können mehrere Mitgliedstaaten parallel für einen Zusammenschluß zuständig sein (gemäß ihrer jeweiligen Aufgreifkriterien, deren Ausgestaltung in der Zuständigkeit jedes einzelnen Mitgliedstaates liegt).

[14] Vgl. zu jurisdiktionellen Aspekten der FKVO89 insgesamt *Burnley* (2002b); *Bright* und *Persson* (2003); *Drauz* (2003); *Budzinski* (2006).

–   Die Verweisung eines Zusammenschlußvorhabens von der Kommission an die Mitgliedstaaten (*Abwärtsverweisung*) ist auf begründeten Antrag[15] des betreffenden Mitgliedstaates möglich, wobei die Kommission über das Verweisungswahlrecht (im Sinne eines Vetorechts) verfügt (Art. 9 FKVO89).

–   Die Verweisung von den Mitgliedstaaten an die Kommission (*Aufwärtsverweisung*) ist auf gemeinsamen Antrag der verweisenden Mitgliedstaaten möglich (Art. 22 (2) FKVO89).

Selbstverständlich stellt die Schaffung einer Zusammenschlußkontrolle auf der europäischen Ebene an sich eine Zentralisierung wettbewerbspolitischer Kompetenzen dar. Die ursprüngliche Wettbewerbsordnung der damaligen EWG und späteren EG hatte in den Römischen Verträgen keine Fusionskontrollkompetenzen verankert. Der schlußendlichen Implementation europäischer Fusionskontrollregeln ging eine indirekte Ausweitung der Kommissionskompetenzen in Zusammenschlußfällen voraus: Jeweils gestützt von EuGH-Entscheidungen, versuchte die Kommission bereits vor 1989 bedeutsame Zusammenschlüsse unter ihre Jurisdiktion zu bekommen, sei es mit Bezug auf Art. 82 EGV (Fusion als Mißbrauch einer marktbeherrschenden Stellung; beispielsweise Continental Can-Fall von 1972) oder auf Art. 81 EGV (Fusion als wettbewerbswidriger Vertrag zwischen Unternehmen; beispielsweise Philip Morris-Fall von 1987).[16] Die Einführung einer expliziten Fusionskontrolle bei der Europäischen Kommission institutionalisierte also eine bereits im Gang befindliche Entwicklung, womit freilich eine zusätzliche Zentralisierung einherging.

Für die Zeit zwischen 1989 und 2004 sind eine Reihe weiterer Zentralisierungstendenzen zu konstatieren. Erstens wurden die ursprünglichen Schwellenwerte auf Bestreben der Kommission im Jahre 1997 um zusätzliche, niedrigere Schwellenwerte ergänzt, wonach ein Zusammenschlußfall auch bereits dann in die Jurisdiktion der EU-Ebene fällt, wenn

–   der weltweite Gesamtumsatz aller beteiligten Unternehmen mehr als 2,5 Mrd. € beträgt,

–   der Gesamtumsatz aller beteiligten Unternehmen in mindestens drei Mitgliedstaaten jeweils mehr als 100 Mio. € beträgt,

–   in jedem dieser drei Mitgliedstaaten der Gesamtumsatz von mindestens zwei beteiligten Unternehmen jeweils 25 Mio. € beträgt und

–   ein gemeinschaftsweiter Umsatz von mindestens zwei beteiligten Unternehmen von jeweils mehr als 100 Mio. € vorliegt,

–   vorbehaltlich der bekannten 2/3-Regel.

Zweitens führten die fortschreitende ökonomische Integration innerhalb der EU (Binnenmarktprozeß) sowie die darüber hinausgehende Globalisierung der Märkte zu tendenziell steigenden Zusammenschlußgrößen (Anpassung der Unternehmensgrößen an

---

[15]   Voraussetzung für eine Verweisung ist das Vorliegen einer Wettbewerbsbeschränkung auf einem abgegrenzten innerstaatlichen Markt.

[16]   Vgl. *Bulmer* (1994, S. 428-439); *Goyder* (2003, S. 335-342); *Budzinski* und *Christiansen* (2005, S. 329-331).

die wachsenden geographischen Marktausdehnungen) inklusive einer zunehmenden Internationalisierung der Fusionsvorhaben. Drittens beinhalten nominale und wachstumsunabhängige Umsatzschwellenwerte bei Inflation und Wirtschaftswachstum eine inhärente Zentralisierungstendenz. Schließlich ist zu konstatieren, daß die Möglichkeit zur Abwärtsverweisung von Fällen nach ihrer Notifizierung nur selten genutzt wurden, wobei dies allerdings ebenso für die Aufwärtsverweisungen gilt (*Bright* und *Persson* 2003).

3.2. Die 2004er Reform

Die Reform der EU-Fusionskontrollverordnung zum 01.05.2004 stand im Zeichen der Einführung eines neuen Verbotskriteriums.[17] Demgegenüber traten in der öffentlichen und akademischen Diskussion die jurisdiktionellen Elemente der Reform in den Hintergrund[18], obwohl diesen in der Anfangsphase der Reformdiskussion eine zentrale Rolle zukam. Dabei spielte eine wachsende Unzufriedenheit mit dem Verweisungsregime eine erhebliche Rolle. Auf der einen Seite wurde eine wachsende Zahl an Mehrfachprüfungen auf mitgliedstaatlicher Ebene bei Fusionen, die die Schwellenwerte nicht erfüllen, aber dennoch Märkte in mehreren (beispielsweise kleineren Mitgliedstaaten) betreffen, bemängelt (mit Zahlen: *Bright* und *Persson* 2003), auf der anderen Seite fürchteten gerade die größeren Mitgliedstaaten um die Bedeutung ihrer heimischen Fusionskontrolle sowie um politischen Gestaltungseinfluß. So wurde im Zuge des Modernisierungsprozesses intensiv über eine Abschaffung des bisherigen Zuständigkeitenregimes, bestehend aus der Kombination aus Umsatzschwellenwerten und Verweisungsregeln, nachgedacht. Zu den meistdiskutierten Alternativen gehörte dabei die sogenannte 3plus-Regel, nach der ein Zusammenschluß immer dann unter die exklusive Zuständigkeit der EU-Ebene gefallen wäre, wenn er gemäß mitgliedstaatlicher Regeln in mindestens drei Mitgliedstaaten anmelde- bzw. genehmigungspflichtig wäre.[19] Derart weitreichende Reformen der Kompetenzallokation und -abgrenzung wurden allerdings schließlich auch auf Druck der größeren Mitgliedstaaten, die eine weitreichende Zentralisierung befürchteten, verworfen und die neue FKVO04 enthielt – unter Beibehaltung der Umsatzschwellenwerte – ‚lediglich' eine Reform des Verweisungsregimes (*Budzinski* und *Christiansen* 2005, S. 320-322; *Budzinski* 2006).

Dabei wird jetzt neu zwischen einer Verweisung nach der Notifizierung des Zusammenschlußvorhabens (Ex-post-Verweisung; eigentliche Reallokation der Fälle) und einer Verweisung vor der eigentlichen Notifizierung des Vorhabens (Ex-ante-Verweisung) unterschieden.

---

[17] Der alte Marktbeherrschungstest wurde durch den sogenannten SIEC-Test (*Significant Impediment of Effective Competition*) ersetzt, um bestimmte Bereiche der modernen Wettbewerbsökonomik besser integrieren zu können, insbesondere sogenannte unilaterale Effekte in Oligopolen und Elemente einer Effizienzverteidigung. Vgl. ausführlicher *Lyons* (2004); *Voigt* und *Schmidt* (2004); *Zimmer* (2004); *Schwalbe* (2005); *Christiansen* (2006).

[18] Als dritten Bereich kam es noch zu prozeduralen Veränderungen. Vgl. beispielsweise *Van Gerven* und *Snels* (2005).

[19] Vgl. zu einer Übersicht über den Diskussionsprozeß und die verschiedenen Vorschläge *Drauz* (2003). Eine ökonomische Analyse der Stärken und Schwächen einer 3plus-Regel als alternatives Zuständigkeitenregime liefert *Budzinski* (2005, S. 221-225).

- Im Rahmen der Ex-post-Verweisung wird die Abwärtsverweisung (Art. 9 FKVO04) um ein Initiativrecht der Kommission ergänzt, das heißt die Kommission kann Mitgliedstaaten nunmehr auffordern, eine Abwärtsverweisung zu beantragen. Sowohl die Abwärts- wie auch die Aufwärtsverweisung (Art. 22 FKVO04) wurden bezüglich des Verfahrens vereinfacht.

- Die neu geschaffene Ex-ante-Verweisung (Art. 4 (4-5) FKVO04) ermöglicht es den zusammenschlußwilligen Unternehmen, vorab einen begründeten Antrag auf Verweisung des Falles zu stellen. Wird dem Antrag stattgegeben, wird die Jurisdiktion über den Fall noch vor dem Beginn des Fusionskontrollverfahrens ‚realloziiert'. Voraussetzung für eine Ex-ante-Abwärtsverweisung ist eine zu vermutende Beeinträchtigung des Wettbewerbs auf einem gesonderten, mitgliedstaatlichen Markt. Für eine Ex-ante-Aufwärtsverweisung ist es notwendig, daß der Zusammenschluß andernfalls in mindestens drei Mitgliedstaaten parallel geprüft werden müßte. Gegen eine Ex-ante-Verweisung bestehen Vetorechte seitens der Kommission und des betroffenen Mitgliedstaates im Falle der Abwärtsverweisung und seitens jedes betroffenen Mitgliedstaates im Falle der Aufwärtsverweisung.

Analog zur Kartellpolitik fungiert auch bei der Fusionskontrolle ein Netzwerk der Europäischen Wettbewerbsbehörden als Instrument zur Kooperation und Abstimmung, aber auch zur Reallokation von Kompetenzen. Dabei soll insbesondere die Effizienz des Verweisungsregimes durch konsensuale Reallokationsprozesse verbessert werden (*Drauz* 2003, S. 22 ff.), wobei wiederum analog zur Kartellpolitik eine Art Gravitationszentrumsprinzip (siehe oben Kapitel 2.2.) zur informellen Anwendung kommen soll. Kann die Kommission dabei ein Leitprinzip durchsetzen, wonach

"cases involving local markets or distinct national markets in not more than two Member States should, as a general rule, be reviewed by the national competition authorities" (*Drauz* 2003, S. 25),

so bedeutet dies eine informelle Einführung der im Reformprozeß eigentlich gescheiterten 3plus-Regel – sozusagen durch die Hintertür. Verglichen mit der bisherigen Kompetenzverteilung nach Umsatzschwellenwerten und einer zurückhaltenden Verweisungspraxis würde dies eine spürbare Zentralisierung der Fallallokation im EU-System der Fusionskontrollen darstellen (*Budzinski* und *Christiansen* 2005, S. 323 ff.). Für die zukünftige Bedeutung eigenständiger mitgliedstaatlicher Fusionskontrolle könnte dies weitreichende Konsequenzen haben, wobei der informelle, nicht-bindende Charakter der Netzwerkkooperation freilich eine begrenzende Wirkung haben dürfte.

Nach nunmehr etwa zwei Jahren Praxis der neuen FKVO04 läßt sich eine vorläufige Bilanz des neuen Verweisungsregimes ziehen (*Ryan* 2005, S. 38-41):[20]

- Ex-ante-Abwärtsverweisungen: 18 Anträge, 15 Genehmigungen.

- Ex-ante-Aufwärtsverweisungen: 61 Anträge, 56 Genehmigungen (2 x Veto; 3 x Zurückziehung des Antrages).

---

[20] Aktuelle Daten: http://ec.europa.eu/comm/competition/mergers/cases/stats.html (abgerufen am 18.05.2006).

- Ex-post-Abwärtsverweisungen: 14 Anträge, 6 Genehmigungen (4 x partielle Verweisung).
- Ex-post-Aufwärtsverweisungen: 8 Anträge, 5 Genehmigungen (2 x Veto).

Dazu muß zunächst festgehalten werden, daß 71 von insgesamt 79 Ex-ante-Verweisungsanträgen erfolgreich waren, was für eine gelungene Implementation des neuen Verweisungsregimes spricht. Gemäß der EU-Wettbewerbskommissarin *Kroes* (2005, S. 3-4) konnten bereits bis Herbst 2005 durch das neue Regime mehr als 200 Einzelverfahren auf mitgliedstaatlicher Ebene vermieden werden. Die geringe Anzahl der Vetos in den Angaben der Kommission ist allerdings etwas zu qualifizieren. So können die Zurückziehungen von Ex-ante-Anträgen seitens der Unternehmen als faktische Vetos gedeutet werden, wenn die Unternehmen aus der Kommunikation mit den Wettbewerbsbehörden schließen konnten, daß eine Verweisung geringe oder keine Erfolgschancen hat. Da in solchen Fällen das Zurückziehen bzw. Nichtstellen von Ex-ante-Verweisungsanträgen das Verfahren insgesamt beschleunigt, besteht auch die Möglichkeit einer Dunkelziffer, das heißt es ist bleibt unbekannt, in wievielen Fällen Unternehmen nach ersten Sondierungsgesprächen mit mitgliedstaatlichen Wettbewerbsbehörden oder der Kommission davon abgesehen haben, Ex-ante-Verweisungsanträge zu stellen.[21]

Jedenfalls kann aus dieser ersten Bilanz des neuen Verweisungsregimes eine Zentralisierungstendenz herausgelesen werden: Etwa 80 % aller erfolgreichen Ex-ante-Verweisungen sind Aufwärtsverweisungen und tragen damit zu einer Zentralisierung der Fallallokation bei (auch: *Budzinski* 2006, S. 136-138).[22] Darüber hinaus gibt es in jüngster Zeit Anzeichen für eine anhaltende Zentralisierungstendenz im EU-System der Fusionskontrollen: Im November 2005 startete die Kommission eine Initiative zur Abschaffung der 2/3-Regel in den Schwellenwerten sowie, damit zusammenhängend, für eine Ausweitung der EU-Kompetenzen gegenüber Netzindustrien wie Energie, Versorgung, Post und Telekommunikation (*European Commission* 2005; *Buck* 2005).[23] Wenn die Erfolgschancen dieser Initiative auch zum jetzigen Zeitpunkt noch sehr unklar sind, so kann in der Tendenz die These I insgesamt auch für die Zusammenschlußkontrolle als bestätigt angesehen werden.

---

[21] Ähnliches könnte prinzipiell auch für Anträge der mitgliedstaatlichen Wettbewerbsbehörden auf Ex-post-Abwärtsverweisung gelten. So haben beispielsweise 4 Anträge nicht zur Verweisung geführt, obwohl kein Veto verzeichnet wurde. Dies kann dadurch geschehen, daß Fristen verpaßt oder die Anträge zurückgezogen wurden, wobei ersteres mitunter eine elegante Form von letzterem sein könnte.

[22] Eine Ursache hierfür liegt im Eigeninteresse der beantragenden Unternehmen, die insbesondere aus (Transaktions-)Kostengründen im allgemeinen eine zentralisierte, europaweite Fusionskontrolle befürworten (ausführlicher: *Budzinski* und *Christiansen* 2005). Somit kann – in Antizipation dessen – in der Übertragung von Jurisdiktionswahlrechten an die Unternehmen ein zentralisierungsbegünstigender Akt gesehen werden.

[23] Vgl. in dieselbe Richtung zielend *Nourry* und *Jung* (2006) sowie auch den Kommentar von *Fuchs* (2006, S. 355), der sich zwar gegen eine Abschaffung der 2/3-Regel ausspricht, aber eine – gemäßigter zentralisierend wirkende – Erhöhung auf 3/4 oder 4/5 zur Diskussion stellt.

4. Eine ökonomische Perspektive: Brauchen wir noch nationale Wettbewerbspolitiken in Europa?

Insgesamt ergibt somit die Analyse der Kapitel 2 und 3, daß die Bedeutung mitgliedstaatlicher Wettbewerbsrechte innerhalb der EU spürbar abnimmt. Die mitgliedstaatlichen Wettbewerbsbehörden sollen zwar auch zukünftig einen festen Platz im EU-System der Wettbewerbspolitiken einnehmen, allerdings nicht als Ausführungsorgane einer eigenständigen Wettbewerbspolitik der Mitgliedstaaten sondern vielmehr – überspitzt formuliert – als dezentrale Erfüllungsgehilfen der Kommission. Nachdem also (bedingte) Zentralisierungstendenzen für die Kompetenzallokation im EU-System der Wettbewerbspolitiken in der positiven Analyse festgestellt werden können, stellt sich nunmehr die Frage nach der normativen Beurteilung dieser Tendenz. Die tendenzielle Bestätigung von These I erlaubt für sich genommen noch keinen Rückschluß auf die ökonomische Sinnhaftigkeit dieser Entwicklung. Angesichts eines weitgehend vollendeten Binnenmarktes sowie bereits darüber hinausgehenden Internationalisierungstendenzen der Märkte mag eine eigenständige mitgliedstaatliche Wettbewerbspolitik innerhalb der EU ja verzichtbar sein. These II postuliert, daß dem nicht so ist, sondern daß aus ökonomischer Perspektive wettbewerbspolitische Kompetenzen auf mitgliedstaatlicher Ebene auch zukünftig adäquat sind.

4.1. Föderalismusökonomische Aspekte der Kompetenzallokation

In der ökonomischen Theorie wird die Verteilung von Kompetenzen zwischen vertikal und/oder horizontal verbundenen Jurisdiktionen (mithin von Kompetenzallokation in Mehrebenensystemen) von der Föderalismusökonomik analysiert. Ihr Ursprung liegt in der wohlfahrtsökonomischen Analyse von Zentralität versus Dezentralität der Produktion öffentlicher Güter und der Erhebung von Steuern und Abgaben (Fiskalföderalismus). Die moderne Föderalismustheorie diskutiert allerdings verallgemeinert unter Einbeziehung von Theorien des Regulierungswettbewerbs (Law and Economics) die Kompetenzallokation bezüglich staatlicher Aufgaben, mithin generell Politikkompetenzen.[24] Dabei werden eine Reihe von Kriterien abgeleitet bzw. herangezogen, anhand derer eine ökonomisch sinnvolle Kompetenzallokation diskutiert werden kann. Dies sind üblicherweise (i) das Vorliegen und Ausmaß von Externalitäten, (ii) Kosteneffizienz, (iii) Heterogenität von Präferenzen, (iv) Prinzipal-Agenten-Probleme und (v) Evolutionsfähigkeit und Adaptabilität des Systems (*laboratory federalism*).[25] Für die Kompetenzverteilung im EU-System der Wettbewerbspolitiken liefern *Van den Bergh* (1996) eine eng mit dem Subsidiaritätsprinzip verknüpfte allgemeine Analyse und

---

[24] Vgl. zur modernen ökonomischen Föderalismustheorie und föderalismusorientierte Betrachtungen des Regulierungswettbewerbs stellvertretend für viele *Breton* (1996); *Oates* (1999); *Feld, Zimmermann* und *Döring* (2004); *Kerber* (2005, 2007); *Feld* und *Kerber* (2006); *Feld* (2007).

[25] Vgl. allgemein zu den Kriterien beispielsweise *Kerber* und *Heine* (2002); *Feld* und *Kerber* (2006); *Kerber* (2007). Für eine ausführliche Interpretation dieser Kriterien in bezug auf wettbewerbspolitische Kompetenzen siehe *Budzinski* (2005, S. 115-141).

Budzinski (2006) eine Diskussion der jurisdiktionellen Elemente der 2004er Reform des EU-Fusionskontrollsystems.[26]

Im vorliegenden Beitrag geht es jedoch nicht um die Ableitung einer optimalen Kompetenzallokation im EU-System der Wettbewerbspolitiken, sondern es wird der Frage nachgegangen, ob es im EU-System der Wettbewerbspolitiken auch weiterhin wettbewerbspolitischer Kompetenzen auf der Ebene der Mitgliedstaaten bedarf (oder ob die in den Kapiteln 2 und 3 konstatierte allmähliche Verdrängung eigenständiger mitgliedstaatlicher Wettbewerbspolitiken unproblematisch ist). Daher interessieren vor allem die Argumente, die für eine Beibehaltung dezentraler Kompetenzen im europäischen Mehrebenensystem der Wettbewerbspolitiken sprechen. Konsequenterweise wird im folgenden das Externalitätenargument vernachlässigt, da das Vorliegen signifikanter Externalitäten tendenziell für eine Zentralisierung wettbewerbspolitischer Kompetenzen auf der EU-Ebene spricht. Bei einer vollständigen Dezentralisierung wettbewerbspolitischer Kompetenzen auf der mitgliedstaatlichen Ebene (entspricht der Abwesenheit europäischer Wettbewerbspolitik) und gleichzeitiger Integration der Märkte (EU-Binnenmarkt mit grenzüberschreitendem Wettbewerb zwischen Unternehmen) wäre mit umfangreichen negativen Externalitäten zu rechnen, da diese in der industrieökonomischen Theorie bereits unter vergleichsweise restriktiven Annahmen demonstriert werden können. Wenn mitgliedstaatliche Wettbewerbspolitiken ausschließlich der inländischen Wohlfahrtsmaximierung dienen (also ausländische Effekte vernachlässigen), führt bereits eine asymmetrische Verteilung von Konsumenten und Produzenten in den betroffenen Staaten zu divergierenden und inkompatiblen Entscheidungen durch die konkurrierend zuständigen, nationalen Jurisdiktionen. Wohlfahrtstheoretische Analysen zeigen, daß die Gesamtwohlfahrt aller beteiligten Staaten bei einer Kombination aus vollständig dezentraler Wettbewerbspolitik und grenzüberschreitendem Wettbewerb niedriger ist als bei einer zentralisierten, supranationalen Wettbewerbspolitik.[27] Darüber hinaus könnten negative Externalitäten aus strategischen Wettbewerbspolitiken der Mitgliedstaaten entstehen, bei denen – beispielsweise aufgrund von inländischem Lobbyismus – Renten vom Ausland ins Inland umgeleitet werden sollen.[28]

Allerdings lassen sich mit dem Externalitätenargument dezentrale wettbewerbspolitische Kompetenzen in der EU keineswegs negieren. Erstens können *Trade-offs* mit anderen Argumenten bzw. Kriterien entstehen (siehe die folgenden Kapitel), wobei die dann notwendigen Abwägungsprozesse nicht trivial sind (*Feld* und *Kerber* 2006). Zwei-

---

[26] Darüber hinaus existieren föderalismusökonomische Analysen des globalen Mehrebenensystems der Wettbewerbspolitiken. Vgl. *Kerber* (2003); *Budzinski* (2005); *Budzinski* und *Kerber* (2006). Insbesondere die letztgenannten Beiträge thematisieren neben der Kompetenzverteilung auch die Kompetenzabgrenzung als wichtiges Problem.

[27] Vgl. mit allgemeinem Bezug zu internationaler Wettbewerbspolitik beispielsweise *Barros* und *Cabral* (1994); *Head* und *Ries* (1997); *Kaiser* und *Vosgerau* (2000); *Haucap*, *Müller* und *Wey* (2005).

[28] Ausprägungen können die Zulassung reiner Exportkartelle, die Zulassung von Fusionen, die zu (inländischer) Marktmacht führen (*national champions*), oder die selektive (Nicht-)Anwendung sonstiger Wettbewerbsregeln zur Begünstigung inländischer und Benachteiligung ausländischer Marktteilnehmer darstellen. Vgl. ausführlicher beispielsweise *Gröner* und *Knorr* (1996); *Fox* (2000); *Budzinski* (2003a); *Kerber* und *Budzinski* (2003).

tens bringt selbst eine vollständige Marktintegration keine Zwangsläufigkeit jurisdiktionsübergreifender externer Effekte bei privaten Wettbewerbsbeschränkungen mit sich. Die räumlich relevanten Produktmärkte bestimmen sich eben nicht nur anhand von staatlichen Mobilitätsschranken („staatliche Handelshemmnisse"), sondern auch innerhalb eines voll integrierten Wirtschaftsraums existieren regionale und lokale Märkte, auf denen Wettbewerbsbeschränkungen keine jurisdiktionsübergreifenden Effekte auf der Mitgliedstaatenebene aufweisen.

Die verbleibenden vier Kriterien lassen sich in typische Dezentralitätsargumente (Kapitel 4.2.) und in Argumente, die in bezug auf wettbewerbspolitische Kompetenzen zu ambivalenten Schlußfolgerungen führen (Kapitel 4.3.), einteilen.

4.2. Typische Dezentralitätsargumente der Föderalismustheorie

4.2.1. Heterogenität von Präferenzen

Wenn sich die Präferenzen der Bürger in verschiedenen Mitgliedstaaten unterscheiden, stellt dies ein typisches Argument für dezentrale Politikkompetenzen dar. Eine übergeordnete Ebene wie die EU kann heterogenen Präferenzen weniger gut gerecht werden als dies bei dezentralisierten Politikkompetenzen der Fall wäre.[29]

Die wettbewerbspolitischen Traditionen und Kulturen unterscheiden sich zwischen den Mitgliedstaaten (*Ullrich* 1998; *Immenga* 2004; *Budzinski* und *Christiansen* 2005, S. 327-331). Verschiedene Gesellschaften haben und entwickeln unterschiedliche Vorstellungen über die Ziele der Wettbewerbspolitik und ihre Rolle in der Gesellschaft. Beispielsweise treten Unterschiede dahingehend auf, inwieweit eine ausschließlich effizienzorientierte Wettbewerbspolitik präferenzkonform ist oder ob auch andere Ziele (Innovationsfähigkeit, Marktintegration, Fairness und Gerechtigkeit, Verhinderung von Wirtschaftsmacht, Wirtschaftsfreiheit, Offenhaltung der Märkte, Schutz/Förderung des Mittelstandes, regional ausgeglichene Lebensverhältnisse, Erhaltung von Arbeitsplätzen usw.) einbezogen werden sollten. Es ist hier dabei nicht ausschlaggebend, welche Position die Ökonomik bezüglich dieser Ziele einnimmt (siehe dazu auch Kapitel 4.2.2.). Auch wenn bestimmte Ziele die Wohlfahrtseffekte der Wettbewerbspolitik mindern, so kann sich eine demokratische Gesellschaft dennoch bewußt für die Einbeziehung dieser Ziele entscheiden, wenn sie bereit ist, dafür einen Preis im Sinne einer materiellen Wohlfahrtsminderung zu bezahlen. Dies mag präferenzkonform sein, wenn andere Werte als die materielle Gesamtwohlfahrt ebenfalls ein Gewicht haben. Messen die Bürger einer Jurisdiktion dem Ziel der Wirtschaftsfreiheit einen gewissen Stellenwert bei, so kann ein Marginalkalkül konstruiert werden: Materielle Wohlfahrtsverluste aus der Vermengung des Effizienzziels mit dem Freiheitsziel werden solange rational in Kauf genommen, wie die resultierenden zusätzlichen Freiheitsgewinne diese zusätzlichen Kosten aus Sicht der Präferenzen der Bürger übersteigen. So muß letztendlich jede Ge-

---

[29] Dies gilt natürlich auch für Jurisdiktionsebenen unterhalb der National- bzw. hier Mitgliedstaaten. Vgl. daher zu den allgemeinen Implikationen dieses Arguments beispielsweise *Feld* (2007). Da es im Bereich Wettbewerbspolitik gegenwärtig aber faktisch ‚nur' um die Abwägung zwischen mitgliedstaatlichen und europäischen Kompetenzen geht, kann diese weitere Differenzierung hier vernachlässigt werden.

sellschaft ein Werturteil hinsichtlich der Grenze zwischen erlaubten und als unfair untersagten Verhaltensweisen im Wettbewerb fällen, und diese Grenze wird in Abhängigkeit der sonstigen Wertvorstellungen der jeweiligen Gesellschaft differieren. Während beispielsweise Verhaltensweisen wie Spionage, Bestechung oder auch unwahre Angaben in der Werbung meist als unfair eingestuft werden, ist dies bei vielen anderen Verhaltensweisen weniger klar. Als Beispiele seien hier erwähnt: vergleichende Werbung, Kampfpreisstrategien (Verdrängungspreisstrategien, ruinöser Wettbewerb usw.), Rabattgewährung, Kundenbindungssysteme, Produktkopplung usw.

Ein anderer Bereich, bei welchem Präferenzunterschiede vergleichsweise augenfällig sind, betrifft unter anderem Sektoren wie das Gesundheits- und das Bildungswesen, aber typischerweise auch die (Trink-)Wasserversorgung oder Verlagserzeugnisse und Medien. Hier stellt sich regelmäßig die Frage nach der Rolle und dem Umfang von Wettbewerbselementen im Vergleich zu anderen Organisationsformen. Eine rein wettbewerbliche Ausgestaltung scheint in vielen Mitgliedstaaten nicht präferenzkonform zu sein, wobei aber das Ausmaß der Akzeptanz wettbewerblicher Elemente und ihrer Konsequenzen spürbar differiert.

Schließlich können auch unterschiedliche wirtschaftliche Entwicklungsphasen und -stadien heterogene Wettbewerbspolitikpräferenzen begründen. Insbesondere unter den 10 am 01.05.2004 beigetretenen EU-Staaten befinden sich einige, welche die Transformationsphase von der Zentralverwaltungs- zur Marktwirtschaft noch nicht oder gerade erst abgeschlossen haben. Dort können andere Arten von Markt- und Wettbewerbsproblemen im Vordergrund stehen als in den ‚alten' Marktwirtschaften Westeuropas und damit auch andere Arten von Wettbewerbspolitik präferiert werden (und/oder auch notwendig sein).

4.2.2. Evolutionsfähigkeit

Wettbewerbspolitik sieht sich sowohl einer Evolution ihres Regulierungsobjektes als auch einer Evolution ihrer theoretischen Grundlagen ausgesetzt, weswegen jedes System von Wettbewerbspolitiken selbst evolutionsfähig bleiben muß.[30]

– Zum einen innovieren im Wettbewerb stehende Unternehmen nicht nur prokompetitiv sondern auch antikompetitiv, das heißt die Unternehmen kreieren neue, ex ante unbekannte Formen von wettbewerbsbeschränkenden Verhaltensweisen und Arrangements (*Außenevolution der Wettbewerbspolitik*). Dazu gehört auch, daß der technologische Fortschritt sowohl alte Wettbewerbsbeschränkungen obsolet werden als auch neue Formen entstehen läßt (beispielsweise die neue Handels(platt)form Internet).

– Zum anderen wird (hoffentlich) auch weiterhin wissenschaftlicher Fortschritt in der Wettbewerbsökonomik zu verzeichnen sein, das heißt es wird zu Theorieinnovationen kommen, die zu neuen Bewertungen (pro- oder anti-)wettbewerblicher Verhaltensweisen führen können (*Binnenevolution der Wettbewerbsökonomik*). Dieser

---

[30] Vgl. zum Konzept der „Evolutionsfähigkeit" aus evolutorisch-ordnungsökonomischer Perspektive *Budzinski* (2000, 2004).

Aspekt wird dadurch verstärkt, daß auch der status quo der Wettbewerbsökonomik durch eine Vielfalt an Theorien und daraus abgeleiten Politikkonzepten besteht und keinesfalls eine einheitliche, monolithische Wettbewerbstheorie vorliegt.[31]

Beide Aspekte gemeinsam erfordern eine permanente Resonanz- und Anpassungsfähigkeit des Systems der Wettbewerbspolitiken sowie eine Offenheit gegenüber Neuerungen, wenn vermieden werden soll, daß Wettbewerbsregeln und wettbewerbspolitische Praktiken veralten und/oder inadäquat werden. Eine dezentralisierte Kompetenzverteilung erhöht dabei die Evolutionsfähigkeit eines Systems der Wettbewerbspolitiken (*Budzinski* 2003b; 2004; 2005, S. 134-140). Dabei ist nicht so sehr bedeutsam, inwiefern wettbewerbspolitische Institutionen und Einrichtungen auf dezentraleren Ebenen inhärent offener für Neuerungen und reaktionsschneller sind. Statt dessen ist es die Vielfalt an Institutionen und Akteuren an sich, welche eine zusätzliche Offenheit des Systems mit sich bringt, da mehr Wege existieren, über die Neuerungen in das System gelangen können (*Kovacic* 1992, 1996, 2004). Vertikal and horizontal interagierende Wettbewerbspolitikregimes in einem Mehrebenensystem der Wettbewerbspolitiken ermöglichen zudem wechselseitiges Lernen, da parallel mit verschiedenen Lösungen (Institutionen, Theorien, Methoden, Verfahrenspraktiken usw.) experimentiert werden kann (*Kerber* und *Budzinski* 2003, S. 417-424). Im Sinne eines offenen *yardstick competition* entsteht dadurch Wissen über die Wirkungen und Funktionsfähigkeiten unterschiedlicher Wettbewerbspolitiken. Dadurch wird der Lernprozeß beschleunigt im Vergleich zu einem monolithischen Regime, in welchem unterschiedliche Lösungen nur sequentiell dem Praxistest ausgesetzt werden können.

Im Europäischen System der Wettbewerbspolitiken hat beispielsweise die EU-Ebene lange Zeit viel von der deutschen Praxis und Erfahrung gelernt. In der jüngeren Zeit war Großbritannien mitunter Vorreiter für EU-Reformen. Umgekehrt lernen gerade die jüngsten Beitrittsstaaten ihre Wettbewerbspolitik von der Kommission und der europäischen Ebene. Dabei ist zu betonen, daß die oben angesprochene Binnen- und Außenevolution bewirkt, daß die Vorteilhaftigkeit von institutionellen Lernprozessen nicht zum Erliegen kommt, weil es keine für alle Zeiten ‚ultimative' Wettbewerbspolitik gibt bzw. geben kann (*Budzinski* 2003b). Somit spricht das Kriterium Evolutionsfähigkeit dafür, wettbewerbspolitische Kompetenzen auf der mitgliedstaatlichen Ebene zu erhalten.

4.3. Ambivalente Argumente

Während also auftretende Externalitäten im vorliegenden Kontext eher für Zentralisierung sprechen und Präferenzheterogenität sowie Evolutionsfähigkeit Argumente für dezentrale Wettbewerbspolitikkompetenzen liefern, sind die beiden letzten Kriterien in ihrem Ergebnis ambivalent. Ob Prinzipal-Agenten-Probleme wie Lobbyismus in zentralisierten oder in dezentralisierten Systemen stärker eingedämmt sind, ist in der Literatur umstritten. Einerseits sind bei dezentralen Politikkompetenzen die Agenten besser durch die Prinzipale kontrollierbar, weil tendenziell geringere Informationsasymmetrien bestehen, also die Prinzipale effektiver und schneller realisieren, wenn die Agenten defek-

---

[31] Vgl. *Budzinski* (2003b) und die dort zitierte Literatur.

tieren (*Smets* und *Van Cayseele* 1995; *McGinnis* 2004). Wettbewerbspolitische Kompetenzen bei der Europäischen Kommission sind weiter von den Bürgern weg als solche auf der mitgliedstaatlichen Ebene. Andererseits sind zentralisierte Kompetenzen aber auch weiter von den nationalen Interessengruppen weg, das heißt eine Vereinnahmung der Wettbewerbspolitik durch interessierte Akteure oder Verbände (bei regierungsunabhängigen Wettbewerbspolitiken auch: Politiker) kann schwerer sein als bei dezentralisierten Kompetenzen (*Neven* und *Röller* 2000, S. 847-848). Dies gilt insbesondere so lange, wie die wesentlichen Interessengruppen hauptsächlich dezentral organisiert sind und nicht auf der Zentralebene. Eine mitgliedstaatliche Wettbewerbspolitik kann unter Umständen eher geneigt sein, industrie- oder strukturpolitischen Erwägungen (‚nationale Champions') nachzugeben bzw. diese zu verinnerlichen, als die europäische Wettbewerbspolitik.

In bezug auf das Kriterium der Kosteneffizienz ist zunächst einmal festzuhalten, daß multiple Zuständigkeiten für ein und denselben Fall Ineffizienzen in Form von *Unternehmenskosten* (Mehrfachnotifizierung, Verfahren in verschiedenen Sprachen und Rechtsräumen, Verlängerung des Gesamtverfahrens, erhöhte Rechtsunsicherheit, Gefahr widersprüchlicher Auflagen, Kumulation von Strafen usw.) und *Bürokratiekosten* (multiple Beweiserhebung durch mehrere Wettbewerbsbehörden, Duplizierung von Expertisen, Gerichtsverfahren usw.) auftreten. Dies spricht für das sogenannte *one-stop-shop principle*, welches fordert, daß jeder Fall aus einer Hand, also von einem exklusiv zuständigen Wettbewerbsregime, behandelt werden sollte. Allerdings darf eine Erfüllung des *one-stop-shop principle* nicht mit einem Zentralisierungsargument verwechselt werden. Vielmehr stellt es ein Argument gegen konkurrierende und für exklusive (oder bestenfalls kooperative) Zuständigkeiten dar. Auf welcher Ebene diese Kompetenzen vertikal angeordnet sind bzw. sein sollen, wird damit nicht determiniert. Auch auf mitgliedstaatlicher Ebene könnten kosteneffizient Kompetenzen angesiedelt werden, wenn neben einer eindeutigen vertikalen Abgrenzung (wie beispielsweise die Umsatzschwellenwerte in der Fusionskontrolle) eine horizontale Kompetenzabgrenzung zwischen den Mitgliedstaaten konkurrierende Zuständigkeiten wirksam unterbindet. Eine solche Kompetenzabgrenzung wird beispielsweise in Leitjurisdiktionsmodellen vorgeschlagen, in denen aufgrund bestimmter Kriterien (die meist entweder die relative Betroffenheit inländischer Konsumenten oder die Politikkapazitäten[32] involvierter Wettbewerbsregimes zu operationalisieren suchen) eine Leitjurisdiktion bestimmt, welche entweder in Kooperation mit anderen betroffenen Jurisdiktionen oder stellvertretend für diese (und damit exklusiv) einen Fall federführend behandelt.[33] Eine Variante kann darin bestehen, daß vertikal die Kompetenz der Leitjurisdiktionsauswahl[34] auf eine übergeord-

---

[32] Politikkapazitäten umfassen dabei sowohl verfügbare Ressourcen (beispielsweise Finanz- und Personalausstattung sowie aktuelle Auslastung) als auch vorhandene Fähigkeiten (Erfahrung mit vergleichbaren Fällen, verfügbare ökonomische Expertise usw.) der jeweiligen Wettbewerbsbehörden bzw. -regimes.

[33] Für eine ausführliche Diskussion solcher Leitjurisdiktionsmodelle vgl. *Budzinski* (2005, S. 190-193, 226-233) sowie *Budzinski* und *Kerber* (2006, S. 28-31) und die jeweils dort zitierte Literatur.

[34] Dies stellt eine Form der Kompetenz-Kompetenz dar. Vgl. zu letzterer *Feld* und *Kerber* 2006.

nete (EU-) Ebene verlagert wird, dafür aber die Entscheidungs- und Durchführungs-
kompetenzen auf der unteren (Mitgliedstaaten-)Ebene verbleiben.[35] Insgesamt sind also
kosteneffiziente Kompetenzallokationen mit unterschiedlich zentralisierten bzw. dezentralisierten Regimes möglich.

In der Summe aller Argumente kann damit festgehalten werden, daß aus föderalismusökonomischer Perspektive eine Verdrängung oder Marginalisierung (eigenständiger) nationaler Wettbewerbspolitiken kritisch zu betrachten ist. Dies gilt zumindest so
lange, wie Märkte (auch) mit nationaler und subnationaler räumlicher Ausdehnung bestehen. These II kann damit ebenfalls als tendenziell bestätigt angesehen werden.

5. Zur Bedeutung vertikaler und horizontaler Kompetenz-abgrenzung für die Zukunft mitgliedstaatlicher Wettbewerbs-politik

In diesem Beitrag wurde der Frage nachgegangen, ob im Zuge des sogenannten Modernisierungsprozesses der europäischen Wettbewerbsordnung die nationalen Wettbewerbspolitiken allmählich verdrängt werden (positive Analyseebene) und wie eine
solche Entwicklung zu beurteilen ist (normative Analyseebene). Die positive Analyse in
den Kapiteln 2 und 3 zeigte, daß in der Kartellpolitik eigenständige mitgliedstaatliche
Wettbewerbspolitiken bereits weitgehend marginalisiert sind. Eine zukünftige Rolle für
die mitgliedstaatlichen Wettbewerbsbehörden wird in erster Linie als bloße dezentrale
Durchführungsorgane einer (ansonsten) auf europäischer Ebene zentralisierten Kartellpolitik gesehen, was als institutionelle Zentralisierung bei organisationeller Dezentralisierung bezeichnet werden kann. In der Zusammenschlußkontrolle ist zwar auch ein
Rückgang mitgliedstaatlicher Eigenständigkeit zu beobachten; dieser ist aber bei wei-
tem nicht so weit fortgeschritten. Die jüngsten Reformen des EU-Systems der Zusammenschlußkontrollen haben allerdings die bestehenden Zentralisierungstendenzen insgesamt (leicht) verstärkt. Eine dauerhafte und eigenständige Rolle mitgliedstaatlicher
Fusionskontrollkompetenzen kann freilich auch deswegen nicht als gesichert angesehen
werden, weil die Kommission jüngst eine weitere Zentralisierungsinitiative gestartet
hat.

Auf der normativen Analyseebene wurde in Kapitel 4 gezeigt, daß die konstatierte
allmähliche Verdrängung mitgliedstaatlicher Kompetenzen in der Wettbewerbspolitik
(These I) aus föderalismusökonomischer Perspektive kritisch zu beurteilen ist (These
II). Zwar bestätigt eine ökonomische Perspektive auf das Problem der Kompetenzallokation in einem Mehrebenensystem der Wettbewerbspolitiken für Europa, daß EU-
Kompetenzen in der Wettbewerbspolitik sinnvoll sind. Dafür sprechen insbesondere
wohlfahrtsmindernde Externalitäten, die bei mitgliedstaatlicher Jurisdiktion über Wettbewerb in europaweiten (respektive mindestens grenzüberschreitenden) Märkten regelmäßig auftreten. Eine fortschreitende Marktintegration kann damit durchaus als Argument für wachsende Wettbewerbspolitikkompetenzen auf der EU-Ebene betrachtet wer-

---

[35] Einen Vorschlag für ein globales System der Wettbewerbspolitiken, das vergleichbare Elemente enthält, liefert *Budzinski* 2005, S. 245-258.

den. Freilich werden wohl niemals alle Märkte eine europaweite räumliche Ausdehnung einnehmen, sondern bestimmte Märkte werden auch in Zukunft regionale oder lokale räumliche Ausdehnungen aufweisen.

Für eine dauerhafte Beibehaltung wettbewerbspolitischer Kompetenzen auf der Mitgliedstaatenebene sprechen die Heterogenität der wettbewerbspolitischen Präferenzen innerhalb der EU sowie die Anforderung der Evolutionsfähigkeit und Adaptabilität des EU-Systems der Wettbewerbspolitiken bezüglich zukünftiger, heute noch nicht antizipierbarer Herausforderungen (Kapitel 4.2.). Im Grunde können auch die ambivalenten Argumente (Kapitel 4.3.) – Lobbyismus und Kosteneffizienz – als Bestätigung mitgliedstaatlicher Kompetenzen gedeutet werden, da sich die Pro- und Contra-Effekte in einem vielfältigen Mehrebenensystem zumindest potentiell ausbalancieren lassen (*Budzinski* 2002). Insbesondere die Analyse der Kosteneffizienzeffekte verweist darauf, daß der Frage einer adäquaten Kompetenzabgrenzung eine erhebliche Bedeutung zukommt – als vertikale Kompetenzabgrenzung zwischen Mitgliedstaaten- und EU-Ebene und als horizontale Kompetenzabgrenzung zwischen Jurisdiktionen auf der Mitgliedstaatenebene.

Eine klare und geschickte Kompetenzabgrenzung minimiert dabei nicht nur die Kosten der Wettbewerbspolitik, sondern verhindert (oder zumindest begrenzt) auch endogene Zentralisierungsdynamiken, welche aus unklaren, durch Interpretation ausdehnbaren Abgrenzungsregeln wie im EU-System der Kartellpolitiken (Zwischenstaatlichkeitsklausel) entstehen können. Es ist von daher kein Zufall – und auch nicht nur der kürzeren Geschichte geschuldet –, daß die vergleichsweise klaren und strikten Kompetenzabgrenzungskriterien im EU-System der Zusammenschlußkontrollen (Umsatzschwellenwerte plus Verweisungsregime) nur eine sehr viel moderatere Zentralisierungstendenz zugelassen haben. Insbesondere ist dabei die 2/3-Regel hervorzuheben, die als Ausdruck des Subsidiaritätsprinzips eine dauerhafte, substantielle Rolle eigenständiger mitgliedstaatlicher Fusionskontrollkompetenzen sichert. Daß die vertikale Kompetenzabgrenzung in der Fusionskontrolle föderalismusökonomisch adäquater ist als in der Kartellpolitik, soll jedoch nicht darüber hinwegtäuschen, daß auch bei ersterer noch erhebliche Verbesserungsspielräume bestehen (ausführliche Analyse: *Budzinski* 2006).

Was freilich aus kompetenzallokationstheoretischer Sicht im EU-System der Wettbewerbspolitiken schwerer wiegt, ist das vollständige Fehlen einer horizontalen Kompetenzabgrenzung auf der Mitgliedstaatenebene. Wann immer die europäische Ebene nicht zuständig ist, resultieren konkurrierende Zuständigkeiten der Mitgliedstaaten. Dabei bestimmen national autonom festgelegte Regeln und Aufgreifkriterien darüber, wann über einen bestimmten Fall (der nicht unter die EU-Kompetenzebene fällt) Jurisdiktion ausgeübt wird.[36] Die Folge sind das vermehrte Auftreten von Externalitäten und Kosten-

---

[36] Die mitgliedstaatlichen Zusammenschlußkontrollen beruhen beispielsweise auf sehr unterschiedlichen Aufgreifkriterien. Neben unterschiedlich hohen und divergierend strikten Umsatzschwellenwerten finden sich auch Marktanteilsgrenzen sowie Angebotsanteilsschwellenwerte. Mitunter fehlt ein Nexus zwischen Jurisdiktion und Fall sogar vollständig. Vgl. *Drauz* (2003, S. 20). Vergleichbare Probleme betreffen beispielsweise die Genehmigung von Unternehmenskooperationen (bzw. im neuen System ihre Ex-post-Kontrolle), aber prinzi-

ineffienzen, welche erstens wohlfahrtsmindernd wirken und zweitens wiederum eine Zentralisierungsdynamik begünstigen. Das im Kontext des kooperativen Europäischen Wettbewerbsnetzwerks entstandene Konzept *centre of gravity principle* kann dabei in die richtige Richtung weisen – nämlich auf der Mitgliedstaatenebene nur jener (jenen) Jurisdiktion(en) Kompetenzen für einen gegebenen Fall zuzuweisen, welche am besten geeignet ist, den jeweiligen Fall zu bearbeiten. Das recht allgemeine *centre of gravity principle* bedarf freilich einer Operationalisierung in Form einer strikten und eindeutigen horizontalen Kompetenzabgrenzung. Hierfür stehen prinzipiell unterschiedliche institutionelle Lösungen zur Verfügung, welche ihrerseits unterschiedliche Vor- und Nachteile mit sich bringen:[37]

- eine Harmonisierung der Aufgreifkriterien, welche sicherstellt, daß nur solche Jurisdiktionen, die über ein bestimmtes Maß von der zu diskutierenden Wettbewerbsbeschränkung hinaus betroffen sein würden, kompetent sind (mögliche Indikatoren: inländische Umsätze, betroffene Konsumenten, Sitz der Unternehmen und andere); dies könnte die Anzahl konkurrierend kompetenter Jurisdiktionen zumindest reduzieren;

- ein Inländerprinzip, welches im Vergleich zum derzeit dominierenden Inlandsprinzip (in Form des Auswirkungsprinzips) die Anzahl konkurrierend kompetenter Jurisdiktionen zumindest reduzieren würde;

- ein kooperatives Leitjurisdiktionsmodell (beispielsweise auch innerhalb einer Netzwerklösung), bei welchem die betroffenen Jurisdiktionen selbst eine Leitjurisdiktion wählen und somit das *one-stop-shop principle* auch auf mitgliedstaatlicher Ebene verwirklichen;

- ein verbindliches Leitjurisdiktionsmodell, bei welchem die Leitjurisdiktion (die auf der Mitgliedstaatenebene liegt) durch die EU-Ebene anhand festgelegter Kriterien (mögliche Indikatoren siehe oben) bestimmt wird, wodurch ebenfalls das *one-stop-shop principle* effektiv durchgesetzt wird;

- andere, neue, innovative, noch zu kreierende Institutionen.

Eine effektive horizontale Kompetenzabgrenzung würde eine dauerhafte Erhaltung eigenständiger mitgliedstaatlicher Kompetenzen in der Wettbewerbspolitik stärken, weil damit wesentliche Probleme konkurrierender mitgliedstaatlicher Wettbewerbspolitik gelöst werden könnten. Insgesamt ist somit eine Reform der vertikalen und horizontalen Kompetenzabgrenzung als Voraussetzung zu sehen, damit die mitgliedstaatlichen Wettbewerbspolitiken nicht allmählich verdrängt und die Wettbewerbspolitik in der EU nicht umfassend zentralisiert wird.

---

piell auch die Verfolgung illegaler Kartelle, wobei in letzterem Fall in der Praxis Kooperationslösungen durch die überdurchschnittliche Interessenkongruenz der mitgliedstaatlichen Wettbewerbsbehörden bemerkenswert gut funktionieren.

[37] Vgl. für eine allgemeine und abstrakte Analyse unterschiedlicher Kompetenzabgrenzungsregeln inklusive ihrer Vor- und Nachteile *Budzinski* (2005, S. 177-244).

Literatur

Apolte, Thomas (2007), Regulierungswettbewerb in föderalen Strukturen: Königsweg zwischen Staatsversagen und Marktversagen?, in: *Klaus Heine* und *Wolfgang Kerber* (Hg.), Zentralität und Dezentralität von Regulierung in Europa, Schriften zu Ordnungsfragen der Wirtschaft, Bd. 83, Stuttgart, S. 55-75.

Barros, Pedro P. (2003), Looking Behind the Curtain: Effects from the Modernization of European Union Competition Policy, in: European Economic Review, Bd. 47 (4), S. 613-624.

Barros, Pedro P. und *Luís M. Cabral* (1994), Merger Policy in Open Economies, in: European Economic Review, Bd. 38 (5), S. 1041-1055.

Böge, Ulf (2006), The Commission's Position Within the Network: The Perspective of the NCAs, in: *Claus-Dieter Ehlermann* und *Isabela Atanasiu* (Hg.), European Competition Law Annual 2002: Constructing the EU Network of Competition Authorities, Oxford/ Portland, (im Druck).

Breton, Albert (1996), Competitive Governments: An Economic Theory of Politics and Public Finance, Cambridge.

Bright, Chris und *Mikael Persson* (2003), Article 22 of EC Merger Regulation: An Opportunity Not to Be Missed?, in: European Competition Law Review, Bd. 24 (10), S. 490-497.

Buck, Tobias (2005), Kroes Calls for more Powers over Mergers, in: Financial Times vom 16.11.2005.

Budzinski, Oliver (2000), Wirtschaftspolitische Implikationen evolutorischer Ordnungsökonomik, Marburg.

Budzinski, Oliver (2002), Internationale Wettbewerbspolitik zwischen Zentralität und Dezentralität, in: *Alfred Schüller* und *H. Jörg Thieme* (Hg.), Ordnungsprobleme der Weltwirtschaft, Stuttgart, S. 469-493.

Budzinski, Oliver (2003a), Towards an International Governance of Transborder Mergers?, Competition Networks and Institutions between Centralism and Decentralism, in: NYU Journal of International Law and Politics, Bd. 36 (1), S. 1-52.

Budzinski, Oliver (2003b), Pluralism of Competition Policy Paradigms and the Call for Regulatory Diversity, in: Marburg Papers on Economics 14/2003, Marburg.

Budzinski, Oliver (2004), Die Evolution des internationalen Systems der Wettbewerbspolitiken, in: *Oliver Budzinski* und *Jörg Jasper* (Hg.), Wettbewerb, Wirtschaftsordnung und Umwelt, Frankfurt am Main, S. 81-100.

Budzinski, Oliver (2005), The Governance of Global Competition: The Problem of Competence Allocation in an International Multilevel Competition Policy System, Habilitationsschrift: Philipps-Universität Marburg.

Budzinski, Oliver (2006), An Economic Perspective on the Jurisdictional Reform of the European Merger Control System, in: European Competition Journal, Bd. 2 (1), S. 119-140.

Budzinski, Oliver und *Arndt Christiansen* (2005), Competence Allocation in the EU Competition Policy System as an Interest-Driven Process, in: Journal of Public Policy, Bd. 25 (3), S. 313-337.

Budzinski, Oliver und *Wolfgang Kerber* (2006), Internationale Wettbewerbspolitik aus ökonomischer Perspektive, in: *Peter Oberender* (Hg.), Internationale Wettbewerbspolitik, Berlin, S. 9-40.

Bulmer, Simon J. (1994), Institutions and Policy Change in the European Communities: The Case of Merger Control, in: Public Administration, Bd. 72 (3), S. 423-444.

Burnley, Richard (2002a), Interstate Trade Revisited – The Jurisdictional Criterion for Articles 81 and 82 E.C., in: European Competition Law Review, Bd. 23 (2), S. 217-225.

Burnley, Richard (2002b), An Appropriate Jurisdictional Trigger for the EC Merger Control Regulation and the Question of Decentralisation, in: World Competition, Bd. 25 (3), S. 263-277.

Christiansen, Arndt (2006), Der "More Economic Approach" in der EU-Fusionskontrolle, in: Zeitschrift für Wirtschaftspolitik 55 (2), (im Druck).

Dimitrakopoulos, D.G. (2001), Unintended Consequences: Institutional Autonomy and Executive Discretion in the European Union, in: Journal of Public Policy, Bd. 21 (2), S. 107-131.

Drauz, Götz (2003), Merger Review – Jurisdictional Issues, in: *Götz Drauz* und *Michael Reynolds* (Hg.), EC Merger Control: A Major Reform in Progress, London, S. 17-27.

Ehlermann, Claus-Dieter (2000), The Modernization of EC Antitrust Policy: a Legal and Cultural Revolution, in: Common Market Law Review, Bd. 37 (3), S. 537-590.

European Commission (2005), Competition: Commission Sector Inquiry Reveals Serious Problems in Energy Markets, Memo/05/425, Brüssel.

Feld, Lars P. (2007), Zur ökonomischen Theorie des Föderalismus: Eine prozeßorientierte Sicht, in: *Klaus Heine* und *Wolfgang Kerber* (Hg.), Zentralität und Dezentralität von Regulierung in Europa, Schriften zu Ordnungsfragen der Wirtschaft, Bd. 83, Stuttgart, S. 31-54.

Feld, Lars P. und *Wolfgang Kerber* (2006), Mehr-Ebenen-Jurisdiktionssysteme: Zur variablen Architektur von Integration, in: *Uwe Vollmer* (Hg.), Ökonomische und politische Grenzen von Wirtschaftsräumen, Berlin, (im Druck).

Feld, Lars P., *Horst Zimmermann*, und *Thomas Döring* (2004), Federalism, Decentralization, and Economic Growth, in: Marburg Papers on Economics 30/2004, Marburg.

Fingleton, John (2006), The Distribution and Attribution of Cases Among the Members of the Network: The Perspective of the Commission/NCAs, in: *Claus-Dieter Ehlermann* und *Isabela Atanasiu* (Hg.), European Competition Law Annual 2002: Constructing the EU Network of Competition Authorities, Oxford/Portland, (im Druck).

Forrester, Ian (2004), Modernisation: an Extension of the Powers of the Commission?, in: *Damien Geradin* (Hg.), Modernisation and Enlargement: Two Major Challenges for EC Competition Law, Antwerpen, S. 83-97.

Fox, Eleanor M. (2000), Antitrust and Regulatory Federalism: Races Up, Down, and Sideways, in: New York University Law Review, Bd. 75 (6), S. 1781-1807.

Fuchs, Andreas (2006), Abschaffung der Zweidrittel-Klausel? Zur Zukunft des Subsidiaritätsprinzips in der europäischen Fusionskontrolle, in: Wirtschaft und Wettbewerb, Bd. 56 (4), S. 355.

Gerber, David J. (1998), Law and Competition in Twentieth Century Europe: Protecting Prometheus, Oxford.

Gerber, David J. (2001), Modernising European Competition Law: A Developmental Perspective, in: European Competition Law Review, Bd. 22 (4), S. 122-130.

Goyder, Daniel G. (2003), EC Competition Law, 4. Aufl., Oxford.

Gröner, Helmut und *Andreas Knorr* (1996), Internationalisierung der Wettbewerbspolitik, in: *Ulrich Immenga*, *Wernhard Möschel* und *Dieter Reuter* (Hg.), Festschrift für *Ernst-Joachim Mestmäcker*, Baden-Baden, S. 579-591.

Haucap, Justus, Florian Müller und *Christian Wey* (2005), How to Reduce Conflicts over International Antitrust?, in: Conferences on New Political Economy, Bd. 23, S. 307-338.

Head, Keith und *John Ries* (1997), International Mergers and Welfare Under Decentralized Competition Policy, in: Canadian Journal of Economics, Bd. 30 (4), S. 1104-1123.

Immenga, Ulrich (2004), Internationalization of Competition Laws: Levels of Diversities, in: *Tzong-Leh Hwang* und *Chiyuan Chen* (Hg.), The Future Development of Competition Framework, Den Haag, S. 3-10.

Kaiser, Bruno und *Hans-Jürgen Vosgerau* (2000), Global Harmonisation of National Competition Policies, in: *Hans-Jürgen Vosgerau* (Hg.), Institutional Arrangements for Global Economic Integration, Houndmills, S. 35-59.

Kerber, Wolfgang (2003), International Multi-Level System of Competition Laws: Federalism in Antitrust, in: *Josef Drexl* (Hg.), The Future of Transnational Antitrust: From Comparative to Common Competition Law, Bern, S. 269-300.

Kerber, Wolfgang (2005), Applying Evolutionary Economics to Economic Policy: The Example of Competitive Federalism, in: *Kurt Dopfer* (Hg.), Economics, Evolution, and the State: The Complexity of Governance, Cheltenham, S. 296-324.

Kerber, Wolfgang (2007), Regulierung in föderalen Mehr-Ebenen-Systemen, in: *Klaus Heine* und *Wolfgang Kerber* (Hg.), Zentralität und Dezentralität von Regulierung in Europa, Schriften zu Ordnungsfragen der Wirtschaft, Bd. 83, Stuttgart, S. 1-29.

Kerber, Wolfgang und *Oliver Budzinski* (2003), Towards a Differentiated Analysis of Competition of Competition Laws, in: Zeitschrift für Wettbewerbsrecht, Bd. 1 (4), S. 411-448.

Kerber, Wolfgang und *Klaus Heine* (2002), Zur Gestaltung von Mehr-Ebenen-Rechtssystemen aus ökonomischer Sicht, in: *Claus Ott* und *Hans-Bernd Schäfer* (Hg.), Vereinheitlichung und Diversität des Zivilrechts in transnationalen Wirtschaftsräumen, Tübingen, S. 167-194.

Kingston, Suzanne (2001), A "New Division of Responsibilities" in the Proposed Regulation to Modernise the Rules Implementing Articles 81 and 82 E.C.? A Warning Call, in: European Competition Law Review, Bd. 22 (8), S. 340-348.

Kovacic, William E. (1992), The Influence of Economics on Antitrust Law, in: Economic Inquiry, Bd. 30 (2), S. 294-306.

Kovacic, William E. (1996), Downsizing Antitrust: Is It Time to End Dual Federal Enforcement?, in: The Antitrust Bulletin, Bd. 41 (3), S. 505-540.

Kovacic, William E. (2004), Toward a Domestic Competition Network, in: *Richard A. Epstein* und *Michael S. Greve* (Hg..), Competition Laws in Conflict: Antitrust Jurisdiction in the Global Economy, Washington, D.C, S. 316-332.

Kroes, Neelie (2005), One Year In: Continuity, Concentration and Consolidation in European Competition Policy, Speech at the IBA's Ninth Annual Competition Conference, Fiesole, 21st October 2005.

Lyons, Bruce R. (2004), Reform of European Merger Policy, in: Review of International Economics, Bd. 12 (2), S. 246-261.

Mavroidis, Petros C. und *Damien J. Neven* (2001), From the White Paper to the Proposal for a Council Regulation: How to Treat the New Kids on the Block, in: Legal Issues of Economic Integration, Bd. 28 (2), S. 151-171.

McGinnis, John O. (2004), The Political Economy of International Antitrust Harmonization, in: *Richard A. Epstein* und *Michael S. Greve* (Hg.), Competition Laws in Conflict: Antitrust Jurisdiction in the Global Economy, Washington, D.C, S. 126-151.

Monopolkommission (1999), Kartellpolitische Wende in der Europäischen Union?, Sondergutachten 28, Bonn.

Monti, Mario (2004), Competition Policy in a Global Economy, in: International Finance, Bd. 7 (3), S. 495-504.

Neven, Damien J. und *Lars-Hendrik Röller* (2000), The Allocation of Jurisdiction in International Antitrust, in: European Economic Review, Bd. 44 (4-6), S. 845-855.

Nicolaides, Phedon (2002), Development of a System for Decentralised Enforcement of EC Competition Policy, in: Intereconomics, Bd. 37 (1), S. 41-51.

Nourry, Alex und *Nelson Jung* (2006), EU State Measures against Foreign Takeovers: "Economic Patriotism" in All But Name, in: Competition Policy International, Bd. 2 (2), S. 98-127.

Oates, Wallace E. (1999), An Essay on Fiscal Federalism, in: Journal of Economic Literature, Bd. 37 (3), S. 1120-1149.

Pijetlovic, K. (2004), Reform of EC Antitrust Enforcement: Criticism of the New System is Highly Exaggerated, in: European Competition Law Review, Bd. 25 (6), S. 356-369.

Ryan, Stephen A. (2005), The Revised System of Case Referral under the Merger Regulation: Experiences to Date, in: Competition Policy Newsletter 2005 (3), S. 38-42.

Schaub, Alexander (2006), The Commission's Position within the Network: The Perspective of the Commission, in: *Claus-Dieter Ehlermann* und *Isabela Atanasiu* (Hg.), European Competition Law Annual 2002: Constructing the EU Network of Competition Authorities, Oxford/Portland, (im Druck).

Schwalbe, Ulrich (2005), Die Berücksichtigung von Effizienzgewinnen in der Fusionskontrolle: Ökonomische Aspekte, in: *Peter Oberender* (Hg.), Effizienz und Wettbewerb, Berlin, S. 63-94.

Smets, Hilde und *Patrick Van Cayseele* (1995), Competing Merger Policies in a Common Agency Framework, in: International Review of Law and Economics, Bd. 15 (4), S. 425-441.

Smits, René (2005), The European Competition Network: Selected Aspects, in: Legal Issues of European Integration, Bd. 32 (6), S. 175-192.

Ullrich, Hanns (1998), International Harmonisation of Competition Law: Making Diversity a Workable Concept, in: *Hanns Ullrich* (Hg.), Comparative Competition Law: Approaching an International System of Antitrust Law, Baden-Baden, S. 43-74.

Van den Bergh, Roger (1996), Economic Criteria for Applying the Subsidiarity Principle in the European Community: The Case of Competition Policy, in: International Review of Law and Economics, Bd. 16 (3), S. 363-383.

Van Gerven, Gerwin und *Tom Snels* (2005), The New ECMR: Procedural Improvements, in: Legal Issues of Economic Integration, Bd. 32 (2), S. 193-208.

Vedder, Hans (2004), Spontaneous Harmonisation of National (Competition) Laws in the Wake of the Modernisation of EC Competition Law, in: Competition Law Review, Bd. 1 (1), S. 5-21.

Virtanen, Martti (2004), Perspectives on the Modernized Implementation of the Rules on Competition Laid Down in Articles 81 and 82 of the EC Treaty, Paper presented at the Conference on Competition, Law and Economics, August 2004, in Tartu, Estonia.

Voigt, Stefan und *André Schmidt* (2004), The Commission's Guidelines on Horizontal Mergers: Improvement or Deterioration?, in: Common Market Law Review, Bd. 41 (6), S. 1583-1594.

Wilks, Stephen (2005), Agency Escape: Decentralisation or Dominance of the European Commission in the Modernization of Competition Policy?, in: Governance, Bd. 18 (3), S. 431-452.

Zimmer, Daniel (2004), Significant Impediment to Effective Competition, in: Zeitschrift für Wettbewerbsrecht, Bd. 2 (2), S. 250-267.

Klaus Heine und Wolfgang Kerber (Hg.),
Zentralität und Dezentralität von Regulierung in Europa
Schriften zu Ordnungsfragen der Wirtschaft · Band 83 · Stuttgart · 2007

Zentralität und Dezentralität im europäischen Zivilrecht

Klaus Heine und *Katarina Röpke*[*]

Inhalt

[*] Wir danken *Jan Schnellenbach* sowie den Teilnehmern des Radein-Seminars 2006 für vielfältige Anregungen und Kritik.

1. Eine „*Roadmap*" im unübersichtlichen Gelände des europäischen Zivilrechts

Spricht man von europäischem Zivilrecht, so kann dies viel bedeuten – zumal für Ökonomen. Und in der Tat, der Gegenstandsbereich des europäischen Zivilrechts ist weitläufig. In einer negativen Definition kann das Zivilrecht zunächst alle diejenigen rechtlichen Regeln umfassen, die keinen öffentlich-rechtlichen oder strafrechtlichen Charakter haben. Als Zivilrecht kann also dasjenige Recht verstanden werden, das die Rechtsverhältnisse Privater regelt. In dieser weit gefaßten Definition entspricht das Zivilrecht dem Privatrecht, und es unterfallen ihm damit nicht nur die Regelungsbereiche des Vertragsrechts bzw. Schuldrechts, des Sachenrechts oder etwa des Deliktsrechts, sondern beispielsweise auch die des Handelsrechts und des Gesellschaftsrechts.

Versteht man unter „europäisch" die Regelungen, die in der Europäischen Union geschaffen wurden, dann werden bei einem solchen weiten Verständnis sowohl das im Europäischen Primärrecht angelegte und auf seiner Grundlage gesetzte Zivilrecht (Sekundärrecht) als auch die rechtlichen Regelungen der Mitgliedstaaten erfaßt. In einem engeren Verständnis von europäischen Regelungen wären hingegen nur das Primärrecht und die auf seiner Grundlage erfolgten Rechtssetzungsakte durch die Europäische Gemeinschaft gemeint (*Riesenhuber* 2003, S. 12). Bei letzterem Verständnis ergibt sich jedoch ein Abgrenzungsproblem dergestalt, daß durch europäische Regelungen mittels des Instruments der Richtlinie die Gemeinschaft ihr Privatrecht in die Mitgliedstaaten faktisch hineinträgt und so Einfluß auf die Gestaltung der nationalen Rechtsordnungen nimmt. Aus dieser Perspektive ist dann eine Differenzierung zwischen harmonisiertem und nicht-harmonisiertem nationalen Recht geboten.

Die Begriffsbestimmung des europäischen Zivilrechts läßt somit eine Vielzahl von Deutungen zu. Vorliegend wird von einem Verständnis des europäischen Zivilrechts als Summe der rechtlichen Regelungen ausgegangen, die für grenzüberschreitende Transaktionen zwischen gleichberechtigten Parteien im Binnenmarkt relevant sind. Das europäische Zivilrecht schließt dabei sowohl das originäre Gemeinschaftsrecht als auch das umgesetzte Gemeinschaftsrecht ein (für dieses Verständnis auch *Kilian* 2003, S. 19).

Spannend wird das europäische Zivilrecht dadurch, daß es mit dem Problem transnationaler Sachverhalte in der EU umzugehen versucht. Dies ist deswegen keine Trivialität, weil in einem transnationalen Sachverhalt die Parteien auch ohne ein (eigenständiges) europäisches Zivilrecht nicht rechtlos sind, sondern die nationalen Rechtsordnungen bereits ein (materielles) Rechtsangebot bereitstellen, das auch in transnationalen Sachverhalten Anwendung findet, sich dann aber die Frage stellt, wessen Recht anwendbar ist. Mit diesem Problem beschäftigt sich seit jeher das Kollisionsrecht, das grundsätzlich nationales Recht ist und somit aus einer nationalen Perspektive heraus bestimmt, welches Recht in einem transnationalen Sachverhalt Anwendung finden soll. Es leuchtet sofort ein, daß das Kollisionsrecht den Stoff für äußerst verwickelte Probleme liefert: So ist es beispielsweise möglich, daß in einem Konfliktfall das nationale Kollisionsrecht zweier Staaten jeweils das eigene Recht für anwendbar erklärt und sich daraus langwierige rechtliche Streitigkeiten entwickeln.

In einem Staatenverbund wie der EU, in dem die wirtschaftliche Verflechtung zwischen den Mitgliedstaaten ein solch enormes Ausmaß angenommen hat, liegt natürlich die Idee nahe, auf supranationaler Ebene Regeln zu finden, die transnationale Rechtsgeschäfte vereinfachen, indem das anwendbare Recht eindeutiger bestimmt wird. In diesem Sinne ist ein wesentliches Element eines europäischen Zivilrechts, daß es ohne Kollisionsrecht auskommen kann, während auf nationaler Ebene immer das Zusammenspiel von Kollisions- und Sachrecht relevant ist.

Im Anschluß an die einleitend vorgenommene Abgrenzung und Definition des europäischen Zivilrechts versucht der vorliegende Beitrag eine Funktions- und Wirkungsanalyse an einem Ausschnitt des europäischen Zivilrechts vorzunehmen – nämlich dem europäischen Vertragsrecht. Hierzu wird in einem ersten Schritt aus juristischer Perspektive das europäische Zivilrecht in seinen vielschichtigen Facetten skizziert und eine Verortung des europäischen Vertragsrechts im System des europäischen Zivilrechts vorgenommen. Anschließend wird gezeigt, daß die einzelnen Rechtsgebiete des Zivilrechts teilweise sehr unterschiedliche ökonomische Charakteristika aufweisen. Eine Funktions- und Wirkungsanalyse des europäischen Zivilrechts als Gesamtregelungskomplex würde somit die Gefahr in sich bergen, zu falschen Schlußfolgerungen zu kommen, sobald Ergebnisse der Gesamtanalyse auf einzelne Teile des Zivilrechts übertragen werden. Nachdem auf diese Weise ein differenziertes Bild des hier zu betrachtenden Gegenstandsbereichs entworfen worden ist, sollen allgemein die Vorteile eines vertikalen Regulierungswettbewerbs dargelegt werden. Der Schwerpunkt des Beitrags liegt aber auf der sich anschließenden Analyse der Spezifika eines vertikalen Regulierungswettbewerbs im Vertragsrecht und der Ordnungsbedingungen für seine Funktionsfähigkeit. Abgeschlossen wird der Beitrag durch einen Ausblick auf die Verbindungslinien zwischen Vertragsrecht und Verbraucherschutz, die in Zukunft einer noch gründlicheren Untersuchung bedürfen.

2. Das Vertragsrecht als selbständiger Teil des europäischen Zivilrechts

2.1. Zum gegenwärtigen Stand des europäischen Zivilrechts

Der gegenwärtige Stand des europäischen Zivilrechts ist gekennzeichnet durch eine Vielzahl sektorspezifischer Maßnahmen, das heißt, vor allem durch Harmonisierungsmaßnahmen der nationalen Rechtsordnungen mittels Richtlinien in speziellen Teilen des Zivilrechts (*Riesenhuber* 2003, S. 15; *Schulte-Nölke* 2001, S. 918). Dies macht deutlich, daß die mitgliedstaatlichen Rechtsordnungen aufgrund der Transformationsbedürftigkeit der Richtlinien in nationales Recht in großem Umfang dem europäischen Einfluß ausgesetzt und daß eigenständige rechtliche Lösungen in den Regelungsbereichen der Richtlinien nur noch in begrenztem Umfang möglich sind.

Motivation für die Schaffung eines EU-Zivilrechts ist die Verwirklichung des Binnenmarktes. Der europäische Organisationsrechtsraum soll so koordiniert werden, daß tarifäre und nicht-tarifäre Handelsschranken abgebaut werden (*Heine* und *Kerber* 2003;

Röpke und *Heine* 2005b; *Kerber* 2005). Vor diesem Hintergrund ist dann auch der bereits vor 16 Jahren mit dem Entschließungsantrag des Europäischen Parlaments[1] einsetzende politische Prozeß[2] zu sehen, der seither getragen und begleitet wird von einem teils stark kontroversen wissenschaftlichen Diskurs.

Schwebte dem Europäischen Parlament anfangs noch die Schaffung eines einheitlichen europäischen Zivilgesetzbuchs vor, das mit exklusiver Wirkung die nationalen Rechte der Mitgliedstaaten ablösen sollte,[3] fokussieren die jetzigen Bemühungen von Kommission und Parlament zunächst auf die Entwicklung eines sogenannten Gemeinsamen Referenzrahmens im Bereich des Vertragsrechts – also auf einen Ausschnitt des Zivilrechts. Auf der Grundlage dieses Referenzrahmens soll dann der „Reflexionsprozeß"[4] über die Schaffung eines optionalen europäischen Vertragsgesetzbuches fortgesetzt werden. Ob diese Entwicklung in ein europäisches Zivilgesetzbuch münden wird, ist aber eine bisher nicht nur weitgehend offene, sondern vor allem auch juristisch kontrovers diskutierte Frage (mit weiteren Nachweisen von *Bar* und *Schulte-Nölke* 2005, S. 167), wobei die Kommission immer wieder deutlich gemacht hat, daß sie nicht beabsichtige, ein Europäisches Zivilgesetzbuch zu schaffen ((siehe Literatur)*Bar* und *Schulte-Nölke* 2005, S. 167; *Vogenauer* und *Weatherill* 2005, S. 873).

Die Einigung auf die Entwicklung eines Gemeinsamen Referenzrahmens muß letztlich als Kompromiß gesehen werden, der der Diskussion um die Ermächtigungsgrundlagen der europäischen Ebene und das Binnenmarktziel einerseits und den Befürchtungen vor einem einheitlichen europäischen Zwangsinstrument sowie den mitgliedstaatlichen Traditionen und Rechten andererseits Rechnung trägt. Denn der EU dürfte es an der Kompetenz fehlen, das Privatrecht der Mitgliedstaaten umfassend zu regeln (*Rittner* 1995, S. 850; *Riedl* 2005, S. 46; *Colombi Ciacchi* 2005, S. 153). Da EU-Parlament und Kommission dies aber im Rahmen des Möglichen anstreben, liegt es nahe, daß die Kommission zunächst auf das Vertragsrecht fokussiert, weil für dieses Gebiet das Argument, Rechtsangleichung sei zur Beseitigung von Binnenmarkthindernissen nötig, am plausibelsten erscheint (*Colombi Ciacchi* 2005, S. 153).

---

[1]　Entschließung vom 26.5.1989, ABl. 1989 Nr. C 158/400.

[2]　Als wesentliche Eckpunkte dieses Prozesses sind zu nennen: Entschließungsanträge des Europäischen Parlaments 1989 und 1994; Beschluß des Europäischen Rates in Tampere 1999, unterstützt durch das Europäische Parlament; diesem Beschluß folgend die Mitteilungen der Kommission vom Juli 2001 (Zum Europäischen Vertragsrecht), Februar 2003 (Ein kohärentes Europäisches Vertragsrecht. Ein Aktionsplan) und Herbst 2004 (Europäische Vertragsrechte und Überarbeitung des gemeinschaftlichen Besitzstands – weiteres Vorgehen.). Ausführlich und mit weiteren Nachweisen zu diesem Prozeß *Wiesner* (2005, S. 871 ff.); *Bar* und *Schulte-Nölke* (2005, S. 166); *Grundmann* (2004, S. 1260 ff.); *Colombi Ciacchi* (2005, S. 152 f.).

[3]　Auch wenn nicht klar geäußert, bestand wohl doch die Intention, ein europäisches Regelwerk zu schaffen, das die nationalen Rechte ersetzen würde, vgl. in diesem Zusammenhang auch *Rittner* (1995, S. 854 f.)

[4]　Es geht insbesondere um die Reflexion über die Opportunität von nicht-sektoriellen Maßnahmen im Gegensatz zu der sektoriellen Harmonisierung, wie sie bisher im existierenden Gemeinschaftsrecht von der Kommission vorgeschlagen worden war (*Staudenmeyer* 2003, S. 831 f.).

Der nun angestrebte Gemeinsame Referenzrahmen wird aus juristischer Perspektive in die Kategorie der außergesetzlichen oder gesetzesvorbereitenden Maßnahmen eingestuft, die anders als gesetzliche Maßnahmen keine einheitlichen Vertragsregeln aufstellen, sondern vielmehr der Verbesserung der Qualität des geltenden Gemeinschaftsrechts dienen soll. Er soll helfen, die durch die ad hoc sektorspezifischen Regelungen auftretenden Widersprüche in Begriffen und Wertungen zu überwinden und in ein Gesamtsystem zu überführen. Beim Gemeinsamen Referenzrahmen geht es somit um den Versuch einer dogmatischen Aufarbeitung und Durchdringung des bisherigen europäischen Privatrechts (*Wiedmann* und *Gebauer* 2005, S. 29). Enthalten soll der Referenzrahmen gemeinsame vertragsrechtliche Grundsätze und Hinweise auf etwaige Ausnahmen von diesen Prinzipien. Ergänzt werden sollen die Grundsätze durch Definitionen mit Schlüsselbegriffen sowie ein Regelwerk mit Musterbestimmungen (*Vogenauer* und *Weatherill* 2005, S. 872; *Staudenmeyer* 2003, S. 826).

Auch wenn der Referenzrahmen in vielen Detailfragen durchaus noch umstritten ist, lassen sich doch zwei Ziele ausmachen: Zum einen soll er als „Hilfsmittel" für eine Verbesserung des existierenden und zukünftigen Gemeinschaftsrechts auf dem Gebiet des Vertragsrechts dienen. Zum anderen könnte er eine wesentliche Vorarbeit für ein mögliches „Optionales Instrument" darstellen (*Staudenmeyer* 2003, S. 826). Darunter ist ein EU-Rechtsakt zu verstehen, den die Parteien als geltendes Recht für ihren Vertrag wählen können. Daß die bislang nach außen erkennbar gewordenen Vorstellungen dabei noch recht vage wirken, liegt vermutlich daran, daß über ein Optionales Instrument erst entschieden werden kann und soll, wenn der Inhalt des Gemeinsamen Referenzrahmens feststeht (*Bar* und *Schulte-Nölke* 2005, S. 167).

2.2. Einige offene Fragen und Probleme

Sowohl der angestrebte Gemeinsame Referenzrahmen als auch das optionale europäische Vertragsrecht begegnen einer Vielzahl von juristisch offenen Fragen. Eine erste bereits angedeutete Frage betrifft die konkrete inhaltliche Ausgestaltung. Weder für den Referenzrahmen noch für das Optionale Vertragsrecht liegen abschließende Entwürfe vor.[5] Eine weitere Frage betrifft die rechtliche Form (Rechtsform), in der der Referenzrahmen und das Optionale Vertragsrecht erlassen werden soll. Hinsichtlich des Referenzrahmens kommen Verordnung, Empfehlung oder interinstitutionelle Vereinbarung in Betracht (*Wiedmann* und *Gebauer* 2005, S. 29). Diese Rechtsformen variieren jedoch nicht unerheblich hinsichtlich ihrer Bindewirkung für die Europäischen Organe.[6] Von der Wahl der Rechtsform hängt aber auch die Frage der Rechts- bzw. Ermächtigungsgrundlage ab, die ein Handeln der europäischen Ebene rechtfertigt, so daß diese beiden Komplexe nur als Gesamtpaket entschieden werden können. Das zu lösende Problem liegt nun darin, daß einerseits der gemeinsame Referenzrahmen nur dann ein konsisten-

---

[5] So weist *Wiesner* (2005, S. 873) darauf hin, daß bezüglich des Referenzrahmens immer die Rede von einer *tool box* war, für den Praxistest im März 2005 jedoch mehr oder weniger detaillierte Gesetzestexte vorgelegt wurden. Die Diskussion um die Ausgestaltung ist daher noch nicht abgeschlossen.

[6] Ausführlicher zu den unterschiedlichen Rechtsformen und ihren Bindewirkungen siehe *Najork* und *Schmidt-Kessel* (2003, S. 6 ff.).

tes Privatrechtssystem hervorzubringen vermag, wenn Gesetzgeber – also Europäischer Rat und Europäisches Parlament – auch daran gebunden sind (*Wiesner* 2005, S. 873), andererseits jedoch mit zunehmender Bindewirkung der Rechtsform auch die Anforderungen an die Ermächtigungsgrundlage steigen.

Das dargelegte Problem von Ermächtigungsgrundlage und Rechtsform stellt sich auch für das Optionale Vertragsrecht. Die vorzugswürdige Rechtsform ist wohl letztlich die Verordnung (*Staudenmeyer* 2003, S. 838), die aber höhere Anforderungen an die Rechtsgrundlage stellt.

Ein weiterer offener Punkt hinsichtlich des Optionalen Vertragsrechts betrifft dessen Umfang (Soll es lediglich allgemeines Vertragsrecht umfassen?) und dessen Anwendungsbereich (Soll es nur für Geschäfte zwischen Unternehmern oder auch für solche zwischen Unternehmern und Verbrauchern Anwendung finden?) (*Vogenauer* und *Weatherill* 2005, S. 873). Mit anderen Worten: Welche Verträge sollen vom Optionalen Instrument erfaßt werden? Nur Handelsverträge oder auch Verbraucherverträge? Die Einbeziehung der letzteren würde auch zwingende Regelungen im Optionalen Instrument notwendig machen. Dann müßte im Optionalen Instrument jedoch auch gewährleistet sein, daß nationale Regelungen der Heimatrechtsordnung des Verbrauchers nicht noch zusätzlich zur Anwendung kommen, denn gegenwärtig gilt hinsichtlich der Verbraucherschutzregeln das Bestimmungslandprinzip (Art. 5 Abs. 2 EVÜ[7]) (*Staudenmeyer* 2003, S. 840; *Basedow* 2004, S. 2). Eine weitere Frage betrifft die Ausgestaltung der Optionalität des Vertragsrechts. Soll es als *Opt-out-* oder als *Opt-in-*Lösung angeboten werden (*Basedow* 2004)? Ebenso offen ist, ob das Optionale Instrument – anders als der Gemeinsame Referenzrahmen – auf grenzüberschreitende Sachverhalte beschränkt werden sollte (*Bar* und *Schulte-Nölke* 2005, S. 167).

Ein grundsätzlicher Fragenkreis tut sich schließlich auf, wenn man nach dem zugrundeliegenden vertraglichen Leitbild fragt. Ist das Leitbild der „klassische" Austauschvertrag zwischen zwei individuellen Vertragsparteien oder muß nicht vielmehr berücksichtigt werden, daß der klassische Vertrag kaum noch vorkommt, sondern daß vielfach Standardverträge mit AGBs der Fall sind (*Grundmann* 2004, S. 1269 f.)? Oder wie ist es mit der Drittwirkung von Verträgen? Denn immer häufiger sind Verträge nicht mehr individuelle Verträge zwischen zwei Vertragsparteien, sondern Netzwerke und Ketten von Verträgen und die Verteilung von rechtlichen Verantwortlichkeiten können mitunter Auswirkung auf andere Verträge innerhalb der Kette haben (*Grundmann* 2004, S. 1270).

Dies sind nur einige wenige Fragen, die aber die Komplexität der Thematik schon deutlich hervorscheinen lassen. Im folgenden sollen aber die juristische Detaildiskussion etwas in den Hintergrund treten und die ökonomischen Wirkungen einer 26. Ordnung des Vertragsrechts in den Mittelpunkt der Analyse gerückt werden.

---

[7] Europäische Vertragsrechtsübereinkommen (Übereinkommen von Rom über das auf Schuldverhältnisse anzuwendende Recht vom 18.6.1980 - EVÜ; 80/934/EWG; ABl. 1980 Nr. L 266, S 1, Wiederverlautbahrung in ABl. 1998 Nr. C 27, S 34).

2.3. Spezifische Eigenschaften des Vertragsrechts

Bereits die eingangs erfolgte Darstellung der Rechtsgebiete, die Gegenstand eines europäischen Zivilrechts sind, läßt die Vermutung zu, daß diese Gebiete nicht alle die gleichen regulatorischen Charakteristika aufweisen. Diese Feststellung mag zunächst trivial klingen, ist aber von größter Bedeutung, wenn es darum geht, zu entscheiden, ob (1) ausschließlich ein Recht durch Rechtsvereinheitlichung in allen Mitgliedstaaten zwingend Anwendung finden soll, (2) den Akteuren ein Wahlrecht zwischen dem heimischen und dem ausländischen Recht eingeräumt wird oder ob es (3) eine Wahlmöglichkeit zwischen nationalem und supranationalem Recht geben soll. Mit anderen Worten, die Wettbewerbsordnung für einen funktionsfähigen Regulierungswettbewerb muß auf das betreffende Rechtsgebiet zugeschnitten sein. Und es erscheint nicht ohne weiteres möglich, die Ordnungsbedingungen, die zu einem funktionsfähigen Regulierungswettbewerb in *einem* Rechtsgebiet führen, ungeprüft auf ein *anderes* zu übertragen.

Ganz praktisch heißt das, die Frage des „optimalen" Zentralisierungsgrades oder des „richtigen" Maßes an Regulierungswettbewerb für das europäische Zivilrecht kann nicht als solche beantwortet werden, sondern es muß im Prinzip für jedes einzelne regulierungsbedürftige Problem geprüft werden, ob es ein Wahlrecht der Parteien zwischen den Rechten der Mitgliedstaaten geben soll, eine Rechtsvereinheitlichung auf EU-Ebene stattfinden sollte oder Mischlösungen (hybride Regulierungen) in Betracht kommen. Aus juristischer Perspektive hat dieser Gedankengang erhebliche Konsequenzen: Die nationalen, historisch gewachsenen Rechtsgebiete des Zivilrechts müßten als Einheiten aufgelöst werden und einzelne rechtliche Probleme dann einer Regelungsebene in Europa neu zugeordnet werden, mit dem Ziel, ein Maximum an Wahlfreiheit bzw. Regulierungswettbewerb zu schaffen (so beispielsweise *Kerber* und *Grundmann* 2006). Es mag dahingestellt bleiben, ob sich das Zivilrecht in dieser Art und Weise tatsächlich erst „atomisieren" und dann wieder in einem Mehr-Ebenen-System zusammensetzen läßt. In diesem Beitrag soll lediglich die Meinung vertreten werden, daß systematische Unterschiede zwischen den einzelnen Teilgebieten des Zivilrechts bestehen, die Hinweise darauf geben können, wie der Ordnungsrahmen für einen funktionsfähigen Regulierungswettbewerb in einem rechtlichen Mehr-Ebenen-System gestaltet werden sollte.

Um für das europäische Vertragsrecht die Frage nach Zentralität, Dezentralität und Wettbewerb in einem europäischen Mehr-Ebenen-System zu klären, ist es an dieser Stelle hilfreich, einen Blick auf ein anderes Rechtsgebiet zu werfen, das in Europa eine Vorreiterrolle in dieser Hinsicht spielt, nämlich das Gesellschaftsrecht. Dadurch treten die Eigenheiten des Vertragsrechts gegenüber anderen Rechtsgebieten noch deutlicher zutage.

Ein zentrales Element des Gesellschaftsrechts ist die Schaffung eines korporativen Akteurs, der den einzelnen Gesellschaftern eine gemeinsame Hülle schafft, durch die sie gemeinschaftlich ihre wirtschaftlichen Ziele verfolgen können. Konstitutiver Ausdruck dieser gemeinschaftlichen Zielverfolgung ist der Gesellschaftsvertrag. Zwei Eigenschaften dieses Gesellschaftsvertrages verdienen in Vergleich zum Vertragsrecht besondere Beachtung:

(1) Der Gesellschaftsvertrag regelt keine einmalige Transaktion, sondern eine unbestimmte Anzahl von zukünftigen Willensbildungen und Transaktionen, die kontingent sind. Eine wichtige Aufgabe des staatlich angebotenen Gesellschaftsrechts ist damit, den Gesellschaftern ex ante einen rechtlichen Rahmen zu schaffen, der ihre Vermögensposition bei zukünftigen Willensbildungen des korporativen Akteurs schützt. Diese Ex-ante-Perspektive auf zukünftig zu verhandelnde Tatbestände taucht im Vertragsrecht nicht auf. Im Vertragsrecht geht es vielmehr um die Abwicklung einer einzelnen Transaktion, die zu einem bestimmten Zeitpunkt durch spezifizierte Leistungen und Gegenleistungen abgeschlossen ist.

(2) Ein anderer Unterschied zwischen Gesellschaftsrecht und Vertragsrecht besteht hinsichtlich der Notwendigkeit, externe Effekte zu verhindern. Eine wichtige Begründung für eine staatliche Regulierung des Gesellschaftsrechts ergibt sich nämlich daraus, daß die Gesellschafter durch ihre Beschlüsse Dritte schädigen können (*Heine* und *Röpke* 2006). Das Problem externer Effekte als Begründung staatlichen Eingreifens ist im Vertragsrecht hingegen kaum gegeben.[8] So mag der eine oder andere Vertrag das sittliche Gefühl Dritter stören oder wettbewerbspolitischen Bedenken begegnen, aber im Prinzip geht es im Vertragsrecht um spezifizierte Leistungen und Gegenleistungen zweier Parteien. Das Problem externer Effekte bietet somit kaum einen Grund für ein staatlich reguliertes Vertragsrecht.

Noch deutlicher wird der Unterschied zwischen Gesellschaftsrecht und Vertragsrecht an folgendem Umstand: Während im Gesellschaftsrecht die korporativen Strukturen des Innenverhältnisses (Gesellschaftsvertrag) bei der marktlichen Betätigung des korporativen Akteurs per se Außenwirkungen entfalten, trifft gleiches für den bilateralen Austauschvertrag nicht zu. Denn grundsätzlich entfaltet das Austauschvertragsverhältnis nur „Innenwirkung" zwischen den beteiligten Vertragsparteien. Während also für das Gesellschaftsrecht die Kategorie der externen Effekte eine zu berücksichtigende Größe darstellt, ist gleiches im Vertragsrecht nicht gegeben. Mögliche Probleme im Vertragsrecht sind vielmehr unter der Kategorie der unvollständigen Verträge zu diskutieren, und es geht dann um geeignete Mechanismen der Ex-ante- oder Ex-post-Vertragsvervollständigung (durch residuale Kontrollrechte).

Die kurze Skizze der Differenzen zwischen Vertragsrecht und Gesellschaftsrecht hat einen bestimmten Zweck verfolgt: Während es nämlich im Gesellschaftsrecht möglich ist, strukturelle Tatbestände zu identifizieren, die ein staatliches Eingreifen aufgrund von Marktversagenstatbeständen erforderlich machen können, gilt dies nicht für das Vertragsrecht. Der Staat übernimmt hier vielmehr die Aufgabe, standardisiertes Recht transaktionskostengünstig anzubieten und durchzusetzen. Es gibt daher zunächst keinen Grund, warum das Vertragsrecht nicht weitestgehend dispositiv sein sollte. Den (potentiellen) Vertragsparteien sollte daher die Wahl offen stehen, sich für ihre Geschäfte des staatlichen Regelungsrahmens einschließlich seiner Durchsetzungsmechanismen zu bedienen, weil er ihnen Rechtssicherheit bei geringen Transaktionskosten garantiert. Genauso müßte es ihnen aber auch möglich sein, sich vertraglich außerhalb des staat-

---

[8]   Auch aus verbraucherschutzpolitischer Perspektive erscheint die Argumentationslogik externer Effekte stark begrenzt zu sein (siehe *Van den Bergh* in diesem Band).

lichen Rahmens zu begeben, um ihre Transaktionen abzuwickeln. Der sich ständig vergrößernde Bereich der privaten Schiedsgerichtsbarkeit und der Rückgriff auf durch „Law firms" geschaffenes Recht können als Ausdruck dieses prinzipiell dispositiven Charakters des Vertragsrechts verstanden werden.

Während es also im Gesellschaftsrecht systematische Gründe für eine staatliche Regulierungsnotwendigkeit gibt, liegen diese Gründe nicht in gleichem Maße für das Vertragsrecht vor. Für Analogieschlüsse zur Funktionsweise und zu den Funktionsbedingungen von rechtlichen Mehr-Ebenen-Systemen zwischen einzelnen Rechtsgebieten folgt daraus als wichtige Konsequenz, daß diese nur eingeschränkt möglich sind. Noch etwas deutlicher wird dies, wenn man sich kurz die Diskussion zum Wettbewerb im Gesellschaftsrecht vor Augen führt. So gibt es eine umfangreiche Auseinandersetzung darüber, ob ein Wettbewerb zwischen Gesellschaftsrechten zu einem *Race to the Bottom* führt, in dem Staaten die Schutzstandards des Gesellschaftsrechts immer weiter lockern. Am Ende eines solchen Wettbewerbsprozesses „nach unten" steht nach Auffassung einiger Autoren (*Bebchuk* 1992; *Eisenberg* 1983; *Cary* 1974) ein Gesellschaftsrecht mit ineffizienten Regulierungen. Damit ein solches Marktergebnis nicht eintritt, sondern es im Gegenteil zu einem *Race to the Top* kommt, in dem Staaten einen Anreiz haben, ihr Gesellschaftsrecht permanent zu verbessern, bedarf es eines supranationalen Ordnungsrahmens, der im Sinne einer Wettbewerbsordnung die gesellschaftsrechtlichen Anpassungsprozesse in Richtung auf Effizienzsteigerungen kanalisiert. Hintergrund der Diskussion um ein *Race to the Bottom* ist offensichtlich die Existenz von Marktversagenstatbeständen, die in einem rechtlichen Mehr-Ebenen-System „gemanagt" werden sollen. Gibt es aber diese zu regulierenden Marktversagenstatbestände gar nicht, stellt sich auch die normative Frage eines *Race to the Bottom* nicht. Die Erkenntnisse des Wettbewerbs zwischen Gesellschaftsrechten sind deshalb nur mit Einschränkungen auf das Vertragsrecht übertragbar. Extrem formuliert könnte man sogar die Behauptung aufstellen, daß die weitgehende Abwesenheit von Marktversagenstatbeständen im Vertragsrecht eigentlich die rechtspolitische Forderung nach sich ziehen müßte, daß es gar keines rechtlichen Mehr-Ebenen-Systems bedarf und der Staat sich auf ein rechtliches Angebot zurückziehen sollte, das bei Wunsch der Parteien vollständig abbedungen werden kann. Aus dieser zugespitzten Sicht wäre ein rechtliches Mehr-Ebenen-System dann lediglich als ein geschickter staatlicher Interventionsmechanismus zu interpretieren, der die rechtlichen Wahlmöglichkeiten Privater in unangemessener Weise zu beschränken versucht.

Damit bleibt zweierlei festzuhalten: (1) Von einem europäischen Zivilrecht kann man nicht im Sinne eines geschlossenen Regelwerkes sprechen. Es besteht vielmehr aus einer ganzen Reihe verschiedener Rechtsgebiete, die unterschiedliche prägende Charakteristika aufweisen. (2) Diese Unterschiedlichkeit schränkt die Möglichkeit von Analogieschlüssen zwischen den einzelnen Rechtsgebieten bei einer Funktions- und Wirkungsanalyse ein. Im folgenden beschränkt sich die Analyse deshalb auf das europäische Vertragsrecht, und es soll ausgelotet werden, welche Wirkungen mit der Einführung einer optionalen Wahlmöglichkeit eines supranationalen europäischen Vertragsrechts verbunden sind. Der Schwerpunkt der Untersuchung liegt dabei auf der Herausarbeitung der Ordnungsbedingungen für einen funktionsfähigen vertikalen Regulierungswettbewerb zwischen den Vertragsrechten der Mitgliedstaaten und dem optionalen EU-Vertragsrecht.

3. Wozu ist vertikaler Regulierungswettbewerb gut?

Mit Einführung eines Optionalen Vertragsrechts auf EU-Ebene wird eine vertikale Wahlmöglichkeit für Vertragsparteien geschaffen. Vertragsparteien können nicht nur parallel auf der Ebene der Mitgliedstaaten zwischen verschiedenen Vertragsrechten wählen, sondern auch eine Ebene „höher gehen" und europäisches Vertragsrecht wählen, das in allen Mitgliedstaaten gleichermaßen gilt. Damit tritt eine supranationale Rechtswahlmöglichkeit in Konkurrenz zum mitgliedstaatlichen Recht.

Die erste Frage, die sich bei Einführung eines vertikalen Rechtsangebots in der EU stellt, ist, ob es sich damit nicht lediglich um eine „26. Ordnung"[9] handelt, die nur unwesentlich die Wettbewerbsintensität erhöht. Um zu verstehen, warum es sich bei einem europäischen Vertragsrecht nicht lediglich um eine marginale Erweiterung der Rechtswahlmöglichkeiten handelt, ist es sinnvoll, einen kurzen Blick auf den horizontalen Wettbewerb der Rechtsordnungen zwischen den Mitgliedstaaten zu werfen.

Damit ein Wettbewerb zwischen den Rechtsordnungen der Mitgliedstaaten stattfinden kann, muß für die Rechtsnachfrager eine Rechtswahlmöglichkeit bestehen. Eine solche ist gegeben, wenn die Mitgliedstaaten ihre Rechtsordnungen, das heißt ihr sachrechtliches Angebot, wechselseitig anerkennen. Man könnte dies auch als die Übertragung des aus der Warenverkehrsfreiheit bekannten Ursprungslandprinzips auf die rechtliche Sphäre verstehen. Dem Ursprungslandprinzip kommt dabei die Rolle einer Metaregel zu, die den Regulierungswettbewerb in Gang setzt. Sie überlagert die nationalen Kollisionsrechte, durch die bestimmt wird, welches nationale Sachrecht zur Anwendung kommen soll, und sorgt im Prinzip für eine einheitliche kollisionsrechtliche Interpretation, so daß die europäischen Rechtsordnungen unter dieselben Wettbewerbsbedingungen gesetzt werden (*level playing field*). Strukturell erhält man damit eine Aufspaltung in das nationale Sachrecht, mit dem die Mitgliedstaaten in Wettbewerb treten, und eine prozessuale Regel auf supranationaler Ebene, die kollisionsrechtlich die gegenseitige Anerkennung sichert. In der Realität läßt sich ein solcher idealer Regulierungswettbewerb allerdings nicht ohne weiteres herstellen, da die historisch gewachsenen nationalen Rechtsordnungen zum einen starke Komplementaritäten zwischen ihren einzelnen rechtlichen Regeln aufweisen, die der Herauslösung und Implementation von einzelnen Regelungskomplexen entgegenstehen. Zum anderen gibt es Interessengruppen in den Mitgliedstaaten, die eine vorbehaltlose gegenseitige Anerkennung fremden Rechts zu verhindern suchen und für diesen Zweck vor allem das nationale Kollisionsrecht gegen die supranationale Regel der gegenseitigen Anerkennung instrumentalisieren. Festzuhalten bleibt, daß ein Regulierungswettbewerb zwischen den Mitgliedstaaten aufgrund der Trennung in eine sachrechtliche Komponente einerseits und eine kollisionsrechtliche (prozessuale) Komponente andererseits immer mit Problemen behaftet ist.

---

[9] Genau genommen müßte man von einer „27. Ordnung" sprechen, weil das (Vertrags-)Recht Schottlands vom englischen Recht zu unterscheiden ist.

Supranationales Recht kann die eben geschilderte kollisionsrechtliche Problematik vermeiden, indem es unmittelbare Geltung in den Mitgliedstaaten entfaltet und seinen sachrechtlichen Inhalt zur Geltung bringt. Herrscht somit das supranationale Recht selbst über die Frage seiner Anwendbarkeit, hat die Wahl supranationalen Rechts für den Rechtsnachfrager den Vorteil, daß er kollisionsrechtliche Probleme umgeht, die sich im Regulierungswettbewerb zwischen den Mitgliedstaaten zwangsläufig stellen. Damit ergibt sich im vertikalen Regulierungswettbewerb ein bedeutsamer Unterschied zum Regulierungswettbewerb, der sich nur parallel zwischen den Mitgliedstaaten abspielt: Im horizontalen Regulierungswettbewerb der Mitgliedstaaten, der sich auf das Sachrecht bezieht, ist nämlich die kollisionsrechtliche Regel der gegenseitigen Anerkennung Voraussetzung. Mit Eröffnung einer supranationalen Rechtswahlmöglichkeit wird hingegen der Wettbewerb auf das Kollisionsrecht ausgedehnt, indem nun ein Recht mit unmittelbarer Geltung in allen Mitgliedstaaten gewählt werden kann. Dadurch ist es den Rechtsnachfragern möglich, das für sie günstigste Recht nicht nur nach sachrechtlichen Kriterien auszuwählen, sondern auch eine Entscheidung über den gegenseitigen Anerkennungsmechanismus von Recht zu treffen. Damit wird gleichzeitig ein Wettbewerbsdruck auf die Mitgliedstaaten ausgeübt, keine kollisionsrechtlichen Sperren gegen die gegenseitige Anerkennung von Recht aufzubauen und die Anschlußfähigkeit fremden Rechts in der eigenen Rechtsordnung sicherzustellen.

Neben der eben dargestellten Einbeziehung des Kollisionsrechts in den Regulierungswettbewerb durch eine supranationale Rechtswahlmöglichkeit ist eine weitere Eigenschaft des vertikalen Regulierungswettbewerbs, daß er das wettbewerbliche Entdeckungsverfahren über die geeignetste Regulierung auch auf die Frage nach der geeignetsten Regulierungsebene ausdehnt: Ohne vertikales Rechtsangebot ist das Entdeckungsverfahren auf das Sachrecht auf Ebene der Mitgliedstaaten beschränkt. Damit ist aber bereits die Vorentscheidung getroffen, daß die Ebene der Mitgliedstaaten diejenige Ebene ist, auf der die beste Problemlösung gefunden werden kann. Auf welcher Jurisdiktionsebene eine Regulierungskompetenz angesiedelt sein sollte, ist allerdings eine Frage, die nur in den seltensten Fällen leicht zu beantworten ist. Besonders plastisch wird dieses Problem wiederum am Gesellschaftsrecht. So argumentieren die Vertreter der *Race to the Bottom*-Hypothese, daß das Versagen des Marktes für Gesellschaftsrechte eine Zentralisierung der Regulierungskompetenz und eine Vereinheitlichung des Gesellschaftsrechts erfordere (*Bebchuk* 1992; *Cary* 1974). Demgegenüber fordern die Anhänger der *Race to the Top*-Hypothese, daß die Kompetenz zur Gestaltung des Gesellschaftsrechts auf möglichst niedriger Jurisdiktionsebene anzusiedeln sei (*Romano* 1993; *Easterbrook* und *Fischel* 1996). Welches der beiden Lager recht hat, läßt sich jedoch nicht einfach sagen, vielmehr herrscht darüber eine große theoretische Unsicherheit. Um in dieser Frage eine Klärung herbeizuführen, bietet sich das Entdeckungsverfahren des vertikalen Regulierungswettbewerbs an. Indem nämlich sowohl supranationale als auch – davon unabhängige – dezentrale rechtliche Angebote von Rechtsnachfragern getestet werden, wird das Wissen über die geeignetste Allokation von Regulierungskompetenzen erweitert.

Eine dritte Besonderheit des vertikalen Regulierungswettbewerbs liegt schließlich im polit-ökonomischen Bereich. Eine der kritischsten Fragen für einen nachhaltig funktionsfähigen Regulierungswettbewerb ist nämlich, wie Regulierungswettbewerb dauerhaft gegen die Erosion durch Interessengruppen geschützt werden kann. Das heißt, es ist nicht ausreichend, daß eine Metaordnung für den Regulierungswettbewerb entwickelt wird, sondern eine solche Metaordnung muß auch implementiert und dauerhaft verankert werden. Diese Problematik wird üblicherweise in der Theorie des Regulierungswettbewerbs, aber auch in der Theorie des Wettbewerbsföderalismus übersehen (*Heine* 2006). Eine Ausnahme bildet der von *Weingast* und anderen (*De Figueiredo* und *Weingast* 2002; *Qian* und *Weingast* 1997; *Weingast* 1995, 2005) entwickelte Ansatz des „markterhaltenden Föderalismus" (*market preserving federalism*), der explizit nach den institutionellen Voraussetzungen wettbewerbsföderaler Staatenbünde fragt. Die wichtigste Erkenntnis, die der Ansatz des markterhaltenden Föderalismus zur Lösung des Problems der Implementation einer Metaordnung beisteuert, ist, daß die Metaordnung selbstdurchsetzend sein muß. Ein Zitat von *Weingast* (1993, S. 287) macht diesen Gedanken besonders plastisch: „[A] Government strong enough to protect property rights is also strong enough to confiscate the wealth of its citizens." Daraus folgt, daß mit Hilfe von „*checks and balances*" zwischen den Gebietskörperschaftsebenen ein Machtgleichgewicht geschaffen werden muß, das die Metaordnung ohne Bezug auf eine dritte Instanz durchsetzt (*Röpke* und *Heine* 2005b; *Heine* und *Gröteke* 2005; *Heine* 2006). Vertikaler Regulierungswettbewerb schafft ein solches Gleichgewicht, indem durch die vertikalen Wahlmöglichkeiten der Rechtsnachfrager keine Ebene ein Machtkartell oder ein Monopol zu Ungunsten der Rechtsnachfrager bilden kann. Denn die Rechtsnachfrager können jederzeit eine Jurisdiktionsebene durch den Wechsel auf eine andere Ebene sanktionieren. Dieser Mechanismus föderaler „checks and balances" ist bereits in den dreißiger Jahren des letzten Jahrhunderts von *Hayek* beschrieben worden, der zentrale Argumentationen des markterhaltenden Föderalismus vorwegnimmt:

> „Wenn man bedenkt, wie erfinderisch sich die Gesetzgeber in dieser Hinsicht [Beschränkung des Wettbewerbs durch untere Gebietskörperschaftsebenen, die Verf.] erwiesen haben, scheint es klar zu sein, daß keine speziellen Verbote in der Bundesverfassung hinreichen würden, um solche Entwicklungen zu verhindern; der Bundesregierung müßte zu diesem Zweck wahrscheinlich ein allgemeines Einspruchsrecht gegeben werden. Das heißt, daß der Bund die negative Macht haben müßte, die Einzelstaaten zu verhindern, in bestimmter Weise in die Wirtschaftstätigkeit einzugreifen, während er aber selbst nicht die Macht hätte, das an ihrer Stelle zu tun" (*Hayek* [1939] 1976, S. 338).

Die von *Hayek* und *Weingast* angestellten Überlegungen zur Selbstdurchsetzung einer wettbewerbsföderalen Ordnung lassen sich normativ zum Prinzip der *Offenhaltung des Wettbewerbs* verdichten. Das heißt mit Bezug zur EU, daß der Wettbewerb zwischen der Ebene der EU und den Mitgliedstaaten aktuell und potentiell tatsächlich möglich sein muß. Die Ausübung einer Regulierungskompetenz auf einer Jurisdiktionsebene darf danach nicht bedeuten, daß Jurisdiktionsebenen, die bislang die Regulierungskompetenz innehatten, ihre Kompetenz verlieren. Dadurch können unterschiedliche Jurisdiktionsebenen jederzeit mit einer anderen Jurisdiktionsebene in Wettbewerb treten. Dabei übt der potentielle vertikale Regulierungswettbewerb eine stark disziplinierende Wirkung auf die politischen Akteure der verschiedenen Jurisdiktionsebenen aus, kein *Rent seeking* zu betreiben. Weitere wichtige Prinzipien, die die Selbstdurchsetzung des vertikalen Regulierungswettbewerbs fördern, sind: *Keine Beschränkungen der Wahlmöglichkeiten*; dahinter steckt die Überlegung, daß Rechtsnachfrager nicht behindert werden dürfen, zwischen dem mitgliedstaatlichen Recht und dem supranationalen EU-Recht zu wählen. *Geschlossenheit der Wahlmöglichkeiten*: das heißt, die Rechtswahlmöglichkeit muß umfassend sein. Mit anderen Worten, die Wahl eines Rechtsgebietes sollte so weit wie möglich ohne Bezug auf Regelungen des gleichen Gegenstandsbereichs einer anderen Jurisdiktionsebene auskommen. *Keine Politikverflechtung zwischen den Jurisdiktionsebenen*: dieses Prinzip verlangt, daß die politischadministrativen Prozesse der einzelnen Jurisdiktionsebenen voneinander zu trennen sind. Bei einer vertikalen Vermischung der Entscheidungskompetenzen ist hingegen anzunehmen, daß sich politische Akteure einer Ebene durch Manipulation des Angebots einer anderen Ebene einen nichtwettbewerblichen Vorteil zu verschaffen suchen werden (für eine genauere Kennzeichnung der einzelnen Prinzipien siehe *Röpke* und *Heine* 2005a, b).

4. Vertikaler Regulierungswettbewerb im Vertragsrecht

Nachdem in den vorangegangenen Kapiteln gezeigt wurde, daß sich das europäische Zivilrecht aus verschiedenen Rechtsgebieten zusammensetzt, die sich in ihren regulatorischen Charakteristika zum Teil deutlich unterscheiden, und einige grundlegende Überlegungen zur Funktionsweise und den Funktionsbedingungen eines vertikalen Regulierungswettbewerbs gemacht wurden, sollen diese Erkenntnisse am europäischen Vertragsrecht nun weiter vertieft werden. Dazu gehört vor allem auch die Frage nach den Ordnungsbedingungen, die einen funktionsfähigen vertikalen Regulierungswettbewerb im Vertragsrecht möglich machen. Dabei wird sich zeigen, daß in diesem Rechtsgebiet dem Systemschutz des Wettbewerbs besondere Bedeutung zukommt und weniger der Regulierung von einzelnen Marktversagenstatbeständen.

4.1. Gründe für eine Beschränkung der Rechtswahl: Keine?

In Kapitel 2 wurde bereits dargelegt, daß es im Vertragsrecht, anders als beispielsweise im Gesellschaftsrecht, keine so offensichtlichen Marktversagenstatbestände gibt, die eine staatliche Regulierung erforderlich machen. Dem staatlichen Rechtsangebot kommt vielmehr eine Ermöglichungsfunktion in dem Sinne zu, daß private Parteien zu möglichst geringen Transaktionskosten die für sie wechselseitig vorteilhaftesten Tauschakte eingehen können. Dies gilt auch, wenn man die Probleme des Verbraucherschutzes mitberücksichtigt (siehe hierzu ausführlicher Kapitel 5). Im Prinzip sind es zwei Punkte, die den Verbraucherschutz als einen zweifelhaften Kandidaten für eine staatliche Regulierungsnotwendigkeit des Vertragsrechts erscheinen lassen. Zwar ist es unstreitig, daß Informationsasymmetrien auf Seiten des Verbrauchers zum Abschluß von Verträgen führen können, die der Verbraucher nicht abgeschlossen hätte, wenn er mehr Informationen im Vorfeld des Vertragsschlusses gehabt hätte, aber folgt daraus bereits eine *staatliche* Regulierungsnotwendigkeit? Ist es nicht viel wahrscheinlicher, daß sich neben dem privaten „screening" und „signalling" von Informationen private Intermediäre herausbilden werden, die die Bereitstellung von glaubwürdigen Informationen kostengünstiger als staatliche Stellen bewerkstelligen? Neben dieser Frage des Institutionenvergleichs stellt sich als Zweites die Frage des Handlungsmodells, das dem Verbraucher unterstellt wird. Geht man von einem Verbraucherleitbild aus, in dem der

Verbraucher als klug und gut informiert angesehen wird, wird man einen geringeren staatlichen Regulierungsbedarf reklamieren als bei der Unterstellung eines hilfs- und schutzbedürftigen Verbrauchers mit „relativer Inkompetenz" (*Wissenschaftlicher Beirat für Verbraucher- und Ernährungspolitik* 2003, S. 21 ff.).

Geht man also davon aus, daß die vom Vertragsrecht gesteuerten Transaktionen kaum Externalitäten verursachen und das Problem von Informationsasymmetrien bei Verbrauchern durch private Mechanismen in großem Umfange transaktionskostengünstig gelöst werden kann, hat das staatliche Vertragsrecht im wesentlichen Ermöglichungsfunktion, und ein nur kleiner Satz an nicht-dispositivem Recht erscheint als ausreichend.

Für die „Konstruktion" eines Mehr-Ebenen-Rechtssystems, das Regulierungswettbewerb bewirken soll, hat die eben getroffene Feststellung weitreichende Konsequenzen. Es stellt sich nämlich die Frage, ob Recht, das im wesentlichen Ermöglichungsfunktion hat, überhaupt exklusiv vom Staat angeboten werden soll oder ob nicht auch private Anbieter eines solchen Typs von Recht in Betracht kommen. Daß dies keine rein theoretische Frage ist, sieht man an der enormen Zunahme an freiwilliger Schiedsgerichtsbarkeit, die seit jeher eine große Bedeutung – vor allem im internationalen – Vertragsrecht hat, und an der Produktion von Recht durch *Law firms*. Systematisch stellt sich freilich hier die Anschlußfrage, ob man bei dieser zunehmenden Öffnung des Marktes für Vertragsrechte für private Anbieter noch sinnvoll von einem Mehr-Ebenen-Rechtssystem sprechen kann und man es nicht vielmehr mit einem fundamentalen Deregulierungsprozeß zu tun hat, in dessen Zuge eine Entstaatlichung von Recht stattfindet.

Läßt man die zuletzt gestellte Frage einmal offen, ist erstens zu klären, was die vertikalen Regulierungsprozesse zwischen den nationalen Vertragsrechten und dem europäischen Vertragsrecht bewirken sollen. Und zweitens ist zu untersuchen, welche Richtung der Verlauf der angestoßenen vertikalen Wettbewerbsprozesse nimmt.

4.2. Das Vertragsrecht im Sog zwischen Zentralität und Dezentralität

Die erste Frage läßt sich nach den bereits gemachten Ausführungen sehr kurz beantworten: Vertikaler Regulierungswettbewerb im Vertragsrecht ist ein Entdeckungsverfahren für die geeignetsten sachrechtlichen Problemlösungen von Vertragsparteien. Diese Funktion des Regulierungswettbewerbs ist in der Literatur bereits ausführlich beschrieben worden und insbesondere am parallelen Wettbewerb zwischen den Gesellschaftsrechten der US-Bundesstaaten empirisch gut dokumentiert (siehe beispielsweise *Romano* 1993; *Carney* 1998; *Daines* 2001). Was die sachrechtliche Komponente angeht, wäre ein zusätzliches europäisches Vertragsrecht damit in der Tat zunächst nichts mehr als eine „26. Ordnung". Die Besonderheit des vertikalen Regulierungswettbewerbs liegt jedoch darin, daß das Entdeckungsverfahren über das Sachrecht hinaus ausgedehnt werden kann auf die prozessuale Ebene, konkret das Kollisionsrecht. Rechtsnachfrager entscheiden bei einer vertikalen Wahlmöglichkeit nämlich auch über diejenigen Regeln, die die gegenseitige Anerkennung des Sachrechts im Binnenmarkt steuern. Die Mitgliedstaaten werden damit unter Wettbewerbsdruck gesetzt, auch in diesem Regelungsbereich für die Rechtsnachfrager vorteilhafte Rechtsangebote zu unterbreiten. Eine weitere Besonderheit des vertikalen Regulierungswettbewerbs ist, daß das Implementationsproblem der für den Regulierungswettbewerb notwendigen Meta-ordnung gelöst wird, indem „checks and balances" zwischen der Ebene der Mitglied-staaten und der Ebene der EU geschaffen werden, die die Selbstdurchsetzung der Meta-ordnung fördern. Das Vertragsrecht der EU und das Vertragsrecht der Mitgliedstaaten würde sich somit gegenseitig kontrollieren und den Ordnungsrahmen für einen nachhal-tigen Regulierungswettbewerb im Vertragsrecht aufrechterhalten (*Röpke* und *Heine* 2005a, b).

Die Implementationsfrage des markterhaltenden Föderalismus leitet zur zweiten Frage über, der zu erwartenden vertikalen Wettbewerbsprozesse. Denn ein funktions-fähiger Mechanismus von „checks and balances" setzt voraus, daß ein Machtgleichge-wicht zwischen den vertikalen Ebenen besteht, das nicht nach oben oder unten kippt. Ein solches Gleichgewicht kann aber nicht ohne weiteres vorausgesetzt werden. Der Grund hierfür liegt darin, daß rechtliche Wettbewerbsprozesse stark von Pfadabhängig-keiten geprägt werden, die dafür sorgen, daß es tendenziell einen *Lock-in* in ein Recht gibt, der einen dauerhaften Wettbewerbsvorteil aufgrund von Größenvorteilen gegen-über konkurrierenden Rechtsordnungen generiert. Ein bekanntes Beispiel für einen solchen *Lock-in* ist der kleine US-Ostküstenstaat Delaware, der seit Jahrzehnten den Regulierungswettbewerb im Gesellschaftsrecht in den Vereinigten Staaten dominiert (*Heine* 2003; *Heine* und *Kerber* 2002; *Kahan* und *Klausner* 1996).

Rechtliche Pfadabhängigkeiten resultieren daraus, daß ein etabliertes Recht mit Ini-tial relativ vielen Nutzern immer mehr Nutzer anzieht und im Sinne eines natürlichen Monopols alternative Rechtswahlmöglichkeiten verdrängt. Ursächlich hierfür sind im Kern positive Netzexternalitäten und Lerneffekte. Die Netzexternalität besteht darin, daß je mehr Rechtsnachfrager an ein Recht angeschlossen sind, der Nutzen eines An-schlusses für jeden weiteren Rechtsnachfrager an dieses Recht steigt, denn je mehr Nut-zer ein Recht hat, desto mehr Fälle werden vor Gericht gebracht. Dadurch wird das Recht mit der Zeit sowohl immer ausdifferenzierter als auch die Auslegungspraxis der Gerichte ständig verbessert (*Klausner* 1995; *Lemley* und *McGowan* 1998). Ein etablier-tes Vertragsrecht, wie das der Mitgliedstaaten, hat damit einen Wettbewerbsvorteil ge-genüber dem europäischen Vertragsrecht, das bei seinem Einstieg in den Wettbewerb nicht über die gleichen historisch gewachsenen Vorteile verfügt. Das wohlfahrtsökono-mische Problem besteht dabei darin, daß das dominante Vertragsrecht nicht das „beste" Recht sein muß. Ein im Wettbewerb unterlegenes Vertragsrecht könnte bei denselben Größenvorteilen möglicherweise einen deutlich größeren Nutzen für die Rechtsnachfra-ger stiften als der dominante rechtliche Standard.

Eine erste Hypothese könnte nach dem Gesagten damit sein, daß ein vertikaler Regu-lierungswettbewerb gar nicht oder nur schwer in Gang kommt, weil die etablierten Ver-tragsrechte der Mitgliedstaaten einen initialen Größenvorteil gegenüber dem neuge-schaffenen europäischen Vertragsrecht haben (*Eidenmüller* 2002; *Kerber* und *Grundmann* 2006). Aus Sicht der Funktionsfähigkeit eines vertikalen Regulierungs-wettbewerbs wäre daher zu vermuten, daß das europäische Vertragsrecht im Wettbe-werbsprozeß systematisch zu wenig nachgefragt wird. Dies legt wiederum den Gedan-ken nahe, nach Regeln auf der Metaebene zu suchen, die den initialen Wettbewerbsnachteil des europäischen Vertragsrechts ausgleichen können. Eine erste Möglichkeit liegt in der Ausgestaltung der Optionalität. Daher wird diskutiert, ob das europäische Vertragsrecht als *Opt-in-* oder als *Opt-out*-Lösung angeboten werden soll.[10] Ein *Opt-out* besteht darin, daß Vertragsparteien, wenn sie nichts anderes vereinbaren, dem Europäischen Vertragsrecht unterliegen. Ein *Opt-in* liegt umgekehrt vor, wenn mitgliedstaatliches Vertragsrecht gilt, außer die Vertragsparteien wählen ausdrücklich europäisches Vertragsrecht.

Sieht man zunächst von möglichen kollisionsrechtlichen Problemen ab, ist die Unterscheidung zwischen *Opt-in* und *Opt-out* entscheidungslogisch freilich auf den ersten Blick nicht relevant, denn ohne Einführung weiterer Restriktionen führt bei ungehinderter Rechtswahl der Entscheidungsprozeß der Vertragsparteien zum selben Ergebnis. Unterstellt man jedoch eine gewisse Trägheit von Vertragsparteien, von einer vorgegebenen vertragsrechtlichen Lösung abzuweichen, dann könnte ein *Opt-out*-Regime einem europäischen Vertragsrecht tatsächlich mehr Nutzer verschaffen und den initialen Wettbewerbsnachteil gegenüber den etablierten mitgliedstaatlichen Vertragsrechten zumindest teilweise ausgleichen (*Eidenmüller* 2002, S. 242). Allerdings zeigen die empirischen Erfahrungen mit dem UN-Kaufrecht, das bei internationalen Kaufverträgen Anwendung findet, wenn nichts anderes vereinbart ist, daß die Vertragsparteien sehr wohl von ihrer *Opt-out*-Möglichkeit Gebrauch machen und das UN-Kaufrecht regelmäßig abwählen.[11]

Vordergründig aus juristischer Perspektive, aber auch im Hinblick auf die bereits angesprochenen Vorteile eines vertikalen Regulierungswettbewerbs gegenüber einem rein horizontalen Wettbewerb, erlangt die Unterscheidung zwischen einer *Opt-in-* und einer *Opt-out*-Lösung jedoch trotz der zunächst entscheidungslogischen Äquivalenz Relevanz. Ausgangspunkt bildet dabei die Frage, welches Recht über die Ausübung der Option herrscht, das Optionale Instrument selbst oder das ansonsten nach dem nationalen Kollisionsrecht des angerufenen Gerichts maßgebende Recht (*Najork* und *Schmidt-Kessel* 2003, S. 10). Während es bei einer *Opt-out*-Lösung grundsätzlich zur Anwendbarkeit des Optionalen Instruments käme – das supranationale Recht somit unmittelbar Anwendung fände – und nunmehr nur die Frage seiner wirksamen Abwahl zu prüfen ist, ergibt sich bei einer *Opt-in*-Lösung das kollisionsrechtliche Problem, daß das angerufene Gericht auf der Grundlage seines nationalen Kollisionsrechts im Prinzip über die Anwendbarkeit der sachrechtlichen supranationalen Regelung entscheiden müßte. Ist dies der Fall, dann kann der oben beschriebene Vorteil des vertikalen Regulierungswettbewerbs gegenüber dem rein horizontalen Wettbewerb nicht erzielt werden. An

---

[10] Vgl. zu dieser (juristischen) Diskussion u.a.: *Grundmann* (2004, S. 1259 ff.); *Basedow* (2004, S. 1 ff.); *Staudenmeyer* (2003, S. 835 ff.).

[11] Man steht allerdings bei der Frage, wie häufig UN-Kaufrecht tatsächlich gewählt oder abgewählt wird, vor einem meßtechnischen Problem. Denn ob UN-Kaufrecht einem Vertrag zugrunde liegt, offenbart sich erst im Konfliktfall. Der weitaus größte Teil internationaler Vertragsstreitigkeiten wird aber mittlerweile von Schiedsgerichten bearbeitet, die Fälle mit äußerster Diskretion lösen. Damit wird häufig gar nicht bekannt, welches Recht einem internationalen Kaufvertrag zugrunde liegt. So könnte die „Dunkelziffer" der Anwendung von UN-Kaufrecht deutlich höher liegen, als die offiziellen Zahlen vermuten lassen (http://www.cisg.law.pace.edu/cisg/text/caseschedule.html).

dieser Stelle ist es nicht möglich, die aus juristischer Sicht denkbaren verschiedenen Lösungsmöglichkeiten für dieses kollisionsrechtliche Problem zu diskutieren (hierzu *Staudenmeyer* 2003, S. 836 ff.). Aus juristischer Sicht kommt diesem „vertikalen Kollisionsproblem" jedoch erhebliche Bedeutung zu, so daß es neben der Frage, ob aus ökonomischer Perspektive eher ein *Opt-in* oder *Opt-out* geeignet ist, um den vertikalen Regulierungswettbewerb in Gang zu setzen, eben auch dieses juristische Problem Beachtung verdient – zumindest wenn man der *Opt-in*-Lösung den Vorzug geben möchte.

Eine weitere Möglichkeit, den initialen Wettbewerbsnachteil eines europäischen Vertragsrechts auszugleichen, könnte darin bestehen, daß es auch bei rein inländischen Transaktionen gewählt werden kann. Damit würde für das europäische Vertragsrecht eine größere potentielle Nachfrage geschaffen, und der entsprechende anfängliche Größennachteil könnte gegenüber den etablierten mitgliedstaatlichen Vertragsrechten ausgeglichen werden.

Das Problem mit den beiden dargestellten Lösungen (*Opt-out* und Wahlmöglichkeit bei rein inländischen Transaktionen) besteht nicht darin, daß dies nicht adäquate Vorschläge wären, um die initialen Größennachteile des europäischen Vertragsrechts möglicherweise auszugleichen. Das Problem besteht vielmehr darin, daß das implizite Pfadabhängigkeitsargument mit einem bestimmten empirischen Marktergebnis verknüpft wird, für das die empirische Evidenz fraglich ist.[12] Es ist nämlich genauso denkbar und plausibel, daß Pfadabhängigkeiten zum umgekehrten Marktergebnis führen und durch die vertikale Wahlmöglichkeit eine *Sogwirkung* in das europäische Vertragsrecht hinein entsteht. Es mögen anfangs nur wenige Transaktionen sein, die über das europäische Vertragsrecht abgewickelt werden, mit der Zeit setzen aber Netz- und Komplementaritätseffekte ein, so daß schließlich das mitgliedstaatliche Vertragsrecht vom europäischen verdrängt wird.[13]

Es ist an dieser Stelle empirisch nicht überprüfbar, ob tatsächlich ein Sog in das europäische Vertragsrecht einsetzt, der die mitgliedstaatlichen Vertragsrechte verdrängt, oder ob ein vertikaler Regulierungswettbewerb erst gar nicht in Gang kommt. Vor dem Hintergrund des Pfadabhängigkeitsarguments und seiner möglichen Wirkungen auf die Funktionsfähigkeit des Regulierungswettbewerbs lassen sich dennoch einige generellere Schlußfolgerungen ziehen. Im ersten Fall, in dem der vertikale Wettbewerb nicht in Gang kommt, weil Parteien in dem ihnen vertrauten vertragsrechtlichen Kontext verbleiben, ist das Marktergebnis ein mehr oder weniger funktionsfähiger horizontaler

---

[12] Auf dieses Problem hat bereits *Eidenmüller* (2002, S. 239) im Zusammenhang mit dem europäischen Vertragsrecht aufmerksam gemacht, wenn er schreibt: „Setzt man ‚gute Gründe' mit ‚ökonomischen Gründen' gleich, so geht es insoweit natürlich um eine komparative Effizienzanalyse. Das Problem dieser Effizienzanalyse liegt – wie häufig – darin, daß das anzustellende Nutzen/Kosten-Kalkül erstens komplex ist und zweitens empirische Daten im Hinblick auf die einschlägigen Variablen praktisch fehlen. Soweit Daten vorliegen, sind sie drittens von zweifelhaftem Aussagewert."

[13] Das kanadische Gesellschaftsrecht ist hierfür ein Beispiel. Nachdem auf Bundesebene vertikal ein Gesellschaftsrecht geschaffen worden war, löste dies die Gesellschaftsrechte der kanadischen Provinzen fast vollständig ab bzw. die kanadischen Provinzen übernahmen das Bundesrecht, so daß unterdessen weitgehend einheitliches kanadisches Gesellschaftsrecht herrscht (*Cumming* und *MacIntosh* 2000).

Regulierungswettbewerb zwischen den 25 Vertragrechten der Mitgliedstaaten. Im zweiten Fall, in dem ein Sog auf das Vertragsrecht der EU-Ebene einsetzt, ist das Marktergebnis ein dominantes Vertragsrecht mit marginalisierten Vertragsrechten der Mitgliedstaaten. Versteht man Wettbewerb als einen offenen Prozeß, der eine Vielfalt von Problemlösungen zur Voraussetzung hat und der auch immer wieder aus sich heraus Vielfalt generiert, erscheint der Eintritt des zweiten Falls als sehr viel gravierender als der erste. Solange keine hinreichende empirische Evidenz darüber vorliegt, wie sich rechtliche Pfadabhängigkeiten auf den vertikalen Regulierungswettbewerb im Vertragsrecht auswirken, erscheint es deshalb zur Offenhaltung des Wettbewerbsprozesses im Vertragsrecht klug, die Wahl des europäischen Vertragsrechts nicht zu forcieren, sondern im Gegenteil Sperrklinken gegenüber einem „vertragsrechtlichen Sog" auf die EU-Ebene in die Wettbewerbsordnung für einen vertikalen Regulierungswettbewerb einzubauen. Dies spräche für eine Beschränkung der Wahlmöglichkeit auf transnationale Sachverhalte und die *Opt-in*-Lösung, wobei jedoch die vertikalen kollisionsrechtlichen Probleme einer genaueren Analyse und anschließenden Bewertung ihrer Wirkungen unterzogen werden müßten.

4.3. Systemschutz als Aufgabe

In Kapitel 3 wurde die *Offenhaltung des Wettbewerbs* als ein wichtiges Prinzip zur Selbstdurchsetzung eines vertikalen Regulierungswettbewerbs genannt. Dieses Prinzip läßt sich unter dem Gedanken des *wettbewerblichen Systemschutzes* weiter präzisieren. Regulierungswettbewerb wird danach nicht instrumentell zur Erreichung bestimmter Ziele gesehen, sondern wie *Tuchtfeldt* (1975, S. 180) es prägnant für die Wettbewerbspolitik allgemein ausdrückt, „als das Fundament einer marktwirtschaftlichen Ordnung... (Wettbewerbspolitik als Ordnungspolitik). Die Herstellung und Sicherung des Wettbewerbs ist demzufolge *Institutionsschutz.*"

Im Falle des europäischen Vertragsrechts besteht im Hinblick auf den Systemschutz die Aufgabe, darauf zu achten, daß die Rechtswahl weder auf die EU-Ebene „kippt" noch auf der Ebene der Mitgliedstaaten „steckenbleibt". Da jedoch keine hinreichend genauen empirischen Kenntnisse über vertikale Wettbewerbsprozesse im Vertragsrecht vorliegen, ist es nicht leicht, einen Ordnungsrahmen zu formulieren, der die Anforderungen des Systemschutzes idealerweise erfüllen würde. Trotz des Mangels an empirischen Daten sollen im folgenden einige Gedanken zum Systemschutz angestellt werden.

Die Beantwortung der Frage, ob besser ein *Opt-in*- oder *Opt-out*-Regime für das europäische Vertragsrechts gewählt wird, hängt von der Beantwortung einer Reihe von Einzelfragen ab: Wie verhält es sich juristisch mit den vertikalen kollisionsrechtlichen Problemen der *Opt-in*-Lösung? Oder welche empirischen Erfahrungen liegen hinsichtlich vertikaler Rechtswahlakte vor? Während die Wirkung eines *Opt-in*- oder *Opt-out*-Regimes nur schlecht prognostiziert werden kann, darf man aber mit einer gewissen Sicherheit annehmen, daß die Ermöglichung der Wahl von EU-Vertragsrecht bei rein nationalen Transaktionen ein genügend großes Momentum auslöst, damit das europäische Vertragsrecht seinen anfänglichen Wettbewerbsnachteil gegenüber dem mitgliedstaatlichen Vertragsrecht aufholt. Insofern es sich um freie Wahlakte der Rechtsnachfrager handelt (Prinzip der Nichtbeschränkung der Wahlfreiheit), wird dadurch ein vertikaler Wettbewerbsprozeß in Gang gesetzt, in dem die Präferenzen der Rechtsnachfrager besser erfüllt werden als dies ohne die zusätzliche Wahlmöglichkeit der Fall wäre – ein an sich durchaus wünschenswertes Marktergebnis.

Aus den selben Gründen aber, aus denen nicht davon ausgegangen werden kann, daß ein vertikaler Regulierungswettbewerb im Vertragsrecht ohne „Anschubfinanzierung" (*Eidenmüller* 2002, S. 242) ins Laufen kommt, kann nicht angenommen werden, daß er – einmal in Fahrt – sich mit konstanter Geschwindigkeit weiter fortbewegt. Vielmehr läßt die Existenz von Pfadabhängigkeiten vermuten, daß ein anfänglich scheinbar funktionsfähiger vertikaler Regulierungswettbewerb durch Größenvorteile mit der Zeit immer stärker ausgehebelt wird und am Ende mit dem europäischen Vertragsrecht nur noch ein dominantes Vertragsrecht übrigbleibt.

Vor dem Hintergrund der nicht auszuschließenden Sogwirkung auf das europäische Vertragsrecht scheint es daher der Überlegung wert, für rein inländische Transaktionen keine vertikale Wahlmöglichkeit zu eröffnen. Damit würde ein Bestandsschutz für das mitgliedstaatliche Vertragsrecht verankert, der zwar die vertikale Wettbewerbsintensität herabsetzt, aber eine kontinuierliche Rechtsentwicklung im mitgliedstaatlichen Vertragsrecht garantiert. Zu einem späteren Zeitpunkt, wenn mehr Erfahrungen mit dem europäischen Vertragsrecht aufgrund der tatsächlichen Rechtswahlakte bei transnationalen Transaktionen vorliegen, könnte erneut geprüft werden, ob es sinnvoll erscheint, das europäische Vertragsrecht auch für inländische Transaktionen zu öffnen.

Zusammenfassend läßt sich an dieser Stelle sagen, daß dem Systemschutz des Regulierungswettbewerbs eine nicht geringe Bedeutung zukommen sollte, wenn über die Einführung eines vertikalen Regulierungswettbewerbs zwischen mitgliedstaatlichen Vertragsrechten und europäischem Vertragsrecht nachgedacht wird. Eine solche Betrachtung macht das einzelne Abprüfen von möglichen Marktversagenstatbeständen bei Einführung von Regulierungswettbewerb nicht überflüssig (siehe hierzu beispielsweise *Kerber* und *Grundmann* 2006; *Kerber* 2005), geht aber über eine instrumentelle Betrachtung des Wettbewerbs hinaus bzw. ergänzt sie um eine stärker integrierte Sichtweise. Dies scheint um so wichtiger, als keine empirischen Daten vorliegen, um im Rahmen einer Institutionenanalyse eine komplexe Nutzen-Kosten-Abwägung der vielfältigen Variableneinflüsse mit einiger Sicherheit vornehmen zu können.

4.4. Ein Startpunkt zur Ordnung des vertikalen Wettbewerbs der Vertragsrechte

Aus den bislang diskutierten Argumenten, die fast beliebig weiter ausdifferenziert werden können (siehe hierzu beispielsweise *Ott* und *Schäfer* 2002; *Müller* 2003; *Kerber* und *Grundmann* 2006; *Kerber* 2005), läßt sich insgesamt der Schluß ziehen, daß ein vertikaler Regulierungswettbewerb im Vertragsrecht eine Reihe von wünschenswerten Eigenschaften hat. Insbesondere sollte deutlich geworden sein, daß vertikaler Regulierungswettbewerb nicht nur eine marginale Erweiterung eines horizontalen Regulierungswettbewerbs ist. Sondern vertikaler Regulierungswettbewerb erweitert das Entdeckungsverfahren auf die Bestimmung derjenigen interjurisdiktionellen Ebene, die zur Lösung eines Problems besonders geeignet ist. Der Wettbewerb wird zudem vom Sachrecht auf das Kollisionsrecht ausgedehnt. Und schließlich ist vertikaler Regulierungswettbewerb ein Instrument zur Lösung des Implementationsproblems von Ordnungen, indem er die Selbstdurchsetzung von Ordnungen fördert. Die Erlangung dieser wünschenswerten Ziele steht aber unter dem Vorbehalt, daß konkrete Vorschläge zur Einführung einer vertikalen Wahlmöglichkeit im europäischen Vertragsrecht vor dem Problem einer äußerst komplexen Nutzen-Kosten-Abwägung stehen, die nahezu ohne empirische Daten auskommen muß.

Vor diesem Hintergrund soll hier ein äußerst robuster Vorschlag unterbreitet werden, der nach Voraussetzung nicht den Anspruch erhebt, eine finale Lösung zur Ordnung eines vertikalen Regulierungswettbewerbs im europäischen Vertragsrecht zu sein. Er ist vielmehr ein Startpunkt, um in Zukunft zu differenzierten Lösungen gelangen zu können.

Ein erster wichtiger Punkt zur Ordnung eines vertikalen Wettbewerbs im Vertragsrecht ist, daß keine Restriktionen bezüglich der Wahlmöglichkeiten zwischen mitgliedstaatlichem und europäischem Vertragsrecht bei grenzüberschreitenden Transaktionen bestehen sollten, während diese Wahlmöglichkeit bei rein nationalen Sachverhalten nicht einzuräumen wäre. Diese Beschränkung der Wahlmöglichkeit inländischer Rechtsnachfrager erfolgt allerdings nicht kategorisch, sondern wäre widerlegbar vor dem Hintergrund entsprechender Erfahrungen mit dem sich entfaltenden vertikalen Regulierungswettbewerb bei europäischen Transaktionen. Der Zeitraum, an den hier zu denken wäre, umfaßt realistischerweise mehrere Jahrzehnte, in denen sich nicht nur eine europäische Rechtskultur herausbilden könnte, sondern ebenfalls ein europäisches Spezialgericht gebildet werden müßte, das einen Korpus an Erwartungssicherheit schaffenden Präjudizien entwickelt (*Eidenmüller* 2002, S. 241). Ausgangspunkt einer solchen echten europäischen vertragsrechtlichen Alternative (Prinzip der Geschlossenheit der Wahlmöglichkeiten) könnte einerseits der sog. *acquis communitaire* sein, der ein Konglomerat aus zivilrechtlichen Regeln und Auslegungsmethoden der Mitgliedstaaten ist und so etwas wie ein im Entstehen befindliches europäisches Recht sowie die Grundlage für den Gemeinsamen Referenzrahmen bildet (*Staudenmeyer* 2003, S. 828; *Grundmann* 2004, S. 1262). Neben dieser rudimentären europäischen Rechtstradition, mit ihren bereits akkumulierten Erfahrungen und Präjudizien, müßten andererseits die einschlägigen Vorarbeiten unterschiedlicher Wissenschaftlergruppen in ein europäisches Vertragsgesetzbuch einfließen (*Eidenmüller* 2002, S. 240). Ein solches synthetisches europäisches Vertragsgesetzbuch müßte permanent vor den Erfahrungen des sich entfaltenden Wettbewerbsprozesses vom europäischen Gesetzgeber fortentwickelt werden (Prinzip der politischen Nichtverflechtung der Jurisdiktionsebenen). Dabei wären die erforderlichen Kompetenzgrundlagen für das Tätigwerden der politischen Akteure sicherzustellen. Die Stichworte sind hier die *Erforderlichkeit* und das *Subsidiaritätsprinzip*, die für ein Handeln auf europäischer Ebene abgeprüft werden müssen (*Eidenmüller* 2002, S. 238; *Röpke* und *Heine* 2005a, b).

Der zuletzt genannte Punkt zu Erforderlichkeit und Subsidiarität kann hier nicht vertieft werden, er stellt aber den *bottleneck* jeglicher Ordnung eines vertikalen Regulierungswettbewerbs in der EU dar, da von seiner Handhabung abhängt, ob die Ebene der EU überhaupt ermächtigt ist, ein Regulierungsangebot zu unterbreiten. Zunächst könnte daran gedacht werden, über Art. 95 Abs. 1 EG eine Einzelermächtigung für ein europäisches Vertragsrecht herbeizuführen, wenn sich feststellen ließe, daß die Unterschiede zwischen den mitgliedstaatlichen Vertragsrechten zu einer Beeinträchtigung grenzüberschreitender Geschäfte führen. Ein solcher Nachweis fehlt allerdings bislang (*Ott* und *Schäfer* 2002, S. 204). Ob Art. 95 EG als Ermächtigungsgrundlage bei Feststellung von Transaktionshindernissen ausreicht, ist freilich fraglich und wird nach überwiegender Auffassung abgelehnt (*Riedl* 2005, S. 46; *Wiesner* 2005, S. 873; *Eidenmüller* 2002, S. 238), so daß Art. 95 zumindest keine sichere Grundlage für eine Einzelermächtigung darstellt. Als Auffangregelung zur Einzelermächtigung käme noch Art. 308 EG in Frage (Annexkompetenz), der ein Tätigwerden der Gemeinschaft für den Fall vorsieht, daß dieses notwendig ist, um ein Ziel der Gemeinschaft auf dem Gemeinsamen Markt zu erreichen. Dazu müßte die Angleichung der Vertragsrechte ein Ziel der Gemeinschaft entsprechend Art. 3 in Verbindung mit Art. 5 EG sein, denn Art. 308 EG begründet selbst keine Ziele der Gemeinschaft. An eine Angleichung des Zivilrechts wurde bei der Schaffung des EG-Vertrags aber nicht gedacht und weder in den Zielkatalog des Art 3 EG aufgenommen, noch findet sich das Wort „Privatrecht" im EG-Vertrag (*Riedl* 2005, S. 46). Der Weg über Art. 308 EG dürfte damit ebenso schwierig werden wie über Art. 95 EG, um eine europarechtliche Begründung für ein europäisches Vertragsgesetzbuch zu formulieren (zu den Rechtsgrundlagen näher *Wiesner* 2005, S. 873; *Staudenmeyer* 2003, S. 841 ff.). Damit dürfte der Einschätzung *Eidenmüllers* (2002, S. 238) nicht zu unterschätzende Bedeutung zukommen:

> „Es handelt sich dabei um ein Projekt von so großer Tragweite, daß es ohnehin nur im Konsens der wichtigsten politischen Akteure auf europäischer Ebene realisierbar ist und realisiert würde, und zwar gegebenenfalls unter Veränderung der einschlägigen Kompetenzgrundlagen."[14]

Dies würde vermutlich auch eine Neuinterpretation des Subsidiaritätsprinzips nötig machen, wonach nicht mehr einer Jurisdiktionsebene in der EU eine exklusive Regulierungskompetenz zukäme, sondern die unterschiedlichen Ebenen vertikal jeweils für sich Kompetenz-Kompetenz beanspruchen könnten und das Subsidiaritätsprinzip die Offenhaltung dieser multiplen Kompetenzallokation sichern würde (hierzu ausführlich *Röpke* und *Heine* 2005a, b).

Der kurze Zwischenschritt mit der Beschäftigung der Kompetenzgrundlagen für ein europäisches Vertragsrecht ist ordnungspolitisch höchst wichtig, um zu verstehen, daß es sich bei der Einführung eines europäischen Vertragsrechts letztlich um eine politische Entscheidung der Mitgliedstaaten handelt. Dies macht einen wesentlichen Unterschied aus zu anderen Rechtsgebieten, in denen das Binnenmarktziel in der EU bereits realisiert wurde. Im Falle der Warenverkehrsfreiheit (Cassis de Dijon[15]) und der Niederlassungsfreiheit (Centros[16]) war es nämlich der EuGH, der durch eine Durchsetzung der Grundfreiheiten des EG-Vertrags die Rechtswahlmöglichkeiten schuf. Und auch im Fall der Europäischen Aktiengesellschaft ist die Kompetenzgrundlage der EG-Vertrag. Dieses Muster zum gemeinschaftsrechtlichen Tätigwerden trifft nicht bei der Schaffung

---

[14] Mit derselben Einschätzung siehe auch *Riedl* (2005).

[15] EuGH v. 20.2.1979, Rs. 120/78, Slg. 1979, 649 (Cassis de Dijon).

[16] EuGH v. 9.3.1999 - Rs. C-212/97, NJW 1999, 2027 (Centros).

eines europäischen Vertragsrechts zu, denn es muß erst eine entsprechende Kompetenz-grundlage geschaffen werden. Aus konstitutionenökonomischer Sicht könnte man die-ses Problem auch so formulieren, daß im Falle des Vertragsrechts eine Entscheidung auf konstitutioneller Ebene erforderlich wird, indem der EG-Vertrag durch die Mitgliedstaa-ten (nach-)verhandelt werden muß, während in den anderen Fällen Entscheidungen auf post-konstitutioneller Ebene getroffen werden könnten.

Für die Formulierung eines für die Praxis relevanten Vorschlags zur Ordnung eines vertikalen Regulierungswettbewerbs im Vertragsrecht hat dies eine bedeutende Konse-quenz. Es ist nämlich nicht der EuGH oder die Kommission, die zur Schaffung eines europäischen Vertragsrechts in erster Linie beitragen müssen, indem sie auf die Kompe-tenzgrundlage des EG-Vertragsrechts zurückgreifen, sondern es sind die Mitgliedstaaten selbst. Damit sind die aktuellen Präferenzen und die strategischen Positionen der Mit-gliedstaaten bei der Schaffung eines europäischen Vertragsrechts als vertikaler Wahl-möglichkeit von besonderer Relevanz. Das heißt, es gilt zu berücksichtigen, daß die Mitgliedstaaten ihre spezifischen vertragsrechtlichen Traditionen nicht ohne weiteres zu Gunsten eines synthetischen EU-Vertragsrechts aufgeben werden beziehungsweise die gesetzgeberische Hoheit über diesen wirtschaftlich bedeutsamen Ausschnitt des Rechts de facto einschränken, indem sie ein vertikales Rechtsangebot zulassen.

Vor diesem politischen Hintergrund ist es plausibel, daß eine *Opt-in*-Regel für Transaktionen mit Auslandsbezug die größte Chance auf Realisierung eines euro-päischen Zivilrechts hätte, zumal den Mitgliedstaaten bei dieser Lösung über das Kolli-sionsrecht ein zusätzlicher Einflußkanal auf die Rechtswahl der Parteien erhalten bliebe. Diese Lösung klingt auf den ersten Blick minimalistisch und den politischen Umständen geschuldet, unter denen ein europäisches Vertragsrecht eine Chance auf Realisierung hat. Unter Berücksichtigung der Tatsache, daß jedoch keineswegs klar ist, ob und wie stark möglicherweise die Sogwirkung auf ein EU-Vertragsrecht ist, die die Funktions-fähigkeit eines Wettbewerbs der europäischen Vertragsrechte gefährdet, erscheint es jedoch nicht unklug, mit einer solchen „Minimal-Lösung" den vertikalen Regulie-rungswettbewerb der Vertragsrechte zu starten und damit das Ziel des wettbewerblichen Systemschutzes zu betonen. Dies schließt keineswegs aus, daß zu einem späteren Zeit-punkt vor dem Hintergrund gesammelter Erfahrungen, von der *Opt-in*- zur *Opt-out*-Lösung gewechselt wird oder andere Regeln auf der Metaebene derart verändert wer-den, daß die Wettbewerbsposition des EU-Vertragsrechts gegenüber dem der Mitglied-staaten gestärkt wird.

5.   Ein Ausblick – auf den Verbraucherschutz

Im Mittelpunkt der vorangegangenen Ausführungen stand das Vertragsrecht. Eine Beschäftigung mit dieser Rechtsmaterie kommt jedoch nicht umhin, auch das Verbrau-cherschutzrecht mit in die Betrachtung einzubeziehen. Aufgrund der Komplexität der theoretischen Begründungen, politischen Überzeugungen und politischen Absichten in diesem Regulierungsbereich verlangt das Verbraucherschutzrecht eigentlich nach einem eigenen Beitrag.[17] Vorliegend kann und soll diese Thematik daher nur ausblicksartig behandelt werden. Insbesondere interessiert dabei, wie eine wettbewerbliche (Re-)Integration von Vertragsrecht und Verbraucherschutz über den vertikalen Regulierungswettbewerb möglich ist.

Daß beim Kauf von Gütern Probleme auftreten können, die in der Unerfahrenheit oder Uninformiertheit des Käufers begründet liegen, ist unstreitig. Als Stichworte mögen „adverse Selektion" oder „Markt für Zitronen" genügen, die vor allem für den „normalen Konsumenten", also nicht den erfahrenen Unternehmer, ein sehr reales Problem darstellen können. Die Lösungsmöglichkeiten für derartige Probleme sind vielfältig und reichen von rein privaten bis staatlich hoch regulierten Maßnahmen.[18] Auch bei dieser Instrumentenwahl besteht ein ernsthaftes Wissensproblem, welches Schutzniveau und welches verbraucherpolitische Instrument dasjenige ist, das die meisten Transaktionen zwischen Verkäufern und Käufern ermöglicht und so den Nutzen beider Vertragsparteien erhöht. Vor diesem Hintergrund spricht vieles dafür, daß es einen Regulierungswettbewerb auch im europäischen Verbraucherschutzrecht geben sollte, der das benötigte (Regulierungs-)Wissen erzeugt (*Kirchner* 2002). Dabei wäre es denkbar, daß verbraucherpolitische Belange im Rahmen des Vertragsrechts abgearbeitet werden, es somit keiner eigenständigen Säule des Verbraucherschutzes neben dem Vertragsrecht bedarf.

Die Rechtsrealität ist hingegen eine andere: Große Teile des europäischen Verbraucherschutzrechts sind durch Richtlinien angeglichen, und der so gesetzte europäische Verbraucherschutz übt einen enormen Einfluß auf das Vertragsrecht der Mitgliedstaaten aus. Diese starke Stellung des Verbraucherschutzes findet ihre Begründung wohl insbesondere darin, daß der EG-Vertrag für diese Regelungsmaterie eine Regelungskompetenz für die EU-Ebene eröffnet (Art. 95 Abs. 3 EG), an der es für das Privatrecht fehlt. Damit ist der Verbraucherschutz – weit über seine eigentliche Zielsetzung hinaus – ein Instrument der EU-Ebene geworden, um auf das Vertragsrecht der Mitgliedstaaten einzuwirken.

Es mag an dieser Stelle dahingestellt bleiben, ob es sinnvoll ist, daß es einen Verbraucherschutz als eigene rechtliche Säule neben dem Vertragsrecht gibt. Tatsache ist jedenfalls, daß es diese Säule in Europa gibt und daß durch die hohe Dichte von Harmonisierungsmaßnahmen der Verbraucherschutz dem wettbewerblichen Entdeckungsverfahren weitgehend entzogen ist. Zudem ist die Vermutung plausibel, daß in diesem Bereich ein hohes Maß an Überregulierung herrscht, weil der Verbraucherschutz das Ventil für die EU-Ebene darstellt, um auf die Vertragsrechte der Mitgliedstaaten Einfluß zu nehmen.

Vor diesem Hintergrund bietet die Schaffung eines EU-Vertragsrechts grundsätzlich eine interessante Option, das Verbraucherschutzrecht in den Wettbewerb zurückzuführen. So könnte bei Wahl des EU-Vertragsrechts die zusätzliche Option geschaffen wer-

---

[17] Siehe den Beitrag von *Van den Bergh* (2007) in diesem Band.
[18] Für eine lehrbuchmäßige Darstellung der Problematik und verschiedener Lösungsmöglichkeiten siehe *Fritsch, Wein* und *Ewers* (1996, S. 211 ff.).

den, daß der Verbraucher seine hohen nationalen Schutzstandards, die derzeit gemäß Art. 5 Abs. 2 EVÜ Anwendung finden, abbedingen kann. Der Verbraucher könnte demnach selbst entscheiden, ob er das hohe Verbraucherschutzniveau seines „Heimatlandes" möchte oder ein vertraglich vereinbartes niedrigeres Schutzniveau. Der Anreiz, ein niedrigeres Schutzniveau zu wählen, läge darin, daß der Verkäufer ihm die Ware zu einem günstigeren Preis anbietet (*Kirchner* 2002, S. 401 ff.). Unter der Annahme, daß der derzeitige EU-Verbraucherschutz ein zu hohes und nicht präferenzengerechtes Schutzniveau aufweist, würde für Vertragsparteien also ein Anreiz bestehen, EU-Vertragsrecht zu wählen, um das Verbraucherschutzniveau effizient abzusenken oder anzupassen. Dem Verkäufer würde damit die Möglichkeit eröffnet, auch andere Instrumente zu wählen – wie beispielsweise umfangreiche Garantien –, um dem Kunden die hohe Qualität seiner Produkte zu signalisieren. Entscheidend ist dabei, daß Käufer und Verkäufer die für sie transaktionskostengünstigste Alternative wählen können, um zu einem für sie vorteilhaften Vertragsabschluß zu kommen. Der „*regulatory threat*" (*shadow of the law*) des Käufers, den Verbraucherschutz gemäß Art. 5 Abs. 2 EVÜ zur Anwendung kommen zu lassen, wenn der Verkäufer keine attraktiven preislichen und vertraglichen Alternativen anbietet, übt dabei eine disziplinierende Funktion aus, daß auch tatsächlich vertragliche Effizienzgewinne realisiert werden.

Der preisliche Anreiz, der mit der Wahl des Verbraucherschutzregimes für den Käufer verbunden ist, hat allerdings noch eine weitere positive Wirkung: Indem der Käufer nämlich wählen muß und die Wahl mit einem Preis versehen ist, hat er ein Interesse daran, sich über die zur Auswahl stehenden Verbraucherschutzrechte zu informieren. Es bedarf somit keiner zentralen Informationsregulierung auf Ebene der EU (zu diesem Vorschlag *Kerber* und *Grundmann* 2006), um die Verbraucher mit dem nötigen Wissen zu versorgen, damit sie rationale Kaufentscheidungen treffen können.

Damit die europäische Ebene einen flexibleren Verbraucherschutz anbieten kann, ist es jedoch notwendig, daß auch die Harmonisierungsmaßnahmen in diesen Bereichen angepaßt werden. Denn auch das supranationale Angebot unterliegt den Vorgaben der Richtlinien. Mit der Lockerung der Richtlinienvorgaben würde auch das nationale Verbraucherschutzrecht wieder in den Wettbewerb miteinbezogen werden können. Den Mitgliedstaaten wäre es dadurch möglich, auf diesem Wege ihr Verbraucherschutzrecht wieder stärker den Präferenzen ihrer Rechtsnachfrager anzupassen.

Dies sind freilich nur erste Überlegungen, wie der Verbraucherschutz in der Europäischen Union über eine stärkere Verkopplung mit dem Vertragsrecht in den Regulierungswettbewerb hineingeholt werden könnte. Viele, insbesondere juristische, Detailfragen sind dabei noch ungeklärt, aber es zeichnet sich bereits ab, daß der Gestaltung des vertikalen Regulierungswettbewerbs im europäischen Vertragsrecht hierbei entscheidende Bedeutung zukommen kann.

Abschließend ist festzustellen, daß die Frage nach Zentralität und Dezentralität im europäischen Zivilrecht sich nach den Überlegungen in diesem Beitrag nicht allgemein und abschließend beantworten läßt. Vielmehr stellt sich eine Reihe von weiteren Fragen. So ist unstreitig, daß (Regulierungs-)Wettbewerb einer Ordnung bedarf. Eine wichtige Frage ist aber, wie ein Regulierungswettbewerb selbstdurchsetzend wird und damit das Implementationsproblem von Metaordnungen gelöst wird. Die Forschungen hierzu stehen zweifellos noch am Anfang, erste wichtige Erkenntnisse hat der Ansatz des „markterhaltenden Föderalismus" jedoch schon hervorgebracht.

Eine andere wichtige Frage ist, wie sich rechtliche Selbstverstärkungsprozesse auf die Rechtswahl zwischen den vertikalen Ebenen auswirken. Bleibt es bei einem *Lock-in* der etablierten Rechtsanbieter, oder entsteht eine Sogwirkung auf das zentral angebotene Recht? Diese Frage ist letztlich nur empirisch zu beantworten, die Gefahren der Sogwirkung dürften aber diejenigen des *Lock-in* der etablierten Rechte überwiegen. Dies führt schließlich zu der Frage des wettbewerblichen Systemschutzes. Danach erhält die Aufrechterhaltung von rechtlicher Vielfalt und Experimentierungsmöglichkeiten einen Eigenwert gegenüber möglicherweise transaktionskostengünstigeren Lösungen, die jedoch mit einer Einschränkung der rechtlichen Vielfalt verbunden sind. Wie ist jedoch zwischen Aufrechterhaltung von Vielfalt und Einsparung von Transaktionskosten sinnvoll zu gewichten? Vor dem Hintergrund der Sogwirkung ist in diesem Beitrag der Aufrechterhaltung von rechtlicher Vielfalt der Vorzug gegeben worden. Weitere theoretische und vor allem empirische Forschungen sind zur Beantwortung dieser Frage aber sicherlich nötig.

Schließlich und endlich ist mit dem europäischen Vertragsrecht auch der Verbraucherschutz angesprochen, und es stellt sich die Frage, wie der Verbraucherschutz in den Regulierungswettbewerb der Vertragsrechte integriert werden kann. Als Antwort auf diese letzte Frage wird in dem Beitrag vorgeschlagen, mit der Wahl des europäischen Vertragsrechts die Abwahlmöglichkeit von rigiden Vorschriften des europäischen Verbraucherschutzes zu verbinden. Doch auch dieser Vorschlag bedarf in Zukunft noch einer tiefergehenden Funktions- und Wirkungsanalyse.

Literatur

Bar, Christian von und *Hans Schulte-Nölke* (2005), Gemeinsamer Referenzrahmen für europäisches Schuld- und Sachenrecht, in: Zeitschrift für Rechtspolitik, 38. Jg., S. 165-168.

Basedow, Jürgen (2004), Ein optionales Europäisches Vertragsgesetz – opt-in, opt-out, wozu überhaupt?, in: Zeitschrift für Europäisches Privatrecht, 12. Jg., S. 1-4.

Bebchuk, Lucian A. (1992), Federalism and the Corporation: The Desirable Limits on State Competition in Corporate Law, in: Harvard Law Review, Bd. 105, S. 1435-1510.

Carney, William J. (1998), The Production of Corporate Law, in: Southern California Law Review, Bd. 71, S. 715-780.

Cary, William L. (1974), Federalism and Corporate Law: Reflections upon Delaware, in: Yale Law Journal, Bd. 83, S. 663-705

Colombi Ciacchi, Aurelia (2005), Der Aktionsplan der Europäischen Kommission für ein kohärentes Vertragsrecht: Wo bleibt die Rückbindung an die Europäische Verfassung?, in: *Andrea Tietze, Mary-Rose McGuire* et al. (Hg.), Europäisches Privatrecht – Über die Verknüpfung von nationalem und Gemeinschaftsrecht, Jahrbuch Junger Zivilrechtswissenschaftler 2004, Stuttgart, S. 151-171.

Cumming, Douglas J. und *Jeffrey G. MacIntosh* (2000), The Role of Interjurisdictional Competition in Shaping Canadian Corporate Law, in: International Review of Law and Economics, Bd. 20, S. 141-186.

Daines, Robert (2001), Does Delaware Law Improve Firm Value?, in: Journal of Financial Economics, Bd. 62, S. 525-558.

De Figueiredo, Rui J.P. und *Barry R. Weingast* (2002), Pathologies of Federalism, Russian Style: Political Institutions and Economic Transition, mimeo.

Easterbrook, Frank H. und *Daniel R. Fischel* (1996), The Economic Structure of Corporate Law, Cambridge/Mass.

Eidenmüller, Horst (2002), Obligatorisches *versus* optionales europäisches Vertragsgesetzbuch, in: *Claus Ott* und *Hans-Bernd Schäfer* (Hg.), Vereinheitlichung und Diversität des Zivilrechts in transnationalen Wirtschaftsräumen, Tübingen, S. 237-243.

Eisenberg, Melvin Aaron (1983), The Modernization of Corporate Law: An Essay for Bill Cary, in: Miami Law Review, Bd. 37, S. 187-212.

Fritsch, Michael, Thomas Wein und *Hans-Jürgen Ewers* (1996), Marktversagen und Wirtschaftspolitik, 2. Aufl., München.

Grundmann, Stefan (2004), Der Optionale Europäische Kodex auf der Grundlage des Acquis Communautaire – Eckpunkte und Tendenzen, in: *Heinz-Peter Mansel, Thomas Pfeiffer, Herbert Kronke, Christian Kohler* und *Rainer Hausmann (Hg.)*, Festschrift für Erik Jayme, München, S. 1259-1275.

Hayek, Friedrich A. von ([1939] 1976), Die wirtschaftlichen Voraussetzungen föderativer Zusammenschlüsse, in: *Friedrich A. von Hayek*, Individualismus und wirtschaftliche Ordnung, 2. Aufl., Salzburg, S. 324-344.

Heine, Klaus (2003), Regulierungswettbewerb im Gesellschaftsrecht, Berlin.

Heine, Klaus (2006), Interjurisdictional Competition and the Allocation of Constitutional Rights: a Research Note, in: International Review of Law and Economics (im Druck).

Heine, Klaus und *Friedrich Gröteke* (2005), Beihilfenkontrolle und europäische Verfassung am Beispiel der Daseinsvorsorge, in: Aussenwirtschaft, Bd. 60, S. 463-484.

Heine, Klaus und *Wolfgang Kerber* (2002), European Corporate Laws, Regulatory Competition and Path Dependence, in: European Journal of Law and Economics, Bd. 13, S. 47-71.

Heine, Klaus und *Wolfgang Kerber* (2003), Integrationstheorie und Wettbewerbsföderalismus, in: *Dieter Cassel* und *Paul J.J. Welfens* (Hg.), Regionale Integration und Osterweiterung der Europäischen Union, Stuttgart, S. 107-128.

Heine, Klaus und *Katarina Röpke* (2006), Die Rolle von Qualitätssignalen – eine ökonomische und juristische Analyse am Beispiel der deutschen Kapitalschutzvorschriften, in: Rabels Zeitschrift für ausländisches und internationales Privatrecht, Bd. 70, S. 138-160.

Kahan, Marcel und *Michael Klausner* (1996), Path Dependence in Corporate Contracting: Increasing Returns, Herd Behaviour and Cognitive Biases, in: Washington University Law Quarterly, Bd. 74, S. 347-364.

Kerber, Wolfgang (2005), Europäisches Vertragsrecht, Rechtsföderalismus und Ordnungsökonomik, in: *Helmut Leipold* und *Dirk Wentzel* (Hg.), Ordnungsökonomik als aktuelle Herausforderung, Stuttgart, S. 371-394.

Kerber, Wolfgang und *Stefan Grundmann* (2006), An Optional European Contract Law Code: Advantages and Disadvantages, in: European Journal of Law and Economics, Bd. 21, S. 215-236.

Kilian, Wolfgang (2003), Europäisches Wirtschaftsrecht, 2. Aufl., München.

Kirchner, Christian (2002), An Optional European Civil Code (OECC): Initiating a Learning Process, in: *Stefan Grundmann* und *Jules Stuyck* (Hg.), An Academic Green Paper on European Contract Law, Dordrecht, S. 399-403.

Klausner, Michael (1995), Corporations, Corporate Law, and Networks of Contracts, in: Virginia Law Review, Bd. 81, S. 757-852.

Lemley, Mark A. und *David McGowan* (1998), Legal Implications of Network Economic Effects, in: California Law Review, Bd. 86, S. 479-611.

Müller, Markus (2003), Gefahren einer optionalen europäischen Vertragsrechtsordnung – Aktionsplan der EG-Kommission zum Europäischen Vertragsrecht, in: Europäische Zeitschrift für Wirtschaftsrecht, Bd. 14, S. 683-686.

Najork, Eike und *Martin Schmidt-Kessel* (2003), Der Aktionsplan der Kommission für ein kohärentes Vertragsrecht: Überlegungen zu den von der Kommission vorgeschlagenen Maßnahmen, in: Zeitschrift für Gemeinschaftsprivatrecht, 1. Jg., S. 5-11.

Ott, Claus und *Hans-Bernd Schäfer* (2002), Vereinheitlichung des europäischen Vertragsrechts – Ökonomische Notwendigkeit oder akademisches Interesse?, in: *Claus Ott* und *Hans-Bernd Schäfer* (Hg.), Vereinheitlichung und Diversität des Zivilrechts in transnationalen Wirtschaftsräumen, Tübingen, S. 203-236.

Qian, Yingyi und *Barry R. Weingast* (1997), Federalism as a Commitment to Preserving Market Incentives, in: Journal of Economic Perspectives, Bd. 11, S. 83-92.

Riedl, Kristina (2005), Vom Unsinn wissenschaftlicher Kodifikationsprojekte, in: *Andrea Tietze, Mary-Rose McGuire* et al. (Hg.), Europäisches Privatrecht – Über die Verknüpfung von nationalem und Gemeinschaftsrecht, Jahrbuch Junger Zivilrechtswissenschaftler 2004, Stuttgart, S. 31-59.

Riesenhuber, Karl (2003), Europäisches Vertragsrecht, Berlin.

Rittner, Fritz (1995), Das Gemeinschaftsprivatrecht und die europäische Integration, in: Juristenzeitung (JZ), 50. Jg., S. 849-858.

Romano, Roberta (1993), The Genius of American Corporate Law, Washington.

Röpke, Katarina und *Klaus Heine* (2005a), Zur Rolle supranationaler Gesellschaftsformen im Regulierungswettbewerb – eine juristische und ökonomische Betrachtung, in: *Andrea Tietze, Mary-Rose McGuire* et al. (Hg.), Europäisches Privatrecht – Über die Verknüpfung von nationalem und Gemeinschaftsrecht, Jahrbuch Junger Zivilrechtswissenschaftler 2004, Stuttgart, S. 265-298.

Röpke, Katarina und *Klaus Heine* (2005b), Vertikaler Regulierungswettbewerb und europäischer Binnenmarkt – die Europäische Aktiengesellschaft als supranationales Rechtsangebot, in: ORDO, Bd. 56, S. 157-185.

Schulte-Nölke, Hans (2001), Ein Vertragsgesetzbuch für Europa?, in: Juristenzeitung, 56. Jg., S. 917-920.

Staudenmeyer, Dirk (2003), Ein optionelles Instrument im Europäischen Vertragsrecht?, in: Zeitschrift für Europäisches Privatrecht, 11. Jg., S. 828-846.

Tuchfeldt, Egon (1975), Wettbewerbspolitik, in: *Werner Ehrlicher u.a.* (Hg.), Kompendium der Volkswirtschaftslehre, Bd. 2, 4. Aufl., Göttingen, S. 178-187.

Van den Bergh, Roger (2007), The Uneasy Case for Harmonising Consumer Law, in: *Klaus Heine* und *Wolfgang Kerber* (Hg.) Zentralität und Dezentralität von Regulierung in Europa, Schriften zu Ordnungsfragen der Wirtschaft, Bd. 83, Stuttgart, S. 183-206.

Vogenauer, Stefan und *Stephen Weatherill* (2005), Eine empirische Untersuchung zur Angleichung des Vertragsrechts in der EG, in: Juristenzeitschrift, 60. Jg., S. 870-878.

Weingast, Barry R. (1993), Constitutions as Governance Structures – The Political Foundations of Secure Markets, in: Journal of Institutional and Theoretical Economics, Bd. 149, S. 286-311.

Weingast, Barry R. (1995), The Economic Role of Political Institutions: Market Preserving Federalism and Economic Growth, in: Journal of Law, Economics and Organization, Bd. 11, S. 1-31.

Weingast, Barry R. (2005), Self-Enforcing Federalism, in: Journal of Law, Economics and Organization, Bd. 21, S. 103-135.

Wiedmann, Thomas und *Martin Gebauer* (2005), Zivilrecht und europäische Integration, in: *Martin Gebauer* und *Thomas Wiedmann* (Hg.), Zivilrecht unter europäischem Einfluss, Stuttgart, S. 3-32.

Wiesner, Peter (2005), Ist das Europäische Zivilgesetzbuch noch zu stoppen?, in: Der Betrieb, 58. Jg., S. 871-875.

Wissenschaftlicher Beirat für Verbraucher- und Ernährungspolitik (2003), Strategische Grundsätze und Leitbilder einer neuen Verbraucherpolitik, Diskussionspapier.

Klaus Heine und Wolfgang Kerber (Hg.),
Zentralität und Dezentralität von Regulierung in Europa
Schriften zu Ordnungsfragen der Wirtschaft · Band 83 · Stuttgart · 2007

The Uneasy Case for Harmonising Consumer Law

Roger Van den Bergh

Content

1. Introduction

In an era of ever expanding European law, which increasingly limits the scope for legislative action by the member states, it is necessary to ask fundamental questions about the capacity of European institutions to exercise their powers in a way that enhances economic welfare. Harmonisation of national laws, as a means to achieve „positive integration"[1], is increasingly criticised by a growing number of commentators (for an overview of the main arguments, see *Weatherill* 2004). Both the absence of solid justifications for harmonisation and the poor quality of the central rules have been documented with respect to several fields of law, including among others company law (*Enriques* 2005), competition law (*Van den Bergh* 1996) and product liability law (*Faure* 2000). These criticisms do not seem to have reached the European legislator, – or at least not have convinced the European institutions to be more reluctant in issuing new central rules. Indeed, in recent years the harmonisation initiatives have neither become less frequent, nor more modest in scope. On the contrary, in the field of consumer law the new tendency is to prefer maximum to minimum harmonisation. The result of full harmonisation is that member states are no longer allowed to maintain or introduce more protective measures. Consequently, European law becomes the ceiling of consumer protection, leaving it entirely to the Community institutions to decide what most be understood by a „high level of protection" as required by Article 95(3) EC Treaty. However, it should be added that the tendency favouring maximum harmonisation goes hand in hand with an emphasis on consumer autonomy, by stressing information duties rather than controlling the content of the contract (*Van Gerven* 2004, p. 509).

The central thesis of this paper is that, from an economic perspective, there are no convincing arguments to support harmonisation of the member states' consumer laws. In reaching this conclusion, the paper will profit from the insights of the general economic theory of federalism (*Oates* 1972; *Breton* 1996) and the economic theory of regulatory competition (*Ogus* 1999; *Van den Bergh* 2000; *Kerber* and *Budzinski* 2003). Both approaches can be used to develop a more specific economic theory of legal federalism, which tries to answer the question to what extent (de)centralisation is economically optimal and thus provides insights as to the economic desirability of harmonisation of laws. In contrast with legal commentators, who often look at harmonisation as an ideal that can only make things better (Nirvana-approach), the economic analysis of harmonisation takes a much more cautious attitude. On the one hand, the economic theory of legal federalism stresses the benefits of divergent legal rules. Competition between legal orders allows satisfying a greater number of heterogeneous preferences and enables learning processes. Decentralisation also allows to profit from information advantages at lower levels of government. On the other hand, the economic theory of legal federalism warns that competition between legal orders may fail because of interstate external-

---

[1]   Positive integration (approximation of national laws to achieve market integration) is to be contrasted with negative integration, which is achieved by not applying national legislative measures that are contrary to the free movement of goods, services, persons and capital. Negative integration has been achieved by a voluminous case law of the European Court of Justice, in which national measures were held to violate the EC Treaty.

ities or prisoners' dilemmas between states, causing a Race to the Bottom. Also the existence of economies of scale and the reduction of information and transaction costs may plead in favour of harmonisation.

The above arguments enable a more balanced approach to harmonisation issues than the traditional views of comparative lawyers and European bureaucrats. Comparative lawyers may find that a debate on the desirability of harmonisation is futile, since a large „acquis communautaire" has already been created and EC member states are under a duty to implement these European rules in their own legal systems. However, in our view, it is precisely the increasing role of the EC in the field of consumer law that makes it ever more important to ask whether there is indeed a role for the European legislator to play in this field and what it should be. The major concern of comparative lawyers is to create a broad framework for harmonisation that would guarantee more internal legal consistency than the current selective and piecemeal harmonisation of parts of private law by way of Directives (*Lando* 2002). Comparative lawyers also advance non-economic arguments in favour of harmonisation, such as the symbolic value of a European Civil Code[2] and the creation of a common core for the education of future European lawyers (*Basedow* 2002, pp. 153-154). It must be acknowledged that such criteria may play an important role in the political debate. However, one should realise that political reasons favouring harmonisation of laws may entail substantial economic costs. European bureaucrats usually justify harmonisation initiatives by arguing that differences between national laws create barriers to interstate trade and distortions of competition, impeding the completion of the common market. The standard argument in the recitals of the EC Directives is that harmonisation will create a „level playing field' for industry in Europe. This market integration argument will be critically assessed below; it will be argued that it cannot justify the current scope of European consumer law.

The structure of this paper is as follows. After this introduction, it will be shown that there are strong economic arguments in favour of diverging consumer laws. Decentralisation, allowing for diversity, will be supported by the following reasons: (i) the heterogeneity of preferences concerning the substance of consumer laws across Europe, which often corresponds with the degree of heterogeneity of problems to be tackled, (ii) the importance of learning processes enabled by regulatory competition, and (iii) information advantages at decentralised levels of government that also allow for innovation. In current EC consumer law, maximum harmonisation measures often relate to mandatory information rules. This raises the question whether the arguments in favour of divergent rules are equally valid for all parts of consumer law, including not only substantive requirements as to the content of contracts but also information remedies. The last section of the second part will answer this question affirmatively. In the third part of the paper it will be argued that, in contrast with the arguments favouring decentralisation and diversity, the arguments for harmonisation and uniformity created by central rules of con-

---

[2]   Next to the first symbol, the Euro. In the words of a commentator, „Das europäische Zivilgesetzbuch könnte ein zweiter Baustein auf dem Wege zur Verinnerlichung der Idee Europa in den Herzen der europäischen Bürger sein" (*Schwintowski* 2002).

sumer protection are weak. There are no significant interstate externalities to be reme-
died; there is no serious risk of a Race to the Bottom and scale economies in the production of rules of private law are relatively low. Almost all consumer law Directives have
been adopted as internal market measures. Therefore, the EC bureaucrats' argument that
harmonisation of consumer law is needed to achieve market integration („level playing
field") will be critically examined in the last section of the third part. In both the second
and third part of the paper, regular references to rules of European consumer law will be
made. Obviously, within the limited frame of this paper, it is not possible to discuss the
voluminous EC consumer law in-depth. Nevertheless, it is hoped that the limited number of rules discussed will provide an adequate illustration of the main arguments of the
paper. Finally, the most important conclusions will be summarised.

2.   Strong Arguments in Favour of Diversity

The starting point in the theory of regulatory competition is that twenty-five competing national legislators are better than a single European legislator enjoying a monopoly
in the market for consumer laws. Lack of competition in markets for legislation may
cause inefficiencies similar to those in non-competitive ordinary goods markets. A monopolistic legislator may reduce output, so that fewer preferences concerning the con-
tents of legal rules will be satisfied. The „quiet life" of the ordinary monopolist finds its
counterpart in the monopolistic legislator's reduced incentives to innovate. By contrast,
experimentation and innovation are essential features of learning processes generated by
regulatory competition. In this context, it should be stressed that the presumption in
favour of member state legislation is enshrined in Article 5 (2) EC Treaty, which con-
tains the principle of subsidiarity.[3] If this principle is taken seriously, the primary focus
should be on justifications for EC action rather than on justifications for actions at lower
levels of government (national, regional or local).

2.1. Satisfying a Greater Number of Preferences

Decentralisation, which may enable regulatory competition, may be deemed superior
to centralisation and harmonisation of laws because it allows satisfying a greater number of heterogeneous preferences. This first argument in favour of decentralisation mer-
its particular attention in the field of consumer law. If EC consumer law provided only
default rules (from which parties may deviate in their contracts) or was offered only as
an additional (twenty-sixth) choice, the European legislator would facilitate the satisfaction of different consumer preferences across member states, rather than impede a desirable degree of diversity. However, the great bulk of EC consumer law consists of mandatory substantive rules and mandatory information duties. Among the first set of rules,
product regulations are the clearest example of EC intervention restricting the satisfac-

---

[3]   Article 5 (2) EC Treaty reads as follows: „In areas which do not fall within its exclusive
    competence, the Community shall take action, in accordance with the principle of subsidiar-
    ity, only if and in so far as the objectives of the proposed action cannot be sufficiently
    achieved by the Member States and can, therefore, by reason of the scale or effects of the
    proposed action, be better achieved by the Community".

tion of divergent consumer preferences. There is a large collection of EC Directives that resemble more cook recipes than legal norms. These Directives all prescribe in great detail the composition of foodstuffs and the way in which they must be produced and sold. For example, quick-frozen foods must comply with specific conditions relating to the quality of raw materials, the technical equipment used in preparing and quick-freezing the foods, and the storage temperature thereafter.[4] Rules relating to the ingredients of foodstuffs exist with respect to, *inter alia*, chocolate[5], fruit juices and fruit nectars[6]. Obviously, tastes differ across Europe. The need for regulating the composition of foodstuffs, however, is far from evident since the quality of the products can be checked at low cost through the repeat purchase mechanism. Harmonising such rules is even more worrisome since different legal rules may satisfy different consumer wishes, thus explaining the variety and differences between national consumer laws.

It should also be added that regulations on production of foodstuffs are preferred targets for rent-seeking groups. As will be further explained below, harmonisation may be defended as a method to cure economic distortions on markets for legislation (externalities, Race to the Bottom). However, economic distortions should not be replaced by political distortions of centralised rule-making. The latter danger is particularly serious at the EC level, which has often been criticised for lack of democracy and accountability. This creates scope for regulatory capture by powerful interest groups, such as farmers. For example, the Milk Directive opens with the statement that production of and trade in milk and milk based products constitute an important source of income for the agricultural population.[7] Clearly, the social costs of harmonisation do not only include the disadvantages flowing from the fact that fewer preferences may be satisfied but also comprise the costs of rent-seeking by interest groups that are influential at the central level of government.

Apart from establishing rules on product composition, the European legislator has been neglecting diverging preferences in the field of product safety. In the view of the European Commission, a Directive was necessary to remove disparities in the level of protection, which create barriers to trade and distortions of competition within the internal market. Therefore, central rules were enacted to remove differences in safety standards across Europe.[8] The Commission's view does not pay justice to the fact that

---

[4]   Council Directive 89/108/EEC of 21 December 1988 on the approximation of the laws of the Member States relating to quick-frozen foodstuffs for human consumption, OJ L 40, 11.02.1989, pp. 34-37.

[5]   Directive 2000/36/EC of the European Parliament and of the Council of 23 June 2000 relating to cocao and chocolate products intended for human consumption, OJ L 197, 3.8.2000, pp. 19-21.

[6]   Council Directive 2001/112/EC of 20 December 2001 relating to fruit juices and certain similar products intended for human consumption, OJ L 10, 12.1.2002, pp. 58-66.

[7]   Directive 92/46/EEC of 16 June 1992 laying down the health rules for the production and placing on the market of raw milk, heat-treated milk and milk-based products, OJ L 268, 14.9.1992, pp. 1 et seq, amended several times; see the consolidated text at http://europa.eu.int/eur-lex/en/consleg/pdf/1992/en_1992L0046_do_001.pdf.

[8]   Directive 92/59/EEC of 29 June 1992 on general product safety, OJ L 228, 11.8.1992, pp. 14-32.

wealth differences influence the preferences concerning the preferred level of safety
measures. Safety regulation imposes costs on producers, which will be passed on into
consumer prices (as far as elasticity of demand allows price increases). Wealthy countries may prefer stricter safety standards, since the people living there can financially
afford such rules. Conversely, poor countries may prefer more lenient safety rules.[9] One
may object that, from a policy perspective, it may be desirable to guarantee a minimum
level of safety to all European citizens. Politicians may feel that low standards infringe
widely held perceptions of equity and justice, or even violate human rights (*Ogus* 1999).
The consequence would then be that the preferences of the citizens can be overruled by
the political desire to provide a basic quality of life for all European consumers. However, to guarantee a basic quality of life to European citizens, it would be much more
important to assure the provision of a minimum level of public health and social security. The latter areas are very sensitive fields of policy-making and EC member states
have been insisting to keep their sovereignty in deciding on those issues. In the current
state of affairs, it thus seems rather odd to enact European rules to provide a minimum
quality of consumer goods, if a minimum protection for more basic needs cannot be
guaranteed (*Faure* 2003, pp. 67-68). At this point, also the danger of rent-seeking
should be recalled. The rhetoric of the „level playing field" argument (see chapter 3.4.)
may favour interest groups in particular member states. Industries in Northern European
countries, which already have to comply with relatively high and elaborate product
safety standards, have a clear interest in lobbying for having these standards imposed
also in Southern European countries. In this way, they may gain a competitive advantage over their Southern European competitors (*Ogus* 1994, p.198).

Several other examples may be given to illustrate the importance of diverging preferences in consumer laws. The different values placed on the protection of consumers
across Europe may be deduced from the laws on unfair trade practices. In several EC
member states, these laws contain prohibitions of misleading and aggressive commercial practices. As to the latter, there may be large differences related to taste and de-
cency which explain differences across national legal systems. The recent Directive on
unfair business-to-consumer commercial practices[10] acknowledges this fact (Recital 7),
but does not accept it to its full consequence by outlawing, *inter alia*, persistent and
unwanted solicitations by telephone, fax, e-mail or other remote media, as well as advertisements which persuade parents or other adults to buy advertised products for chil-
dren (Annex 1). It may be doubted whether these practices are uniformly disapproved
by the consumer population of all EC member states.

---

[9] A similar reasoning applies to product liability law. Rich countries may prefer strict liability
    (irrespective of the price increases such a rule may cause), whereas poor countries may pre-
    fer products that are less safe but can be financially afforded by a large group of consumers.
    In sum, consumer laws should be sensitive to different consumer preferences and differences
    in wealth across countries.

[10] Directive 2005/29/EC of the European Parliament and of the Council of 11 May 2005
    concerning unfair business-to-consumer commercial practices in the internal market, OJ L
    149, 11.6.2005, pp. 22-39.

Also the interpretation of what constitutes misleading advertising is subject to harmonisation efforts. In a number of „negative integration" cases[11], the European Court of Justice (ECJ) examined the conformity with the principle of free movement of goods of a number of national rules prohibiting particular forms of price reductions and other potentially misleading commercial statements. The ECJ decided that in order to determine whether a particular statement is misleading, „it is necessary to take into account the presumed expectations of an average consumer, who is reasonably well informed and reasonably observant and circumspect."[12] The recent Directive on unfair business-to-consumer commercial practices has endorsed this notion of the „average consumer" (Recital 18) and has laid it down explicitly in the prohibitions on misleading actions (Article 6) and misleading omissions (Article 7). As a consequence of the full harmonisation approach adopted in this Directive, it will be impossible for EC member states to adopt a stricter approach in general assessments of deception by also taking account of the way in which the most vulnerable consumers interpret statements in advertising.[13] This approach may also bring an end to the use of surveys as a sufficient ground for prohibiting advertisements, if only a small percentage of the consumers was found deceived (*Van den Bergh* and *Lehmann* 1992). The case law of the ECJ has been criticised for sacrificing the interests of vulnerable consumers to the interests of self-reliant consumers, in spite of rather important differences in expectations between consumers in the different EC member states (*Howells* and *Wilhelmsson* 2003, pp. 378-379). In this respect, it may also be added that the consumer concept of the ECJ, which has been elaborated in its case law on market integration, is less suited when consumer laws are seen as a part of social welfare policy aiming at protecting the weak market player. If satisfying heterogeneous preferences is taken seriously, also national legislation inspired by the latter goal must be accepted, in spite of the paternalistic measures that may ensue. In sum, harmonising the way in which it must be assessed whether advertising is misleading may turn out to become a major impediment for member states to pursue a consumer protection policy as preferred by their respective populations.

2.2. Enabling Learning Processes

Apart from their ability to satisfy more preferences, decentralisation and competition between consumer protection laws bring other advantages. Competition between legislators may generate all the benefits of a learning process. Differences in rules allow for different experiences and may improve an understanding of the effects of alternative legal solutions to similar problems. This advantage relates both to the formulation of the

---

[11] Case C-373/90, *Procureur de la Republique* v. *X* [1992] ECR I-131; Case C-126/91, *Schutzverband gegen Unwesen in der Wirtschaft* v. *Y. Rocher GmbH* [1993] ECR I-2361; Case C-1315/92, *Verband Sozialer Wettbewerb eV* v. *Clinique Laboratoires SNC* [1994] ECR I-317.

[12] Case C-210/96, *Gut Springenheide GmbH and Rudolf Tusky* v. *Oberkreisdirektor des Kreises Steinfurt – Amt für Lebensmittelüberwachung* [1998] ECR I-4657, at paragraphs 31-32.

[13] Recital 19 of the Directive allows to assess commercial practices from the point of view of the average member of consumers who are particularly susceptible to a commercial practice or to the underlying product because of their age, physical or mental infirmity or credulity, provided that the economic behaviour only of such consumers is likely to be distorted in a way that the trader can reasonably foresee.

substantive rules and their enforcement. The theoretical background of this argument can be traced back to the reasoning of Nobel Prize laureate *Friedrich von Hayek* (1978) about the fundamental limitations of human knowledge. It cannot be assumed that law makers know the best legal rules in advance. The knowledge about the most appropriate remedies for solving new or even well-known problems of market failure (such as information asymmetries in consumer markets) is still limited. The quality of the performance of legal rules and systems of enforcement in a given jurisdiction is revealed by comparing it with the performance of different legal rules and systems of enforcement in other jurisdictions. The Hayekian concept of „competition as a discovery procedure" entails parallel experimentation with new problem solutions and the imitation of the successful solutions by others through learning. This Hayekian concept is closely linked to the idea of „yardstick competition", implying that information about the quality of the performance of governments and enforcement agencies is revealed by comparing it with the performance of others. Politicians may thus be given incentives to copy superior solutions adopted in other jurisdictions. Regulatory competition will be strongest if there is free choice of law. Under the latter scheme, consumers may fully profit from trial-and-error processes and will simply choose the laws that are best adapted to their preferences.[14]

Comparative lawyers may object that experimentation will lead to an unmanageable amount of diverging rules and an intolerable level of legal uncertainty. However, mutual learning processes may alleviate the convergence of legal rules and amount to an ex post or market-based harmonisation of laws and systems of enforcement. Hence, competition between legislators in the EC does not necessarily imply that rules will greatly differ. Member states may decide to amend their laws in response to superior legal solutions adopted in another member state. Competition between legislators and legal uniformity is not mutually exclusive. Whereas unification and harmonisation by means of central rules (Regulations and Directives) imply forced coordination of legislative provisions in the member states, dynamic competitive processes may produce voluntary harmonisation. The result of the process of innovation and subsequent amendment may be a substantial uniformity across the EC member states. The scope of such a voluntary harmonisation may be larger than the degree of uniformity brought about by central rules. However, it should be added that, from a Hayekian evolutionary point of view, the notion of ex post harmonisation is misleading. The fundamental knowledge problem is never finally solved and, therefore, a certain degree of diversity should be kept in order to guarantee the flexibility and learning propensity of the legal system.

Comparative lawyers will generally agree that competition for the best legal solution has been occurring in Europe. Rules of contract law have been converging towards the most efficient solution, thanks to „yardstick competition" initiated by writings of legal scholars who were impressed by the blessings of a foreign legal rule (*Wagner* 2002, p. 1012; *Ogus* 1999, pp. 412-413). Also the evolution of the consumer laws of EC member

---

[14] Unfortunately, free choice of law is not guaranteed for purely domestic transactions (see *Wagner* 2002, pp. 1009-1010). Here still lies an important task for European law, which could change the applicable rules on conflict of laws, in order to improve competition between legal systems.

states offers different examples illustrating the potential scope of the learning processes. Below, three examples will be briefly discussed: they relate to substantive rules protecting uninformed consumers and the assessment of misleading practices from the viewpoint of an average consumer.

A first example may be found in Belgian law. If a trader sends an unsolicited product to a consumer (by ordinary mail), the consumer may simply keep it and does not incur any duty to compensate the trader for his expenses[15]. This rule provides a more effective consumer protection than the general contract law remedy of nullity. The Belgian solution was copied in Dutch law[16] and thus offers a nice example of „yardstick competition". A second example is the increasing use of cooling-off periods, which allows a consumer to withdraw from a deal, often concluded as a result of aggressive sales practices, within a certain time period. A comparative study of the consumer laws of the old fifteen EC member states (*Rekaiti* and *Van den Bergh* 2000) revealed a great variety in the duration of the cooling-off period (from 2 to 30 days) and its modalities (such as the (im)possibility of waiving the right of cancellation). Some of these rules are better able than others to provide an adequate remedy to the problems of irrational consumer behaviour and inefficiencies in consumer markets (information asymmetries and situational monopolies). There are also differences regarding the ability of the diverging rules to avoid potential adverse effects of cooling-off periods (such as reduction of supply). The chance to improve national consumer laws by adopting superior solutions developed in other member states should not be mortgaged by overzealous European harmonisation efforts.

As a third and last example, reference may again be made to the rule that deception should be judged by taking account of the expectations of an average consumer, who is reasonably well informed and reasonably observant and circumspect. This perception of consumers, as it can be found in the case law of the European Court of Justice and the recent Directive on unfair business-to-consumer commercial practices, corresponds to neo-classical economics, which considers market participants as rationally behaving profit-maximisers. It is well known that this view is criticised in an increasingly growing Behavioural Law and Economics literature, which reveals many instances of irrational consumer behaviour (*Ulen* 1998). The harmonisation of the interpretation of deception thus prevents learning processes in a member state, where it is believed that irrationality is paramount. In the long run, it may turn out that member state A, due to its strict consumer protection law, is doing better than member state B, where deceptive practices flourish. This yardstick competition may then incite the latter member state to change its consumer law. Obviously, also the opposite result may occur. The great advantage of competition between legal rules is precisely to allow for experimentation, which may reveal both the best rule and the best way to interpret it. Therefore, if the benefits of competition between legal rules are taken seriously, the EC legislator should stimulate rather than eliminate diverging interpretations of vague legal concepts.

---

[15] Article 76 of the Belgian law on unfair trade practices. For a comment see: *Dirix, Montangie* and *Vanhees* (2005, p. 388).

[16] Article 7.7. of the Dutch Civil Code.

2.3. Curing Informational Asymmetries

A final argument in favour of decentralisation follows from the need to cope with informational asymmetries between regulatory agencies and regulated firms. Decentralisation is the more efficient the more valuable local information is for appropriate rule making and enforcement. The asymmetry of information between regulatory authorities and regulated firms may be analysed as a principal-agent problem. Regulatory authorities (both national and supra-national) have an information disadvantage vis-à-vis the firms they have to control; the former may be seen as the principals and the latter as the agents. Out of self-interest the agents may be unwilling to reveal all the information needed by the principals. A related danger is the communication of false information. It may be argued that it is more difficult for firms to hide or misrepresent information to decentralised agencies than to a more remote agency.

Also in the field of consumer law, information advantages may plead in favour of decentralised decision-making. The next part of this section will elaborate on the information benefits as far as the formulation of the rules (in particular, information remedies) is concerned. Here, some brief remarks on enforcement will be made. In cases involving unfair trade practices (such as misleading advertising), national enforcement agencies may more easily assess potential infringements than supranational enforcement agencies. The former can more easily cross-check information provided by firms against information from competitors, consumer organisations, and official sources. If such cross-checking is difficult, local agencies will still have a better view of the market than a supranational agency. This advantage seems evident and, to our knowledge, no commentator is arguing in favour of central enforcement of consumer laws. However, as will be shown below, the information advantages at the national or local level may also provide powerful arguments in favour of decentralised rule-making, including the regulation of information duties. On this last point opinions of commentators differ.

2.4. Are Mandatory Information Regulations Different?

In the area of consumer law, maximum harmonisation has taken precedence over minimum harmonisation. However, as mentioned in the introduction, the European Commission has simultaneously opted in favour of less coercive rules, such as information duties, thereby emphasising the autonomy of the consumer to make well-informed choices as to the content of the contract entered into. This raises the question whether harmonisation of information duties may be better supported than harmonisation of substantive rules of consumer law (such as product composition regulations, prohibition of unfair clauses in standardised contracts or mandatory warranties). In a recent contribution, *Kerber* and *Grundmann* (2006) argue that mandatory information rules should best be established at the central level and should be harmonised in specific cases, whereas other contract law rules (substantive regulations determining mandatory standards for products and contracts, as well as facilitative legal rules) should be offered on a decentralised basis by both member state legislators and the European legislator. In our view, in assessing the desirability of harmonisation no distinction should be made between mandatory substantive regulations and mandatory information regulations. First, this distinction is unclear and difficult to implement in practice. Second, the distinction is also unnecessary since the arguments in favour of decentralisation and competition be-tween legal rules are equally important both for product regulations and information regulations. Both points will be elaborated on below.

The border line between mandatory substantive regulations and mandatory informa-tion regulations is unclear. *Kerber* and *Grundmann* (2006) favour harmonisation of (parts of) contract law with respect to „some particularly elementary information regula-tions (…) but only for transactions with consumers and in the case of transborder trans-actions". The concept of „elementary mandatory information regulations" is vague and slippery. Therefore, it does not seem well-suited as a demarcation guideline for har-monisation measures. Which types of information disclosure would be covered by this concept? A first example could be the duty to indicate the prices of products.[17] How-ever, the need to impose disclosure duties regarding easily verifiable information (such as prices) is seriously questioned by the „unravelling theory", holding that free markets will reveal this information spontaneously (*Baird, Gertner* and *Picker* 1994, p. 90). If there is no need for mandatory information regulations, there also is no need for har-monisation of such measures. In our view, a potential role for the European legislator in regulating „elementary information" for cross-border transactions with consumers could be to devise an appropriate uniform metric for measuring attributes of goods and ser-vices in those cases where member states use different systems of measurement. An example is the Directive that replaced the imperial quantity marking by the metric quan-tity marking and thus ended, from 1 January 2000 on, the exclusive use of the pint, pound and ounce for expressing quantities in the United Kingdom.[18]

Kerber and *Grundmann* provide another example. Under current EC law, sellers are obliged to deliver products which are in „conformity with the contract".[19] The proposed Optional European Contract Law Code stipulates that the standard of conformity is the market standard. The authors propose to make this rule mandatory throughout Europe for cross-border transactions with consumers. In their view, if the seller wants to sell a product the quality of which is below the market standard, a duty should be imposed upon him to inform the consumer that he cannot expect the quality that is normally of-fered on the market. Even though such information may not spontaneously be provided in the absence of a mandatory rule, this second example does not convince us about the need for harmonisation. *Kerber* and *Grundmann* argue that the rule is efficient, since the seller has superior information about the market and the product. This view may be criticised. Information duties are efficient only if the seller is both the cheapest informa-tion producer and the best assessor of the value of the information to the consumer

---

[17] Directive 98/6/EC of the European Parliament and of the Council of 16 February 1998 on consumer protection in the indication of the prices of products offered to consumers, OJ L 80, 18.3.98, pp. 27-30.

[18] Council Directive 89/617/EEC of 27 November 1989 amending Directive 80/181/EEC on the approximation of the laws of the Member States relating to units of measurement, OJ L 357, 7.12.1989, pp. 28-30.

[19] Directive 1999/44/EC of the European Parliament and of the Council of 25 May 1999 on certain aspects of the sale of consumer goods and associated guarantees, OJ L 171, 7.7.1999, pp. 12-16.

(*Schäfer* 1991). Conversely, information duties should also be imposed on the consumer if the latter knows best the value of the information. The willingness of consumers to buy products the quality of which is below the market standard will vary according to their degree of wealth. Particularly in cross-border trade, the seller may meet consumers having very different preferences concerning the quality of the products sold. In such a setting, a harmonised rule excluding any information duty on the part of the consumer will be inefficient. Only co-operation between sellers and buyers who exchange all relevant information will guarantee that efficient contracts are concluded. This implies that EC consumer law should allow parties to opt for a legal regime laying information duties on both seller and consumer in cases where the value of the information (quality below the market standard) can be best assessed by the latter.

The concept of „elementary mandatory regulations" causes further problems when the borderline with mandatory substantive regulations must be drawn. The reason is that both types of rules aim at curing information asymmetries in consumer markets. Regulations may impose duties upon traders to appropriately inform consumers. However, if consumers cannot easily understand and verify the disclosures (for example, information about ingredients of foodstuffs) or are unable to apply the relevant knowledge to their specific situation (for example, information about clauses in insurance contracts), such information remedies fail. The legislator may then decide to go one step further and directly regulate quality. This quality regulation may take different forms: it may relate to the production process of products (composition, equipment to be used) or regulate the content of the contract with the consumer (prohibition of unfair clauses). A more sophisticated way to cure information asymmetries is granting a cooling-off period to consumers, enabling them to withdraw from the deal after having obtained the relevant information that was missing at the time of the conclusion of the contract. Deciding whether any of the above regulations qualifies as „elementary information regulation" may be difficult. However, as will be shown below, such an exercise is also superfluous, since all rules of consumer law (both information duties and substantive rules) are best established at national or local levels.

All advantages of decentralisation and competition between legal rules fully apply to mandatory information duties. First, problems of information asymmetries in consumer markets are heterogeneous and require solutions that are optimally adapted to diverging preferences. As the European Union widens, the case for harmonisation becomes weaker. Clearly, twenty-five consumer markets show more differences than fifteen consumer markets and, therefore, uniformity of rules (to be achieved by means of full harmonisation) becomes less evident. For example, consumers living in countries with less developed market economies (which previously had a state planned economy) may be more vulnerable to certain types of unfair trade practices, such as pyramid promotional schemes. The different degree of evolution of the market economy should be reflected in different levels of mandatory information duties and concomitant sanctions. Second, regulatory competition is a very important way of discovering the most efficient mandatory disclosure rule. At a time when the perception of the rational consumer is criticised in the social sciences, it is important to allow for diverging information duties. Experimentations with information duties higher than the EC standard in more consumer protection-oriented member states may enable important learning processes generating benefits for the Community as a whole. Third, national and local authorities have an information advantage vis-à-vis a central regulator and are thus better placed to decide the precise content of the information remedies. To enable consumers to take decisions that satisfy their preferences, regulatory authorities must make sure that consumers receive all information that is relevant to that end. Therefore, the regulator who is closest to the consumers in question is best placed to enact the necessary information regulation. Information on the quality of cheese may serve as an example. In Europe, the major cheese producing countries are France and Italy; in both countries there is a wide variety of cheeses exceeding by far the gamut offered in other member states. The taste of the different cheeses is determined by various factors, such as whether the milk used was raw or pasteurised, the type of animal from which the milk was obtained, the way in which these animals were farmed, the salting process used and the level of salt contained, as well as the length of aging (*Sardo* 1999). A central regulator would face an almost impossible task in identifying the information that must be conveyed and the way in which it must be communicated in order to allow consumers to make an informed choice, thereby taking fully account of their divergent expectations as to the variety and quality of cheeses produced. Consequently, information regulations are better enacted at lower levels of government.

3. Weak Arguments in Favour of Harmonisation

The previous section of this paper has shown that there are strong arguments justifying a decentralised approach to consumer law. This section will strengthen the case against harmonisation by arguing that the arguments in favour of EC consumer law are weak. There are no significant interstate externalities that should be internalised by central rules; there is no documented risk of a Race to the Bottom and the savings in terms of transaction costs are low, if at all present. Even more importantly, harmonisation does not seem necessary to achieve market integration. Nevertheless, the latter argument has served as a justification for almost all consumer law Directives.[20] Each of these points is further explained below.

3.1. Interstate Externalities

A major argument in favour of centralised decision-making, in particular harmonisation of laws, is the need to internalise negative interstate externalities. From an economic point of view, states should be able to choose the rules which best satisfy the preferences of their citizens as long as they also bear the full costs of their legal decisions. Where trans-boundary effects occur, central rule making may be required to avoid that costs are thrown upon other jurisdictions. Air pollution is an obvious example: citizens in downwind states suffer from lenient environmental air standards in upwind states. Negotiations between the countries involved may not lead to optimal outcomes because of opportunistic behaviour, and this may provide a powerful argument in favour

---

[20] The only exception is Directive 98/6 on the indication of prices, cited in footnote 17.

of federal rules on air pollution. However, in the field of consumer law it is hard to identify potential externalities commanding harmonisation.

To justify European rules of consumer law as remedies to interstate externalities, two things must be shown. First, rules of member states' consumer laws must affect transactions with interstate repercussions. Second, it must be impossible to fully internalise the negative externalities arising from interstate transactions by applying rules of national consumer law. In the search for trans-boundary effects, product liability could be regarded as a major area of consumer law to be governed by European law. Given mass production, products nowadays are seldom sold in the domestic market only. Sellers of defective products should not escape liability when harm occurs outside the territory of the exporting state. Interestingly, product liability was also the first topic covered by the EC harmonisation process.[21] Conversely, the externalities argument does not seem convincing in the field of contract law. Generally, contracts do not cause effects for third parties; the rights and obligations agreed upon only concern the contracting partners.[22] Obviously, Community intervention into matters that are for the most part local cannot be justified by the interstate externalities argument. From the latter perspective, European rules should not govern accidents which are largely confined within national borders or apply also in cases where the probability of interstate effects is small. The mere fact of tourism does not constitute a convincing argument in favour of centralisation. A member state should not be forced to give up the satisfaction of personal preferences of its citizens and change its laws to please tourists. The latter can seek additional protection in the form of voluntary first party insurance, which is widely available on the market (*Faure* 2003, p. 71).

Even if an impact beyond the borders of a single member state can be shown, a further inquiry as to the possibilities of national private laws to cope with the relevant externalities is necessary to support the conclusion that European consumer law is needed. In the case of trans-boundary torts, one should not move too hastily to centralisation since there may be remedies in national consumer laws that effectively deal with those problems. Manufacturers of defective products are generally liable in damages for harm suffered in export markets. If the law of the export state does not allow recovery for certain types of damage or even totally exempts the product from the scope of the product liability law, compensation will be available according to the law of the import state if the law of the latter country does not contain similar exclusions. Hence, if a defective product is exported, negative interstate externalities do arise but they do not automati-

---

[21] Council Directive 85/374 of 25 July 1985 on the approximation of laws, regulations and administrative provisions of the Member States concerning liability for defective products, OJ, 1985, L 210, 7.8.1985, pp.29-33.

[22] This does not imply, however, that the externalities problem is entirely irrelevant. It is indeed possible that a network of contracts generates externalities. Decisions as to quality and price taken by a trader may have both positive and negative effects on downstream or upstream salespersons of the same distribution chain. For example, a decision to lower quality to achieve higher profits may bring short term benefits to a single retailer, but will harm the distribution network at large. Upstream liability of producers and wholesale sellers is necessary to ensure that proper incentives to ensure quality are given to parties with actual control of the likelihood of product defects.

cally constitute a sufficient cause for Community action. If the consumers of the import state prefer a more stringent product liability regime than their counterparts in the export state, the national law of the former state will allow recovery of damages if the competent legislator has enacted rules that adequately reflect the preferences of its citizens.

One could argue in favour of EC intervention to cure potential deficiencies in national law, rather than to internalise interstate externalities. European law could accomplish a useful task if the rules of the import country do not allow a full internalisation of the costs of accidents. This task would be to fill the gaps of national tort laws when, for some reason, national legislators cannot easily cure these deficiencies. An example is a member state law, which does not allow recovery unless the victim can prove beyond reasonable doubt (for example, by requiring that the probability of causation reaches a given threshold) that the particular manufacturer caused his loss or excludes damages for pain and suffering. This line of reasoning points at inefficiencies in national laws and thus argues in favour of central rule making by stating that laws enacted by a central regulator are more efficient than laws enacted at lower levels of government. Remarkably, the EC Directive on product liability does not harmonise different legal approaches to problems of causation or compensation of intangible losses (*Van den Bergh* 1998, pp. 140-145). Consequently, the view that EC consumer law is more efficient than national consumer laws is not supported by real-life harmonisation.

A final example seems appropriate to illustrate the disharmony between the interstate externalities argument and current EC consumer law. In the Directive on consumer sales contracts and guarantees, the externalities problem is not a major concern of the European legislator. On the one hand, the Directive applies to purely domestic contracts, which do not generate any cross-border externalities. On the other hand, the important matter of upstream liability is curiously left out of the harmonisation project.[23] There is no rule to avoid that claims in cases of non-conformity with the contract terms stop at the border. A consumer can sue a retailer, who could exercise his right of redress against a wholesaler or the importer, but the availability of a right of redress against the producer in an export country is left to the national law of that country. Given the interstate externalities that an absence of upstream liability may cause, it is astonishing that the Directive does not regulate this issue. In sum, from a perspective of coping with interstate externalities, the Directive is both over-inclusive and under-inclusive.

3.2. The Risk of a Race to the Bottom

A very popular argument in the American debate on federalism is that competition between jurisdictions may lead to „bad" law. States may reduce workers' protection, lower environmental standards or soften the regulatory burden on enterprises in other ways, in order to attract investment and profit from increased tax revenue. A state will gain in the struggle to attract firms by choosing in favour of lax regulation when other states do not act in the same way. However, when states are trapped in a prisoners' dilemma they will all reduce the regulatory burden (Race to the Bottom). As a conse-

---

[23] See consideration 9 of Directive 1999/44, cited footnote 19.

quence, only businesses will gain. Centralisation, including harmonisation of laws, may then be needed to generate efficient outcomes.

In the field of consumer law it seems highly doubtful that EC member states will strive for low levels of consumer protection to attract industry. Even in areas of law, where one might expect a substantial impact of the desire to attract businesses on the choice of the regulatory burden for industry, theoretical and empirical research show that there is no convincing proof for a Race to the Bottom and that, by contrast, a Race to the Top may take place. For example, there is no support for the claim of a Race to the Bottom in environmental law (or the „pollution haven" hypothesis), neither theoretically nor empirically (*Faure* 2003, pp. 47-49 with further references). Firms will not relocate plants to escape from stringent environmental regulations. Other factors, such as the availability of a good infrastructure, labour conditions (unionisation of the labour force) and taxes may be much more important in location decisions of business. It seems even more unlikely that firms will relocate plants to profit from lenient consumer laws. A Race to the Bottom could theoretically materialise if member states try to attract industry by enacting lenient product liability and product safety laws. The result would then be an overall reduction of product quality. Besides lack of empirical proof, this reasoning has a number of weaknesses. Since harm often occurs in export markets, member states will face difficulties in attracting manufacturing industries that sell a great part of their products outside the domestic market. Even if product safety and liability standards are more lenient in the export state, the industry will not escape from higher costs triggered by the stricter liability regime of the import state.[24] More generally, it is doubtful whether states will engage in a Race to the Bottom if they cannot charge industry for using lenient rules of consumer law. At this point, a comparison with the alleged race to the bottom in American corporate law is illuminating; one must not forget that 16 percent of the total tax revenue of Delaware is derived from incorporation fees (*Romano* 1993, pp. 8-9). Finally, the Race to the Bottom argument supposes that firms, which have to comply with stricter rules, suffer a competitive disadvantage. However, if rules of contract law are efficiency motivated (rather than based on distributional considerations), they will increase and not decrease the competitiveness of firms (*Van den Bergh*, 1998, pp. 137-139). In the latter case, the Race may be for the „Top" rather than for the „Bottom".

3.3. Scale Economies and Transaction Cost Savings

From an efficiency viewpoint, centralisation may be defended because of scale economies in the production of the information needed to formulate legal rules. Some information relevant to the entire European Community can be most efficiently provided by EC institutions. However, it must immediately be added that the importance of this argument will vary across different fields of law. Scale economies may be important for the design of efficient rules of public law, such as safety regulation, but negligi-

---

[24] The story is different only with respect to retailers who will be sued by consumers in the jurisdiction where they are located. Remarkably, the EC Product Liability Directive does not apply to retailers; only producers are held liable. Hence, EC consumer law does not prevent a Race to the Bottom in markets where it could theoretically occur.

ble in other fields of law, such as private law. Comparative lawyers often refer to the need for legal certainty as a crucial quality feature of any legal system: if rules differ, information costs increase and the outcome of cases is less predictable. In economic terms, harmonisation of laws may achieve transaction cost savings. Unfortunately, it is often forgotten that harmonisation also increases transaction costs since new European rules must be transplanted in the different legal orders of the member states. As will be further explained below, this will not only cause system adaptation costs but may also increase rather than decrease legal certainty.

The argument according to which legal diversity increases the transaction costs of cross-border contracting enjoys great prominence in the recitals of the EC Directives. Harmonisation is favoured as an instrument to increase legal certainty and promote market integration. The recent Directive on unfair business-to-consumer commercial practices[25] strongly emphasises these advantages, in the following way:

> „Harmonisation will considerably increase legal certainty for both consumers and busi- ness. Both consumers and business will be able to rely on a single regulatory framework based on clearly defined legal concepts regulating all aspects of unfair commercial prac- tices across the EU. The effect will be to eliminate the barriers stemming from the frag- mentation of the rules on unfair commercial practices harming consumer economic inter- ests and to enable the internal market to be achieved in this area." (Recital 12).

The strong claim about the contribution of harmonisation to market integration will be critically assessed in chapter 3.4. Hereafter, the equally strong claim about the con- tribution of harmonisation to legal certainty will be rejected.

At first sight, uniform rules may reduce information costs, since knowledge of sev- eral different legal systems is no longer required. It is, however, doubtful that uniform laws on their own will be effective in reducing legal uncertainty. To start with, prob- lems will already emerge when the „uniform" rules have to be translated into the differ- ent languages of the member states. Language differences resulting from the translations of Directives can lead to different interpretations of the same provision. Even if inter- pretation problems can be avoided through adequate translations, legal certainty will not automatically be achieved. Unlike goods, legal rules cannot easily be transported from one state to another. It does not suffice that the legal systems of the EC member states use the same wording. This wording must also be understood as having the same con- tent in the different legal systems. „Legal transplants" *sensu stricto* may be simply im- possible. *Legrand* emphasises that there could only occur a meaningful legal transplant when both the propositional statement as such and its invested meaning – which jointly constitute the rule – are transported from one state to another.

> „At best, what can be displaced from one jurisdiction to another is, literally, a meaning- less form of words. (...) In any meaningful sense of the term, legal transplants, therefore, cannot happen." (*Legrand* 1997, p. 111)

Common uniform rules only increase legal certainty when a uniform interpretation of the law in each member state is secured. Interpretation problems will be particularly severe when Directives use vague notions. In such cases, the overall effect of harmoni-

---

[25]   See the full reference in footnote 10.

sation may be increased transaction costs, rather than the legal certainty so much sought by legal scholars. The EC Directive on unfair business-to-consumer commercial practices tries to avoid different interpretations of vague notions, such as misleading and aggressive commercial practices by laying down a list of 12 definitions and a catalogue of 31 commercial practices that are in all circumstances considered unfair. Unfortunately, in many instances, existing vague concepts are replaced by different vague concepts leaving ample scope for diverging decisions. The use of terms, such as „appreciably impair" or „good faith" (Article 2) and „reasonable grounds" or „creating impressions" (Annex 1) will hardly bring about the legal certainty that is so much desired. Also the prohibitions contained in the text of the Directive contain vague and slippery notions. An example is the acceptance of the „common and legitimate advertising practice of making exaggerated statements or statements which are not meant to be taken literally." (Article 5(3) *in fine*). Obviously, what may be an exaggeration in the eyes of German or Swedish consumers may be an ordinary commercial statement in Italy. At this point, the scepticism of *Legrand* is confirmed: EC Directives continue to introduce empty formulations which will be interpreted differently in the national legal systems. In sum, legal certainty seems to be a myth rather than something which can be achieved in the real world. As a consequence, also the argument that uniformity of legal rules increases legal certainty (by reducing transaction costs) must be rejected as a reason for harmonisation of consumer law.

3.4. The Market Integration Argument

European consumer law has its origins in the internal market program of the EC. The original Treaty of Rome did not provide a specific legal basis for consumer protection legislation. Although consumer interests were increasingly recognised in the nineteen-seventies, it remained unclear whether the Community had any competence to take specific measures of consumer protection. In the absence of a specific legal basis, the first Directives on consumer protection were adopted on the basis of Article 94 (*ex* 100) EC Treaty (the general provision on harmonisation of laws), which required a direct link with the common market. Consumer protection became an autonomous policy in 1987 with the adoption of the Single European Act, which inserted Article 95 into the EC Treaty. From that moment on, consumer protection explicitly figured as a new area for harmonisation measures, deemed necessary to open up markets and promote the realisation of the European internal market. The objective of completing the internal market created a new impetus for the enactment of European rules of consumer law, based on the belief that consumers need a minimum protection in order to be able and willing to engage in transactions across the borders of the member state of residence. In its recent case law, the European Court of Justice has made it clear that Directives based upon Article 95 EC Treaty must genuinely have the object of eliminating obstacles to free movement of goods or removing distortions of competition.[26] The Maastricht Treaty

---

[26] Case C-376/98, *Germany* v. *European Parliament and Council* [2000] ECR-I 8419, at para 82. The ECJ annulled the Tobacco Advertising Directive because its contribution to the market integration objective was not appreciable. This ruling of the ECJ has mixed blessings. On the one hand, it may prevent an overzealous European Commission from proposing new Directives with the purpose of curing an impact on interstate trade that is only abstract. On the

further strengthened the EC contribution to consumer protection; it recognised for the first time the Community's power to act in order to protect consumers, independent of internal market concerns. Besides harmonisation of national laws, the EC was given the power to take specific action supporting and supplementing member states' policy to protect health, safety and economic interests of consumers and to provide adequate information to consumers. The objectives of consumer protection have been enlarged in the Amsterdam Treaty by including education and self-organisation of consumers to safeguard their interests. Harmonisation of national laws to eliminate barriers to the functioning of the internal market continues to be the primary focus of EC consumer law. Recent EC legislation is characterised by a process of integrating consumer protection in general civil law and unfair trade practices law (*Cseres* 2005, pp. 193-220).

It is clear from the above that the EC Directives cannot be economically rationalised because they would be needed to internalise interstate externalities, prevent a „race to the bottom" or reduce transaction costs by increasing legal certainty. Hence, another justification for these measures must be advanced. The logical next question is whether all these measures can be justified on the ground that they are needed to achieve market integration. At the outset, it must be noted that economic market integration may go hand in hand with differentiated legal orders, as is shown by the Swiss federal model (*Frey* 1994). The European Commission, however, advances harmonisation as a necessary instrument to create „a level playing field for industry" in Europe. If legal rules differ, so it is argued, firms operating in member states that have chosen in favour of regulatory laxness would have a competitive advantage over firms in other member states that have adopted stricter rules. Competitive distortions of this kind would be incompatible with the goal of market integration. This reasoning is not convincing.

First, as long as the legal rules of a particular member state are the same for all firms engaging in transactions with consumers within the confines of that particular jurisdiction, there are no distortions of competition. Unequal competitive conditions only materialise if legal systems differentiate between domestic and foreign firms by subjecting the two classes to divergent legal rules (*Wagner* 2002, pp. 1004-1005). It is not the absence of a „level playing field" in a given national market, but the fact that there are different level playing fields (one in each member state) that raises the European Commission's concern. This brings us to another objection.

Second, international trade is based on comparative advantages, so that it is not necessarily illegitimate to exploit differences in legal rules. Such differences may have an impact on the competitive advantages of states (*Porter* 1990). Refusing to exploit differences in government policies seems to be in contradiction with the essence of international trade itself. If conditions of competition were indeed totally equal, as the argument assumes, there would also be no trade. The argument in favour of a „level playing field" thus appears to be distributional rather than efficiency oriented (*Ogus* 1994, p. 417). If legal rules confer a competitive advantage on firms in a particular member state,

---

other hand, it provides incentives for maximum harmonisation, since such an approach more clearly contributes to the establishment and functioning of the internal market (see *Rott* 2003, p. 1120).

the consequence will be that prices for consumer goods in the international market will be reduced with welfare gains flowing to consumers who previously had to pay higher prices. Some losses will be incurred by industries previously complying with stricter laws, but gains will flow to other industries offering cheaper products. The aggregate welfare consequences for the entire market are likely to be beneficial.

Third, harmonisation of a particular field of law is not necessarily an appropriate remedy to create a „level playing field" for industry in Europe. The problem with a partial centralisation plan is that it does not equalise all costs. The costs of complying with a particular set of regulations are only one component of the total costs of production. Harmonising one type of regulations (e.g., consumer law) will leave „competitive distortions" intact in other fields of regulation (e.g., environmental law). Furthermore, the goal of creating a „level playing field" will not be reached, since industries in some countries will keep an advantage in terms of infrastructure, wages, labour productivity, and so on. Countries that perform well on the non-harmonised components of costs will thus keep competitive benefits. The ultimate answer is to eliminate the possibility of competition over any of the costs mentioned, including both costs of complying with regulations and other production costs. Such a comprehensive Community intervention would equal an outright rejection of the subsidiarity principle.

It must be added to the above criticisms that the market integration argument may also be presented in a different way. If consumer laws are not uniform, foreign firms will have to seek legal advice on the rules of the import state and will incur higher costs than domestic firms. As a consequence, the latter will have a competitive advantage and market prices will be higher. By focusing on transaction costs, it could be argued in a more convincing way that differences in legal rules distort competition and increase prices in the common market. The problem, however, is that the European Commission simply claims that legal diversity impedes cross-border contracting and that harmonisation of law will encourage consumers and small and medium-size enterprises to engage in such transactions. Unfortunately, this is merely a presumption and there is no empirical evidence supporting such expectation. Large, multinational enterprises may not be deterred from entering foreign markets by the need to adapt to local rules (*Wagner* 2002, p. 1014). The case law of the European Court of Justice testifies that these companies may combat restrictive rules of the import state by challenging their conformity with the principle of free movement of goods; negative integration may thus function as an effective mechanism to open up markets.[27] Small and medium size firms may be more reluctant to bear the additional costs of writing particular contracts for foreign markets (or challenge restrictive rules). However, the reactions of the business associations representing these firms to the proposals on a European contract law rejected the idea that full harmonisation was necessary to foster competition in the internal market (*Ott* and *Schäfer*, 2002). It is worrisome that the European Commission does not pro-

---

[27] At this point, it should be added that a large scale harmonisation of laws got started when it turned out to be politically difficult, if not impossible, to remove barriers to trade in the absence of positive harmonisation. Unfortunately, the political price to pay for the removal of the trade barriers has been an excessively rigid set of common rules and an excessive curb on regulatory competition. See also, with respect to company law, *Enriques* (2005).

vide empirical evidence proving its claim that differences in private law hinder cross-border trade and that evidence pointing to the contrary[28] is omitted from its official documents.

It is highly doubtful whether consumers will more often engage in cross-border transactions as a result of the EC harmonisation initiatives. The main barriers faced by consumers are not only the understanding of different national rules, but also factors like language, culture, distance, travelling costs, delivery and after-sales service (*Cseres* 2005, p. 233; *Rott* 2003, p. 1121). Importing durable consumer goods from other member states may also be discouraged by persisting differences in national tax systems (as is currently the case with cars). In sum, the argument that increased cross-border shopping will intensify competition in the common market does not seem to hold for most consumer goods. An exception may be homogeneous low price products not needing repairs, such as cigarettes and CDs, for which international markets have developed without uniform consumer laws (*Wagner* 2002, pp. 1016-1017).

4. Conclusions

An economic analysis of harmonisation of consumer law leads to the conclusion that arguments in favour of diverging consumer laws are strong and countervailing arguments in favour of harmonisation are weak. First, different consumer laws may satisfy a greater number of diverging preferences. EC consumer law restricts the possibility of satisfying heterogeneous preferences in several ways. Rules on product composition are at odds with differences in taste across Europe and vulnerable to rent-seeking efforts by interest groups. Rules on product safety conflict with different preferences about safety levels which are influenced by differences in wealth. The uniform interpretation of what constitutes misleading advertising from the viewpoint of the average consumer does not take account of differences in expectations between consumers across Europe. Second, diverging consumer laws enable learning processes. Examples include the sanction for sending unsolicited products to consumers, the regulation of cooling-off periods and the way to judge deception in advertising cases. Third, decentralisation is the more efficient the more valuable local information is for appropriate rule making and enforcement. All advantages of diversity fully apply to each part of consumer law, including both substantive rules on the content of the contracts and information regulations.

The arguments in favour of harmonising consumer law are weak. First, national consumer laws mostly do not create significant interstate externalities and, even if substantial cross-border effects occur, national consumer laws may cope with the externality problem. There is also no evidence that EC consumer law is more efficient than national consumer laws in coping with external effects. Second, the Race to the Bottom argument is not convincing. Member states cannot easily gain a competitive advantage by

---

[28] For example, one author found that, prior to the enactment of the EC product liability Directive, insurance premiums to cover the product liability risk were not substantially different across EC member states (*van Wassenaer van Catwijck* 1986, p. 81; see also *Casals* and *Feliu* 2001). Hence, the differences in market conditions were probably not as large as the European Commission argued.

enacting lenient consumer laws, which in any case will not protect domestic firms from claims in export markets. Also a Race to the Top is possible if competition increases the efficiency of national consumer laws. Third, scale economies in the production of rules of consumer law seem negligible and harmonisation does not bring about the legal certainty so much desired by legal commentators. Finally, the market integration argument continues to be a weak basis for harmonisation. The dominant justification forwarded by EC bureaucrats that diverging laws create unequal conditions of competition is mistaken, since national consumer laws do not differentiate between domestic and foreign firms. International trade is based on competitive advantages. Hence, the „level playing field" argument is distributional and not motivated by efficiency considerations. The market integration argument may be rephrased in transaction cost terms, but then the problem remains that there is no empirical evidence that diverging laws impede firms to engage in cross-border trade. Also consumers will not necessarily increase cross-border shopping if consumer laws are made uniform. In sum, the EC legislator should take the advantages of decentralisation and regulatory competition seriously and be very reluctant in harmonising national consumer laws.

References

Baird, Douglas, Robert Gertner and *Randal Picker* (1994), Game Theory and the Law, Cambridge (MA).

Basedow, Jürgen (2002), The Case for a European Contract Act, in: *Stefan Grundmann* and *Jules Stuyck* (eds.), An Academic Green Paper on European Contract Law, The Hague, pp. 147-157.

Breton, Albert (1996), Competitive Governments – An Economic Theory of Politics and Public Finance, Cambridge (MA).

Casals, Miquel Martin and *José Solé Feliu* (2001), Responsabilidad por productas en España y (des)armonizacion Europea, in: Revista de responsabilidad civil y seguros, pp. 1-17.

Cseres, Katalin (2005), Competition Law and Consumer Protection, The Hague.

Dirix, Eric, Yves Montangie and *Hendrik Vanhees* (2005), Handels- en economisch recht in hoofdlijnen, Antwerpen.

Enriques, Luca (2005), Company Law Harmonization Reconsidered: What Role for the EC?, in: *Steef Bartmann* (ed.), European Company Law in Accelerated Progress, The Hague, (forthcoming).

Faure, Michael (2000), Product Liability and Product Safety in Europe: Harmonization or Differentiation?, in: Kyklos, Vol. 53, pp. 467-508.

Faure, Michael (2003), How Law and Economics May Contribute to the Harmonisation of Tort Law in Europe, in: *Reinhard Zimmermann* (ed.) Grundstrukturen des Europäischen Deliktrechts, Baden-Baden, pp. 31-82.

Frey, Bruno (1994), Direct Democracy: Politico-economic Lessons from Switzerland, in: American Economic Review, Vol. 84, pp. 338-342.

Hayek, Friedrich von (1978), Competition as a Discovery Procedure, in: *Friedrich A. von Hayek*, Studies in Philosophy, Politics and Economics, Chicago, pp. 66-81.

Howells, Geraint and *Thomas Wilhelmsson* (2003), EC Consumer Law: Has it Come of Age?, in: European Law Review, Vol. 28, pp. 370-388.

Kerber, Wolfgang and *Oliver Budzinski* (2003), Towards a Differentiated Analysis of Competition of Competition Laws, in: ZWeR – Journal of Competition Law, Vol. 1 (4), pp. 411-448.

Kerber, Wolfgang and *Stefan Grundmann* (2006), An Optional Contract Law Code: Advantages and Disadvantages, in: European Journal of Law and Economics, Vol. 21, pp. 215-236.

Lando, Ole (2002), Why does Europe need a Civil Code?, in: *Stefan Grundmann* and *Jules Stuyck* (eds.), An Academic Green Paper on European Contract Law, The Hague, pp. 207-213.

Legrand, Pierre (1997), The Impossibility of Legal Transplants, in: Maastricht Journal of European and Comparative Law, Vol. 4, pp. 111-124.

Oates, Wallace (1972), Fiscal Federalism, New York.

Ogus, Anthony (1994), Regulation: Legal Form and Economic Theory, Oxford.

Ogus, Anthony (1999), Competition Between National Legal Systems: A Contribution of Economic Analysis to Comparative Law, in: The International and Comparative Law Quarterly, Vol. 48, pp. 405-418.

Ott, Claus and *Hans-Bernd Schäfer* (2002), Die Vereinheitlichung des europäischen Vertragsrechts – Ökonomische Notwendigkeit oder akademisches Interesse?, in: *Claus Ott* and *Hans-Bernd Schäfer* (eds.), Vereinheitlichung und Diversität des Zivilrechts in transnationalen Wirstschaftsräumen, Tübingen, pp. 203-206.

Porter, Michael (1990), The Competitive Advantage of Nations, New York.

Rekaiti, Pamaria and *Roger Van den Bergh* (2000), Cooling-off Periods in the Consumer Laws of the EC Member States: A comparative Law and Economics Approach, in: Journal of Consumer Policy, Vol. 23, pp. 371-407.

Romano, Roberta (1993), The Genius of American Corporate Law, Washington.

Rott, Peter (2003), Minimum Harmonization for the Completion of the Internal Market? The Example of Consumer Sales Law, in: Common Market Law Review, pp. 1107-1135.

Sardo, Piero (1999), Formaggi, in: Micromega, Vol. 5, pp. 194-202.

Schäfer, Hans-Bernd (1991), Ökonomische Analyse von Aufklärungspflichten, in: *Claus Ott* and *Hans-Bernd Schäfer* (eds.), Ökonomische Probleme des Zivilrechts, Berlin, pp. 117-141.

Schwintowski, Hans-Peter (2002), Auf dem Wege zu einem Europäischen Zivilgesetzbuch, in: Juristenzeitung, Vol. 5, pp. 205-211.

Ulen, Thomas (1998), The Growing Pains of Behavioral Law and Economics, in: Vanderbilt Law Review, Vol. 51, pp. 1747-1763.

Van den Bergh, Roger (1996), Economic Criteria for Applying the Subsidiarity Principle in the European Community: The Case of Competition Policy, in: International Review of Law and Economics, Vol. 16, pp. 363-383.

Van den Bergh, Roger (1998), Subsidiarity as an Economic Demarcation Principle and the Emergence of European Private Law, in: Maastricht Journal of European and Comparative Law, Vol. 5, pp. 129-152.

Van den Bergh, Roger (2000), Towards an Institutional Legal Framework for Regulatory Competition in Europe, in: Kyklos, Vol. 53, pp. 435-466.

Van den Bergh, Roger and *Michael Lehmann* (1992), Informationsökonomie und Verbraucherschutz im Wettbewerbs- und Warenzeichenrecht, in: Gewerblicher Rechtsschutz und Urheberrecht – Internationaler Teil, pp. 588-599.

Van Gerven, Walter (2004), Harmonization of Private Law: Do We Need it?, in: Common Market Law Review, Vol. 41, pp. 502-532.

van Wassenaer van Catwijck, Arent (1986), Produktaansprakelijkheid, in: Serie Praktijkhandelingen, Zwolle.

Wagner, Gerhard (2002), The Economics of Harmonization: The Case of Contract Law, in: Common Market Law Review, Vol. 39, pp. 995-1023.

Weatherill, Stephen (2004), Why Object to the Harmonization of Private Law by the EC?, in: European Review of Private Law, Vol. 12, pp. 633-660.

Klaus Heine und Wolfgang Kerber (Hg.),
Zentralität und Dezentralität von Regulierung in Europa
Schriften zu Ordnungsfragen der Wirtschaft · Band 83 · Stuttgart · 2007

Race to the Bottom oder Race to Brussels?
Regulierungswettbewerb im Umweltschutz

Katharina Holzinger und Thomas Sommerer

Inhalt

1. Einleitung

Die zunehmende Integration europäischer und globaler Märkte und die Abschaffung von Handelshemmnissen impliziert die Gefahr, daß die internationale Mobilität von Gütern und Kapital Druck auf die Nationalstaaten ausübt, ihre umweltbezogenen Marktregulierungen anzupassen, um zu verhindern, daß die Kosten des Umweltschutzes sich negativ auf die internationale Wettbewerbsfähigkeit der Wirtschaft auswirken (*Keohane* und *Nye* 2000). Die Theorie der Regulierungskonkurrenz sagt also ein umweltpolitisches *Race to the Bottom* voraus (zum Beispiel *Oates* und *Schwab* 1988; *van Long* und *Siebert* 1991). Die empirische Literatur zur Umweltpolitik findet jedoch bisher wenig Unterstützung für die Hypothese, daß der Regulierungswettbewerb im Umweltschutz zu einer Konvergenz der Standards auf dem niedrigsten Regulierungsniveau führt. Zwar gibt es bisher keine umfassende empirische Untersuchung. Es findet sich jedoch weniger Evidenz für *Races to the Bottom* als für *Races to the Top* (*Vogel* 1997; *Holzinger* 1994; *Jänicke* 1998; *van Beers* und *van der Bergh* 1999; *Kern* 2000).

Nach einer kurzen Darstellung der Theorie des Regulierungswettbewerbs und des empirischen Forschungsstands im Bereich des Umweltschutzes (Kapitel 2) wird in diesem Beitrag mit Hilfe einer spieltheoretischen Analyse gezeigt, daß ein Regulierungswettlauf nach unten nur unter speziellen Bedingungen zu erwarten ist. Es wird eine ganze Reihe von Bedingungen wirksam, die die Umweltpolitik in beide Richtungen treiben können. Zu diesen Faktoren gehören beispielsweise das vorherrschende Handelsregime – Freihandel oder umweltbedingte Handelsbeschränkungen, der Typ des jeweiligen Umweltstandards – Produkt oder Prozeßnorm, oder das Vorhandensein von ökonomischer Konkurrenz – Naturschutz ist wenig wettbewerbsrelevant (Kapitel 3).

Im nächsten Schritt werden empirische Ergebnisse zur Entwicklung von Umweltschutzstandards in 24 Ländern zwischen 1970 und 2000 präsentiert. Unter den 19 untersuchten Politiken finden sich in diesem Zeitraum keine *Races to the Bottom*, sondern eine stete Aufwärtsbewegung der Schutzstandards. Dieses Muster läßt sich nicht aus der Regulierungskonkurrenz erklären, sondern durch internationale Kooperation und rechtliche Harmonisierung (Kapitel 4). Das bedeutet jedoch nicht, daß die Regulierungskonkurrenz nicht wirksam ist: Da die Harmonisierung der Standards die Konkurrenz außer Kraft setzt, könnte sie im Gegenteil für die betroffenen Industrien und Regierungen einen wesentlichen Anreiz zur internationalen Kooperation bilden (Kapitel 5).

2. Regulierungswettbewerb im Bereich des Umweltschutzes

Das Ziel eines Umweltschutzstandards ist es, ein öffentliches Gut, nämlich saubere und gesunde Umwelt, gegen bestimmte Verschmutzungen oder andere Formen der Zerstörung zu schützen und so zu erhalten. Vom Regulierungswettbewerb betroffen sind Umweltgüter in zwei Fällen: erstens, wenn sie transnationaler oder globaler Natur sind, wenn es also zu Externalitäten zwischen Ländern kommen kann, die diese Güter durch verschiedene Umweltschutzstandards regulieren; zweitens, wenn Umweltgüter durch die Produktion von Gütern beeinträchtigt werden, die international gehandelt werden.

Transnationale öffentliche Güter werden von verschiedenen Ländern beeinflußt, die das Umweltgut jeweils für sich selbst regulieren. Da aber aufgrund der transnationalen Natur des Gutes Externalitäten zwischen den Ländern auftreten, werden die individuellen Regulierungen in der Regel nicht effizient sein. Das Grundproblem des öffentlichen Gutes, daß für Individuen wenig Anreize bestehen, zu seiner Erhaltung beizutragen, wiederholt sich auf der zwischenstaatlichen Ebene. Daher ist Kooperation der betroffenen Länder nötig, um das Gut für alle zu erhalten. Kommt es nicht zur Kooperation, handelt es sich um eine Situation des Regulierungswettbewerbs.

In Zeiten einer globalisierten Wirtschaft sind nicht nur Umweltgüter grenzüberschreitend, sondern auch ökonomische Prozesse. Güter und Kapital sind mobil, Unternehmen und Ökonomien sind dem internationalen Wettbewerb ausgesetzt. Wenn Produkte, die von Umweltregulierung betroffen sind, international gehandelt werden, kann der Regulierungswettbewerb auch lokale Umweltgüter betreffen, etwa im Fall von Lärmemissionen durch Kraftfahrzeuge, Baumaschinen oder Flugzeuge. Unterschiedliche nationalstaatliche Regulierungsniveaus erzeugen eine Situation des Regulierungswettbewerbs.

In Ländern mit strengerer Umweltregulierung sind die Produktionskosten für die Unternehmen höher. Diese erleiden daher einen Wettbewerbsnachteil im Vergleich zu Unternehmen in Ländern, in denen die Standards weniger streng sind. Zumindest wird dies in der Literatur zum Regulierungswettbewerb angenommen. Dieser Wettbewerbseffekt kann in zweierlei Weise auf nationale Regierungen wirken: Die Mobilität des Kapitals kann Regierungen einerseits zu dem Versuch verleiten, mittels der Senkung von Umweltschutzstandards Kapital aus dem Ausland anzuziehen. Andererseits kann auch das heimische Kapital mit Abwanderung drohen und Druck auf die Regierungen ausüben, die Standards zu senken. Nach der Theorie der Regulierungskonkurrenz (*Tiebout* 1956; *Oates* und *Schwab* 1988; *van Long* und *Siebert* 1991; *Sinn* 1993, 1996) könnten diese Prozesse zu einem umweltpolitischen *Race to the Bottom* führen, also zu einem kumulativen Absenken der Schutzstandards (*Hoberg* 2001, S. 127; *Simmons* und *Elkins* 2004; *Drezner* 2001, S. 57-59). Andererseits ist darauf verwiesen worden, daß es in bestimmten Situationen sogar Anreize geben kann, Produktstandards auf hohem Niveau international zu harmonisieren (*Scharpf* 1996, 1997).

Die klassische Frage in der Forschung zum Regulierungswettbewerb lautet daher, ob und unter welchen Bedingungen ein regulatives *Race to the Bottom* oder ein regulatives *Race to the Top* zu erwarten ist. Im Fall von transnationalen Umweltproblemen kommen beide Ergebnisse empirisch vor. Fallstudien haben gezeigt, daß zumindest in manchen Fällen die Regulierung auf dem Niveau der Vorreiterstaaten stattfindet (*Vogel* 1995, 1997; *Kern* 2000; *Kern*, *Jörgens* und *Jänicke* 2000). Verschiedene Umweltexperten behaupten, daß es in der Regel nicht zu *Races to the Bottom* kommt, ohne allerdings systematische Evidenz vorzulegen (*Jänicke* 1998; *Levison* 1996; *Zürn* 1997). Auch einige quantitative Studien kommen zu demselben Ergebnis. Sie benützen allerdings indirekte Indikatoren, wie die Exportentwicklung in hoch oder niedrig regulierten Staaten (*van Beers* und *van der Bergh* 1999; vgl. auch *Drezner* 2001).

Eine umfassende Theorie darüber, welche Bedingungen zu welchem Ergebnis führen, fehlt bisher ebenso wie eine breit angelegte empirische Untersuchung der Entwicklung des Regulierungsniveaus in der Umweltpolitik in einer größeren Zahl von Ländern. Einige wichtige Faktoren wurden in der Literatur behandelt, so zum Beispiel die Unterscheidung zwischen Produkt- und Prozeßstandards (*Scharpf* 1996, 1997, 2000), aber die meisten Faktoren wurden noch nicht systematisch analysiert. In der folgenden Analyse werden zwei Faktoren variiert, um zu differenzierten Erwartungen über den Regulierungswettbewerb zu gelangen. Im Anschluß werden dann die Ergebnisse der empirischen Untersuchung vorgestellt.

3. Theorie des Regulierungswettbewerbs

In einer spieltheoretischen Analyse der strategischen Situation des Regulierungswettbewerbs mit Hilfe von Matrixspielen werden die Art der Umweltstandards und das Handelsregime variiert. Die Analyse zeigt, daß noch weitere Annahmen getroffen werden müssen, um eine strategische Konstellation klar vorhersagen zu können. Insbesondere wird in diesem Kapitel davon ausgegangen, daß es keine internationale Kooperation gibt. Die Analyse gilt nur für eine Situation, in der es keine internationalen Vereinbarungen zum Schutz transnationaler Umweltkollektivgüter gibt und in der die nationalen Regierungen ihre Regulierungen unabhängig voneinander im Wege gegenseitiger Anpassung wählen.

Für die Analyse ist es nicht nötig, das Umweltgut oder die Ursache seiner Zerstörung sowie die Art der Regulierung weiter zu spezifizieren. Zur Illustration könnte man sich saubere Luft in Europa vorstellen, die durch die Emission von Stickoxiden verschmutzt wird. Stickoxide verursachen weiträumige Luftverschmutzung; Hauptverursacher sind Großfeuerungsanlagen und Kraftfahrzeuge. Diese werden zum einen reguliert durch Grenzwerte zum Ausstoß von Stickoxiden für Großfeuerungsanlagen, zum anderen durch Höchstwerte für Autoemissionen, darunter auch Stickoxide.

3.1. Basisannahmen und Spiel mit heterogenen Präferenzen

Das Problem des Regulierungswettbewerbs kann durch eine 2 x 2 Spielmatrix dargestellt werden.[1] Die Spieler sind zwei Länder, die ein grenzüberschreitendes Umweltgut durch Emissionsstandards regulieren. Es stehen ihnen zwei Strategien zur Verfügung: Sie legen entweder hohe oder niedrige Standards fest. Von den hohen Standards (H) wird angenommen, daß sie einem Beitrag von zwei Einheiten zum Schutz des Gutes entsprechen; die niedrigen Standards (N) entsprechen einem Beitrag von einer Einheit. Eine weitere Annahme bezieht sich auf das Verhältnis von Kosten und Nutzen der Beiträge: Die Kosten pro Einheit sind höher als die Nutzen pro Einheit. Drittens wird angenommen, daß die beiden Länder heterogene Präferenzen haben. Daher unterscheiden sich auch die von ihnen bevorzugten Strategien: entweder hohe oder niedrige Standards. Wir nehmen an, daß eines der Länder ein starkes Interesse an dem Umweltgut hat und daher hohe Standards bevorzugt (Land A), während das andere Land weniger Interesse an dem Gut zeigt und daher niedrige Standards bevorzugt (Land B).

---

[1] Die Metapher vom *Race* wird durch diese statischen Modelle nicht vollkommen eingelöst. Gezeigt wird lediglich, daß die Anreize zur Koordination auf dem hohen oder dem niedrigen Schutzniveau führen.

Im Modell ist diese Heterogenität sehr einfach abzubilden. Für das „Umweltschutz"-Land ist der Nutzen pro Einheit des Umweltgutes (n_A) größer als der des anderen Landes (n_B). Die Kosten pro Beitragseinheit sind gleich. Sie implizieren, daß $k>n_B$ für Land B und $n_A>k$ für Land A. Die Variation in der Auszahlung ist daher nur ein Ergebnis der unterschiedlichen Bewertung des Umweltgutes. Damit ist die Asymmetrie in der Auszahlung ausreichend repräsentiert.

Die Auszahlungen für jedes mögliche Ergebnis des Spiels sind in Tabelle 1 wiedergegeben, um so den Aufbau des Spiels aus den Annahmen zu verdeutlichen.[2] In der letzten Spalte sind die Auszahlungen ordinal angegeben, weil so die strategische Struktur leichter erkennbar ist (in der inzwischen üblichen Form: 1. Präferenz entspricht 4, 2. Präferenz 3 usw.). Jede Zeile gibt das Kosten-Nutzen-Verhältnis aus der Perspektive eines Landes (A oder B) an. In Zeile 1 verfolgen beide Länder die Strategie H, leisten also je zwei Beiträge zum öffentlichen Gut. Jedes Land erhält daher den Nutzen aller vier Beiträge (4n), wobei n sich für die Länder A und B unterscheidet, da n_A annahmegemäß größer ist als n_B. Damit ist erstens die Eigenschaft der Nicht-Rivalität des Konsums und zweitens die Heterogenität des Nutzens aus dem Konsum für die beiden Länder erfaßt. Da jedes Land zwei Beiträge erstellt, sind die Kosten für jedes Land 2k, wobei die Kosten annahmegemäß jeweils die gleiche Höhe haben. In den Zeilen 2 und 3 erstellt jeweils ein Land zwei Beiträge, das andere nur einen Beitrag, was für jedes Land 3n ergibt. Die Kosten sind aber verschieden, je nachdem welches Land die zwei bzw. den einen Beitrag erstellt, da die Kosten für zwei Beiträge ja doppelt so hoch sind. In Zeile 4 mit der Strategienkombination NN hat zwar jedes Land nur die Kosten eines Beitrags k, aber eben auch nur den Nutzen 2n der insgesamt zwei Beiträge. Daraus ergeben sich in den folgenden Spalten die Auszahlungen für die beiden Länder, wobei jetzt die unterschiedlichen Annahmen für den Nutzen jedes Landes berücksichtigt werden müssen. Aus den Auszahlungen jedes Landes bei jeder Strategiekombination ergibt sich in Kombination mit den Annahmen über die relative Höhe des Nutzens (siehe Fußzeile der Tabelle) der Platz jedes möglichen Spielergebnisses in der Präferenzordnung der beiden Länder. Während die Strategienkombination HH in Zeile 1 für Land A an erster Stelle in der Präferenzordnung kommt (4), kommt sie für Land B an zweiter Stelle (3) usw.

Das Ergebnis ist nicht überraschend. Ein Gleichgewicht wird dann erreicht, wenn Land A hohe und Land B niedrige Standards wählt. Es handelt sich um ein *Pareto*-optimales Gleichgewicht in dominanten Strategien. Es gibt noch ein zweites *Pareto*-optimales Ergebnis dort, wo beide Akteure hohe Standards wählen, das jedoch kein Gleichgewicht darstellt. Es gibt in diesem Spiel keinerlei Dilemma zwischen individueller und kollektiver Rationalität, und es gibt auch keinerlei Probleme bei der Wahl des Gleichgewichts.

---

[2] Bei den folgenden Spielmatrizen wird auf die Tabelle verzichtet.

Abbildung 1:   **Regulierungswettbewerb mit heterogenen Präferenzen**

	Strategie-kombination		Nutzen	Kosten		Auszahlung		Ordinal	
	A	B		A	B	A	B	A	B
Land A oder B	H	H	4n	2k	2k	$4n_A - 2k$	$4n_B - 2k$	4	3
	H	N	3n	2k	k	$3n_A - 2k$	$3n_B - k$	2	4
	N	H	3n	k	2k	$3n_A - k$	$3n_B - 2k$	3	1
	N	N	2n	k	k	$2n_A - k$	$2n_B - k$	1	2

Annahmen n: n_A oder n_B ; $n_A > n_B$; $n_A > k$ für Land A; $n_B < k < 2n_B$ für Land B

Spielmatrix

Land B

Hohe Standards   Niedrige Standards

	Hohe Standards	Niedrige Standards
Hohe Standards	$\underline{4n_A - 2k}$, $4n_B - 2k$ $\underline{4}, 3$	$\underline{3n_A - 2k}$, $3n_B - k$ $2, \underline{4}$
Niedrige Standards	$3n_A - k$, $3n_B - 2k$ $3, 1$	$2n_A - k$, $\underline{2n_B - k}$ $1, \underline{2}$

Land A

Das Spiel wird als Rambo-Spiel bezeichnet (*Zürn* 1992). Dabei treten lediglich Verteilungsprobleme auf. Land B kann seine erste Präferenz durchsetzen, nämlich niedrige Standards in seinem eigenen Zuständigkeitsbereich und hohe Standards im Zuständigkeitsbereich des anderen Landes. Im Ergebnis gibt es im Gesamtgebiet verschiedene Standards. Es entstehen damit zwei Regulierungsgebiete, der Markt ist segmentiert. Es kommt weder zu einem *Race to the Top*, noch zu einem *Race to the Bottom* und auch nicht zu einer Konvergenz der Standards.

3.2. Der Einfluß der Marktsegmentierung

Bis hierher wurde implizit angenommen, daß es auf die nationalen Ökonomien keinerlei Einfluß hat, ob der Markt durch verschiedene Standards segmentiert wird oder nicht. Tatsächlich werden aber die durch die Standards betroffenen Industrien durch Marktsegmentierung in zweierlei Hinsicht berührt: Die erste Frage lautet, ob und in welchem Umfang die verschiedenen Standards Wettbewerbsvor- oder -nachteile für die Industrien bedeuten. Verschiedene Standards, egal, ob es sich dabei um Prozeß- oder Produktstandards handelt, können für die Industrien unterschiedliche Kosten bedeuten. Wenn Unternehmen beider Länder ihre Produkte auf demselben Markt verkaufen, führen unterschiedliche Standards zu Vorteilen für die Firmen in Land B sowie zu Nachteilen für Firmen in Land A. Bei Produktstandards verschwinden die Standortnachteile für Land A in dem Moment, in dem aus Umweltschutzgründen Handelsbeschränkungen erlaubt werden. Bei Prozeßstandards gibt es für Land A keinerlei Möglichkeit, den entstehenden Standortnachteilen zu entgehen.

Die zweite Frage lautet, ob ein einheitlicher Standard für den gesamten Markt Harmonisierungsvorteile impliziert. Vorteile durch Harmonisierung können dann erwartet werden, wenn Produkte verschiedenen nationalen Umweltstandards unterliegen, zum Beispiel wenn die Lizenzierungsverfahren für diese Produkte in den verschiedenen Ländern unterschiedlich sind oder wenn für verschiedene Länder je spezifische Produktserien hergestellt werden müssen.

Dies ist dann der Fall, wenn das vorherrschende Handelsregime den Ländern erlaubt, den Import ausländischer Produkte, die die nationalen Umweltstandards nicht erfüllen, zu verhindern. In einer solchen Situation führt die Harmonisierung der Standards zu ökonomischen Gewinnen für die betroffenen Industrien, weil die Durchschnittskosten sinken. Das Beispiel der Grenzwerte für Autoemissionen paßt in dieses Muster: Es geht um Produktstandards, das betroffene Produkt wird global gehandelt. Die Produktion von verschiedenen Varianten und die verschiedenen Lizenzierungsverfahren verursachen hohe Kosten. Deshalb ist Marktsegmentierung für die Automobilhersteller sehr teuer.

Wenn die gegenseitige Anerkennung von Produkten verpflichtend ist und der Schutz vor fremden Produkten aus Umweltschutzgründen nicht erlaubt ist, gibt es dagegen keine Harmonisierungsvorteile. Produkte, die entsprechend verschiedener Standards lizenziert worden sind, können auf dem gesamten Markt verkauft werden. Einheitliche Prozeßstandards führen generell zu keinerlei Harmonisierungsvorteilen. Die Regulierung des Stickoxidausstoßes bei Großfeuerungsanlagen ist ein Beispiel dafür.

Die Anreizstruktur für den Schutz eines internationalen öffentlichen Umweltgutes variiert also entsprechend zweier weiterer Faktoren; es können vier Fälle unterschieden werden (Abbildung 2).

Abbildung 2: Art der Standards und Handelsregime

	Produktstandards	*Prozeßstandards*
umweltbedingte Handels-beschränkungen	(1) Harmonisierungsvorteil kein Wettbewerbsvor/nachteil	(4) kein Harmonisierungsvorteil kleiner Wettbewerbs-vor/nachteil, Steigen/Fallen des Umsatzes
gegenseitige Anerkennung	(2) kein Harmonisierungsvorteil Wettbewerbsvor/nachteil	(3) kein Harmonisierungsvorteil Wettbewerbsvor/nachteil

– Handelt es sich bei den Instrumenten, die das öffentliche Gut schützen sollen, um Produkt- oder um Prozeßstandards?

– Erlaubt das vorherrschende Handelsregime Einschränkungen zum Schutz der Umwelt, oder ist es möglich, die gegenseitige Anerkennung der Produkte zu erzwingen?

3.3. Analyse der vier Fälle

Wie unterscheiden sich die Anreizstrukturen in diesen vier Fällen? In Fall 1 gibt es für beide Staaten einen Harmonisierungsvorteil. Es gibt keine Wettbewerbsvor- oder -nachteile, weil die Produktpreise – soweit sie durch den Umweltstandard bestimmt sind – für beide Staaten gleich sind. In den Fällen 2 und 3 gibt es keine Harmonisierungsvorteile, da die Märkte nicht segmentiert sind. Land B genießt einen Wettbewerbsvorteil, Land A ist entsprechend benachteiligt. Dabei spielt es keine Rolle, ob es um Produkt- oder Prozeßstandards geht. In Fall 4 gibt es ebenfalls keine Harmonisierungsvorteile, da ausschließlich Produktionsstätten betroffen sind. Land B genießt einen Wettbewerbsvorteil, da seine Produktionskosten geringer sind. Dieser Vorteil bleibt jedoch auf das Territorium des eigenen Landes beschränkt, falls Land A die Möglichkeit hat, den Import von Produkten aus Land B, die mit niedrigeren Standards produziert worden sind, zu verweigern. Die Folge wären Umsatzeinbußen für die Industrie von Land B auf dem Territorium von Land A. Das Umgekehrte gilt für Land A: Der Wettbewerbsnachteil ist auf das Territorium von Land B beschränkt, der heimische Umsatz dagegen steigt.

Fall 1: Produktstandards und Handelsbeschränkungen. Folgende spezifische Annahmen sollen getroffen werden: Die Industrien beider Länder verkaufen ihre Produkte auf dem gesamten Markt und verfügen über gleich große Marktanteile. Außerdem ist der Harmonisierungsvorteil für hohe und für niedrige Standards gleich groß. Die folgenden

Modelle basieren auf diesen und weiteren Symmetrieannahmen, da sie davon ausgehen, daß alle anderen Faktoren, etwa die Produktionskosten, für beide Länder identisch sind.

Der Harmonisierungsvorteil ist für beide Länder gleich. Annahmegemäß ist er geringer als ihr Nutzen einer zusätzlichen Einheit des öffentlichen Gutes, aber höher als ihr Nettonutzen pro Einheit. Dies ist gleichbedeutend mit der Annahme, daß die Vorteile eines nicht-segmentierten Marktes durch die nationalen Regierungen höher eingeschätzt werden als der Unterschied im Nettonutzen des öffentlichen Gutes zwischen hohen und niedrigen Standards. Wenn diese Bedingung für Land A mit seinem positiven Nettonutzen pro Einheit zutrifft, muß sie notwendig auch für Land B zutreffen, dessen Nutzen pro Einheit negativ ist. Würde man annehmen, daß der Harmonisierungsvorteil geringer ist als die Nettonutzendifferenz zwischen den beiden Standards, würde dies keinerlei Effekt auf die strategische Konstellation haben. Der Harmonisierungsvorteil wird dann relevant, wenn beide Länder dieselbe Strategie wählen (Abbildung 3).

Abbildung 3: Regulierungswettbewerb mit Produktstandards und Handelsbeschränkungen

Annahmen	$n_B < k < 2n_B$ für B; $n_A > k$ für A; $h > n_i - k$; $h < n$

Spielmatrix

Land A

		Hohe Standards	Niedrige Standards
Land B	*Hohe Standards*	$\underline{4n_B - 2k + h}$, $4n_A - 2k + h$ $\underline{4, 4}$	$3n_B - 2k$, $3n_A - k$ $1, 3$
	Niedrige Standards	$3n_B - k$, $3n_A - 2k$ $3, 1$	$\underline{2n_B - k + h}$, $2n_A - k + h$ $\underline{2, 2}$

Dieses Modell führt zu einem Versicherungsspiel, falls der Harmonisierungsvorteil groß genug ist ($h > n_i - k$). Es hat zwei Gleichgewichte, ein *Pareto*-optimales und ein suboptimales. Das optimale Gleichgewicht entspricht harmonisierten hohen Standards, das suboptimale harmonisierten niedrigen Standards. Marktsegmentierung bildet dagegen kein Gleichgewicht. Hier liegt ein Koordinationsproblem vor: Kommunizieren die

Länder, einigen sie sich problemlos auf die Einführung hoher Standards, da dies für beide zur höchsten Auszahlung führt. Diese Situation führt im Hinblick auf Umweltstandards zu einem *Race to the Top*. Gibt es keine Kommunikation, besteht die Gefahr, daß die Länder verschiedene Strategien wählen und sich damit "verpassen".

Fall 2: Produktstandards und gegenseitige Anerkennung. In einem Freihandelsregime kann die gegenseitige Anerkennung von Produkten, die entsprechend verschiedener Umweltstandards produziert worden sind, in jedem Fall durchgesetzt werden. Für die nationalen Industrien gibt es keine Kosten durch Marktsegmentierung. Das Land, welches niedrige Standards wählt, hat dann einen Standortvorteil, wenn das andere Land hohe Standards wählt; und umgekehrt hat das Land, welches hohe Standards wählt, einen Standortnachteil, wenn das andere Land niedrige Standards einführt. Dies gilt immer dann, wenn verschiedene Umweltstandards auch zu Unterschieden in Kosten und Produktpreisen führen. Wenn beide Länder die gleiche Strategie wählen, gibt es keinerlei Wettbewerbseffekte. Vereinfachend wird von einem symmetrischen Wettbewerbseffekt (w) ausgegangen, wobei der Wettbewerbsvorteil und der Wettbewerbsnachteil gleich groß sind. Genau wie in Fall 1 beim Harmonisierungseffekt soll hier angenommen werden, daß der Wettbewerbseffekt kleiner ist als der Nutzen einer zusätzlichen Einheit des öffentlichen Gutes, aber größer als der Nettonutzen der Differenz zwischen hohen und niedrigen Standards ($w > n_i - k$). In diesem Fall befinden sich die Staaten in der klassischen Konstellation des Gefangenendilemmas (Abbildung 4). Beide Länder wählen niedrige Standards. Treffen alle Annahmen zu, wird das Freihandelsregime in ein *Race to the Bottom* münden.

Fall 3: Prozeßstandards und gegenseitige Anerkennung. Immer dann, wenn Umweltregulierungen die Produktionsprozesse und nicht die Produkte selber betreffen, gibt es keine Marktsegmentierung und damit auch keine Harmonisierungsvorteile. Die Produktion ist in jedem Land ortsgebunden, aber die Produkte werden innerhalb des gesamten Territoriums gehandelt. Die Produkte selbst unterscheiden sich annahmegemäß nicht, werden aber auf unterschiedliche Art und Weise produziert. Dies bedeutet ein Dilemma für das Land mit hohen Standards: Einerseits sind in einem echten Freihandelsregime Handelsbeschränkungen aus Umweltschutzgründen auf der Basis von Produkteigenschaften verboten. Andererseits kann die Art der Produktionsprozesse in den meisten Fällen am Produkt selbst nicht nachgewiesen werden, und selbst wenn bekannt ist, daß ein bestimmtes Produkt gemäß niedriger Standards produziert worden ist, bleibt als einzige mögliche Reaktion ein vollständiges Importverbot für diese Produkte. In einem Freihandelsregime wird ein solches Verhalten als diskriminierend eingestuft und ist daher verboten. Als Konsequenz daraus erfährt Land A einen Wettbewerbsnachteil, während Land B (das niedrige Standards einführt) dabei einen Wettbewerbsvorteil hat. Die strategische Konstellation ist deshalb in Fall 3 die gleiche wie in Fall 2, nämlich ein Gefangenendilemma. Beide Länder wählen niedrige Standards.

**Abbildung 4: Regulierungswettbewerb mit Produktionsstandards und gegenseiti-
ger Anerkennung**

Annahmen $n_B < k < 2n_B$ für B; $n_A > k$ für A; $w > n_i - k$; $w < n$

Spielmatrix

Land A

		Hohe Standards	Niedrige Standards
Land B	*Hohe Standards*	$4n_B - 2k, 4n_A - 2k$ 3, 3	$3n_B - 2k - w, \underline{3n_A - k + w}$ 1, $\underline{4}$
	Niedrige Standards	$\underline{3n_B - k + w}, 3n_A - 2k - w$ $\underline{4}$, 1	$\underline{2n_B - k, 2n_A - k}$ $\underline{2, 2}$

Fall 4: Prozeßstandards und Handelsbeschränkungen. Im allgemeinen ist es praktisch unmöglich, Handelsbeschränkungen gegen Prozeßstandards einzuführen, weil sie
am Produkt selbst schwer nachzuweisen sind. Trotzdem gibt es Beispiele für Handels-
embargos aus umwelttechnischen Gründen (*Vogel* 1997). Verbietet Land A die Zulassung von Waren aus Land B auf seinem eigenen Markt, beschränkt sich dessen Wettbewerbsvorteil auf das eigene Territorium. In gleicher Weise wirkt sich der Wettbewerbsnachteil des Landes A nur auf dem Territorium von Land B aus. Trotzdem wird
der Umsatz der Industrie in Land B zurückgehen, da sie ihre Produkte in Land A nicht
verkaufen kann. Der heimische Umsatz der Industrie in Land A steigt. Dann gleichen
die Umsatzeffekte die Wettbewerbseffekte aus, solange die Symmetrieannahmen über
die Marktanteile beibehalten werden. Daher handelt es sich bei dieser Spielstruktur erneut um ein Rambo-Spiel. Es gibt ein Gleichgewicht bei dominanten Strategien, wobei
Land A hohe und Land B niedrige Standards wählt, es liegt also kein *Race* vor.

3.4. Ergebnisse

Die Analyse hat gezeigt, daß der regulative Wettbewerb im Umweltbereich zu verschiedenen Ergebnissen führen kann, die von den jeweiligen Bedingungen abhängen.
Haben die Akteure heterogene Interessen, entsteht grundsätzlich die strategische Konstellation eines Rambo-Spiels. Jedes Land führt die von ihm bevorzugten Standards ein.

Dies führt zur Marktsegmentierung. Dies ändert sich, wenn auf der Basis von heterogenen Präferenzen zusätzlich Annahmen über das Handelsregime und die Art des Umweltstandards gemacht werden. In einem strikten Freihandelsregime, in dem die gegenseitige Anerkennung von Produkten durchgesetzt wird, führt regulativer Wettbewerb zu einem *Race to the Bottom*, da alle Länder niedrige Standards einführen, unabhängig davon, ob es sich um Produkt- oder Prozeßstandards handelt. Die Anreizstruktur hat die Form eines Gefangenendilemmas. In einem Handelsregime, das erlaubt, Produkte auszuschließen, weil sie gemäß niedriger Umweltstandards produziert worden sind, wird der Markt segmentiert. Im Rambo-Spiel führt das eine Land hohe, das andere Land niedrige Standards ein. Es kommt nicht zu einem *Race*, weder nach oben, noch nach unten. Wenn es möglich ist, eigene Standards auch für fremde Produkte einzufordern, kann schließlich eine Situation entstehen, in der beide Länder daran interessiert sind, ihre Handlungen zu koordinieren und hohe Standards einzuführen. Das entsprechende Spiel ist das Versicherungsspiel. Durch eine solche Konstellation kann ein *Race to the Top* der Umweltstandards erreicht werden.

Es zeigt sich, daß ein umweltpolitisches *Race to the Bottom* theoretisch nur unter sehr speziellen Bedingungen zu erwarten ist. Die Analyse hat deutlich gemacht, daß ein Regulierungswettlauf nach unten erstens nur dann zu erwarten ist, wenn tatsächlich ein striktes Freihandelsregime mit gegenseitiger Anerkennung gilt, nationale Umweltstandards also auf dem internationalen Markt nicht verteidigt werden können. Zweitens würde man den Wettlauf nach unten auch nur dann erwarten, wenn die Wettbewerbseffekte von Umweltstandards bedeutend sind, wenn also die Kosten der Standards so hoch sind, daß sie den internationalen Wettbewerb beeinflussen.

Drittens wurde bei der Analyse vorausgesetzt, daß es sich um solche Umweltstandards handelt, die dem internationalen ökonomischen Wettbewerb ausgesetzt sind (siehe Kapitel 2). Die Standards müssen Produkte betreffen, die international gehandelt werden – entweder durch direkte Produktregulierung oder durch Regulierung von Produktionsprozessen für international gehandelte Produkte. Maßnahmen im Bereich des Naturschutzes (zum Beispiel Ausweisung von Vogelschutzgebieten) oder der nicht grenzüberschreitenden Abfallbehandlung und -verbringung sind kaum handels- und wettbewerbsrelevant und würden daher keine Regulierungswettläufe in Gang setzen. In diesem Fall ist keine Wirkung der Regulierungskonkurrenz und daher das Weiterbestehen verschiedener Standards zu erwarten. Sind diese drei Bedingungen nicht erfüllt, wäre entweder (ebenfalls unter speziellen Bedingungen: Handelsbeschränkungen aus Umweltgründen durchsetzbar, Produktstandards, bedeutende Harmonisierungseffekte) ein *Race to the Top* oder – in allen anderen Fällen – die Koexistenz verschiedener Standards zu erwarten. Abbildung 5 faßt die theoretischen Erwartungen zusammen.

Abbildung 5: Hypothesen zum Regulierungswettbewerb

	Produktstandards	*Prozeßstandards*	*nicht handelsrelevante Politiken*
umweltbedingte Handelsbeschränkungen	Race to the Top oder Race to the Bottom (Fall 1)	Koexistenz verschiedener Standards (Fall 4)	Koexistenz verschiedener Standards, keine Races
gegenseitige Anerkennung	Race to the Bottom (Fall 2)	Race to the Bottom (Fall 3)	Koexistenz verschiedener Standards, keine Races

4. Empirische Befunde: Kein *Race to the Bottom*

Die vorstehenden Überlegungen machen deutlich, daß umweltpolitische *Races to the Bottom* kaum erwartbar sind. Das entspricht auch den bisherigen empirischen Beobachtungen. Ein *Race to the Bottom* ist kaum je beschrieben worden (*Jänicke* 1998). Dagegen gibt es einige Fälle, in denen ein klares *Race to the Bottom* nachgewiesen wurde, speziell im Fall der Regulierung von Autoemissionen (*Vogel* 1997, *Holzinger* 1994). Allerdings ist die Evidenz eher anekdotisch; systematische empirische Überprüfungen, die sich auf die Entwicklungen der umweltpolitischen Regulierungen stützen, gibt es bisher nicht. Einen Beitrag zur Schließung dieser Lücke kann nun ein europäisches Forschungsprojekt leisten, das es ermöglicht, die Entwicklung umweltpolitischer Regulierungen über einen Zeitraum von 30 Jahren zu verfolgen. Auf der Basis der in diesem Projekt erhobenen Daten und durchgeführten Analysen lassen sich einige klare Aussagen zum Regulierungswettlauf treffen. Nach der Darstellung der Datengrundlage werden zunächst die deskriptiven Befunde vorgestellt, anschließend wird ein einfaches Erklärungsmodell präsentiert.

4.1. Datengrundlage

Im Projekt "Environmental Governance in Europe" (ENVIPOLCON)[3] wurden Daten zu Umweltpolitiken in 24 Ländern für den Zeitraum von 1970 bis 2000 erhoben. Untersucht wurden 40 Politiken aus allen Bereichen der Umweltpolitik. Die Daten wurden durch eine Expertenbefragung in 24 Ländern erhoben.[4] Aus dem ENVIPOLCON-Datensatz wurde für die nachstehenden Analysen eine Auswahl von 19 Umweltstan-

---

[3]   Das Projekt ENVIPOLCON (2003-2006) wird im 5. Rahmenprogramm der EU finanziert. Projektpartner sind die Universität Konstanz (*Christoph Knill*), die Universität Hamburg (*Katharina Holzinger*), die Freie Universität Berlin (*Helge Jörgens*), die Universität Salzburg (*Andrea Lenschow*) und die Universität Nijmegen (*Bas Arts, Duncan Liefferink*).

[4]   Darunter waren neben 14 Staaten, die in 2000 Mitglieder der EU waren (ohne Luxemburg), die Schweiz und Norwegen, Ungarn, Polen, Bulgarien, Rumänien und die Slowakei, sowie die USA, Mexiko und Japan.

dards getroffen, denn für die Frage, ob Regulierungswettläufe nach unten oder oben stattgefunden haben, ist nur ein Teil dieser Politiken relevant, nämlich nur solche, bei denen sich eindeutig eine Richtung ausmachen läßt. Ob das Regulierungsniveau strikter oder weniger strikt ist, läßt sich vor allem bei Politiken feststellen, in denen Grenzwerte für Emissionen festgelegt werden, sowie für Steuersätze. Hier liegen dann metrische Daten vor, die unmittelbar verglichen werden können. Es sind 16 der 19 Umweltstandards unmittelbar handelsbezogen und deshalb für den Regulierungswettbewerb anfällig, drei sind es nicht. Die 16 handelsbezogenen Politiken umfassen zehn Prozeßstandards und sechs Produktstandards.

Mit der Analyse dieser Daten zu Grenzwert- und Steuerpolitiken aus dem ENVIPOLCON-Datensatz soll zuerst die Frage geklärt werden, in welcher Form sich der Politik-Wandel in der Umweltpolitik der Nationalstaaten darstellt: Gibt es tatsächlich *Races to the Bottom*, oder finden sich eher Belege für eine allgemeine Verschärfung der Umweltstandards, die der Hypothese des Regulierungswettlaufes zuwider läuft?

4.2. Kontinuierliche Aufwärtsbewegung des Schutzniveaus

Abbildung 6 zeigt für den Zeitraum von 1970 bis 2000 die Entwicklung von Mittelwerten nationaler Standards in den 24 untersuchten Ländern für vier Beobachtungszeitpunkte 1970, 1980, 1990 und 2000 in den jeweiligen Maßeinheiten. Zusätzlich wird die Veränderung dieser Mittelwerte hin zu laxeren oder strikteren Regelungen in den jeweiligen Dekaden durch ein entsprechendes Symbol angezeigt.

Für alle sechs erfaßten Produktstandards ist zu erkennen, daß sich die Mittelwerte über den gesamten Zeitraum hin zu strengeren Werten entwickeln, mit der Ausnahme des Mittelwerts für den Schwefelgehalt in Gasölen, welcher nach einer Verschärfung zu Beginn des Beobachtungszeitraums bis in die achtziger Jahre während der neunziger Jahre auf demselben Niveau stagniert. Besonders beachtenswert ist, daß die Grenzwerte für den Bleigehalt von Kraftstoffen sowie für CO-Emissionen von Kraftfahrzeugen in den dreißig Jahren von 1970 bis 2000 um den Faktor zehn oder höher verschärft wurden.

Bei den zehn Prozeßstandards ist die Mittelwertentwicklung etwas weniger eindeutig. Die Mittelwerte entwickeln sich zwar auch hier überwiegend hin zu einem strikteren Regulierungsniveau, wie etwa bei der industriellen Abgabe auf Schweröle oder bei Grenzwerten für den Zinkgehalt in industriellen Abwässern. Es gibt jedoch auch durchbrochene Entwicklungen. Der Mittelwert für den Grenzwert für SO_2-Emissionen in Großfeuerungsanlagen entwickelt sich zunächst bis 1980 zu einem laxeren Wert, verschärft sich dann aber stetig bis auf ein Niveau, das im Jahr 2000 strenger ist als der Mittelwert von 1970. Der Mittelwert der Staubemissionen von Großfeuerungsanlagen wird hingegen zunächst strenger und weist dann von 1990 bis 2000 eine leichte Rückentwicklung auf.

Betrachtet man schließlich die nicht unmittelbar handelsrelevanten Standards im unteren Bereich der Tabelle, fällt auf, daß sich hier am ehesten eine Entwicklung in Richtung *Races to the Bottom* zu vollziehen scheint. Der Mittelwert für Kolibakterien im Badewasser scheint stetig laxer zu werden. Die Lärmemissionsstandards im Bereich von

Autobahnen entwickeln sich ebenso in Richtung laxerer Standards, werden in den neunziger Jahren jedoch im Mittel wieder strenger. Im Fall der Stromsteuer für private Haushalte liegen erst in den achtziger Jahren überhaupt nationale Regelungen vor. Die durchschnittlichen Steuersätze steigen dabei bis 1990 an, gehen bis 2000 jedoch wieder zurück.

Abbildung 6: Entwicklung von 19 Grenzwert- und Steuerpolitiken, 1970 bis 2000

		Mittelwerte				*Mittelwertverlauf*		
		1970	*1980*	*1990*	*2000*	*70-80*	*80-90*	*90-00*
Produkt	CO-Emissionen aus Kraftfahrzeugen, g/km	38,65	30,81	7,31	2,80	+	+	+
	HC-Emissionen aus Kraftfahrzeugen, g/km	6,36	3,00	1,05	0,31	+	+	+
	NO$_x$-Emissionen aus Kraftfahrzeugen, g/km	∅	2,35	0,81	0,22	0	+	+
	Lärmemissionen LKW, dB	90,38	88,75	85,95	82,90	+	+	+
	Schwefelgehalt Gasöle in %	1,80	0,73	0,35	0,35	+	+	0
	Bleigehalt von Kraftstoff in %	0,78	0,44	0,22	0,06	+	+	+
Prozeß	SO$_2$-Emissionen aus Großfeuerungsanlagen, mg/m³	500	1250	527,82	372,47	-	+	+
	NO$_x$-Emissionen aus Großfeuerungsanlagen, mg/m³	∅	∅	559,44	508,06	0	0	+
	Industrielle Abgabe auf Schweröle, $/t	3,25	7,49	37,82	43,70	+	+	+
	Lärmemissionen am Arbeitsplatz, dB	75,00	85,00	86,47	85,95	-	-	+
	Staubemissionen Großfeuerungsanlagen, mg/m³	325,00	166,67	55,56	62,11	+	+	-
	Zinkgehalt in industriellen Abwässern, mg/l	5,00	3,60	3,00	2,19	+	+	+
	Bleigehalt in industriellen Abwässern, mg/l	5,05	2,38	0,52	0,36	+	+	+
	Chromgehalt in industriellen Abwässern, mg/l	25,25	11,80	1,67	0,97	+	+	+
	Kupfergehalt in industriellen Abwässern, mg/l	12,60	5,92	0,95	0,93	+	+	+
	Biochemischer Sauerstoffbedarf in industriellen Abwässern, mg/l	50,00	72,50	44,29	40,07	-	+	+
nicht handelsrelevant	Kolibakterien im Badewasser pro 100ml	1000,00	4420,00	6616,15	7556,11	-	-	-
	Autobahn Lärmemissionen dB	40,00	50,00	53,56	52,07	-	-	+
	Stromsteuer für private Haushalte, $/kWh	∅	0,01	0,03	0,02	0	+	-

Diese Tabelle liefert jedenfalls keine stichhaltigen Argumente dafür, von einem Regulierungswettbewerb in Richtung niedrigerer Umweltstandards sprechen zu können. Die wenigen Tendenzen hin zu laxeren Standards sind vielmehr auf bestimmte Eigenschaften der Daten und der Analyse von Mittelwerten zurückzuführen. Zum einen ist die Zahl der Fälle, die den jeweiligen Mittelwerten zugrunde liegen, unterschiedlich. Von 1970 bis 2000 hat die Zahl der Länder, die einen bestimmten Grenzwert anwenden, stark zugenommen. Dieser Diffusionsprozeß kann die Mittelwertentwicklung systematisch beeinflussen, da Nachzüglerstaaten oft nicht sofort besonders strikte Grenzwerte einführen. Die Ausbreitung der Einführung von Standards kann also zu weniger strengen Mittelwerten führen, ohne daß ein Aufweichen bestehender Grenzwerte, also ein tatsächlicher Regulierungswettbewerb stattfindet. Zudem ist jede Messung von Mittelwerten anfällig gegenüber Extremwerten. Im Fall der Großfeuerungsanlagen findet sich etwa für Spanien 1980 ein extrem hoher Wert von 2000 mg/m³, der den Durchschnitt nach oben zieht.

Abbildung 7 zeigt die Entwicklung der Grenzwerte für Kolibakterien im Badewasser aus einer anderen Perspektive und verdeutlicht damit, was sich hinter einer scheinbar negativen Veränderung des Mittelwertes verstecken kann. Während die Mittelwerte für dieses Item einen klaren Abwärtstrend anzeigen, läßt sich in der Darstellung des Boxplots erkennen, daß die Verteilung der Werte relativ konstant bleibt und sich die Werte nur durch den Anstieg auf n=18 in 2000 hin zu einem weniger strikten Durchschnitt verändern, begünstigt durch eine besonders weiche Regelung in Rumänien (20000 Kolibakterien/100ml).

Abbildung 7: Boxplot von Kolibakterien im Badewasser, 1970 bis 2000

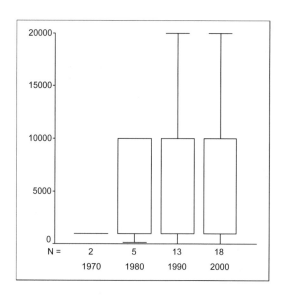

Abbildung 8 hingegen zeigt ein typisches Race to the Top, das nicht nur für das vorliegende Beispiel der CO-Emissionen von Kraftfahrzeugen zu finden ist. Anhand des Medians (mittlerer Strich) ist deutlich ein Trend zu strikteren Werten zu sehen. Es kann zudem ein klarer Konvergenztrend festgestellt werden, da auch die Streubreite der Länderwerte abnimmt, was an der Länge der vom 25%- und 75%-Quantil beschränkten Balken abzulesen ist.

Abbildung 8: Boxplot von CO-Emissionen von Kraftfahrzeugen, 1970 bis 2000

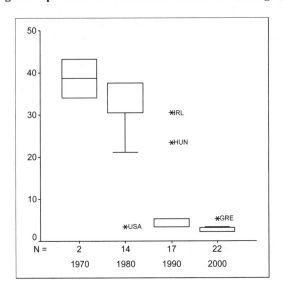

Die folgenden Auswertungen arbeiten nur noch mit zwölf der 19 Politiken. Das hat zwei Gründe: Zum einen verlaufen die Standards für die Schadstoffe aus Kraftfahrzeugen und Großfeuerungsanlagen sowie die Schwermetallstandards jeweils weitgehend parallel. Es geht also keine Information verloren, wenn jeweils nur ein Vertreter dieser Gruppen einbezogen wird. Zudem wurden nur solche Politiken ausgewählt, für die auch Informationen zum exakten Einführungszeitpunkt vorlagen.

Ein noch eindeutigeres Indiz für das Fehlen eines Abwärtswettlaufs nationaler Umweltpolitiken offenbart Abbildung 9. Hier wird jede Aufwärts- und Abwärtsbewegung, die für die zwölf Standards in den drei untersuchten Dekaden verzeichnet ist, aufgezählt. Es zeigt sich ein klares Muster, das den Eindruck der vorangegangenen Analyse noch verstärkt: Während insgesamt 230 Aufwärtsbewegungen zu verzeichnen sind (22+75+133), finden sich nur 14 Abwärtsbewegungen, was einem Anteil von sechs Prozent der Aufwärtsbewegungen gleichkommt. Dazu kommt noch, daß aus Gründen der Meßbarkeit die zahlreichen Fälle von Neueinführungen nicht mitgezählt werden, wobei die Veränderung von keinem Standard zu einem Standard (gleich welcher Höhe) immer auch als eine Verschärfung der Umweltpolitik zu werten ist.

Der umgekehrte Fall, die Abschaffung einer Politik als nicht erfaßter Abwärtstrend, ist nur im Falle der Grenzwerte für Kolibakterien im Badewasser relevant, wo Finnland zwischenzeitlich seinen ursprünglich strengen Grenzwert abschafft, um erst in den neunziger Jahren einen laxeren (EU-)Standard einzuführen. Während sich der Abwärtswandel auf wenige Politiken wie die Lärmemissionsstandards für den Schwerverkehr und die industrielle Abgabe für Schweröle sowie auf die 1990er Jahre konzentriert, ist der Aufwärtswandel quer durch alle Politiken und Politiktypen zu finden, mit einem leichten Übergewicht bei den Produktstandards. Die Veränderung hin zu einer strengeren Umweltpolitik ist dabei über den gesamten Beobachtungszeitraum von 1970 bis 2000 zu erkennen, wobei ein starker Anstieg in den neunziger Jahren auffällt, während sich der Aufwärtstrend für die davor liegenden Jahrzehnte hauptsächlich auf Produktstandards konzentriert.

Abbildung 9: Zahl der Politikveränderungen in 24 Ländern von 1970 bis 2000

		Aufwärtswandel			*Abwärtswandel*		
		70-80	80-90	90-00	70-80	80-90	90-00
Produkt	CO-Emissionen aus Kraftfahrzeugen	2	14	17	0	0	0
	Bleigehalt von Kraftstoffen	5	13	19	0	0	0
	Schwefelgehalt in Gasölen	2	13	17	0	0	0
	Lärmemissionen LKW	3	9	14	1	0	3
Prozeß	Industrielle Abgabe auf Schweröle	3	0	2	1	0	6
	SO^2-Emissionen Großfeuerungsanlagen	1	2	10	0	0	0
	Staubemissionen Großfeuerungsanlagen	2	3	8	0	0	0
	Lärmemissionen am Arbeitsplatz	0	7	17	1	0	0
	Zinkgehalt in industriellen Abwässern	2	5	9	0	0	0
nicht handels- relevant	Kolibakterien im Badewasser	1	5	10	0	0	1
	Autobahn Lärmemissionen	1	2	8	0	0	1
	Stromsteuer für private Haushalte	0	2	2	0	0	0
Gesamt		22	75	133	3	0	11

Abbildung 10 präsentiert die Mittelwerte der Aufwärts- und Abwärtsbewegungen für das gesamte Ländersample. Die Bewegung hin zu strikteren Umweltstandards läßt sich in Ergänzung der bisherigen Analysen für alle zwölf Politiken in einer Kennzahl festhalten. Im Zeitraum von 1970 bis 2000 wurden die nationalen Grenzwerte und Steuersätze im Durchschnitt um 8,58 Prozent pro Dekade verschärft. Während dieser Wert für die siebziger Jahre noch weit niedriger liegt (3,05 %), finden sich für die achtziger und neunziger Jahre mit 11,70 % bzw. 10,98 % höhere Werte. Die Lockerung der Grenzwerte liegt dagegen bei nur 0,15 % über den gesamten Zeitraum, bei 0,62 % in den neunziger Jahren.

Abbildung 10: Beschreibung des Politikwandels bei zwölf Standards: Mittelwerte

	Aufwärtswandel		*Abwärtswandel*	
	%	*standardisiert*	%	*standardisiert*
Alle Standards	8,58	0,27	0,15	0,02
1970-80	3,05	0,08	0,14	0,01
1980-90	11,70	0,27	0,00	0,00
1990-00	10,98	0,47	0,62	0,04
Produkt-relevante Standards	18,58	0,44	0,10	0,01
Prozeß-relevante Standards	4,51	0,21	0,51	0,02
Nicht-handelsrelevante Standards	2,00	0,15	0,04	0,01
Obligatorische Standards	10,85	0,31	0,54	0,02
Nicht-obligatorische Standards	4,56	0,14	0,11	0,01

Wie schon in Abbildung 6, zeigt sich auch hier bei einer Differenzierung nach Politiktypen ein klarer Unterschied im Aufwärtstrend. Während der Politik-Wandel bei Produktstandards stark positiv ausgeprägt ist (18,58 %), ist er sowohl bei Prozeßstandards (4,51 %) als auch bei nicht handelsrelevanten Standards (2,00 %) viel geringer. Überdurchschnittliche Verschärfungen finden sich ebenfalls in der Untergruppe der Umweltstandards, für die auf europäischer Ebene verbindliche Vereinbarungen bestehen (10,85 %), im Vergleich zu geringeren Zuwachsraten bei den nicht-harmonisierten Politiken (4,56 %). Der Abwärtswandel ist dagegen bei den Prozeßstandards am stärksten ausgeprägt – wenn auch im Vergleich sehr gering.

Das Ausmaß der Verschärfung, das sich in diesen Zahlen widerspiegelt, unterliegt jedoch nicht nur dem politischen Willen nach einem besseren Umweltschutz. Unterschiede zwischen Politiken können ebenfalls auf problemspezifische Eigenschaften sowie auf das Ausgangsniveau einer gesetzlichen Regelung zurückgeführt werden. Daher wird neben der prozentualen Angabe in der zweiten Spalte eine standardisierte Kennzahl angegeben. Entsprechend der Darstellung in Abbildung 9 zählt diese die Auf- und Abwärtsbewegungen, ohne deren Ausmaß wiederzugeben. Wie erwartet, zeigen sich einige Unterschiede. Während der Aufwärtswandel in den achtziger und neunziger Jahren nach absoluten Prozentzahlen ähnlich zu verlaufen scheint, verdoppelt sich der standardisierte Wert im gleichen Zeitraum beinahe. Damit zeigt sich, daß zwar das Ausmaß des *Race to the Top* nicht zugenommen hat, jedoch die Häufigkeit der Verschärfung nationalstaatlicher Politiken. Außerdem überschätzen die Prozentwerte auch die Häufigkeit des Wandels bei Umweltstandards, die sich auf Produkte beziehen (0,44), im Verhältnis zu Prozeß- (0,21) und nicht-handelsrelevanten Standards (0,15).

Die in Tabelle 5 formulierten Hypothesen haben sich also nur teilweise bestätigt. Bei Produktstandards gibt es nur *Races to the Top*, aber keine *Races to the Bottom*. Bei Prozeßstandards gibt es keine *Races to the Bottom*, sondern ebenfalls eher *Races to the Top*. Die nicht handelsrelevanten Politiken entsprechen am ehesten den Erwartungen. Hier zeigt sich keine eindeutige Tendenz. Allerdings ist die Zahl der Fälle hier sehr gering. Bei allen Arten von Politiken koexistieren verschiedene Standards über die 24 Länder. Es zeigt sich jedoch in den meisten Fällen von Produkt- und Prozeßnormen eine klare Annäherung der Standards über die Zeit, wie sie beispielhaft aus Abbildung 8 deutlich wird.

4.3. Kein Einfluß des Regulierungswettbewerbs

Wie läßt sich nun diese offensichtliche Absenz eines umweltpolitischen *Race to the Bottom* erklären? Einen ersten Erklärungsansatz liefern die in Kapitel 3 formulierten Modellannahmen, auf deren Basis die Hypothesen abgeleitet wurden. Einige dieser Voraussetzungen sind offenbar nicht realistisch:

Erstens existiert in der Praxis kein striktes Freihandelsregime in bezug auf Umweltstandards. Sowohl unter der Einflußsphäre der EU als auch der Welthandelsorganisation können Handelsbeschränkungen aus Gründen des Schutzes der Gesundheit oder der Umwelt in vielen Fällen gerechtfertigt werden (*Epiney* 2000; *Sandhoevel* 1998). Länder mit hohen Schutzstandards können diese also in der Regel gegen den Wettbewerb aus Ländern mit niedrigen Standards schützen. Damit sind lediglich die oberen Zellen in Abbildung 5 in der Praxis relevant.

Zweitens kann angenommen werden, daß die Wettbewerbseffekte von Umweltstandards – etwas verglichen mit Sozial- und Arbeitsschutzstandards – nicht so groß sind. Die Kosten von Umweltstandards sind meist zu gering, um für den Wettbewerb auf dem Markt relevant zu sein (*Vogel* 1997).

Drittens schließlich gibt es für viele transnationale Umweltschutzgüter bereits internationale Kooperation. Zum einen gibt es weltweit eine große Zahl spezifischer Umweltregimes, die über völkerrechtliche Verträge abgesichert sind. Zum anderen hat die Europäische Union inzwischen eine große Zahl verbindlicher Regelungen im Bereich des Umweltschutzes geschaffen, durch die nationale Regulierungen harmonisiert werden. Tatsächlich leben die Staaten in bezug auf Umweltschutzstandards nicht mehr in einem anarchischen internationalen System mit unabhängiger gegenseitiger Anpassung, wie es die Theorie des Regulierungswettbewerbs voraussetzt. Durch die internationale Kooperation werden zumindest Untergrenzen für *Races to the Bottom* gesetzt (bei Minimumharmonisierung), manchmal aber auch die vollständige Konvergenz der Standards erzwungen (bei Totalharmonisierung). In den Fällen, in denen es internationale Maßnahmen gibt, sind also keine Regulierungswettläufe zu erwarten, sondern eher die Konvergenz der nationalen Regulierungen auf dem im Kooperationsprozeß ausgehandelten Niveau.

Anhand unserer Daten läßt sich jedoch nicht unmittelbar unterscheiden, ob die Aufwärtsbewegung auf die internationale Harmonisierung zurückzuführen ist oder doch zumindest teilweise auf den Regulierungswettbewerb (bei Produktstandards werden ja auch *Races to the Top* vorhergesagt). Alle Produktstandards im ENVIPOLCON-Datensatz sind europäisch harmonisiert. Dies gilt auch für die meisten Prozeßstandards mit Ausnahme der Standards für industrielle Abwässer. Die nicht handelsrelevanten Normen sind dagegen überwiegend nicht international geregelt. In einem nächsten Schritt wird deshalb versucht, die beobachteten Muster des Politikwandels zu erklären.

Dazu wird der Einfluß verschiedener Faktoren sowohl auf den Aufwärts- wie auf den Abwärtswandel in einer Regressionsanalyse untersucht.

Eine in empirischen Untersuchungen zum Regulierungswettbewerb häufig verwendete Möglichkeit der Operationalisierung ist die sogenannte Handelsoffenheit, das heißt das Verhältnis der Summe von Export und Import eines Landes zur Größe seiner Volkswirtschaft (zum Beispiel *Li* und *Reuveny* 2003). In der Ausgangsversion der Theorie des Regulierungswettbewerbs wird angenommen, daß Staaten besonders anfällig für ökonomischen und damit für Regulierungswettbewerb sind, wenn der Anteil ihres Handelsvolumens am Bruttoinlandsprodukt groß ist. Daher soll im folgenden der Einfluß dieser Variablen auf die für die Umweltpolitik festgestellten Aufwärts- und Abwärtsbewegungen vorrangig getestet werden.

Zweitens soll die Auswirkung der internationalen und insbesondere der europäischen Harmonisierung geprüft werden. Eine solche Harmonisierung verhindert auch bei Vorliegen großer Handelsoffenheit das Auftreten eines Regulierungswettlaufs nach unten. Als Indikator wird die Mitgliedschaft eines Landes in der Europäischen Union benutzt.

Zusätzlich finden sich in der Literatur noch eine Reihe weiterer Faktoren, von denen angenommen wird, daß sie Veränderungen nationaler Umweltpolitiken bewirken können. So werden positive Effekte auf das Vorhandensein einer strengen Umweltpolitik vom Einkommensniveau und von der politischen Mobilisierung ökologischer Interessen erwartet. Letzteres wird anhand des Einflusses grüner Parteien im jeweiligen nationalen politischen System gemessen. Der internationale Einfluß, der über die EU hinausgeht, etwa über Vereinbarungen durch internationale Regime oder das Lernen von Nachbarstaaten, wird über die Variablen internationale Kooperation (Mitgliedschaft in über 30 internationalen Organisationen) und kulturelle Offenheit kontrolliert.

Der Einfluß dieser potentiellen Erklärungsfaktoren wurde für drei unterschiedliche abhängige Variablen in einem über drei Dekaden gepoolten multivariaten Regressionsmodell getestet: dem Aufwärtswandel und dem Abwärtswandel aller zwölf Grenzwerte sowie dem Aufwärtswandel der vier Produktstandards, da für diese zumindest unter bestimmten Bedingungen ein *Race to the Top* erwartet wird (vgl. Abbildung 5).

Abbildung 11 zeigt in der linken Hälfte die Ergebnisse einer schrittweisen Regression zum Aufwärtswandel aller zwölf Umweltstandards. Während im bivariaten Modell noch ein positiver Einfluß der Handelsoffenheit auf die Verschärfung nationaler Umweltpolitiken festzustellen ist (0,339), verschwindet dieser Einfluß, je mehr Kontrollfaktoren in das Modell aufgenommen werden, bis der Koeffizient (-0,157) sogar negativ wird. Dies deutet darauf hin, daß die vermeintlich positive Beziehung auf andere Faktoren und nur zum Schein auf Handelsoffenheit zurückgeht. Darauf verweist auch die Güte der gesamten Schätzung: Während Handelsoffenheit nur etwa 10 % der Varianz des Politikwandels erklärt, steigt der Wert des korrigierten R^2 durch das Hinzufügen weiterer Variablen auf 0,42 %.

Für die EU-Mitgliedschaft findet sich ebenfalls ein positiver Einfluß, der jedoch auch im endgültig spezifizierten Modell 4 stabil und signifikant bleibt (0,190). Noch einflußreicher erscheint die Variable Pro-Kopf-Einkommen. Die vorliegende Regression legt nahe, daß ökonomischer Wohlstand in einem stark positiven Zusammenhang mit einer strengen Umweltpolitik steht (0,360). Besonders mit der Hinzunahme dieser Variablen verringert sich der Einfluß von Handelsoffenheit drastisch und wird unsignifikant, was wohl darauf zurückzuführen ist, daß Länder, die stark vom Handel abhängen, zugleich überdurchschnittlich reich sind. Über EU-Mitgliedschaft und Einkommen hinaus ist auch für die Existenz grüner Parteien (0,210) sowie für die Verflechtung eines Landes in internationalen Organisationen (0,290) ein positiver und signifikanter Einfluß zu verzeichnen.

Abbildung 11: Mulitvariate Regression Aufwärtswandel

	Alle zwölf Standards				Vier Produktstandards			
	1	*2*	*3*	*4*	*1*	*2*	*3*	*4*
Handelsoffenheit	**0,339****	**0,255***	0,140	-0,082	**0,465****	**0,362****	**0,326****	,100
EU-Mitgliedschaft		0,166		**0,190***		**0,203****		**0,204***
Pro-Kopf-Einkommen			**0,362****	**0,360****			**0,252***	**0,254****
Internat. Kooperation				**0,290****				**0,280****
Grüne Parteien				**0,210***				,175
Kulturelle Offenheit				0,125				,138
korr. R^2	0,10	0,11	0,18	0,42	0,21	0,23	0,24	0,45
N	72				72			

Die rechte Hälfte der Tabelle für die vier Produktstandards bestätigt die Ergebnisse der bisherigen Analyse. Auch hier zeigt sich zuerst ein signifikant positiver Einfluß von Handelsoffenheit auf den Aufwärtstrend nationaler Umweltstandards (0,465), aber auch hier verschwindet er bei der Kontrolle durch relevante Drittvariablen. Interessant jedoch ist in diesem Zusammenhang, daß der Ausgangswert der Korrelation höher ist als im Mittel aller zwölf Politiken (0,465) und der Koeffizient positiv bleibt (0,100), wenn auch insignifikant. Das entspricht der theoretischen Vorhersage für den Einfluß bei Produktstandards. Hier scheint also der Handel eine etwas größere Bedeutung zu haben.

Da die Variable, welche die Tendenz zu einem *Race to the Bottom* repräsentiert (der Abwärtswandel), wenig Varianz vorzuweisen hat und kaum von Null abweicht, ist die Güte des Erklärungsmodell in Abbildung 12 deutlich geringer ($R^2 = 0,13$) als in den vorangegangenen Regressionsanalysen. Entsprechend der Theorie des Regulierungswettbewerbs wäre hier zu erwarten, daß Handelsoffenheit für diese wenigen Abwärtsbewegungen verantwortlich zeichnet.

Abbildung 12: Multivariate Regression Abwärtswandel: Alle zwölf Standards

	1	*2*	*3*	*4*	*5*
Handelsoffenheit	0,084	**0,270***	,087	**0,353****	-0,048
EU-Mitgliedschaft		**-0,363****	**-0,635****	**-0,358***	**-0,806****
Interaktion Handels-offenheit*EU			0,433		**0,719****
Pro-Kopf- Einkommen				-0,023	0,147
Grüne Parteien				**-0,237***	**-0,317****
Kulturelle Offenheit				-0,029	0,023
Internat. Kooperation				-0,031	-0,006
korr. R²	0,00	0,08	0,09	0,09	0,13
N 70					

Diese Vermutung kann jedoch nicht bestätigt werden. Während das gewichtete Handelsvolumen alleine fast überhaupt keine Varianz erklären kann, sieht es durch die Hinzunahme der EU-Mitgliedschaft in die Analyse erst so aus, als ob sich die Erwartung eines positiven Zusammenhanges erfüllt. Kontrolliert man jedoch auf einen Interaktionseffekt beider Variablen, verschwindet der signifikant positive Koeffizient wieder. Eine mögliche Interpretation könnte lauten, daß nur das Zusammentreffen von Nicht-EU-Mitgliedschaft und hoher Handelsoffenheit einen signifikanten Einfluß auf den Abwärtswandel hat.

5. *Race to Brussels*

Die bisherige Analyse hat nicht nur gezeigt, daß eher ein umweltpolitisches *Race to the Top* als ein *Race to the Bottom* vorliegt, sondern auch, daß die vielen Aufwärts- und die wenigen Abwärtsbewegungen nicht durch die Handelsoffenheit erklärt werden. Die Mitgliedschaft in der EU, die Höhe des Bruttoinlandprodukts und die Aktivität grüner Parteien erklären den Aufwärtstrend besser. Es wäre allerdings voreilig zu sagen, daß der Regulierungswettbewerb gar keinen Einfluß ausübt. Der überwiegende Teil der hier analysierten Politiken ist ja bereits europäisch harmonisiert, so daß ein Abwärtswettlauf nicht mehr möglich ist. Es stellt sich die Frage, warum es zu dem hohen Ausmaß an internationaler Harmonisierung bei Produkt- und Prozeßstandards kommt und warum diese Harmonisierung offenbar auf einem hohen Schutzniveau stattfindet.

5.1. Anreize zur internationalen Kooperation

Die im Kapitel 3 durchgeführte Analyse macht deutlich, daß es sowohl für die Unternehmen als auch für nationale Regierungen und andere politische Akteure vielfältige Anreize zur internationalen Kooperation gibt. In einigen Fällen handelt es sich dabei auch um Anreize zur Kooperation auf hohem Schutzniveau.

– Unabhängig von der Art der Standards gibt es im Fall grenzüberschreitender Umweltgüter ökologisch begründete Anreize für internationale Kooperation: Wegen der Externalitäten zwischen den Staaten können diese Probleme nur kollektiv sinnvoll angegangen werden. Die Externalitäten implizieren außerdem Verteilungswirkungen, die einen Anreiz zu international verhandelten Lösungen schaffen.

– Die Harmonisierungsvorteile bei Produktstandards bilden nicht nur einen ökonomischen Anreiz zur freiwilligen Anpassung, sondern eben auch einen Anreiz zur internationalen Kooperation, wenn die entsprechenden Institutionen vorhanden sind. Die spieltheoretische Analyse hat gezeigt, daß Harmonisierung auf hohem Niveau für alle vorteilhaft ist und unter den Bedingungen der Kommunikation erreicht werden kann.

– Gerade bei Produktstandards besteht ein weiterer Anreiz darin, durch die obligatorische Harmonisierung der Standards Handelshemmnisse auf den internationalen Märkten zu beseitigen. Dies galt insbesondere für das Projekt des europäischen Binnenmarktes.

– Bei Prozeßstandards bilden die durch unterschiedliche Regulierungsniveaus möglichen Wettbewerbsverzerrungen ebenfalls einen ökonomischen Anreiz zur Kooperation. Diese Wettbewerbsverzerrungen können durch Harmonisierung der Standards beseitigt werden. Harmonisierung hat die Wirkung eines Kartells, was durchaus im Sinne der betroffenen Industrie und Regierungen sein kann.

– Schließlich gibt es auch Innovationswettläufe (*Jänicke* 2005): Länder, die umweltpolitische Vorreiter sind, haben Anreize, ihre Modelle auf der internationalen Ebene verpflichtend zu machen. Diese Länder haben zum Beispiel oft hoch entwickelte Umweltschutzindustrien, die innovative Techniken zuerst anbieten können. Eine am Stand der Technik orientierte internationale Harmonisierung verschafft diesen Industrien Wettbewerbsvorteile im Ausland. Das Verbindlichmachen des eigenen Regulierungsmodells erspart den Pionierländern außerdem Anpassungskosten bei der Umsetzung internationaler Maßnahmen.

– Umweltpolitische Vorreiterstaaten werden in der Regel auf der internationalen Ebene für Regulierungen auf hohem Schutzniveau eintreten.

Abbildung 13 gibt einen Überblick über die Motive, die betroffenen Typen von Standards und die interessierten Akteure. Sie zeigt, daß die Anreize, nach supranationaler Harmonisierung zu suchen, für Produktstandards am stärksten ausgeprägt sind. Aber auch für Prozeßnormen bestehen substantielle Anreize. Für nicht handelsrelevante Politiken sind sie am wenigsten ausgeprägt.

Abbildung 13: Anreize zur internationalen Kooperation

	Motivation	Typ der Politik	Interessierte Akteure
1	Grenzüberschreitendes Umweltproblem	Produkt, Prozeß, nicht handelsrelevant	Regierungen, EU-Kommission
2	Harmonisierungsvorteile	Produkt	Industrie
3	Beseitigung von Handelsbarrieren	Produkt	Industrie, EU-Kommission,
4	Wettbewerbsverhinderung / Kartell	Produkt, Prozeß	Industrie, Regierungen
5	Wettbewerbsvorteile für umwelttechnische Pioniere	Produkt, Prozeß	Industrie, Regierungen
6	Präferenz für hohes Schutzniveau der Pionierländer	Produkt, Prozeß, nicht handelsrelevant	Regierungen, grüne Bewegungen

Tatsächlich sind alle sechs hier betrachteten Produktnormen international harmonisiert, während dies lediglich für fünf der zehn Prozeßnormen und für eine von drei nicht-handelsrelevanten Politiken gilt. Hierbei handelt es sich allerdings nur um eine (sicher nicht ganz zufällige) Tendenz, da für die 19 ausgewählten Politiken keine Repräsentativität beansprucht werden kann. Von den in Abbildung 9 erfaßten zwölf Umweltstandards sind allein neun im Zeitraum von 1970 bis 2000 harmonisiert worden. Die Ausnahmen bilden die Schwermetalle in industriellen Abwässern, der Schutz vor Lärmemissionen an Autobahnen sowie die Stromsteuer für private Haushalte. Auch die Motivation, *strenge* Regulierungen einzuführen, ist für die Produktstandards am größten, gefolgt von den Prozeßstandards und den nicht-handelsrelevanten Politiken. Das entspricht den Angaben zum Aufwärtswandel in Abbildung 10.

5.2. Diffusion der Politiken und EU-Harmonisierung

Abschließend gehen wir der Frage nach, ob Umweltpolitiken möglicherweise auch deshalb europäisch harmonisiert werden, um den Regulierungswettbewerb zu verhindern. Die Abbildungen 14 bis 16 zeigen den Verlauf der Diffusionskurven für die zwölf Politiken sowie die jeweiligen Zeitpunkte des Starts eines europäischen Harmonisierungsprozesses in Form eines Richtlinienentwurfs der Kommission. Dabei wird ein Unterschied im Harmonisierungsverlauf je nach Politiktypus deutlich. Während Produktstandards zuerst harmonisiert wurden, mit dem Schwefelgehalt von Gasölen als letzter Politik in 1974, folgten die Prozeßstandards erst in den achtziger Jahren. Bei den nicht-handelsrelevanten Standards hingegen ist kein eindeutiger Trend feststellbar, da sich hier nur eine EU-Direktive für den Grenzwert von Kolibakterien im Badewasser findet. Der Harmonisierungsdruck in der EU war also bei den Produktnormen am größten, so daß diese Regulierungen gleich nach Beginn der europäischen Umweltpolitik – und noch lange vor dem ehrgeizigen Binnenmarktprogramm der Einheitlichen Europäischen Akte – in Angriff genommen wurden.

Eine zweite Auffälligkeit in den drei Abbildungen betrifft das Vorhandensein eines bestimmten Schwellenwertes. Mit der Ausnahme der PKW-Emissionsstandards findet sich kein Kommissionsentwurf für eine Richtlinie, wenn nicht mindestens 30 % der Länder schon eine Politik eingeführt hatten. Auch hier kann man feststellen, daß die EU-Harmonisierung von Prozeßstandards erst bei einem leicht höheren Verbreitungsgrad (ca. 40 %) einer bestimmten Politik zu beobachten ist. Bei den SO_2-Grenzwerten für Großfeuerungsanlagen hatten schon beinahe 60 % der Länder einen Grenzwert eingeführt, ehe es auf der europäischen Ebene zu Harmonisierungsbemühungen kam.

Neben dem Zeitablauf und dem Schwellenwert enthalten die Abbildungen noch eine weitere Information, die für die Beantwortung der Frage, ob in der Europäischen Union harmonisiert wird, um Wettbewerb zu verhindern, von Bedeutung sein kann, nämlich die erhöhte Steigung der Diffusionskurve vor der Initiative der Europäischen Kommission. Man könnte von der Gefahr eines aufziehenden Wettbewerbs sprechen, auf den die Mitgliedstaaten und europäischen Institutionen reagieren. Während die Direktiven zu Autoabgasen und LKW-Lärm zu früh im Beobachtungszeitraum liegen, lassen sich für Bleigehalt in Kraftstoffen und Schwefelgehalt in Gasölen sowie für eine industrielle Abgabe zu Schwerölen, besonders jedoch für Emissionsstandards von Großfeuerungsanlagen Anzeichen für einen solchen Trend erkennen.

Die Abschaffung von Handelsbarrieren, die Harmonisierungsvorteile bei Produktstandards, grenzüberschreitende Problemlagen und Wettbewerbsvorteile für Pioniere im Umweltschutz spielen als Motive für die europäische Harmonisierung von Umweltrecht sicherlich eine bedeutende Rolle – wobei für Prozeßstandards nur die beiden letzten Motive in Frage kommen. Die Diffusionsverläufe auch bei den Prozeßstandards können jedoch als Indiz dafür gesehen werden, daß ein weiteres wesentliches Motiv für die Harmonisierung von Umweltpolitik auf EU-Ebene auch darin liegen könnte, durch internationale Kooperation dem Regulierungswettbewerb auszuweichen. Wenn das der Fall ist, würde die Drohung des Regulierungswettbewerbs durch die Hintertür wirksam werden – über die rechtliche Verhinderung des Wettbewerbs.

Daß Harmonisierungsvorteile eine Rolle spielen, ist in Fallstudien schon verschiedentlich gezeigt worden. So sind die Standards für Autoemissionen seit 1950 innerhalb des institutionellen Rahmens der *United Nations Economic Commission for Europe* (ECE) unter Beteiligung der Industrie auf freiwilliger Basis harmonisiert worden (*Holzinger* 1994, S. 190-194). Ebenfalls im Bereich der Automobilemissionen liegt ein Beispiel für „Wettbewerbsvermeidung durch Harmonisierung": Die Einführung des Katalysatorautos in den achtziger Jahren begann damit, daß ein großer deutscher Automobilkonzern auf den deutschen Umweltminister zuging mit dem Vorschlag, Katalysatoren zur Norm zu machen. Man wäre dazu aber nur bereit, wenn der Minister die europäische Harmonisierung einer solchen Norm durchsetzen würde (*Holzinger* 1994, S. 199 ff.). Um die hier geäußerte Vermutung zu bestätigen, wären allerdings über anekdotische Evidenz hinausgehende systematische Fallstudien zu einzelnen Politiken nötig, in denen ermittelt wird, welche Motive zur Harmonisierung von Politiken geführt haben.

Abbildung 14: Politikdiffusion und EU-Harmonisierung: Produktstandards

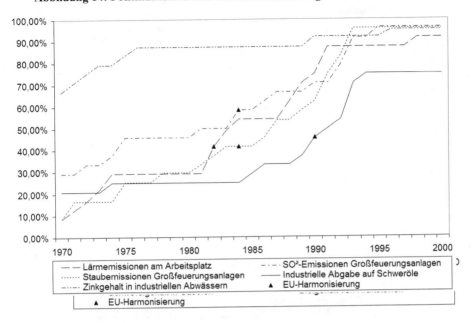

Abbildung 15: Politikdiffusion und EU-Harmonisierung: Prozeßstandards

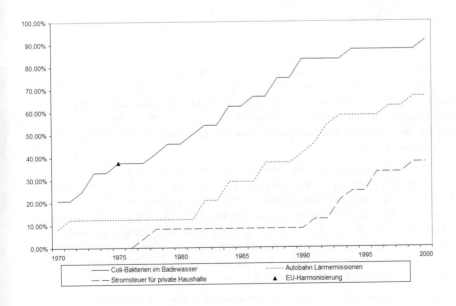

Abbildung 16: Politikdiffusion und EU-Harmonisierung: nicht handelsrelevante Standards

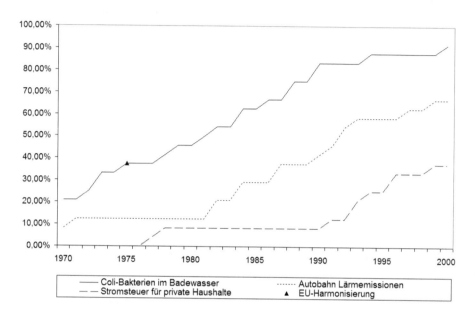

—— Coli-Bakterien im Badewasser	········ Autobahn Lärmemissionen
— — Stromsteuer für private Haushalte	▲ EU-Harmonisierung

6. Zusammenfassung

Die in diesem Beitrag vorgenommene spieltheoretische Analyse des Regulierungs-wettbewerbs hat gezeigt, daß ein allgemeines *Race to the Bottom* in der Umweltpolitik nicht befürchtet werden muß, da es nur unter sehr speziellen Bedingungen theoretisch zu erwarten ist. Nur ein Teil dieser Bedingungen ist auf den internationalen Märkten tatsächlich gegeben. So gibt es häufig die Möglichkeit, umweltschutzbedingte Handels-beschränkungen aufrechtzuerhalten. Außerdem gibt es im Umweltschutz bereits im großen Umfang internationale Kooperation, die den Regulierungswettlauf durch Har-monisierung verhindert.

Auf der Basis dieser differenzierten theoretischen Analyse ist es keine Überraschung, daß wir empirisch in der Umweltpolitik kaum die befürchteten Abwärtsspiralen beob-achten. Im Beitrag wurde die Entwicklung von 19 Umweltstandards in 24 Ländern von 1970 bis 2000 analysiert. In keinem einzigen Fall kam es zu einem *Race to the Bottom*; im Gegenteil, in fast allen Fällen wurden die Umweltstandards allmählich verschärft. Ein Abwärtswettlauf kann also ausgeschlossen werden. Auch die wenigen Lockerungen einiger Standards in einzelnen Ländern konnten nicht mit dem Einfluß ökonomischen Wettbewerbs in Verbindung gebracht werden.

Der Regulierungswettbewerb kann die generelle Aufwärtsbewegung nicht erklären. Neben dem Einkommen und der Bedeutung grüner Parteien ist es im wesentlichen die europäische Harmonisierung, die den Aufwärtstrend erklärt. Diese wiederum dürfte aber – außer durch die Schaffung eines Gemeinsamen Marktes und die grenzüberschreitenden Umweltprobleme – auch durch den drohenden Regulierungswettbewerb motiviert sein.

Literatur

Beers, Cees van und *Jeroen C.J.M. van der Bergh* (1999), An Empirical Multi-Country Analysis of the Impact of Environmental Regulations on Foreign Trade Flows, in: Kyklos, Bd. 50, S. 29-46.

Drezner, Daniel W. (2001), Globalization and Policy Convergence, in: The International Studies Review, Bd. 3, S. 53-78.

Epiney, Astrid (2000), Flexible Integration and Environmental Policy in the EU – Legal Aspects, in: *Katharina Holzinger* und *Peter Knoepfel* (Hg.), Environmental Policy in a Europe of Variable Geometry? The Challenge of the Next Enlargement, Basel, S. 39-64.

Hoberg, George (2001), Globalization and Policy Convergence: Symposium Overview, in: Journal of Comparative Policy Analysis: Research and Practice, Bd. 3, S. 127–132.

Holzinger, Katharina (1994), Politik des kleinsten gemeinsamen Nenners? Umweltpolitische Entscheidungsprozesse in der EG am Beispiel der Einführung des Katalysatorautos, Berlin.

Jänicke, Martin (1998), Umweltpolitik – global am Ende oder am Ende global? Thesen zu ökologischen Determinanten des Weltmarkts, in: *Ulrich Beck* (Hg.), Perspektiven der Weltgesellschaft, Frankfurt am Main, S. 332-344.

Jänicke, Martin (2005), Trend-Setters in Environmental Policy: the Character and Role of Pioneer Countries, in: European Environment, Bd. 15, S. 129-142.

Keohane, Robert und *Joseph Nye* (2000), Globalization: What's New? And What's Not? (And So What?), in: Foreign Policy, Bd. 118, S. 104-112.

Kern, Kristine (2000), Die Diffusion von Politikinnovationen: Umweltpolitische Innovationen im Mehrebenensystem der USA, Opladen.

Kern, Kristine, Helge Jörgens und *Martin Jänicke* (2000), Die Diffusion umweltpolitischer Innovationen: Ein Beitrag zur Globalisierung von Umweltpolitik, in: Zeitschrift für Umweltpolitik, Bd. 23, S. 507-546.

Levinson, Arik (1996), Environmental Regulations and Manufacturers' Location Choices, in: Journal of Public Economics, Bd. 62, S. 5-29.

Li, Quan und *Rafael Reuveny* (2003), Economic Globalization and Democracy: An Empirical Analysis, in: British Journal of Political Science, Bd. 33, S. 29-54.

Long, Ngo van und *Horst Siebert* (1991), Institutional Competition Versus ex-ante Harmonisation: The Case of Environmental Policy, in: Journal of Institutional and Theoretical Economics, Bd. 147, S. 296-311.

Oates, Wallace E. und *Robert M. Schwab* (1988), Economic Competition Among Jurisdictions. Efficiency Enhancing or Distortion Inducing?, in: Journal of Public Economics, Bd. 35, S. 333-354.

Sandhoevel, Armin (1998), Strategien für ein Miteinander von Umweltordnung und Welthandelsordnung, in: Zeitschrift für angewandte Umweltforschung, Bd. 3-4, S. 496-508.

Scharpf, Fritz W. (1996), Politische Optionen im vollendeten Binnenmarkt, in: *Markus Jachtenfuchs* und *Beate Kohler-Koch* (Hg.), Europäische Integration, Opladen, S. 109-140.

Scharpf, Fritz W. (1997), Introduction: The Problem-solving Capacity of Multi-level Governance, in: Journal of European Public Policy, Bd. 4, S. 520- 538.

Scharpf, Fritz W. (2000), Governing Europe: Effective and Democratic? Oxford.

Simmons, Beth A. und *Zachary Elkins* (2004), The Globalization of Liberalization: Policy Diffusion in the International Political Economy, in: American Political Science Review, Bd. 98, S. 171-189.

Sinn, Hans-Werner (1993), How much Europe? Subsidiarity, Centralization and Fiscal Competition, in: CES Working Paper No. 39, Center for Economic Studies: Universität München.

Sinn, Hans-Werner (1996), The Subsidiarity Principle and Market Failure in Systems Competition, CES Working Paper No. 103, Center for Economic Studies: Universität München.

Tiebout, Charles M. (1956), A Pure Theory of Local Expenditures, in: Journal of Political Economy, Bd. 64, S. 416-424.

Vogel, David (1995), Trading Up: Consumer and Environmental Regulation in the Global Economy, Cambridge.

Vogel, David (1997), Trading Up and Governing Across: Transnational Governance and Environmental Protection, in: Journal of European Public Policy, Bd. 4, S. 556- 571.

Zürn, Michael (1992), Interessen und Institutionen in der internationalen Politik. Grundlegung und Anwendungen des situationsstrukturellen Ansatzes, Opladen.

Zürn, Michael (1997), Positives Regieren jenseits des Nationalstaats: Zur Implementation internationaler Umweltregime, in: Zeitschrift für Internationale Beziehungen, Bd. 4, S. 41-68.

Klaus Heine und Wolfgang Kerber (Hg.),
Zentralität und Dezentralität von Regulierung in Europa
Schriften zu Ordnungsfragen der Wirtschaft · Band 83 · Stuttgart · 2007

Die Politische Ökonomie der sozialpolitischen Regulierung in der Europäischen Union

Roland Vaubel

Inhalt

1. Bestandsaufnahme

Seit dem Ende der achtziger Jahre hat die Europäische Gemeinschaft mehr als vier-zig sozialpolitische Richtlinien verabschiedet und in Kraft gesetzt. Alle diese Regulie-rungen greifen in die Vertragsfreiheit ein. Sie verhindern Vereinbarungen, die alle Ver-tragspartner besserstellen würden. Sie mißachten die Unterschiede in den individuellen Präferenzen, die nicht nur innerhalb eines Landes, sondern auch und gerade zwischen Ländern mit so unterschiedlichen Traditionen und Einkommensniveaus zu beobachten sind.[1]

Tabelle 1 (im Anhang) gibt einen Überblick über die sozialpolitischen Richtlinien, die die EU seit 1989 erlassen hat. Dazu gehören auch die Revisionen, denn Richtlinien können nur durch (Änderungs-)Richtlinien revidiert werden. Die hohe Zahl der Revi-sionen zeigt an, daß Richtlinien, die einmal erlassen worden sind, im Lauf der Zeit immer wieder erweitert und verschärft werden.

Sozialpolitische Richtlinien und Verordnungen der EG hatte es auch schon vor 1989, vor allem in den siebziger Jahren, gegeben – man denke nur an die Richtlinien über Massenentlassungen (1975), die Gleichbehandlung von Männern und Frauen (1976) und die Wahrung der Arbeitnehmeransprüche bei Betriebsübergang (1977) sowie die Sozialversicherungsverordnung von 1971.[2] Für diese Regulierungen hatte jedoch noch das Einstimmigkeitsprinzip gegolten. Die dramatische Zunahme der Regulierungstätig-keit in den neunziger Jahren wurde erst dadurch ermöglicht, daß die Einheitliche Euro-päische Akte (in Kraft getreten am 01.07.87) und das Sozialpolitische Abkommen von Maastricht (in Kraft getreten am 01.11.93) in bestimmten Bereichen der Sozialpolitik qualifizierte Mehrheitsentscheidungen einführten. In der Einheitlichen Europäischen Akte betraf dies vor allem Regulierungen zur „Verbesserung ... der Arbeitsumwelt ..., um die Sicherheit und Gesundheit der Arbeitnehmer zu schützen"; zum Ziel wurde „die Harmonisierung der in diesem Bereich bestehenden Bedingungen bei gleichzeitigem Fortschritt" erklärt (damals Art. 118a EGV). Als folgenträchtig erwies sich dieser Arti-kel schon allein deshalb, weil er als Ermächtigungsgrundlage für die Arbeitszeitricht-linie von 1993 diente. Die britische Klage gegen dieses Vorgehen wurde 1994 vom Europäischen Gerichtshof abgewiesen, obwohl Artikel 100a (heute Art. 95) ausdrück-lich feststellte, daß europäische Gesundheits- und Sicherheitsbestimmungen, die das Funktionieren des Binnenmarktes zum Gegenstand haben, einstimmig beschlossen wer-den müssen, wenn sie die Rechte und Interessen der Arbeitnehmer betreffen.

---

[1] Den Zusammenhang zwischen dem Pro-Kopf-Einkommen und den in Umfragen geäußerten sozialpolitischen Präferenzen weist *Vaubel* (1993, 1994) in seiner Korrelationsanalyse nach. *Schuster* (2001) bietet eine ausgefeilte multivariate Analyse der sozialpolitischen Präferen-zen in der EU, die in unserem Auftrag von Eurobarometer erhoben wurden. Vgl. auch *Schuster* und *Vaubel* (1996).

[2] Eine sehr empfehlenswerte Analyse der Sozialversicherungsverordnung enthält das Buch von *Kuhn* (1993, S. 163-177).

Das Sozialpolitische Abkommen von Maastricht ermöglichte qualifizierte Mehrheitsentscheidungen über sozialpolitische Mindestvorschriften in vier zusätzlichen Bereichen (Art. 2, Abs. 1-2):

- „Arbeitsbedingungen,
- Unterrichtung und Anhörung der Arbeitnehmer,
- Chancengleichheit von Männern und Frauen am Arbeitsmarkt und Gleichbehandlung am Arbeitsplatz,
- berufliche Eingliederung der aus dem Arbeitsmarkt ausgegrenzten Personen ...".

Besonders schwerwiegend war die Ausdehnung auf das weite Feld der „Arbeitsbedingungen". Aber auch die europäischen Mehrheitsentscheidungen zur Unterrichtung und Anhörung der Arbeitnehmer, die zum Beispiel die europäische Betriebsräterichtlinie von 1994 ermöglichten, und zur Chancengleichheit, die sechs Antidiskriminierungsrichtlinien zur Folge hatten, erwiesen sich als kostenträchtig. Dabei war von vornherein klar, daß vor allem die Länder gefährdet sein würden, die aufgrund ihrer liberalen Philosophie oder wegen ihres niedrigen Pro-Kopf-Einkommens bei sozialpolitischen Regulierungen zurückhaltend sind. Deshalb handelte die britische Regierung 1991 einen *Opt-out* aus. Auch die spanische Regierung lehnte das Sozialpolitische Abkommen lange Zeit ab (*Lange* 1992, S. 250 f.) und stimmte erst zu, als ihr im Gegenzug eine erhebliche Aufstockung der Transfers aus den europäischen Strukturfonds zugebilligt wurde.

Auf den ersten Blick mag überraschen, daß die meisten der in Tabelle 1 aufgeführten Richtlinien vom Ministerrat einstimmig angenommen wurden. Mir bekannte Ausnahmen sind nur die Richtlinien über die Sicherheit und den Gesundheitsschutz bei der Arbeit auf Fischereifahrzeugen (1993), über die Arbeitszeit (1993), über den Europäischen Betriebsrat (1994) und über die Sicherheit und den Gesundheitsschutz bei der Benutzung von Arbeitsmitteln (1995). Außerdem ist bekannt, daß die Folgerechtsrichtlinie (2001) von einer Minderheit (Großbritannien, Irland, Niederlande, Österreich) vehement bekämpft, aber in der Schlußabstimmung nicht abgelehnt wurde. Die Ergebnisse der Abstimmungen im Ministerrat werden übrigens erst seit 1993 bekannt gegeben – ab 1999 sogar im Internet (http://register.consilium.eu.int).

Auch in den Fällen, in denen Einstimmigkeit berichtet wird, mag jedoch de facto eine Majorisierung vorliegen. Oft verzichtet die Minderheit der liberalen Regierungen in Ermangelung einer Sperrminorität darauf, ihren Protest zu Protokoll zu geben. Wenn man die Entscheidung sowieso nicht verhindern kann, lohnt es sich oft nicht, in der Schlußabstimmung Flagge zu zeigen.[3] Zum einen ist es – gerade in der Sozialpolitik – nicht einfach, den Wählern daheim zu erklären, weshalb die Mehrheit der im Ministerrat vertretenen Regierungen irrt. Die Opposition im Heimatland kann daraus leicht Kapital schlagen. Zum anderen verärgert man die Mitglieder der Mehrheit. Denn diese wollen

---

[3] *Mattila* (2004, S. 31), der das Abstimmungsverhalten im Ministerrat systematisch untersucht hat, beschreibt dieses Phänomen wie folgt: „The observed number of contested decisions is really a downward biased estimate of the true amount of dissent" because „Council members do not necessarily want to record their dissent officially."

gerade bei kontroversen sozialpolitischen Entscheidungen nicht gerne öffentlich Verantwortung übernehmen. Wenn die Minderheit mit der Mehrheit stimmt, kommt es ja
nicht darauf an, wie die einzelnen Mitglieder der Mehrheit abstimmen. Es besteht daher
in der Literatur Einigkeit, daß viele der laut Protokoll einstimmig angenommenen
Richtlinien nicht verabschiedet worden wären, wenn Einstimmigkeit erforderlich gewesen wäre (so auch *Addison* und *Siebert* 1994, *O'Reilly* et al. 1996).

Das Sozialpolitische Abkommen von Maastricht erweiterte nicht nur den Bereich der
sozialpolitischen Mehrheitsentscheidungen; es schuf auch neue einstimmig wahrzu-
nehmende sozialpolitische Kompetenzen (Art. 2, Abs. 3) und die Möglichkeit europa-
weiter Vereinbarungen (Tarifverträge) zwischen den Gewerkschaften und den Arbeitgeberverbänden (Art. 4).

Zu den neuen einstimmig wahrzunehmenden Kompetenzen gehörten die Bereiche

- „soziale Sicherheit und sozialer Schutz der Arbeitnehmer,

- Schutz der Arbeitnehmer bei Beendigung des Arbeitsvertrages,

- Vertretung und kollektive Wahrnehmung der Arbeitnehmer- und Arbeitgeber-
  interessen einschließlich der Mitbestimmung ...,

- Beschäftigungsbedingungen der Staatsangehörigen dritter Länder ...,

- finanzielle Beiträge zur Förderung der Beschäftigung und zur Schaffung von Arbeitsplätzen ...".

Die europäischen Tarifverträge können auf gemeinsamen Antrag der Tarifparteien
und auf Vorschlag der Kommission vom Rat ‚durchgeführt' und damit für allgemeinverbindlich erklärt werden.[4] Tabelle 2 (im Anhang) enthält eine Liste der bislang ver-
einbarten europäischen Tarifverträge. Wiederum ist zu betonen, daß die formelle Zustimmung der Arbeitgeberseite nicht unbedingt als Befürwortung verstanden werden
darf. Denn in vielen Fällen droht den Arbeitgebern – wenn sie die Vereinbarung nicht
unterzeichnen – eine Richtlinie des Rates, die ihre Interessen im Zweifelsfall noch weniger berücksichtigen würde. Sie versuchen dann einfach nur, das Schlimmste zu verhindern.

Der Vertrag vom Amsterdam, der am 01.05.99 in Kraft trat, übernahm in den Arti-
keln 137-140 das Sozialpolitische Abkommen, das damit – wie von der neuen britischen
Regierung gewünscht – auf Großbritannien ausgedehnt wurde. Ob die Verabschiedung
sozialpolitischer Richtlinien dadurch erleichtert worden ist, muß offen bleiben. Auf der
einen Seite kann nun auch Großbritannien überstimmt werden, so daß es als liberaler
Wettbewerber ausscheidet. Auf der anderen Seite erhöht der Einschluß Großbritanniens
die Wahrscheinlichkeit eines Vetos (bei einstimmig zu treffenden Entscheidungen) bzw.
einer Sperrminorität (bei qualifizierten Mehrheitsentscheidungen).

Der europäische Verfassungsvertrag, der 2005 von den französischen und niederlän-
dischen Wählern abgelehnt wurde, hätte das Potential für sozialpolitische Regulierungen dagegen eindeutig erhöht, denn das höchste Entscheidungsquorum wäre von

---

[4] Eine ausgezeichnete politisch-ökonomische Analyse dieser Regelung bietet *Boockmann*
     (1999).

72,3 Prozent auf 65 Prozent der Ratsstimmen abgesenkt worden.[5] Das gleiche hätte für alle anderen Regulierungen gegolten, die mit qualifizierter Mehrheit beschlossen werden können, also zum Beispiel im Bereich der Kapitalmärkte (einschließlich Kapitalverkehrskontrollen), des Verbraucherschutzes, der öffentlichen Gesundheit sowie der Kultur und Bildung (einschließlich der Berufsbildung). Außerdem war vorgesehen, das Einstimmigkeitsprinzip für Regulierungen in der Industriepolitik und der ‚Daseinsvorsorge' aufzugeben, also das neue Quorum auch dort anzuwenden.

Als Teil II des Verfassungsvertrages war die sogenannte „Charta der Grundrechte der Union" (2000) vorgesehen, die damit rechtsverbindlich geworden wäre. Die Charta enthält nicht nur Freiheitsrechte, sondern begründet auch Anspruchsrechte auf staatliche Eingriffe in die Vertragsfreiheit, zum Beispiel um „gerechte und angemessene Arbeitsbedingungen" und „Schutz vor ungerechtfertigter Entlassung" zu erzwingen. Diese Bestimmungen wären vom Europäischen Gerichtshof zu interpretieren gewesen. Der Gerichtshof hat sich in der Vergangenheit nicht gescheut, solche Anspruchsrechte sehr extensiv auszulegen.[6]

2. Politisch-ökonomische Erklärungen

2.1. Regulierungen statt Staatsausgaben

Regulierungen sind in der Regel kein effizientes Instrument der Sozialpolitik – eben weil sie in die Vertragsfreiheit eingreifen und damit *Pareto*-verbessernden Tauschgeschäften im Wege stehen (vgl. *Vaubel* 1990). Aus ökonomischer Sicht kann nur der Eingriff in Verträge gerechtfertigt sein, der

a) zu Lasten Dritter geht,[7]

b) den Mißbrauch einer marktbeherrschenden Stellung bedeutet[8] oder

c) die Aufhebung der eigenen Vertragsfreiheit zur Folge hat.[9]

---

[5]　Eine Komplikation ergibt sich daraus, daß die alten Ländergewichte durch Bevölkerungsgewichte ersetzt worden wären. Dadurch hätten die vier bevölkerungsreichsten Mitgliedstaaten (Deutschland, Frankreich, Großbritannien, Italien) an Gewicht gewonnen (vgl. *Baldwin* und *Widgren* 2003). Daß diese Länder im Durchschnitt besonders regulierungsscheu sind, wird man jedoch nicht behaupten können.

[6]　Als Beispiele sind vor allem seine Urteile und Vorabentscheidungen zur Arbeitszeitrichtlinie, zum Bereitschaftsdienst des Krankenhauspersonals, zur Massenentlassungsrichtlinie, zum Erhalt von Ansprüchen beim Betriebsübergang und zur befristeten Einstellung ab dem 52. Lebensjahr zu nennen.

[7]　Dazu gehören zum Beispiel Kartellverträge und Vereinbarungen über Kinderarbeit. Der Eingriff in die Vertragsfreiheit kann auch in einer Versicherungspflicht bestehen, die verhindert, daß die betreffende Person wegen mangelnder Eigenvorsorge Dritten zur Last fällt.

[8]　Für natürliche Monopole empfiehlt sich zwar das von *Loeb* und *Magat* (1979) empfohlene Ausschreibungsverfahren; in dem zum Beispiel von *Faulhaber* (1975) beschriebenen ‚Rosinenpicker'-Fall (bereits steigende Grenzkosten im Bereich der optimalen Produktionsmenge) ist jedoch die Beschränkung des Marktzutritts effizient (vgl. *Vaubel* 1991, S. 263).

[9]　Ich denke hier zum Beispiel an den unwahrscheinlichen Fall, daß sich ein Mensch freiwillig in die Sklaverei begibt.

Bei asymmetrisch unvollkommener Information bietet sich – wenn überhaupt – die staatliche Bereitstellung der Information an, bei positiven externen Effekten eine Subvention, bei negativen (vgl. Fall a) eine Abgabe oder der Verkauf von Eigentumsrechten.[10] In den Fällen a - c sprechen die großen internationalen Präferenzunterschiede gegen eine europaweite Angleichung der Regulierungen.

Daß die Europäische Union äußerst regulierungsfreudig ist und – wenn man einmal vom Spezialfall der Agrarpolitik absieht – weniger als die Mitgliedstaaten zu sozialpolitischen Transfers neigt, wird man zunächst einmal damit erklären müssen, daß sie keine Steuerhoheit besitzt und ihre Einnahmen von allen Regierungen und Parlamenten der Mitgliedstaaten genehmigt werden müssen. Da jedoch die Ausgabenentscheidungen vom Rat mit qualifizierter Mehrheit oder im Europäischen Parlament mit einfacher Mehrheit getroffen werden können, ist die prospektive Minderheit – die Gruppe der Nettozahler – bei der Genehmigung der Einnahmen ungewöhnlich zurückhaltend.[11] Die Tatsache, daß Regulierungen anders als Transfers den Staat kaum etwas kosten, sondern nur den Regulierten hohe Kosten aufbürden, ist daher für die europäischen Institutionen besonders attraktiv. Die Regulierungen erlauben es ihnen, Macht auszuüben, ohne ihren knapp bemessenen Haushalt strapazieren zu müssen.

2.2. Regulierungskartelle

Die Europäische Union versetzt die im Ministerrat versammelten Regierungen und die im Europa-Parlament vertretenen Parteien in die Lage, auf europäischer Ebene Regulierungen zu verabschieden, die sie auf einzelstaatlicher Ebene nicht einzuführen wagen würden, weil die damit verbundenen Kosten die internationale Wettbewerbsfähigkeit ihrer Wirtschaft beeinträchtigen würden. Aus dem gleichen Grund versuchte man bereits im 19. Jahrhundert, internationale Arbeitsmarktregulierungen zu vereinbaren[12]; auch die im Rahmen des Völkerbundes errichtete Internationale Arbeitsorganisation (ILO) hat diesen Zweck.

Das Interesse der Regierenden an internationalen Regulierungen, die die Vertragsfreiheit der Bürger einschränken, ist desto stärker, je schärfer der Wettbewerb zwischen den Regierungen der verschiedenen Staaten ist. Sie konkurrieren um Menschen und

---

[10]   Die Internalisierung externer Wirkungen durch Subventionen und Abgaben ist der Preis- oder Mengenregulierung überlegen, weil jene ohne die Kenntnis des Grenzgewinns des Verursachers auskommt. Wenn auch der externe Effekt private Information ist, bleibt allerdings nur noch die *Coase'*sche Verhandlungslösung mit ihren möglicherweise hohen Transaktionskosten.

[11]   Man wird davon ausgehen können, daß die Urheber dieser asymmetrischen Entscheidungsregel diese Folgen nicht vorausgesehen haben. Will man die Nettozahler dazu bringen, ihre Zurückhaltung aufzugeben, muß man auf der Ausgabenseite das Einstimmigkeitsprinzip wiedereinführen.

[12]   Bereits 1890 fand in Berlin eine internationale Arbeitsmarktkonferenz statt, an der 15 Staaten teilnahmen. 1901 wurde die *International Association for the Protection of Labour* gegründet, die ihr Büro in Bern eröffnete. 1904 trafen Frankreich und Italien die erste von 27 bilateralen Arbeitsmarktvereinbarungen. 1906 einigten sich 15 bzw. 7 Staaten auf Arbeitsmarktregulierungen. Zwei weitere Konventionen wurden 1913 angenommen, aber nicht ratifiziert.

Ressourcen, die sie besteuern und kontrollieren können. Der internationale politische Wettbewerb ist desto schärfer, je enger die Märkte der verschiedenen Länder integriert sind, je leichter also die Marktteilnehmer einer exzessiven Besteuerung oder Regulierung einzelner Länder ausweichen können. Diesen Zusammenhang hat bereits *Immanuel Kant* in seiner Schrift „Idee zu einer allgemeinen Geschichte in weltbürgerlicher Absicht" 1784 beschrieben:

> „Jetzt sind die Staaten schon in einem so künstlichen Verhältnis gegeneinander, daß keiner in der inneren Kultur nachlassen kann, ohne gegen die anderen an Macht und Einfluß zu verlieren ... Bürgerliche Freiheit kann jetzt auch nicht sehr wohl angetastet werden, ohne den Nachteil davon in allen Gewerben, vornehmlich dem Handel, dadurch aber auch die Abnahme der Kräfte des Staates im äußeren Verhältnis zu fühlen" (1959, S. 58).

Es ist daher kein Zufall, daß die Welle der europäischen Arbeitsmarktregulierungen in den neunziger Jahren auf das Binnenmarkt-Projekt – die Einheitliche Europäische Akte (1987) – folgte. Die zunehmende Integration der Märkte hat die Regierenden unter immer schärferen Wettbewerbsdruck gesetzt. Sie flüchteten daher ins Kartell. Marktintegration gebiert Politikintegration – wenn auch aus ganz anderen Gründen, als *Jean Monnet* einst meinte. Damit wird deutlich, daß die europäischen Institutionen auch aus durchaus eigennützigen Motiven an der Marktintegration interessiert sind, denn diese treibt ihnen die Regierungen der Mitgliedstaaten in die Arme – in ein gemeinschaftliches Regulierungskartell, das von den europäischen Institutionen verwaltet wird und als Vorstufe für das europäische Regulierungsmonopol dient.

2.3. Versuche, die Kosten der konkurrierenden Minderheit in die Höhe zu treiben

Vom Regulierungskartell zu unterscheiden ist der Versuch, die Kosten der Konkurrenten zu erhöhen – die sogenannte *strategy of raising rivals' costs*. Denn während Regulierungskartelle einvernehmliche Absprachen zwischen allen beteiligten Regierungen voraussetzen, zwingt hier eine Mehrheit der Regierungen (und, wenn nötig, des Europäischen Parlaments) die Minderheit, das höhere Regulierungsniveau der Mehrheit – genauer: der ausschlaggebenden Regierung – zu übernehmen. Da die Mehrheit auf diese Weise den Wettbewerbsdruck von Seiten der Minderheit reduzieren kann, erhöht sie zugleich ihr eigenes Regulierungsniveau. Dieses erhöhte Regulierungsniveau zwingt sie der Minderheit auf.

Der Begriff der *strategy of raising rivals' costs* stammt eigentlich aus der Industrieökonomik (*Oster* 1982; *Salop* und *Scheffman* 1983) und bezeichnet dort den Versuch eines marktbeherrschenden Unternehmens, die kleineren Konkurrenten durch restriktive Absprachen mit den Zulieferern oder dem Einzelhandel zu benachteiligen. Er ist auch anwendbar auf Verbände, deren Mitglieder mit Mehrheit entscheiden. Zum Beispiel kann in einem Arbeitgeberverband die Mehrheit der relativ kapitalintensiven Großunternehmen ihre Wettbewerbsfähigkeit gegenüber der arbeitsintensiver produzierenden Minderheit verbessern, wenn sie überhöhten Tariflöhnen zustimmt und diese vom Staat für allgemeinverbindlich erklären läßt oder die Minderheit durch exklusive Verbandsgüter – zum Beispiel Versicherungsschutz –, die den Mitgliedern zu fallenden Grenzkosten zur Verfügung gestellt werden, daran hindert, den Verband zu verlassen.

Die Verbandsmitglieder können auch gemeinsam versuchen, die Regierung, das Parlament oder die Beamtenschaft zu staatlichen Regulierungen zu veranlassen, die den Anbietern von Substituten das Leben schwer machen (*Goldberg* 1982; *Michaelis* 1994; *Körber* 2000, Kap. 4). Dazu gehören Marktzutrittsbeschränkungen, Mindestpreisregulierungen oder Arbeitszeitbeschränkungen für konkurrierende Anbieter[13], aber auch allgemeine Regulierungen, die die Kosten der Konkurrenten stärker erhöhen als die eigenen.[14] Den gleichen Zweck erfüllen Sondersteuern auf konkurrierende Produkte – besonders ausländischer Anbieter, die keine Wählerstimmen bieten können, also Importzölle.

Versuche, die Kosten der anderen in die Höhe zu treiben, sind nicht nur von Seiten einzelner Unternehmen, Verbände und Verbandsmehrheiten, sondern auch ganzer Gebietskörperschaften zu erwarten. Darauf hat schon *George Stigler* (1970) hingewiesen. Nach seiner Einschätzung war zum Beispiel die amerikanische Mindestlohngesetzgebung vom 1938 ein Versuch der Nordstaaten, den Niedriglohnwettbewerb von Seiten der Südstaaten zu unterbinden (so auch *Heller* 1986). Als ein noch besseres Beispiel bezeichnet *Addison* (2005) den *Davis-Bacon Act* von 1931, der für entsandte Arbeitskräfte den ortsüblichen Lohn vorschrieb. *Bartel* und *Thomas* (1985, 1987) sowie *Pashigian* (1984, 1985) sahen auch im *Federal Occupational Safety and Health Act* (1970) und diversen föderalen Umweltregulierungen Versuche der Nordstaaten, die Wettbewerbsfähigkeit der Südstaaten zu beeinträchtigen.

In der deutschen Geschichte läßt sich die *strategy of raising rivals' costs* vor allem für das wilhelminische Kaiserreich und den Norddeutschen Bund nachweisen. *Vaubel* (2006) zeigt, wie die von Preußen angeführte Mehrheitskoalition einer Minderheit von liberalen Gliedstaaten (Hamburg, Bremen, Lübeck, Oldenburg, Baden, Württemberg, Hessen) im Bundesrat die verschiedensten Regulierungen aufzwang, die deren Wettbewerbsfähigkeit schwächten.

---

[13] Zum Beispiel beschreiben *Teske* et al. (1995), wie sich die amerikanischen Eisenbahnunternehmen für hohe regulierte Mindestpreise im Straßentransport einsetzten. Ein bekanntes Beispiel aus Deutschland ist das Nachtbackverbot für Frauen, das 1896 auf Druck der von Männern dominierten Gewerkschaften eingeführt wurde. Erst 1992 wurde es vom Bundesverfassungsgericht für verfassungswidrig erklärt, da es die Beschäftigung von Frauen diskriminiert.

[14] Zum Beispiel zeigt *Marvel* (1977), daß sich die gut organisierten Dampfkraftwerke für den britischen *Factory Act* von 1830 einsetzten, da die Arbeitszeitbeschränkung vor allem die Wassermühlen traf. *Landes* (1980) belegt, daß die von den Einheimischen dominierten amerikanischen Frauenverbände Arbeitszeitbeschränkungen für Frauenarbeit guthießen, weil diese vor allem die Wettbewerbsfähigkeit der Einwanderinnen beeinträchtigten. In *Fishbacks* Analyse der Zeit von 1869-1930 wird deutlich, daß die amerikanischen Arbeitszeitbeschränkungen von denjenigen Arbeitgebern befürwortet wurden, die davon kaum betroffen waren (*Fishback* 1997) und daß die neuen Sicherheitsbestimmungen bei den großen Unternehmen auf Anklang stießen, die damit keine Probleme hatten (*Fishback* 2005). *Maloney* und *McCormick* (1982) zeigen, daß die amerikanischen *cotton dust standards* von 1970 von den eingesessenen Unternehmen begrüßt wurden, weil sie den Markteintritt erschwerten. (Das gilt generell für das Großvaterprinzip in der Umweltpolitik der USA und der EU.) *Oster* (1982) analysiert einen analogen Fall aus der Arzneimittelregulierung.

2.4. Ein spieltheoretisches Zwei-Länder-Modell

In diesem Abschnitt sollen das Regulierungskartell und die *strategy of raising rivals' costs* in einem spieltheoretischen Zwei-Länder-Modell analysiert werden. Dabei beschränke ich mich der Einfachheit halber auf eine grafische Analyse (Abbildung 1).[15]

Abbildung 1: Regulierungskartell und *strategy of raising rivals' costs*

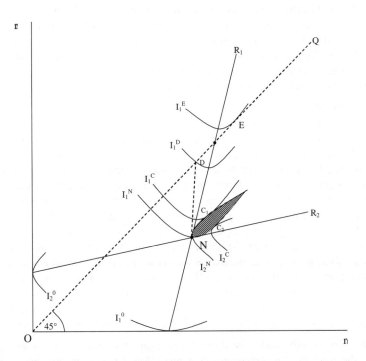

Auf den Achsen sind die Regulierungsintensitäten der beiden Länder (r_1 und r_2) abgetragen.[16] Die Indifferenzkurven sind aus den Zielfunktionen der beiden Regierungen abgeleitet. Jede Regierung hat zwei Ziele: Machtausübung durch Regulierung und einen hohen Kapitalstock im eigenen Land. Die Regulierung dient entweder dazu, Stimmen zu gewinnen oder eigene ideologische Ziele der regierenden Politiker zu erreichen. Die regierenden Politiker können durch die Regulierung Stimmen gewinnen, weil sie von einer Mehrheit der Wähler oder gut organisierten und finanzkräftigen Interessengruppen nachgefragt wird. Die Regierung ist an einem hohen inländischen Kapitalstock interessiert, weil er sich günstig auf die Beschäftigung und/oder das Arbeitseinkommen

---

[15] Wichtige Verbesserungsvorschläge zu Abbildung 1 verdanke ich *Bernhard Boockmann*.

[16] Alternativ kann man auf den Achsen die durchschnittlichen Steuersätze der beiden Länder abtragen und die Kartellierung bzw. die *strategy of raising rivals' costs* im Bereich der Besteuerung analysieren.

tal international mobil ist, ist der inländische Kapitalstock desto höher, je stärker die ausländische Regierung den ausländischen Arbeitsmarkt reguliert. Deshalb ist die inländische Regierung an möglichst weitreichenden ausländischen Regulierungen interessiert.

Die Tangentialpunkte der beiden Achsen mit den Indifferenzkurven $I_1°$ und $I_2°$ zeigen jeweils diejenige Regulierungsintensität an, die die Regierung (auch das Parlament) des betreffenden Landes wählen würde, wenn es im anderen Land keine Regulierungen gäbe. Die Indifferenzkurven sind konvex zum Ursprung, weil die aus der Sicht der Regierungen idealen Regulierungsintensitäten (die sie wählen würden, wenn es das jeweils andere Land nicht gäbe) sehr viel höher, auf jeden Fall aber rechts oben außerhalb des dargestellten Ausschnitts liegen. Es handelt sich also nicht um ,soziale Indifferenzkurven', die auf irgendeine, höchst anfechtbare Weise die Nutzenfunktionen der Bürger zu aggregieren versuchen, sondern um die Präferenzen des führenden Politikers.

Die Abbildung ist so gezeichnet, daß der Tangentialpunkt für Land 1 eine höhere Regulierungsintensität anzeigt als der Tangentialpunkt für Land 2. Die Regierung von Land 1 ist also unter diesen Bedingungen regulierungsfreudiger als die Regierung von Land 2. Macht man sich *Stigler*s (1971) „capture theory" zueigen, so erklärt sich die höhere Regulierungsbereitschaft der Regierung 1 dadurch, daß die Interessengruppen, die die Regulierungen nachfragen, im Land 1 besser organisiert und daher einflußreicher sind als im Land 2. In *Peltzman*s (1976) Modell käme zusätzlich die Erklärung in Frage, daß die durch die Regulierung Benachteiligten – in seinem Beispiel die Verbraucher – im Land 1 weniger gut über die Politik informiert sind als im Land 2, zum Beispiel weil Land 1 größer ist als Land 2 und die Wähler daher einen schwächeren Anreiz haben, politische Informationen aufzunehmen und zu verwerten. In der offenen Volkswirtschaft, wie sie hier dargestellt ist, bietet sich allerdings noch eine weitere Erklärung an: Die Regulierungsintensität im Land 1 könnte auch deshalb höher sein, weil Regierung 1 einem geringeren Wettbewerbsdruck ausgesetzt ist als Regierung 2, was wiederum an der Größe und Geschlossenheit der Volkswirtschaft liegen kann.

Der Wettbewerbsdruck wird durch die Steigung der beiden Reaktionskurven angezeigt, die durch die Tangentialpunkte verlaufen. Aus den genannten Gründen sind beide so gezeichnet, daß die Verschärfung der Regulierung im einen Land auch im anderen Land einen Anstieg der Regulierungsintensität bewirkt. Wenn beispielsweise Regierung 2 zusätzliche Arbeitsmarktregulierungen im Land 2 einführt, fließt Kapital von Land 2 ins Land 1, und die Regierung von Land 1 kann es sich daher leisten, dem Druck der die Arbeitsmarktregulierungen nachfragenden Interessengruppen stärker nachzugeben und das Regulierungsniveau gemäß ihrer Reaktionsfunktion R_1 anzuheben. Jeder Punkt auf der Reaktionskurve R_1 ist zugleich der tiefste Punkt auf einer Indifferenzkurve I_1, zeigt also bei der jeweils gegebenen Regulierungsintensität r_2 das höchstmögliche Nutzenniveau für Regierung 1 an. Entsprechend wird Regierung 2 das Regulierungsniveau im Land 2 gemäß ihrer Reaktionskurve R_2 erhöhen, wenn Regierung 1 die Regulierungsintensität r_1 verstärkt.[17] Ein Gleichgewicht stellt sich im Schnittpunkt der beiden Reaktionsfunktionen – dem *Nash*-Punkt – ein. Dies ist das Wettbewerbsgleichgewicht.

Wie Abbildung 1 deutlich macht, können sich beide Regierungen (zu Lasten nicht oder schlecht organisierter Bürger) besser stellen, wenn sie vereinbaren, daß jede in ihrem Land noch schärfer reguliert. Denn jeder Punkt in der grau schraffierten *Pareto*-superioren Linse ist aus Sicht beider Regierungen dem *Nash*-Gleichgewicht überlegen. Innerhalb der Linse sind für sie alle Tangentialpunkte ihrer Indifferenzkurven *Pareto*-optimal; die Kontraktkurve C_1C_2 ist der geometrische Ort dieser Tangentialpunkte. Die beiden Regierungen bilden also ein Regulierungskartell und wählen einen Punkt auf der Kontraktkurve. Welchen Punkt sie wählen, hängt vom Verhandlungsgeschick ihrer Unterhändler ab, ist also wahrscheinlich schwer zu prognostizieren. Das Regulierungskartell erhöht daher nicht nur das Regulierungs*niveau*, sondern auch das Regulierungs*risiko*.

Bisher haben wir lediglich ein bekanntes spieltheoretisches Modell auf eine neue Fragestellung (Regulierung mit internationaler Interdependenz) angewendet. Im folgenden soll Abbildung 1 weiterentwickelt werden, um die *strategy of raising rivals' costs* abzubilden.

Regierende Politiker können nur dann die Kosten anderer Länder erhöhen, wenn sie in einem Bundesstaat oder in einer internationalen Organisation eine Mehrheit besitzen und mit Mehrheit entscheiden dürfen. Da die Regierung von Land 1 in Abbildung 1 die regulierungsfreudigere ist, hat nur sie ein Interesse an der *strategy of raising rivals' costs*. Was geschieht also, wenn Land 1 im gemeinsamen Entscheidungsgremium die Mehrheit hat und dem Land 2 jeweils das gleiche Regulierungsniveau aufzwingen kann, das in Land 1 gilt? Bezieht man das Modell auf die Arbeitsmarktregulierungen der EU, so handelt es sich bei der Mehrheit um die Regierungen der am stärksten regulierten Mitgliedstaaten, die im Ministerrat gemäß *Axelrod* (1970) eine zusammenhängende Gewinnkoalition bilden. Die Indifferenzkurven und Reaktionsfunktion von Land 1 bilden die Präferenzen des marginalen Mitglieds dieser Koalition ab, das im Ministerrat den Ausschlag gibt. Land 2 ist die unterlegene Minderheit der liberalen Mitgliedstaaten, die keinen Einfluß auf das gemeinschaftliche Regulierungsniveau haben.[18]

Die Mehrheit (1) hat nun die Möglichkeit, jeden Punkt auf der 45 Grad-Linie zu realisieren, die durch den Ursprung verläuft (OQ). Wenn bisher Regulierungswettbewerb herrschte, also das *Nash*-Gleichgewicht galt, könnte sie zum Beispiel ihr bisheriges wettbewerbliches Regulierungsniveau auch der Minderheit (2) aufzwingen, das heißt von Punkt N nach D wandern. D liegt für die ausschlaggebende Regierung auf einer höheren Indifferenzkurve (I_1^D) als N, aber D ist nicht das höchste Nutzenniveau, das sie

---

[17] Da das Grenzprodukt des Kapitals sinkt, ist es wahrscheinlich, daß die Reaktionselastizität mit steigender Regulierungsintensität des Auslandes abnimmt, die Reaktionsfunktionen also nach innen gekrümmt sind und sich aufeinander zu bewegen.

[18] Ein solches *decisive voter model* berücksichtigt nicht die Möglichkeit, daß die Minderheit versuchen könnte, über Tauschgeschäfte zwischen verschiedenen Politikfeldern Einfluß zu nehmen. Man könnte diese Vereinfachung damit begründen, daß Tauschgeschäfte in einer Union von 25 Staaten prohibitive Verhandlungskosten verursachen würden.

erreichen kann. Sie maximiert ihren Nutzen im Tangentialpunkt ihrer höchsten erreichbaren Indifferenzkurve (I_1^E) mit der Restriktion OQ, also im Punkt E. Der Grund ist, daß die erzwungene Erhöhung der Regulierungsintensität r_2 die Mehrheit von einem lästigen Wettbewerbsdruck befreit und deshalb zu einer Verschärfung ihrer eigenen Regulierung r_1 veranlaßt.

Der Vergleich zwischen E und N macht deutlich, daß die *strategy of raising rivals' costs* das Regulierungsniveau in beiden Länder(gruppe)n erhöht, allerdings bei der Minderheit viel stärker als bei der Mehrheit. Die Mehrheit verbessert ihre Wettbewerbsposition gegenüber der Minderheit, der Weltkapitalstock verlagert sich zu ihren Gunsten.

Vielleicht sollte man betonen, daß Punkt E nicht eine *leadership solution* darstellt. Denn einer der beiden Akteure (die Minderheit) hat ja gar keine Wahlmöglichkeit. Die Mehrheit ist nicht ein Führer, auf den sich die anderen optimal einstellen, sondern die Mehrheit entscheidet alleine und für die Minderheit mit. Sie handelt lediglich unter der Restriktion, daß die gemeinschaftlichen Regulierungen, die sie beschließt, in allen Mitgliedstaaten in gleicher Weise angewendet werden müssen.

Vergleicht man die *strategy of raising rivals' costs* (E) mit der Kartellierungsstrategie (C_1C_2), so ist eindeutig, daß die Mehrheit erstere und die Minderheit letztere vorzieht. Außerdem zeigt Abbildung 1, daß E rechts von C_1C_2 liegen kann, also die *strategy of raising rivals' costs* nicht nur bei der Minderheit (2), sondern auch bei der Mehrheit (1) die Regulierungsintensität stärker verschärfen kann, als es die Kartellierung tun würde. Was die Mehrheit angeht, ist dieses Ergebnis allerdings nicht zwingend, es hängt vom Verlauf der Indifferenzkurven ab.

3. Die empirische Evidenz

Die theoretische Analyse liefert verschiedene politisch-ökonomische Erklärungen für die auffallend umfangreiche und gerade seit Ende der achtziger Jahre stark zunehmende Regulierungstätigkeit der Europäischen Union. Werden diese Erklärungsmuster durch empirische Beobachtungen gestützt?

Da Motive nicht beobachtbar sind, können die konkurrierenden Hypothesen nur anhand der Worte und Taten der Akteure überprüft werden. Die Worte von Politikern sind aber u.U. wenig aufschlußreich, weil Politiker – wie andere Menschen auch – sehr oft ein Interesse daran haben, ihre Ziele zu verschleiern. Eine Untersuchung der in den Richtlinien und Redebeiträgen genannten Ziele – also die in der Politikwissenschaft so beliebte Textanalyse – führt daher in der Regel nicht weiter. Taten begehen Politiker, wenn sie über eine Maßnahme oder eine Person abstimmen. Die Evidenz kann sich also nur darauf beziehen, wie die verschiedenen Akteure abstimmen und was von ihnen beschlossen wird.

Für die internationalen Arbeitsmarktregulierungen der ILO stimmen – wie *Boockmann* und *Vaubel* (2005) zeigen – vor allem Delegierte der Länder, die bereits ein hohes nationales Regulierungsniveau aufweisen. Dafür kann es mehrere Gründe geben. Es könnte erstens daran liegen, daß die Politiker und/oder Bürger dieser Länder die betreffenden Regulierungen aus innerer Überzeugung gutheißen und sie daher auf nationaler wie internationaler Ebene verwirklicht sehen möchten. Zweitens scheinen die in die Abstimmungen entsandten Ministerialbeamten meistens Anweisung zu haben, auf internationaler Ebene für dasselbe Regulierungsniveau zu stimmen, das in ihrem Heimatland herrscht. Drittens schließlich könnte die Mehrheit der hochregulierten ILO-Mitgliedstaaten die *strategy of raising rivals' costs* verfolgen. Da die signifikante positive Korrelation zwischen der Zustimmungshäufigkeit in der ILO und der Regulierungsintensität im Heimatland jedoch nur bei solchen Arbeitsmarktregulierungen zu beobachten ist, die kostenträchtig sind und daher die Wettbewerbsfähigkeit beeinflussen, gelingt es den Autoren, die ILO-Mehrheit der *strategy of raising rivals' costs* zu überführen.[19]

Im Fall der europäischen Arbeitsmarktregulierungen stößt diese Methode auf unüberwindliche Hindernisse. Zum einen war die Zahl der EU-Mitgliedstaaten im Untersuchungszeitraum zu klein, um eine solche Querschnittsanalyse durchzuführen. Zum anderen neigt die Minderheit der Regulierungsgegner vermutlich im europäischen Ministerrat weniger als in der Arbeitskonferenz der ILO dazu, ihrem Unmut durch Gegenstimmen und Enthaltungen Luft zu machen. Denn in einem kleinen Gremium wie dem Ministerrat und einer sehr bekannten Organisation wie der EU fallen abweichende Voten stärker auf, und da die EU nicht nur für Arbeitsmarktregulierungen, sondern auch für eine Vielzahl anderer Politikbereiche zuständig ist, sind Vergeltungsmaßnahmen leichter möglich. Ich beschränke mich daher darauf, einige Beispiele zu analysieren. Da Gegenstimmen und Enthaltungen gegen eine kartellarische Interpretation und für die *strategy of raising rivals' costs* sprechen, beginne ich mit vier sozialpolitischen Richtlinien, die der Ministerrat bekanntermaßen nicht einstimmig angenommen hat, und zeige, daß sie die Wettbewerbsfähigkeit der Minderheiten zu beeinträchtigen drohten.

1. Die Richtlinie über Sicherheit und Gesundheitsschutz bei der Arbeit auf Fischereifahrzeugen (1993) wurde bei Enthaltung der britischen und der französischen Regierung beschlossen. Für beide Länder spielt die Seefahrt eine große Rolle. Ihre internationale Wettbewerbsfähigkeit wurde durch die Richtlinie beeinträchtigt. Zumindest die britische Fischerei gilt als wenig reguliert.

2. Die Arbeitszeitrichtlinie (1993) wurde bei Enthaltung Großbritanniens angenommen. Die britische Regierung reichte sogar beim Europäischen Gerichtshof Klage ein. Die britischen Arbeitszeiten liegen über dem EU-Durchschnitt[20] und werden kaum durch nationale Gesetze beschränkt.

3. Die Richtlinie über den europäischen Betriebsrat (1994) wurde bei Enthaltung der portugiesischen Regierung und in Abwesenheit des britischen Vertreters verabschiedet. Die portugiesische Enthaltung kann damit erklärt werden, daß das Land auf ausländische Investoren angewiesen ist und die Richtlinie die ausländischen Investoren

---

[19] Außerdem zeigt sich, daß linke Regierungen signifikant häufiger für die ILO-Konventionen stimmen und daß die Zustimmungswahrscheinlichkeit signifikant negativ von dem Anteil abhängt, den die mit gering qualifizierter Arbeit produzierten Güter an der Ausfuhr des Landes ausmachen.

[20] Zum Beispiel betrug im Jahr 2002 die durchschnittliche Jahresarbeitszeit in Großbritannien 1.546 Stunden, im ungewichteten EU-Mittel aber nur 1.512 Stunden.

abschreckt. Die Abschreckungswirkung ist desto größer, je peripherer die Lage und je kleiner die Volkswirtschaft des kapitalimportierenden Landes ist, denn die Erweiterung eines Europäischen Betriebsrates verursacht entfernungsabhängige Transportkosten sowie fixe Informations- und Transaktionskosten. Daß der britische Vertreter der Abstimmung fernblieb, hat damit zu tun, daß es in Großbritannien kaum staatliche Mitbestimmungsvorschriften gibt und die damalige britische Regierung ebenfalls stark bemüht war, ausländisches Kapital zu attrahieren – auch und gerade aus Ländern außerhalb der EU.

4. Die Richtlinie über Sicherheit und Gesundheitsschutz bei der Benutzung von Arbeitsmitteln (1995) wurde bei Enthaltung der britischen und der italienischen Regierung angenommen. Ich vermute, daß die Richtlinie das Regulierungsniveau in diesen beiden Ländern besonders stark anhob.

Insgesamt ist auffallend, daß die britische Regierung in allen vier Fällen zu denen gehörte, die nicht für die Regulierung gestimmt haben. Das paßt zu der allgemeinen Einschätzung, daß der britische Arbeitsmarkt besonders wenig reguliert ist (vgl. Tabelle 3 im Anhang).

Als nächstes wenden wir uns zwei Richtlinien zu, für die das Protokoll zwar Einstimmigkeit vermerkt, die aber im Verhandlungsprozeß von mindestens einer Regierung vehement bekämpft wurden. Die erste ist die Folgerechtsrichtlinie (2001).[21] Sie verpflichtet den Kunsthandel, ab 2006 einen bestimmten Prozentsatz der Erlöse an die Künstler und ihre Erben abzuführen. Die Regierungen Großbritanniens, Irlands, der Niederlande und Österreichs versuchten nachdrücklich, die Verabschiedung der Richtlinie zu verhindern, denn in diesen Ländern gab es diese Regelung bisher nicht. London (Sotheby's, Christie's usw.), Maastricht und Wien sind Zentren des internationalen Kunsthandels. Das Folgerecht (*droit de suite*) ist eine französische Erfindung (1921), die bald auch in Deutschland, Belgien und anderen europäischen Ländern nachgeahmt wurde. Die EU-Richtlinie wurde vor allem von diesen drei Ländern lanciert.

Das zweite Beispiel dieser Art ist die Richtlinie über die Unterrichtung und Anhörung der Arbeitnehmer (2002). Sie wurde vor allem von den Regierungen Großbritanniens und Irlands bekämpft.[22] Als sich jedoch herausstellte, daß eine Sperrminorität nicht zu erreichen war, stimmten erst die irische und dann auch die britische Regierung zu.[23]

---

[21] Eine ausgezeichnete rechtsökonomische Analyse dieser Richtlinie bieten *Schmidtchen* und *Kirstein* (2001).

[22] „German officials said yesterday Berlin was likely to back the information and consultation law ... Denmark is also wavering, leaving Britain and Ireland the only hardline opponents ... Tony Blair, British prime minister, has pledged his personal opposition to the directive" (*Financial Times*, London, 13.12.00).

[23] „The controversial consultation directive was opposed by Tony Blair's government on the grounds that it interfered with the principle of subsidiarity ... Yesterday's agreement on the consultation directive avoided the isolation of the newly-returned Labour government on the key European issue where it was certain to be outvoted by its partners. Britain was facing defeat after Germany, Ireland and Denmark signalled their willingness to accept a compromise" (*Financial Times*, London, 12.06.01).

Es gibt jedoch auch Beispiele dafür, daß die *strategy of raising rivals' costs* zwar versucht wurde, aber scheiterte. Ein solcher Fall ist der Kommissionsvorschlag einer Richtlinie über Leiharbeit (2002). In diesem Fall gelang es der britischen Regierung mit Unterstützung Irlands, Dänemarks und Deutschlands, eine Sperrminorität zu bilden (*Financial Times*, London, 04.07.03). Durch die Osterweiterung vergrößerte sich die Gruppe der Gegner um Polen und einige andere osteuropäische Länder (*Financial Times*, London, 05.10.04). In Großbritannien ist der Anteil der Leiharbeit (4,7 Prozent im Jahr 2002) am höchsten; zwei Drittel der Leiharbeit in der EU entfallen auf Großbritannien. Als der Vorschlag eines europäischen Verfassungsvertrages, der – wie erwähnt – das oberste Entscheidungsquorum im Ministerrat abgesenkt hätte, von den Franzosen und Niederländern abgelehnt wurde, zog die Kommission diesen Richtlinienentwurf im August 2005 bis auf weiteres zurück.

Der Versuch, durch gemeinschaftliche Regulierungen die Kosten der liberaleren Konkurrenten zu erhöhen, ist natürlich nicht auf die Sozialpolitik beschränkt. Er ist auch im Bereich der Kapitalmarkt- und Umweltregulierung zu erwarten. Die Finanzdienstleistungsrichtlinie (2003) zum Beispiel wurde in der Schlußabstimmung des Ministerrats von den Regierungen Großbritanniens, Irlands, Luxemburgs, Schwedens und Finnlands abgelehnt – ohne Erfolg (*Financial Times*, London, 08.10.03). Drei Viertel des relevanten Marktes entfallen auf die Londoner City. Bei der Regulierung nicht grenzüberschreitender Umweltbelastungen (man denke nur an die diversen Trinkwasserrichtlinien) wird nicht berücksichtigt, daß die Zahlungsbereitschaft der Bürger statistisch signifikant vom Einkommensniveau und anderen lokalen Merkmalen abhängt.[24] Die Chemikalienrichtlinie, die im Dezember 2005 verabschiedet wurde, trifft vor allem den Chemiestandort Deutschland. Es ist fraglich, ob sie auch dann angenommen worden wäre, wenn die Chemieindustrie gleichmäßig über alle Mitgliedstaaten verteilt wäre.

Mittlerweile liegen auch umfassendere Analysen des Abstimmungsverhaltens im Ministerrat vor. Sie beziehen alle Themenbereiche ein. Der Untersuchungszeitraum beginnt 1994. Folgende Ergebnisse sind erwähnenswert:

– Bei 21 Prozent der verabschiedeten Rechtsakte gab es Gegenstimmen oder Enthaltungen (*Mattila* und *Lane* 2001, Tabelle 1).

– Gegenstimmen und Enthaltungen kommen vor allem von Seiten der deutschen, schwedischen und britischen Regierungen (*Mattila* und *Lane* 2001, *Mattila* 2004).

– Am höchsten ist der Anteil der Gegenstimmen und Enthaltungen bei Abstimmungen über die Themen Landwirtschaft (33 %), Binnenmarkt (30 %), Verkehr (27 %), Gesundheit (23 %) und Sozialpolitik (17 %) (*Mattila* und *Lane* 2001, Tabelle 2).

– Die Haupttrennungslinie verläuft zwischen den nord- und den südeuropäischen Mitgliedstaaten (*Beyers* und *Dierickx* 1998, S. 312; *Elgström* et al. 2001, S. 121; *Mattila* und *Lane* 2001, S. 45; *Thomson* et al. 2004, S. 251; *Zimmer* et al. 2005).

---

[24] Vgl. hierzu vor allem die ökonometrischen Untersuchungen von *Sinden* und *Worell* (1979), *Hanley* (1989), *Hampicke* (1991), *Drake* (1992), *Corell* (1994), *Zimmer* (1994, Kap. 5); *Jung* (1996), *Dunlap* und *Mertig* (1996), *Bateman, Langford* und *Rasbasch* (1999).

– Der Dissens zwischen den nordeuropäischen und den südeuropäischen Mitgliedstaaten bezieht sich vor allem auf die Frage ‚Regulierung versus Vertragsfreiheit
und Marktwirtschaft':

> „A clear majority (44 issues or 73 per cent) of the 60 issues where there are significant
> divisions between Northern and Southern delegations concern choices between free-
> market and regulatory alternatives … In general, the Northern delegations tend to support
> more market-based solutions than the Southern delegations" (*Thomson* et al. 2004,
> S. 251, 255 f.).

Wenn Politiker über einen Rechtsakt abstimmen, begehen sie zwar eine Tat, aber
diese kann strategisch motiviert sein; sie enthält dann keine Information über die
wahren Präferenzen. Ein solcher Fall liegt vor, wenn – wie beschrieben – eine Minderheit, die den Beschluß eigentlich ablehnt, mit der Mehrheit stimmt, um diese nicht zu
verärgern oder um der Opposition daheim keine unnötigen Angriffsflächen zu bieten.
Deshalb sind die Gegenstimmen und Enthaltungen nur die Spitze eines Eisbergs, der
weithin sichtbare Teil der Majorisierung. Sieht man von Tauschgeschäften ab, so sagt
ein zustimmendes Votum nur dann etwas über die Präferenzen des Abstimmenden aus,
wenn es für das Zustandekommen der Entscheidung unerläßlich ist, wenn also die Entscheidung mit der knappstmöglichen Mehrheit getroffen wird. Das kommt selten vor.

In Anbetracht dieser Schwierigkeiten hat man nicht nur untersucht, wer wie ab-
stimmt, sondern auch, was die Abstimmenden mit Mehrheit oder einstimmig beschlossen haben. Erhöhen die Richtlinien das Regulierungsniveau nur in einigen wenigen
Mitgliedstaaten, die nicht über eine Sperrminorität verfügen, oder auch in anderen, vielleicht sogar in allen Mitgliedstaaten? Vier sozialpolitische Regulierungen der EU sind
unter diesem Blickwinkel analysiert worden. Die Ergebnisse sind nicht einheitlich:

1. Das Regulierungsniveau der Arbeitszeitrichtlinie ist *niedriger* als das bis dahin geltende Regulierungsniveau der *meisten* Mitgliedstaaten (*O'Reilly* et al. 1996, S. 879).

2. Das Regulierungsniveau der Arbeitsschutzrahmenrichtlinie (1989) ist *höher* als das
   bis dahin geltende Regulierungsniveau der *meisten* Mitgliedstaaten (*Eichener* 1992,
   S. 6; *O'Reilly* et al. 1996, S. 885), und zwar so hoch wie das höchste nationale Regulierungsniveau (*Eichener* 1992, S. 6).

3. Das gleiche gilt für die Bildschirmrichtlinie von 1990 (*Eichener* 1993, S. 214;
   Eichener und *Voelzkow* 1994, S. 393).

4. Das Regulierungsniveau der Maschinenrichtlinie (1989) ist *höher* als das bis dahin
   geltende Regulierungsniveau *aller* Mitgliedstaaten (*Eichener* 1993, S. 212; *Eichener*
   und *Voelzkow* 1994, S. 391).

Die Autoren fassen ihren Befund so zusammen:

> „Der europäische Arbeitsschutz übertrifft in seinen Anforderungen und in der Breite sei-
> ner Geltungsbereiche auch jenen Stand, der bislang in den fortschrittlichsten Mitglieds-
> ländern verankert werden konnte" (Eichener und Voelzkow 1994, S. 386).

Lösen diese Ergebnisse unser Diagnoseproblem? Nein, denn wie die theoretische
Analyse gezeigt hat, ist die Beobachtung, daß das europäische Regulierungsniveau
höher als das Regulierungsniveau des ausschlaggebenden Mitgliedstaats oder sogar aller
Mitgliedstaaten ist, durchaus mit der *strategy of raising rivals' costs* vereinbar: Da der

Wettbewerbsdruck von Seiten der liberaleren Minderheit durch die EU-Regulierung abgebaut wird, wählt die Mehrheit auch für sich selbst ein höheres Regulierungsniveau.

Nur die Gegenstimmen und Enthaltungen der weniger regulierungsfreudigen Minderheit sind ein schlüssiger Beweis – eine hinreichende Bedingung – für die *strategy of raising rivals' costs*. Eine notwendige Bedingung sind sie jedoch nicht.

Wenn die Regulierung nur einstimmig beschlossen werden konnte, scheidet die *strategy of raising rivals' costs* offensichtlich aus, aber ein Regulierungskartell ist möglich.[25]

Literatur

Addison, John T. (2005), Politico-Economic Causes of Labor Regulation in the United States: Rent Seeking, Alliances, Raising Rivals' Costs (Even Lowering One's Own?), and Interjurisdictional Competition, in: *Peter Bernholz* und *Roland Vaubel* (Hg.), Political Competition and Economic Regulation, in Vorbereitung, Routledge, London 2007.

Addison, John T. und *W. Stanley Siebert* (1994), Social Engineering in the European Community: The Social Charter, Maastricht and Beyond, Institute of Economic Affairs, London, Current Controversies, Bd. 6.

Axelrod, Robert (1970), Conflict of Interest, Chicago.

Baldwin, Richard und *Mika Widgren* (2003), Decision-Making and the Constitutional Treaty, Centre for European Policy Studies, CEPS Policy Brief, No. 37.

Bartel, Ann P. und *Lacy Glenn Thomas* (1985), Direct and Indirect Effects of Regulation: A New Look at OSHA's Impact, in: Journal of Law and Economics, Bd. 28, S. 1-25.

Bartel, Ann P. und *Lacy Glenn Thomas* (1987), Predation through Regulation, in: Journal of Law and Economics, Bd. 30, S. 239-264.

Bateman, Ian J., *Ian H. Langford* und *Jon Rasbasch* (1999), Elicitation Effects in Contingent Valuation Studies, in: *Ian J. Bateman* und *Kenneth G. Willis* (Hg.), Valuing Environmental Preferences, Oxford, S. 511-539.

Beyers, Jan C. M. und *Guido Dierickx* (1998), The Working Groups of the Council of the European Union: Supranational or Intergovernmental Negotiations?, in: Journal of Common Market Studies, Bd. 36, S. 289-317.

Boockmann, Bernhard (1999), Europäische Kollektivverhandlungen: Eine positive ökonomische Analyse, Zentrum für Europäische Wirtschaftsforschung, Mannheim, Schriftenreihe, Bd. 37, Baden-Baden.

Boockmann, Bernhard und *Roland Vaubel* (2005), The Theory of Raising Rivals' Costs and Evidence from the International Labour Organization, Universität Mannheim, Manuskript.

---

[25] Es ist unstrittig, daß die folgenden in Tabelle 1 (des Anhangs) genannten Richtlinien einstimmig angenommen werden mußten: Nachweis über Arbeitsverträge (1991), Revisionen der Richtlinie über Massenentlassungen (1992, 1998), Revisionen der Richtlinie über die Wahrung der Arbeitnehmeransprüche bei Betriebsübergang (1998, 2001) und Revisionen der Richtlinie über den Schutz der Arbeitnehmer bei Zahlungsunfähigkeit des Arbeitgebers (2002).

Botero, Juan C., Simeon Djankov, Rafael de la Porta, Florencio Lopez-de-Silanes und *Andrei Shliefer* (2004), The Regulation of Labor, in: Quarterly Journal of Economics, Bd. 118, S. 1339-1382.

Corell, Gerald (1994), Der Wert der 'bäuerlichen Kulturlandschaft' aus der Sicht der Bevölkerung: Ergebnisse einer Befragung, Frankfurt/Main.

Drake, Lars (1992), The Non-Market Value of the Swedish Agricultural Landscape, in: European Review of Agricultural Economics, Bd. 19, S. 351-364.

Dunlap, E. Riley, Angela G. Mertig (1996), Weltweites Umweltbewußtsein:. Eine Herausforderung für die sozialwissenschaftliche Theorie, in: *Andreas Diekmann* und *Carlo J.Jaeger* (Hg.), Umweltsoziologie, Sonderheft 36/1996 der Kölner Zeitschrift für Soziologie und Sozialpsychologie, S. 193-218.

Eichener, Volker (1992), Social Dumping or Innovative Regulation? Processes and Outcomes of European Decision-Making in the Sector of Health and Safety at Work Harmonization, European University Institute, Florence, Working Paper SPS 92/28.

Eichener, Volker (1993), Entscheidungsprozesse bei der Harmonisierung der Technik in der Europäischen Gemeinschaft: Soziales Dumping oder innovativer Arbeitsschutz? in: *Werner Süss* und *Gerhard Becher* (Hg.), Politik und Technologieentwicklung in Europa, Berlin, S. 207-235.

Eichener, Volker und *Helmut Voelzkow* (1994), Europäische Regulierung im Arbeitsschutz, in: *Volker Eichener* und *Helmut Voelzkow* (Hg.), Europäische Integration und verbandliche Interessenvermittlung, Marburg, S. 385-417.

Elgström, Ole, Bo Bjurulf, Jonas Johansson und *Anders Sannerstedt* (2001), Coalitions in European Union Negotiations, in: Scandinavian Political Studies, Bd. 24, S. 111-128.

Faulhaber, Gerald R. (1975), Cross-Subsidization: Pricing in Public Enterprises, in: American Economic Review, Bd. 65, S. 966-977.

Fishback, Price V. (1997), Operations of 'Unfettered' Labor Markets: Exit and Voice in American Labor Markets at the Turn of the Century, National Bureau of Economic Research, Cambridge, Mass., NBER Historical Paper No. 105.

Fishback, Price V. (2005), The Irony of Reform: Did Large Employers Subvert Safety Reform? 1869-1930, National Bureau of Economic Research, Cambridge, Mass., Working Paper No. 11058.

Goldberg, Victor P. (1982), Peltzman on Regulation and Politics, in: Public Choice, Bd. 39, S. 291-297.

Gwartney, James und *Robert Lawson* (2004), Economic Freedom in the World, 2004 Annual Report, Fraser Institute, Vancouver.

Hampicke, Ulrich (1991), Kosten und Wertschätzung des Arten- und Biotopenschutzes, Berlin.

Hanley, Nick (1989), Problems in Valuing Environmental Improvements Resulting from Agricultural Policy Changes, in: *Alex Dubgaard* und *A. Hjortshøj Nielsen* (Hg.), Economic Aspects of Environmental Regulation in Agriculture, Kiel, S. 117-132.

Heller, Thomas (1986), Legal Theory and the Political Economy of American Federalism, in: *Mauro Capelletti, Joseph Weiler, Terence Daintith, Stephen F. Williams* und *Monica Seccombe* (Hg.), Integration through Law: Europe and the American Federal Experience, Berlin und New York, S. 254-317.

Kant, Immanuel (1784/1959), Ideen zu einer allgemeinen Geschichte in weltbürgerlicher Absicht, in *Kurt Rossmann* (Hg.), Deutsche Geschichtsphilosophie von Lessing bis Jaspers, Birsfelden, Basel, S. 42-64.

Körber, Achim (2000), The Political Economy of Environmental Protectionism, Cheltenham.

Jung, Martina (1996), Präferenzen und Zahlungsberetischaft für eine verbesserte Umweltqualität im Agrarbereich, Frankfurt/Main.

Kuhn, Britta (1993), Sozialraum Europa: Zentralisierung oder Dezentralisierung der Sozialpolitik?, Idstein.

Landes, Elisabeth M. (1980), The Effect of State Maximum-Hours Laws on the Employment of Women in 1920, in: Journal of Political Economy, Bd. 88, S. 476-494.

Lange, Peter (1992), The Politics of the Social Dimension, in: *Alberta M.. Sbragia* (Hg.), Euro-Politics, Washington, D.C., S. 225-256.

Loeb, Martin und *Wesley Magat (1979),* A Decentralized Method for Utility Regulation, in: Journal of Law and Economics, Bd. 22, S. 399-404.

Maloney, Michael T. und *Robert E. McCormick* (1982), A Positive Theory of Environmental Quality Regulation, in: Journal of Law and Economics, Bd. 25, S. 99-123.

Marvel, Howard P. (1977), Factory Regulation: A Reinterpretation of Early English Experience, in: Journal of Law and Economics, Bd. 20, S. 379-401.

Mattila, Miko (2004), Contested Decisions: Empirical Analysis of Voting in the European Union Council of Ministers, in: European Journal of Political Research, Bd. 43, S. 29-50.

Mattila, Miko und *Jan-Erik Lane* (2001), Why Unanimity in the Council? A Roll Call Analysis of Council Voting, in: European Union Politics, Bd. 2, S. 31-52.

Michaelis, Peter (1994), Regulate Us, Please! On Strategic Lobbying in Cournot-Nash Monopoly, in: Journal of Institutional and Theoretical Economics, Bd. 150, S. 693-709.

O'Reilly, Jacqueline, Bernd Reissert und *Volker Eichener* (1996), European Regulation of Social Standards: Social Security, Working Time, Workplace Participation, Occupational Health and Safety, in: *Günther Schmid, Jacqueline O'Reilly* und *Klaus Schömann* (Hg.), International Handbook of Labour Market Policy Evaluation, Cheltenham, S. 868-898.

Organization for Economic Cooperation and Development (2004), OECD Employment Outlook, Paris.

Oster, Sharon (1982), The Strategic Use of Regulatory Investment by Industry Subgroups, in: Economic Inquiry, Bd. 20, S. 604-618.

Pashigian, Peter (1984), The Effects of Environmental Regulation on Optimal Plant Size and Factor Shares, in: Journal of Law and Economics, Bd. 27, S. 1-28.

Pashigian, Peter (1985), Environmental Protection: Whose Self-interests are Being Protected?, in: Economic Inquiry, Bd. 23, S. 551-584.

Peltzman, Sam (1976), Toward a More General Theory of Regulation, in: Journal of Law and Economics, Bd. 19, S. 211-271.

Salop, Steven C. und *David T. Scheffman* (1983), Raising Rivals' Costs, in: American Economic Review, Bd. 73, S. 267-271.

Schmidtchen, Dieter und *Roland Kirstein* (2001), Die EU-Richtlinie zum Folgerecht: Eine ökonomische Gesetzesfolgenanalyse, Rechtsschutz und Urheberrechtsschutz, Bd. 104, Heft 10, S. 860-866.

Schuster, Thomas (2001), Europäische oder dezentrale Sozialpolitik? Der Einfluss internationaler Nachfrage- und Präferenzunterschiede, Berlin.

Schuster, Thomas und *Roland Vaubel* (1996), Europäische Sozialpolitik, in: *Renate Ohr* (Hg.), Europäische Integration, Stuttgart etc., S. 173-199.

Sinden, John A. und *Albert C. Worell* (1979), Unpriced Values, New York.

Stigler, George J. (1970), Director's Law of Public Income Redistribution, in: Journal of Law and Economics, Bd. 13, S. 1-10.

Stigler, George J. (1971), The Theory of Economic Regulation, in: Bell Journal of Economics and Management Science, Vol. 2, S. 3-21; wiederabgedruckt in: *George J. Stigler*, The Citizen and the State, Chicago, S. 114-203.

Teske, Paul Eric, Samuel Best und *Michael Mintrom* (1995), Deregulating Freight Transportation, American Enterprise Institute, Washington, D.C.

Thomson, Robert, Jovanka Bourefij und *Frans Stokman* (2004), Actor Alignments in European Decision Making, in: European Journal of Political Research, Bd. 43, S. 237-261.

Vaubel, Roland (1990), Sozialpolitik für mündige Bürger, Baden-Baden.

Vaubel, Roland (1991), Privatisierung als wettbewerbspolitische Aufgabe, in: ORDO, Bd. 42, S. 253-272.

Vaubel, Roland (1993), Das Sozialpolitische Abkommen von Maastricht widerspricht dem Subsidiaritätsprinzip, in: *Lüder Gerken* (Hg.), Europa 2000: Perspektive wohin? Freiburg im Breisgau, S. 107-130.

Vaubel, Roland (1994), Social Regulation and Market Integration: A Critique and Public Choice Analysis of the Social Chapter, in: Aussenwirtschaft, Bd. 50, S. 111-13.

Vaubel, Roland (2006), The Strategy of Raising Rivals' Costs by Federal Regulation under Bismarck, in: *Peter Bernholz* und *Roland Vaubel* (Hg.), Political Competition and Economic Regulation, in Vorbereitung, Routledge, London, 2007.

Zimmer, Christina, Gerald Schneider und *Michael Dobbins* (2005), The Contested Council: The Conflict Dimensions of an Intergovernmental Institution, in: Political Studies, Bd. 53, S. 403-422.

Zimmer, Yalto (1994), Naturschutz und Landschaftspflege: Allokationsmechanismen, Kiel.

Anhang: Tabellen 1-3

Tabelle 1: Sozialpolitische Richtlinien der Europäischen (Wirtschafts-)Gemeinschaft seit 1989

Geregelte Materie	Datum des Ratsbeschlusses	Referenznummer im Amtsblatt
Sicherheit und Gesundheitsschutz bei der Benutzung von Arbeitsmitteln	12.06.89	ABl. L 183 vom 29.06.89 – (89/391/EWG)
Maschinenrichtlinie	14.06.89	ABl. L 183 vom 29.06.89 – (89/392/EWG)
Sicherheit und Gesundheitsschutz in Arbeitsstätten	30.11.89	ABl. L 393 vom 30.12.89 – (89/654/EWG)
Persönliche Schutzausrüstungen	21.12.89	ABl. L 399 vom 30.12.89 – (89/686/EWG)
Bildschirmrichtlinie	29.05.90	ABl. L 156 vom 21.06.90 – (90/270/EWG)
Schutz der Arbeitnehmer vor biologischen Arbeitsstoffen	26.11.90	ABl. L 374 vom 31.12.90 – (90/679/EWG)
Sicherheit und Gesundheitsschutz bei befristeter Leiharbeit	25.06.91	ABl. L 206 vom 29.07.91 – (91/383/EWG)
Nachweis über Arbeitsverträge	14.10.91	ABl. L 288 vom 18.10.91 – (91/533/EWG)
Revision der Richtlinie über Massenentlassungen (1975)	24.06.92	ABl. L 245 vom 26.08.92 – (92/56/EWG)
Sicherheit und Gesundheit an mobilen Baustellen	24.06.92	ABl. L 245 vom 26.08.92 – (92/57/EWG)
Sicherheits- und Gesundheitskennzeichnung	24.06.92	ABl. L 245 vom 26.08.92 – (92/58/EWG)
Schutz schwangerer Frauen	19.10.92	ABl. L 348 vom 28.11.92 – (92/85/EWG)
Revision der Richtlinie über biologische Arbeitsstoffe (1990)	12.10.93	ABl. L 268 vom 29.10.93 – (93/88/EG)
Arbeitszeit	23.11.93	ABl. L 307 vom 13.12.93 – (93/104/EWG)
Sicherheit und Gesundheitsschutz auf Fischereifahrzeugen	23.11.93	ABl. L 307 vom 13.12.93 – (93/103/EG)
Jugendarbeit	22.06.94	ABl. L 216 vom 20.08.94 – (94/33/EG)
Europäische Betriebsräte	22.09.94	ABl. L 254 vom 30.09.94 – (94/45/EG)
Revisionen der Richtlinie über biologische Arbeitsstoffe (1990)	30.06.95 07.10.95 26.11.95	ABl. L 155 vom 06.07.95 – (95/30/EG) ABl. L 282 vom 15.10.97 – (97/59/EG) ABl. L 335 vom 06.12.97 – (97/65/EG)
Revision der Richtlinie über Sicherheit und Gesundheitsschutz bei Benutzung von Arbeitsmitteln	05.12.95	ABl. L 355 vom 30.12.95 – (95/63/EG)
Elternurlaub (Vereinbarkeit von Berufs- und Familienleben)	03.06.96	ABl. L 154 vom 19.06.96 – (96/34/EG)
Entsendung	24.09.96	ABl. L 18 vom 21.01.97 – (96/71/EG)
Revision der Richtlinie über die Gleichbehandlung von Männern und Frauen (1986)	20.12.96	ABl. L 46 vom 17.02.97 – (96/97/EG)
Beweislast bei geschlechtsbedingter Diskriminierung	15.12.97	ABl. L 14 vom 20.01.98 – (97/80/EG)
Teilarbeitszeit	15.12.97	ABl. L 14 vom 20.01.98 – (97/81/EG)
Revision der Maschinenrichtlinie (1989)	22.06.98	ABl. L 207/1 vom 23.07.98 – (98/37/EG)

Revision der Richtlinie über die Wahrung der Arbeitnehmeransprüche bei Betriebsübergang (1977)	29.06.98	ABl. L 201 vom 17.07.98 – (98/50/EG)
Revision der Richtlinie über Massenentlassungen (1975)	20.07.98	ABl. L 225 vom 12.08.98 – (98/59/EG)
Revision der Arbeitszeitrichtlinie (1993)	22.06.00	ABl. L 195 vom 01.08.00 – (00/34/EG)
Gleichbehandlung (Rasse und ethnische Herkunft)	29.06.00	ABl. L 180 vom 19.07.00 – (00/43/EG)
Revision der Richtlinie über biologische Arbeitsstoffe (1990)	18.09.00	ABl. L 262 vom 17.10.00 – (00/54/EG)
Gleichbehandlung in Beschäftigung und Beruf	27.11.00	ABl. L 303 vom 02.12.00 – (00/78/EG)
Revision der Richtlinien über die Wahrung der Arbeitnehmeransprüche bei Betriebsübergang (1977)	12.03.01	ABl. L 82 vom 22.03.01 – (01/23/EG)
Revision der Richtlinie über Sicherheit und Gesundheitsschutz bei der Benutzung von Arbeitsmitteln (1989)	11.06.01	ABl. L 195 vom 19.07.01 – (01/45/EG)
Folgerecht für Künstler	19.07.01	ABl. L 272 vom 13.10.01 – (01/84/EG)
Unterrichtung und Anhörung der Arbeitnehmer	11.03.02	ABl. L 80 vom 23.03.02 – (02/14/EG)
Revision der Richtlinie über Gleichbehandlung von Männern und Frauen (1976)	23.09.02	ABl. L 269 vom 05.10.02 – (02/73/EG)
Revision der Richtlinie über den Schutz der Arbeitnehmer bei Zahlungsunfähigkeit des Arbeitgebers (1980)	23.09.02	ABl. L 270 vom 08.10.02 – (02/74/EG)
Aspekte der Arbeitszeitgestaltung	04.11.03	ABl. L 299 vom 18.11.03 – (03/88/EG)
Gleichbehandlung von Männern und Frauen bei Gütern und Dienstleistungen	13.12.04	ABl. L 373 vom 21.12.04 – (04/113/EG)
Leiharbeit (Kommissionsvorschlag KOM 2002, 701; im August 2005 bis auf weiteres zurückgezogen)		

**Tabelle 2: Vereinbarungen zwischen den Sozialpartnern
auf Gemeinschaftsebene (Art. 139)**

A. Von der Gemeinschaft durchgeführt:

1. Vereinbarung über den Elternurlaub (1995)

2. Vereinbarung über die Teilzeitarbeit (1997)

3. Vereinbarung über befristete Arbeitsverträge (1999)

4. Vereinbarung über die Arbeitszeit von Seeleuten (1998)

5. Vereinbarung über die Arbeitszeit von Wanderarbeitnehmern in der Zivilluftfahrt (2000)

6. Vereinbarung über die Arbeitsbedingungen von Wanderarbeitnehmern bei grenzüberschreitenden Dienstleistungen (2004)

B. Von den Mitgliedstaaten durchgeführt:

1. Vereinbarung über Telearbeit (2002)

2. Vereinbarung über Arbeitsstress (2004)

3. Vereinbarung über den europäischen Führerschein für grenzüberschreitend tätige gewerbliche Kraftfahrer (2004)

Tabelle 3:   Indizes der Arbeitsmarktregulierung

EU-15 ohne Luxemburg, neunziger Jahre

	$OECD^{a)}$	$Botero\ et\ al.^{b)}$	$Gwartney/\ Lawson^{c)}$
Großbritannien	0,9	1,02	6,6
Irland	1,1	1,04	4,9
Dänemark	1,5	0,95	7,6
Finnland	2,1	1,73	3,4
Niederlande	2,2	1,68	3,1
Österreich	2,3	0,80	4,2
Belgien	2,5	1,77	3,6
Deutschland	2,6	1,57	3,2
Schweden	2,6	1,05	3,3
Frankreich	2,8	1,59	3,4
Spanien	3,1	2,18	3,0
Italien	3,4	1,51	2,4
Griechenland	3,5	1,89	4,0
Portugal	3,7	2,36	2,1

Erläuterungen:

a) gewichteter Index für die neunziger Jahre, von 1 (minimale Regulierung) bis 4 (maximale Regulierung).

b) Employment laws index für das Jahr 1997, von 0 (minimale Regulierung) bis 3 (maximale Regulierung).

c) Subindex 5B ii: „Flexibility in Hiring and Firing", Durchschnitt von 1990, 1995 und 2000, von 0 (minimale Flexibilität) bis 10 (maximale Flexibilität).

III.

Sektorspezifische Regulierungen

Klaus Heine und Wolfgang Kerber (Hg.),
Zentralität und Dezentralität von Regulierung in Europa
Schriften zu Ordnungsfragen der Wirtschaft · Band 83 · Stuttgart · 2007

Die Kompetenzen der Europäischen Union in der Rentenpolitik: Wohin geht die Reise?

Martina Eckardt

Inhalt

1. Einleitung

1.1. Problemstellung und Vorgehen

In einer Hinsicht scheint seit einigen Jahren ein EU-weiter Konsens zu bestehen: Sozialpolitik ist und bleibt Sache der Mitgliedstaaten. Sowohl der gültige EU-Vertrag von Nizza aus dem Jahre 2002 als auch der Verfassungsentwurf von 2004 gehen von dieser Prämisse aus. Die Institutionen der Europäischen Union (EU) erhalten keine neuen weitergehenden Kompetenzen in den zentralen sozialpolitischen Feldern der Renten- oder Gesundheitspolitik. Dies ist ein Resultat der in den 1990er Jahren intensiv geführten Diskussion um Harmonisierung versus Dezentralisierung von Sozialstandards (*Schmähl* 2001). Eine wesentliche Schlußfolgerung war, daß aufgrund der Unterschiedlichkeit der verschiedenen nationalen Sicherungssysteme eine Vereinheitlichung nicht zweckmäßig wäre. Zudem haben sich Befürchtungen, daß der Binnenmarkt zu einem *Race to the Bottom* von Sozialstandards führen würde, bislang nicht bewahrheitet.

Jedoch stehen die Alterssicherungssysteme in den meisten Mitgliedstaaten einer Reihe ähnlicher langfristiger Problemlagen gegenüber (*Eckardt* 2005). Neben dem demographischen Wandel lösen auch die hohe Arbeitslosigkeit und der spürbare Druck durch die zunehmende Globalisierung sowie die Flexibilisierung von Beschäftigungsverhältnissen Reformbedarf aus. Die neuen osteuropäischen Mitgliedstaaten stehen zudem vor der – transformationsbedingten – Herausforderung des Auf- bzw. Umbaus adäquater Rentensysteme. Zur Verhinderung der finanziellen Instabilität öffentlicher Rentensysteme und des Anstiegs der Altersarmut sind Reformen der nationalen Alterssicherungssysteme unumgänglich. Im Zuge der Diskussion um die Folgen des demographischen Wandels für die europäischen Wirtschafts- und Sozialsysteme sind so auch die staatlichen Rentensysteme wieder ins Blickfeld der europäischen Ebene gerückt. Zudem hat es in den letzten Jahren auf nationaler Ebene starke Bemühungen zur Stärkung der betrieblichen und privaten Altersvorsorge gegeben. Dadurch wird die Alterssicherung auf eine breitere Grundlage gestellt. Diese auf nationaler Ebene getroffene Entscheidung zugunsten einer stärkeren Nutzung der Finanzmärkte hat nun aber den Einfluß der Europäischen Union erhöht, da die die Finanzmärkte betreffenden Regulierungen mit dem europäischen Wirtschafts- und Wettbewerbsrecht konform gehen müssen. Daneben hat die Einführung der „Offenen Methode der Koordinierung" im Rahmen der – inzwischen modifizierten – Lissaboner Strategie die Rentenpolitik ebenfalls auf die europäische Agenda gesetzt. Gründe genug, sich erneut mit der Frage zu befassen, über welche Kompetenzen die EU in der Rentenpolitik verfügt und ob diese Kompetenzverteilung zweckmäßig ist.[1]

Grundsätzlich läßt sich unterscheiden zwischen Regulierungsaktivitäten der EU, die vor dem Hintergrund ihrer Kompetenz für die Schaffung und Erhaltung eines funktionsfähigen Binnenmarktes getroffen werden und dadurch Einfluß auf die Ausgestaltung einzelner Aspekte eines nationalen Rentensystems gewinnen, und Kompetenzen, die sich aus der „Offenen Methode der Koordinierung" heraus ergeben und damit Einfluß

---

[1] Für eine frühere Analyse vgl. *Eckardt* (2002, 2005).

auf die Rentenpolitik eines Mitgliedslandes erhalten. Kapitel 2 analysiert daher zunächst den Einfluß der EU auf die Regulierung der kollektiven, betrieblichen und privaten Alterssicherung in den Mitgliedstaaten, während in Kapitel 3 die Auswirkungen der „Offenen Methode der Koordinierung" auf die nationale Rentenpolitik erörtert werden. Kapitel 4 faßt die Ergebnisse zusammen. Im folgenden werden zunächst kurz die Ansatzpunkte für Regulierungen der sehr heterogenen Alterssicherungssysteme gegeben (Kapitel 1.2), ehe die Kriterien, anhand derer die Zweckmäßigkeit der vertikalen Kompetenzverteilung bewertet wird, vorgestellt werden (Kapitel 1.3).

1.2. Ansatzpunkte zur Regulierung von Rentensystemen

Ziel von Alterssicherungssystemen ist es, ausreichendes Einkommen zur Sicherung des Lebensunterhaltes im Alter, das heißt nach Austritt aus dem Erwerbsleben zu gewähren. Rentensysteme sollen also Einkommensersatz bieten und gegen das Risiko der Langlebigkeit absichern. Letzteres tritt auf, da die individuelle Lebensdauer nicht vorhersehbar ist, so daß auch das notwendige Ausmaß der individuellen Altersvorsorge durch Sparen nicht bekannt ist und damit die Gefahr einer unzureichenden Eigenvorsorge besteht. Aufgrund des langfristigen Zeithorizonts, unter dem Altersvorsorge betrieben wird, herrscht echte Unsicherheit über die allgemeine wirtschaftliche und politische Entwicklung. Zusätzlich liegen vielfältige Informationsunvollkommenheiten und -asymmetrien vor, die die Handlungsspielräume der betroffenen Akteure beschränken. Daher stellen Alterssicherungsprodukte aufgrund des langen damit verbundenen Zeithorizonts und der damit verknüpften Risiken und Ungewißheiten Erfahrungs- und Vertrauensgüter dar. Dies ist unabhängig davon, ob die Alterssicherung durch ein staatliches, betriebliches oder privates Rentensystem erfolgt. Der Staat greift auf vielfältige Weise in die verschiedenen Säulen eines nationalen Rentensystems ein. Neben den bereits erwähnten Marktversagensgründen spielen hier auch Verteilungsziele eine wichtige Rolle.

Ansatzpunkte für Regulierungseingriffe lassen sich systematisieren, wenn man die Konstruktionsprinzipien der einzelnen Säulen eines Rentensystems betrachtet (Abbildung 1). Gestaltungsspielräume existieren grundsätzlich bei der Frage, ob ein spezifisches Rentensystem allein der Armutsvermeidung oder aber der Lebensstandardsicherung im Alter dienen soll. Zudem ist festzulegen, ob neben der Einkommenssicherung andere Risiken wie die Hinterbliebenen- oder Erwerbsunfähigkeitssicherung abgedeckt werden sollen. Daneben kann sich der erfaßte Personenkreis auf die gesamte Wohnbevölkerung eines Landes, aber auch nur auf spezielle nach sozio-ökonomischen Kriterien festgelegte Gruppen beziehen (zum Beispiel abhängig Beschäftigte, Beamte, Landwirte etc.). Die Mitgliedschaft in einem System kann dabei obligatorisch oder freiwillig sein. Was die Finanzierung der späteren Leistungen angeht, so bestehen bezüglich der Art (Steuern, Beiträge, Prämien), der Träger (Steuerzahler, Arbeitnehmer, Arbeitgeber), der tariflichen Ausgestaltung und der Verfahren (Umlage- und/oder Kapitaldeckungsverfahren) vielfältige Gestaltungsmöglichkeiten. Gleiches gilt für die Leistungen, die sich nach Art (monetäre Leistungen, Sachleistungen, soziale Dienste), Niveau und Ausgestaltung (linear, progressiv, degressiv) unterscheiden können. Die Anrechnung von Nicht-Beitragszeiten ist ein weiterer zentraler Einflußparameter. Schließlich ergeben sich auch aus der Organisationsform eines Systems, das sich eher politischadministrativer Verwaltung oder der Marktkoordination bedienen kann, sowie der Entscheidung für eine bestimmte Trägerstruktur eine Vielzahl unterschiedlicher Regulierungsmöglichkeiten und -notwendigkeiten.

Abbildung 1: Konstruktionsprinzipien von Rentensystemen

Prinzipien	*Ausgestaltungsformen*
Ziele	- Armutsvermeidung - Lebensstandardsicherung
Sachliche Reichweite: abgedeckte Risiken	- Einkommenssicherung im Alter - Hinterbliebenensicherung - Erwerbsunfähigkeitssicherung
Personelle Reichweite: erfaßter Personenkreis	- Abgrenzung nach sozioökonomischen Kriterien (Familienstand, Alter, sozio-ökonomischer Status) - Obligatorische vs. freiwillige Mitgliedschaft
Finanzierung	- Art: Steuern, Beiträge - Träger: Arbeitnehmer, Arbeitgeber, Steuerzahler - Ausgestaltung: linear, degressiv, progressiv; mit Deckelung - Verfahren: Umlageverfahren und/oder Kapitaldeckungsverfahren
Leistungen	- Art: monetäre Leistungen, Sachleistungen, soziale Dienste - Niveau - Ausgestaltung: linear, progressiv, degressiv über die Zeit / zwischen den Einkommensklassen - Anrechnung von Nicht-Beitragszeiten (Arbeitslosigkeit, Kindererziehung etc.)
Organisation	- Träger: öffentlich-rechtlich, privat - Administrative Steuerung; Marktkoordination

Quelle: Eigene Zusammenstellung nach *Schäfer* (1983).

Diese kurze Aufzählung gibt bereits einen ersten Hinweis auf die vielfältigen Gestaltungsmöglichkeiten von Rentensystemen. Nicht verwunderlich ist es daher auch, daß sich die im Zeitablauf herausgebildeten nationalen Alterssicherungssysteme jeweils aus einer Vielzahl unterschiedlicher Teilsysteme zusammensetzen. Dennoch lassen sie sich nach ihrer grundlegenden strukturellen Ausgestaltung als dem *Bismarck*- oder *Beveridge*-Typ zugehörig einordnen (*Bonoli* 2000; *Esping-Anderson* 1990).[2] Während bei *Bismarck*-Systemen die erste Säule der staatlichen Alterssicherung – idealtypisch – dem Ziel der Lebensstandardsicherung folgt und nach dem Versicherungsprinzip gestaltet ist, dient bei *Beveridge*-Systemen die erste Säule primär dem Ziel der Armutsvermeidung im Alter und ist auf dem Versorgungsprinzip aufgebaut. Entsprechend geringer ist daher der Anteil von Einkommen aus der öffentlichen Alterssicherung im Alter und um so höher der Anteil aus der betrieblichen und privaten Alterssicherung, die der Aufrechterhaltung des Lebensstandards dienen. Umgekehrt verhält es sich bei Alterssicherungssystemen des *Bismarck*-Typs.

Staatliche Rentenpolitik kann grundsätzlich Einfluß auf die *strukturelle* und auf die *parametrische* Gestaltung eines nationalen Rentensystems nehmen. Bei ersterer bestimmt sie die relative Bedeutung, die den einzelnen Säulen der öffentlichen betrieb-

---

[2] Für eine detailliertere Typologisierungen vgl. *SPC* (2005).

lichen und privaten Vorsorge für die Einkommenssicherung im Alter zukommen soll. Bei letzterer reguliert sie die Ausgestaltung der einzelnen Säulen und ihrer Teilsysteme. Reformen der nationalen Alterssicherungssysteme waren in den meisten Mitgliedstaaten in den letzten Jahren primär parametrischer Art (*Feldstein* und *Siebert* 2002; *Holzmann, MacKellar* und *Rutkowski* 2003). Im Mittelpunkt standen vor allem die Verlängerung der Lebensarbeitszeit, Leistungskürzungen sowie die stärkere Nutzung kapitalgedeckter Systeme durch Förderung der betrieblichen und privaten Alterssicherung, die im Gegensatz zur öffentlichen Alterssicherung meist auf dem Kapitaldeckungsverfahren beruht. Strukturelle Reformen wurden dagegen vor allem in den osteuropäischen Mitgliedstaaten vorgenommen, was vor dem Hintergrund des Transformationsprozesses der dortigen Volkswirtschaften zu sehen ist (*Müller* 1999, 2003).

Während bislang nominell die Kompetenz für die strukturelle wie parametrische Veränderung von Rentensystemen allgemein auf nationaler Ebene liegt, stellt sich die Frage, ob es nicht auch Gründe gibt, die für die Verlagerung von Kompetenzen auf die zentrale Ebene der Europäischen Union sprechen. Im nächsten Kapitel werden kurz Kriterien zur vertikalen Kompetenzverteilung vorgestellt, die die Basis für die weitere Analyse bilden.

1.3. Kriterien zur Beurteilung der vertikalen Kompetenzverteilung zwischen nationaler und EU-Ebene

Begründungen der vertikalen Kompetenzverteilung im Rahmen der Rentenpolitik finden sich in einer Reihe von ökonomischen Ansätzen (Abbildung 2). So steht die Koordinationsfunktion des Marktes wie auch dezentraler politischer Kompetenzverteilungen im Mittelpunkt wohlfahrtsökonomischer Ansätze (*Tiebout* 1956; *Oates* 1972, 1999; *Gordon* 1983; *Feld* 2000; *Wellisch* 2000; *Sinn* 2003). Der Fokus liegt hierbei auf der Verhinderung oder Begrenzung von Marktversagen, um die Koordinationsfunktion des Marktmechanismus und damit eine effiziente Ressourcenallokation zu gewährleisten. Auch Regulierungskompetenzen sollen dann zentralisiert werden, wenn anderenfalls durch dezentrale politische Kompetenzverteilung mit Ineffizienzen zu rechnen ist. Als Kriterien für eine Zentralisierung lassen sich folgenden Gründe anführen (*Feld* und *Kerber* 2006): (räumliche und fiskalische) Externalitäten, Skalenerträge im Konsum sowie Transaktionskostenersparnisse bei zentraler Regulierung, Informationsprobleme auf der dezentralen Ebene, staatliche Umverteilung über das Einkommenssteuersystem, strategisches Verhalten und zudem allgemein die Schaffung einheitlicher Wettbewerbsbedingungen. Für eine dezentrale Kompetenzverteilung sprechen dagegen in erster Linie die Heterogenität der Präferenzen der von Regulierungen betroffenen Personen und die Verfolgung von Umverteilungszielen.

Im Mittelpunkt polit-ökonomischer Ansätze steht dagegen primär die Kontrollfunktion des Marktmechanismus, die aber auch bei einer dezentralen Kompetenzverteilung unterstellt wird (*Brennau* und *Buchanan* 1980; *Weingast* 1995; *Breton* 1996; *Besley* und *Coate* 2003; *Mueller* 2003). Nicht die Verhinderung oder Begrenzung von Marktversagen, sondern von Staats- oder Politikversagen, *Rent seeking* und Lobbyismus ist das primäre Ziel der Kompetenzverteilung. Der Fokus liegt dabei vor allem darauf, die Möglichkeiten zu ungerechtfertigten Umverteilungen im politischen Prozeß zu verhindern. Aufgrund der größeren Informationsunvollkommenheiten bei zentraler Kompetenzzuteilung wird hier generell eine dezentrale Zuordnung präferiert. Als Gründe lassen sich niedrigere politische Informationskosten und damit auch geringere Informationsasymmetrien nennen. Da sich Bürger und Politiker in einer Prinzipal-Agenten-Beziehung befinden, läßt sich dadurch auch die Möglichkeit der Ausnutzung von Informationsvorsprüngen durch Politiker (= Agenten) besser kontrollieren. Politische Transaktionskosten sowie die Verhinderung von *Rent seeking*-Aktivitäten kann dagegen sowohl für eine dezentrale als auch für eine zentrale Kompetenzzuteilung sprechen. So kann der Einfluß von Interessengruppen, die sich wegen geringerer Organisationskosten aufgrund ihrer geringeren Mitgliederzahl und homogener Interessen auf dezentraler Ebene besser organisieren können, durch eine Kompetenzverlagerung auf die zentrale Ebene tendenziell begrenzt werden. Durch eine Zentralisierung von Kompetenzen lassen sich auch die an nationalen Wahlterminen ausgerichteten Eigeninteressen von Politikern der dezentralen Ebene verringern. Die Verlagerung von Kompetenzen auf die zentrale Ebene bedeutet damit eine Erhöhung der Glaubwürdigkeit, diskretionäre Handlungsspielräume werden reduziert. Allerdings besteht natürlich umgekehrt das Risiko, daß es zu verstärkten *Rent seeking*-Aktivitäten auf der zentralen Ebene kommt. Daher lassen sich hier keine allgemeinen Aussagen treffen, so daß der spezifische Einzelfall zu untersuchen ist.

Abbildung 2: Kriterien für vertikale Kompetenzverteilung

	Wohlfahrtsökonomische Ansätze	Polit-ökonomische Ansätze	Evolutionsökonomische Ansätze
Fokus	Effizienz	Verteilung	Innovationen
Zentrale Wettbewerbsfunktion	Koordination	Kontrolle	Entdeckung
Ziel der Kompetenzverteilung	Verhinderung/ Begrenzung von Marktversagen	Verhinderung/ Begrenzung von Politikversagen	Förderung von Innovationen und ihrer Diffusion
Gründe für *dezentrale* **Kompetenzverteilung**	– Heterogene Präferenzen	– Politische Informationskosten – Verhinderung von Rent-seeking – Politische Transaktionskostenersparnisse	– Dezentrales Wissen über Probleme und ihre Lösungen – Adaptive Flexibilität
Gründe für *zentrale* **Kompetenzverteilung**	– Externalitäten – Skalenerträge – Transaktionskostenersparnisse – Informationsunvollkommenheiten – Strategisches Verhalten – Einheitliche Wettbewerbsbedingungen	– Verhinderung von Rent-seeking – Politische Transaktionskostenersparnisse	– Kostenersparnisse bei Innovationen (z. B. Skalenerträge, Mehrfachforschung) – Förderung von Innovationen und ihrer Diffusion – Überwindung von Reformblockaden

Quelle: Eigene Zusammenstellung.

Evolutionsökonomische Ansätze schließlich stellen auf die Entdeckungsfunktion des Marktmechanismus wie auch dezentraler politischer Kompetenzverteilung ab (*Kerber* 2005; *Hayek* 1978; *Slembeck* 2003). Sie berücksichtigen, daß das vorhandene Wissen um optimale politische Regulierungen nur beschränkt ist. Daher betonen sie die Notwendigkeit, Anreize zum Ausprobieren politischer Neuerungen zu setzen sowie die Diffusion erfolgreicher Innovationen zu fördern. Für eine dezentrale Kompetenzverteilung spricht dabei, daß Wissen über politische Probleme wie auch Lösungsmöglichkeiten primär dezentral vorliegt und sich nur begrenzt zentralisieren läßt. Zudem erhöht eine dezentrale Struktur die adaptive Flexibilität politischer Systeme. Allerdings zeigt die ökonomische Innovationsforschung, daß es auch Gründe gibt, die für eine Zentralisierung von Kompetenzen sprechen. So lassen sich durch Zentralisierung Kostenersparnisse im Innovationsprozeß erzielen, da Skaleneffekte genutzt und Mehrfachforschungen verhindert werden können. Auch die mit Innovationen und ihrer Diffusion verbundenen Externalitäten können für zentrale Kompetenzzuordnungen sprechen. Und schließlich kann eine Zentralisierung auch zur Überwindung dezentraler Reformblockaden beitragen. Auf nationaler Ebene kann es aufgrund von Pfadabhängigkeiten zu *Lock-in*-Situationen kommen, die aufgrund der politischen Machtverteilung dort nicht aufgehoben werden können. Durch eine Zentralisierung der Kompetenzen kommen neue Akteure ins Spiel, die zur Entwicklung neuartiger politischer Handlungsmöglichleiten beitragen können. Letztlich kann dies zur Überwindung nationaler *Lock-in*-Effekte beitragen (*Eckardt* 2005).

2. Der Einfluß der EU auf die Rentensysteme der Mitgliedstaaten

Im folgenden wird für die drei Säulen der öffentlichen, betrieblichen und privaten Alterssicherung untersucht, inwieweit hier die EU Einfluß auf die jeweilige Ausgestaltung nimmt und wie dies vor dem Hintergrund der oben dargelegten Systematisierung zur Beurteilung der vertikalen Kompetenzverteilung zu bewerten ist. Während sich private und betriebliche Rentensysteme primär des Marktmechanismus bedienen, sind öffentliche Rentensysteme Teil der nationalen Umverteilungssysteme, die administrativ gesteuert werden.

2.1. Öffentliche Alterssicherung

Zu den Systemen der ersten Säule der öffentlichen Alterssicherung gehören sowohl steuerfinanzierte Versorgungssysteme wie in Dänemark als auch beitragsfinanzierte Sozialversicherungssysteme wie die Gesetzliche Rentenversicherung in Deutschland. Beiden gemeinsam ist, daß sie für den Großteil der Bevölkerung obligatorisch sind und die Grundlage für die Erzielung von Einkommen im Alter bilden. Steuerfinanzierte Versorgungssysteme zielen dabei auf eine Mindestsicherung, beitragsfinanzierte Sozialversicherungssysteme dagegen auf eine Lebensstandardsicherung. Die EU nimmt auf diese Systeme der öffentlichen Alterssicherung durch das sogenannte koordinierende europäische Sozialrecht Einfluß. Dieses beruht noch primär auf der sogenannten Wanderarbeitnehmer-Verordnung von 1971 (*Ministerrat* 1971) sowie einer umfassenden Rechtsprechung des Europäischen Gerichtshofes (EuGH). Vorrangiges Ziel ist die Durchsetzung der Freizügigkeit von Arbeitnehmern in der Europäischen Union. Aufgrund der unterschiedlichen Rentensyteme der Mitgliedstaaten ergibt sich eine Vielzahl von häufig individuellen Abstimmungsproblemen für Arbeitnehmer, die in verschiedenen Mitgliedstaaten erwerbstätig waren, wenn sie ihre Rentenansprüche wahrnehmen wollen. Aufgabe des koordinierenden Sozialrechts ist es, zu gewährleisten, daß solche Arbeitnehmer gegenüber nicht-mobilen Arbeitnehmern weder bevorzugt noch benachteiligt werden. Dabei gilt in der Regel das Sozialrecht des Beschäftigungsstaates, auch wenn sich der Wohnsitz in einem anderen Mitgliedsland befindet. Monetäre Leistungen – und damit Rentenzahlungen – sind grundsätzlich exportierbar. Rentenansprüche aus der Mitgliedschaft in unterschiedlichen Rentensystemen sollen so miteinander verrechnet werden, daß es trotz unterschiedlicher Anrechnungs- und Anwartschaftszeiten der einzelnen Systeme zu keiner Benachteiligung oder Begünstigung der Wanderarbeitnehmer kommt. Um das inzwischen durch zahlreiche Änderungen und eine umfangreiche Einzelfallrechtsprechung des EuGH ausufernde koordinierende Sozialrecht zu straffen, wurde nach langjährigen Verhandlungen 2004 eine neue Verordnung verabschiedet (*Ministerrat* 2004). Diese wird jedoch erst mit Annahme einer Durchführungsverordnung, für die seit Januar 2006 ein Kommissionsvorschlag vorliegt, in Kraft treten. Wesentliche Neuerung hierbei ist, daß sie nun auf alle Staatsangehörigen Anwendung finden wird, nicht mehr nur auf Erwerbspersonen, und daß – im Bereich der Alterssicherung – nun auch gesetzliche Regelungen zum Vorruhestand einbezogen sind.

Daneben hat die zentrale EU-Ebene durch die Einführung der Europäischen Währungsunion zusätzlichen Einfluß auf die öffentlichen Alterssicherungssysteme der Mitgliedstaaten gewonnen. Der Stabilitäts- und Wachstumspakt sieht vor, daß sich das jährliche Defizit der öffentlichen Haushalte auf maximal 3 % des Bruttoinlandsprodukts (BIP) belaufen und daß die öffentliche Gesamtverschuldung nicht mehr als 60 % des BIP betragen darf. Zu den öffentlichen Haushalten zählen auch die Sozialversicherungen. Daher haben sowohl die Belastungen durch steuerfinanzierte als auch durch beitragsfinanzierte öffentliche Rentensysteme Einfluß darauf, ob ein Mitgliedsland die Kriterien des Stabilitäts- und Wachstumspaktes erfüllt. Auch wenn öffentliche Alterssicherungssysteme bislang noch nicht zur Überschreitung der Defizitkriterien geführt haben, ist dies vor dem Hintergrund der durch hohe Arbeitslosigkeit und den demographischen Wandel bedingten Finanzierungsprobleme für die Zukunft weder für steuer- noch für beitragsfinanzierte öffentliche Alterssicherungssysteme ausgeschlossen.

Schließlich hat sich der Europäische Gerichtshof (EuGH) auch mit der Frage befaßt, ob gesetzliche Rentenversicherungsträger als Unternehmen im Sinne des EG-Vertrages zu betrachten sind. Wäre dies der Fall, würden sie dem europäischen Wettbewerbsrecht unterliegen, so daß sowohl das Mißbrauchsverbot für marktbeherrschende Unternehmen als auch das staatliche Beihilfenverbot Anwendung fänden. Dies hätte zum Beispiel Auswirkungen auf von den Rentenversicherungsträgern der deutschen Gesetzlichen Rentenver-sicherung betriebene Rehabilitationseinrichtungen, die auch in Konkurrenz zu privaten oder gemeinnützigen Einrichtungen geführt werden. Nach der Rechtsprechung des EuGH gelten öffentliche Rentenversicherungsträger jedoch so lange nicht als Unternehmen, solange die Zielsetzung der Solidarität in dem jeweils betrachteten Rentensystem dominiert. Dies ist dann der Fall, wenn Finanzierungs- und Leistungsseite starke Umverteilungselemente aufweisen und die Organisation der Leistungserstellung nicht über den Markt, sondern primär durch administrative Steuerung erfolgt (*Eckardt* 2002).

Die EU hat damit entgegen der nominellen Festlegung, daß Rentenpolitik allein in der Kompetenz der Mitgliedstaten liegen würde, sehr wohl auch Einfluß auf die erste Säule der öffentlichen Alterssicherung. Wie ist dies nun zu bewerten? Das koordinierende europäische Sozialrecht dient primär der Durchsetzung der Grundfreiheiten und hier insbesondere der Freizügigkeit der Arbeitnehmer. Es soll gleichen Marktzugang für Arbeitnehmer aus verschiedenen Mitgliedsländern unabhängig von ihrem Herkunftsland sicherstellen und somit einheitliche Wettbewerbsbedingungen schaffen. Die Einbeziehung der öffentlichen Sozialversicherungssysteme zur Festlegung der Defizitgrenze im Rahmen des Stabilitäts- und Wachstumspaktes gilt der Verhinderung negativer Externalitäten. Durch übermäßige Schuldenaufnahme einzelner Mitgliedstaaten bestünde die Gefahr, daß sich dadurch die Inflationsrate im Euro-Raum erhöht. Finanzierungsprobleme einzelner Rentensysteme müßten dann auch von anderen Mitgliedstaaten in Form höherer Preise oder höherer Zinsen (bei einer restriktiven Geldpolitik der Europäischen Zentralbank) mitgetragen werden. Das europäische Wettbewerbsrecht schließlich dient ebenfalls der Schaffung und Erhaltung eines funktionsfähigen Binnenmarktes. Der Frage, ob öffentliche Rentenversicherungträger als Unternehmen im Sinne des europäischen Rechts zu betrachten sind, kommt insbesondere dann eine stärkere Bedeutung zu, wenn wettbewerbliche Elemente in den öffentlichen Rentensystemen gestärkt werden, so daß es zu Konkurrenz zwischen öffentlichen und privaten Anbietern kommt.

Daher lassen sich diese Einwirkungsmöglichkeiten der EU auf die öffentlichen Rentensysteme entsprechend der in Kapitel 1.3. vorgelegten Kriterien zur (de-)zentralen Kompetenzverteilung zwischen nationaler und EU-Ebene auf Basis wohlfahrtsökonomischer Ansätze rechtfertigen. Sie begrenzen die Handlungsmöglichkeiten nationaler Regierungen, allerdings primär zur Schaffung und Erhaltung eines funktionsfähigen Binnenmarktes und zur Verhinderung von negativen Externalitäten. Weder ist mit ihnen ein zunehmender Einfluß von Interessengruppen noch eine Begrenzung nationaler Innovationsfähigkeit verbunden. Daher steht dieser Kompetenzverteilung auch aus polit- bzw. evolutionsökonomischer Sicht nichts entgegen.

2.2. Betriebliche Alterssicherung

Systeme der zweiten Säule der betrieblichen Alterssicherung weisen sich durch eine große Gestaltungsvielfalt sowohl innerhalb als auch zwischen den Mitgliedstaaten aus (*SPC* 2005). Generell sind sie an ein Beschäftigungsverhältnis gebunden. Sie sind sowohl freiwilliger als auch obligatorischer Art und können auf Unternehmens-, Branchen- und/oder berufsständischer Ebene organisiert sein. Zudem unterscheiden sie sich stark in ihrer sozial-, steuer- und bilanzrechtlichen Ausgestaltung. Die Bedeutung der betrieblichen Alterssicherung für die Einkommenserzielung im Alter variiert in den Mitgliedstaaten sehr stark auch im Hinblick auf ihr relatives Gewicht für die Erzielung von Alterseinkommen. In Mitgliedstaaten, in denen die erste Säule der öffentlichen Alterssicherung primär der Armutsvermeidung durch eine steuer- oder beitragsfinanzierte Grundsicherung dient, kommt der betrieblichen Alterssicherung die Aufgabe der Lebensstandardsicherung zu. In diesen Mitgliedstaaten ist sie daher im allgemeinen

auch obligatorischer Art. Hier sind sehr unterschiedliche Organisationsformen vorzu-
finden. So dominieren in einigen Staaten eher branchenweite Systeme, die zwischen
Arbeitgeberverbänden und Gewerkschaften ausgehandelt werden, während in anderen
die betriebliche Alterssicherung auf Unternehmensebene, also direkt zwischen Arbeitgeber und Beschäftigten angesiedelt ist. Im Gegensatz dazu ist die betriebliche Alterssicherung in Mitgliedstaaten mit einer starken ersten Säule bislang vorwiegend ergänzender Natur. So war sie zum Beispiel für deutsche Unternehmen lange weniger ein
Instrument der Altersvorsorge als primär ein Instrument der betrieblichen Personalpoli-
tik, mit Hilfe derer qualifizierte Mitarbeiter langfristig an das Unternehmen gebunden
werden sollten. Entsprechend ihres zusätzlichen Charakters ist sie für die potentiellen
Adressaten nicht obligatorisch.[3] Ausgehend hiervon wird vor dem veränderten rentenpolitischen Hintergrund (Stärkung zusätzlicher Altersvorsorge angesichts des demographischen Wandels) nun primär zu Transfers und Subventionen gegriffen, um die freiwillige Ausweitung der betrieblichen Altersvorsorge zu fördern. Diese Maßnahmen
setzen sowohl auf der Unternehmens- wie auf der Beschäftigtenseite an, indem entsprechende Ausgaben bilanz- und steuerwirksam geltend gemacht werden können bzw.
zusätzlich staatliche Transfers geleistet werden.

Die EU nimmt bislang nur sehr begrenzt Einfluß auf die betriebliche Alterssicherung. So findet auch hier für bestimmte obligatorische Betriebsrentensysteme das
koordinierende Sozialrecht Anwendung. Daneben wurde 2003 nach langjährigen Verhandlungen eine Pensionsfonds-Richtlinie (Pensionsfonds-RL) verabschiedet (*Ministerrat* 2003a). Pensionsfonds spielen vor allem in Großbritannien und den Niederlanden
eine wichtige Rolle, sowohl für die Einkommenserzielung im Alter als auch als institutionelle Investoren auf dem Finanzmarkt. Mit der Pensionsfonds-RL soll ein einheitlicher EU-weiter Markt für betriebliche Pensionsfonds geschaffen werden. Aufgrund
der potentiellen Bedeutung von Pensionsfonds für den europäischen Finanzmarkt ist
diese Richtlinie daher auch wesentlich vor dem Hintergrund finanzmarktpolitischer und
nicht nur rentenpolitischer Ziele zu sehen. Die grundlegenden Regelungen entsprechen
dabei weitgehend dem angelsächsischen Finanzmarktkonzept. Als Folge dieser Richtlinie wurden Pensionsfonds nun auch in Deutschland, wo sie bislang nicht zugelassen
waren, als zusätzliche staatlich geförderte Form der betrieblichen Alterssicherung neben
Direktversicherungen, Pensionskassen, Unterstützungskassen und rückgedeckte Pen-
sionszusagen eingeführt.

Daneben spiegelt sich die gewandelte Bedeutung, die der betrieblichen Alterssicherung aus rentenpolitischer Sicht beigemessen wird, in einer Reihe von Bemühungen wider, die Übertragbarkeit daraus resultierender Ansprüche bei inner- wie
zwischenstaatlichem Arbeitsplatzwechsel zu verbessern und daraus resultierende Mobilitätshemmnisse zu verringern (*Kommission* 2005a, S. 56-60). Aufgrund der Vielzahl
unterschiedlicher betrieblicher Rentensysteme und ihrer starken Verwobenheit mit dem
jeweiligen nationalen Steuer-, Bilanz- und Sozialrecht ist dies ein technisch anspruchs-
volles Unterfangen. In Ergänzung zu einer Richtlinie (*Ministerrat* 1998), die sich allein

---

[3]   Dem steht natürlich nicht entgegen, daß in Tarifverträgen umfassende Regelungen zur betrieblichen Altersicherung eingeführt wurden.

auf die Wahrung der Ansprüche bei zwischenstaatlichem Arbeitsplatzwechsel bezieht, legte die Kommission im Herbst 2005 einen erneuten RL-Vorschlag zur Portabilität von Zusatzrentenansprüchen vor (*Kommission* 2005b). Dieser schließt nun neben der Gewährleistung ihres Erwerbs und ihrer Übertragbarkeit bei zwischenstaatlichem Arbeitsplatzwechsel auch die Wahrung von Ansprüchen bei innerstaatlichem Arbeitsplatzwechsel ein. Letzteres wird vor allem mit den Nachteilen begründet, die „zugewanderte" Unternehmen ansonsten bei der Rekrutierung qualifizierten Personals hätten, da sie dieses in der Regel von bereits etablierten innerstaatlichen Unternehmen abwerben müssen.

2001 hat die Kommission zudem eine Reihe von Mobilitätshindernissen durch Betriebsrenten aufgrund der steuerlichen Behandlung sowohl von Beiträgen als auch von Rentenleistungen identifiziert (*Kommission* 2001). So hat sie rechtliche Schritte gegen Mitgliedstaaten eingeleitet, die keine steuerliche Abzugsfähigkeit von Beiträgen zulassen, wenn diese an betriebliche Rentensysteme in andere Mitgliedstaaten geleistet werden. Daher hat eine Reihe von Mitgliedstaaten angekündigt, ihre derartigen Praktiken und/oder Regelungen ändern zu wollen. Daneben ergeben sich Probleme aufgrund der Doppelbesteuerungen von Beiträgen und Leistungen, u.a. auch in Deutschland. Die *European Federation for Retirement Provision* kündigte im April 2005 an, diesbezüglich eine formelle Beschwerde bei der Kommission einzureichen (*Kommission* 2005a, S. 58-60).

Sowohl die Regelungen der Pensionsfonds-RL als auch diejenigen zur Portabilität von Ansprüchen aus der betrieblichen Alterssicherung zielen primär auf die Schaffung eines Binnenmarktes mit einheitlichen Wettbewerbsbedingungen. Sie dienen in erster Linie der Niederlassungs- und Dienstleistungsfreiheit. Daher lassen sich die damit verbundenen Eingriffe in die nationale Gestaltungsfreiheit der betrieblichen Alterssicherung auf Basis wohlfahrtsökonomischer Argumente rechtfertigen. Da diese Regelungen zudem nur Rahmenbedingungen setzen, sind sie auch aus polit- und evolutionsökonomischer Sicht nicht zu kritisieren. Durch die einheitliche Regelung kommt es zu politischen Transaktionskostenersparnissen. Da nur formale, nicht aber inhaltliche Vorschriften gemacht werden, wird auch die Innovationsfähigkeit in diesem Bereich nicht eingeschränkt. Deutlich wird aber auch, daß es gerade aufgrund der großen Bedeutung des nationalen Bilanz-, Steuer- und Sozialrechts für die Ausgestaltung der betrieblichen Altersvorsorge zu Konflikten zwischen dem Ziel der Durchsetzung eines einheitlichen Binnenmarktes und der nationalen Souveränität bei der Gestaltung der betrieblichen Alterssicherung kommen kann.

2.3. Private Alterssicherung

Die individuelle Vorsorge stellt die dritte Säule der Alterssicherung dar. Neben individuellem Sparen und Geldanlagen in Investmentfonds sind hier vor allem private Kapitallebens- und Rentenversicherungen zentral. Durch steuerliche Anreize wird auch von staatlicher Seite versucht, diese Form der freiwilligen Altersvorsorge zu fördern (vgl. zum Beispiel die *Riester*-Rente in Deutschland). Die Versicherungsmärkte unterliegen direkt dem europäischen Recht, insbesondere gewährleistet es Niederlassungs- und Dienstleistungsfreiheit (*Ministerrat* 2002a). Seit dem Inkrafttreten einer dritten Richtliniengeneration für Lebens- und Nicht-Lebensversicherungsunternehmen im Jahr 1994 existiert ein einheitlicher europäischer Rechtsrahmen für Personen- und Schadenversicherungen. Dabei wurde das angelsächsische Modell der formellen Regulierung gewählt. Dies hatte für Mitgliedstaaten wie Deutschland, die bis dato eine strikt materielle Regulierung anwandten, eine weitgehende Deregulierung und Liberalisierung ihrer Versicherungsmärkte zur Folge gehabt. Während bis 1994 alle neuen Versicherungsprodukte und Tarife in Deutschland der Genehmigung durch das damalige Bundesaufsichtsamt für das Versicherungswesen unterlagen, können die Versicherungsunternehmen nun ohne aufsichtsrechtliche Genehmigung eine eigenständige Produkt- und Preispolitik verfolgen. Zudem wurde mit der sogenannten 3. Richtliniengeneration auch ein einheitlicher „europäischer Paß" für Versicherungsunternehmen eingeführt, so daß unter Anwendung des Sitzlandprinzips EU-Versicherungsunternehmen nun die Niederlassungs- und Dienstleistungsfreiheit nutzen können.

2002 wurde mit Verabschiedung der 2004 in Kraft getretenen sogenannten Solvabilitäts I–Richtlinie die für Schadenversicherungen aus dem Jahr 1973 und für Lebensversicherungen aus dem Jahr 1979 stammenden EU-weit gültigen Mindestkapitalvorschriften für Versicherungsunternehmen modernisiert (*Ministerrat* 2002a). Seit 2002 arbeitet die Kommission an der Erstellung einer sogenannten Solvabilität II-Richtlinie. Es wird ein Drei-Säulen-Konzept verfolgt, durch das eine umfassende Erfassung möglicher Unternehmensrisiken gewährleistet werden soll.[4] Säule 1 zielt auf Kapitalanforderungen, die im Gegensatz zu den Regelungen der Solvabilitäts I – Richtlinie möglichst detailliert die individuellen Risiken eines Versicherungsunternehmens abbilden sollen. Säule 2 zielt auf vereinheitlichte Regelungen des Risikomanagements und der staatlichen Versicherungsaufsicht, während Säule 3 Offenlegungspflichten enthält, die eine umfassende Marktdisziplin gewährleisten sollen. Gegenwärtig findet ein umfangreicher Konsultationsprozeß statt, aus dem Mitte 2007 ein Richtlinien-Entwurf hervorgehen soll, der bis 2010 in nationales Recht umgesetzt werden soll. Insbesondere die Verfahren, mit denen die individuelle Risikosituation jedes Versicherungsunternehmens erfaßt werden sollen, werfen eine Reihe schwieriger technischer, aber auch prinzipieller Fragen auf. Einfluß auf den Versicherungsmarkt haben daneben auch die (geplanten) Regelungen zu Finanzkonglomeraten (*Ministerrat* 2002b), das Statut über eine Europäische Aktiengesellschaft, nach dem sich zum Beispiel die Allianz AG umstrukturiert (*Ministerrat* 2001), sowie Vorarbeiten über eine mögliche Richtlinie zur EU-weiten Einführung von Mindestgarantiefonds (*Kommission* 2006a).

2003 wurde zudem eine Richtlinie für Finanzintermediäre verabschiedet, die bis 2005 in nationales Recht umgesetzt sein sollte (*Ministerrat* 2002c). Sie führt auch für Versicherungsvermittler einen „Europäischen Paß" ein, der die Registrierung der Vermittler in ihrem Sitzland erfordert sowie den Nachweis von bestimmten Mindestqualifikationen. Daneben sind Mindestinformationspflichten sowie Dokumentationspflichten bezüglich Bedarf und Risiken der Kunden sowie zur Begründung der Kaufempfehlun-

---

[4] Das Solvabilität II-Projekt lehnt sich an *Basel II* an, mit dem die individuellen Kreditrisiken von Banken besser erfaßt werden, geht aber zum Teil deutlich darüber hinaus, vgl. hierzu *Kommission* (2005c, S. 2)

gen durch den Vermittler festgelegt. Für Versicherungsmakler wird zudem eine Berufshaftpflichtversicherung für mögliche Vermögensschäden aufgrund von Beratungsfehlern obligatorisch. Zusätzlich sind auch die Richtlinien zum Fernabsatz von Dienstleistungen und zum eCommerce für den Versicherungsmarkt relevant (*Ministerrat* 2000, 2002d). Hier liegen zum Teil widersprüchliche Regelungen zu den Qualifikationsanforderungen und Informationspflichten vor. In Deutschland war bislang der Markt für Versicherungsvermittler weitestgehend unreguliert. So genügte der Erwerb eines Gewerbescheines; der Nachweis versicherungsspezifischer Qualifikationen war für die Ausübung der Vermittlertätigkeit nicht notwendig. Informationspflichten über Art und Anzahl der Vertragsbeziehungen zu Versicherungsunternehmen bestanden weder für gebundene Vertreter noch für unabhängige Versicherungsmakler. Letztere unterlagen zwar strengeren Informationsgeboten, allerdings sind sie bislang nicht verpflichtet, eine Berufshaftpflichtversicherung für Vermögensschäden, die aus etwaigen Beratungsfehlern resultieren, abzuschließen.

Die Gesetzgebungsaktivitäten der EU im Bereich des Versicherungsmarktes haben zumindest für Deutschland zu massiven Veränderungen geführt. So brachte die Einführung des einheitlichen Versicherungsbinnenmarktes 1994 eine weitgehende Liberalisierung, wohingegen der bisher weitgehend unregulierte Markt für Versicherungsvermittler mit der Umsetzung der Vermittlerrichtlinie erstmals einer stärkeren Regulierung unterworfen wird. Obwohl die bislang umgesetzten Regelungen zu einer massiven Reduktion an Transaktionskosten bei grenzüberschreitenden Aktivitäten von Versicherungsunternehmen geführt haben, wurde das eigentliche Ziel – die Schaffung eines integrierten europäischen Versicherungsbinnenmarktes – bislang nicht erreicht. Dies gilt insbesondere für das Privatkundengeschäft. Der Umsatzanteil aus Nutzung der Dienstleistungsfreiheit, das heißt aus dem grenzüberschreitenden (Ver-)Kauf von Versicherungspolicen, liegt je nach Mitgliedsland zwischen 0,001 % und 2 % des jeweiligen Gesamtumsatzes (*Bertoncini* 2004, S.14). Auch die Nutzung der Niederlassungsfreiheit durch Gründung von Zweigstellen ist bislang von nachrangiger Bedeutung. Größeren Anteil am jeweiligen inländischen Umsatz haben dagegen Tochtergesellschaften großer europaweit tätiger Versicherungsunternehmen, die primär im Zuge von Übernahmen oder Fusionen entstanden sind (*Kommission* 2006b).

Der Hauptgrund für die nach wie vor fragmentierten nationalen Versicherungsmärkte scheint in der inhärent lokalen Natur des Privatkundengeschäftes von Versicherungen zu liegen (*Bertoncini* 2004; *Kommission* 2006b). Die Nachfrage nach grenzüberschreitenden Versicherungsprodukten wird zum einen durch die hohen für die Konsumenten damit verbundenen Informationskosten begrenzt. Das langfristig ausgelegte Lebens- und Rentenversicherungsgeschäft ist zudem durch ein hohes Maß an Vertrauen gekennzeichnet, das eine Präferenz der Konsumenten für räumliche Nähe zum Versicherungsgeber schafft. Unterschiedliche nationale Gegebenheiten – angefangen bei der Bevölkerungsgröße und Lebensgewohnheiten bis hin zu sozial- und steuerrechtlichen Regelungen – machen es für Versicherungsunternehmen zudem erforderlich, spezifische Angebote für den jeweiligen Markt zu entwickeln, um konkurrenzfähig zu sein. Daher lassen sich nur in geringem Ausmaß Skalenerträge und Synergien durch eine Ausweitung der Unternehmensaktivitäten realisieren.

Wie sind vor diesem Hintergrund die bisherigen Aktivitäten der EU im Bereich der Regulierung der privaten Altersvorsorge zu beurteilen? Die Maßnahmen der EU zielten bisher primär auf die Schaffung eines einheitlichen Versicherungsbinnenmarktes mittels der Durchsetzung der Niederlassungs- und Dienstleistungsfreiheit. Dazu wurden bestehende rechtliche Markteintrittshindernisse (wie die bis 1994 in Deutschland vorherrschende materielle Regulierung auf dem Versicherungsmarkt) abgeschafft. Die Festlegung von Mindestkapitalvorschriften und Mindestanforderungen an grenzüberschreitend aktive Versicherungsunternehmen und Versicherungsvermittler durch die europäische Ebene ist ebenfalls vor dem Hintergrund der Schaffung einheitlicher Wettbewerbsbedingungen zu sehen. Kritischer zu betrachten ist dagegen das Solvabilitäts II – Projekt, da damit der administrative Aufwand und die Überwachung von Versicherungsunternehmen durch die staatliche Versicherungsaufsicht massiv ausgeweitet wird. Ob sich diese Eingriffe auf Basis von Marktversagensgründen rechtfertigen lassen, scheint zumindest zweifelhaft zu sein (*Herring* und *Schuermann* 2005). Zudem stellt sich hier die Frage, ob dadurch nicht die Anreize zu Innovationsaktivitäten der Versicherungsunternehmen geschwächt werden. Daher sind aus wohlfahrts- wie evolutionsökonomischer Perspektive die geplanten Regulierungen im Rahmen von Solvabilität II zumindest in ihrer jetzigen Form fragwürdig. Hier bleibt offen, ob nicht eine weitgehend dezentrale Lösung ausreichend ist.

2.4. Systematisierung des Einflusses und Bewertung der Kompetenzverteilung

Betrachtet man die Kompetenzen der EU im Bereich der Rentensysteme, so zeigt sich, daß die EU auf alle drei Säulen der öffentlichen, betrieblichen und privaten Alterssicherung Einfluß nimmt, obwohl die Kompetenz zur grundsätzlichen Ausgestaltung der Rentensysteme nach wie vor allein auf Ebene der Mitgliedstaaten liegt. Die wesentliche Legitimationsgrundlage hierfür bildet das europäische Wirtschafts- und Wettbewerbsrecht. Insbesondere zur Durchsetzung der Grundfreiheiten für die Schaffung eines einheitlichen Binnenmarktes hat die EU ganz unbestritten die Kompetenz, einheitliche Rahmenbedingungen zu schaffen. Dies gilt vor allem für die betriebliche und private Alterssicherung, soweit sie sich des Marktmechanismus bedient. Obwohl die erste Säule der öffentlichen Alterssicherung nach wie vor unbestritten der Kompetenz der einzelnen Mitgliedstaaten unterliegt, hat die EU auch hierauf Einfluß. Dies gilt zum einen im Rahmen des europäischen Sozialrechts, das jedoch wiederum primär technischer Natur ist und der Durchsetzung der Freizügigkeit für Arbeitnehmer dient. Zum anderen könnten wachsende Defizite der öffentlichen Alterssicherung aufgrund der demographischen Alterung der Bevölkerung eine Erhöhung der öffentlichen Verschuldung zur Folge haben. Aufgrund der Regelungen des Stabilitäts- und Wachstumspaktes könnte dies dann stärkere Sanktionen der EU für die betreffenden Mitgliedsländer bewirken, um negative *Spillovers* im Rahmen der Europäischen Währungsunion zu verhindern.

Generell läßt sich damit gegenwärtig festhalten, daß die EU um so mehr Einfluß auf ein nationales Alterssicherungssystem hat, je stärker sich dieses der Finanzmärkte bedient. Umgekehrt ist der Einfluß der EU um so schwächer, je mehr ein Rentensystem administrativer Steuerung unterliegt, wie dies in der Regel noch bei der ersten Säule der kollektiven Alterssicherung der Fall ist. Damit ist eine dezentrale marktliche Koordination der Alterssicherung mit stärkeren Regulierungskompetenzen der zentralen politischen EU-Ebene verbunden, während umgekehrt eine stärker administrative Koordination der Alterssicherung mit umfassenderen Regulierungskompetenzen auf der dezentralen politischen nationalen Ebene einhergeht. In diesem Fall sind die Regulierungskompetenzen der zentralen politischen EU-Ebene schwächer ausgeprägt (Abbildung 3).

Abbildung 3: Dezentralität der Rentensysteme vs. Zentralität der Rentenpolitik

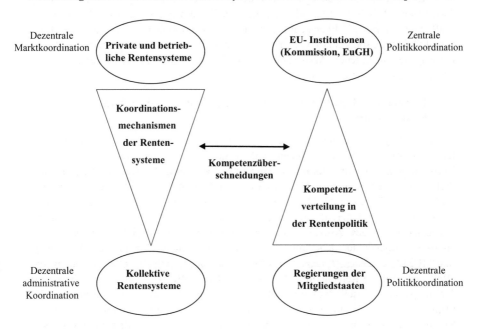

Quelle: Eigene Zusammenstellung.

Entsprechend ergeben sich Konflikte bezüglich der Regulierungskompetenzen zwischen zentraler EU-Ebene und dezentraler nationaler Ebene bei der Gestaltung der Rentensysteme vorwiegend in Bereichen, in denen es zur Überschneidung von zentralen und dezentralen Koordinationsmechanismen (Markt versus Administration) kommt. Ein typisches Beispiel hierfür ist die betriebliche Alterssicherung, die sich zwar einerseits der Koordination durch den Marktmechanismus bedient, andererseits aber durch tiefgreifende bilanz-, steuer- und sozialrechtliche Regulierungseingriffe der Mitgliedstaaten gekennzeichnet ist. An dieser Schnittstelle kommt es daher zu Kompetenzkonflikten zwischen der zentralen europäischen und der dezentralen nationalen Ebene. Solche Konflikte treten daneben immer dann auf, wenn auf nationaler Ebene Umverteilungspolitik durch staatliche Eingriffe in an sich durch den Marktmechanismus koordinierte Rentensysteme betrieben wird.

3. Der Einfluß der EU auf die Rentenpolitik der Mitgliedstaaten: Die „Offene Methode der Koordinierung"

Die bisherige Analyse hat deutlich gemacht, daß die Europäische Union auf alle drei Säulen eines nationalen Alterssicherungssystems deutlich Einfluß nehmen kann, insbesondere auf die Rentensysteme, die sich des Marktmechanismus bedienen. Basis hierfür ist jedoch primär das europäische Wirtschafts- und Wettbewerbsrecht, das heißt Aktivitäten der zentralen EU-Ebene sind vorwiegend wirtschaftspolitisch motiviert, nicht jedoch rentenpolitisch. Im folgenden soll nun der Frage nachgegangen werden, welchen Einfluß die zentrale EU-Ebene darüber hinaus auf die Formulierung der nationalen Rentenpolitik hat. Es soll geklärt werden, inwieweit sie auch über Kompetenzen zur Beeinflussung der inhaltlichen Ausgestaltung von Struktur und Parametern der nationalen Alterssicherungssysteme verfügt.

3.1. Darstellung der „Offenen Methode der Koordinierung" im Bereich der Rentenpolitik

Das wichtigste Instrument zur Beeinflussung der nationalen Rentenpolitik durch die EU ist die Anwendung der „Offenen Methode der Koordinierung" (OMK). Gemäß den Vorschriften zur Sozialpolitik im Vertrag von Nizza verfolgt die Europäische Union das Ziel, einen angemessenen sozialen Schutz zu fördern (Art. 136). Dazu unterstützt und ergänzt sie die Tätigkeit der Mitgliedstaaten u.a. auf dem Gebiet der sozialen Sicherheit und des sozialen Schutzes der Arbeitnehmer sowie bei der Modernisierung der Systeme des sozialen Schutzes (Art. 137 (1) c) und k)). Hierbei kann sie sich der in der Sozialpolitischen Agenda aus dem Jahr 2000 enthaltenen „Offenen Methode der Koordinierung" (OMK) bedienen (*Kommission* 2000).[5] Nach der Sozialpolitischen Agenda ist die OMK auch auf die Rentenpolitik anzuwenden. Die OMK beruht auf den Erfahrungen der europäischen Beschäftigungspolitik. Sie soll durch Einbeziehung der zentralen EU-Ebene zu einer systematischen Verbesserung nationaler Politiken durch einen von der Kommission organisierten und gebündelten Informations- und Erfahrungsaustausch unter den Regierungen der Mitgliedstaaten führen. Die OMK im Bereich der Rentenpolitik unterliegt der Zuständigkeit der Generaldirektion Beschäftigung und Soziales. Beteiligt sind daran zudem das *Social Protection Committee*, das ebenfalls dieser Generaldirektion untersteht, und das *Economic Policy Committee*, das zur Generaldirektion Wirtschaft und Finanzen gehört.

Idealtypisch läuft die OMK wie folgt ab (*Borrás* und *Jacobsson* 2004; *Casey* 2003). Die Kommission legt für die Rentenpolitik einen Entwurf mit den Prinzipien und Zielen vor, denen alle Mitgliedstaaten in diesem Politikfeld folgen sollen. Zudem werden soweit wie möglich quantitative Indikatoren festgelegt, um den Zielerreichungsgrad verschiedener Politiken der Mitgliedstaaten bestimmen zu können. Der EU-Ministerrat entscheidet über die Annahme dieser Ziele und Indikatoren; das Europäische Parlament verfügt dagegen nur über Informationsrechte. Auf Basis dieser Ziele und Indikatoren legen die einzelnen Mitgliedstaaten Nationale Strategieberichte vor, in denen sie den

---

[5]   Die OMK ist implizit in Art. 137 (2) a) des Vertrages über die Europäische Union vom 24.12.2002 enthalten.

Zielerreichungsgrad ihrer bisherigen Rentenpolitik sowie geplante Reformmaßnahmen zur besseren Zielerreichung präsentieren. Auf Basis dieser Strategieberichte entwirft die Kommission einen Gemeinsamen Bericht, in dem sie *Best Practices* herausstellt, das heißt Politiken, die in einzelnen Mitgliedstaaten sehr erfolgreich waren. Auf Basis der relativen Zielerreichung einzelner Mitgliedstaaten gibt sie zudem Empfehlungen, die in nationale Politik umgesetzt werden sollten. Dieser Gemeinsame Bericht ist wiederum vom EU-Ministerrat zu billigen, während das Europäische Parlament erneut nur ein Informationsrecht hat. Zusätzlich findet idealtypisch ein *Peer Review*-Prozeß statt, an dem Vertreter der Mitgliedstaaten teilnehmen. Ziel ist hierbei, daß im Zuge eines gemeinsamen Erfahrungsaustausches die Mitgliedstaaten, deren Rentensysteme eine schlechtere Zielerreichung aufweisen, von den besser abschneidenden Ländern lernen. In einem letzten Schritt schließlich sollen die Empfehlungen des Gemeinsamen Berichtes sowie die Ergebnisse des *Peer Review*-Prozesses in nationale Politik umgesetzt werden. Dieser Ablauf wiederholt sich in regelmäßigen Zeitabständen.

Im Jahr 2001 wurden die im Bereich der Rentenpolitik zu verfolgenden Ziele (Abbildung 4) sowie eine Reihe von Indikatoren zur Messung des Zielerreichungsgrades festgelegt. Dabei erwies sich insbesondere die Festlegung von quantitativen Indikatoren als schwierig (*Atkinson*, *Marlier* und *Nolan* 2004; *Behrendt* 2002, 2003; *Stanton* 2002, 2003). Dies liegt zum einen daran, daß nach wie vor EU-weit vergleichbare und aktuelle Daten nur begrenzt verfügbar sind. Zum anderen läßt sich die Lebenslage im Alter nur unvollständig anhand von Daten über die Renteneinkommen abbilden, da in einigen Ländern zum Beispiel Wohneigentum und nicht-monetäre Transfers in Form von verbilligtem Wohnraum und sozialen Diensten (insbesondere im Bereich von Gesundheitsleistungen) eine wichtige Rolle spielen.

Abbildung 4: Prinzipien und Ziele der OMK im Bereich der Rentenpolitik

---

Prinzip 1: Angemessenheit der Renten

    Ziel 1: Soziale Ausgrenzung verhindern
    Ziel 2: Aufrechterhaltung des Lebensstandards
    Ziel 3: Förderung der Solidarität innerhalb und zwischen den Generationen

Prinzip 2: Finanzielle Nachhaltigkeit

    Ziel 4: Anhebung der Beschäftigungsquoten
    Ziel 5: Verlängerung des Arbeitslebens
    Ziel 6: Nachhaltige Rentensysteme im Kontext stabiler öffentlicher Finanzen
    Ziel 7: Ausgewogene Anpassung von Sozialleistungen und Beiträgen
    Ziel 8: Sicherstellung einer angemessenen und finanziell stabilen privaten Altersvorsorge

Prinzip 3: Modernisierung der Rentensysteme

    Ziel 9: Anpassung der Rentensysteme an flexiblere Arbeitslebens- und Beschäftigungsstrukturen
    Ziel 10: Größere Gleichberechtigung von Mann und Frau
    Ziel 11: Rentensysteme anpassungsfähiger und transparenter gestalten

---

Quelle: Eigene Zusammenstellung nach *Ministerrat* (2003b).

Die erste Runde der OMK im Bereich der Alterssicherung fand von 2002 bis 2004 statt. 2002 wurden erstmals Nationale Strategieberichte der Mitgliedstaaten vorgelegt, aus denen im Herbst 2003 ein erster Gemeinsamer Bericht hervorging. Entgegen der idealtypischen OMK identifizierte dieser jedoch keine *Best Practices* einzelner Mitgliedstaaten; es wurden auch keine expliziten Empfehlungen hinsichtlich spezifischer Reformnotwendigkeiten und -maßnahmen an einzelne Mitgliedstaaten ausgesprochen. Die zweite Runde der OMK begann 2005 mit einer erneuten Vorlage Nationaler Strategieberichte, nun unter Einbezug der neuen Mitgliedsländer. Im Frühjahr 2006 wurde ein zweiter Gemeinsamer Bericht vorgelegt (*Kommission* 2006c).

Neben der OMK im Bereich der Renten wurde mit der Sozialpolitischen Agenda auch die Anwendung der OMK auf den Bereich des Sozialschutzes und der Gesundheit und Pflege beschlossen. Bereits seit 2005 legt die Kommission bzw. der Rat einen Gemeinsamen Bericht zum Sozialschutz vor, in den auch die Ergebnisse der ersten Runde der OMK im Bereich der Rentenpolitik und im Bereich Gesundheit und Langzeitpflege einflossen (*Kommission* 2005d, *Ministerrat* 2006). Dieser Bericht, der neben den Gemeinsamen Beschäftigungsbericht und den Bericht über die Implementierung der Wirtschaftspolitischen Leitlinien tritt, vervollständigt die Informationen zur Wirtschafts- und Beschäftigungspolitik der EU. Bei diesem Gemeinsamen Bericht handelt es sich um einen Vorgriff auf die eigentlich erst ab 2007 geplante Straffung der OMK (*Kommission* 2003). Diese soll dazu beitragen, den Aufwand für die Mitgliedstaaten durch das Nebeneinander der OMK in verschiedenen sozialpolitischen Bereichen zu reduzieren.

3.2. Bewertung der „Offenen Methode der Koordinierung"

Die OMK stellt ein neues *Governance*-Instrument dar, durch das die zentrale EU-Ebene auch in Politikbereichen, in denen sie über keine formale Gesetzgebungsmacht verfügt, Mitwirkungsmöglichkeiten erhält. Mit der OMK im Bereich der Rentenpolitik wird explizit ein an sich sehr ambitioniertes Ziel verfolgt, nämlich durch *Benchmarking*, die Herausstellung von *Best Practices* und *Peer Review*-Prozessen das Lernen zwischen den Mitgliedstaaten über (erfolgreiche) Maßnahmen im Bereich der Rentenpolitik zu fördern. Dadurch soll die Diffusion von erfolgreichen Politiken beschleunigt und damit generell die nationale Reformintensität erhöht werden. Dabei erhält die zentrale EU-Ebene (vor allem die Kommission) die Funktion, Politiken, die von den dezentral agierenden Mitgliedstaaten eingeführt werden, zu evaluieren, die *Best Practices* zu identifizieren und ihre Verbreitung zu fördern. Dafür stehen der zentralen Ebene jedoch anders als im Bereich der Zuständigkeit für die Schaffung eines EU-weiten Binnenmarktes keine verbindlichen Gesetzgebungsinstrumente zur Verfügung. „Neu" an diesem dem „*soft law*" zugerechneten Ansatz ist, daß es nicht darum geht, daß die zentrale EU-Ebene den Mitgliedstaaten in einem *Top-down*-Verfahren die je nach Problemlage beste Politikalternative verbindlich vorschreibt.[6] Vielmehr hat sie eine primär koordinierende

---

[6]   Vgl. zur Diskussion des der OMK zugrundeliegenden Verständnisses von Politikinnovationen und Politiklernen sowie der mit der OMK verbundenen Anreizprobleme *Eckardt* und *Kerber* (2005) und *Kerber* und *Eckardt* (2007).

und moderierende Aufgabe. Zentrale Akteure der Politikgestaltung bleiben nach wie vor die dezentral agierenden Mitgliedstaaten.

Mißt man die OMK an diesem Ziel, so konnten die diesbezüglichen Erwartungen bisher nicht erfüllt werden (*VDR* 2003; *Borrás* und *Greve* 2004; *Eckardt* und *Kerber* 2005; *Zeitlin* 2005; *Zeitlin, Pochet* und *Magnusson* 2005; *Kerber* und *Eckardt* 2007). Die beiden vorliegenden Gemeinsamen Berichte enthalten bislang keine expliziten *Benchmarks*. Auch werden *Best Practices* nicht explizit herausgestellt, selbst in den Teilgebieten, in denen dies aufgrund der Datenlage durchaus möglich wäre. Dies gilt auch dort, wo sich anhand des vorgelegten Materials durchaus eine Rangfolge der Mitgliedstaaten im Hinblick auf den Erreichungsgrad einzelner Teilziele ablesen läßt. Daneben hat die Kommission bislang auch Abstand davon genommen, explizit Empfehlungen an einzelne Mitgliedstaaten bezüglich einzuleitender Reformmaßnahmen auszusprechen. Die Ergebnisse des *Peer Review*-Prozesses, der das horizontale Lernen zwischen den Mitgliedstaaten fördern soll, werden von den Mitgliedstaaten bislang als gering eingeschätzt (*Kommission* 2006c). Dagegen scheinen Lernerfolge vorwiegend auf der zentralen Ebene zwischen eher wirtschafts- und eher sozialpolitisch orientierten Akteuren innerhalb der Kommission selbst aufgetreten zu sein (*Eckardt* 2005).

Hintergrund dieses im Hinblick auf die der OMK inhärenten Ziele schwachen Abschneidens sind zum einen eher technische Probleme, wie die in weiten Teilgebieten mangelnde Datenverfügbarkeit und -vergleichbarkeit. Daneben dürften auch politische Faktoren, wie der Widerstand der Mitgliedstaaten gegen die explizite Herausstellung von Ländern mit sehr guter bzw. sehr schlechter Zielerreichung eine Rolle spielen. Da der EU-Ministerrat dem von der Kommission vorgelegten Entwurf eines Gemeinsamen Berichtes zustimmen muß, ist davon auszugehen, daß gerade Staaten mit relativ geringer Zielerreichung ihre explizite Nennung aufgrund des daraus für sie potentiell resultierenden negativen Drucks durch dieses *Naming and Shaming* ablehnen. Daß die Gemeinsamen Berichte keine expliziten Empfehlungen über Reformmaßnahmen enthalten, dürfte auch der in diesem Bereich nicht vorhandenen Legitimationsgrundlage der Kommission geschuldet sein. Sowohl der Vertrag von Nizza als auch der bisher nicht verabschiedete Verfassungsvertrag enthalten zwar explizit die Feststellung, daß die EU im Bereich der Sozialpolitik die Zusammenarbeit der Mitgliedstaaten unterstützt. Europäische (Rahmen-)Gesetze dürfen jedoch weder die Kompetenz der Mitgliedstaaten zur Festlegung der Grundprinzipien ihrer sozialen Sicherungssysteme berühren noch deren finanzielle Stabilität beeinträchtigen (Art. 137 Vertrag von Nizza 2002 bzw. Art. III-210 Verfassungs-Vertrag 2004). Die Kommission verfügt formal allein über die Kompetenz, Untersuchungen durchzuführen und Stellungnahmen abzugeben, beides in enger Abstimmung mit den Mitgliedstaaten (Art. 140 Vertrag von Nizza 2002 bzw. Art. III-213 Verfassungs-Vertrag 2004).

Unabhängig davon stellt sich die Frage, ob die Einbeziehung der EU in die Formulierung der Rentenpolitik durch die Mitgliedstaaten zweckmäßig ist oder nicht. Zieht man wiederum die in Kapitel 1.3. dargelegten Kriterien zur vertikalen Kompetenzverteilung heran, so läßt sich zunächst festhalten, daß eine vollständige Zentralisierung dieser Kompetenzen weder aus wohlfahrts-, polit- oder evolutionsökonomischer Perspektive sinnvoll wäre. Aufgrund der gewachsenen Unterschiede in den Mitgliedstaaten sind die

Präferenzen hinsichtlich der Gestaltung der Rentensysteme und damit die Präferenzen für spezifische Rentenpolitiken äußerst heterogen. Dies beeinflußt insbesondere auch die Umverteilungsdimension der Alterssicherung. Eine EU-weit einheitliche Lösung wäre sicher nicht präferenzadäquat und daher aus wohlfahrtsökonomischer Sicht abzulehnen. Hinzu kämen bei einer Kompetenzverlagerung auf die zentrale EU-Ebene hohe politische Informations- und Transaktionskosten sowie die Nachteile verstärkter Informationsasymmetrien. Daher ist auch aus polit-ökonomischer Perspektive eine Zentralisierung der Kompetenzen in der Rentenpolitik abzulehnen. Gleiches gilt aus evolutionsökonomischer Perspektive, da die dezentrale Kompetenzverteilung bedingt, daß mehr und verschiedenartigere Reformmaßnahmen entwickelt und implementiert werden. Dadurch werden mehr Informationen über die Wirksamkeit und Effizienz verschiedener Politikalternativen erzeugt, als dies bei zentraler Kompetenzverteilung der Fall wäre. Die Folge ist ein höheres Maß an adaptiver Flexibilität und damit an dynamischer Effizienz.

Wenngleich also die Verlagerung der rentenpolitischen Kompetenz auf die zentrale EU-Ebene eindeutig abzulehnen ist, so gibt es doch auch einige Gründe, die für Einbeziehung der zentralen EU-Ebene sprechen. So ist zum einen – wie in Kapitel 2 ausführlich dargestellt – eine Koordination der rentenpolitischen Maßnahmen zwischen den Mitgliedstaaten notwendig, sofern das Ziel der Schaffung eines einheitlichen Binnenmarktes verfolgt wird. Hier sprechen vor allem Informations- und Transaktionskostenersparnisse sowie die Nutzung von Skalenerträgen und Lernvorteilen über die Zeit dafür, für diese Koordination eine zentrale Instanz zu nutzen. Hierunter fallen die meisten Aktivitäten, die die Kommission und ihre Untergruppen im Rahmen der OMK durchgeführt haben. So ist ein zentrales Ergebnis bislang eine detaillierte vergleichende Zusammenstellung der verschiedenen Rentensysteme, aber auch der realisierten und zum Teil der für die nächste Zukunft geplanten rentenpolitischen Reformen in den Mitgliedsländern. Einen wichtigen Beitrag zur Bewertung der Interdependenzen zwischen den verschiedenen Alterssystemen liefern hier insbesondere die Aktivitäten der Kommission zur Erhebung vergleichbarer Daten und zur Entwicklung von Projektionsverfahren, um die Auswirkungen verschiedener Reformalternativen abschätzen zu können. Diese Aktivitäten bringen insbesondere für kleinere und wirtschaftlich schwächere Mitgliedstaaten Kostenvorteile, da diese im allgemeinen relativ weniger Ressourcen für derartige Projekte zur Verfügung haben.

Daneben kann durch die Einbeziehung einer zentralen Koordinationsebene auch der Einfluß nationaler Interessengruppen reduziert und somit innerstaatliche Reformblockaden abgeschwächt werden. Im Prinzip ergibt sich für Regierungen und Parteien der Mitgliedstaaten die Möglichkeit, durch den Verweis auf „Brüssel" an sich unpopuläre Maßnahmen zu verfolgen, ohne selbst mit negativen Sanktionen durch die Wähler rechnen zu müssen (*Eckardt* 2005). Allerdings hat die OMK im Bereich der Rentenpolitik öffentlich-medial noch keinen spürbaren Nachhall bei innenpolitischen Auseinandersetzungen in den Mitgliedstaaten gefunden; sie bewegt sich bislang allein auf der administrativen Ebene (*Kommission* 2006c). Die mit der OMK intendierte Stärkung der öffentlichen rentenpolitischen Diskussion in den einzelnen Mitgliedstaaten fand bislang nicht statt. Damit dürfte auch ihr Einfluß auf die Förderung von rentenpolitischen Innovationen und deren Diffusion bisher äußerst begrenzt sein. Zwar lassen sich auch hier aufgrund der damit potentiell verbundenen Kostenersparnisse (Reduktion von Informationskosten, Nutzung von Skalenerträgen und Lernvorteilen bei Innovationen) aus evolutionsökonomischer Perspektive Gründe für die Einbeziehung einer zentralen Koordinationsebene finden (*Kerber* und *Eckardt* 2007). Gleiches gilt im Hinblick auf die Förderung der Diffusion von rentenpolitischen Innovationen. Allerdings zeigen die bisherigen Erfahrungen mit der OMK, daß die bislang angewandten vertikalen (*Best Practices* und Empfehlungen im Gemeinsamen Bericht) und horizontalen (*Peer Review*-Prozeß) Diffusionskanäle nicht im intendierten Maße zur Erhöhung der Reformintensität beigetragen haben.[7] Entsprechend wurde auch eine stärkere Fokussierung der OMK auf die Implementation von erfolgversprechenden Politikmaßnahmen beschlossen (*Kommission* 2005e). Dies soll zu ihrer besseren Wirksamkeit beitragen.

4. Fazit

Ausgangspunkt dieses Beitrags war die Frage, über welche Kompetenzen die EU im Bereich der Rentenpolitik verfügt und ob diese Kompetenzverteilung zweckmäßig ist. Kriterien zur vertikalen Kompetenzverteilung wurden aus wohlfahrts-, polit- und evolutionsökonomischen Ansätzen abgeleitet. Anhand einer Differenzierung nationaler Rentensysteme in die drei Säulen der öffentlichen, betrieblichen und privaten Alterssicherungssysteme wurde zunächst untersucht, über welche Einflußmöglichkeiten die zentrale EU-Ebene hier bislang verfügt, und wie diese zu beurteilen sind. Regulierungen durch die EU basieren hier in erster Linie auf ihren wirtschafts- und wettbewerbspolitischen Kompetenzen zur Durchsetzung eines einheitlichen Binnenmarktes. Die gegenwärtige Kompetenzverteilung ist vor diesem Hintergrund daher zu befürworten. Sie sollte aber nicht zugunsten stärkerer materieller Regulierungseingriffe der EU-Ebene ausgeweitet werden. Durch die Anwendung der „Offenen Methode der Koordinierung" auf die Rentenpolitik hat die EU nun erstmals auch – einen stark begrenzten – Einfluß auf die Formulierung der Rentenpolitik der Mitgliedstaaten gewonnen. Der ihr damit erwachsene Kompetenzzugewinn scheint – wiederum auf Basis wohlfahrts-, polit- und evolutionsökonomischer Ansätze – durchaus zweckmäßig. Allerdings gilt auch hier, daß eine Ausweitung zentraler Befugnisse nicht zu rechtfertigen ist.

Literatur

Atkinson, Anthony B., Eric Marlier und *Brian Nolan* (2004), Indicators and Targets for Social Inclusion in the European Union, in: Journal of Common Market Studies, Bd. 42, S. 47-75.

Behrendt, Christina (2002), Objectives and Instruments of „Open Coordination" – Elaboration of Indicators – From a Scientific Point of View, in: DRV-Schriften, Bd. 35, S. 117-122.

---

[7] Vgl. hierzu die Ergebnisse einer Umfrage der Kommission unter den Mitgliedstaaten hinsichtlich ihrer bisherigen Bewertung der OMK. Dabei wurde deutlich, daß bislang das wechselseitige Lernen als gering eingeschätzt, aber eine Stärkung des gegenseitigen Erfahrungsaustausches gewünscht wird (*Kommission* 2006d).

Behrendt, Christina (2003), The Role of Indicators in the Process of the "Open Method of Coordination": Taking Stock and Looking Ahead, in: *Verein Deutscher Rentenversicherungsträger u.a.*(Hg.), Open Method of Coordination in the Field of Pensions – Quo Vadis?, International Conference on 26 and 27 March 2003 in Berlin, Germany, DRV-Schriften, Bd. 50., S. 81-88.

Bertoncini, Yves (2004), CEA Policy Report on the European Retail Insurance Market(s), Comité Européen des Assurances (CEA), http://www.cea.assur.org/cea/download/publ/article192.pdf, 16.08.2006.

Besley Timothy und *Stephen Coate* (2003), Centralized versus Decentralized Provision of Local Public Goods: A Political Economy Analysis, in: Journal of Public Economics, Bd. 87, S. 2611-2637.

Bonoli, Giuliano (2000), The Politics of Pension Reform. Institutions and Policy Change in Western Europe. Cambridge u.a.

Borrás, Susana und *Bent Greve* (Hg.) (2004), The Open Method of Co-ordination in the European Union, Special Issue of the Journal of European Public Policy, Bd. 11.

Borrás, Susana und *Kerstin Jacobsson* (2004), The Open Method of Co-ordination and New Governance Patterns in the EU, in: Journal of European Public Policy, Bd. 11, S. 185-208.

Brennan, Geoffrey und *James M. Buchanan* (1980), The Power to Tax: Analytical Foundations of a Fiscal Constitution, Cambridge.

Breton, Albert (1996), Competitive Governments: An Economic Theory of Politics and Public Finance, Cambridge.

Casey, Bernard H. (2003), Coordinating "Coordination": Beyond "Streamlining", in: *VDR u.a.* (Hg.), Open Method of Coordination in the Field of Pensions – Quo Vadis?, International Conference on 26 und 27 March 2003 in Berlin, Germany, DRV-Schriften 50, S. 89-97.

Eckardt, Martina (2002), Der Einfluss der Europäischen Union auf die Alterssicherung der Mitgliedstaaten, in: *Horst Hegmann* und *Bernd Neumärker* (Hg.), Die Europäische Union aus polit-ökonomischer Perspektive, Marburg, S. 329-358.

Eckardt, Martina (2005), The Open Method of Co-ordination on Pensions: An Economic Analysis of its Effects on Pension Reforms, in: Journal of European Social Policy, Bd. 15, S. 247-267.

Eckardt, Martina und *Wolfgang Kerber* (2005), Best Practices, Yardstick Competition und Lernen in der Wirtschaftspolitik – eine kritische Analyse der Offenen Methode der Koordinierung in der EU, in: *Wolf Schäfer* (Hg.), Institutionelle Grundlagen effizienter Wirtschaftspolitik, Berlin, S. 121-166 .

Esping-Andersen, Gosta (1990), The Three Worlds of Welfare Capitalism, Princeton/N.J.

Feld, Lars (2000), Steuerwettbewerb und seine Auswirkungen auf Allokation und Distribution: Ein Überblick und eine empirische Analyse für die Schweiz, Tübingen.

Feld, Lars und *Wolfgang Kerber* (2006), Mehr-Ebenen-Jurisdiktionssysteme: Zur variablen Architektur von Integration, in: *Uwe Vollmer* (Hg.), Ökonomische und politische Grenzen von Wirtschaftsräumen, Berlin (im Druck).

Feldstein, Martin und *Horst Siebert* (Hg.) (2002), Social Security Pension Reform in Europe, Chicago, London.

Gordon, Roger H. (1983), An Optimal Taxation Approach to Fiscal Federalism, in: Quarterly Journal of Economics, Bd. 98, S. 567-586.

Hayek, Friedrich A. v. (1978), Competition as a Discovery Procedure, in: *Friedrich A. v. Hayek*, Studies in Philosophy, Politics and Economics, Chicago, S. 66-81.

Herring, Richard und *Til Schuermann* (2005), Capital Regulation for Position Risk in Banks,

Securities Firms, and Insurance Companies, in: *Harrington S. Scott* (Hg.), Capital Adequacy beyond Basel: Banking, Securities, and Insurance, New York.

Holzmann, Robert, Landis MacKellar und *Michal Rutkowski* (2003), Accelerating the European Pension Reform Agenda: Need, Progress, and Conceptual Underpinnings, in: *Robert Holzmann, Mitchell Orenstein* und *Michal Rutkowski* (Hg.), Pension Reform in Europe: Process and Progress, Washington, S. 1-46.

Kerber, Wolfgang (2005), Applying Evolutionary Economics to Public Policy: The Example of Competitive Federalism in the EU, in: *Kurt Dopfer* (Hg.), Economics, Evolution and the State: The Governance of Complexity, Cheltenham, S. 296-324.

Kerber, Wolfgang und *Martina Eckardt* (2007), Policy Learning in Europe: The "Open Method of Coordination" and Laboratory Federalism, in: Journal of European Public Policy, Bd. 14, (in Vorbereitung).

Kommission (2000), Mitteilung der Kommission an den Rat, das Europäische Parlament, den Wirtschafts- und Sozialausschuss und den Ausschuss der Regionen, Sozialpolitische Agenda, KOM(2000) 379 endg., Brüssel, den 28.6.2000.

Kommission (2001), Mitteilung der Kommission an den Rat, das europäische Parlament und den Wirtschafts- und Sozialausschuss, Beseitigung der steuerlichen Hemmnisse für die grenzüberschreitende betriebliche Altersversorgung, KOM(2001) 214 endg., Brüssel, den 19.4.2001.

Kommission (2003), Mitteilung der Kommission an den Rat, das Europäische Parlament, den Europäischen Wirtschafts- und Sozialausschuss und den Ausschuss der Regionen. Stärkung der sozialen Dimension der Lissabonner Strategie: Straffung der offenen Koordinierung im Bereich Sozialschutz, KOM(2003) 261 endgültig/2, Brüssel, den 12.6.2003.

Kommission (2005a), Commission Staff Working Document, Annex to the: „Proposal for a Directive of the European Parliament and the Council on the Improvement of Portability of Supplementary Pension Rights", Brussels, 20.10.2005, SEC (2005) 1293.

Kommission (2005b), Vorschlag für eine Richtlinie des Europäischen Parlaments und des Rates zur Verbesserung der Portabilität von Zusatzrentenansprüchen, KOM(2005) 507 endg. vom 20.10.2005, Brüssel, 2005/0214(COD).

Kommission (2005c), Note to the Members of the IC, Subject: Policy Issues for Solvency II. Possible Amendments to the Framework for Consultation, Internal Market and Services DG, Financial Institutions, Insurance and Pension, MARKT/2505/05-EN.

Kommission (2005d), Mitteilung der Kommission an den Rat, das Europäische Parlament, den Europäischen Wirtschafts- und Sozialausschuss und den Ausschuss der Regionen. Gemeinsamer Bericht über Sozialschutz und soziale Eingliederung, {SEK(2005)69}, KOM(2005)14 endg., Brüssel, den 27.01.2005.

Kommission (2005e), Mitteilung der Kommission an den Rat, das Europäische Parlament, den Europäischen Wirtschafts- und Sozialausschuss und den Ausschuss der Regionen. Zusammenarbeiten, zusammen mehr erreichen: ein neuer Rahmen für die offene Koordinierung der Sozialschutzpolitik und der Eingliederungspolitik in der Europäischen Union, KOM(2005) 706 endg., Brüssel, den 22.12.2005.

Kommission (2006a), Verschiedene Dokumente unter http://ec.europa.eu/internal_market/insurance/guarantee_de.htm, 16.08.2006.

Kommission (2006b), Financial Integration Monitor – 2006 – Background Document, http://ec.europa.eu/internal_market/finances/docs/cross-sector/fin-integration/060728background_en.pdf, 16.08.2006

Kommission (2006c), Synthesis Report on Adequate and Sustainable Pensions, {COM(2006) 62 final}, SEC(2006) 304, Brüssel, den 27. 02.2006.

Kommission (2006d), Evaluation of the Open Method of Coordination for Social Protection and

Social Inclusion, Commission Staff Working Document, SEC(2006) 345, Brüssel, 8.03.2006.

Ministerrat (1971), Verordnung (EWG) Nr. 1408/71 des Rates vom 14. Juni 1971 zur Anwendung der Systeme der sozialen Sicherheit auf Arbeitnehmer und Selbständige sowie deren Familienangehörige, die innerhalb der Gemeinschaft zu- und abwandern, ABl. L 149 vom 5.7.1971, S. 2.

Ministerrat (1998), Richtlinie 98/49/EG des Rates vom 29. Juni 1998 zur Wahrung ergänzender Rentenansprüche von Arbeitnehmern und Selbständigen, die innerhalb der Europäischen Gemeinschaft zu- und abwandern, ABl. L 209 vom 25.7.1998.

Ministerrat (2000), Richtlinie 2000/31/EG des Europäischen Parlaments und des Rates vom 8. Juni 2000 über bestimmte rechtliche Aspekte der Dienste der Informationsgesellschaft, insbesondere des elektronischen Geschäftsverkehrs, im Binnenmarkt, ABl. L 178 vom 17.07.2000.

Ministerrat (2001), Verordnung (EG) Nr. 2157/2001 des Rates vom 8. Oktober 2001 über das Statut der Europäischen Gesellschaft (SE), ABl. L 294 vom 10.11.2001.

Ministerrat (2002a), Richtlinie 2002/83/EG des Europäischen Parlaments und des Rates vom 5. November 2002 über Lebensversicherungen, ABl. L 345 vom 19.12.2002.

Ministerrat (2002b), Richtlinie 2002/87/EG des Europäischen Parlaments und des Rates vom 16. Dezember 2002 über die zusätzliche Beaufsichtigung der Kreditinstitute, Versicherungsunternehmen und Wertpapierfirmen eines Finanzkonglomerats und zur Änderung der Richtlinien 73/239/EWG, 79/267/EWG, 92/49/EWG, 92/96/EWG, 93/6/EWG und 93/22/EWG des Rates und der Richtlinien 98/78/EG und 2000/12/EG des Europäischen Parlaments und des Rates, ABl. L 35 vom 11.2.2003.

Ministerrat (2002c), Richtlinie 2002/92/EG des Europäischen Parlaments und des Rates vom 9. Dezember 2002 über Versicherungsvermittlung, ABl. L 9 vom 15.1.2003.

Ministerrat (2002d), Richtlinie 2002/65/EC des Europäischen Parlaments und des Rates über den Fernabsatz von Finanzdienstleistungen an Verbraucher und zur Änderung der Richtlinien 90/619/EWG, 97/7/EG und 98/27/EG, OJ L 271 vom 9.10.2002.

Ministerrat (2003a), Richtlinie 2003/41/EG des Europäischen Parlaments und des Rates vom 3. Juni 2003 über die Tätigkeiten und die Beaufsichtigung von Einrichtungen der betrieblichen Altersversorgung, ABl. L 235 vom 23.9.2003.

Ministerrat (2003b), Joint Report by the Commission and the Council on Adequate and Sustainable Pensions, 6572/2/03 REV 2, Brussels, 03/03/2003.

Ministerrat (2004), Verordnung (EG) Nr. 883/2004 des Europäischen Parlaments und des Rates vom 29. April 2004 zur Koordinierung der Systeme der sozialen Sicherheit, ABl. L 166 vom 30.4.2004

Ministerrat (2006), Gemeinsamer Bericht über Sozialschutz und soziale Eingliederung, Brüssel, den 13. März 2006 (21.03), 7294/06, SOC 126, ECOFIN 95, FSTR 10, EDUC 55, SAN 60.

Mueller, Dennis C. (2003), Public Choice III, Cambridge.

Müller, Katharina (1999), The Political Economy of Pension Reform in Central-Eastern Europe, Cheltenham, Northampton/MA.

Müller, Katharina (2003), The Making of Pension Privatization in Latin America and Eastern Europe, in: *Richard Holzmann, Mitchell Orenstein* and *Michal Rutkowski* (Hg.), Pension Reform in Europe: Process and Progress, Washington D.C, S. 47-78.

Oates, Wallace E. (1972), Fiscal Federalism, New York.

Oates, Wallace E. (1999), An Essay on Fiscal Federalism, in: Journal of Economic Literature, Bd. 37, S. 1120-1149.

Schäfer, Dieter (1983), Soziale Sicherung (I und II): Konstruktionselemente und Gestaltungs-alternativen, in: WISU, S. 75-79, S. 119-126.

Schmähl, Winfried (Hg.) (2001), Möglichkeiten und Grenzen einer nationalen Sozialpolitik in der Europäischen Union, Berlin.

Sinn, Hans-Werner (2003), The New Systems Competition, Oxford.

Slembeck, Tilman (2003), Ideologies, Beliefs, and Economic Advice – a Cognitive-evolutionary View on Economic Policy-making', in: *Pavel Pelikan* und *Gerhard Wegner* (Hg.), The Evolutionary Analysis of Economic Policy, Cheltenham, S. 128-161.

SPC (= *Social Protection Committee*) (2005), Privately Managed Pension Provision, report by the Social Protection Committee, February 2005, http://ec.europa.eu/employment_social/social_protection/docs/private_pensions_en.pdf, 16.08.2006

Stanton, David (2002), Objectives and Instruments of „Open Coordination" – Elaboration of Indicators – From a Political Point of View, in: DRV-Schriften, Bd. 35, S. 113-116.

Stanton, David (2003), Common Indicators Relating to National Strategies for Adequate and Sustainable Pensions: The Work of the Indicators Sub-Group of the Social Protection Committee, in: *Verein Deutscher Rentenversicherungsträger u.a.* (Hg.), Open Method of Coordination in the Field of Pensions – Quo Vadis?, International Conference on 26 und 27 March 2003 in Berlin, Germany, DRV-Schriften, Bd. 50, S. 64-70.

Tiebout, Charles M. (1956), A Pure Theory of Local Expenditures, in: Journal of Political Economy, Bd. 64, S. 416-424.

Verein Deutscher Rentenversicherungsträger (VDR) (Hg.) (2003), Open Method of Coordination in the Field of Pensions – Quo Vadis?, International Conference on 26 und 27 March 2003 in Berlin, Germany, DRV-Schriften, Bd. 50.

Weingast, Barry R. (1995), The Economic Role of Political Institutions: Market-Preserving Federalism and Economic Development, in: Journal of Law, Economics and Organisation, Bd. 11, S. 1-31.

Wellisch, Dietmar (2000), Theory of Public Finance in a Federal State, Cambridge.

Zeitlin, Jonathan (2005), The Open Method of Coordination in Action: Theoretical Promise, Empirical Realities, Reform Strategy, in: *Jonathan Zeitlin, Philippe Pochet* und *Lars Magnusson* (Hg.), The Open Method of Coordination in Action: The European Employment and Social Inclusion Strategies, Brüssel, S. 441-498.

Zeitlin, Jonathan, Philippe Pochet und *Lars Magnusson* (Hg.) (2005), The Open Method of Coordination in Action: The European Employment and Social Inclusion Strategies, Brussels.

Klaus Heine und Wolfgang Kerber (Hg.),
Zentralität und Dezentralität von Regulierung in Europa
Schriften zu Ordnungsfragen der Wirtschaft · Band 83 · Stuttgart · 2007

Ökonomische Begründungen für Pharmamarktregulierungen auf verschiedenen Kompetenzebenen. Das Beispiel der Arzneimittel-Zulassungshürden in Europa

Dieter Cassel, Christian Müller und *Torsten Sundmacher*

Inhalt

1. Die Pharmaregulierung in Europa im Geflecht von Zielen, Instrumenten und Ebenen

Auf dem europäischen Pharmamarkt gibt es – vom ersten Forschungsschritt bis zur Beseitigung nicht mehr verwendungsfähiger Arzneimittel – kaum etwas, das nicht erheblich reguliert ist. Erkennbar sind Ziele der Verbraucherschutz- und Gesundheitspolitik (*Cassel* 2004, S. 277 f.), der Forschung und Entwicklungs-, aber auch der Industriepolitik (*Commission* 2003). Diese (nur selten komplementären) Ziele sollen mit häufig sehr umfassenden, interdependenten Instrumenten erreicht werden (als Überblick *Kavanos* 2001). Eine besondere Bedeutung haben dabei Regulierungen, die als „Hürden" vor dem Marktzugang von Arzneimitteln gelten. Drei Typen von Hürden sind zu unterscheiden:

Wie in anderen Märkten besteht auch im Arzneimittelmarkt die Möglichkeit zur Patentierung. In der Regel wird ein Hersteller dabei einen neu entdeckten Wirkstoff (New Chemical Entity) patentieren lassen, um so in den Genuß eines temporären Schutzes gegen Nachahmung zu kommen. Durch eine solche Patentanmeldung überwindet er die sogenannte *Patentierungshürde*. Zwar ist der Patentschutz grundsätzlich keine Anforderung für seine Zulassung; jedoch ist die Überwindung dieser „*0. Hürde"* in einigen Ländern die Voraussetzung für die Aufnahme eines Arzneimittels zu ‚Sonderkonditionen' in den Erstattungskatalog des gesetzlichen Gesundheitssystems. Die ersten obligatorischen Schritte zur Inverkehrbringung eines (Fertig-)Arzneimittels bestehen in allen EU-Ländern, wie auf allen anderen bedeutsamen Pharmamärkten, in der Überwindung der Zulassungshürden. Als *erste Hürde* gilt die Überprüfung der Qualität insbesondere der Herstellung sowie der verwendeten Ausgangsstoffe. Die *zweite Hürde* besteht in einer pharmakologischen Untersuchung des Stoffes auf seine Verträglichkeit. Und als *dritte Hürde* erfolgt schließlich eine Beurteilung der Wirksamkeit unter idealen (klinischen) Wirkungsbedingungen, häufig im Vergleich zu einem Placebo.[1] Nach Überwinden dieser drei Hürden kann das Arzneimittel in den Verkehr gebracht werden. Wünscht der Hersteller eines Arzneimittels, daß sein Produkt von der gesetzlichen Krankenversicherung erstattet wird, ist schließlich in vielen Ländern noch die *Erstattungshürde* zu überwinden, bei der häufig Kosten-Nutzen-Erwägungen eine zentrale Rolle spielen (*Cassel* 2006). Nachdem diese *vierte Hürde* genommen wurde, kann das Medikament zu Lasten des Gesundheitssystems verordnet werden. Die folgenden Ausführungen werden sich ausschließlich auf eine Betrachtung der Zulassungshürden (erste bis dritte Hürde) beschränken.

Forderungen nach der Einführung von Zulassungshürden wurden in Deutschland bereits seit dem Ende des 19. Jahrhunderts laut. Echte Regulierungen des Marktzugangs gibt es indes erst seit dreißig Jahren. Die Kontrollfunktion wurde seit den 1920er Jahren zunächst durch die Selbstverwaltungskörperschaften der Krankenkassen sowie durch

---

[1] In Deutschland ist es auch möglich, Fertigarzneimittel ohne Wirksamkeitsprüfung auf den Markt zu bringen, für die dann nach erfolgreichem Überschreiten der ersten beiden Hürden eine Registrierung vorgenommen wird. Bedeutsam ist dies insbesondere für Arzneimittel der „besonderen Therapierichtungen" (wie etwa der Homöopathie).

Ärzte und ihre Vereinigungen wahrgenommen (*Murswieck* 1983, S. 412 ff.). Auch nach der sogenannten Contergan-Novelle des Arzneimittelgesetzes von 1964 war zunächst nur eine Registrierung von Arzneimitteln vorgesehen. Als Folge der Menocil-Affäre 1971 wurde eine Prüfungsrichtlinie verabschiedet, die allerdings immer noch keine echte Zulassungshürde darstellte (*Feick* 2000, S. 246). So war es erst die Arzneimittelgesetz-Reform von 1976, welche zum ersten Mal eine materielle Prüfung von Zulassungsvoraussetzungen vorsah. Prüfende Behörde war zunächst das Bundesgesundheitsamt, das 1994 wegen vielfältiger Probleme, u.a. auch im Zusammenhang mit der Arzneimittelzulassung, aufgelöst wurde. Zur Arzneimittelprüfung wurde daraufhin das Bundes-institut für Arzneimittel und Medizinprodukte (BfArM) eingerichtet, das seitdem als Zulassungsstelle für die meisten Humanarzneimittel fungiert. Für den Bereich der Impfstoffe und biologischen Arzneimittel besteht daneben mit dem Paul-Ehrlich-Institut eine weitere Zulassungs- und Forschungsstelle.

Auf europäischer Ebene wurde 1995 darüber hinaus, zusammen mit der Etablierung des zentralisierten Zulassungsverfahrens, die europäische Arzneimittelagentur EMEA gegründet.[2] Die hauptsächliche Aufgabe dieser Institution ist der „Betrieb" von Zulassungshürden für Tierarzneimittel, für allgemeine Humanarzneimittel sowie für sogenannte *Orphan Drugs*, das heißt solche Arzneimittel, die der Behandlung seltener Krankheiten – mit weniger als 10.000 betroffenen Europäern – dienen (*EMEA* 2005a, S. 21). Daneben soll die EMEA helfen, einen Arzneimittel-Binnenmarkt zu etablieren (zum Beispiel durch die Schaffung von Nutzen- und Preistransparenz; *DG Enterprise* 2000, S. 8), sowie Maßnahmen zur Ex-post-Evaluation von Arzneimitteln durchführen.

Im Evaluationsverfahren für Humanarzneimittel teilt sich die EMEA ihre Entscheidungskompetenzen mit dem Ausschuß CPMP[3], in dem die nationalen Zulassungsbehörden ein großes Gewicht haben. So schlägt der Ausschuß zum Beispiel die Mitglieder des Verwaltungsrats vor, der die Geschäfte der EMEA führt.[4] Gemeinsam mit dieser entwickelt er darüber hinaus auch die künftige EMEA-Strategie, wie zum Beispiel die „*Roadmap 2010*". Deren Inhalte können als Ankündigung der von den Nationalstaaten zukünftig gewünschten Pharmapolitik gelesen werden. Die starke Stellung des CPMP resultiert auch daraus, daß er die beiden Gutachten zu bewerten hat, die darüber hinaus zur Zulassung eines Arzneimittels erstellt werden. Die EMEA leitet diese Empfehlung lediglich an die Kommission weiter, welche – nach Konsultation des Ständigen Arz-

---

[2] Seit 2004 hat sich der offizielle Name von „European Agency for the Evaluation of Medicinal Products" in „European Medicines Agency" geändert; die Abkürzung EMEA wird allerdings weiter verwendet.

[3] Der ehemalige Ausschuß "Committee for Medicinal Products for Human Use (CHMP)" heißt seit der Pharmareform von 2004 "Committee for Proprietary Medicinal Products (CPMP)".

[4] Der Verwaltungsrat besteht aus je einem Mitglied pro EU-Mitgliedsland (sowie zusätzlich Norwegen und Island), das nicht weisungsgebunden ist. Hinzu kommen je zwei Mitglieder aus Kommission und Europäischem Parlament sowie seit 2004 je zwei Patienten- und Ärztevertreter.

neimittelkomitees, das mit Vertretern nationaler Regierungen besetzt ist – die abschließende Entscheidung über die Zulassung trifft.[5]

Schon durch diese Regulierungsträger sind die Kompetenzen für die Zulassung von Arzneimitteln in Europa wenig systematisch über die EU-Entscheidungsebenen verteilt. Es kommt hinzu, daß die Kompetenzverteilung durch die eingesetzten Verfahren noch intransparenter wird. So existieren gleich drei Zulassungsverfahren nebeneinander:[6]

– Den größten Zentralisierungsgrad weist das *zentralisierte Verfahren* auf, das, wie oben beschrieben, durch die EMEA betrieben wird und zu einer Zulassung für die gesamte EU führt.

– Daneben existiert das *Verfahren der gegenseitigen Anerkennung*, nach dem der Arzneimittelhersteller eine nationale Zulassungsstelle als federführende Behörde auswählt, die die Prüfung durchführt und den nationalen Zulassungsbehörden die Ergebnisse zur Anerkennung vorlegt. Dabei können die Länder, in denen die Zulassung gleichzeitig erfolgen soll, durch den Antragsteller ausgewählt werden.[7] Die Zulassungsbehörden dieser Länder, die nicht die federführende Behörde sind, können die Prüfungsergebnisse vor allem mit dem Hinweis auf schwerwiegende Probleme bei der Wahrung der öffentlichen Gesundheit zurückweisen. Erfolgt mindestens eine solche negative Stellungnahme eines Nationalstaats, wird in der EMEA durch den CPMP ein Gutachten erstellt. Die Entscheidung über die Marktzulassung trifft in der Regel wie beim zentralisierten Verfahren die Kommission. Bei schwerwiegenden Streitfällen, in denen das mit nationalen Vertretern besetzte Ständige Arzneimittelkomitee nicht mit qualifizierter Mehrheit zugestimmt hat, erfolgt die Entscheidung durch den Ministerrat. Wie im zentralisierten Verfahren gilt auch hier

---

[5] Daß die Zulassungsentscheidung durch die Kommission und nicht durch die EMEA erfolgt, ist ein wesentlicher Unterschied zum Prozedere in den meisten europäischen Nationalstaaten sowie dem Prüfungsverfahren der amerikanischen „Federal Drug Administration (FDA)" (vgl. dazu kritisch *Permanand* und *Altenstetter* 2004, S. 42). Allerdings sind kaum abweichende Entscheidungen zwischen der EMEA- bzw. CPMP-Empfehlung und der Kommissionsentscheidung feststellbar. Es wäre jedoch denkbar, daß solche Fälle im Zuge vorauseilenden Gehorsams vermieden werden, auch weil abweichende Entscheidungen das Image der EMEA beschädigen würden. Aufgrund der Kommissionsvertreter im Verwaltungsrat bestünde für eine solche Abstimmung auch eine einfache organisatorische Lösung.

[6] Den Zulassungsverfahren unterliegen nicht nur Arzneimittelinnovationen, das heißt Medikamente mit einem gänzlich neuen Wirkstoff (sogenannte Originalpräparate) oder einem bereits bekannten, aber modifizierten Wirkstoff (sogenannte Analogpräparate), sondern auch Arzneimittelimitationen (sogenannte Generika), die nach Ablauf der Patentlaufzeit der Arzneimittelinnovationen auf den Markt gebracht werden können *(IGES, Cassel, Wille* und *WidO* 2006, S. 415 ff.). Weiterhin müssen auch bereits zugelassene Arzneimittel aufgrund unterschiedlicher Veränderungen (wie zum Beispiel geänderter Packungsbeilage bis hin zu veränderten Indikationen) ebenso erneut überprüft werden wie Parallelimporte (Reimporte eines exportierten Arzneimittels). Je nach Innovationsgrad des Produkts sind die Zulassungsanforderungen allerdings unterschiedlich hoch. Im folgenden werden die letzten beiden Fälle einer Zulassungspflicht aufgrund der eingeschränkten ökonomischen Bedeutung, die die Zulassung als Hürde hierbei hat, nicht behandelt.

[7] Nur in seltenen Fällen erfolgt durch dieses Verfahren tatsächlich eine EU-weite Marktzulassung. Für das Jahr 2005 betraf das Verfahren der gegenseitigen Anerkennung durchschnittlich 5,1 weitere Länder (eigene Berechnung, *EMEA* 2005b, S. 17).

die Vorgabe einer 150-Tage-Frist für die Beurteilungsphase. Ein zeitlicher Verzug ergibt sich jedoch häufig durch nationale Behörden sowie durch ‚Blockaden' einzelner Mitgliedsländer, die unter Umständen erst durch eine ebenfalls zeitintensive Ratsentscheidung aufgelöst werden.

– Schließlich besteht als dritte Möglichkeit das Verfahren der *rein nationalen Zulassung*, die stets nur für ein einziges Land gilt. Auch dieses Verfahren kann – wenn es in allen Mitgliedstaaten einzeln betrieben wird – zu einer Marktzulassung des Arzneimittels in der gesamten EU führen.

Welcher dieser drei Wege im Einzelfall beschritten wird, kann der Arzneimittelhersteller für die meisten Medikamente selbst bestimmen. Allerdings ist das zentralisierte Verfahren verpflichtend für biotechnologische Arzneimittel, Orphan Drugs sowie für Arzneimittel zur Behandlung von AIDS, Krebs, Diabetes und Neurodermitis. Auf der anderen Seite sind nationale Verfahren verpflichtend, wenn etwa Veränderungen an bereits national zugelassenen Arzneimitteln genehmigt werden sollen.

Im Bereich der Arzneimittelzulassung existieren damit gleich drei alternative Regulierungsmechanismen nebeneinander. Soweit das rein nationale Zulassungsverfahren zur Anwendung kommt, befinden sich die Mitgliedstaaten und ihre Zulassungsbehörden in einer Situation mit *Bestimmungslandprinzip*, in der einige wenige EU-Regelungen das nationale Zulassungsverfahren nur in geringem Maße beeinflussen. Daneben gibt es die Möglichkeit einer *vollständig zentralisierten* Arzneimittelzulassung, die als alleinige Zulassungsstelle die EMEA vorsieht; in diesem Fall ist der Wettbewerb der Mitgliedstaaten untereinander beschränkt auf die Auswahl der nationalen Zulassungsbehörden, die die Zulassungsgutachten für die CPMP verfassen. Eine hybride Zwischenform stellt demgegenüber das Verfahren der gegenseitigen Anerkennung dar, das eine Art *geregelten Regulierungswettbewerbs* generiert. Dadurch, daß es von einer Zulassungsstelle federführend betrieben wird, impliziert es einerseits ein wesentliches Maß an institutioneller Zentralisierung; andererseits wird hier eine besondere Form des Regulierungswettbewerbs initiiert, in welchem die gebührenfinanzierten und damit an hohen Fallzahlen interessierten nationalen Zulassungsbehörden darum konkurrieren, aus der Sicht der Hersteller die erste Wahl zu sein.[8]

Im vorliegenden Beitrag werden wir argumentieren, daß dieses Nebeneinander dreier Regulierungsinstrumente im Rahmen der Arzneimittelzulassung ineffizient ist. In Kapitel 2 wird diskutiert, ob aus ökonomischer Sicht ein Eingriffserfordernis des Staates bei der Marktzulassung besteht. In Kapitel 3 wird aufgezeigt, daß ein völlig freier Regulierungswettbewerb, wie er durch die einzelstaatlichen Verfahren der Arzneimittelzulassung initiiert wird, nicht effizient sein dürfte. Ein Mindestmaß an Zentralisierung ist erforderlich, um Skalenvorteile zu erzielen, grenzüberschreitende Externalitäten zu internalisieren und Transaktionskosten zu senken. Gleichwohl wäre auf der anderen Seite

---

[8] Der hier verwendete Begriff des Regulierungswettbewerbs unterstellt nicht das Modell der institutionellen Konkurrenz im Sinne von *Tiebout* (1956), das im Rahmen restriktiver Annahmen die statische allokative Effizienz des Wettbewerbs von staatlichen Kosten- und Leistungsbündeln untersucht, sondern das dynamisch-evolutorische Wettbewerbskonzept im Sinne von *Hayek* (1969), das auf den Wettbewerb als Entdeckungsverfahren abhebt und seine dynamische Effizienz betont (*Kerber* 1998).

auch eine vollständige Zentralisierung – ein alleiniger Betrieb des Zulassungsverfahrens durch eine einzige europäische Arzneimittelagentur – ökonomisch nachteilig. Wie in Kapitel 4 gezeigt wird, ist das Verfahren der gegenseitigen Anerkennung den beiden extremen Mechanismen der Arzneimittelzulassung vorzuziehen. Zumindest dann, wenn positive Reputationsmechanismen der Hersteller wirksam werden und zudem eine externe Qualitätsreferenz existiert, wie sie zusätzlich durch den amerikanischen Prüfungsstandard gegeben ist, markiert ein „geregelter Regulierungswettbewerb" etwa den optimalen Zentralisierungsgrad der Arzneimittelhürden in Europa.

2. Marktversagen auf Pharmamärkten und die Zulassungshürden

Wie könnte die Existenz der drei gesetzlich vorgesehenen Hürden (Nachweis der Qualität, Unbedenklichkeit und Wirksamkeit) für die Zulassung von Arzneimitteln gerechtfertigt werden?

2.1. Asymmetrisch verteilte Informationen

Eine Begründung für die Zulassungshürden wird aus der Existenz *asymmetrischer Informationsverteilungen* auf dem Pharmamarkt abgeleitet. Arzneimittel können aus der Sicht des einzelnen Nutzers zum einen Erfahrungsgüter sein, deren Qualität der Nachfrager erst nach ihrem Gebrauch einschätzen kann; zum anderen können sie auch die Eigenschaften von Vertrauens- oder Glaubensgütern aufweisen, die dem Konsumenten den Nutzen weder vor noch nach dem Konsum mit letzter Sicherheit offenbaren.[9] Insofern der Konsument die Eigenschaften des von ihm erworbenen Medikaments also nicht hinreichend sicher einschätzen kann, ist er möglichen Schäden durch den Hersteller ausgesetzt – und damit einer besonderen Form negativer externer Effekte, welche für ihn sogar tödlich sein können. Doch so offenkundig diese besonderen Informationseigenschaften von Arzneimitteln auch sind, so wenig können sie einen Eingriff des Staates in die Agency-Beziehung zwischen dem Patienten als Prinzipal und dem Hersteller als dessen Agent begründen. Denn es gibt eine ganze Reihe marktendogener – also nichtstaatlicher – Mechanismen, die dazu geeignet sein können, die ungleiche Informationsverteilung zu reduzieren.

In Frage kommen zunächst sogenannte *Screening*-Mechanismen, mit welchen die Patienten selbst ihre Informationssituation verbessern können. So ist eine Wirkungsbeurteilung teilweise auch dem Patienten möglich (zum Beispiel bei Schmerzmitteln). Zudem steht dem einzelnen Konsumenten eine Vielzahl von Agenten zur Verfügung, die ihm als Prinzipal Informationen über das Arzneimittel zur Verfügung stellen können. Solche Agenten sind zum Beispiel die Leistungserbringer, die einerseits primäre Untersuchungen über die Wirkungen von Arzneimitteln anstellen und andererseits auch durch Fachzeitschriften oder Tagungen über sekundäres Produktwissen verfügen. Ähnliches gilt zum Beispiel auch für den Agenten Versicherung, der gegebenenfalls Arzneimitteleffekte für den Prinzipal Versicherten beurteilen könnte (vgl. auch *Blomqvist*

---

[9] Die Tragweite von Problemen mit dem Vertrauens- bzw. Erfahrungsgut Arzneimittel wird dabei durchaus unterschiedlich eingeschätzt (*WHO* 1999, *Jäcker* 2004, *Oberender* und *Zerth* 2003).

1991). Schließlich könnten Patienten Informationsintermediäre für die Arzneimittelqualität – zum Beispiel Testzeitschriften oder Institutionen wie die Stiftung Warentest – einschalten, die ihrerseits bereits verfügbare Informationen (zum Beispiel von Versicherten, Patienten, Ärzten oder Krankenkassen) aufbereiten oder eigene Untersuchungen anstellen. Daß solche Agenten weitgehend fehlen, ist im wesentlichen ein Resultat der bestehenden Regulierung auf dem Gesundheitsmarkt. So schränkt zum Beispiel die geringe Wettbewerbsrelevanz, die Qualitätsinformationen für Leistungserbringer haben, die Nachfrage nach solchen Agenten-Leistungen ein. Insofern ist die derzeitig geringe Bedeutung von Agenten kein Resultat von Marktversagen, sondern vielmehr ein Regulierungsergebnis.

Zudem können auch die Hersteller selbst durch sogenanntes *Signaling* der schlechter informierten Marktseite Informationen bereitstellen. So haben Arzneimittelhersteller ein Interesse an der Herausbildung von Reputation, die in der Regel durch ein striktes Qualitätsmanagementsystem abgesichert werden müßte. Es erscheint allerdings fraglich, wie wirksam ein solcher Reputationsmechanismus im vorliegenden Fall sein kann, weil Reputation nicht rein herstellerbezogen ist, sondern auch produktgruppenspezifisch wirkt. In diesem Fall gehen von einem „schwarzen Schaf", das qualitativ minderwertige Arzneimittel verkauft, negative externe Effekte auf die Konsumenten und auf die gesamte Pharmaindustrie aus.

Zur Internalisierung solcher negativer Externalitäten sind mehrere Instrumente vorstellbar. Ein bedeutsames, das in den meisten Ländern parallel zur staatlichen Zulassung von Arzneimitteln angewendet wird, ist das Haftungsrecht. Bei optimaler Ausgestaltung kann es zu einer vollständigen Internalisierung führen. In der praktischen Umsetzung ergeben sich allerdings einige Probleme, die insbesondere aus dem fehlenden Durchgriff auf die „schwarzen Schafe" resultieren. So ist zunächst einmal nicht sichergestellt, daß der Schadensverursacher zum Zeitpunkt des Schadenseintritts für den Schaden auch tatsächlich haftet. So kann er bereits aus dem Markt ausgetreten sein, aufgrund des auf ihn zukommenden Schadens Insolvenz anmelden müssen oder als ausländischer Anbieter für eine Schadensersatzklage nicht greifbar sein. Eine Lösung für diese Probleme besteht darin, daß Arzneimittelhersteller eine Versicherung für solche Schadensfälle vorweisen müssen, solange ihr Arzneimittel am Markt verfügbar ist. Eine solche Versicherungspflicht bedarf dabei einer staatlichen Regulierung. So ist zumindest die minimale Deckungssumme festzulegen (mit dem Anschlußproblem bei Überschreitungen); wahrscheinlich sind allerdings auch wesentliche Teile der weiteren Vertragsbedingungen vorzugeben, damit „schwarze Schafe" nicht Verträge mit der „richtigen" Deckung, aber sehr restriktiven Vertragsbedingungen eingehen. Hiermit könnten sie der Versicherungspflicht materiell entgehen, sofern sie Versicherungen wählen, die praktisch nie zahlen, dafür aber entsprechend niedrige Prämien aufweisen. Weiterhin entsteht durch die Einführung einer Versicherungslösung ein *Moral hazard*-Problem – der Versicherungsnehmer wird rationalerweise sein Sorgfaltsniveau senken, da ein Teil der von ihm durch mangelnde Sorgfalt verursachten Kosten der Versicherungsgemeinschaft zur Last fallen. Damit steigt die Wahrscheinlichkeit, durch Arzneimittel schlechter Qualität geschädigt zu werden. Um dies zu vermeiden, werden Eigenbeteiligungen empfohlen, die das *Moral hazard*-Problem verringern, gleichzeitig aber auch den Versicherungsschutz reduzieren. Hohe Eigenbeteiligungen, die besonders wirksam gegen *Moral hazard* sind, können dann wiederum dazu führen, daß eine Haftung für Schäden nicht stattfindet, da der Schädiger die Kosten der Eigenbeteiligung nicht tragen kann. Diese Versicherungslösung regelt weiterhin nicht das Problem von Arzneimittelschäden, die erst dann auftreten, wenn das Arzneimittel nicht mehr auf dem Markt ist. Da es aus Gründen sonst sehr hoher Markteintrittsbarrieren keinem Arzneimittelhersteller zugemutet werden sollte, so lange Versicherungsprämien zu zahlen, bis der letzte Konsument seiner Arzneimittel gestorben ist,[10] müssen für solche „Nachwirkungen" andere Lösungen gefunden werden. Eine Möglichkeit hierzu könnten etwa Fonds sein, in denen alle Hersteller verpflichtend einzahlen müssen.

Wie gezeigt, sind somit haftungsrechtliche Lösungen mit Hilfe weiterer staatlicher Eingriffe abzusichern, um sie gegen „schwarze Schafe" im Arzneimittelbereich wirksam zu schützen. Auch die Ex-ante-Regulierung in Form von Zulassungshürden kann als eine solche „Begleitung" des Haftungsrechts interpretiert werden.

Festzuhalten ist, daß aufgrund marktlich nicht beseitigter asymmetrischer Informationen ein staatliches Eingreifen begründet werden kann und unterschiedliche Instrumente zur Beseitigung zur Verfügung stehen. Dabei spricht einiges dafür, auch das Instrument der Zulassung zu nutzen. Die effiziente Mischung unterschiedlicher staatlicher Instrumente zur Verringerung von asymmetrischen Informationen und ihrer negativen Folgen im Arzneimittelmarkt verbleibt als noch zu lösende Aufgabe.

2.2. Externe Effekte und Kollektivguteigenschaften des Prüfungsverfahrens

Als weitere Begründung für die ersten beiden Zulassungshürden wird gelegentlich der besondere Wert genannt, den das menschliche Leben als schützenwertes Gut hat. So sei eine staatliche Ex-ante-Kontrolle erforderlich, um extreme *negative Externalitäten* – etwa Todesopfer – von vornherein zu verhindern. Doch so wünschenswert ein unbedingter Schutz des menschlichen Lebens auch sein mag, so wenig begründet erscheint die Ausnahmestellung, die dieser Schutz ausgerechnet im Arzneimittelbereich erfahren soll. Denn auch in anderen Bereichen politischer Entscheidungen – wie zum Beispiel bei der Entschärfung von Unfallschwerpunkten – wird dem menschlichen Leben keineswegs eine unbedingte Vorrangstellung vor jeder Kostenüberlegung eingeräumt. Zudem erscheint auch die implizite Annahme fragwürdig, daß eine staatliche Produktion der Überprüfungsleistung tatsächlich zu einem höheren Kontrollniveau führen müsse als eine private Kontrolle.[11] Dies gilt um so mehr, als in anderen Bereichen, die durchaus menschliches Leben gefährden können, sehr wohl private Qualitätssicherungssysteme (zum Beispiel bei VDE-Normen) vorhanden sind.

Weiterhin könnte es zu Marktversagen aufgrund von Kollektivguteigenschaften des Prüfungsverfahrens kommen. Denn mit der Verfügbarkeit eines Medikaments auf dem Markt ist öffentlich bekannt, daß es die staatlichen Zulassungsvoraussetzungen erfüllt.

---

[10] Genau genommen können auch die Nachkommen durch ein Arzneimittel geschädigt sein, so daß im Extrem das Aussterben der Generationenlinie abgewartet werden müßte, so daß sich theoretisch eine unendliche Versicherungspflicht ergäbe.

[11] Zum gegenteiligen Ergebnis bei der Steuerprüfung vgl. zum Beispiel *Müller* (2005b).

Die potentiellen Nutzer rivalisieren nicht um diese Information, und niemand kann von diesem Wissen ausgeschlossen werden, sobald es einmal im Markt verfügbar ist. Die Zulassungsprüfung erstellt damit ein Kollektivgut – eine öffentlich zugängliche Qualitätsinformation –, von dem alle Marktteilnehmer profitieren. Relevant ist dies insbesondere im Zusammenhang mit Entwicklungs- und Schwellenländern, die auf ein eigenes Zulassungssystem verzichten und statt dessen die Ergebnisse anderer Zulassungsbehörden übernehmen. Insofern handelt es sich hierbei um einen grenzüberschreitenden externen Effekt, der allerdings auch durch eine zentrale Regulierung in der EU nicht ausgeschaltet wird.

Bei der privaten Bereitstellung ergibt sich hingegen – entsprechende Wettbewerbsintensität vorausgesetzt – kein Öffentliches-Gut-Problem. Wenn etwa jede Krankenkasse ihr eigenes Prüfungsverfahren verwendet, ist erstens das Verfahren (wie bei der zentralen Zulassung auch) kein Kollektivgut, denn die Verfahrensinformationen können in der Regel geheim gehalten werden, so daß ein Ausschluß anderer möglich ist. Zweitens ist das Verfahrensergebnis zwar öffentlich, aber kein öffentliches Gut. Dies gilt vergleichbar wie bei anderen Sortimentsanbietern auch, als die die Krankenkassen hier fungieren würden, denn sie wählen aus den vorhandenen Arzneimitteln jene aus, von denen sie überzeugt sind, daß sie dem gewünschten Prüfungsniveau ihrer Versicherten entsprechen. Wenn die Krankenkassen nun untereinander im Wettbewerb stehen, ist die Information, welche Arzneimittel die anderen Wettbewerber zugelassen haben, für eine Krankenkasse nur sehr eingeschränkt ein Gut. Vielmehr wird sie ihr eigenes Zulassungsverfahren entwickeln oder Prüfungsintermediäre damit beauftragen und die Ergebnisse zur Positionierung am Markt verwenden. Dies ist eine Situation, die sehr viele Marktbeziehungen von Sortimentsanbietern (wie zum Beispiel den Lebensmitteleinzelhandel) prägt, ohne daß es hier zu Allokationsproblemen durch öffentliche Güter kommt. Denn ein Konsum dieser öffentlichen Information (zumindest nicht in der Form einer bloßen Übernahme des Zulassungsergebnisses) ist gar nicht erwünscht. In den Augen der Krankenkasse sind die beiden Informationen (Zulassung durch eine andere Krankenkasse und Ergebnis des eigenen Zulassungsverfahrens) gar nicht oder nur eingeschränkt substitutiv.

Zusammenfassend kann festgehalten werden, daß asymmetrische Informationsverteilung im Pharmamarkt ein staatliches Eingreifen begründen kann und dafür eine Zulassungsprüfung für Arzneimittel als ein Instrument in Frage kommt. Dies muß indes keineswegs bedeuten, daß es auch der Staat sein sollte, der diese Prüfungsleistung produziert. Vielmehr wäre auch eine Vergabe der Prüfungsaufgabe an private Anbieter im Wege des Ausschreibungswettbewerbs denkbar (zur Diskussion vgl. zum Beispiel *Müller* 2005a). Nur dann, wenn der Staat in der Lage ist, die Prüfungsleistung günstiger anzubieten als im Wettbewerb agierende private Zulassungsprüfer, wäre einem öffentlichen Angebot der Vorzug vor einer privaten Prüfungsdurchführung zu geben. Dies müßte dann allerdings auch in dynamischer Hinsicht gelten. Günstigere Kosten durch die staatliche Produktion sind insbesondere dann zu erwarten, wenn die politischen (Durchsetzungs-)Kosten der Einführung einer rein privaten Zulassungsprüfung sehr hoch sind. Dies dürfte zum Beispiel im Status quo aufgrund der „Gewöhnung" an die staatliche Produktion der Zulassung häufig der Fall sein.

3.   Begründungen für die Ebene der Pharmaregulierung

Betrachtet man die Bedingungen für ein staatliches Angebot von Zulassungsprü-
fungen für Arzneimittel als erfüllt, so ist in einem zweiten Schritt zu entscheiden, auf
welcher Kompetenzebene eine solche Regulierung zu erfolgen hat. Diese „Ebenen-
frage" ist anders zu behandeln als die Frage, ob eine Aktivität überhaupt einem Kollektiv anvertraut werden soll. In dem einen Fall geht es – im Sinne des normativen Individualismus – um die Frage einer Besserstellung der betroffenen Individuen durch Abgabe von Kompetenz an ein Kollektiv; im anderen Fall muß durch einen Institutionen-
vergleich anhand einer Kosten-Nutzen-Bewertung ermittelt werden, welches die „richtige" Kompetenzebene für die Zulassungshürden in einem mehrstufigen föderalen
System ist.[12] Im Rahmen eines solchen Ansatzes erscheinen als Beurteilungskriterien
für die Bevorzugung einer höheren föderalen Ebene die Kriterien der Realisierung von
Skalenvorteilen, der Internalisierung grenzüberschreitender externer Effekte sowie der
Ersparnis von Transaktionskosten sinnvoll.

3.1. Skalenvorteile

Skalenvorteile können – analog zur ökonomischen Theorie der Betriebsgröße
(*Gutenberg* 1956; *Busse von Colbe* 1974) – dazu führen, daß eine zentrale Bereitstellung effizienter ist als eine dezentrale, insofern dadurch Kosten der Beschlußfassung,
der politischen Umsetzung (Management) oder der tatsächlichen Produktion gesenkt
werden. Im vorliegenden Fall dürfte eine zentrale Überprüfung bei allen Zulassungshürden zu geringeren Überprüfungskosten im Vergleich zu dezentralen Lösungen führen, da die Überprüfungsleistung lediglich einmal und nicht in jedem Mitgliedstaat getrennt vorzunehmen ist.[13] Da die staatlichen Prüfungsleistungen überwiegend über
kostendeckende Gebühren finanziert werden, kommt es durch Zentralisierung direkt zu
einer entsprechenden Kostensenkung bei den antragstellenden Unternehmen, die im
Vergleich zu den gesamten Kosten zur Einführung eines Arzneimittels jedoch praktisch
nicht ins Gewicht fallen. Dagegen dürften die „indirekten" Skaleneffekte einer Zentralisierung sehr viel größer sein. Sie ergeben sich dadurch, daß die Kosten insbesondere der
Wirkungsprüfung je nach den gestellten Prüfungsanforderungen auf nationaler Ebene
sehr unterschiedlich sein können. Unterscheiden sich die in den einzelnen Ländern gestellten Anforderungen bei Wirkungstests, so sind die Ergebnisse eines nationalen Test-
programms nicht ohne weiteres für Zulassungsverfahren in einem anderen Land ver-
wendbar. Bei einem Anteil der Kosten vor Markteinführung von rund 70 % (*Dazone*
1997; *Boroch* 1994, S. 56, nennt 45,5 %) können die durch Zentralisierung eingesparten
Kosten erheblich sein.

---

[12] Bei der Frage nach der „richtigen" Kompetenzebene in einem mehrstufigen föderalen
System ist eine Bevorzugung der untersten Ebene eines Kollektivs aus dem individuellen Interesse nicht herleitbar. Denn eine generelle Bevorzugung einer unteren kollektiven Ebene –
interpretiert als „Individualismus-Dezentralismus-Analogie" – könnte sogar zu einem Ver-
stoß gegen den normativen Individualismus führen (vgl. hierzu *Apolte* 2004, S. 272 ff.).

[13] Anderseits können im Falle einer zentralen Prüfung auch die Kosten durch Fehlprüfungen
bei den Hürden höher sein als bei dezentralen Verfahren.

3.2. Grenzüberschreitende externe Effekte

Auch grenzüberschreitende externe Effekte können bei allen Zulassungshürden für Medikamente eine Zentralisierung nahelegen, und zwar unabhängig davon, ob das Ursprungslandprinzip gilt oder nicht.

Bei Geltung des Ursprungslandprinzips ist die Zulassung eines Arzneimittels im Inland mit einem Qualitätsniveau unterhalb des im Ausland gewünschten Niveaus möglich, woraus ein negativer externer Effekt des inländischen Zulassungsregimes auf das Ausland resultiert. Gilt das Ursprungslandprinzip hingegen nicht, so können die Zulassungshürden als Mittel der strategischen Handelspolitik mißbraucht werden (*Cassel* 1987, S. 66 ff.), wie dies in Europa auch vielfach praktiziert wurde (*Glaeske, Hart* und *Merkel* 1988). Im einfachsten Fall kann die heimische Pharmaindustrie bevorzugt werden, so daß mit unterschiedlichem Qualitätsmaß gemessen wird. In differenzierteren Varianten werden Zulassungsanforderungen entwickelt, die eine systematische positive Inländerdiskriminierung ermöglichen.[14] Von diesen nicht-tarifären Handelshemmnissen gehen negative externe Effekte auf die ausländischen Hersteller aus. Reagiert das Ausland mit ähnlichen Maßnahmen, kann dies zu einer kollektiven Schlechterstellung gegenüber einer Situation ohne Protektionismus durch Zulassungshürden führen.[15] Eine zentrale Bereitstellung der Zulassungshürden würde diese Effekte mithin internalisieren.

Fragt man nach dem Gesamteffekt grenzüberschreitender Externalitäten dezentraler Arzneimittelregulierungen, so stehen sich positive Effekte aus der Einsparung von Überprüfungskosten durch Prüfungen im Ausland und negative Effekte aus einem industriepolitischen Mißbrauch gegenüber. Der Gesamteffekt ist vermutlich deutlich negativ. Die Regulierungskosten dürften im Verhältnis zu den (erhofften) Protektionismusgewinnen eher klein sein. Daher dürfte die Verhinderung eines industriepolitischen Mißbrauchs das stärkste Argument für eine Kompetenzverlagerung auf eine höhere Ebene sein.

3.3. Transaktionskosten

Eine Zentralisierung kann schließlich auch zu einer Senkung von Transaktionskosten führen. Besonders bei der Einführung der Währungsunion wurde dieses Argument sehr häufig bemüht (Übersicht bei *Rose* 2000). Eine zentrale Bereitstellung von Qualitätsinformationen durch die Verfahren der Arzneimittelzulassung kann dabei in ähnlicher Weise wirken. Somit wird der oben angesprochene Skaleneffekt einer Senkung der Kosten bei der Erstellung der Qualitätsinformation verstärkt um die Verringerung von Transaktionskosten, die durch Antragstellung bei mehreren nationalen Zulassungsstellen entstehen.

---

[14] Beispielsweise können besonders intensive Nachweise zu Nebenwirkungen im Herz-Kreislauf-Bereich vorgeschrieben werden, da dieses Krankheitsbild von der inländischen Arzneimittelindustrie besonders intensiv erforscht wird.

[15] Zur Erreichung des *Pareto*-Optimums in einem solchen Gefangenendilemma kommen unterschiedliche Grade einer Zentralisierung in Frage. Statt einer Zentralisierung der gesamten Zulassung sind auch Formen einer zentralen Erstellung der Prüfregeln bei entsprechender Qualitätsaufsicht – etwa dem Appellate Body der WTO entsprechend – vorstellbar.

Bedingung hierfür ist allerdings zum einen die *Glaubwürdigkeit* der zentral bereitgestellten Qualitätsinformation. Auch wenn eine staatliche Informationsbereitstellung im
Vergleich zu einer privatwirtschaftlichen einen generellen „Vertrauensvorschuß" genießen dürfte (vgl. *Hoffritz* 2001, *Pharmainformation* 2005), kann sie – wie bei anderen
Organisationen – durch Arzneimittelskandale oder schlampige Behördenarbeit verspielt
werden.

Zum anderen müssen die bereitgestellten Informationen auch *präferenzadäquat* sein,
also mit den Qualitätspräferenzen der Marktteilnehmer übereinstimmen. Sowohl ein zu
niedriges Prüfungsniveau der staatlich bereitgestellten Informationen über das Arzneimittel als auch ein zu hohes können sich aus Sicht der Nachfrager – also der Patienten –
ergeben.[16] Die staatlich bereitgestellten Qualitätsinformationen beschränken sich dabei
im Regelfall auf eine Ja/Nein-Information: Entweder ein Arzneimittel wird zugelassen,
oder es darf nicht auf den Markt. Nur dem Antragsteller werden weitere Informationen
übermittelt. Wünscht nun der Nachfrager ein niedrigeres Prüfungsniveau, wäre er also
bereit, auch Arzneimittel, die im Erwartungswert nicht ganz so sicher sind, zu konsumieren, fällt es ihm schwer, aus der staatlichen Qualitätsinformation die für ihn relevanten Informationen zu gewinnen. Gleiches gilt, wenn er sicherere Arzneimittel konsumieren möchte: Auch in diesem Fall helfen ihm die staatlich bereitgestellten Informationen
kaum weiter. Aufgrund der staatlichen Bereitstellung der Qualitätsinformation ver-
schlechtert sich sogar die Situation der Nachfrager mit niedrigeren und höheren Anforderungen an das Prüfungsniveau gegenüber einem Zustand ohne staatliche Bereitstellung. Denn durch die staatliche Bereitstellung, die als Subvention der Produktion einer
bestimmten Zulassungsqualität interpretiert werden kann, werden vermutlich andere
Qualitätsinformationen verdrängt.[17] Wollen die Nachfrager Informationen, die ihrem
gewünschten Prüfungsniveau entsprechen, müssen sie diese aufwendig suchen oder
sogar selbst erstellen lassen.

Hinzu kommt, daß im Falle eines niedrigeren Prüfungsniveaus die Beschaffung des
Arzneimittels zu höheren Transaktionskosten führen kann. In diesem Fall ist bei einer
staatlichen Zulassung das Arzneimittel im Inland gar nicht verfügbar. Sofern in anderen
Ländern das Arzneimittel erworben werden kann, steigen zumindest die Informations-
beschaffungs- und Anbahnungskosten, sehr wahrscheinlich aber auch die Vereinba-
rungskosten, da gegebenenfalls Kaufverträge auf der Grundlage abweichender Rechts-
normen geschlossen werden müssen. Vor diesem Hintergrund muß eine zentrale Bereitstellung der Qualitätsinformation durchaus nicht in jedem Fall transaktionskosten-
senkend wirken, sondern kann auch zum Gegenteil führen. Dies ist insbesondere dann
der Fall, wenn das staatlich bereitgestellte Prüfungsniveau sehr stark von den Präferenzen der Nachfrager abweicht. Aufgrund der Konstruktion des europäischen Zulassungs-
systems ist eine solche Abweichung durchaus wahrscheinlich. So ist zum Beispiel aufgrund des Demokratiedefizits der EU nicht zu erkennen, daß Wählerpräferenzen hin-

---

[16] Dies wird im folgenden anhand der Nachfrageseite erläutert, ist allerdings auch für die An-
      bieterseite relevant. Auch hier kann ein von der staatlichen Bereitstellung abweichendes
      Qualitätsniveau gewünscht werden.

[17] Dies gilt dann, wenn die Qualitätsinformationen, die auf unterschiedlichen Prüfungsniveaus
      beruhen, teilweise Substitute sind.

sichtlich des Prüfungsniveaus eine bedeutsame Rolle bei der Ausgestaltung der EU-Arzneimittelzulassung spielen bzw. gespielt haben.

4. Pharmaregulierung und geordneter Systemwettbewerb in Europa

Ein reines Bestimmungslandprinzip, bei dem ausschließlich die nationalen Zulassungsbehörden über die Zulassung eines Arzneimittels entscheiden, wäre nach alledem ökonomisch nicht effizient. Wie die obigen Überlegungen zeigen, dürfte ein Mindestmaß an Zentralisierung erforderlich sein, um Skalenvorteile zu erzielen, Externalitäten zu internalisieren und Transaktionskosten zu senken. Jedoch dürfte eine vollständige Zentralisierung der Markteinführungsprüfungen durch eine einzige europäische Prüfungsinstanz aus ökonomischer Sicht ebenso wenig vorteilhaft sein. Wie in diesem Kapitel dargelegt werden soll, liegt – die realiter existierenden institutionellen Alternativen vorausgesetzt – der optimale Grad der Zentralisierung der Arzneimittelhürden beim Verfahren eines *geregelten Regulierungswettbewerbs*. Durch den geregelten Regulierungswettbewerb mit dem Verfahren der gegenseitigen Anerkennung als ausschließliches Verfahren würden einerseits die Nachteile einer rein einzelstaatlichen Prüfung vermieden und andererseits die oben beschriebenen Zentralisierungsvorteile realisiert.

Darüber hinaus stehen die nationalen Zulassungsbehörden – im Gegensatz zu einem völlig zentralisierten Verfahren – im Wettbewerb darum, die „erste Wahl" der Arzneimittelhersteller zu sein, da sich hierdurch die Zahl der von ihnen bearbeiteten Fälle erhöht. Eine hohe Fallzahl ist für viele nationale Zulassungsbehörden deshalb interessant, weil diese ihr Budget bei erheblichen fixen Kosten zu einem großen Teil aus Gebühren bestreiten müssen. Da jeder Fall einen positiven Deckungsbeitrag erbringt, lohnt es sich für diese Zulassungsbehörden, sich möglichst attraktiv darzustellen. Aber selbst dann, wenn ein Mitgliedstaat die Arbeit seiner Zulassungsstelle in vollem Umfang aus Steuermitteln finanziert, ist eine hohe Fallzahl aus Sicht der Behördenleiter attraktiv, weil auf diese Weise die Finanzierung der Behörde in Budgetverhandlungen leichter begründet werden kann.

Ein solcher Wettbewerb um die Gunst der Hersteller hätte somit im Vergleich zu einer vollständigen Zentralisierung der Arzneimittelhürden nicht nur den Vorteil, die Präferenzen der Hersteller für die Qualität der Zulassung in besserem Maße zu bedienen. Ein funktionierender institutioneller Wettbewerb bei dezentraler Regulierung ließe auch parallel neue Lösungen entstehen (*Mutationsfunktion*), die dann ebenfalls gleichzeitig erprobt werden können. Durch *Voice* oder *Exit* würde sich dann die beste Lösung durchsetzen (*Selektionsfunktion*).

Ein effizientes Angebot von Prüfungsleistungen im geordneten Regulierungswettbewerb könnte jedoch in zweifacher Hinsicht scheitern: Auf der einen Seite könnte die Intensität dieses Wettbewerbs zu hoch und ein ruinöser *Race to the Bottom* die Konsequenz sein. Auf der anderen Seite könnte die Wettbewerbsintensität auch so gering sein, daß der Wettbewerb vollständig zum Erliegen kommt und weder *Exit* noch *Voice* ausgeübt werden. Beide Fälle sollen im folgenden näher beleuchtet werden.

4.1. Zu hohe Wettbewerbsintensität: Gefahr eines *Race to the Bottom*

Auf der Seite der *Anbieter* sind im Falle der Arzneimittelzulassung die Mobilitätskosten als eine Vorbedingung für eine Ausübung der *Exit*-Option sehr gering, da in diesem Fall noch nicht einmal Produktionsfaktoren wandern müssen. Der Arzneimittelhersteller kann einfach entscheiden, ein Produkt für den europäischen Markt auf jedem
nationalen Markt einzeln durch eine nationale Zulassung im Verfahren der gegenseitigen Anerkennung auch für andere europäische Länder oder zentral europaweit zuzulassen. Angenommen, Pharmaunternehmen hätten keinerlei Interesse an einer Qualitätssicherung. Dann würden sie rationalerweise dasjenige Zulassungsregime wählen, das
die geringsten Anforderungen stellt. Da die meisten Zulassungsbehörden ein Interesse
an möglichst großen Fallzahlen haben, wäre eine Senkung der Prüfungsqualitäten im
Wettbewerb die natürliche Konsequenz (*Race to the Bottom*). Doch in der Realität
scheint es nicht zu einem ruinösen Abwärtswettlauf der Prüfungsstandards zu kommen.
Besonders zwei Gründe dürften hierfür maßgeblich sein:

Reputation

Der erste Grund besteht in einem möglichen positiven Reputationseffekt des Herstel-
lers in Folge einer staatlichen Zulassung sein. Ein vollständiges Desinteresse der Arzneimittelhersteller an einer Qualitätssicherung dürfte nicht sehr wahrscheinlich und allenfalls bei „schwarzen Schafen" vorstellbar sein. Zwar mag durchaus ein Interesse an
anderen Formen der Qualitätssicherung als der zwangsweise staatlich angebotenen bestehen; doch ist es auch möglich, daß die staatliche Qualitätssicherung qua Organisation
geringere Reputationskosten zur Folge hat als individuelle oder kooperative Lösungen.
In diesem Fall spricht einiges dafür, daß Pharmaunternehmen freiwillig eine staatliche
Bereitstellung wählen würden. Insofern könnte hier ein institutioneller Wettbewerb
stattfinden, der Regulierungsregime hervorbringt, die dem Interesse der Hersteller an
Qualitätssicherung entsprechen. Dabei ist es wahrscheinlich, daß entsprechend der
divergierenden Qualitätspräferenzen der Hersteller unterschiedliche Qualitätsniveaus
entstehen würden. Allerdings wird das Ergebnis eines solchen Regulierungswettbewerbs volkswirtschaftlich nicht optimal sein, da zum Beispiel die externen Effekte eines
niedrigen Qualitätsniveaus auf die Reputation der anderen Hersteller keine Berücksichtigung finden.

Ein Blick auf die von den Herstellern ausgewählten federführenden nationalen Zulassungsbehörden (*Reference Member State*, RMS) im Verfahren der gegenseitigen Anerkennung bei der Zulassung zeigt, daß ein solcher Reputationsmechanismus in bestimmten Fällen tatsächlich wirksam zu sein scheint. Die Betrachtung aller Zulassungsfälle (Abbildung 1) legt zunächst aber einen anderen Schluss nahe: Es werden offenbar
besonders solche Behörden gewählt, die ein möglichst schnelles und aus Antragsteller-
sicht kalkulierbares Verfahren anbieten. So war in den 90er Jahren die Zulassungsbehörde in Großbritannien lange Zeit die erste Wahl. Sie war gleichzeitig die erste europäische Zulassungsstelle, die durch organisationsinterne Reformen und durch eine deutliche Veränderung des Zulassungsrechts erheblich „modernisiert" wurde (*Hoffritz*
2001). In der Folgezeit zogen einige andere Zulassungsbehörden wie die dänische nach.
In den letzten Jahren war dabei Finnlands Behörde NAM nach dem EU-Beitritt des
Landes der größte Aufsteiger, der von 2002 bis 2004 seine Zulassungszahlen veracht-

fachte und 2004 mit über 160 Fällen (bei 160 Angestellten; *NAM* 2005, S. 9) Spitzenreiter bei den RMS wurde. Die überwiegende Anzahl von Zulassungen resultiert dabei aus solchen Fällen, in denen nur leicht oder gar nicht (Generika) veränderte Arzneimittel zugelassen werden sollen. Hierbei ist die Reputation der Zulassungsbehörde vermutlich von minderer Bedeutung – insbesondere dann, wenn die Erstzulassung unter einem strikten Regulierungsregime erfolgt ist

Abbildung 1: Federführende nationale Zulassungsbehörden (RMS) im Verfahren der gegenseitigen Anerkennung (MRP) für alle Zulassungsfälle

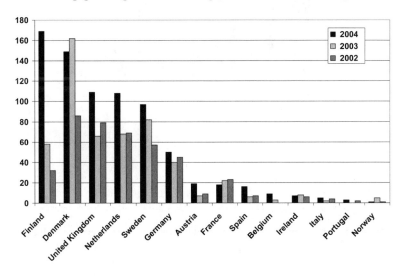

Quelle: Daten aus *CBG* 2005, S. 28.

Gänzlich anders stellt sich die Situation allerdings bei Substanzen dar, die zum ersten Mal zugelassen werden sollen. Auffällig ist, daß die NAM bei diesen neuen Substanzen kaum vertreten ist: 2004 betrafen dort nur 6 von 461 Anträgen neue Substanzen, während im Durchschnitt der EU der Anteil ca. 10 % beträgt. Dies kann als Indiz dafür gewertet werden, daß für Zulassungen, bei denen das Qualitätssignal keine sehr große Bedeutung hat – zum Beispiel bei im wesentlichen identischen Analogpräparaten – eher der „finnische Weg" gewählt wird. Bei neuen Wirkstoffen hingegen lagen traditionell andere Zulassungsstellen vorne (Abbildung 2). Hier spielt auch die Reputation der Zulassungsbehörde eine Rolle. Sichtbar ist dies zum Beispiel anhand des BfArM. Auch aufgrund erheblicher Qualitätsprobleme bei der Zulassungsbehörde sank die Anzahl von Zulassungsfällen neuer Substanzen im Verfahren der gegenseitigen Anerkennung dramatisch von 10 auf 2 innerhalb von zwei Jahren.

Abbildung 2: Federführende nationale Zulassungsbehörden (RMS) im dezentralen Verfahren (MRP) für die Zulassung neuer Substanzen

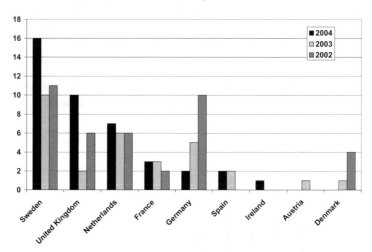

Quelle: Daten aus *MRFG* (2002), S. 2; *MRFG* (2003), S. 2; *MRFG* (2004), S. 2.

Externe Qualitätsreferenz

Neben diesem Reputationseffekt kann die Existenz einer externen Qualitätsreferenz – zusammen mit hohen Anpassungskosten – ein *Race to the Bottom* der Prüfungsstandards verhindern helfen. Das ist besonders dann der Fall, wenn das Qualitätsniveau der Markteinführungsprüfungen in einem außereuropäischen Land höher als innerhalb der EU und dieses Referenzland ein attraktiver Absatzmarkt ist. Angesichts der enormen Höhe der Zulassungskosten dürfte es dann aus unternehmerischer Sicht vorteilhaft sein, den Zulassungsantrag für ein zur Markteinführung vorgesehenes Arzneimittel von vornherein dem höheren ausländischen Standard anzupassen und auch innerhalb der EU das gleiche höhere Zulassungsniveau zu verwenden. Hierbei erfolgt also hinsichtlich des Qualitätsniveaus im Inland eine Anpassung an das ausländische Qualitätsniveau, da in diesem Fall vom Hersteller ceteris paribus ein Testniveau gewählt wird, das dem ausländischen am ähnlichsten ist.

Das aus europäischer Sicht wichtigste Referenzregime ist das US-amerikanische. Prüfungsbehörde ist die *Federal Drug Administration* (FDA), deren Prüfungsstandard vergleichsweise restriktiv ist und – mindestens seit den 1960er Jahren – stetig angehoben wurde (*Pfleging-Gerken* 1986). Ursprünglich mögen industriepolitische Gründe – wie das Interesse, die einheimische Pharmaindustrie vor außeramerikanischer Konkurrenz zu „schützen" – hierfür den Ausschlag gegeben haben. Aus bürokratietheoretischer Sicht dürfte die sukzessive Anhebung der Prüfungsanforderungen durch die FDA aber auch ein Mittel gewesen sein, eine stetige Ausdehnung des behördlichen Budgets zu rechtfertigen. Denn je höher das Prüfungsniveau gehoben wird, desto ausführlicher fällt der Umfang der zur Zulassung notwendigen Unterlagen aus und um so größer ist ceteris paribus der Aufwand der Behörde, der bei ihrer Prüfung entsteht. Die bisher erreichte Zahl von rund 9000 Beschäftigen deutet auf die erfolgreiche Anwendung einer solchen Strategie hin.[18]

Die Bedeutung dieser externen Qualitätsreferenz, die ein hohes Prüfungsniveau vorgibt, erklärt dann auch die zahlenmäßig große Bedeutung der Zulassungsbehörden in Großbritannien und Schweden für neue Substanzen (Abbildung 2). Die Prüfungsanforderungen dieser Behörden orientieren sich relativ stark an den amerikanischen Vorgaben, so daß große Teile der Zulassungsunterlagen bzw. der ihnen zugrundeliegenden Untersuchungen für die europäische und gleichzeitig die amerikanische Zulassung verwendet werden können.

Trotz der besonderen Höhe des amerikanischen Prüfungsniveaus ist die Wahl des Zulassungsverfahrens in den USA aus der Sicht europäischer Hersteller naheliegend, weil der nordamerikanische Markt außerordentlich attraktiv ist. So erreichten die USA und Kanada 2004 zusammen einen nach Herstellerabgabepreisen bemessenen Anteil am Weltpharmamarkt in Höhe von 47,8 %, während Europa nur auf 29,6 % kam (*EFPIA* 2005, S. 10). Der Weltmarktanteil bei neuen Produkten ist dabei noch deutlich höher: Hier kamen allein die USA im Zeitraum 1999 bis 2003 auf 70 % (Europa: 19 %) (*EFPIA* 2005, S. 5). Berücksichtigt man weiterhin, daß die in den USA erzielbaren Preise im Schnitt erheblich höher liegen als in Europa und die Grenzkosten der Arzneimittelproduktion sehr niedrig sind, ist für ein international agierendes Pharmaunternehmen die Zulassung in den USA sehr attraktiv, wenn nicht unverzichtbar.

Darüber hinaus erfolgt die Marktzulassung durch die FDA im Vergleich zu Europa auch sehr schnell: Für als prioritär eingestufte Arzneimittel beträgt die Zeitdauer etwa 6 Monate und für „normale" Fälle (jeweils inkl. Antwortzeiten der Unternehmen) rund 10 Monate (*Knop und Lindner* 2005). Die gesamte Zeitdauer einer Prüfung durch die EMEA beträgt demgegenüber deutlich mehr als ein Jahr. Insgesamt ist keine Verkürzung der Bearbeitungszeit seit 1999 zu erkennen, obwohl ab 2004 die Zielvorgabe für die „Beurteilungsphase" von 210 auf 150 Tage gesenkt wurde. Allerdings ist die „EMEA-Zeit" (Beurteilungsphase plus EMEA-Zeit nach Beurteilung; Abbildung 3) deutlich von rund 300 auf unter 200 Tage gesunken, wohingegen die Entscheidungszeit der Kommission eher zugenommen hat und relativ volatil ist.

---

[18] Allerdings ist der Prüfungsauftrag der *FDA* wesentlich breiter als bei europäischen Behörden, die ausschließlich für die Prüfung von Arzneimitteln zuständig sind.

Abbildung 3: Bearbeitungstage der zentralen Arzneimittelzulassung nach Phasen

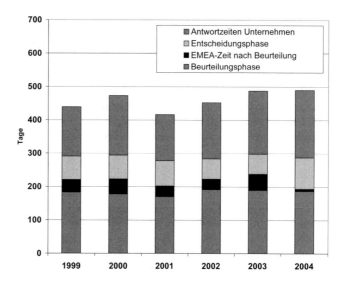

Quelle: Daten aus *EMEA* (2002), S. 22, *EMEA* (2005a), S. 31.

Zusammenfassend läßt sich konstatieren, daß angesichts der offenkundigen „Quali-
tätsführerschaft" der FDA die Gefahr eines *Race to the Bottom* in der europäischen Zu-
lassungsregulierung nicht sehr groß sein dürfte.

4.2. Zu niedrige Wettbewerbsintensität: Gefahr eines Wettbewerbs-
versagens

Der Regulierungswettbewerb kann aber auch deshalb versagen, weil er aufgrund fehlenden Widerspruchs (*Voice*) oder nicht erfolgender Abwanderung (*Exit*) gar nicht erst
zustande kommt. Aufgrund der geringen Mobilitätskosten ist dieser Fall aus Sicht der
Anbieterseite für die Hürden mit Wahlmöglichkeiten des Regulierungsregimes (Patentierung und Zulassungshürden) wohl kaum relevant. Auf der *Nachfrage*seite ist die
Systemwahl hingegen deutlich beschränkter.

Wie bereits diskutiert, sind bei einem Bezug von im Ausland zugelassenen Arzneimitteln deutlich höhere Transaktionskosten zu erwarten. Weiterhin erschweren oder
verhindern rechtliche Restriktionen den Import von im Inland nicht zugelassenen Arzneimitteln. Neben dieser *Voice*-Option steht grundsätzlich noch die *Exit*-Möglichkeit
offen. Eine Abwanderung aus einem Regulierungsregime in ein anderes allein aufgrund
von Differenzen in der Arzneimittelzulassung dürfte allerdings aufgrund sehr hoher
Exit-Kosten im Vergleich zum Wechselgewinn nur sehr selten vorkommen. Allenfalls
bei sehr schweren Krankheiten, die nur mit einem Arzneimittel behandelt werden können, welches ausschließlich in einem anderen Land zugelassen ist, wäre eine solche
zulassungsbedingte Migration denkbar.

5. Zusammenfassung

Im Bereich der Zulassung von Arzneimitteln existieren in Europa derzeit drei Verfahren gleichzeitig nebeneinander: erstens Zulassungssysteme in Form „rein nationaler Zulassungen", zweitens ein „geregelter Regulierungswettbewerb" auf der Basis des Prinzips der gegenseitigen Anerkennung sowie drittens ein „zentralisiertes Verfahren", das das Element des Regulierungswettbewerbs ausschaltet. Im vorliegenden Beitrag haben wir argumentiert, daß nach ökonomischen Bewertungskriterien das Verfahren eines geregelten Regulierungswettbewerbs den beiden anderen Optionen vorzuziehen ist. Es kann jedoch nur dann funktionieren, wenn Mechanismen existieren, die einem ruinösen Abwärtswettlauf der Prüfungsstandards entgegenwirken. Weil die Wahl einer Prüfungsbehörde im Verfahren der gegenseitigen Anerkennung reputationsentscheidend ist und mit dem höheren Prüfungsstandard der US-amerikanischen FDA eine externe Qualitätsreferenz existiert, an der sich die europäischen Qualitätsstandards messen lassen müssen, dürfte die Gefahr eines *Race to the Bottom* der Zulassungsstandards in Europa gering sein.

Bei allen Vorzügen, die man aber von einem geregelten Regulierungswettbewerb erwarten kann, ist jedoch einschränkend zu bemerken, daß auch ein solcher Allokationsmechanismus kaum ideal wirken dürfte: Denn der Selektionsdruck einer Interessengruppe (der Antragsteller) wird immer deutlich stärker ausfallen als der anderer Gruppen (insbesondere der Nachfrager). So wählen im Fall des Regulierungswettbewerbs die Arzneimittelhersteller die Zulassungsbehörde aus. Die Marktstellung der Nachfrager nach Arzneimitteln ist hingegen in vielen europäischen Ländern eher schwach. In Deutschland etwa haben bisher weder die Patienten noch die Krankenkassen als ihre Agenten eine echte Wahl. Die Patienten haben sie mangels Wissen nicht, und die Krankenkassen können aufgrund fehlender Instrumente – analog der Zulässigkeit von kassenindividuellen Positivlisten (vgl. *IGES, Cassel, Wille* und *WIdO* 2006, S. 414 ff.) – nur in sehr geringem Maße die Auswahl von Arzneimitteln steuern. Eine solche Konstellation macht es notwendig, die Zulassungshürden und ihre Ausgestaltung im Zusammenhang mit den Zuständen der Gesundheitssysteme in der EU zu betrachten. Eine Stärkung der Konsumentensouveränität durch eine schrittweise Transformation der Gesundheitssysteme in Richtung einer Einführung von mehr Markt und Wettbewerb (*Sundmacher* 2005; *Cassel* u.a. 2006) kann dabei ein Schritt sein, der zukünftig so manche staatliche Hürde überflüssig machen könnte.

Literatur

Apolte, Thomas (2004), Die eigentümliche Diskussion um Zentralisierung und Dezentralisierung in der Europapolitik, in: Perspektiven der Wirtschaftspolitik, Bd. 5 (3), S. 271-291.

Blomqvist, Åke (1991), The Doctor as a Double Agent: Information Asymmetry, Health Insurance, and Medical Care, in: Journal of Health Economics, Bd. 10 (4), S. 411-432.

Boroch, Wilfried (1994), Internationale Wettbewerbsfähigkeit der EU-Arzneimittelindustrie, Hamburg.

Busse von Colbe, Walter (1974), Betriebsgröße und Unternehmensgröße, in: *Erwin Grochla* und *Waldemar Wittmann* (Hg.), Handwörterbuch der Betriebswirtschaft, Bd. 1, 4. Aufl., Stuttgart, S. 566-579.

Cassel, Dieter (1987), Japan: Pharma-Weltmacht der Zukunft? Entwicklungsperspektiven der japanischen Pharma-Industrie und ihrer internationale Konkurrenz im Spannungsfeld zwischen staatlicher Marktregulierung und Innovationsförderung, Baden-Baden.

Cassel, Dieter (2004), Innovationshürden und Diffusionsbarrieren der Arzneimittelversorgung, in: *Eberhard Wille* und *Manfred Albring* (Hg.), Paradigmenwechsel im Gesundheitswesen durch neue Versorgungsstrukturen?, Frankfurt/Main, S. 275-287.

Cassel, Dieter (2006), Zur Problematik einer zentralen Qualitäts- und Nutzenbewertung bei Arzneimitteln, in: *Klaus Knabner* und *Eberhard Wille* (Hg.), Qualität und Nutzen medizinischer Leistungen auf dem Prüfstand. 10. Bad Orber Gespräche über kontroverse Themen im Gesundheitswesen 2005, Frankfurt am Main, S. 145-148.

Cassel, Dieter, Ingwer Ebsen, Stefan Greß, Klaus Jacobs, Sabine Schulze und *Jürgen Wasem* (2006), Weiterentwicklung des Vertragswettbewerbs in der gesetzlichen Krankenversicherung. Vorschläge für kurzfristig umsetzbare Reformschritte, Gutachten im Auftrag des AOK-Bundesverbands, Bonn.

CBG (College ter Beoordeling van Geneesmiddelen, Medicines Evaluation Board) (2005), Annual Report, http://www.cbg-meb.nl/uk/docs/nieuws/jrvrslg-04.pdf.

Commission (2003), A Stronger European-based Pharmaceutical Industry for the Benefit of the Patient. A Call for Action, Communication COM(2003)383 final of 01.07.2003.

Dazone, Patricia M. (1997), Price Discrimination for Pharmaceuticals: Welfare Effects in the US and the EU, in: International Journal of the Economics of Business, No. 4, S. 301-321.

DG Enterprise (2000), Pharmaceuticals in the European Union, Luxemburg.

EFPIA (2005), European Federation of Pharmaceutical Industries and Associations, The Pharmaceutical Industry in Figures, http://www.efpia.org/6_publ/infigures2005.pdf.

EMEA (2002), 7. Jahresbericht 2001, EMEA/MB/052/01-DE, London.

EMEA (2005a), Tenth Annual Report of the European Medicines Agency 2004, EMEA/61492/2005/EN/Final, London.

EMEA (2005b), Committee for Medicinal Products for Human Use: December 2005 Plenary Meeting, Monthly Report, http://www.emea.eu.int/pdfs/human/press/pr/42010005en.pdf.

Feick, Jürgen (2000), Marktzugangsregulierung: Nationale Regulierung, europäische Integration und internationale Harmonisierung in der Arzneimittelzulassung, in: *Roland Czada* und *Susanne Lütz* (Hg.), Die politische Konstitution von Märkten, Wiesbaden, S. 228-249.

Glaeske, Gerd, Dieter Hart und *Harald Merkel* (1988), Regulierung des europäischen Arzneimittelmarktes durch nationales und europäisches Zulassungs- und Nachmarktkontrollrecht, in: *Norbert Reich* (Hg.), Die Europäisierung des Arzneimittelmarktes: Chancen und Risiken, Baden-Baden, S. 157-178.

Gutenberg, Erich (1956), Betriebsgröße, in: *Hans Seischab* und *Karl Schwantag* (Hg.), Handwörterbuch der Betriebswirtschaft, 3. Aufl., Bd. 1, Stuttgart, Sp. 800-806.

Hayek, Friedrich A. von (1969), Freiburger Studien, Tübingen.

Hoffritz, Jutta (2001), Die Pille der Erkenntnis, in: Die Zeit, Nr. 35, http://hermes.zeit.de/pdf/archiv/archiv/2001/35/200135_blockbuster-risi.xml.pdf.

IGES (Institut für Gesundheits- und Sozialforschung, Berlin), *Dieter Cassel, Eberhard Wille* und *WIdO (Wissenschaftliches Institut der AOK, Bonn)* (2006), Steuerung der Arzneimittelausgaben und Stärkung des Forschungsstandortes für die pharmazeutische Industrie, Gutachten für das Bundesministerium für Gesundheit, Berlin.

Jäcker, Andreas (2004), Deregulierung der Preisbildung für Arzneimittel: Chancen und Risiken aus ökonomischer Sicht, in: pharmind, Nr. 11, S. 1306-1309.

Kanavos, Panos (2001), Overview of Pharmaceutical Pricing and Reimbursement Regulation in Europe, LSE Health and Social Care, Study Prepared for the European Commission, DG Enterprise, London.

Kerber, Wolfgang (1998), Zum Problem einer Wettbewerbsordnung für den Systemwettbewerb, in: Jahrbuch für Neue Politische Ökonomie, Bd. 17, S. 199-230.

Knop, Carsten und *Roland Lindner* (2005), Gegen Risiken und Nebenwirkungen, in: Frankfurter Allgemeine Zeitung Nr. 93 vom 22.04.2005, S. 26. http://www.faz.net/s/RubD16E1F55D21144C4AE3F9DDF52B6E1D9/Doc~EE2B5239A EA4746C0832678BB384E97BA~ATpl~Ecommon~Scontent.html.

MRFG (2002), Statistics, http://heads.medagencies.org/mrfg/statistics/pres-MR-2004.pdf.

MRFG (2003), Statistics, http://heads.medagencies.org/mrfg/statistics/pres-MR-2003.pdf.

MRFG (2004), Statistics, http://heads.medagencies.org/mrfg/statistics/pres-MR-2002.pdf.

Müller, Christian (2005a), Vergabeverfahren in der Infrastrukturpolitik, in: *Karl-Hans Hartwig* und *Andreas Knorr* (Hg.), Neuere Entwicklungen in der Infrastrukturpolitik, Göttingen, S. 197-220.

Müller, Christian (2005b), Das Finanzamt privatisieren? Eine Theorie der privaten Bereitstellung von Steuerzwang, Duisburg, mimeo.

Murswieck, Axel (1983), Die staatliche Kontrolle der Arzneimittelsicherheit in der Bundesrepublik und den USA, Opladen.

NAM (2005), National Agency for Medicines, Annual Report 2004, http://www.laakelaitos.fi/uploads/Laakelaitos_vsk04.pdf.

Oberender, Peter und *Jürgen Zerth* (2003), Die Positivliste aus ökonomischer Sicht: eine ordnungsökonomische Analyse, Universität Bayreuth, Rechts- und Wirtschaftswissenschaftliche Fakultät, Wirtschaftswissenschaftliche Diskussionspapiere Nr. 11-03, Bayreuth.

Permanand, Govin und *Christa Altenstetter* (2004), The Politics of the EU Pharmaceutical - Industry, in: *Elias Mossialos, Monique Mrazek*, und *Tom Walley* (eds.), Regulating - Pharmaceuticals in Europe: Striving for Efficiency, Equity and Quality, Maidenhead, S. 38-54.

Pfleging-Gerken, Monika (1986), Wettbewerbliche Konsequenzen aus der Arzneimittelgesetzgebung in den Vereinigten Staaten von Amerika, in Großbritannien und in der Bundesrepublik Deutschland, Spardorf.

Pharmainformation (2005), 20 Jahre Pharmainformation (Jubiläumsausgabe), Bd. 20 (3), http://www.uibk.ac.at/c/c5/c515/info/info20-3.html.

Rose, Andrew K. (2000), One Money, One Market: the Effect of Common Currencies on Trade, in: Economic Policy, Bd. 15 (30), S. 9-45.

Sundmacher, Torsten (2005), Transformation des deutschen Gesundheitssystems: Anforderungen und Instrumente, in: Zeitschrift für Wirtschaftspolitik, Nr. 1, S. 19-51.

Tiebout, Charles M. (1956), A Pure Theory of Local Expenditures, in: Journal of Political Economy, Bd. 64, S. 416-424.

WHO (1999), Counterfeit Drugs: Guidelines for the Development of Measures to Combat Counterfeit Drugs, WHO/EDM/QSM/99.1, New York.

Klaus Heine und Wolfgang Kerber (Hg.),
Zentralität und Dezentralität von Regulierung in Europa
Schriften zu Ordnungsfragen der Wirtschaft · Band 83 · Stuttgart · 2007

Zentralität versus Dezentralität der Verkehrspolitik in der Europäischen Union

Eva Becker

Inhalt

1. Einleitung

In dem Vertrag zur Gründung der Europäischen Gemeinschaft von 1957 („römische Verträge") wird die Verkehrspolitik explizit als einer der besonderen Politikbereiche eingestuft, auf den sich die Tätigkeit der Europäische Gemeinschaft erstrecken soll, um ein koordiniertes Vorgehen aller Mitgliedstaaten zu unterstützen. Diese Vorgabe impliziert jedoch keine automatische Zentralisierung aller Kompetenzen der Verkehrspolitik auf Ebene der Europäischen Gemeinschaft, vielmehr ist gemäß dem Subsidiaritätsprinzip (Artikel 5 der konsolidierten Fassung des *Vertrags zur Gründung der Europäischen Gemeinschaft*) ein Handeln der zentralen Organe nur dann erforderlich, wenn Maßnahmen auf der Ebene der Mitgliedstaaten nicht in ausreichendem Umfang umgesetzt werden (können) oder aber ihre Wirkung in einer solchen Weise entfalten, daß sie aufgrund von *Spillover*-Effekten (vgl. *Sauerland* 1997, S. 81-116) auf Gemeinschaftsebene durchgeführt werden sollten. Grundsätzlich ist damit die von vielen geforderte Dezentralisierung der politischen Entscheidungsfindung in den Statuten der Europäischen Union formal erfüllt. Tatsächlich wird jedoch von Seiten der Mitgliedstaaten zunehmend kritisiert, die Europäische Union würde immer mehr Kompetenzen an sich reißen und das Subsidiaritätsprinzip vernachlässigen.

In der oftmals politisch geprägten Diskussion um die Zuständigkeitsbereiche der EU kommen ökonomische Entscheidungskriterien meist zu kurz. In diesem Beitrag soll für den besonderen Fall der Verkehrspolitik untersucht werden, welche Kompetenzen aus *Effizienzüberlegungen* heraus besser auf zentraler Ebene anzusiedeln sind und welche Befugnisse auf Ebene der Mitgliedstaaten verbleiben sollten, um den föderalen Wettbewerb zu stärken. Zunächst wird dazu in Kapitel 2 ein kurzer historischer Abriß der EU-Verkehrspolitik gegeben, um die beanstandeten Zentralisierungstendenzen zu verdeutlichen. In Kapitel 3 wird ein allgemeines Beurteilungsschema entwickelt, anhand dessen bewertet werden kann, ob staatliche Eingriffe überhaupt legitimierbar sind und welcher staatlichen Ebene die entsprechenden Eingriffskompetenzen zuzuordnen sind. Dieses Prüfschema wird in Kapitel 4 auf zwei aktuelle Beispiele der europäischen Verkehrspolitik angewendet: die Organisation der Flugsicherung in einem einheitlichen europäischen Luftraum und die Richtlinie zur Begrenzung von Feinstaubimmissionen. Der Beitrag endet mit einem kurzen Fazit.

2. Die Verkehrspolitik der Europäischen Gemeinschaft seit 1957

In den ersten Jahren nach Gründung der Europäischen Gemeinschaft war die Verkehrspolitik noch deutlich von der Anfang des 20. Jahrhunderts entwickelten *Besonderheitenlehre* (zum Beispiel *Sax* 1918) geprägt. Die aus dieser Theorie abgeleitete Forderung nach einer starken Regulierung des Marktes bis hin zur Eigenerstellung von Verkehrsleistungen durch den Staat basierte im wesentlichen auf zwei Argumenten. Zum einen sei generell und für den gesamten Verkehrsbereich ein Marktversagen festzustellen, das zu statischen und dynamischen Ineffizienzen und somit zu gesellschaftlich nicht wünschenswerten Ergebnissen führe. Diese müßten durch Regulierung, Subventionierung oder staatliche Herstellung verhindert werden. Zum anderen sei der Verkehrsbereich aufgrund seiner Vorleistungsfunktion für alle anderen Wirtschaftsbereiche die unabdingbare Grundlage für arbeitsteiliges Wirtschaften und damit den Erfolg einer Volkswirtschaft; er dürfe daher per se nicht den freien Kräften eines wettbewerblichen Marktes überlassen werden.[1] Im Jahr 1961 unterstreicht das Europäische Parlament mit seiner „Terminologische Liste der Besonderheiten der Verkehrswirtschaft" (*Europäisches Parlament* 1961; *Frerich* und *Müller* 2004b, S. 29-30) noch einmal die Legitimation staatlicher Interventionen in der Verkehrswirtschaft.

In den folgenden Jahren unternahm die Europäische Kommission immer wieder den Versuch, durch Gesetze, Richtlinien und Empfehlungen eine einheitliche europäische Verkehrspolitik zu entwickeln, was ihr jedoch durch den Rat verwehrt blieb. Die Verweigerung des Rates resultierte insbesondere aus gegensätzlichen Auffassungen der EG-Gründungsmitglieder bezüglich der Gewichtung von Harmonisierung und Liberalisierung in der Verkehrswirtschaft (vgl. *Ewers* und *v. Stackelberg* 1998, S. 1170-1172). Während die eine Gruppe der Ansicht war, daß ohne eine Harmonisierung der Rahmenbedingungen wie Steuern und Sozialvorschriften eine Öffnung der nationalen Verkehrsmärkte nicht erfolgen kann, vertrat die andere Gruppe die Meinung, unter dem Druck der Liberalisierung erfolge eine gewisse Angleichung automatisch, explizite Maßnahmen seien nicht zu treffen. Dieser Konflikt führte schließlich zu einer Blockade jeglicher Entwicklungen.[2] Erst in der Folge des sogenannten Untätigkeitsurteils des Europäischen Gerichtshofs aus dem Jahr 1985 entwickelte sich eine (echte) *gemeinsame* europäische Verkehrspolitik. In seinem Urteil vom 22. Mai 1985 folgte der EuGH dabei der Klage des Europäischen Parlaments, in der dem Ministerrat langjährige Untätigkeit und insbesondere die Nichteinhaltung der zeitlichen Fristen zur Einführung der Dienstleistungsfreiheit im Verkehr vorgeworfen wurde.

Inzwischen hat die Europäische Union für den Verkehrsbereich mehr als 400 Rechtsakte in Form von Verordnungen, Richtlinien und Entscheidungen erlassen und zudem drei Weißbücher veröffentlicht. Die von der EU verfolgte Politik läßt sich dabei grob in drei Kategorien einteilen:

– Maßnahmen zur Liberalisierung und Harmonisierung der Verkehrsmärkte: Die nationalen Märkte sollen für Anbieter aus anderen Mitgliedsländern geöffnet werden, was insbesondere durch die Aufhebung von Preisbindung und sogenannten Kabotagevorbehalten[3], den diskriminierungsfreien Zugang zur Infrastruktur sowie die gegenseitige Anerkennung von subjektiven Marktzugangsschranken realisiert werden soll. Dieser Prozeß gilt heute für die Märkte des Luft- und Güterkraftverkehrs sowie der Binnenschiffahrt als weitestgehend abgeschlossen, lediglich für den Schienenverkehr werden wiederholt Defizite im intramodalen Wettbewerb konstatiert (vgl.

---

[1] Zur Kritik an der Besonderheitenlehre vgl. u.a. *Ewers* und *v. Stackelberg* (1998, S. 1160); *Hamm* (1964, S. 77 ff.) und *Laaser* (1991, S. 56 ff.).

[2] Einen weiteren Grund sehen *Ewers* und *v. Stackelberg* (1998, S. 1170-1172) in der negativen Entwicklung der staatlichen Eisenbahnen, deren Existenz durch nationalen Protektionismus gewährleistet werden soll.

[3] Kabotage bezeichnet das Erbringen von Verkehrsleistungen innerhalb eines Binnenmarktes durch einen Anbieter, der nicht in diesem Binnenmarkt ansässig ist.

hierzu allgemein zum Beispiel *Ewers* und *v. Stackelberg* 1998; *Frerich* und *Müller* 2004a, 2004b; *Aberle* 2003, S. 170-229).

– Maßnahmen zur Bereitstellung einer leistungsfähigen Infrastruktur: In diese Kategorie fällt insbesondere die finanzielle Unterstützung von Neu- und Ausbaumaßnahmen, mit denen Wirtschaftswachstum und Beschäftigung sowie die Kohäsion der Gemeinschaft gefördert werden sollen. Die Förderung von Infrastrukturmaßnahmen durch die EU erfolgt auf mehreren Wegen, wobei nur der Fonds zum Aufbau der Transeuropäischen Netze (TEN) einen originär verkehrspolitischen Hintergrund besitzt. In der sogenannten Essener Liste (1994/2004) finden sich derzeit 30 von der Kommission als vorrangig erachtete Projekte, wobei ein deutlicher Schwerpunkt in der Förderung grenzüberschreitender Eisenbahnstrecken zu erkennen ist. Der Finanzrahmen des Haushaltstitels der TEN ist mit jährlich 0,7 Mrd. Euro recht überschaubar, deutlich mehr Mittel (ca. 11 Mrd. Euro) stehen durch die Struktur- und Kohäsionsfonds zur Verfügung. Deren primäres Ziel ist jedoch nicht die Schaffung einer leistungsfähigen transeuropäischen Verkehrsinfrastruktur, sondern die Unterstützung strukturschwacher Regionen, weshalb sie nicht originär zu den verkehrspolitischen Maßnahmen der EU zu zählen sind (vgl. *Sichelschmidt* 1999, 2005).

– Wohlfahrtsorientierte Konzeptionen: In die Kategorie der wohlfahrtsorientierten Konzeptionen gehören die Grün- und Weißbücher der Europäischen Kommission (*Europäische Kommission* 1992, 1998 und 2001). Politische Leitlinie ist die Schaffung eines „unter wirtschaftlichen, sozialen und ökologischen Gesichtspunkten auf Dauer tragbaren Verkehrssystems" (*Europäische Kommission* 2001, S. 10).[4] Im Gegensatz zu den Maßnahmen der Liberalisierung und der Bereitstellung von Verkehrsinfrastruktur sind die Weißbücher eher als Ausfluß eines übergeordneten Konzepts zu sehen, an dem sich die Umsetzung der konkreten verkehrspolitischen Aktivitäten der EU ausrichten soll, wobei ausdrücklich auf die Notwendigkeit der Koordination mit allen anderen Politikbereichen hingewiesen wird (*Europäische Kommission* 2001, S. 16).

Angesichts der Vielzahl von Rechtsakten und dem umfassenden Einfluß, den die Europäische Union auf alle Facetten der Verkehrspolitik auszuüben scheint, ist die von vielen Seiten geäußerte Furcht vor einer zu starken Zentralisierung der Kompetenzen und damit eines existentiellen Eingreifens in die Souveränität der Mitgliedstaaten nachvollziehbar (vgl. zum Beispiel *Donges et al.* 1992). Aus ökonomischer Sicht erscheint jedoch ein vollständiger Verzicht auf verkehrspolitische Aktivitäten seitens der Europäischen Gemeinschaft nicht sinnvoll, da in diesem Fall auf mögliche Vorteile der Zentralisierung (Ausgleich und Koordination transnationaler Aspekte, Größenvorteile etc.) verzichtet werden muß.[5] Im folgenden wird daher ein Beurteilungsschema vorgestellt, anhand dessen geprüft werden kann, welche (verkehrspolitischen) Kompetenzen auf

---

[4] Die aktuellen Leitlinien für die Europäische Verkehrspolitik sind aufgeführt in: *Europäische Kommission* (2001, S. 17-23). Eine umfassende Kritik der zentralen Konzepte Tarifierungspolitik, Revitalisierung der Eisenbahnen und Rationalisierung des Nahverkehrs findet sich bei *Schmidtchen* (2003).

[5] Zu den Nutzen und Kosten eines dezentralen Systems vgl. *Sauerland* (1997).

Ebene der Mitglieder anzusiedeln sind und welche Aufgaben der europäischen Ebene zugewiesen werden sollten.

3. Zentralität versus Dezentralität – Beurteilungsschema für die Allokation (verkehrs-)politischer Kompetenzen

Als Ausgangspunkt für die Diskussion um Pro und Contra zentraler bzw. dezentraler Staatsformen dient das der katholischen Soziallehre (vgl. *Waschkuhn* 1995) entstammende Subsidiaritätsprinzip, das die Verantwortlichkeiten zwischen Individuum und Staat für gesellschaftliche Bereiche regelt. Ausgehend von einem solidarischen Menschenbild, bei dem der einzelne sowohl individualistische als auch soziale Momente in sich vereint, wird dem liberalen Prinzip entsprechend zunächst der „eigenständigen Entfaltung des Einzelmenschen" (*Eser* 1996, S. 31) Vorrang vor jedem Eingriff von staatlichen oder gesellschaftlichen Ebenen eingeräumt. In umgekehrter Richtung hat der einzelne jedoch immer dann einen Anspruch auf Hilfe durch die Gemeinschaft, wenn er deren Unterstützung benötigt. Die daraus abgeleitete *individualistische Freiheitsnorm* limitiert staatliche Eingriffe ausschließlich für konkrete Situationen, in denen eine gesellschaftliche Aufgabe nachgewiesen werden kann.

Ein weiterer Aspekt des Subsidiaritätsprinzips verlangt für den Fall eines staatlichen Eingreifens eine große „Nähe zum Einzelmenschen" (*Eser* 1996, S. 32), um die Berücksichtigung individueller Präferenzen möglichst umfassend zu gewährleisten. Die Verlagerung von Kompetenzen auf höhere Gesellschaftsebenen ist nur dann zulässig, wenn die unteren Ebenen der jeweiligen Aufgabe nicht gewachsen oder durch die Wahl eines höheren Extensionsniveaus deutliche Effizienzgewinne in der Leistungserbringung zu erwarten sind. Notwendige institutionelle Voraussetzung für die Anwendbarkeit dieses Prinzips ist die Existenz eines föderalen Staatsaufbaus, dessen mehrgliedriges Gemeinwesen die Zuweisung von Kompetenzen auf verschiedene Hierarchieebenen erlaubt, wobei Jurisdiktionen gleicher Ebene jeweils in Konkurrenz zueinander stehen.[6] Entsprechend der ökonomischen Theorie des Föderalismus führt der institutionelle Wettbewerb der Systeme gleicher Ebene zu einer aus wohlfahrtsökonomischer Sicht effizienten Politik: Die Bürger können die Aktivitäten und Erfolge verschiedener Jurisdiktionen miteinander vergleichen und aufgrund dieser verbreiterten Informationsbasis Systeme und Politiker mit schlechten Leistungen unter Anpassungsdruck setzen.[7] Zudem ermöglicht eine dezentrale Verteilung von Kompetenzen im Fall regional unter-

---

[6] *Apolte* (1999, S. 187 ff.) verweist in diesem Zusammenhang auf die Pyramidentheorie, wobei er jedoch nur drei Ebenen – die Ebene der Individuen, die dezentral-staatliche Ebene und die obere föderale Ebene – unterscheidet. *Grossekettler* (2003, S. 586 f.) definiert demgegenüber bis zu acht Ebenen des sogenannten Extensionsniveaus.

[7] „Voting by feet" im *Tiebout*schen Sinn, also Abwanderung aus Regionen, in denen die persönlichen Präferenzen nicht berücksichtigt werden, stellt dabei ein theoretisches Extrem dar, bei dem zudem die Kosten der Abwanderung vernachlässigt werden (vgl. *Tiebout* 1956). Es kann jedoch gezeigt werden, daß im Fall wohlinformierter Bürger auch durch den Sanktionsmechanismus der *Wahl* gute Ergebnisse im Hinblick auf eine präferenzgerechte Bereitstellung öffentlicher Leistungen erzielt werden (vgl. *Sauerland* 1997, S. 117-139).

schiedlicher Bürgerpräferenzen eine differenzierte, den jeweiligen Wünschen angepaßte (Verkehrs-)Politik (vgl. *Apolte* 2004, S. 271 f.).

Ausgehend vom individualistisch-dezentralistischen Postulat des Subsidiaritätsprinzips sind nun Kriterien zu entwickeln, mit deren Hilfe eine situationsbezogene Aufhebung dieser Grundannahmen legitimiert werden kann.[8] In einem ersten Schritt ist demzufolge zu fragen: Ist staatliches Handeln in dem betrachteten Fall überhaupt zu rechtfertigen? Dies ist immer dann der Fall, wenn der Markt[9] in seiner Funktion als Koordinationsmechanismus privater Aktivitäten gestört ist oder aber letztlich alle Bürger einen Nettovorteil durch den staatlichen Eingriff erzielen (*Grossekettler* 2003, S. 628). *Fritsch, Wein* und *Ewers* (2005, S. 81) identifizieren insbesondere drei mögliche Ursachen, die zu Marktversagen und damit zur Legitimation eines staatlichen Eingreifens führen können:[10]

− Externe Effekte: Im besonderen Fall von externen Effekten sind die Konsequenzen der Handlungen einzelner Wirtschaftssubjekte nicht nur auf die Verursacher beschränkt, sondern wirken auch auf (unbeteiligte) Dritte. Dadurch entziehen sie sich dem individuellen Kalkül, und es kommt zu einer aus gesamtwirtschaftlicher Sicht zu hohen bzw. zu geringen Produktion der die externen Effekte verursachenden Maßnahmen. Im Verkehrsbereich treten sowohl negative als auch positive Externalitäten auf: Der motorisierte Individualverkehr geht beispielsweise mit negativen Wirkungen wie Luftverschmutzung durch Abgase sowie Lärmentwicklung einher, zu den positiven externen Effekten werden viele Verkehrsinfrastrukturen gerechnet, die auch als öffentliche Güter bezeichnet werden.[11] Ziel staatlicher Aktivitäten ist hier die verursachungsgerechte Zuordnung aller Nutzen und Kosten.

− Unteilbarkeiten: Diese resultieren aus der Tatsache, daß die Kapazitäten einiger Produktionsfaktoren nur in großen Sprüngen variiert werden können. Im Extremfall führt dies zum natürlichen Monopol, bei dem es kostengünstiger ist, wenn ein Anbieter allein die gesamte Nachfrage befriedigt, als wenn mehrere Anbieter diese Aufgabe erfüllen. Als typisches Beispiel für ein natürliches Monopol im Verkehrsbereich wird in der Regel das Schienennetz der Eisenbahn angeführt (vgl. zum Bei-

---

[8] Die Ableitung der Prüfschritte ist an das Schema zur Beurteilung wirtschafts- und finanzpolitischer Maßnahmen von *Grossekettler* 2003, S. 628 f. angelehnt.

[9] Zu den Funktionen des Marktmechanismus zählen: 1. die Markträumungsfunktion, die einen Ausgleich zwischen Angebot und Nachfrage herbeiführt; 2. die Renditennormalisierungsfunktion, die dauerhafte Überkapazitäten oder Engpässe verhindert; 3. die Übermachterosionsfunktion, die Marktungleichgewichte zugunsten einzelner Marktteilnehmer beseitigt und 4. die Innovationsfunktion, die durch die Aussicht auf potentielle Pioniergewinne Anreize zur Innovationstätigkeit setzt. Vgl. zum Beispiel *Borchert* und *Grossekettler* 1985, S. 174-246.

[10] *Fritsch, Wein* und *Ewers* führen darüber hinaus noch Anpassungsmängel als möglichen Marktversagenstatbestand an, auf diese Kategorie soll im Folgenden jedoch nicht weiter eingegangen werden.

[11] Im Bereich der Infrastrukturbereitstellung galten in der Vergangenheit Autobahnen als öffentliches Gut, für dessen Bereitstellung einzig der Staat zuständig ist. In jüngerer Zeit wird die überregionale Straßeninfrastruktur jedoch zunehmend dem Bereich der Clubkollektivgüter zugeordnet, wodurch die staatliche Verantwortung entfällt (vgl. *Haßheider* 2005).

spiel *Aberle* 2003, S. 252 f.). Ist der Monopolmarkt zudem nicht bestreitbar, ist eine wirtschaftspolitische Maßnahme in Form einer Regulierung des Monopolisten gerechtfertigt.

- Informationsmängel: Informationsmängel in Form asymmetrischer Informationen liegen dann vor, wenn eine Marktseite mehr Informationen über die Qualität eines Gutes oder einer Dienstleistung besitzt als die andere. Dies kann zu *Adverse selection*, *Moral hazard* oder *Hold up* führen, die in der Regel jedoch durch privatwirtschaftliche Verträge behoben werden können. Dem Staat kommt lediglich die Aufgabe zu, geeignete (rechtliche) Rahmenbedingungen zu schaffen. Im Verkehrsbereich sind Informationsmängel in signifikantem Umfang in der Regel nicht zu erwarten.

Wenn im ersten Prüfungsschritt für die betrachtete Situation ein staatliches Eingreifen aufgrund von Marktversagen gerechtfertigt werden konnte, ist im zweiten Schritt zu klären, welche staatliche Ebene diese Aufgabe übernehmen soll? Da das Subsidiaritätsprinzip eine Zuordnung gesellschaftlicher Aufgaben zur untersten Ebene verlangt, muß eine Abweichung von diesem Prinzip in Form einer Verlagerung auf höhere Hierarchieebenen jeweils gerechtfertigt werden. Hier sollen zunächst zwei mögliche Gründe für derartige Kompetenzverlagerungen angeführt werden:

- Regionale *Spillovers*: Regionale *Spillovers* stellen eine Sonderform der externen Effekte dar, die nicht auf der Ebene der Individuen anfallen, sondern zwischen Jurisdiktionen der gleichen Hierarchiestufe. Diese treten entweder auf, wenn öffentliche Güter bereitgestellt werden, von denen auch die Bürger angrenzender Regionen profitieren ohne sich an den Kosten beteiligen zu müssen, oder wenn negative externe Effekte produziert werden, deren Kosten nicht nur die Bürger des verursachenden Gebietes zu tragen haben. Existieren signifikante regionale *Spillovers*, die sich nicht durch Verhandlungen und über Verträge internalisieren lassen, da zum Beispiel die tatsächlichen externen Nutzen und Kosten nicht quantifizierbar sind oder eine Einigung zwischen sehr vielen Vertragspartnern erreicht werden muß, scheint eine Verlagerung der jeweiligen Kompetenz auf eine höhere staatliche Ebene gerechtfertigt. In diesem Fall sollte jenes Extensionsniveau gewählt werden, dessen Hoheitsgebiet die vom externen Effekt betroffenen Teilräume umfaßt.[12]

- *Economies of scale*. Skalenerträge treten bei der Produktion der meisten Güter und Dienstleistungen auf und begründen die Vorteilhaftigkeit von Spezialisierung in einer arbeitsteiligen Gesellschaft. Ist für eine bestimmte Konstellation im ersten Prüfungsschritt aufgrund von Marktversagen eine Legitimation staatlichen Handelns erzielt worden, so können die beauftragten Gebietskörperschaften im zweiten Schritt auf freiwilliger Basis entscheiden, die Aufgabe an eine höhere Ebene zu delegieren, um an der Kostendegression aufgrund von Rationalisierung und Lerneffekten zu partizipieren (vgl. *Eser* 1996, S. 77 f.). Die Freiwilligkeit der Delegation sichert dabei die Wahrung der Wählerpräferenzen, da bei einer Änderung der Be-

---

[12] Eine umfassende Darstellung regionaler *Spillover* findet sich bei *Sauerland* (1997, S. 81-116).

dürfnisse oder Unzufriedenheit mit der erbrachten Leistung dieser Auftrag der höheren Ebene auch wieder entzogen werden kann.[13]

Im letzten Schritt des Beurteilungsschemas ist schließlich zu untersuchen, ob die von staatlicher Ebene durchgeführten Maßnahmen auch tatsächlich zur Problemlösung beitragen können und der damit verbundene Nutzen in einem vernünftigen Verhältnis zu den entstehenden Kosten steht. Dieses sogenannte Verhältnismäßigkeits- bzw. Effizienzprinzip verlangt, den positiven Wirkungen einer Maßnahme alle anfallenden Kosten gegenüberzustellen; nur im Fall eines positiven Nettonutzens kann der Einsatz eines (verkehrs-)politischen Instrumentes gerechtfertigt werden. In der Regel steht den handelnden Akteuren jedoch nicht nur ein Mittel zur Behebung von Funktionsmängeln des Marktes zur Verfügung, sondern sie müssen aus einer Vielzahl von Instrumenten dasjenige auswählen, durch das das definierte Ziel am kostengünstigsten zu erreichen ist. Folgende Kostenkategorien können zur Prüfung der Verhältnismäßigkeit herangezogen werden:[14]

– Welche „Produktionskosten" sind mit der jeweiligen Maßnahme verbunden?

– Entstehen unverhältnismäßig hohe Transaktionskosten bei Information, Koordination oder Kontrolle?[15]

– Sind mit dem Instrument Neben- und Wechselwirkungskosten verbunden, die die Funktionsweise (anderer) Markt- und Kreislaufprozesse stören? Steht es eventuell im Konflikt zu den Zielen anderer wirtschaftspolitischer Maßnahmen?

– Existieren seitens der Bürger Verfahrenspräferenzen[16], die sich in der Akzeptanz zusätzlicher Kosten für den Einsatz eines ganz bestimmten Mittels ausdrücken?

Es ist zu beachten, daß die hier vorgestellten Kriterien zur Beurteilung des adäquaten Extensionsniveaus und zur Identifizierung eines effizienten verkehrspolitischen Instruments teilweise interdependent sind. Die Durchführbarkeit und Effizienz einzelner verkehrspolitischer Maßnahmen hängt in hohem Maße von der gewählten staatlichen Ebene ab. Insofern ist das Beurteilungsschema in zwei Schritten abzuarbeiten. Einer grundsätzlichen Legitimationsprüfung (Schritt 1) folgt eine simultane oder iterative Überprüfung des Subsidiaritätsprinzips und der Verhältnismäßigkeit einzelner potentieller Instrumente (Schritt 2). Abbildung 1 verdeutlicht dieses Vorgehen.

---

[13] Dies ist zwar u.U. mit erheblichen Kosten verbunden, jedoch ähnlich einer Re-Integration im Unternehmen durchaus möglich.

[14] Dieser Kostenkatalog ist sicherlich nicht abschließend und kann um weitere Kostenarten erweitert werden (vgl. *Grossekettler* 2003, S. 628 f.)

[15] Auf die steigende Bedeutung von Transaktionskosten bei der Dezentralisierung öffentlicher Aufgaben verweist *Schmidt* (2003).

[16] Verfahrenspräferenzkosten spiegeln fiktive Versicherungsprämien wider, die die Bürger für eine staatliche Leistungserbringung zu zahlen bereit sind, um Machtmißbrauch abzuwehren oder Rechtstaatlichkeit zu gewährleisten. Vgl. *Grossekettler* (2003, S. 594).

Abbildung 1: Prüfschema für die Legitimation verkehrspolitischer Maßnahmen

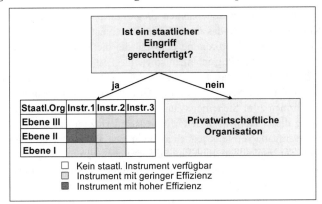

Quelle: Eigene Darstellung.

4. Eine Bewertung ausgewählter verkehrspolitischer Maßnahmen der Europäischen Union

Das Subsidiaritätsprinzip ist seit dem Maastrichter Vertrag von 1992 auch explizit im Vertragswerk der Europäischen Gemeinschaft verankert. In Artikel 5 werden die Europäische Kommission und der Ministerrat zu seiner Einhaltung verpflichtet:

„In den Bereichen, die nicht in ihre ausschließliche Zuständigkeit fallen, wird die Gemeinschaft nach dem Subsidiaritätsprinzip nur tätig, sofern und soweit die Ziele der in Betracht gezogenen Maßnahmen auf Ebene der Mitgliedstaaten nicht ausreichend erreicht werden können und daher wegen ihres Umfangs oder ihrer Wirkungen besser auf Gemeinschaftsebene erreicht werden können." (Konsolidierte Fassung des *Vertrags zur Gründung der Europäischen Gemeinschaft*).

Es zeigte sich jedoch zunächst, daß dieser Wortlaut von den einzelnen Mitgliedstaaten in unterschiedlicher Weise interpretiert wurde. Die Bundesrepublik Deutschland und Großbritannien hielten beispielsweise stark am Kern des Subsidiaritätsgedankens fest, nach dem den Mitgliedstaaten möglichst Vorrang vor der europäischen Ebene einzuräumen ist. Einige andere Länder wie Spanien und Griechenland sahen die Rechtfertigung einer Kompetenzverlagerung auf die europäische Ebene schon bei einer verbesserten Effizienz im Vergleich zur föderalen Leistungserbringung gegeben. Schließlich verständigte man sich auf einen „dynamischen Grundsatz", der die Ausweitung der Tätigkeiten der Gemeinschaft dort erlaubt, wo die Umstände es verlangen, umgekehrt Kompetenzen der europäischen Ebene jedoch beschränkt oder ausgesetzt werden, wenn sie nicht mehr gerechtfertigt erscheinen (vgl. *Große Hüttmann* 1996). Daraus folgt auch, daß das Subsidiaritätsprinzip keine pauschale Empfehlung für eine Zentralisierung oder Dezentralisierung der Verkehrspolitik liefern kann, sondern jeder Einzelfall untersucht werden muß. Das in Kapitel 3 entwickelte Beurteilungsschema soll daher auf zwei aktuelle Beispiele europäischer Verkehrspolitik angewendet werden.

4.1. Die Flugsicherung im europäischen Luftraum

In der Vorbereitung der sogenannten *Single European Sky*-Initiative[17] der Europäischen Kommission haben das Europäische Parlament und der Rat der Europäischen Union im Juli 2002 eine Verordnung erlassen, die die Errichtung einer gemeinsamen Europäischen Agentur für Flugsicherheit sowie die Festlegung gemeinsamer Vorschriften für die Zivilluftfahrt verlangt (*Verordnung Nr. 1592/2002 EG*). Die hauptsächliche Aufgabe dieser Agentur besteht darin, den Gesetzgeber bei der Ausarbeitung von gemeinsamen Normen zum Sicherheits- und Umweltschutzniveau zu unterstützen sowie die Umsetzung dieser Normen in den Mitgliedsländern zu überwachen. Die eigentliche Flugsicherungsaufgabe verbleibt jedoch autonom bei den nationalen Dienstleistern. Die ersten Schritte der Implementierung eines einheitlichen europäischen Luftraums wurden dann 2004 im Rahmen von vier weiteren Verordnungen vorgenommen, die ein weitreichendes Harmonisierungserfordernis für die Flugsicherung mit sich brachten.[18] Zu den Anforderungen zählen unter anderem ein gemeinsamer Ausbildungsstandard in der Schulung von Fluglotsen sowie Interoperabilität der technischen Systeme.

Es ist nun zu prüfen, ob die Europäische Union aufgrund des Subsidiaritätsprinzips tatsächlich befugt ist, diese Verordnungen zu erlassen oder ob sie ihre Kompetenzen überschritten hat.

4.1.1. Flugsicherung als staatliche Aufgabe?

Flugsicherungsdienstleistungen stellen einen essentiellen Bestandteil der Wertschöpfungskette des Luftverkehrs dar, ohne deren Existenz Luftverkehr im heutigen Umfang gar nicht möglich wäre. In Abbildung 2 ist die Wertschöpfungskette des Luftverkehrs vereinfacht dargestellt. Sie zeigt den zentralen Charakter, den die Flugsicherung innerhalb dieses Verkehrssystems einnimmt. Ihre Aufgabe besteht in der Abwicklung und Kontrolle aller Flugbewegungen im jeweiligen Verantwortungsgebiet, um einerseits die Sicherheit der Passagiere zu gewährleisten und andererseits für ein hohes Maß an Zuverlässigkeit und Pünktlichkeit zu sorgen. Im Jahr 2004 mußten im Gebiet von *Eurocontrol* täglich rund 24.000 Flügen entsprechende Luftraumkapazitäten zugeteilt werden (vgl. *Eurocontrol* 2005a, S. 53).

---

[17] Die *Single European Sky*-Initiative ist nicht ausschließlich auf Mitglieder der Europäischen Gemeinschaft beschränkt; Norwegen, Island und die Schweiz partizipieren ebenfalls an diesem Konzept. Vgl. *Gleave* (2004, S. i.).

[18] Im einzelnen sind dies: die „Rahmenverordnung" (*Verordnung Nr. 549/2004*), die „Flugsicherungsdienste-Verordnung" (Verordnung Nr. 550/2004), die „*Luftraum-Verordnung*" (Verordnung Nr. 551/2004) und die „Interoperabilitäts-Verordnung" (Verordnung Nr. 552/2004). Zu den jeweiligen Konsequenzen dieser Verordnungen für die Flugsicherung vgl. *Gleave* (2004, Appendix A).

Abbildung 2: Die Flugsicherung im System des Luftverkehrs

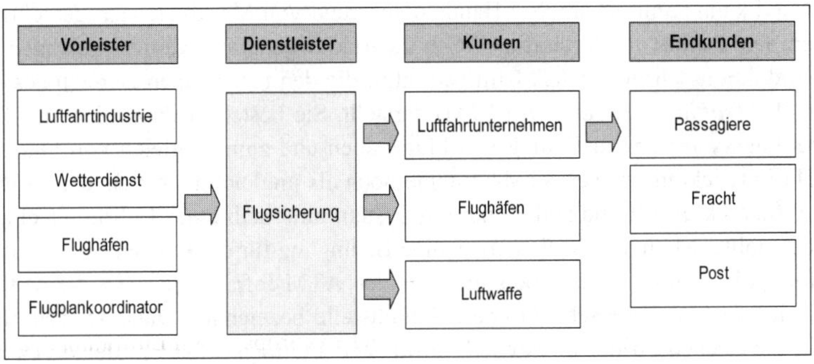

Quelle: Eigene Darstellung in Anlehnung an *Saß* (2005, S. 17).

Die zentrale Rolle der Flugsicherung im System des Luftverkehrs rechtfertigt aber so lange keinen wirtschaftspolitischen Eingriff, wie Marktversagen nicht nachweisbar ist. Für eine diesbezügliche Überprüfung ist eine Dekomposition der Flugsicherung in ihre wesentlichen Produktionsstufen notwendig (vgl. *Ewers* und *Tegner* 2002; *Hartwig* und *Saß* 2005; *Saß* 2005).

Die Flugsicherung läßt sich in drei aufeinander aufbauende Elemente gliedern (Abb. 3).

Abbildung 3: Produktionsstufen der Flugsicherung

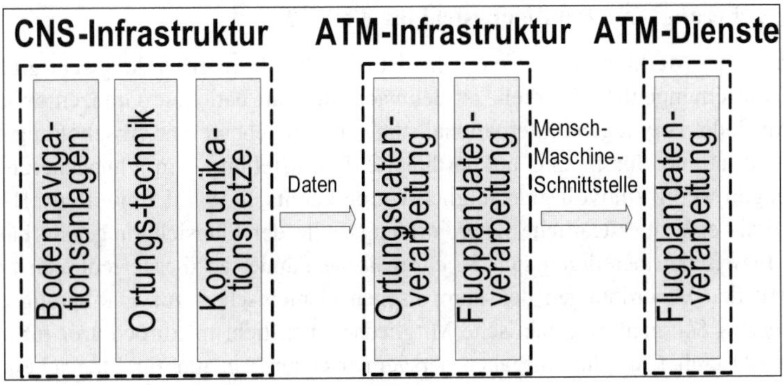

Quelle: *Hartwig* und *Saß* (2005, S. 485) bzw. *Saß* (2005, S. 31).

Als CNS-Infrastruktur (*Communication, Navigation and Surveillance*) dienen die radarbasierte Ortungstechnologie, boden- bzw. satellitengestützte Navigationshilfen und die technischen Anlagen zur Kommunikation zwischen Bodenkontrolle und Flugzeug. Da der Aufbau dieser Infrastrukturen beim heutigen Stand der Technik sehr kostenintensiv ist und zudem der Aufbau eines Parallelnetzes lediglich Kosten, nicht jedoch entsprechenden Zusatznutzen verspricht, liegt hier ein nicht bestreitbares natürliches Monopol vor und kann somit staatliches Handeln aufgrund von Marktversagen gerechtfertigt werden. Die Daten, die durch die CNS-Infrastruktur generiert werden, gelangen im zweiten Produktionsschritt zur ATM-Infrastruktur, die den technischen Bereich des sogenannten *Air Traffic Managements* (ATM) darstellt. Sie besteht insbesondere aus Datenverarbeitungssystemen zur Ortung von Flugzeugen und zum Abgleich von Flugplänen. Da die Entwicklung dieser ATM-Systeme noch als ungleich teurer als der Aufbau der CNS-Infrastruktur gilt und zudem nur ein System innerhalb eines Luftraums eingesetzt werden sollte, ist auch hier die notwendige Bedingung für die Existenz eines natürlichen Monopols erfüllt.[19] Der Übergang von der ATM-Infrastruktur zu den ATM-Diensten wird auch als Mensch-Maschine-Schnittstelle bezeichnet. Diese Dienste umfassen den Servicebetrieb der direkten Kontroll- und Leitungsaufgaben, der durch die Fluglotsen erbracht wird. Dieser Bereich der Flugsicherung könnte wie ein ganz normaler Markt funktionieren, allerdings sehen *Hartwig* und *Saß* (2005, S. 488 f.) mögliche Abstimmungsprobleme und erhebliche Koordinationskosten bei der gemeinsamen Nutzung eines regionalen Luftraums durch mehrere ATM-Serviceanbieter. Sie befürworten daher eine staatliche Regulierung in Form eines Ausschreibungswettbewerbs um die Vergabe zeitlich begrenzter regionaler Monopole.

Die Untersuchung der einzelnen Produktionsstufen der Flugsicherung zeigt somit, daß staatliche Eingriffe sowohl im Bereich der Infrastrukturbereitstellung von CNS- und ATM-Systemen aufgrund der hier vorliegenden technisch bedingten natürlichen Monopole, als auch organisationsbedingt im Bereich der ATM-Dienste zu rechtfertigen sind. Es ist im nächsten Prüfschritt zu fragen, welche staatliche Ebene mit den jeweiligen Aufgaben zu betrauen ist.

4.1.2. Flugsicherung – ein Betätigungsfeld für die EU?

Herausragendes Merkmal des Luftverkehrs ist die schnelle Überwindung sehr großer räumlicher Entfernungen. Luftverkehr ist demnach nicht an nationale Grenzen gebunden, sondern findet vorwiegend international statt.[20] Daher scheint eine Abschottung der nationalen Lufträume durch eine unkoordinierte Bereitstellung von Flugsicherungsdienstleistungen wenig sinnvoll, und folglich wurde bereits 1958 auf freiwilliger Basis *Eurocontrol* als eine überstaatliche Koordinierungsstelle der Flugsicherungsaktivitäten gegründet. Inzwischen beteiligen sich 36 europäische Länder an dieser zentralen Einrichtung. Mit den Verordnungen der Europäischen Gemeinschaft zur Etablierung des *Single European Sky* geht eine faktische Mitgliedschaftspflicht in Eurocontrol für alle Staaten der EU einher, da die Aufgaben der gemeinsamen Agentur für Flugsicherung

---

[19] *Ewers* und *Tegner* (2002, S. 14 f.) diskutieren eine mögliche Angreifbarkeit des Marktes für ATM-Systeme, da diese anders als die CNS-Infrastruktur nicht regional gebunden sind. Da ATM-Systeme jedoch gegebenenfalls als *essential facilities* anzusehen sind, sei ein wirtschaftspolitischer Eingriff im Einzelfall rechtzufertigen.

[20] In der Bundesrepublik macht der innerdeutsche Luftverkehr zwar bis zu 35 % der Intra-Europäischen und fast 16 % aller Flugbewegungen aus, in kleinräumigeren Mitgliedsstaaten der EU wie Luxemburg, die Niederlande oder Belgien existiert jedoch kein Regionalluftverkehr in so nennenswertem Umfang (vgl. *De La Fuente Layos* 2006, S. 2).

inzwischen an diese übertragen wurden. Darüber hinaus wurde vom Europäischen Parlament sowie von den Regierungschefs der Mitgliedstaaten nahezu einstimmig beschlossen, Regelungen für eine weitere Harmonisierung der technischen Systeme der Flugsicherung sowie der Ausbildung von Fluglotsen zu entwickeln (vgl. *Van Houtte 2004*, S. 9). Diese Anhebung des Extensionsniveaus auf die europäische Ebene kann ökonomisch nur dann gerechtfertigt werden, wenn hinreichende Skalenvorteile oder *Spillover*-Effekte einer zentralen Ordnung vorliegen. Dafür sprechen folgende Gründe:

– Skalenvorteile und Einsparung von Transaktionskosten: Die Internationalität des Luftverkehrs setzt eine permanente Kommunikation und Abstimmung zwischen den nationalen Flugsicherungen in Europa sowie die Interoperabilität deren technischer Systeme voraus. Der freiwillige Zusammenschluß vieler Staaten in Eurocontrol zeigt, daß es zu dieser Koordinierung nicht unbedingt einer zentralen Regelung bedarf, ein gemeinsamer rechtlicher Rahmen erleichtert jedoch die Entscheidungsfindung und führt zu Zeit- und damit auch Kostenvorteilen. Unter Umständen gehen die Regelungen der EU sogar nicht weit genug: Bisher existieren kaum Untersuchungen zur optimalen Größe des Luftraums, der von einem Flugsicherheitsdienstleister betrieben werden sollte. Es erscheint durchaus plausibel, daß sich insbesondere an Ländergrenzen durch einen neuen Zuschnitt der Lufträume weitere Skalenerträge realisieren lassen. Derzeit diskutiert die Europäische Kommission eine solche Neuordnung des europäischen Luftraums zu sogenannten *Functional Airspace Blocks* mit Vertretern der Mitgliedsländer (vgl. *Eurocontrol* 2005b).

– Verfahrenspräferenzen der Bürger für einen hohen Sicherheitsstandard: Obwohl im Vergleich zu anderen Verkehrsträgern die Unfallrate im Luftverkehr mit durchschnittlich 2,5 getöteten Personen pro 1 Milliarde Personenkilometer relativ gering ist (vgl. *European Transport Safety Council* 2003, S. 24-28), zeigen Umfragen, daß auf Seiten der Nachfrager ein besonders hohes Sicherheitsbedürfnis besteht. Aufgrund der aktuell sehr kleinräumigen Gliederung des europäischen Luftraums treten an den Schnittstellen der unterschiedlichen Flugsicherungsdienstleister immer wieder negative *Spillover* in Form von Unsicherheiten in der Abstimmung auf.[21] Damit können bei Verbesserung der Flugsicherungsaktivitäten durch die Harmonisierung der Systeme sowie einer entsprechenden Neuordnung des Luftraums eventuell zusätzlich entstehende Kosten gerechtfertigt werden.

– Einheitliche Ausbildungsstandards und die Angleichung der technischen Systeme ermöglichen Wettbewerb auf der Ebene der ATM-Dienste. Aufgrund des hohen Koordinationsbedarfs innerhalb eines Luftraums und den damit verbundenen Gefahren für die Sicherheit ist für die ATM-Dienste ein Wettbewerb um den Markt einem Wettbewerb im Markt vorzuziehen. Um jedoch auf Dauer einen effizienten Ausschreibungswettbewerb gewährleisten zu können, ist eine Harmonisierung der

---

[21] Der Flugunfall bei Überlingen am 1. Juli 2002 ist ein besonders tragisches Beispiel solcher Abstimmungsprobleme. Dem Fluglotsen der Flugsicherung Skyguide in Zürich war es aufgrund technischer Probleme nicht möglich, mit seinen Kollegen der Flugsicherungen Friedrichshafen und Karlsruhe Kontakt aufzunehmen, wodurch der verheerende Zusammenstoß von zwei Flugzeugen über dem Bodensee vielleicht hätte verhindert werden können.

technischen Systeme sowie der Ausbildung von Fluglotsen notwendig. Die Angleichung der Flugsicherungsstandards durch die europäischen Regelungen kann somit zur Realisierung bisher ungenutzter Effizienzpotentiale beitragen.

Die hier diskutierten Vorteile einer Koordination und Harmonisierung der Flugsicherung sind nur auf europäischer Ebene realisierbar; Maßnahmen auf *nationaler* Ebene können die benötigte überstaatliche Einheit des Luftraums nicht gewährleisten. An dieser Stelle zeigt sich auch die in Kapitel 3 erörterte Interdependenz zwischen Extensionsniveau und gewähltem verkehrspolitischem Instrument. Insofern ist eine Harmonisierung auf Ebene der Europäischen Gemeinschaft als legitim und verhältnismäßig anzunehmen.

4.2. Die europäische Feinstaubrichtlinie

Am 1. Januar 2005 trat die *Richtlinie 1999/30/EG* über Grenzwerte für Schwefeloxid, Stickstoffdioxid und Stickstoffoxide, Partikel und Blei in der Luft zum Schutz der menschlichen Gesundheit und der Umwelt in Kraft, die eine Überschreitung der zulässigen 24-Stunden-Feinstaubimmission von 50 $\mu g/m^3$ an zunächst maximal 35 Tagen, ab dem Jahr 2010 an höchstens 7 Tagen im Jahr gestattet (Artikel 5 und Anhang 3 *RL 1999/30/EG*). Diese Grenzwerte stellen lediglich Mindestanforderungen dar, für deren Einhaltung die Mitgliedstaaten in der Richtlinie nicht näher bezeichnete Maßnahmen zu treffen haben; neben der Wahl eines geeigneten Mittels zur Feinstaubreduktion steht es den Mitgliedstaaten zudem frei, auch strengere Grenzwerte festzulegen (vgl. *Brenner* 2005, S. 426).

In einem ersten Prüfungsschritt soll nun analog zum Vorgehen in Kapitel 4.1. die grundsätzliche Legitimation des Vorgehens der Europäischen Union überprüft werden.

4.2.1. Feinstaubregulierung als staatliche Aufgabe?

Die Ursachen für die Entstehung von Feinstaub sind höchst unterschiedlich und zum Teil nicht direkt vom Menschen beeinflußbar. Neben den Rückständen industrieller Verbrennungsprozesse gehören auch organische Substanzen wie Blütenstaub, Meersalz und natürliche Gase zu den Verursachern erhöhter Luftbelastungen. Es ist jedoch einzuräumen, daß der Straßenverkehr mit dem Rußausstoß von Dieselmotoren sowie dem Staub auf den Straßen, der beim Abrieb von Reifen und Bremsbelägen entsteht, zu den Hauptverursachern von Feinstaub zählt (vgl. *Sachverständigenrat für Umweltfragen* 2005).[22]

Die Strategien, die die europäischen Mitgliedsländer präventiv zur Verringerung der durch Verkehr verursachten Feinstaubemissionen verfolgen, sind sehr vielfältig: Während Großbritannien eine Verringerung der Feinstaubkonzentration im Rahmen der 2003 in London eingeführten City-Maut erwartet, sind in Italien regelmäßige Sonntagsfahrverbote geplant, Österreich und Deutschland dagegen befürworten die Subvention von Partikelfiltern bei Dieselfahrzeugen. Sollten die Grenzwerte jedoch trotzdem überschritten werden, so verlangt die europäische Richtlinie Maßnahmen für eine kurz-

---

[22] Der Anteil des durch den motorisierten Straßenverkehr verursachten Staubs an der gesamten Feinstaubemission beträgt in Deutschland ca. 30 %. Vgl. *Klimont et al.* (2002, S. 147).

fristige Rückführung der Belastung innerhalb des tolerierten Bereiches (vgl. *Assmann, Knierim* und *Friedrich* 2004, S. 699 f.; *Lahl* 2005, S. 48). In Deutschland tragen die Kommunen die Verantwortung für diese Aktionspläne, die in den meisten Fällen eine punktuelle Sperrung der betroffenen Gebiete für LKW sowie eine Naßreinigung der Straßen vorsehen.[23] Bereits wenige Monate nach Inkrafttreten dieser Richtlinie wurden aus einigen bundesdeutschen Großstädten die ersten Überschreitungen der Grenzwerte gemeldet, im Laufe des gesamten Jahres lagen die Werte an mehr als 40 der ca. 350 Meßstellen an mehr als 35 Tagen außerhalb des Toleranzbereichs (*Umweltbundesamt* 2005b). Aktuell wird nun über eine Lockerung der Feinstaub-Richtlinie diskutiert, die zwar keine Änderung der Grenzwerte beinhalten soll, den Ländern und Gemeinden unter bestimmten Bedingungen[24] jedoch mehr Zeit gibt, ihre Auflagen zu erfüllen (vgl. *o.V.* 2005).

Wie viele andere umweltpolitisch relevante Einflüsse stellt der Feinstaub insbesondere ein Problem negativer Externalitäten dar (vgl. zum Beispiel *Hartwig* 2003). Da die Emittenten lediglich die privat anfallenden Kosten in ihr Entscheidungskalkül einbeziehen, nicht jedoch die negativen Wirkungen, mit denen sie die Gesundheit ihrer Mitmenschen und der Umwelt belasten[25], kommt es aus gesamtwirtschaftlicher Sicht zu einer „Überproduktion" von Feinstaub verursachenden Handlungen. Die wohlfahrtsökonomische Theorie sieht für solche Fälle, in denen externe Effekte in signifikantem Umfang vorliegen, einen wirtschaftspolitischen Eingriff mit dem Ziel einer verursachungsgerechten Zuordnung von Leistungen und Kosten grundsätzlich als gerechtfertigt an.[26] Insofern erscheint eine staatliche Regulierung legitim.

Im nächsten Prüfungsschritt ist zu klären, ob tatsächlich eine Verantwortlichkeit auf der Ebene der Europäischen Gemeinschaft abgeleitet werden kann oder ob gemäß dem Subsidiaritätsprinzip eine niedrigere Hierarchiestufe für die Internalisierung des Feinstaubs zuständig sein sollte. Ein höheres Extensionsniveau ist nur dann zu rechtfertigen, wenn hinreichende Skalen- oder *Spillover*-Effekte nachweisbar sind.

4.2.2. Feinstaubregulierung – ein Betätigungsfeld der EU?

Ähnlich wie bei der Diskussion um die Flugsicherung ist im Fall der Feinstaubregulierung eine Dekomposition des betrachteten Phänomens hilfreich, um eine differenziertere Beurteilung des Sachverhaltes vornehmen zu können. Die Feinstaubbelastung an einer Meßstelle setzt sich aus drei Komponenten zusammen: der sogenannten Hintergrundbelastung, der städtischen Grundbelastung und Zusatzbelastungen an sogenannten

---

[23] Die Aktionspläne und langfristig geplanten Maßnahmen der Kommunen können im Internet unter: http://www.env-it.de/luftdaten/download/public/html/Luftreinhalteplaene/uballl.htm abgefragt werden.

[24] Demnach sollen insbesondere Gemeinden, in denen ein hoher Teil der Feinstäube nichtgiftiger Natur ist (bspw. Meersalz), und Städten, die unter einer erheblichen Umweltbelastung der Nachbargemeinden leiden, Ausnahmeregelungen zugestanden werden.

[25] Zu den negativen Wirkungen von Feinstaub auf die Umwelt und die menschliche Gesundheit existieren zahlreiche Studien. Vgl. zum Beispiel *Wichmann, Heinrich* und *Peters* (2002).

[26] Zu den verschiedenen Instrumenten der Internalisierung externer Effekte vgl. zum Beispiel *Hartwig* (2003).

„Hot Spots". Die Hintergrundbelastung resultiert aus dem allgemeinen wetterbedingten Austausch von Luftmassen, der Feinstaubpartikel über große Entfernungen transportiert. Die städtische Grundbelastung entsteht insbesondere durch regionale industrielle und verkehrliche Verbrennungsprozesse. Schließlich sind zusätzliche Belastungen an den „Hot Spots" auf eine besonders hohe lokale Verkehrsintensität in austauscharmen Häuserschluchten oder auf einzelne emissionsstarke Industrieanlagen zurückzuführen (vgl. Abb. 4).

Abbildung 4:   Zuordnung der Feinstaubbelastung in Kommunen zu Herkunftsbereichen – schematische Darstellung für den Großraum Berlin

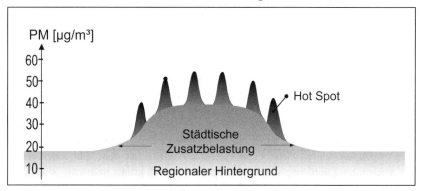

Quelle: In Anlehnung an *Lutz, Lenschow* und *Pesch* (2001, S. 21).

Sowohl die städtische Grundbelastung als auch die Feinstaubkonzentration an *Hot Spots* entstehen vorwiegend lokal. Somit ist die Verantwortung für (mögliche) Maßnahmen auf die jeweilig zuständige Gebietskörperschaft (Städte und Gemeinden) zu übertragen. Die zentrale Festlegung von Grenzwerten durch die Europäische Union ist sehr kritisch zu hinterfragen, da aufgrund der lokalen Konzentration der Feinstaubemissionen dieser beiden Komponenten keine signifikanten *Spillover*-Effekte zu beobachten sind. Im Fall der Hintergrundbelastung liegen demgegenüber regionale *Spillover*-Effekte vor, die eine Anhebung des Extensionsniveaus rechtfertigen könnten – insbesondere, wenn eine exakte Identifizierung der Partikelherkunft nicht möglich ist (vgl. *Assmann, Knierim* und *Friedrich* 2004, S. 698). Da neuere Verfahren bei der computergestützten Modellierung von Feinstaubemissionen inzwischen jedoch auch für die Hintergrundbelastung eine relativ exakte Zuordnung zu ihren Verursachern ermöglichen (vgl. *Klimont et al.* 2002), ist der ökonomischen Theorie zufolge eine Verhandlungslösung zwischen einzelnen Gebietskörperschaften denkbar.[27] Eine flächendeckende Anwendung dieses Modells würde die Notwendigkeit einer Kompetenzverlagerung auf ein höheres Extensionsniveau aufheben und es den Städten und Gemeinden erlauben, die zulässigen Feinstaubemissionen gemäß den Präferenzen ihrer Bürger festzulegen.

---

[27]   Da die *Coase*'sche Verhandlungslösung eine eindeutige Zuordnung der Verfügungsrechte voraussetzt, könnte hierin eine Aufgabe für die Europäische Ebene liegen.

5. Fazit

Die nationalen Verkehrsmärkte der Mitgliedsstaaten waren in den ersten Jahren nach der Gründung der Europäischen Gemeinschaft sehr stark reguliert und voneinander abgeschottet. Erst das sogenannte Untätigkeitsurteil des Europäischen Gerichtshofs von 1985, das die Einführung der Dienstleistungsfreiheit auch im Verkehr forderte, brachte nennenswerte Fortschritte in Richtung einer gemeinsamen Verkehrspolitik mit sich. Angesichts der großen Zahl von Verordnungen, Richtlinien und Entscheidungen die seitdem erlassen wurden, werden kritische Stimmen in der Politik, aber auch unter den Bürgern immer lauter, die eine zu hohe Konzentration der verkehrspolitischen Kompetenzen auf zentraler Ebene beanstanden. Ausgangspunkt dieser Kritik ist das Subsidiaritätsprinzip, eine politische und gesellschaftliche Maxime, die der individuellen Freiheit und Verantwortlichkeit des einzelnen Vorrang vor jedem kollektiven Handeln einräumt und im Fall staatlicher Entscheidungen die Zuordnung der Kompetenzen auf eine möglichst niedrige Stufe fordert. Um der oftmals stark von politischen Interessen dominierten Diskussion um Zentralität oder Dezentralität verkehrspolitischer Maßnahmen ein ökonomisches Regulativ zu geben, sind geeignete Kriterien zu entwickeln, die eine Beurteilung von Nutzen und Kosten verschiedener Handlungsoptionen ermöglichen. Für jeden Einzelfall ist zu prüfen, ob ein verkehrspolitischer Eingriff überhaupt legitimiert werden kann und welche Gründe für eine Kompetenzverlagerung auf eine höhere staatliche Ebene – in dem hier betrachteten Fall die europäische – sprechen könnten.

In diesem Beitrag wurde ein solches Beurteilungsschema auf zwei aktuelle Beispiele der europäischen Verkehrspolitik angewandt: die Verordnungen zur Flugsicherung im Luftverkehr und die Richtlinie zur Feinstaubimmission. Die Ergebnisse fallen dabei durchaus unterschiedlich aus. Während im Fall der Flugsicherung die Eingriffe in Form einer Harmonisierung von technischen Systemen und der Ausbildung von Fluglotsen zu erheblichen Effizienzgewinnen führen und daher eine Zuordnung dieser Aufgaben zur europäischen Ebene sinnvoll erscheint, stellt die Festlegung von starren Grenzwerten für Feinstaubimmissionen (mit der Notwendigkeit eines lokalen Fahrverbots bei Überschreitung dieser Grenzwerte) eine nicht zu rechtfertigende Einschränkung der Souveränität untergeordneter Gebietskörperschaften dar. Wie diese Beispiele zeigen, ist eine pauschale Zuordnung verkehrpolitischer Kompetenzen zu zentralen oder dezentralen staatlichen Aufgabenträgern nicht möglich. Vielmehr muß in jedem Einzelfall geprüft werden, ob wirtschaftspolitische Eingriffe zum einen überhaupt legitimiert werden können und zum anderen, welche staatliche Ebene diese Aufgabe wahrzunehmen hat. Dem *dynamischen Subsidiaritätsgrundsatz* der Europäischen Union folgend, ist diese Beurteilung nicht nur für zukünftige Maßnahmen durchzuführen, auch zurückliegende Entscheidungen müssen immer wieder überprüft und gegebenenfalls angepaßt werden.

Literatur

Aberle, Gerd (2003), Transportwirtschaft: Einzelwirtschaftliche und gesamtwirtschaftliche Grundlagen, 4. Aufl., München u.a.

Apolte, Thomas (1999), Die ökonomische Konstitution eines föderalen Systems: dezentrale Wirtschaftspolitik zwischen Kooperation und institutionellem Wettbewerb, Tübingen.

Apolte, Thomas (2004), Die eigentümliche Diskussion um Zentralisierung und Dezentralisierung in der Europapolitik, in: Perspektiven der Wirtschaftspolitik, Bd. 5 (3), S. 271-291.

Assmann, Jürgen, Katharina Knierim und *Jörg Friedrich* (2004), Die Luftreinhalteplanung im Bundesimmissionsschutzgesetz, in: Natur und Recht, Bd. 26 (11), S. 695-701.

Borchert, Manfred und *Heinz Grossekettler* (1985), Preis- und Wettbewerbstheorie: Marktprozesse als analytisches Problem und ordnungspolitische Gestaltungsaufgabe, Stuttgart u.a.

Brenner, Michael (2005), Der Feinstaub in der Luft und die untätigen Behörden, in: Deutsches Autorrecht (DAR), Nr. 8, S. 426-430.

De La Fuente Layos, Luis (2006), Luftverkehr in Europa im Jahr 2004: Allgemeine Zunahme des Fluggastverkehrs, in: Amt für amtliche Veröffentlichungen der Europäischen Gemeinschaften (Hg.), Statistik kurz gefasst: Verkehr, 02/2006, S. 1.

Donges, Jürgen B., Wolfram Engels, Walter Hamm, Wernhard Möschel, Manfred J.M. Neumann und *Olaf Sievert* (1992), Einheit und Vielfalt in Europa: Für weniger Harmonisierung und Zentralisierung, Schriftenreihe des Frankfurter Instituts für wirtschaftspolitische Forschung, Bd. 25, Frankfurt.

Eser, Thiemo W. (1996), Ökonomische Theorie der Subsidiarität und Evaluation der Regionalpolitik: Ableitung eines Beurteilungskonzeptes und dessen Anwendung auf die institutionellen Strukturen Englands und Deutschlands von der EU bis zur kommunalen Ebene, Baden-Baden.

Eurocontrol (2005a), Annual Report 2004, Brüssel.

Eurocontrol (2005b), Eurocontrol Final Report on European Commission's Mandate to Support the Establishment of Functional Airspace Blocks, Brüssel.

Europäische Kommission (1992), Die künftige Entwicklung der Gemeinsamen Verkehrspolitik: Globalkonzept einer Gemeinschaftsstrategie für eine auf Dauer tragbare Mobilität, KOM (92) 494 endg., Brüssel.

Europäische Kommission (1998), Faire Preise für die Infrastrukturbenutzung: Ein abgestuftes Konzept für einen Gemeinschaftsrahmen für Verkehrs-Infrastrukturgebühren in der EU, Weißbuch der Kommission der Europäischen Gemeinschaften, KOM (98), 466, Brüssel.

Europäische Kommission (2001), Die europäische Verkehrspolitik bis 2010: Weichenstellungen für die Zukunft, Weißbuch der Kommission der Europäischen Gemeinschaften, KOM (2001) 370, Brüssel.

Europäiches Parlament (1961), Terminologische Liste verkehrswirtschaftlicher Begriffe mit besonderer Berücksichtigung der Kostenfrage, Anlage zu Dokument Nr. 106 vom 11.12.1961, Veröffentlichungsdienst der Europäischen Gemeinschaften 2748/1/61/2, S. 27-28.

European Transport Safety Council (2003), Transport Safety Performance in the EU: A Statistical Overview, Brüssel.

Ewers, Hans-Jürgen und *Friedrich v. Stackelberg* (1998), Verkehrspolitik, in: *Paul Klemmer* (Hg.), Handbuch europäische Wirtschaftspolitik, München, S. 1151-1192.

Ewers, Hans-Jürgen und *Henning Tegner* (2002), Volkswirtschaftliche Nutzen durch Wettbewerb im europäischen Air Traffic Management am Beispiel Deutschland, Berlin.

Frerich, Johannes und *Gernot Müller* (2004a), Europäische Verkehrspolitik: Von den Anfängen bis zur Osterweiterung der EU, Band 1: Politisch-ökonomische Rahmenbedingungen der Verkehrsinfrastrukturpolitik, Oldenburg.

Frerich, Johannes und *Gernot Müller* (2004b), Europäische Verkehrspolitik: Von den Anfängen bis zur Osterweiterung der EU, Band 2: Landverkehrspolitik, Oldenburg.

Fritsch, Michael, Thomas Wein und *Hans-Jürgen Ewers* (2005), Marktversagen und Wirtschaftspolitik: mikroökonomische Grundlagen staatlichen Handelns, 6. Aufl., München.

Gleave, Steer Davis (2004), Financing of ATM to Achieve the Single European Sky, Final Report prepared for the European Commission, Directorate General Energy and Transport, London.

Große Hüttmann, Martin (1996), Das Subsidiaritätsprinzip in der EU: eine Dokumentation mit einer Einführung zum Bedeutungsgehalt und zur Rezeption dieses Prinzips, Europäisches Zentrum für Föderalismus-Forschung Tübingen, Occasional Papers Nr. 5, Tübingen.

Grossekettler, Heinz (2003), Öffentliche Finanzen, in: Vahlens Kompendium der Wirtschaftstheorie und Wirtschaftspolitik, Bd. 1, 8. Aufl., S. 561-717.

Hamm, Walter (1964), Preise als verkehrspolitisches Ordnungsinstrument, Heidelberg.

Hartwig, Karl-Hans (2003), Umweltökonomie, in: Vahlens Kompendium der Wirtschaftstheorie und Wirtschaftspolitik, Bd. 2, 8. Aufl., S. 127-170.

Hartwig, Karl-Hans und *Uta Saß* (2005), Die Privatisierung der Flugsicherung, in: Internationales Verkehrswesen, Nr. 11, S. 484-491.

Haßheider, Hendrik (2005), Die Bereitstellung überregionaler Straßeninfrastruktur: Eine institutionenökonomische Analyse der optimalen Organisationsform und -größe, Beiträge aus dem Institut für Verkehrswissenschaft an der Universität Münster, Heft 155, Göttingen.

Klimont, Zbigniew, Janusz Cofala, Imrich Bertok, Markus Amann, Chris Heyes und *Frantisek Gyarfas* (2002), Modellierung von Feinstaubemissionen in Europa: Entwicklung eines Technologie- und Kosten-Moduls für Staubemissionen im Rahmen des Integrated Assessment Modelling zur Unterstützung europäischer Luftreinhaltestrategien, Laxenburg.

Laaser, Claus-Friedrich (1991), Wettbewerb im Verkehrswesen: Chancen für eine Deregulierung in der Bundesrepublik, Tübingen.

Lahl, Uwe (2005), Luftreinhaltung auf allen Ebenen, in: AKP, Fachzeitschrift für Alternative Kommunalpolitik, Nr. 4, S. 47-49.

Lutz, Lenschow, Pesch (2001), Versuch einer Ursachenanalyse und Quellzuordnung der Feinstaub (PH_{10})-Belastung in Berlin, in: *Bayrisches Landesamt für Umweltschutz* (Hg.), Feinstaub-(PM_{10})-Immissionen: Schwerpunkt Verkehr, Augsburg, S. 13-26.

o.V. (2005), Fahrverbote nicht mehr zwingend, in: Frankfurter Allgemeine Zeitung vom 21.09.2005.

Richtlinie 1999/30/EG über Grenzwerte für Schwefeloxid, Stickstoffdioxid und Stickstoffoxide, Partikel und Blei in der Luft, Amtsblatt der Europäischen Gemeinschaften L163/41-60.

Sachverständigenrat für Umweltfragen (2005), Feinstaub durch Straßenverkehr: Bundespolitischer Handlungsbedarf, Stellungnahme 6/2005, Berlin.

Sauerland, Dirk (1997), Föderalismus zwischen Freiheit und Effizienz: Der Beitrag der ökonomischen Theorie zur Gestaltung dezentralisierter politischer Systeme, Berlin.

Saß, Uta (2005), Die Privatisierung der Flugsicherung: Eine ökonomische Analyse. Beiträge aus dem Institut für Verkehrswissenschaft an der Universität Münster, Heft 156, Göttingen.

Sax, Emil (1918), Allgemeine Verkehrslehre, 2. Aufl., Berlin.

Schmidt, Torsten (2003), Institutionelle Bedingungen eines Wettbewerbsföderalismus in Deutschland: Transaktionskosten stärker berücksichtigen, in: Vierteljahreshefte zur Wirtschaftsforschung, Bd. 72, Nr. 3, S. 458-471.

Schmidtchen, Dieter (2003), Szenarien für eine neue europäische Verkehrspolitik, in: *Alfred Schüller* (Hg.), Orientierungen für ordnungspolitische Reformen, Stuttgart, S. 25-54.

Sichelschmidt, Henning (1999), The EU Programme "trans-European networks": A Critical Assessment, in: Transport Policy, No. 6, S. 169-181.

Sichelschmidt, Henning (2005), Europäische Infrastrukturpolitik: Die Infrastrukturpolitik der Europäischen Gemeinschaft im Rahmen der Neuausrichtung der Strukturfonds, in: Die Weltwirtschaft, Nr. 1, S. 93-134.

Tiebout, Charles M. (1956), A Pure Theory of Local Expenditures, in: Journal of Political Economy, Bd. 64, S. 416-424.

Umweltbundesamt (2005a), Hintergrundpapier zum Thema Staub/Feinstaub (PM), Berlin.

Umweltbundesamt (2005b), PM_{10}-Feinstaubbelastung in Deutschland im Jahr 2005, im Internet: http://www.env-it.de/luftdaten/documents.fwd, letzter Zugriff am 22.5.1006.

Van Houtte, Ben (2004), The Single European Sky, in: Skyway, Bd. 32 (spring 2004), S. 8-15.

Verordnung Nr. 1592/2002 EG zur Festlegung gemeinsamer Vorschriften für die Zivilluftfahrt und zur Errichtung einer Europäischen Agentur für Flugsicherheit, Amtsblatt der Europäischen Union L240/1-21.

Verordnung Nr. 549/2004 EG zur Festlegung des Rahmens für die Schaffung eines einheitlichen europäischen Luftraums, Amtsblatt der Europäischen Union L96/1-9.

Verordnung Nr. 550/2004 EG über die Erbringung von Flugsicherungsdiensten im einheitlichen europäischen Luftraum, Amtsblatt der Europäischen Union L96/10-19.

Verordnung Nr. 551/2004 EG über die Ordnung und Nutzung des Luftraums im einheitlichen europäischen Luftraum, Amtsblatt der Europäischen Union L96/20-25.

Verordnung Nr. 552/2004 EG über die Interoperabilität des europäischen Flugverkehrsmanagementnetzes, Amtsblatt der Europäischen Union L96/26-42.

Vertrag zur Gründung der Europäischen Gemeinschaft (römische Verträge)1957/2002.

Vertrag zur Gründung der Europäischen Union (Maastrichter Vertrag)1992.

Waschkuhn, Arno (1995), Was ist Subsidiarität? Ein sozialphilosophisches Ordnungsprinzip: von Thomas von Aquin bis zur "Civil Society", Opladen.

Wichmann, Erich H., Joachim Heinrich und *Annette Peters* (2002), Gesundheitliche Wirkungen von Feinstaub, Landsberg.

Klaus Heine und Wolfgang Kerber (Hg.),
Zentralität und Dezentralität von Regulierung in Europa
Schriften zu Ordnungsfragen der Wirtschaft · Band 83 · Stuttgart · 2007

Die Medienaufsicht im föderalen Bundesstaat – Veränderungsmöglichkeiten im Zuge der Föderalismusreform

Bernd Holznagel und *Pascal Schumacher*

Inhalt

1. Einleitung

Die Kompetenzverteilung und die aktuellen Strukturen der rechtlichen Aufsicht über Medien- und Telekommunikationsdienste im föderalen Deutschland und der EU hinken hinter dem raschen technischen Wandel des Mediensektors her. Im Zuge der „Konvergenz" entwickelt sich zunehmend eine Verschmelzung der früher technologisch getrennten Märkte für Telekommunikation, TV/Radio und Datendienste. Die historische Bindung diverser Kommunikationsdienste an jeweils eigene Kommunikationsplattformen existiert in der digitalen Welt nicht mehr. Diese Erkenntnis hat in der Organisation aufsichtsbehördlicher Strukturen in der Bundesrepublik aber bislang keine ausreichende Umsetzung gefunden. Insbesondere die Zuständigkeiten der Medien- und Telekommunikationsregulierung sind immer noch stark fragmentiert. Nach einer Untersuchung der in Wissenschaft und Politik bisher vorgeschlagenen Modelle zur Reform der Aufsicht werden im Rahmen dieses Beitrags daher eigene Vorschläge gemacht, wie aus der Sicht der verfassungsrechtlichen Kompetenzverteilung eine Neugestaltung des Aufsichtsrahmens aussehen könnte, die den neuen Anforderungen gerecht wird. Im Blickpunkt sollen dabei die Möglichkeiten und die Grenzen einer Verfassungsänderung im Zuge der aktuellen Föderalismus-Debatte stehen. Schließlich stellt der Beitrag die Regulierungsstrukturen in Zusammenhang mit den regulierungsökonomischen Konzepten von Zentralität und Dezentralität. Dabei wird vor allem der Frage nachgegangen, inwiefern sich die gegebene Kompetenzverteilung innerhalb der Bundesrepublik und im Verhältnis der Mitgliedstaaten zur EU vor dem Hintergrund regulierungsökonomischer Thesen bewährt.

2. Bestehende Medien- und Telekommunikationsaufsicht

2.1. Historischer Ausgangspunkt: Das Trennungsmodell

Der historischen Konzeption des Medienrechts liegt die These zugrunde, jedes technische Signal sei an eine bestimmte Übertragungsart gekoppelt. Dementsprechend seien grundsätzlich auch die unterschiedlichen Dienste im Medien- und Telekommunikationssektor an feste Plattformen gebunden (*Holznagel, Krone* und *Jungfleisch* 2004). An diesem technischen Verständnis setzen die rechtlichen Vorgaben für Medieninhalte sowie die Art und Weise ihrer Verbreitung an: Sie sind zumeist in sektorspezifische Gesetze separiert. Im Bereich der Telekommunikation beispielsweise ist Grundlage der Regulierung das Telekommunikationsgesetz (TKG) des Bundes. Materielle Anforderungen für das Angebot von Telediensten hingegen stellt das Teledienstegesetz des Bundes, während Mediendienste dem Mediendienstestaatsvertrag der Bundesländer unterstellt sind. Der Rundfunk unterliegt sogar einem Regelungsgeflecht aus dem Rundfunkstaatsvertrag (RStV) der Länder und den Landesmediengesetzen für den privaten Rundfunk sowie Gesetzen und Staatsverträgen für die einzelnen öffentlich-rechtlichen Rundfunkanstalten.

Mit dieser materiell-rechtlichen Trennung der verschiedenen Dienstarten geht auch eine heterogene Ausgestaltung der Aufsichtsstrukturen einher. Im Bereich der Tele- und

Mediendienste, der Telekommunikation und des Rundfunks ist die Aufsicht innerhalb der Bundesrepublik auf eine Vielzahl von Bundes- und Landesbehörden verteilt. Als einer der Hauptgründe hierfür ist das Kompetenzgefüge des Grundgesetzes zu nennen, das die zentrale Rahmenbedingung darstellt, wenn es um die Gesetzgebung und Verwaltung im Medienbereich geht. Die Hauptakteure im Rundfunkbereich sind die Landesmedienanstalten, während die Telekommunikationsaufsicht in den Händen der Bundesnetzagentur liegt. Der Online-Bereich der Tele- und Mediendienste ist wiederum der allgemeinen Verwaltungsaufsicht (und damit den Ländern) unterstellt.

Auch die Übertragungswege, also die Regulierung des Netzzugangs, unterliegen der Zuständigkeit der Bundesnetzagentur. Allerdings sind die Berührungspunkte hinsichtlich der Regelungskompetenz für Anforderungen an Zugangsdienste beim Digitalen Fernsehen mit der Regulierung auf Landesebene zahlreich. Hier kommt es zum Teil zu gegenständlichen Überlappungen der Zuständigkeiten von Bund und Ländern. Prominentes Beispiel hierfür sind §§ 49, 50 TKG auf der einen Seite und § 53 RStV auf der anderen. Sowohl das TKG als auch der RStV enthalten in diesen Normen Aufsichtsbefugnisse hinsichtlich der Zugangsberechtigungssysteme *(Conditional Access)* sowie der Sicherstellung von Interoperabilität (zum Beispiel zur Einhaltung branchenüblicher API – Application Programming Interface), wobei das Landesrecht im Hinblick auf die Frage reguliert, inwieweit hier Kommunikationschancen verzerrt werden, das Bundesrecht dagegen vor allem dem ökonomischen Wettbewerb verpflichtet ist. Um eine uneinheitliche Anwendung der Aufsichtsbefugnisse einzudämmen, enthalten sowohl der RStV (zum Beispiel § 53 Abs. 4 RStV) als auch das TKG (zum Beispiel § 50 Abs. 4 TKG) Benehmenserfordernisse für die zuständigen Regulierungsbehörden. Parallel dazu existieren Kontrollen durch das Bundeskartellamt, das sowohl bei Fusionen als auch bei Mißbrauch von marktbeherrschenden Stellungen im Medienbereich handlungsbefugt ist.

Diese Masse an Regelungen macht es für Anbieter im Bereich der Medien schwer, die rechtlichen Anforderungen zu beachten. Hinzu kommt, daß ein einheitliches Angebot unter Umständen von mehreren Regelungskomplexen erfaßt wird. Bietet ein Online-Dienst zum Beispiel die technische Verbindung zum Internet, einen eMail-Dienst, das Hosting einer Homepage des Nutzers sowie einen Nachrichtendienst an, erbringt er hiermit sowohl Telekommunikationsdienstleistungen als auch Tele- und Mediendienste. Ergänzt ein Internet-Serviceprovider seinen an die Allgemeinheit gerichteten Nachrichtendienst um vertonte und bewegte Bilder (sog. *Live-Streams*), stellt sich die Frage, ob es sich dann nicht sogar um einen Mediendienst handelt, der Rundfunk ist.[1]

2.2. Konvergenzentwicklung und Reformen

Die Existenz solcher Beispiele ist auf eine Entwicklung zurückzuführen, die durch die Europäische Kommission als „Konvergenz" bezeichnet worden ist (*Europäische Kommission* 1997, S. 1 f.). Dieser Begriff bezeichnet im Kern ein technisches Phänomen (Konvergenz der Technik), mit dem eine Veränderung der Dienstelandschaft

---

[1] Statt vieler: *Koenig* und *Röder* (1998, S. 417 f.); *Gounalakis* (1997, S. 2993 ff.); *Scherer* und *Hölscher* (1999, S. 14 f.).

(Konvergenz der Dienste) einhergeht. So hat die Digitaltechnik mit dem Binärcode erstmals einen einheitlichen Standard für sämtliche zu übermittelnde Signale eingeführt. Bislang getrennte Übertragungswege wie Kabel, Terrestrik und Satellit werden dadurch untereinander kompatibel und frei kombinierbar. Die technische Seite der Konvergenzentwicklung zeichnet sich somit vornehmlich durch die Entkopplung der zu übermittelnden Signale von den verwendeten Übertragungswegen aus. Auf der Ebene der Inhalte führt die Integration der Distributionswege und Kommunikationsformen dazu, daß die unterschiedlichen Plattformen beliebig ausgetauscht werden können. Auf diese Weise lassen sich zumindest alle elektronischen Dienste bereits heute einheitlich verbreiten. So können Fernsehkanäle beispielsweise über den Computer empfangen werden. Voraussetzung hierfür ist lediglich, daß in das Gerät eine TV-Karte eingebaut ist. Umgekehrt können Internetdienste über das Fernsehgerät verbreitet werden. Die dazu erforderliche Interaktivität wird im breitbandigen Kabelnetz durch einen Rückkanal geschaffen, welcher einen Datenfluß auch in umgekehrter Richtung ermöglicht. In Zukunft wird der Konsument identische Inhalte wohl nahezu zeitbeliebig in gleichbleibender Qualität mittels verschiedener Übertragungswege und Endgeräte abrufen können. Besonders deutlich wird das Phänomen der Konvergenz zur Zeit im Bereich mobiler Endgeräte: Dies gilt zum einen für das sog. DVB-H, einem neuen Übertragungsverfahren für den Multimediaempfang auf mobilen Endgeräten, und zum anderen für den Digital Multimedia Broadcasting-Standard (DMB), der den mobilen Empfang von digitalem Fernsehen bei hohen Geschwindigkeiten zum Beispiel im Zug ermöglicht. Auch im Festnetzbereich zeigen sich neue Trends zu konvergenten Diensten. Beispielsweise ermöglicht das neue Datenprotokoll ADSL-2 nun die Übertragung von Fernsehsignalen auf schmalbandigen Verteilernetzen.

Um dieser Entwicklung auch im Hinblick auf eine wirksame, einheitliche und von den Übertragungswegen entkoppelte Medienaufsicht Rechnung zu tragen, haben die Länder bereits zahlreiche Reformen veranlaßt. So arbeiten die 15 Landesmedienanstalten zur Koordinierung und Abstimmung grundsätzlicher, länderübergreifender Fragen nunmehr im Rahmen der Arbeitsgemeinschaft der Landesmedienanstalten (ALM) zusammen. Innerhalb der ALM erfolgt die Zusammenarbeit über die Direktorenkonferenz der Landesmedienanstalten (DLM), die Gremienvorsitzendenkonferenz (GVK) und die Gesamtkonferenz (GK). In der DLM werden Fragen der Zulassung und Kontrolle von bundesweiten Rundfunkangeboten sowie der Entwicklung des digitalen Rundfunks bearbeitet. Dazu hat die DLM zwei gemeinsame Stellen eingerichtet: die Gemeinsame Stelle Programm, Werbung und Medienkompetenz (GSPWM) und die Gemeinsame Stelle Digitaler Zugang (GSDZ). Darüber hinaus beraten die Landesmedienanstalten über technische Fragen in der Technischen Kommission der Landesmedienanstalten (TKLM). Zur Beobachtung der medienpolitischen Entwicklungen innerhalb der EU bestimmt die DLM aus dem Kreis der Direktoren einen Europabeauftragten, zudem einen Beauftragten für Bürgermedien, einen Beauftragten für Verwaltung sowie einen Beauftragten für Recht.

Zur Sicherung der Meinungsvielfalt prüft die Kommission zur Ermittlung der Konzentration im Medienbereich (KEK) die Beteiligungen verschiedener Mediengruppen an den Sendern. Sie ist zwar als bundeseinheitliche Instanz etabliert worden, bei Entscheidungen wird sie jedoch als Organ der jeweils zuständigen Landesmedienanstalt tätig. Eine vergleichbare Konzeption existiert im Jugendmedienschutz mit der Kommission für Jugendmedienschutz (KJM). Die KJM fungiert als zentrale Aufsichtsstelle für den Jugendschutz in Rundfunk und Telemedien.

Ein weiteres Reformprojekt im Bereich der Informations- und Kommunikationsdienste stellt der Entwurf eines Telemediengesetzes dar.[2] Die Vorschriften der künftigen Medienordnung sollen unabhängig vom Verbreitungsweg sein, entwicklungsoffen ausgestaltet sein und vereinfacht werden. Unter dem Begriff ‚Telemedien' sollen die Regelungen zu ‚Telediensten und Mediendiensten' zusammengeführt werden.[3] Die bisherigen Regelungen aus Teledienstegesetz, Teledienstedatenschutzgesetz und Mediendienste-Staatsvertrag sollen durch das Telemediengesetz abgelöst werden. Im Bundesrecht sollen künftig die wirtschaftsbezogenen rechtlichen Anforderungen an Telemedien geregelt werden, im Landesrecht die inhaltlich ausgerichteten Regelungen. Zuständig für die inhaltliche Aufsicht sowohl über Tele- als auch Mediendienste soll eine Landesbehörde sein. Im Bereich des Datenschutzes soll das Telemediengesetz das Verhältnis der Datenschutzvorschriften des TMG zu denjenigen des TKG klären, um die Handhabung des Datenschutzrechts für Diensteanbieter, die sowohl dem TMG als auch dem TKG unterliegen, zu erleichtern. Die Zuständigkeit für die Überwachung der Datenschutzbestimmungen soll nach dem Entwurf bei den auch bisher zuständigen Stellen der Bundes- und Landesaufsicht verbleiben.

3. Probleme mit der bestehenden Aufsichtsstruktur

Mit dem aufgezeigten raschen Wandel im Medien- und Telekommunikationssektor haben sich auch die Anforderungen an eine funktionsgerechte Regulierung verschoben. Das starre Gerüst der Trennung des materiellen Rechts erweist sich zunehmend als ungeeignet, um auf die tatsächlichen Veränderungen zeitnah und angemessen reagieren zu können. Mannigfaltige materiell-rechtliche Unterscheidungen zwischen den Diensten führen zu Rechts- und Planungsunsicherheiten. Zwischen den Zuständigkeiten der beteiligten Behörden kommt es an vielen Stellen zu Überschneidungen, die eine effektive Aufsicht beeinträchtigen. Zudem führt der Umstand, daß gleiche Inhalte in Abhängigkeit von der gewählten Übertragungsart unterschiedlichen Anforderungen unterliegen und durch verschiedene Stellen kontrolliert werden, zu Wettbewerbsverzerrungen.

Daher ist verschiedentlich auf das Erfordernis hingewiesen worden, einen einheitlichen und flexiblen Rechtsrahmen zu schaffen (*Holznagel, Krone* und *Jungfleisch* 2004, S. 4). Zwar sind in der Bundesrepublik mit der Einführung der oben erörterten sektorübergreifenden Regelungen und Steuerungsmechanismen bereits in der Vergangenheit Bemühungen in diese Richtung unternommen worden. Das dadurch entstandene Mischsystem ist jedoch kritisiert worden, weil es weder Ausdruck einer prinzipiellen Abkehr vom bisherigen Trennungsmodell noch eines kohärenten Gesamtkonzepts sei

---

[2] Im Internet abrufbar unter http://www.iukdg.de/Telemediengesetz_Entwurf.pdf.

[3] Die Entwürfe für ein Telemediengesetz des Bundes und einen Rundfunkänderungsstaatsvertrag der Länder liegen seit Mai 2005 vor.

(*Schulz* 2005, S. 4, 6 f.). In der intensiven Diskussion der letzten Jahre ist daher eine noch weitergehende Harmonisierung und Deregulierung gerade der für die elektronische Kommunikation geltenden Rechtsvorschriften gefordert worden. Gleichzeitig wurde immer wieder betont, daß eine Reform neben den materiell-rechtlichen Vorgaben auch die staatlichen Aufsichtsstrukturen in die anstehenden Veränderungen mit einzubeziehen habe. Einigkeit konnte dabei bislang im wesentlichen nur über die Notwendigkeit erzielt werden, der bestehenden Zersplitterung der Medienaufsicht eine stärkere institutionelle und organisatorische Konzentration entgegenzusetzen. Offen geblieben ist demgegenüber die Frage, welcher Grad einer Vereinheitlichung herbeizuführen ist.

4. Die unterschiedlichen Konzepte für eine Reform und ihre verfassungsrechtliche Zulässigkeit

Zur Frage der Vereinheitlichung und Institutionalisierung gemeinschaftlicher Kontrollmechanismen hat die akademische und politische Diskussion verschiedene Ansätze hervorgebracht. Diese sollen im folgenden dargestellt werden.

4.1. Single Regulator

Zum einen wird unter Bezugnahme auf die Erfahrungen anderer Staaten mit der Reformierung ihrer Medienaufsicht die Schaffung einer einheitlichen Aufsichtsinstanz im Medienbereich auch für die Bundesrepublik (sogenannter *Single Regulator*) diskutiert (*Schulz* 2000, S. 4, 6 f.). Wie auch in Deutschland gehen die meisten anderen nationalen Medienordnungen im historischen Ursprung auf ein Trennungsmodell zurück. In Großbritannien beispielsweise war die Medienaufsicht im Rahmen der vormaligen Rechtslage neben den zuständigen Ministerien bei insgesamt fünf Regulierungsbehörden angesiedelt (*Holznagel* und *Krone* 2004, S. 7, 8). Diese Zersplitterung wurde durch die Zusammenführung der Aufsichtsbereiche aller fünf Behörden in dem Office of Communications (OFCOM) beseitigt. Damit besteht nun in Großbritannien eine einzige zentralistische Aufsichtsbehörde. Über ähnliche Einheitsbehörden verfügen Italien mit der Autorità per le Garanzie nelle Comunicazioni (AGCOM) und die USA mit der Federal Communications Commission (FCC). Alle drei Behörden haben umfassende Aufsichtsbefugnisse über den privaten Rundfunk, die Telekommunikation und einen Teilbereich des Kartellrechts.

4.1.1. Bundesbehörde

Um dies auch hierzulande zu verwirklichen, ist der Vorschlag gemacht worden, die Aufsicht im Medien- und Telekommunikationsbereich solle von einer einzigen Bundesbehörde wahrgenommen werden.[4] Dafür wäre es notwendig, daß die Länder die ihnen in diesem Sektor zustehenden Verwaltungskompetenzen an den Bund abträten (vgl. hierzu *Koenig* 2000, S. 1, 5). Der Bund würde dann durch Länderauftrag dazu ermächtigt, Landesrecht zu vollziehen. Diese Ausführung landesrechtlicher Regelungen durch eine Bundesbehörde ist aber mit dem Grundgesetz nicht vereinbar. Sie würde der ak-

---

[4] *Scherer* und *Hölscher* (1999, S. 4); *Koenig* (2000, S. 1, 5); *Schulz* (2000, S. 4, 6).

tuellen Verwaltungskompetenzverteilung zuwiderlaufen, die den Gesetzesvollzug für den Bereich der Medien den Ländern aufgibt (Art. 30, 83 ff. GG). Eine Auftragsverwaltung sieht das Grundgesetz in Art. 85 GG lediglich für Ausnahmefälle vor, in denen die Länder Bundesgesetze ausführen. Die Möglichkeit einer Auftragsverwaltung für den umgekehrten Fall des Bundesvollzugs von Landesrecht kennt das Grundgesetz demgegenüber nicht.

Unter dem derzeitigen Kompetenzregime des Grundgesetzes ist diese Alternative daher unzulässig und damit verfassungswidrig.

4.1.2. Gemeinsame Bund/Länder-Anstalt

Zum anderen ist die Gründung einer gemeinsamen Bund/Länder-Anstalt für die Aufsicht über Telekommunikation und Rundfunk in die Diskussion eingebracht worden.[5] Diese Anstalt soll ein gemeinsames Leitungsgremium haben, in dem gleichberechtigt Vertreter des Bundes und der Länder entscheiden. Unterhalb dieses Gremiums soll die Anstalt in eine Bundesbehörde und eine Länderanstalt unterteilt sein. Der Zuständigkeitsbereich der Bundesbehörde bezöge sich auf die Regulierung der Telekommunikation, die Zuständigkeit der Länderanstalt auf die Aufsicht über bundesweiten Rundfunk und über Tele- und Mediendienste. Für lokalen und landesweiten Rundfunk könnten nach diesem Modell weiter die Landesmedienanstalten zuständig sein.

Die gemeinsame und mit *echten Entscheidungsbefugnissen* ausgestattete Behördenspitze wäre demnach die entscheidende Schnittstelle, um die Aufsicht von Bund und Ländern miteinander zu verzahnen. Hierin liegt aber zugleich das größte rechtliche Hindernis für die Errichtung einer solchen Behördenstruktur: Es würde sich um eine Form des echten Zusammenwirkens von bundeseigener und landeseigener Verwaltung auf Entscheidungsebene handeln. Diese in Literatur und Rechtsprechung bisweilen als ,Mischverwaltung' bezeichnete interföderale Kooperationsform ist indes nur unter engen Grenzen mit dem Grundgesetz vereinbar. Denn grundsätzlich geht die Kompetenzordnung des Grundgesetzes (Art. 83 ff. GG) davon aus, daß die Verwaltungsräume von Bund und Ländern voneinander getrennt sind.

In seiner Entscheidung zu § 38 Abs. 2 des Schornsteinfegergesetzes ist das Bundesverfassungsgericht (BVerfGE 63, 1 ff.) zwar vom strikten Verbot jeder Form der Mischverwaltung abgewichen. Dort hat das Gericht eine Konstruktion als zulässig angesehen, in der die Geschäftsführung einer bundesunmittelbaren Körperschaft des öffentlichen Rechts (Versorgungsanstalt der Schornsteinfeger) durch eine Landesbehörde (Bayerische Versicherungskammer) wahrgenommen wurde. Für eine Betrauung der Bayerischen Versicherungskammer fand sich zwar kein Kompetenztitel in den Art. 83 ff. GG, das Bundesverfassungsgericht hat sie aber dennoch für zulässig erachtet. Als entscheidenden Grund führte das Gericht den Umstand an, daß keine echten Verwaltungskompetenzen auf die Versicherungsanstalt übertragen wurden. Ein Mitentscheiden bundes- und landeseigener Verwaltung sei gerade nicht gegeben, weil die Bayerische

---

[5]   *Scherer* und *Hölscher* (1999, S. 35); *Koenig* (2000, S. 1, 5); *Gounalakis* (2002, S. 104 f.).

[6]   BVerfGE 32, 145, 156; 39, 96, 120; 41, 291, 311; *Trute* (2005, Art. 83, Rn. 28).

Versicherungskammer in die Bundesanstalt eingeordnet sei, soweit sie Aufgaben für diese übernehme. Sie werde daher nicht als Landesbehörde, sondern als Organ der Bundesbehörde tätig, der ihr Verwaltungshandeln ausschließlich zuzurechnen sei. Letztlich folgt aus dieser Entscheidung lediglich, daß zwischen Bund und Ländern ausnahmsweise eine Organleihe zulässig ist, bei der eine Vermischung der Verantwortlichkeiten *gerade nicht* stattfindet. Auch nach dieser Grundsatzentscheidung des Bundesverfassungsgerichts ist daher die Möglichkeit einer Einrichtung gemeinsamer Behörden des Bundes und der Länder, bei denen es um echte Mitentscheidung geht, nicht eröffnet, soweit es keine ausdrückliche verfassungsrechtliche Grundlage hierfür gibt. Grundlagen für eine gemeinsame Behördenspitze sieht das Grundgesetz beispielsweise im Bereich der Gemeinschaftsaufgaben nach Art. 91a und 91b GG oder beim Zusammenwirken von Bundes- und Landesfinanzbehörden (Art. 108 Abs. 4 S. 1 GG) vor. Für das Feld der Medien- und Telekommunikationsaufsicht fehlt eine Grundlage für die Einrichtung einer Bund/Länder-Anstalt hingegen. Die Schaffung eines gemeinsamen, mit entsprechenden Mitentscheidungsbefugnissen ausgestatteten Leitungsgremiums wäre also unter dem derzeitigen Kompetenzregime des Grundgesetzes nicht möglich, soweit das Leitungsgremium nicht auf eine Koordinationsfunktion beschränkt wäre.

4.1.3. Gemeinschaftliche Aufsichtsbehörde aller Bundesländer

Weiterhin ist die Schaffung einer einheitlichen Aufsichtsbehörde aller Länder angeregt worden (*Koenig* 2000, S. 1, 4 f.). Für die konkrete organisatorische Ausgestaltung dieser Kompetenzbündelung kommen verschiedene Modelle in Betracht. Zum einen kann sie als rechtlich verselbständigte Anstalt mit interföderalem Status – also als eine keinem bestimmten Bundesland zugeordnete Behörde – errichtet werden.[7] Diese Lösung entspräche dem Vorbild der gemeinsamen Medienanstalt Berlin-Brandenburg in Berlin. Zum anderen besteht die Möglichkeit, sie nach dem Vorbild der ZVS in Dortmund in ein bestimmtes Bundesland einzugliedern, oder im funktionellen Wechsel dem für die jeweilige Entscheidung zuständigen Bundesland zuzuordnen (*Holznagel* und *Krone* 2004, S. 7, 9).[8]

Aus verfassungsrechtlicher Sicht bestehen grundsätzlich keine Bedenken gegen eine solche Lösung: Frühere Vorbehalte gegen die Schaffung gemeinsamer Länderinstitutionen sind inzwischen überwunden (*Pietzcker* 1988, S. 46 f.). Solange dieser Anstalt keine Verwaltungskompetenzen des Bundes zugewiesen werden, steht einer solchen Konstruktion auch keinesfalls das Verbot der Mischverwaltung entgegen.[9] Daher könnte sich die Aufsicht der gemeinsamen Länderanstalt neben dem Rundfunk und den Mediendiensten auch auf das Feld der Teledienste erstrecken. Die derzeit bestehenden Querschnittsgremien der Länder[10] könnten in die gemeinsame Einrichtung überführt werden (*Holznagel* und *Krone* 2004, S. 7, 9).

---

[7]   *Scherer* und *Hölscher* (1999, S. 56); *Koenig* (2000, S. 1, 4 f.).

[8]   Vorbilder: KEK, KDLM, KJM.

[9]   *Scherer* und *Hölscher* (1999, S. 63); *Koenig* (2000, S. 1, 4 f.).

[10]   ALM, KEK, KDLM und KJM.

Der Gemeinschaftsvollzug von Bundes- und Landesrecht durch diese Länderbehörde stößt demgegenüber auf verfassungsrechtliche Kautelen. Angesichts des bereits skizzierten Verbots einer echten Mischverwaltung könnte eine solche institutionelle Bündelung nicht bewirkt werden, solange der Bund für den Bereich des Telekommunikationsrechts zuständig ist. Vor diesem Hintergrund ist ein Verzicht des Bundes auf seine Verwaltungskompetenz für das Telekommunikationsrecht diskutiert worden (*Koenig* 2000, S. 1, 5). Dann würden die bisherigen Verwaltungsaufgaben der Bundesnetzagentur aufgrund der Residualkompetenz der Länder aus Art. 30 GG automatisch auf diese übergehen, so daß der Weg für eine einheitliche Aufsichtsbehörde mit umfassenden Kompetenzen geebnet wäre. Ein solcher Verzicht des Bundes auf Verwaltungskompetenzen ist indes nicht ohne Verfassungsänderung zu bewerkstelligen. Art. 87 f GG weist dem Bund die Kompetenzen im Bereich der Telekommunikation zu. Eine solche Kompetenznorm des Grundgesetzes steht aber nicht zur Disposition des einfachen Gesetzgebers oder gar der Exekutive.[11] Es gilt der Grundsatz, daß weder Bund noch Länder über ihre im Grundgeetz festgelegten Zuständigkeiten verfügen können.[12] Die heutige Ausgestaltung des grundgesetzlichen Kompetenzgefüges läßt einen einfachgesetzlichen Verzicht des Bundes auf das Telekommunikationsrecht also nicht zu.

4.2. Medien- und Kommunikationsrat

Gegenüber der bislang dargestellten institutionellen Bündelung von Verwaltungskompetenzen ist eine Verbesserung der Kooperation und Koordination von Abstimmungsprozessen durch Errichtung eines Medien- und Kommunikationsrats vorgeschlagen worden.[13] Diese Option sieht die Beibehaltung der jetzigen Kompetenzverteilung vor. Die benannten Effizienzdefizite der zersplitterten Aufsicht sollen durch die Etablierung von Abstimmungsprozessen kompensiert werden. Hierfür soll ein Kommunikationsrat als gemeinsame Einrichtung von Bund und Ländern gegründet werden, der die Funktion einer Dachorganisation übernimmt. Er soll untergliedert sein in eine politische, eine administrative sowie eine wissenschaftliche Ebene.

Das politische Gremium bildet das zentrale Steuerungs- und Koordinierungsorgan für die politischen Abstimmungsprozesse zwischen Bund und Ländern, insbesondere für die Erarbeitung bzw. Harmonisierung des Regulierungsrahmens und der inhaltlichen Regulierungsziele sowie die Koordinierung und Abstimmung bei Gesetzgebungsverfahren. Es soll den institutionellen Rahmen für die zuständigkeits- und fachübergreifende politische Diskussion und Koordinierung sämtlicher mit der Entwicklung des Kommunikationswesens und seinen Auswirkungen zusammenhängender Fragen und Aufgaben vorgeben. Allerdings können diesem Gremium angesichts des Verbots der vertikalen Mischverwaltung keine echten Entscheidungsbefugnisse eingeräumt werden. Als bloßes Beratungs- und Koordinierungsgremium soll der Kommunikationsrat daher keine bindenden Beschlüsse fassen, sondern im Prinzip nur Empfehlungen aussprechen. Soweit

---

[11] BVerfGE 63, 1, 141; 32, 145, 156; 39, 90, 190; 41, 291, 311.

[12] BVerfGE 4, 115, 139.

[13] Pressedienst der Landtagsfraktion und des Landesverbandes der SPD Rheinland-Pfalz v. 23.11.1998; *Schulz* (2000, S. 4, 6); *Koenig* (2000, S. 1, 7).

Einstimmigkeit erzielt wird, kann jedoch vereinbart werden, daß die Empfehlungen zumindest für die unmittelbar beteiligten Stellen bindend sein sollen. Die administrative Ebene (sog. Regulierungsrat) soll sich aus Vertretern der für die Medienaufsicht zuständigen Behörden zusammensetzen. Ihre Aufgabe soll die Koordinierung von Entscheidungen und Verfahrensabläufen dort sein, wo sich die Zuständigkeiten mehrerer Stellen wesentlich berühren oder überschneiden. Inhaltlich bedeutet dies einerseits die Verzahnung von Medien- und Telekommunikationsaufsicht. Andererseits soll der Regulierungsrat die Abstimmung der publizistisch-medienrechtlichen und der wettbewerbsrechtlichen Konzentrationskontrolle von KEK und Bundeskartellamt bewirken. Auch dieser Ebene können unter Berücksichtigung des Grundsatzes der eigenverantwortlichen Aufgabenwahrnehmung von Bund und Ländern aber keine verbindlichen Entscheidungskompetenzen zugewiesen werden. Die Aufgaben des Regulierungsrats wären daher im wesentlichen nur koordinierender und beratender Art. Verbindlichkeit kann seinen Beschlüssen nur dann zukommen, wenn sie einstimmig gefaßt werden und die jeweiligen entsendungsberechtigten Stellen ihren Vertretern ein Mandat erteilt haben. Schließlich fällt der dritten Ebene, dem wissenschaftlichen Beirat, zum einen die Aufgabe der fachlichen Beratung zu. Zum anderen soll er einen öffentlichen Diskurs organisieren und damit Transparenz in dem Geflecht gesellschaftlicher Interessen schaffen.

Ein Medien- und Kommunikationsrat, dessen Arbeit sich auf den dargestellten Inhalt beschränkt und damit keine echten Entscheidungsbefugnisse beinhaltet, ist mit dem Verbot der Mischverwaltung zu vereinbaren und daher verfassungsrechtlich zulässig.

4.3. Zwischenergebnis

Eine Verschmelzung der Verwaltungskompetenzen von Bund und Ländern entspricht nicht dem aktuellen grundgesetzlichen Modell der Verwaltungsorganisation. Im Hinblick auf die Herstellung einer einheitlichen Aufsicht über Medien und Telekommunikation muß daher festgestellt werden, daß die Ansätze für einen gemeinsamen Verwaltungsvollzug, die auf einer echten Bund/Länder-Kooperation beruhen, als verfassungswidrige Form der Mischverwaltung anzusehen sind. Diejenigen Modelle, welche unterhalb dieser Schwelle ansetzen und daher im Einklang mit dem Grundgesetz stehen, weisen demgegenüber Effizienzdefizite auf: Eine gemeinsame Aufsichtsbehörde aller Bundesländer würde zwar den Abstimmungsschwierigkeiten in der horizontalen Ebene (also zwischen den Ländern) entgegenwirken und eine einheitliche Aufsicht ermöglichen. Allerdings würden sich die Befugnisse der Ländermedienanstalt ausschließlich auf die Aufgaben beschränken, die ohnehin den Ländern zugewiesen sind. Eine Zuweisung des Telekommunikations- und Kartellrechts ist aus den genannten Gründen nicht möglich. Angesichts der eingangs beschriebenen Konvergenzentwicklung von Technik und Diensten stößt eine Aufsicht, die zwischen Inhalten (Medienrecht) und technischen Rahmenbedingungen (Telekommunikationsrecht) differenziert, aber schnell an ihre Grenzen. Ein Medien- und Kommunikationsrat weist ähnliche Effizienzdefizite auf. Dies gilt in besonderem Maße für die fehlende Verbindlichkeit seiner Beschlüsse angesichts des Verbots der vertikalen Mischverwaltung. Der Kommunikationsrat darf im Prinzip nur Empfehlungen aussprechen. Daher kann mit guten Gründen bezweifelt werden, ob dieses bloße Beratungsgremium geeignet ist, zu einer effektiven Vereinheitlichung der Entscheidungsprozesse beizutragen (*Koenig* und *Röder* 1998, S. 417, 420).

5. Wie können diese Hindernisse im Zuge einer Föderalismusreform überwunden werden?

Vor diesem Hintergrund rückt als Lösung der Probleme mit der zersplitterten Medien- und Telekommunikationsaufsicht eine Verfassungsänderung ins Blickfeld. Neue Aktualität gewinnt dieser Ansatz durch die wieder belebte Debatte um eine Föderalismusreform. Anstöße hierzu gibt der Koalitionsvertrag von CDU/CSU und SPD für die 16. Legislaturperiode.[14] Hierin verständigt sich die Große Koalition im wesentlichen auf die von Bundestag und Bundesrat in der Föderalismuskommission vorgeschlagene Modernisierung der Bund/Länder-Beziehungen auf den Feldern der Gesetzgebungskompetenz und der Finanzbeziehungen. Relevante Auswirkungen für den Mediensektor ergeben sich nach dem gegenwärtigen Stand der Verhandlungen insbesondere für das Pressewesen. „Die allgemeinen Rechtsverhältnisse der Presse", bisher gem. Art. 75 Abs. 1 Nr. 2 GG der Rahmengesetzgebung des Bundes zugeordnet, sollen nunmehr in die alleinige Kompetenz der Länder verlagert werden.[15] Das Instrument der Rahmengesetzgebung hingegen soll nach dem Willen der Koalitionäre völlig abgeschafft werden.[16] Ansätze für einen Bund/Länder-übergreifenden Gemeinschaftsvollzug von Telekommunikations- und Medienrecht finden sich in den Vorarbeiten der Föderalismuskommission zwar noch nicht.[17] Die bisher vorgeschlagenen Veränderungen sind jedoch nicht endgültig. Der Koalitionsvertrag bestimmt lediglich, daß die Bund/Länder-Beziehungen „auf der Grundlage"[18] dieser Vorarbeiten verändert werden sollen. Die endgültigen Vorschläge sollen erst im Laufe der Legislaturperiode durch mit den Ländern abgestimmte Entwürfe „aus der Mitte des Deutschen Bundestages" eingebracht werden.[19] Hierin kommt zum Ausdruck, daß der Umfang der Reform d-er bundesstaatlichen Ordnung noch Veränderungen offen steht. Im folgenden soll der Frage nachgegangen werden, welche Möglichkeiten für eine Verfassungsänderung in diesem Rahmen bestehen, um die Hindernisse, die einem Gemeinschaftsvollzug von Landes- und Bundesrecht im Mediensektor entgegenstehen, zu überwinden.

Hierfür gibt es im Prinzip zwei Ansatzpunkte: Einerseits ist die Möglichkeit zu erörtern, ob eine Ergänzung des Katalogs der Gemeinschaftsaufgaben in Art. 91 a, b GG zielführend ist (hierzu unter 5.1.). Andererseits soll auch auf eine mögliche Änderung des Art. 87 f GG durch Anordnung einer Mischverwaltung im Bereich der Medien- und Telekommunikationsaufsicht eingegangen werden (hierzu unter 5.2.).

5.1. Modifizierung der Art. 91 a, b GG

Zum einen ist vorgeschlagen worden, den Katalog der Bund/Länder-Gemeinschaftsaufgaben in Art. 91 a GG um eine gemeinsame Zuständigkeit von Bund und Ländern

---

[14]   Vgl. *CDU, CSU* und *SPD,* Koalitionsvertrag (2005, Zeilen 4556 f.).

[15]   Koalitionsvertrag, o. Fn. 15, Anlage 2, 11.

[16]   Koalitionsvertrag, o. Fn. 15, Anlage 2, 14.

[17]   Koalitionsvertrag, o. Fn. 15, Anlage 2.

[18]   Koalitionsvertrag, o. Fn. 15, Zeile 4559.

[19]   Koalitionsvertrag, o. Fn. 15, Zeilen 4562-4565.

für den Bereich der Medien zu erweitern.[20] Im Bereich der in Art. 91 a Abs. 1 GG aufgezählten Aufgaben sei ausweislich seines Wortlautes ein Zusammenwirken von Bund und Ländern möglich. Auch auf die Möglichkeit, den Katalog dieser Gemeinschaftsaufgaben auf die Neuen Medien auszuweiten, sei bereits im Gesetzgebungsverfahren hingewiesen worden.[21]

Dem ist entgegenzuhalten, daß Art. 91 a GG lediglich die Beteiligung des Bundes bei der Rahmenplanung und der Finanzierung gewisser Länderaufgaben regelt (*Brockmeyer* 2004, Art. 91 a Rn. 1.). Für den umgekehrten Fall ermöglicht Art. 91 b GG nur eine Beteiligung der Länder an der Planung von Bundesaufgaben. Die Vorschriften legitimieren hingegen keine Form der Mischverwaltung,[22] da sich Art. 91 a, b GG auf rein planerische Akte beziehen (*Majer* 2002, Art. 91 a/91 b Rn. 17). Die danach zulässigen Kooperationsformen dürfen keine Bindungswirkung für den Bürger entfalten.[23] Zwar gestatten Art. 91 a, b GG eine institutionelle Verfestigung von Bund/Länder-Kooperationen. Die Durchführung der in Art. 91 a GG vorgesehenen Pläne obliegt aber nach wie vor den Ländern (*Brockmeyer* 2004, Art. 91 a Rn. 15). Art. 91 b GG sieht ebendies für den umgekehrten Fall der Planungsbeteiligung von Ländern an Bundesaufgaben vor. Die Art. 91 a, b GG betreffen damit Kompetenzen, die im Vorfeld des für den Bürger wirksamen staatlichen Handelns angesiedelt sind. Für eine umfassende Modifikation hoheitlicher Aufsichtskompetenzen mit grundrechtsrelevanten Eingriffsbefugnissen (echte Mischverwaltung) sind die Vorschriften als Ausgangspunkt für eine Verfassungsänderung demzufolge nicht ausreichend. Hinzu kommt, daß das Grundgesetz in Art. 87 f Abs. 2 S. 2 eindeutig dem Bund die „Hoheitsaufgaben im Bereich (…) der Telekommunikation" zuordnet. Eine bloße Ergänzung der Art. 91 a, b GG könnte diese ausdrückliche Zuweisung des Verwaltungsvollzugs zum Bund nicht überspielen (so auch *Koenig* 2000, S. 1, 6).

5.2. Änderung des Art. 87 f GG

Aus diesen Gründen ist für die Herstellung eines einheitlichen Verwaltungsvollzugs durch gemeinschaftliche Aufsicht mit echten Entscheidungsbefugnissen im Telekommunikations- und Medienbereich eine Änderung des Art. 87 f GG erforderlich. In einem ersten Schritt wäre hierfür eine Gemeinschafts-Medienanstalt aller Länder zu gründen; dies ist auch ohne Verfassungsmodifikation möglich (vgl. oben Punkt 4.1.3.). Erst im zweiten Schritt wäre die Kooperation dieser Ländermedienanstalt mit der auf Seiten des Bundes für die Telekommunikationsaufsicht zuständigen BNetzA durch Änderung des Art. 87 f Abs. 2 GG zu institutionalisieren. Ähnlich der Regelung des Art. 108 Abs. 4 GG für die Finanzverwaltung müßte bestimmt werden, daß ein Zusammenwirken der beiden Anstalten durch zustimmungsbedürftiges Bundesgesetz vorgesehen werden kann (*Scherer* und *Hölscher* 1999, S. 69).

---

[20]   „Der Kompetenzwirrwarr ist schädlich für die Entwickklung", Frankfurter Rundschau, 2.6.1997; *Koenig* (2000, S. 1, 5).

[21]   BT-Drcks. 13/7934 Teil A. 4.

[22]   BT-Drcks. 5/2861 Nr. 274.

[23]   *Maunz* (2001, Art. 91 a Rn. 11); *Majer* (2002, Art. 91 a/91 b Rn. 27).

Eine Anpassung des Art. 87 f Abs. 2 GG könnte wie folgt aussehen:

Art. 87 f (Postwesen und Kommunikationsdienste)

(1) ...

(2) [1]Post und Kommunikationsdienstleistungen werden als privatwirtschaftliche Tätigkeiten im Wettbewerb erbracht. [2]Hoheitsaufgaben im Bereich des Postwesens werden in bundeseigener Verwaltung ausgeführt. [3]Nach Maßgabe eines Bundesgesetzes, das der Zustimmung des Bundesrates bedarf, üben Bund und Länder gemeinsam die Aufsicht über Rundfunk, Telemedien und Telekommunikation aus. ...

Ob eine solche Verfassungsänderung zulässig ist, bestimmt sich in materieller Hinsicht ausschließlich nach Art. 79 Abs. 3 GG. Danach ist eine Änderung des Grundgesetzes unzulässig, durch welche die Gliederung des Bundes in Länder, die grundsätzliche Mitwirkung der Länder bei der Gesetzgebung oder die in Art. 1 und 20 GG niedergelegten Grundsätze berührt werden (sog. Ewigkeitsgarantie). Über Art. 79 Abs. 3, 20 GG ist daher auch das Bundesstaatsprinzip unabänderlich, soweit es um die Gliederung des Bundes und der Länder geht. Konkret bedeutet dies, daß den Bundesländern ein Kern eigener Aufgaben verbleiben muß, der ihnen Staatsqualität verleiht. Die Etablierung einer echten Mischverwaltung würde zwar bei den Querschnittsaufgaben erfordern, daß Bund und Länder ihre Entscheidungskompetenz auf ein gemeinsames Leitungsgremium übertragen, zu einem grundsätzlichen Aufgabenverlust für die Länder würde es aber nicht kommen, so daß ihre Eigenstaatlichkeit nicht in Frage gestellt wäre. Dies gilt vor allem vor dem Hintergrund, daß die Länder ihre Aufgaben nicht an den Bund abträten, sondern in echter Kooperation eine Querschnittsaufgabe gemeinsam mit diesem wahrnähmen (*Scherer* und *Hölscher* 1999, S. 71). Dem über Art. 79 Abs. 3, 20 GG ebenfalls geschützten Demokratieprinzip ließe sich durch die Zuordnung der Gemeinschaftsanstalt in den Geschäftsbereich eines Bundesministeriums oder die Wahl eines Anstaltspräsidenten durch den Bundestag und die Landtage Rechnung tragen. Hierdurch würde die notwendige demokratische Legitimation einer solchen Bund/Länder-Anstalt hergestellt (*Koenig* 2000, S. 1, 6).

6. Zentralität und Dezentralität der Aufsicht

Nunmehr soll der Frage nachgegangen werden, inwieweit sich die Aufsicht im Telekommunikations- und Medienbereich vor dem Hintergrund der regulierungsökonomischen Konzepte von Zentralität und Dezentralität bewährt. Die Betrachtungen sollen sich zunächst auf den nationalen Regulierungsrahmen beziehen (hierzu 6.1.). Anschließend soll der gemeinschaftsrechtliche Regulierungsrahmen beleuchtet werden und der Frage nachgegangen werden, in welchem Umfang eine Veränderung des Status quo (europa-)rechtlich möglich ist (hierzu 6.2.). Dafür wird unter anderem eine Betrachtung anhand des Prinzips der Subsidiarität vorgenommen, wonach die Kompetenzen grundsätzlich aufgrund des größeren örtlichen Bezugs und der damit einhergehenden Bürgernähe und Reaktionsmöglichkeit auf regionale Besonderheiten auf der niedrigeren politischen Ebene angesiedelt sein sollen. Nur in Ausnahmefällen rechtfertigen Besonderheiten des Einzelfalls eine zentrale Regulierung.

6.1. Kompetenzallokation und Regulierungswettbewerb auf Bund/Länder-Ebene

Innerhalb der Bundesrepublik ist zunächst einmal festzustellen, daß die Aufsicht über regional verbreiteten Rundfunk und andere Medien in den Händen der Bundesländer liegt und damit dezentral ausgestaltet ist. Dies ermöglicht einen indirekten Wettbewerb der Regulierungssysteme zwischen den Bundesländern im Sinne von *Yardstick*-Wettbewerb. Im Hintergrund steht dabei die These, daß grundsätzlich ein Informationsproblem in bezug auf das Wissen über optimale Regulierung auch im Mediensektor besteht.[24] Die Dezentralität der Aufsicht ermöglicht den Landesmedienanstalten, das Wissensdefizit kontinuierlich dadurch zu minimieren, daß sie von den regulativen Erfahrungen anderer Bundesländer lernen und hierdurch ihre Regulierungseffizienzen steigern. Gleichzeitig nimmt der *Yardstick*-Wettbewerb die Regulierungspolitiken über die drohende Wiederwahlentscheidung auch in die Pflicht zur Optimierung der Ausarbeitungsprozesse von Regulierungsmechanismen. Ein direkter Regulierungswettbewerb im Sinne eines Standortwettbewerbs der Bundesländer um die Akquise von Medienunternehmen ist indes aufgrund des örtlich verwurzelten Bezugs regionaler Medien nicht vorstellbar. Im Hinblick auf das Prinzip der Subsidiarität zeigt der örtlich begrenzte Wirkungsbereich regionaler Medien daher ferner, daß die Regulierung auf Länderebene sinnvoll ist.

Zur Regulierung bundesweiten Rundfunks haben sich die Landesmedienanstalten hingegen in der ALM bundesweit zusammengeschlossen. Auch die materiell-rechtlichen Grundlagen im Bereich der Tele- und Mediendienste beruhen auf einem bundeseinheitlichen Staatsvertrag bzw. Bundesgesetz und werden von den Bundesländern im Rahmen der ALM kooperativ beaufsichtigt. Bei dieser quasi-zentralen Kooperation ist jedoch zu berücksichtigen, daß es sich nicht in allen Bereichen um einen verbindlichen Zusammenschluß handelt. In weiten Bereichen erfolgt die Abstimmung lediglich über Beratungen und unverbindliche Beschlüsse. In diesem Bereich wäre eine noch stärkere Zentralisierung der Aufsicht (im Sinne des oben beschriebenen *Single Regulators*) wünschenswert. Eine dezentrale Aufsicht in diesem Sektor ist demgegenüber nicht erstrebenswert: Dies liegt in der bundesweiten Verbreitung überregionaler Medien begründet, bei der eine zwischen einzelnen Bundesländern divergierende Regulierungspraxis dem Verfassungsverständnis der Bundesrepublik als einheitlichem Bundesstaat widersprechen würde.

6.2. Kompetenzallokation und Regulierungswettbewerb im Verhältnis der Mitgliedstaaten zur EU

Der weit überwiegende Teil der Aufsichts- und Rechtssetzungskompetenzen im technischen Telekommunikationssektor ist auf der Ebene der EU zentral verankert. Zwar gibt es auf der nationalen Ebene in materiell-rechtlicher Hinsicht das TKG und in Aufsichtsfragen die Bundesnetzagentur. Jedoch dienen diese maßgeblich der Umset-

---

[24]   Vgl. zum *Yardstick*-Wettbewerb *Kerber* (2007, in diesem Band) sowie zum Aspekt des „Politiklernens" *Lundvall* und *Tomlinson* (2002).

zung von verschiedenen EG-Richtlinien[25] und unterstehen damit dem Anpassungszwang an die europarechtlichen Vorgaben und der Aufsicht durch die Kommission.

Hier stellt sich die Frage, ob die Kompetenzen im Sinne der Subsidiarität nicht besser vollständig auf der Ebene der Nationalstaaten aufgehoben wären, um die Vorteile eines etwaigen Wettbewerbs zwischen den Regulierungssystemen auszuschöpfen. Die Frage ist allerdings zu verneinen: Zunächst einmal sind die Zugangsinteressen zu den nationalen Telekommunikationsnetzen von grenzüberschreitender Bedeutung. So kann auch ein Rundfunkanbieter aus Frankreich den Anspruch geltend machen, im deutschen Kabelnetz sein Programm einzuspeisen. Durch diesen grenzüberschreitenden Bezug ist die Handlungskompetenz der EU grundsätzlich eröffnet. Zudem ist grundsätzlich in Frage zu stellen, inwieweit im Bereich einer Infrastrukturregulierung wie dem Telekommunikationsbereich überhaupt ein Jurisdiktionswettbewerb zwischen EU-Mitgliedstaaten sinnvoll ist. In Anbetracht der Tatsache, daß Netze immobile Güter sind, kann ein direkter interjurisdiktioneller Wettbewerb um die Ansiedlung der Netzbetreiber jedenfalls nicht implementiert werden. In Betracht käme allenfalls ein indirekter *Yardstick*-Wettbewerb durch Informationsaustausch über Regulierungspraktiken. In der Theorie führt dieser unter dem Druck der Wiederwahlentscheidung zu einer Optimierung des Regulierungsrahmens durch die Politik (*Kerber* 2007, in diesem Band). In der Praxis ist allerdings gerade im Rahmen aktueller Entwicklungen zu beobachten, daß die nationalen Regierungen im Interesse einer politischen Standortsicherung einen erheblichen Protektionismus der nationalen Telekommunikationsnetzbetreiber an den Tag legen. Eine dezentrale Kompetenzverteilung würde unter diesen Aspekten zu Einbußen an wirksamem Wettbewerb auf den nachgelagerten Märkten führen. Diese Besonderheiten machen eine zentrale Harmonisierung in Telekommunikationsfragen erforderlich.

Im inhaltlichen Bereich der Medienaufsicht besteht aus der Perspektive der EU ein dezentrales Regulierungssystem. Hier sind die Nationalstaaten in weiten Teilen verantwortlich. Der Kommission sind ausschließlich in rein wirtschaftlichen Aspekten des Rundfunks (zum Beispiel Werbung) Kompetenzen eingeräumt. Eine zentrale Regelung dieser Materie wäre in Anbetracht des stark kulturellen Bezugs der Medien auch nicht sinnvoll. So offenbaren sich zum Teil fundamental unterschiedliche Verständnisse kultureller Leitvorstellungen zwischen den Mitgliedstaaten. Bereits die Frage nach der Zulässigkeit sexueller Darstellungen und der Grenze zur Pornographie vor dem Hintergrund des Jugendschutzes wird schwerlich EU-einheitlich zu regeln sein.

In einem Ausnahmebereich des Mediensektors ist die Vorteilhaftigkeit dezentraler Regulierung allerdings zu bezweifeln: Hierbei handelt es sich um das Problemfeld der Pluralismussicherung. Angesichts der Tatsache, daß Meinungsmacht auch transnational ausgeübt werden kann, fehlt den Nationalstaaten die rechtliche Handhabe, um übermäßiger Konzentration internationaler Meinungsmacht Herr zu werden. Dieser Umstand erfährt besondere Brisanz durch den technischen Fortschritt. Im Bereich des Inter-

---

[25] Zugangsrichtlinie 2002/19/EG, Genehmigungsrichtlinie 2002/20/EG, Rahmenrichtlinie 2002/21/EG, Universaldienstrichtlinie 2002/22/EG, Datenschutzrichtlinie 2002/58/EG, Frequenzentscheidung 2002/676/EG, Wettbewerbsrichtlinie 2002/77/EG, TAL-VO Nr. 2000/2887.

nets ist ein im Ausland eingestellter Inhalt aus Sicht des Nationalstaats technisch kaum zu unterbinden (*Schumacher* 2004, S. 11 f.). Beim Rundfunk besteht die Gefahr der Umgehung der nationalen Rundfunkordnung durch die sog. ‚Flucht auf den Satelliten‘. So unterliegen Fernsehprogramme, die über Satelliten ausgestrahlt werden nicht der Regulierung des Staates, in dem das Programm empfangen wird, sondern des Heimatstaates des Veranstalters bzw. Satellitenbetreibers. Dabei ist denkbar, daß ein Veranstalter bewußt aus dem Ausland für einen anderen Staat sendet, weil er in seinem Heimatstaat wegen Verstoßes gegen nationale Vorschriften keine Sendelizenz erhalten könnte oder mit Sendeuntersagung rechnen müßte (*Sporn* 2001, S. 171). Aus diesen Gründen wäre eine Zentralisierung der Aufsicht in diesem Spezialbereich auf europäischer Ebene zu begrüßen. Nach der aktuellen Kompetenzzuweisung des EG-Vertrags (sog. begrenzte Einzelermächtigung) fehlt der Kommission hierzu aber die Befugnis (*Sporn* 2001, S. 182 f.). Dementsprechend wäre eine Änderung des EG-Vertrags erforderlich. Die politische Wahrscheinlichkeit und Durchsetzbarkeit einer solchen Reform ist angesichts der hierfür erforderlichen Einstimmigkeit momentan jedoch als gering einzuschätzen.

7. Ausblick

Soweit im Zuge der aktuellen Föderalismus-Debatte nun die Tür für eine Verfassungsänderung geöffnet wird, sollte die Chance wahrgenommen werden, eine einheitliche Medien- und Telekommunikationsaufsicht zu etablieren. Die effektivste Möglichkeit, den föderalistischen Interessen von Bund und Ländern einerseits sowie dem Interesse der Rechtssubjekte an einer einheitlichen Rechtsanwendung andererseits gerecht zu werden, besteht in der Schaffung eines *Single Regulators*. Dies könnte durch die Ermöglichung einer Bund/Länder-übergreifenden Mischverwaltung durch Änderung des Art. 87 f Abs. 2 GG realisiert werden.

Darüber hinaus könnte eine vereinheitlichte Medienaufsicht, nach dem Vorbild der britischen OFCOM, auch für die Durchsetzung wettbewerbsrechtlicher Vorschriften mit Bezug zu Kommunikationsfragen zuständig sein (*Holznagel, Krone* und *Jungfleisch* 2004, S. 60). Die OFCOM ist im Anwendungsbereich des *Competition Acts* für die Ermittlung von Verstößen und deren Ahndung zuständig, soweit ein Bezug zu Kommunikationsangelegenheiten besteht. Zudem sieht der *Communications Act* 2003 wechselseitige Abstimmungs-, Konsultations- und Beratungspflichten sowie das Recht zur Abgabe von Empfehlungen vor, um eine enge Kooperation zwischen der allgemeinen Wettbewerbsbehörde und der OFCOM zu gewährleisten. Im Zuge einer grundgesetzlichen Novellierung ließe sich dieses Modell auch auf die deutsche Medienordnung übertragen. So könnte die Kartellrechtsaufsicht im Mediensektor aus der Verantwortung der allgemeinen Kartellbehörden herausgelöst und in die Hände des sektorspezifischen Regulierers (nach Möglichkeit des *Single Regulators*) gelegt werden, um auch in wettbewerbsrechtlicher Hinsicht eine Vereinheitlichung der Aufsicht in Kommunikationsangelegenheiten zu erreichen. Ob ein solches Vorgehen zweckmäßig ist, wäre mit den Kartellbehörden intensiv zu erörtern.

Literatur

Brockmeyer, Hans Bernhard (2004), Art. 91 a: Gemeinschaftsaufgaben, in: *Bruno Schmidt-Bleibtreu* und *Franz Klein* (Hg.), Kommentar zum Grundgesetz, 10. Aufl., München.

CDU, CSU und SPD (2005), Koalitionsvertrag „Gemeinsam für Deutschland: mit Mut und Menschlichkeit" vom 11.11.2005, Berlin.

Europäische Kommission (1997), Grünbuch zur Konvergenz der Branchen Telekommunikation, Medien und Informationstechnologie und ihren ordnungspolitischen Auswirkungen. Ein Schritt in Richtung Informationsgesellschaft, KOM/97/0623.

Gounalakis, Georgios (1997), Der Mediendienste-Staatsvertrag der Länder, in: Neue juristische Wochenschrift, 50. Jg., Heft 45, S. 2993-3000.

Gounalakis, Georgios (2002), Konvergenz der Medien: Sollte das Recht der Medien harmonisiert werden? Gutachten C für den 64. Deutschen Juristentag, Berlin.

Holznagel, Bernd und *Daniel Krone* (2004), Anti-Zersplitterung: Auf dem Weg zur Ländermedienanstalt?, in: epd medien, 9. Jg., Heft 21, S. 7-10.

Holznagel, Bernd, Daniel Krone und *Christiane Jungfleisch* (2004), Von den Landesmedienanstalten zur Ländermedienanstalt: Schlussfolgerungen aus einem internationalen Vergleich der Medienaufsicht, Münster.

Kerber, Wolfgang (2007), Regulierung in föderalen Mehr-Ebenen-Systemen, in: *Klaus Heine* und *Wolfgang Kerber* (Hg.), Zentralität und Dezentralität von Regulierung in Europa, Schriften zu Ordnungsfragen der Wirtschaft, Bd. 83, S. 1-29.

Koenig, Christian (2000), Medienaufsicht in der Bundesrepublik Deutschland: Im Blickpunkt: Konvergenz der Kommunikationsbranchen, in: Kommunikation & Recht, 3. Jg., Heft 1, S. 1-9.

Koenig, Christian und *Ernst Röder* (1998), Plädoyer zur Überwindung der zersplitterten Aufsicht über neue Informations- und Kommunikationsmedien, in: Kommunikation & Recht, 1. Jg., Heft 10, S. 417-421.

Lundvall, Bengt-Ake und *Tomlinson, Mark* (2002), International Benchmarking as a Policy Learning Tool, in: *Maria João Rodrigues* (Hg.), The New Knowledge Economy in Europe, Cheltenham, S. 203-231.

Majer, Diemut (2002), Art. 91 a/91 b: Gemeinschaftsaufgaben, in: *Erhard Denninger, Wolfgang Hoffmann-Riem, Hans-Peter Schneider* und *Ekkehart Stein* (Hg.), Kommentar zum Grundgesetz für die Bundesrepublik Deutschland, Loseblattsammlung, Bd. 2, Neuwied und Kriftel.

Maunz, Theodor (2001), Art. 91 a, in: *Theodor Maunz, Günter Dürig, Roman Herzog* und *Rupert Scholz* (Hg.), Grundgesetz: Kommentar, Loseblattsammlung, Bd. 4, München.

Pietzcker, Jost (1988), Zusammenarbeit der Gliedstaaten im Bundesstaat: Landesbericht der Bundesrepublik Deutschland, in: *Christian Starck* (Hg.), Zusammenarbeit der Gliedstaaten im Bundesstaat, Baden-Baden, S. 17-73.

Scherer, Joachim und *Frank Hölscher* (1999), Gestaltungsspielräume für eine Reform der Organisation der Telekommunikations- und Medienaufsicht unter dem Grundgesetz: Rechtsgutachten im Auftrag der Bertelsmann Stiftung, Frankfurt am Main.

Schulz, Wolfgang (2005), Aufsicht auf dem Prüfstand, in: Tendenz, 5. Jg., Heft 3, S. 4-10.

Schumacher, Pascal (2004), Fighting Illegal Internet Content: May Access Providers be Required to Ban Foreign Websites? A Recent German Approach, in: International Journal of Communications Law and Policy, Issue 8, im Internet abrufbar unter: http://www.ijclp.org/8_2004/ijclp_webdoc_4_8_2004.htm.

Sporn, Stefan (2001), Die Ländermedienanstalt: Zur Zukunft der Aufsicht über privaten Rund-funk in Deutschland und Europa, Frankfurt am Main.

Trute, Hans-Heinrich (2005), Art. 83, in: *Herrmann von Mangoldt, Friedrich Klein* und *Christian Starck* (Hg.), Kommentar zum Grundgesetz, Bd. 3, 5. Aufl., München.

Autoren und Seminarteilnehmer

Apolte, Prof. Dr. Thomas, Universität
Münster
Baranova, Dr. Kira, Hochschule für
Verwaltungswissenschaften Speyer
Becker, Dipl.-Vw. Eva, Universität
Münster
Budzinski, PD Dr. Oliver, Universität
Marburg
Cassel, Prof. Dr. Dieter, Universität
Duisburg-Essen
Delhaes, Dr. Karl von, Herder-Institut
Marburg
*Delhaes-Günther, Prof. Dr. Dietrich
von*, Hochschule Leipzig
Eckardt, PD Dr. Martina, Universität
Witten-Herdecke
Feld, Prof. Dr. Lars P., Universität
Heidelberg
Hartwig, Prof. Dr. Karl-Hans,
Universität Münster
Heine, Dr. Klaus, Freie Universität
Berlin
Holzinger, Prof. Dr. Katharina,
Universität Hamburg
Holznagel, Prof. Dr. Bernd, Universität
Münster
Kerber, Prof. Dr. Wolfgang, Universität
Marburg
Knauff, Dr. Rudolf, Kassel
Knorr, Prof. Dr. Andreas, Hochschule
für Verwaltungswissenschaften
Speyer
Kohl, Dipl.-Vw./Dipl.-Kff. Franziska,
Universität Leipzig
Köhler-Cronenberg, Dipl.-Vw. Tilo,
Universität Leipzig
Kortenjann, Ansgar, M.A., Universität
Münster
Leipold, Prof. Dr. Helmut, Universität
Marburg
Leschke, Prof. Dr. Martin, Universität
Bayreuth
Michler, PD Dr. Albrecht, Universität
Düsseldorf

Möstl, Prof. Dr. Markus, Universität
Bayreuth
Müller, PD Dr. Christian, Universität
Duisburg-Essen
Paraskewopoulos, Prof. Dr. Spiridon,
Universität Leipzig
Röpke, Dr. Katarina, Humboldt
Universität zu Berlin
Rüttgers, Dipl.-Ök. Christian,
Universität Duisburg
Schenk, Prof. Dr. Karl-Ernst, Stuttgart
Schnellenbach, Dr. Jan, Universität
Heidelberg
Schomaker, Rahel, M.A., Universität
Münster
Schüller, Prof. Dr. Alfred, Universität
Marburg
Schumacher, Dipl.-jur. Pascal,
Universität Münster
Sommerer, Dipl.-Pol. Thomas,
Universität Hamburg
Stoeckert, Dipl.-Vw. Hendrick,
Universität Bayreuth
Sundmacher, Dr. Torsten, Universität
Duisburg-Essen
Thieme, Prof. Dr. H. Jörg, Universität
Düsseldorf
Van den Bergh, Prof. Dr. Roger J.,
Erasmus University Rotterdam
Vaubel, Prof. Dr. Roland, Universität
Mannheim
Vollmer, Prof. Dr. Uwe, Universität
Leipzig
Welfens, Prof. Dr. Paul J.J., Universität
Wuppertal
Wentzel, Prof. Dr. Dirk, Hochschule
Pforzheim
Wiesner, Dipl.-Kfm. Andreas,
Universität Düsseldorf

Schriften zu Ordnungsfragen der Wirtschaft

(bis Band 51: „Schriften zum Vergleich von Wirtschaftsordnungen")

Herausgegeben von
Gernot Gutmann, Hannelore Hamel, Helmut Leipold, Alfred Schüller, H. Jörg Thieme

unter Mitwirkung von
Dieter Cassel, Hans-Günter Krüsselberg, Karl-Hans Hartwig, Ulrich Wagner

Band 82: *Dirk Wentzel* (Hg.),
**Europäische Integration – Ordnungspolitische Chancen und Defi-
zite,** 2006, 284 S., 34,00 €, ISBN 978-3-8282-0382-2.

Band 81: *Martin Dietz,*
Der Arbeitsmarkt in institutionentheoretischer Perspektive, 2006,
314 S., 38,00 €, ISBN13: 978-3-8282-0365-5.

Band 80: *Gerrit Fey,*
**Banken zwischen Wettbewerb, Selbstkontrolle und staatlicher
Regulierung:** Eine ordnungsökonomische Analyse, 2006, 332 S.,
38,00 €, ISBN10: 3-8282-0364-7, ISBN13: 978-3-8282-0364-8.

Band 79: *David Nguyen-Thanh,*
**Steuerreformen in Transformationsländern und wirtschaftspoliti-
sche Beratung:** Eine Fallstudie am Beispiel der Politik des IWF in
Kroatien und Bosnien-Herzegowina, 2005, XXIV/287 S., 38,00 €,
ISBN 3-8282-0318-3.

Band 78: *Helmut Leipold* und *Dirk Wentzel* (Hg.),
Ordnungsökonomik als aktuelle Herausforderung, 2005, X/413 S.,
36,00 €, ISBN 3-8282-0319-1.

Band 77: *Werner Pascha* und *Cornelia Storz* (Hg.),
Wirkung und Wandel von Institutionen: Das Beispiel Ostasien,
2005, X/287 S., 48,00 €, ISBN 3-8282-0312-4.

Band 76: *Rolf Hasse* und *Uwe Vollmer* (Hg.),
Incentives and Economic Behaviour, 2005, X/134 S., 32,00 €, ISBN
3-8282-0308-6.

Band 75: *Martin Leschke* und *Ingo Pies* (Hg.),
Wissenschaftliche Politikberatung: Theorien, Konzepte, Institutionen, 2005, X/432 S., 38,00 €, ISBN 3-8282-0304-3.

Band 74: *Thomas Apolte, Rolf Caspers* und *Paul J.J. Welfens* (Hg.),
**Ordnungsökonomische Grundlagen nationaler und internationa-
ler Wirtschaftspolitik,** 2004, X/236 S., 34 €, ISBN 3-8282-0293-4.

Band 73: *Hubertus Bardt ,*
„Arbeit" versus „Kapital" – Zum Wandel eines klassischen Konflikts, 2003, X/177 S., 32,00 €, ISBN 3-8282-0277-2.

Band 72: *Dieter Cassel* und *Paul J.J. Welfens* (Hg.),
Regionale Integration und Osterweiterung der Europäischen Union, 2003, VIII/543 S., 42,00 €, ISBN 3-8282-0278-0.

Band 71: *Alfred Schüller* und *H. Jörg Thieme* (Hg.),
Ordnungsprobleme der Weltwirtschaft, 2002, VIII/524 S., 42,00 €, ISBN 3-8282-0231-4.

Band 70: *Alfred Schüller,*
Marburger Studien zur Ordnungsökonomik, 2002, X/348 S., 32,00 €, ISBN 3-8282-0221-7.

Band 69: *Dirk Wentzel,*
Medien im Systemvergleich, 2002, XVII/268 S., 38,00 €, ISBN 3-8282-0220-9.

Band 68: *Thomas Apolte* und *Uwe Vollmer* (Hg.),
Arbeitsmärkte und soziale Sicherungssysteme unter Reformdruck, 2002, 454 S., 36,00 €, ISBN 3-8282-0204-7.

Band 67: *Dietrich v. Delhaes-Guenther, Karl-Hans Hartwig,Uwe Vollmer* (Hg.)
Monetäre Institutionenökonomik, 2001, VIII/400 S., 34,50 €, ISBN 3-8282-0194-6.

Band 66: *Dirck Süß,*
Privatisierung und öffentliche Finanzen: Zur Politischen Ökonomie der Transformation, 2001, 236 S., 31,00 €, ISBN 3-8282-0193-8.

Band 65: *Yvonne Kollmeier,*
Soziale Mindeststandards in der Europäischen Union im Spannungsfeld von Ökonomie und Politik, 2001, 158 S., 29,00 €, ISBN 3-8282-0179-2.

Band 64: *Helmut Leipold* und *Ingo Pies* (Hg.),
Ordnungstheorie und Ordnungspolitik: Konzeptionen und Entwicklungsperspektiven, 2000, 456 S., 42,00 €, ISBN 3-8282-0145-8.

Band 63: *Bertram Wiest,*
Systemtransformation als evolutorischer Prozeß: Wirkungen des Handels auf den Produktionsaufbau am Beispiel der Baltischen Staaten, 2000, 266 S., 34,00 €, ISBN 3-8282-0144-X.

Band 62: *Rebecca Strätling,*
Die Aktiengesellschaft in Großbritannien im Wandel der Wirtschaftspolitik: Ein Beitrag zur Pfadabhängigkeit der Unternehmensordnung, 2000, 270 S., 31,00 €, ISBN 3-8282-0128-8.

Studien zur Ordnungsökonomik

Herausgegeben von Alfred Schüller

Die *Forschungsstelle zum Vergleich wirtschaftlicher Lenkungssysteme der Philipps-Universität Marburg* hat seit 1982 in ihren „Arbeitsberichten zum Systemvergleich" aktuelle ordnungstheoretische und ordnungspolitische Forschungsergebnisse veröffentlicht. Ab Heft 22 erscheint die Reihe unter dem Titel „Studien zur Ordnungsökonomik" im Verlag Lucius & Lucius, Stuttgart.

Lucius & Lucius, Stuttgart